銀行検査の史的展開

大江清一 著

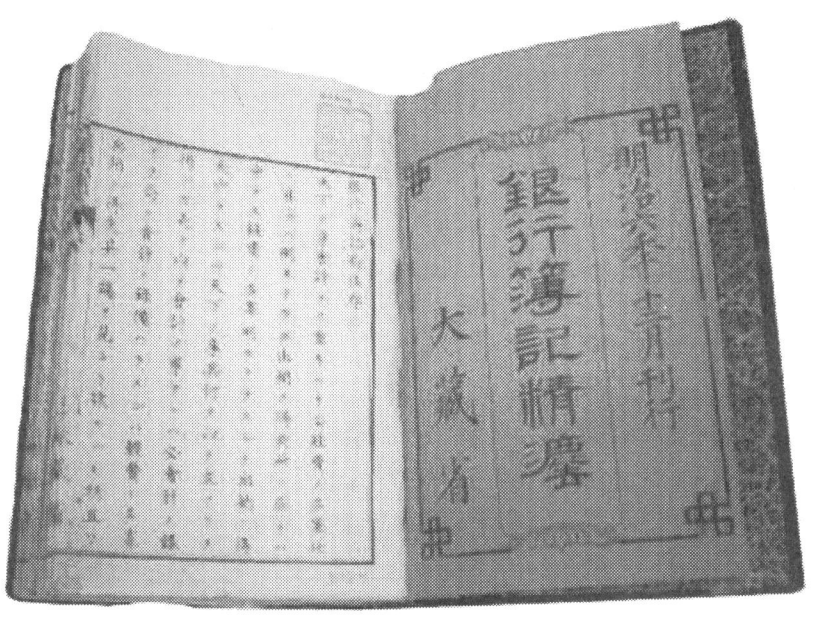

時潮社

父に捧ぐ

はしがき

　本書は、日本の銀行検査の歴史を、視角を定めて分析的に記述したものである。銀行検査に対する一般的な理解は、「銀行監督行政を支える上で必要ではあるが、あくまでも副次的な行政手段である」というものではないだろうか。本書はこのような理解を覆す目的をもって書かれたわけではない。むしろ、銀行検査の限界を正しく認識することにより、銀行検査がその機能を最大限に発揮できる銀行検査行政や銀行検査実務についての知見を、歴史的事実から析出することを狙いとしている。

　筆者が銀行検査を歴史的事実に基づいて分析するにあたって設定した視角は、「銀行の公共性」、「ミクロ的アプローチとマクロ的アプローチ」、「提言型検査と指摘型検査」、「モニタリングの連関構造」の4つである。

　「銀行の公共性」は、銀行の公共的側面と公的介入手段としての銀行検査の性格を重視したものであり、「ミクロ的アプローチとマクロ的アプローチ」は、銀行監督行政の方針を決定するレベルと、それにしたがって検査実務を実践するレベルの両面から銀行検査にアプローチするという考えで設定された。

　「提言型検査と指摘型検査」は、銀行検査実務のスタンスの変遷を探るとともに、銀行検査行政と銀行監督行政の協調と棲み分けの変遷を、検査実務のスタンスの移り変わりから探るものである。「モニタリングの連関構造」は、銀行検査と行内検査を2つのモニタリングと捉え、両者間の相互関係を探ろうとするものである。

　このような分析視角を定めた実証研究を全章で一貫して行うためには、それを可能にするための十分な史料が必要である。しかし、残念ながら銀行検査に関する史料は決して多くはない。少ない史料に基づいて記述された本書の各章は、豊富なデータを用いた確度の高い実証研究とは一線を画する。冒頭で本書を「分析的に記述したもの」と表現したのはまさにこの趣旨であり、実証研究としての本書の限界もこの点に存する。

銀行検査史を樹木の幹に例えた場合、角度を定めて複数の切り口をつけ、そこに現れる年輪の模様や樹液の通りみちを比較することは、樹木全体をその成長過程に沿って内部から観察することに等しい。たとえ切り口が完全な輪切りになっていなくても、その一部から全体を合理的に類推できれば、樹木全体の特徴を把握する作業は成立する。つまり、切り込みの角度が適正で、かつ切り口の形から全体を類推する論理に飛躍がないことが、この作業から有意な結論を導き出す鍵となる。銀行検査に関する史料をもとに考察を加えるにあたって、筆者は常にこの点に留意してきた。

　さて本書は、埼玉大学に提出した博士論文「銀行検査の史的展開」に加筆修正し、書物としてまとめたものである。同大学の社会人大学院で論文指導をいただいて以来、現在に至るまで継続的にご指導を仰いでいる伊藤修先生をはじめとして、本書を出版するまでの間、多くの方にお力添えをいただいた。

　筆者が最初に金融論の手ほどきを受けたのは、慶応義塾大学経済学部在学中にゼミでご指導いただいた村井俊雄先生である。村井先生はゼミ生に対して、金融論で学んだことを生きた知識として実践することの重要性を説いておられた。学生当時、ただ漠然と研究者の道を将来の選択肢の1つとして考えていた筆者の心底を見透かすように、村井先生は金融機関への就職を強く勧めてくださった。

　先生のご推薦を受けて就職した第一勧業銀行（現みずほフィナンシャルグループ）では、さまざまな分野で多くの実務経験を積む機会を与えられた。その一方で、金融論の一分野を自らの専門として学問的に追及したいという思いは常に心の片隅にあって、青臭い書生気質を抱えたまま銀行員としてのキャリアを歩み始めた。業務に忙殺され、ノルマに追われ続けた管理職時代は、現実一辺倒となってアカデミズムに憧れる気持ちは忘れ去ったが、銀行員キャリアの終盤に差しかかったところで行内検査に従事することとなり、再び書生気質が頭をもたげた。

　筆者が行内検査業務に従事している時期に行われた、金融庁による銀行検査のコンセプトの転換は、銀行検査と行内検査の関係を根本から見直すもので、定型化されて久しい行内検査業務にも見直しを迫るものであった。また

はしがき

この間、3行合併を経験することによって行内検査に対する考えを広げることもできた。

このような経験から、銀行検査を過去からの時間軸に沿って研究することの大切さを認識させられた。銀行検査の歴史を研究テーマとして選択するきっかけとなったのは、「銀行検査史は、これまで金融史家によってあまり手がつけられることのなかった分野であるがゆえに、それを研究テーマとすることは金融史研究の死角に斬り込むことになるのではないか」という大上段で一方的な思い込みであった。

埼玉大学の伊藤修先生は、筆者のこの思いを受け容れてくださり、親身に指導してくださった。先生のご著書である『日本型金融の歴史的構造』は、筆者が同大学院に所属する以前からの愛読書であった。当時の勤務場所から徒歩5分の東京八重洲に、埼玉大学が社会人大学院を開校しており、そこで伊藤先生が教鞭をとっておられることを知った時、少し大袈裟ではあるが運命的なものを感じざるを得なかった。

伊藤先生のご指導は、歴史資料を丹念に読み込み、そこから独自に発見した事実をもとに、知力を尽くして考察を加えるべきというものである。とにかく、「調べる⇒まとめる⇒考える⇒書く」というプロセスを丁寧にたどると同時に、大きな歴史の流れを把握し、読者が思わず肯く簡明な表現で研究成果を記述するというのが、伊藤先生のご指導のエッセンスであると筆者は理解している。

伊藤先生には、博士課程在学中に「日本金融学会」への入会を勧めていただいた。同学会ではこれまで3回研究成果を発表する機会を得て、参加された諸先生方から貴重なコメントを頂戴した。また、「金融システム研究会」では、過去2回研究成果を発表する機会を得て、メンバーの諸先生方から貴重なコメントをいただいた。特に中核メンバーの一人である小野有人氏からは、有益なコメントとともに、研究資料に関する情報をいただいた。筆者の博士論文の副指導にあたられた西山賢一先生、箕輪徳二先生からは論文作成途上で様々な貴重なコメントをいただいた。

筆者の銀行勤務時代に机を並べた同期で、現在、桜美林大学経営政策学部で教鞭をとっておられる平田潤教授は、実務家、銀行エコノミストとして実

績を積み重ねた後、学者に転進された俊才で、常に筆者の前を行く存在である。筆者が研究論文を大学紀要に発表し始めた頃、平田氏はご自身の研究成果や銀行検査に関連する資料を折にふれて送ってくださった。そして、資料に添えられた手紙には、いつも筆者を勇気づける言葉が記されていた。懐中電灯を持って夜道を歩きながら、時折後ろを振り返っては足元を照らし、声をかけてくれるような氏の優しさに、筆者は心底感謝している。

伊藤先生が主催される「サイキン研」という名のゼミは、現役院生、卒業生が入り混じって研究成果を発表し、意見を交換する、いわば「知のキムチ鍋」ともいうべき素晴らしい会合である。なぜキムチ鍋かというと、多分に辛口で熱い議論が交わされるからである。筆者の研究発表に対して、専門外であるにもかかわらず親身にコメントを述べてくださったゼミ仲間、中井浩之、小笠原悟、神津多可思、徳丸浩、岩崎美智和、緑川清春、足立一夫、飯島正美の諸兄には心から感謝の意を表したい。

時潮社の相良景行、相良智毅、山田修の3氏からは、誠に高質かつ効率的な編集作業のみならず、種々のご配慮を頂いた。感謝申し上げたい。

そして最後に、筆者の論文の最良の読者であり、九十歳となった今でも、かくしゃくとして知的好奇心を抱き続ける、わが父、神一に本書を捧げる。

2011年10月

大江清一

目　次

はしがき …………………………………………………………………3
序　章　課題と構成 ……………………………………………………25
　第1節　問題の所在　25
　　1－1　銀行の公共性　27
　　1－2　ミクロ的アプローチとマクロ的アプローチ　28
　　1－3　提言型検査と指摘型検査　29
　　1－4　モニタリングの連関構造　30
　第2節　構成と目的　32
　　2－1　全体構成　32
　　2－2　各章の目的　34
　　注　記　43

第Ⅰ部　明治期の銀行検査

第1章　銀行検査の誕生
　　―第一国立銀行に対するシャンドの銀行検査報告書を中心として― …47
　はじめに　47
　第1節　国立銀行検査の概観　49
　　1－1　国立銀行の概要　49
　　1－2　国立銀行検査の時代区分　49
　第2節　国立銀行検査の検討　50
　　2－1　紙幣寮事務章程の銀行検査関連規程　50
　　2－2　銀行業の発達に対するシャンドの貢献　53
　　2－3　第一国立銀行の検査報告　55
　　2－4　検査報告書の論点整理　55
　　2－5　第一国立銀行から見た銀行検査　59
　第3節　シャンドの著作に見る銀行検査の本質　61
　　3－1　シャンドの著作と検査報告書の前後関係　61
　　3－2　銀行簿記精法と日本国立銀行事務取扱方の関係　62
　　3－3　銀行簿記精法における内部牽制の考え方　63
　　3－4　日本国立銀行事務取扱方における内部監査の概念　66

小 括 69
注 記 70
別表1-1　第一国立銀行の初回検査報告要旨　73

第2章　銀行検査の形成過程
―シャンド後の銀行検査の特徴― …………………………………78
はじめに　78
第1節　国立銀行検査規程の検討　79
　1-1　国立銀行検査順序　79
　1-2　銀行検査担当者の一般的心得　81
　1-3　実地検査の心得　83
第2節　地方官庁のための国立銀行検査規程　85
　2-1　地方官庁のための国立銀行検査心得書　86
　2-2　地方官庁のための「検査の条件及びその手続」　86
第3節　草創期における国立銀行検査の形成過程
　　　―福島第六国立銀行―　88
　3-1　銀行検査官報告書撮要の検討　90
　3-2　銀行検査規程と銀行検査官報告書撮要の関係　93
第4節　地方国立銀行に対する銀行検査の正確性と着眼点
　　　―新潟第四国立銀行と上田第十九国立銀行―　94
　4-1　新潟第四国立銀行に対する銀行検査官報告書撮要と企業年史の比較検討　94
　4-2　上田第十九国立銀行の設立事情　96
　4-3　上田第十九国立銀行に対する銀行検査官報告書撮要の着眼点　99
　4-4　上田第十九国立銀行の帳簿組織　101
小 括　102
注 記　104
別表2-1　改正国立銀行検査順序の要旨と解釈　107
別表2-2　福島第六国立銀行に対する銀行検査官報告書撮要要旨　110
別表2-3　福島第六国立銀行の資産負債一覧表（明治11年3月27日現在）　114
別表2-4　シャンドの検査報告書と明治9年改定大蔵省規程および銀行検査官報告書撮要の特徴比較　116
別表2-5　新潟第四国立銀行に対する銀行検査官報告書撮要と企業年史の比較　118

目 次

　別表2－6　改正国立銀行成規中の簿冊目録　120
第3章　明治中期における銀行検査の考察
　―銀行条例の成立過程における銀行検査規定の変遷― ……………123
　はじめに　123
　第1節　通常銀行条例案における銀行検査の位置づけ　126
　　1－1　通常銀行条例案建議の経緯　126
　　1－2　通常銀行条例案が対象とする金融機関　127
　　1－3　通常銀行条例案が明治9年改正国立銀行検査手続に及ぼした影響
　　　　　130
　第2節　国立銀行検査手続の改正　132
　　2－1　明治24年改正の国立銀行検査手続　132
　　2－2　明治9年と明治24年改正国立銀行検査手続の比較検討　134
　第3節　銀行条例施行までの法的整備　139
　　3－1　明治商法における会社検査関連規定　139
　　3－2　ロェスレル氏起稿商法草案における会社検査規定　140
　　3－3　ロェスレル氏起稿商法草案と明治商法の比較検討　141
　第4節　銀行条例における銀行検査の位置づけ　143
　　4－1　銀行条例の立法趣旨と検査規定　143
　　4－2　通常銀行条例案との比較による銀行条例の立法趣旨の特徴　145
　　4－3　銀行条例の修正をめぐる議論と銀行検査　150
　小　括　156
　注　記　158

第4章　明治後期における銀行検査の考察
　―金融行政当局者の演説を通して見る銀行検査― …………………161
　はじめに　161
　第1節　金融行政当局者の演説に占める銀行検査関連発言　162
　　1－1　金融行政当局者および業界代表者の演説内容のカテゴリー分類
　　　　　162
　　1－2　金融行政当局者の銀行検査に対する認識と銀行検査関連発言　165
　　1－3　銀行検査関連発言の個別分析　168
　　1－4　時代背景　170
　第2節　日清戦争後における銀行検査関連発言の個別分析　171
　　2－1　日清戦争後の銀行の業績悪化　171

9

2－2　明治36年における銀行検査関連発言　172
　第3節　日露戦争後における銀行検査関連発言の個別分析　175
　　3－1　日露戦争後の金融情勢と銀行の業績悪化　175
　　3－2　明治40年における銀行検査関連発言　179
　　3－3　明治42年における銀行検査関連発言　183
　　3－4　明治44年における銀行検査関連発言　184
　小　　括　185
　注　　記　186
　別表4－1　検査関連発言演説者別内訳一覧　188

第5章　明治後期の銀行事故と検査行政
　―銀行事故を通して見た検査行政の特徴―　……………………………190
　はじめに　190
　第1節　明治30年代の大蔵省銀行検査総括と銀行検査関連通達　192
　　1－1　大蔵省銀行検査総括　192
　　1－2　明治34年理財局銀行検査関連通達　194
　第2節　明治30年代の銀行事故　199
　　2－1　菅谷幸一郎の銀行検査論概要　199
　　2－2　明治30年代の銀行事故分析　199
　第3節　明治40年代の銀行事故　202
　　3－1　大蔵省『銀行事故調』の位置づけ　202
　　3－2　『銀行事故調』の内容検討　203
　　3－3　先行研究との結果比較　206
　第4節　明治後期の検査行政　209
　　4－1　銀行事故と検査行政の関係　209
　　4－2　「銀行事故の実態」と「大蔵高官の銀行検査に対する認識」の比較分析　210
　　4－3　「銀行事故の実態」と「大蔵省通達による銀行指導内容」の比較分析　212
　　4－4　「大蔵高官の銀行検査に対する認識」と「大蔵省通達による銀行指導内容」の比較分析　213
　小　　括　214
　注　　記　216
　別表5－1　大蔵省銀行事故調概要（明治43年5月～6月）　218

目 次

第Ⅱ部 大正期の銀行検査

第6章 大正期における銀行検査の考察
―銀行検査充実に向けた動きと検査規定の形成プロセス―……………235
はじめに　235
第1節　銀行検査充実に向けた諸施策　237
　1－1　銀行検査充実の軌跡　238
　1－2　「銀行検査官処務規定及注意」の内容検討　239
　1－3　「銀行注意事項三十箇条諭達」の特徴　241
　1－4　金融機関別実地検査および書面検査の推移　246
第2節　金融制度調査会による銀行検査充実の動き　248
　2－1　「銀行その他金融機関検査充実計画」（大蔵省案）の内容検討　248
　2－2　金融制度調査会による「金融機関検査充実に関する調査」の答申内容と審議経緯　257
　2－3　大蔵省案および「金融機関検査充実に関する調査」の総括的考察　271
第3節　銀行検査関連規定の考察　274
　3－1　「銀行検査規程」原案の成立過程　274
　3－2　「銀行検査官処務規定及注意」と「銀行検査規程案（旧）」の比較検討　275
　3－3　「銀行検査規程案（旧）」と「銀行検査規程案（新）」の比較検討　276
　3－4　「銀行検査規程案（新）」と「銀行検査規定」、「銀行検査心得」の比較検討　280
第4節　日銀考査規定の考察　282
　4－1　「取引先銀行調査の事」の検討　283
　4－2　「考査部事務取扱要旨並処務心得」の検討　284
　4－3　「考査部事務取扱要旨並処務心得」を補完する日銀通牒および内規　286
　4－4　日銀考査の大蔵検査補完機能　290
小　括　292
注　記　296
別表6－1　銀行検査充実に向けた施策一覧　299
別表6－2　「銀行検査規程案（旧）」と「銀行検査規程案（新）」の比較および「銀行検査規定」、「銀行検査心得」への展開　304

第7章　大正期における行内検査の考察
　—銀行の内部監督充実に関する議論と行内検査の事例研究— ……317
　　はじめに　317
　　第1節　金融制度調査会における銀行の内部監督充実に関する議論　319
　　　　1－1　金融制度調査会第二回本会議における問題提起　319
　　　　1－2　金融制度調査会普通銀行制度特別委員会における議論　320
　　　　1－3　金融制度調査会における議論の総括的考察　323
　　第2節　大正期における行内検査についての見解　324
　　　　2－1　行内検査に対する一般的見解　324
　　　　2－2　行内検査の項目別見解比較　325
　　　　2－3　主要銀行の検査組織　332
　　第3節　地方銀行経営の実態　334
　　　　3－1　大蔵省による地方銀行経営の実態認識　334
　　　　3－2　地方銀行の行内検査に対する実務家の認識　339
　　　　3－3　地方銀行経営に関する大蔵官僚と銀行実務家の認識比較　340
　　第4節　地方銀行の行内検査事例　341
　　　　4－1　武州銀行妻沼支店と行内検査報告書概要　341
　　　　4－2　武州銀行妻沼支店の行内検査報告書の内容検討　342
　　　　4－3　地方銀行に対する官民の認識と行内検査事例の比較検討　352
　　　　4－4　行内検査論と行内検査事例の比較検討　353
　　小　括　356
　　注　記　359

第Ⅲ部　昭和戦前期の銀行検査

第8章　昭和戦前期における銀行検査の考察
　—銀行法制定から「銀行検査新方針」に至る検査行政の推移— ……363
　　はじめに　363
　　第1節　銀行法の制定経緯と銀行検査　365
　　　　1－1　金融制度調査会での議論と銀行法制定経緯　365
　　　　1－2　衆議院と貴族院本会議における銀行法案の審議内容　369
　　第2節　銀行検査に関わる国会審議　376
　　　　2－1　銀行検査をめぐる衆議院、貴族院委員会審議　376
　　　　2－2　銀行検査に関する国会想定質問と応答内容　378

目　次

　　第3節　昭和戦前期の銀行検査行政　382
　　　3－1　農工銀行検査規定　382
　　　3－2　無尽業者検査規定　384
　　　3－3　「銀行検査新方針」の検討　386
　小　括　390
　注　記　393
　別表8－1　農工銀行検査規定の構成と内容　396
　別表8－2　無尽業者検査規定の構成と内容　398
　別表8－3　銀行数及び公称資本金額推移　400
　別表8－4　貸出金職業別調　401

第9章　昭和戦前期における銀行検査の事例研究
　―地方銀行に対する当局検査および行内検査事例の比較検討―　……403
　はじめに　403
　第1節　地方銀行に対する銀行検査事例　405
　　　1－1　西武銀行の昭和6年銀行検査指摘　405
　　　1－2　西武銀行の昭和6年銀行検査に対する答申の変更　408
　　　1－3　昭和戦前期における地方銀行に対する銀行検査の特徴　410
　第2節　昭和戦前期における地方銀行の行内検査事例　412
　　　2－1　武州銀行妻沼支店における戦前期の行内検査概要　412
　　　2－2　武州銀行妻沼支店の昭和3年から昭和17年の行内検査　412
　　　2－3　昭和戦前期における地方銀行の行内検査　419
　小　括　421
　注　記　422
　別表9－1　昭和6年10月銀行検査指摘および西武銀行回答　425
　別表9－2　武州銀行妻沼支店対する行内検査推移　428
　別表9－3　武州銀行妻沼支店の固定貸残高推移　430
　別表9－4　武州銀行妻沼支店の預金営業に関する行内検査コメント
　　　　　　　　432

第Ⅳ部　戦後占領期の銀行検査

第10章　戦後占領期における銀行検査の考察
　―旧銀行法における銀行検査の位置づけとGHQ/SCAPとの関係―…441
　はじめに　441
　第1節　旧銀行法における銀行検査行政の位置づけ　442
　　　1－1　戦後大蔵官僚の旧銀行法解釈　442
　　　1－2　銀行検査に関する旧銀行法の規定　444
　　　1－3　旧銀行法に規定された銀行監査役の業務内容　444
　第2節　銀行検査の形成過程　447
　　　2－1　銀行検査に関するGHQ/SCAPの指示　447
　　　2－2　新検査方式の評価　453
　第3節　新検査方式による銀行検査
　　　　　―昭和26年度の銀行検査結果分析―　456
　　　3－1　一般検査結果のまとめ　456
　　　3－2　一般検査結果に基づく考察　462
　　　3－3　特別検査結果のまとめ　464
　　　3－4　特別検査結果に基づく考察　468
　　　3－5　戦後占領期の銀行検査の特徴　469
　小　括　472
　注　記　473
　別表10－1　昭和26年度検査指摘大蔵省通達との比較分析　476

第11章　戦後占領期における銀行検査導入過程の考察
　―GHQ/SCAPによる銀行検査指導と大蔵省の対応―……………486
　はじめに　486
　第1節　GHQ/SCAPの銀行検査方針　489
　　　1－1　レーマンの銀行監督、銀行検査に対する考え方　490
　　　1－2　レーダスの銀行検査方針　494
　　　1－3　レーマン、レーダスの銀行検査に対する考え方の比較検討　497
　　　1－4　米国上院銀行通貨委員会による銀行監督・検査体制の再編問題調
　　　　　　査とレーマン、レーダスの考え方　502
　第2節　GHQ/SCAP銀行検査方針の銀行検査手続への展開　507
　　　2－1　検査方式に対する検査部長の理解　507
　　　2－2　新検査方式に対する銀行検査実務担当者の認識　509

2－3　『新しい銀行検査法』の概要　514
　第3節　新しい銀行検査法』の考察　524
　　3－1　『新しい銀行検査法』と戦前の銀行検査規程の比較検討　524
　　3－2　GHQ/SCAPの銀行検査の考え方と戦前の銀行検査規程の比較検討　527
　　3－3　『新しい銀行検査法』に対する銀行検査担当者の考え方と実務スタンス　529
　小　括　532
　注　記　535

第Ⅴ部　高度成長期の銀行検査

第12章　昭和30年代前半における銀行検査の考察
　―『新しい銀行検査法』に基づく
　　地方銀行の検査結果と銀行検査行政― ……………………………541
　はじめに　541
　第1節　『新しい銀行検査法』と銀行検査実務　544
　　1－1　『新しい銀行検査法』による検査指摘の項目別検討　545
　　1－2　検査指摘の総括　548
　第2節　検査部長が見た昭和30年代前半における地方銀行の問題点　549
　　2－1　検査部長による講演内容の考察　550
　　2－2　検査部長の論文に基づいた考察　553
　　2－3　昭和33年の検査部長の見解形成プロセス　557
　第3節　検査実務担当者が見た昭和30年代前半における地方銀行の問題点　559
　　3－1　検査実務担当者による講演内容の考察　560
　　3－2　昭和30年代前半の検査結果と検査部見解の総括的検討　561
　第4節　銀行監督行政と銀行検査の連関　563
　　4－1　健全化行政と銀行検査　563
　　4－2　正常化行政と銀行検査　572
　　4－3　銀行監督行政と銀行検査の相互関係　577
　小　括　579
　注　記　581
　別表12－1　昭和31.3.6 蔵銀第333号「昭和30年度下期決算等当面の
　　　　　　銀行経営上留意すべき事項について」の要旨　584

第13章　昭和30年代から40年代前半に至る銀行検査の考察
　　―『金融検査の要領』に基づく地方銀行の検査結果と銀行検査行政―…588
　　はじめに　588
　　第1節　『金融検査の要領』の成立とその背景　590
　　　1－1　『金融検査の要領』の考え方　591
　　　1－2　『金融検査の要領』の「検査の体系」に見る基本指針　593
　　　1－3　地方銀行の検査結果と銀行検査マニュアルの内容変化　605
　　第2節　『金融検査の要領』の検査報告書類　610
　　　2－1　検査報告書類体系の変化　610
　　　2－2　『金融検査の要領』の検査報告書類の特徴　615
　　第3節　『金融検査の要領』と銀行検査実務　624
　　　3－1　検査指摘の構成　624
　　　3－2　『金融検査の要領』に基づく銀行検査結果　625
　　第4節　検査指摘と検査部の認識推移　633
　　　4－1　経営管理　633
　　　4－2　貸出金　637
　　　4－3　預金　640
　　　4－4　損益　644
　　小　括　646
　　注　記　651
　　別表13－1　『新しい銀行検査法』との比較による『金融検査の要領』
　　　　　　　の内容検討　654

第Ⅵ部　安定成長期および平成期の銀行検査

第14章　昭和50年代を中心とした銀行検査の考察
　　―昭和40年代から60年代に至る銀行検査の内容変化と銀行検査行政―…663
　　はじめに　663
　　第1節　昭和40年代の銀行検査　667
　　　1－1　昭和40年代前半の銀行検査のまとめ　667
　　　1－2　昭和40年代後半の銀行検査マニュアルの概要　669
　　　1－3　昭和40年代の銀行検査の特質　671
　　第2節　昭和50年代の銀行監督行政　675
　　　2－1　昭和50年までの銀行監督行政　676
　　　2－2　昭和51年から56年までの銀行監督行政　679

2－3　昭和57年から62年までの銀行監督行政　689
　第3節　昭和50年代前半の銀行検査　695
　　3－1　『金融検査の要領Ⅱ』の特徴　695
　　3－2　昭和50年代前半の銀行検査の特質　701
　第4節　昭和50年代後半の銀行検査　704
　　4－1　『金融検査の実務』の特徴　704
　　4－2　昭和50年代後半の銀行検査の特質　706
　小　括　708
　注　記　714
　別表14－1　昭和40年代から60年代に至る銀行検査マニュアルの内容
　　　　　　　変遷　718

第15章　平成期における銀行検査の考察
　―昭和60年代から現代に至る銀行検査の内容変化と金融バブル―　…728
　はじめに　728
　第1節　昭和60年代から平成期にかけての銀行監督行政　730
　　1－1　金融バブルと銀行監督行政および銀行検査　731
　　1－2　昭和60年代の銀行監督行政　733
　　1－3　平成期の銀行監督行政　736
　第2節　昭和60年代から平成初期にかけての銀行検査　745
　　2－1　『新版　金融検査の実務』の特徴　746
　　2－2　『新版　金融検査の実務』に基づいた銀行検査　748
　　2－3　『新時代の金融検査実務』の特徴　749
　　2－4　『新時代の金融検査実務』に基づいた銀行検査　757
　　2－5　昭和60年代から平成初期に至る銀行検査行政と金融バブル　758
　第3節　平成10年から現代に至る銀行検査　761
　　3－1　『金融検査マニュアル』の特徴　762
　　3－2　『金融検査マニュアル』に基づいた銀行検査　764
　　3－3　平成10年から現代に至る銀行検査行政と金融バブル　769
　小　括　775
　注　記　778

終　章　まとめと展望 …………………………………………………781
第1節　銀行検査史のまとめ　781
　　1－1　明治期　781
　　1－2　大正期　782
　　1－3　昭和戦前期　783
　　1－4　戦後占領期　784
　　1－5　高度成長期　785
　　1－6　安定成長期　787
　　1－7　平成期　788
第2節　銀行検査の大きな流れ　789
　　2－1　明治期における銀行検査の誕生と定着　789
　　2－2　大正期における銀行検査強化の試み　791
　　2－3　戦後占領期における銀行検査の再生　791
　　2－4　平成期における銀行検査と金融バブル　793
第3節　今後の展望　796
　　3－1　銀行検査行政　796
　　3－2　銀行検査実務　799
　　3－3　おわりに　800

索引（単語）　803

索引（人名）　808

参照文献一覧　811

　　　　　　　　　　　　　　　　　　　　　　　　　　装幀　比賀祐介

図表リスト

第Ⅰ部　明治期の銀行検査

図表番号	図表名	頁
図表1-1	銀行検査に関わる「紙幣寮事務章程」の規程内容推移	51
図表1-2	複合仕訳帳制による内部牽制の事例	65
図表1-3	「国立銀行成規」と「日本国立銀行事務取扱方」の内部監査関連規程	68
図表2-1	銀行検査官報告書撮要一覧（明治11年3月～5月）	89
図表2-2	シャンドの銀行検査報告書・国立銀行検査規程・銀行検査官報告書撮要の相互比較	91
図表2-3	上田第十九国立銀行に対する銀行検査官報告書撮要の着眼点	100
図表3-1	銀行条例における銀行検査条項の成立過程	124
図表3-2	「通常銀行条例発行の儀」と「銀行条例制定の儀」の特徴比較	146
図表4-1	金融行政当局者及び業界代表者の演説推移	164
図表4-2	金融行政当局者及び業界代表者の演説構成推移	164
図表4-3	金融行政当局者の銀行検査に対する認識と銀行検査関連発言	167
図表4-4	銀行検査関連発言内訳	168
図表4-5	銀行検査関連発言内容一覧	169
図表4-6	国立銀行・普通銀行・貯蓄銀行数推移	174
図表5-1	「明治34年銀行検査関連理財局通達」による大蔵省のねらい	195
図表5-2	「明治34年銀行検査関連理財局通達」内容構成	197
図表5-3	菅谷論文における銀行失敗の原因分析	200
図表5-4-(1)	大蔵省銀行事故調項目別集計（業況不調の経緯及び原因）	205
図表5-4-(2)	大蔵省銀行事故調項目別集計（今後の見通し）	205
図表5-4-(3)	大蔵省銀行事故調項目別集計（大蔵省の施策）	205
図表5-4-(4)	大蔵省銀行事故調項目別集計（対応結果）	205
図表5-5	明治後期における銀行事故と検査行政の関係	210

第Ⅱ部　大正期の銀行検査

図表番号	図表名	頁
図表6-1	「銀行注意事項三十箇条諭達」による大蔵省のねらい	242
図表6-2	「銀行注意事項三十箇条諭達」構成割合	244
図表6-3	「明治34年銀行検査関連理財局通達」構成割合	245
図表6-4	金融機関別実地検査および書面検査数推移	247
図表6-5	銀行・信託銀行本支店数の算出基礎表	253
図表6-6	検査チームの人員構成と検査行程	253
図表6-7	検査回数、増員数および経費増加概算	254
図表6-8	検査充実計画案にともなう所要経費一覧	255
図表6-9	「金融機関検査充実に関する調査」の答申内容と理由（第三項修正案追記）	259
図表6-10	日銀考査規定体系を構成する通牒・内規一覧	287
図表7-1	行内検査論の論文構成比較	325
図表7-2	主要銀行3行の検査組織比較表	332
図表7-3	武州銀行妻沼支店貸出残高推移	346
図表7-4	武州銀行妻沼支店預金残高推移	347
図表7-5	検査報告書記載項目	354

第Ⅲ部　昭和戦前期の銀行検査

図表番号	図表名	頁
図表8-1	衆議院と貴族院本会議における主要な銀行法案審議内容	370
図表8-2	国会答弁資料に見る金融機関別銀行検査実施推移（実地検査）	380
図表8-3	大正期と昭和戦前期の金融機関別銀行検査頻度比較（実地検査）	381
図表9-1	西武銀行と武州銀行の概要比較	404
図表9-2	西武銀行に対する銀行検査答申の猶予申請	409
図表9-3	固定貸に関する行内検査コメント	414
図表9-4	武州銀行妻沼支店預金残高推移	418

第Ⅳ部　戦後占領期の銀行検査

図表番号	図表名	頁
図表10-1	銀行監査役の調査書に付属する調査表	446
図表10-2	新旧銀行検査対比表	454
図表10-3	総合検査実施金融機関数	457
図表10-4	大蔵省本省の検査要員	458
図表10-5	地方財務局の検査要員（検査官のみ）	458
図表10-6	地区別粉飾預金	465
図表10-7	業種別大口融資	467
図表10-8	業種別滞貨融資状況	468
図表11-1	GHQ/SCAPの銀行検査の考え方と戦前・戦後銀行検査規程との比較	488
図表11-2	レーマン、レーダスの銀行監督、銀行検査に関する考え方の比較検討	498
図表11-3	『新しい銀行検査法』における「銀行の公共性」の位置づけ	519
図表11-4	佐竹浩・橋口収の銀行法解説書における「銀行の公共性」の位置づけ	519
図表11-5	『新しい銀行検査法』と戦前の銀行検査規程の対比表	525
図表11-6	新検査方式に対する銀行検査実務担当者の問題認識と実務対応	530

第Ⅴ部　高度成長期の銀行検査

図表番号	図表名	頁
図表12-1	昭和27年度から昭和33年度に至る銀行検査行政の検討スキーム	542
図表13-1	昭和34年度から昭和42年度に至る銀行検査行政の検討スキーム	590
図表13-2	『新しい銀行検査法』と『金融検査の要領』の報告書類数の比較	611
図表13-3	『新しい銀行検査法』と『金融検査の要領』の報告書類内訳比較	612
図表13-4	分類資産の定義比較	620
図表13-5	地方銀行が抱える問題点に対する検査部の認識推移	634

第Ⅵ部　安定成長期および平成期の銀行検査

図表番号	図表名	頁
図表14-1	昭和40年代から50年代に至る銀行検査の検討スキーム	665
図表14-2	昭和50年代を中心とした銀行検査の時期別検討内容	666
図表15-1	昭和63年代から現在に至る銀行検査の検討スキーム	730
図表15-2	「金融検査に関する基本指針」5原則	767

別表リスト

別表番号	別表名	頁
別表1-1	第一国立銀行の初回検査報告要旨	73
別表2-1	改正国立銀行検査順序の要旨と解釈	107
別表2-2	福島第六国立銀行に対する銀行検査官報告書撮要要旨	110
別表2-3	福島第六国立銀行の資産負債一覧表（明治11年3月27日現在）	114
別表2-4	シャンドの検査報告書と明治9年改定大蔵省規程および銀行検査官報告書撮要の特徴比較	116
別表2-5	新潟第四国立銀行に対する銀行検査官報告書撮要と企業年史の比較	118
別表2-6	改正国立銀行成規中の簿冊目録	120
別表4-1	検査関連発言演説者別内訳一覧	188
別表5-1	大蔵省銀行事故調概要（明治43年5月～6月）	218
別表6-1	銀行検査充実に向けた施策一覧	299
別表6-2	「銀行検査規程案（旧）」と「銀行検査規程案（新）」の比較および「銀行検査規定」、「銀行検査心得」への展開	304
別表8-1	農工銀行検査規定の構成と内容	396
別表8-2	無尽業者検査規定の構成と内容	398
別表8-3	銀行数及び公称資本金額推移	400
別表8-4	貸出金職業別調	401

別表9-1	昭和6年10月銀行検査指摘および西武銀行回答	425
別表9-2	武州銀行妻沼支店に対する行内検査推移	428
別表9-3	武州銀行妻沼支店の固定貸残高推移	430
別表9-4	武州銀行妻沼支店の預金営業に関する行内検査コメント	432
別表10-1	昭和26年度銀行検査指摘事項と大蔵省通達との比較分析	476
別表12-1	昭和31.3.6蔵銀第333号「昭和30年度下期決算等当面の銀行経営上留意すべき事項について」の要旨	584
別表13-1	『新しい銀行検査法』との比較による『金融検査の要領』の内容検討	654
別表14-1	昭和40年代から60年代に至る銀行検査マニュアルの内容変遷	718

初出一覧

	初出論文	掲載紀要・著書
第1章	明治前期における金融当局検査の考察 ―第一国立銀行に対するシャンドの銀行検査報告書を中心として―	『社会科学論集第119号』（埼玉大学経済学会、2006年11月）
第2章	明治前期における金融当局検査の形成過程 ―シャンド後の銀行検査官報告書撮要に見る銀行検査の特徴―	『経済科学論究第4号』（埼玉大学経済学会、2007年4月）
第3章	明治中期における金融当局検査の考察 ―銀行条例の成立過程における銀行検査規定の変遷―	『社会科学論集第120号』（埼玉大学経済学会、2007年1月）
第4章	明治後期における金融当局検査の考察 ―金融行政当局者の演説を通して見る銀行検査に対する認識―	『社会科学論集第121号』（埼玉大学経済学会、2007年5月）
第5章	明治後期の銀行事故と検査行政 ―銀行事故を通して見た検査行政の特徴―	『社会科学論集 第123号』（埼玉大学経済学会、2008年1月）

第6章	大正期における金融当局検査の考察 ―金融制度調査会を中心とした銀行検査充実に向けた動き―	『社会科学論集第122号』（埼玉大学経済学会、2007年9月）
第7章	大正期における行内検査の考察 ―銀行の内部監督充実に関する議論と行内検査の事例研究―	『社会科学論集第125号』（埼玉大学経済学会、2008年9月）
第10章	戦後揺籃期における金融当局検査の考察 ―旧銀行法における銀行検査の位置づけとGHQ/SCAPとの関係―	『社会科学論集第118号』（埼玉大学経済学会、2006年7月）
第11章	戦後占領期における銀行検査導入過程の考察 ―GHQ/SCAPによる銀行検査導入と大蔵省の対応―	『社会科学論集第126号』（埼玉大学経済学会、2009年3月）
第12章	昭和30年代前半における銀行検査の考察 ―『新しい銀行検査法』に基づく地方銀行の検査結果と銀行検査行政―	『社会科学論集第127号』（埼玉大学経済学会、2009年6月）
第13章	昭和30年代から40年代前半における銀行検査の考察 ―『金融検査の要領』に基づく地方銀行の検査結果と銀行検査行政―	『社会科学論集第128号』（埼玉大学経済学会、2009年10月）
第14章	昭和50年代を中心とした銀行検査の考察 ―昭和40年代から60年代に至る銀行検査の内容変化と銀行検査行政―	『社会科学論集第129号』（埼玉大学経済学会、2010年3月）
第15章	銀行検査と金融バブル	伊藤修編著　埼玉大学金融研究室『バブルと金融危機の論点』第7章（日本経済評論社、2010年）

序　章　課題と構成

第1節　問題の所在

　本書の目的は、日本の銀行検査の淵源を明治期に探り、大正期、昭和戦前期、戦後占領期、高度成長期、安定成長期を経て平成期に至る約140年間を対象に、銀行検査通史を分析的に論ずることである。これにより、従来から銀行検査が果してきた役割を歴史認識に基づいて明確化し、銀行検査の将来を展望した有意な知見を析出する。

　現代における銀行検査の有効性を考えるとき、まず念頭に浮かぶのが金融バブルとの関係である。銀行検査と金融バブルを結びつけるのは、現場に最も近接した立場で銀行経営を監督指導する役割を担っていたはずの銀行監督当局が十分その機能を果たさなかったために、銀行の放漫な貸出姿勢を糺すことができず、結果としてそれが金融バブルを招く一因となったのではないかという基本認識である。バブル崩壊という劇的な外的要因変化がどのように銀行検査を変質させて、今後それをいかなる方向に進化させるべきかを考察するにあたっては、分析視角を定めて銀行検査を通史的観点から精査し、歴史的事実に解明の糸口を見出すことが合理的と考える。

　銀行監督行政の重要な手法である銀行検査については、その内容の地味さや銀行検査事例等の資料収集の困難さから、これまで金融史家の研究対象として大きく注目されることはなかった。また、同様の理由で明治期の国立銀行検査に端を発する日本の銀行検査の変遷を通史としてまとめ上げるという試みが本格的になされることもなかった。本書では、これまで陽が当たることがなかったにもかかわらず、必要不可欠な銀行監督ツールとして銀行経営に規律づけを担う役割を果たしてきた銀行検査に焦点を合わせて、その歴史的な展開過程を解明すべく通史としての銀行検査史をまとめた。

　銀行検査の展開過程を解明するにあたって設定した分析視角は、大きく4つである。第1番目は、「銀行の公共性」という観点から銀行に求められる

規律づけの程度を探り、銀行が公共性の高い企業であるがゆえに求められる公的介入手段としての銀行検査の性格を理解した上で、内容分析を行うという視角である。銀行の公共的性格が変化しないかぎり、銀行に求められる規律づけの程度は変化しないはずであり、銀行検査が時代変遷の中で緩急を織りなして実施されるのは、銀行の公共的性格が変化するからではなく、銀行の公共性に対する認識や銀行監督行政の変化に依拠するからである。

第2番目は、時代ごとの銀行検査の実態や銀行検査行政の方向性を解明するにあたって、ミクロ・マクロ両面からアプローチを試みるという点である。つまり、銀行検査事例や大蔵省の銀行検査方針内容を分析することにより、検査実務のスタンスを探るミクロレベルのアプローチと、国会や金融制度調査会あるいは全国手形交換所連合会等の公的会議における議論において、銀行検査行政の責任者が銀行検査についていかなる発言を行ったかを監督行政との関わりから探るマクロレベルのアプローチを適用する。ミクロレベルのアプローチが銀行検査実務を通した銀行検査の考察、つまり検査規定や検査マニュアル、検査報告書をもとに銀行検査の実態を分析するアプローチであるのに対して、マクロレベルのアプローチは銀行検査行政の責任者が政策レベルでどのように検査のかじ取りを行おうとしているのかを分析するアプローチである。

第3番目は、銀行検査を分析するにあたって、銀行検査のスタンスを大きく「提言型検査」、「指摘型検査」に分けて認識し、大蔵当局が時代ごとにどのようなスタンスで検査実務を遂行していたのかを分析するという視角である。「提言型検査」、「指摘型検査」という分類は本書独自のものである。しかし、銀行検査当局による検査においても、従来から新派と旧派という2つの立場があり、それぞれが提言型、指摘型の検査の考え方に相当する。新派は、現況の的確な把握にとどまらず、その銀行の経営をより良いものとするために勧告、指導すべきで、上司や行政課に報告するとともに、自ら主導的にこれを遂行すべきであるという立場である。旧派は銀行検査の役割、使命は銀行の現況をありのままに的確に把握することにあり、検査結果を上司および行政課に報告すると、上司なり行政課はこれを基礎として行政に反映させ、活用すべきであるという立場である。この分析視角を導入するのは、銀

行検査行政と銀行監督行政の協調と棲み分けの変遷を、検査スタンスという新たな視点から考察するためである。

　第4番目は、銀行検査から銀行の内部監査（以下で用いられる「行内検査」と同義である）にいたる連鎖関係、つまり行政上の強制力を有する当局検査が実施されるがゆえに、各銀行でそれと相似形の行内検査が実施されるという単線的な捉え方を改め、「モニタリングの連関構造」として再認識し、双方向の関係を重視する視角である。この視角から銀行検査と行内検査の相互補完関係を探る。つまり、銀行検査を監督官庁による独立的モニタリングとすると、行内検査は銀行自らによる自主的モニタリングに相当し、両者が相互に補完して銀行経営の規律づけが達成されるという考え方である。この考え方に基づいて、銀行検査と行内検査がどのように協調して銀行経営の規律づけに効果を発揮してきたのかを探る。

　以上により、「銀行の公共性」と銀行検査の関係に基礎を置き、銀行検査行政をマクロおよびミクロレベルから捉える視点を持ち、かつ銀行検査スタンスの分析については銀行検査の役割に対する考え方に焦点を合わせて考察し、さらには「モニタリングの連関構造」の実態解明を目的とする分析視角を設定した。

　日本における銀行検査の流れを銀行検査通史として時系列的に分析・集大成した先行研究はないので、銀行検査に関する先行研究については、各章で取り上げるテーマに関連して個別に言及した。また、最初に分析視角を定めて史料収集し、銀行検査史を記述する本書のアプローチは、歴史的事実を予断なく幅広く収集整理し、その集積をもとに考察を加える通常の研究方法と趣を異にしている。このような事情により、概括的に先行研究の成果を整理し、銀行検査の研究史をまとめた上で本書の客観的位置づけを示すことはできないので、その点の記述を割愛する。又、文中で引用する人物名には原則として初出のみに「氏」を付し、一部で敬称を略した。

1－1　銀行の公共性

　本書において4つの分析視角を設定したのは、まず銀行検査の実施基盤である銀行の公共的性格を認識し、その上で銀行検査の緩急がいかなる要因に

よって影響され、時代的変遷を遂げてきたのかを探る切り口を特定するためである。資料の制約により特定の視角からの定点観測が不可能であり、かつ全ての章で一律に4つの分析視角に沿った論理展開ができるとは限らないことを前提とすると、「銀行の公共性」で括られる範囲で、整合的な複数の視角を設定し、資料ごとに適用可能な分析視角から銀行検査を考察する手法が合理的と考える。本書では、公共性の高い企業であるがゆえに求められる公的介入手段としての銀行検査の性格を認識し、銀行の公共性を構成する「預金者保護」、「信用秩序維持」、「銀行の資金供給面における国民経済的機能」の3要素[2]が銀行検査行政や銀行検査実務でどのように勘案されたのかという点を重視する。

官庁は個別企業の利害や権利関係の詳細に立ち入るべきではないという大原則があるにも拘らず、銀行に関しては、その公共的性格ゆえに銀行検査が企業実態に介入する手段として認められてきた。しかし、本書ではその法的根拠が明確にされたのが、国立銀行条例ではなくロェスレル氏起稿商法草案に範をとる明治商法であったことを示し、基本法規である明治商法の精神と整合的に、銀行条例においても銀行の公共性を構成する概念成立の嚆矢が認められることを示す。つまり、銀行の公共性についての厳密な概念把握は、実態的に先行実施された銀行検査を追いかける形で明治中期以降に確立された。銀行検査規定の内容を検討するにあたっては、銀行の公共性を構成する概念が検査規定や銀行検査報告書にどのように具現化されているのかを分析の切り口とする。

1－2 ミクロ的アプローチとマクロ的アプローチ

時代ごとの銀行検査実務や銀行検査行政の方向性を解明するにあたって、ミクロ・マクロ両面からのアプローチを試みるのは、銀行検査行政の方向性と銀行検査実務が整合的であるかという観点と、銀行検査の変遷をたどるという目的を達成するにあたり、資料不足により分析の連続性が阻害される事態を、複数の視角を設けることにより回避しようとする意図からである。銀行検査の実態を詳細に調査するためには、各時代の経済情勢や、それに応じた財政金融政策を把握し、その一環としての銀行監督行政、さらにはその具

体的手段の1つとしての銀行検査行政の方向性を明確化することが必要である。そして、その上で検査行政と整合的な銀行検査実務が遂行されているかを実証することが本来あるべきアプローチである。しかし、これら全てを通史で取り上げると、記述が膨大になりすぎるのと、本来焦点を当てるべき銀行検査の実態が曖昧になる可能性があることから、経済情勢については銀行検査を考察する上で必要な範囲において考察することとした。

1－3　提言型検査と指摘型検査

「提言型検査」は銀行実務の適法性について検査するにとどまらず、合理的な銀行業務運営や銀行経営のあり方について銀行検査を通して勧告、指導することにより、銀行監督行政担当課が検査結果を受けて執行する行政指導の一部を個別検査で先取りしようとする立場である。これに対して、「指摘型検査」は銀行実務の適法性や効率性に関する事項を中心に指摘し、銀行監督行政の領域に踏み込むことなく、検査結果を銀行監督行政担当課に伝達するまでを銀行検査の業務範囲と認識する立場である。

銀行検査の役割を広義に解釈して実践する「提言型検査」と、それを狭義に解釈する「指摘型検査」が明治期以降の時代変遷に沿ってどのように消長を繰り返したのかを分析することは、銀行に直接おもむいて実施される唯一の銀行監督手段である銀行検査が、銀行営業の最先端でどのように緩急織りなして実施されたのかを探ることに等しい。また、このような2つの立場を念頭に置いて銀行検査規定や銀行検査報告書を分析することは、一見平板で静態的に実施されていると見なされがちな銀行検査を、より動態的に認識することにもつながる。

銀行検査が時代に応じて、いかに緩急織りなして実施されたのかを探るにあたって、銀行検査のスタンスが最も端的に表れるのが銀行検査規定であり、当局の銀行検査に対する姿勢である。また、銀行検査実務においては、銀行検査官がどのようなコンセプトに基づいて検査実務を遂行しているのかが問題関心となる。つまり、「提言型検査」と「指摘型検査」が時代要請に応じてどのように使い分けられたのかがポイントで、それは「銀行検査のコンセプトの揺らぎ」の実態を解明しようとすることに他ならない。このように、

銀行検査技術や検査の詳細さとは異なる切り口から銀行検査のコンセプトを分類し、それが時代ごとにどのように変化したのかをたどることにより、銀行検査が各時代でどれくらいの深度で銀行監督行政に踏み込んだのかを考察する。換言すると、時代変遷に沿って銀行検査行政と銀行監督行政の境界線が実務レベルでどのように移動したのかを考察する。

1－4　モニタリングの連関構造

　本書では、外部者によるモニタリング機能を担うのは銀行検査であり、内部者によるモニタリング機能を担うのは行内検査であると考える。そして、銀行検査と並んで行内検査の事例分析を行うことにより、これら2種類のモニタリングからなる「モニタリングの連関構造」の実態を探る。モニタリングの連関構造は先行研究により既に確立されている概念ではないので、以下にその内容を記述する。

　この概念を導入したのは、モニタリングの連関構造の存在を仮定し、実証分析でその態様を解明することが合理的と判断したからである。すなわち、銀行検査から行内検査につながる、順列的なモニタリングの連鎖関係ではなく、銀行検査と行内検査の相互作用によって成立する「モニタリングの連関構造」の存在を前提とすることにより、2つのモニタリング間の相互作用の実態を探ろうとするものである。モニタリングの連関構造が機能するためには、連関構造の構成単位間でモニタリングの目的が正しく共有され、かつ共有された目的を遂行するための制度が整っていることが前提となる。目的が正しく共有されていなければ相互作用は不完全なものとなる。

　モニタリング機能を担う銀行検査や行内検査を考察するにあたり、モニタリングの意義を明確化する。本書ではモニタリングをコントロール手法の1つと考える。そして、コントロール・インセンティブの内容にしたがってモニタリングのタイプを分類する。ここでいうコントロール・インセンティブとは、モニタリングの目的に対する正しい認識に基づいたインセンティブである。コントロール・インセンティブの観点から、銀行検査と行内検査についてモニタリングのタイプを規定する。

　銀行検査のコントロール・インセンティブは、自身の利害に裏打ちされた

プリンシパルのインセンティブでもなければ、自組織の内部統制を強化しようとする経営者のそれでもない。しかし、そのインセンティブは、銀行という公共性の高い企業であるがゆえに求められる公的介入手段としての銀行検査の性格を理解してはじめて発揮される職業倫理で裏打ちされているはずである。つまり、銀行検査行政というコントロール機能を発揮することを本分とする制度のインセンティブとは、その本分を全うしようとする制度に体現された当局の意思であり、制度を通して国政レベルの重責を担う銀行検査行政官の倫理観である。

　行内検査は内部監査が果たすモニタリング機能である。企業組織内で監査機能を与えられた部署による内部監査をモニタリングと認識する。内部監査は経営の補佐としての位置づけをもって被監査部署に対するモニタリングを実施する。経営責任者は内部統制の実態を把握し、コントロールする一手法として監査部署に権限を委任し、内部監査という手法を通して業務の実態を把握する。すなわち、内部監査部署は経営責任者が組織をコントロールする意を体してモニタリングを実施する。この場合のコントロール・インセンティブは、自組織の内部統制の目的を達成しようとする経営責任者の意思であり、それを支えるのは経営者の意思を理解して実務に従事する内部監査責任者の職業倫理である。

　銀行検査と行内検査から構成されるモニタリングの連関構造を1つのモニタリング・システムと捉えた場合、そのシステムを構成する2つのモニタリング機能は、それぞれが抱える制約ゆえに互いに補完的である。たとえば、銀行検査は銀行にとって行政上の強制力を有する強力なモニタリングである反面、検査頻度や銀行の内部情報へのアクセスにおいて劣位を強いられ、それが検査当局にとっての制約となる。一方、監査頻度や内部情報へのアクセスにおいて銀行検査と比較して優位にある行内検査は、同一組織の構成員による監査であるがゆえの監査効果の低下やマンネリが、銀行検査と比較して劣位にあり、それが行内検査責任者にとっての制約となる。

　両者の相互補完性は、互いが本来の目的を見失わずに正常に機能している場合にはシステム全体としての強さを生み出すが、モニタリング機能を担う者がその目的を見失い、インセンティブを喪失した場合にはモラル・ハザー

ドの温床となるリスクがある。たとえば、銀行組織の自律的な内部統制の確立・維持に対する基本認識が不十分な銀行経営者が、銀行検査を行内検査に代替するものとして理解した場合、銀行組織内の内部監査機能は低下し、行内情報に関する情報劣位者である銀行検査当局がカバーできない分野で不祥事が発生する可能性がある。このような理解に基づき銀行検査と行内検査の相互補完関係を分析する。

第2節　構成と目的

2−1　全体構成

本書の全体構成は、第Ⅰ部が明治期、第Ⅱ部が大正期、第Ⅲ部が昭和戦前期、第Ⅳ部が戦後占領期、第Ⅴ部が高度成長期、第Ⅵ部が安定成長期から平成期と6部構成になっており、個別テーマごとに論考をまとめた15章から成り立っている。銀行検査の変遷を通史としてまとめるという本書の趣旨に従うと、時系列的に分析を進めていくことが重要となるので、明治期を明治前期、明治中期、明治後期の3期間、各15年間ずつに分割した。大正期は15年間を1つの単位とし、昭和期は昭和戦前期、戦後占領期、高度成長期、安定成長期に分割した。また、平成期は現在までの20数年間を1つの単位とした。

個別テーマはこれらの単位を構成する各章ごとに考察した。その結果、昭和戦前期までは、ほぼ15年単位で銀行検査の変遷を分析することとなった。昭和戦中期については、銀行検査に関する十分な資料が残されていないので、昭和戦前期を扱った第9章で戦中期を含めた行内検査の事例研究を行った。しかし、実際の銀行検査行政はこのような機械的区分を意識して行われたわけではなく、歴史資料もこれらの区分にしたがって揃っているわけではないので、テーマによっては往々にしてこの区分から前後はみ出して分析することとなる。

第Ⅰ部では、シャンド（後述）による国立銀行検査を中心に明治前期の銀行検査について考察し、シャンド後にいかなる銀行検査が実施されたのかについて事例研究を通して考察する。明治中期については銀行条例の成立過程における銀行検査規定の変遷を通して、銀行検査の法的基盤の成立過程を考

察し、明治後期では銀行監督行政の内容についてマクロ・ミクロ両面から考察するとともに、銀行破綻の原因分析を通して銀行検査の効果を考察する。

第Ⅱ部では、大正期における銀行検査充実の諸施策を分析するとともに、大正期終盤で活発化した銀行検査充実に向けた銀行監督当局の議論を、大蔵省内や金融制度調査会でのやり取りをもとに分析する。また、銀行検査規定の内容を、大蔵省内での規定原案をめぐる議論から最終案に至る検討経緯を含めて考察するとともに、日銀考査との相互補完関係について日銀考査規定をもとに分析する。さらには、大正期における行内検査の特徴について、地方銀行の行内検査事例をもとに分析し、大蔵省による地方銀行経営の実態認識との比較において考察する。

第Ⅲ部では、昭和戦前期に銀行法が制定される経緯において、銀行検査に関する国会審議がどのように行われたのかを分析し、銀行検査規定の内容を農工銀行、無尽業者にまで拡大して検討する。また、地方銀行に対する銀行検査事例と行内検査事例をもとに、銀行検査と行内検査がいかなる点において整合し、相互補完性をもって銀行業務の改善に寄与したのかを分析する。

第Ⅳ部では、戦後占領期の銀行検査がどのような経緯と背景の下に再開されたのかについて、旧銀行法およびGHQ/SCAP（General Headquarters of the Supreme Commander for the Allied Powers：連合国最高司令官総司令部）との関わりを中心に考察し、再開過程を理解することにより、戦後60数年間にわたる銀行検査の歴史的変遷を分析するための原点を解明する。本書で取り上げる戦後期は昭和20年から27年にわたる7年間であり、GHQ/SCAPの指導により銀行検査のコンセプトが固まり、戦後の銀行検査が立ち上がって間もない時期である。GHQ/SCAPによる日本の占領はサンフランシスコ平和条約が締結される昭和27年をもって終了するので、戦後7年間を戦後占領期とした。

第Ⅴ部では、GHQ/SCAPの影響を受けて作成された、戦後初の銀行検査マニュアルである『新しい銀行検査法』に沿って実施された銀行検査結果と、銀行検査行政にどのような特徴があるのかを検討し、大蔵省銀行局通達の内容変遷によって示される銀行監督行政の推移と、銀行検査の内容変化がどのように整合していたのかを探る。また、その後を受けて制定された『金融検

査の要領』が銀行検査マニュアルとして機能した高度成長期に、銀行検査がどのような内容変化を遂げたのかを考察する。

第Ⅵ部では、安定成長期から平成期にかけて、検査マニュアルと銀行実務がどのような内容変化を遂げたのかを、高度成長期から安定成長期への移り行き、金融バブルの発生と崩壊、等の環境変化を与件として考察する。具体的には、高度経済成長を前提とした『金融検査の要領』のコンセプトが、はたして安定成長期に入った昭和50年代以降も有効であり続けたのかどうかを考察する。また、平成期の銀行検査を金融バブルの発生とその崩壊との関係から分析し、現在の金融検査マニュアルの有効性を検討する。本書の全体構成を以下に示す。

銀行検査史の全体構造

第Ⅰ部			第Ⅱ部	第Ⅲ部	第Ⅳ部
明治期			大正期	昭和戦前期	戦後占領期
明治5年～15年	明治16年～30年	明治31年～45年	大正元年～15年	昭和元年～17年	昭和20年～27年
第1章、2章	第3章	第4章、5章	第6章、7章	第8章、9章	第10章、11章

第Ⅴ部		第Ⅵ部
高度成長期	安定成長期	平成期
昭和27年～43年	昭和43年～62年	平成元年～現代
第12章、13章	第14章	第15章

注記：高度成長期と安定成長期は厳密な期間区分のもとに設定しているわけではなく、概ね両時期に有効であった銀行検査マニュアルの更新時期に合わせて期間設定した。

2－2　各章の目的

第1章の目的は、明治前期の国立銀行に対する銀行検査を銀行の内部統制の視角から考察することである。具体的には第一国立銀行に対する初回銀行検査報告書を取り上げ、検査指摘内容の論点を整理して検査のねらいを明ら

序　章　課題と構成

かにするとともに、指摘内容に対する第一国立銀行の理解度を中心に逆サイドから検査効果の検証を試みる。

　第一国立銀行に対する初回検査の責任者であったシャンドは、当時大蔵省に外国人として雇われ、紙幣寮に設置された銀行学局で銀行業の基礎を大蔵官僚や国立銀行員に伝授するとともに、実務レベルでの指導を役割期待として担っていた。シャンドは在日期間中に銀行業および銀行実務に関する複数の著作を残し、確固とした思想のもとに教育や実務指導を行っていたため、検査指摘内容や被検査銀行とのやり取りにもその一端が明確に表れている。本書では実務レベルの詳細な検査指摘とシャンドの著作に記述されている個別簿記技術等との関係を通して、シャンドが初期の国立銀行にインプラントしようとした、会計組織に基盤をおいた精密な内部統制組織に基づく銀行経営思想について考察する。

　第2章の目的は、シャンドの影響を受けてその後どのように銀行検査規程が改定され、その規程内容にしたがって、どのように銀行検査が形成されたのかについて、明治前期の銀行検査官報告書撮要を分析し、解明を試みることである。

　具体的には、明治9年9月に改正された国立銀行検査順序、新たに制定された銀行検査担当者の一般的心得、および実地検査の心得を分析して、銀行検査の基準を確認するとともに、明治11年3月から5月にかけて行われた6件の地方国立銀行検査事例から3件を抽出する。その上で、（1）シャンドの銀行検査との比較検討、（2）銀行検査の正確性の検討、（3）銀行検査の着眼点の検討の等、3つの視角から検査報告書の内容を検討する。個別事例としては福島第六国立銀行、新潟第四国立銀行、上田第十九国立銀行に対する銀行検査報告書を取り上げる。

　第3章の目的は、各種銀行法規の変遷や成立過程において、銀行検査規定がどのように変質したのかを考察し、銀行条例が果たして銀行検査を機能させる法的インフラを備えていたのかについて、「銀行の公共性」の視角から検討することである。

銀行条例は、数度にわたる国立銀行条例改正の後、明治23年8月に制定されたが、その成立までの過程において「通常銀行」という新たな概念によって金融機関を1つのカテゴリーにまとめ、独自の通常銀行条例案を建議した得能良介の事績を探る。また、明治9年と明治24年改正国立銀行検査手続を比較検討することにより検査実務に最も近接した銀行検査規定の内容変化を考察する。

　銀行条例の上位法規である明治商法における会社検査の基本概念を、ロェスレル氏起稿商法草案との比較検討をもとに理解し、明治商法と銀行条例の銀行検査条項の整合性や補完性について考察する。さらに、銀行条例の立法趣旨に表れている「銀行の公共性」の概念を通常銀行条例案の建議趣旨との比較に基づいて確認し、東京銀行集会所が提出した銀行条例修正案をめぐる金融監督当局と銀行業界との議論の内容を銀行の公共性の観点から分析することにより、銀行検査の法的根拠や制度的存立基盤について考察する。また、国立銀行条例と銀行条例の銀行検査条項の整合性について確認する。

　第4章の目的は、明治後期における銀行行政当局者や業界代表者の銀行検査に対する認識がいかなるもので、金融経済情勢の変化や銀行動揺の影響を受けて、それがどのような変遷を見せるのかを考察することである。

　本章では銀行行政当局者の銀行検査に対する認識を探る資料として、公的会合における銀行行政当局者および業界代表者の演説を用いる。分析手法としては、演説原稿あるいは演説筆記録に基づいて演説内容をカテゴリー分類し、カテゴリーごとの発言の軽重を原稿字数で認識する。

　また、日清・日露戦争の影響を考慮して明治後期の金融経済情勢を概観するとともに、銀行の業績悪化の実態を把握する。金融経済情勢との関わりから金融行政当局者を対象に銀行検査関連発言内容を分析し、演説筆記録によって把握した金融行政当局者の銀行検査に対する認識と比較検証する。その上で銀行検査関連発言内容について分析を加える。

　第5章の目的は、明治後期の銀行検査結果と検査関連通達の内容を検討した後、銀行事故の特徴を明治30年代と40年代に分けて検討し、明治後期にお

ける銀行事故の特徴を明確化することである。

　明治後期における銀行検査行政を、「大蔵高官の銀行検査に対する認識」、「大蔵省通達による銀行指導内容」、「銀行事故の実態」の3者を比較することにより分析する。具体的には明治後期における銀行事故の原因分析を通して問題銀行の特徴を探り、銀行事故の事前回避と問題銀行の処分に対して銀行検査がいかなるスタンスで実施されていたのかを考察する。そして、それが銀行検査関連発言の分析を通して把握した銀行行政当局者の銀行経営実態に対する認識と一致しているのか、また銀行事故の実態を踏まえて適切な通達行政が行われていたのかを確認する。

　明治30年代の銀行事故の実態については、銀行事故の原因を中心に考察する。具体的には、銀行事故を取り上げた事例を集計整理し、銀行事故の特徴を考察する。また、銀行事故事例をもとに、個別銀行を対象としたミクロレベルの銀行経営の問題点に関する実態把握を目的として銀行事故を分析し、金融行政当局者がその実態をどのように理解していたのかを検証する。

　第6章の目的は、大正期における、銀行検査充実に向けた銀行監督当局の試みを精査してその実態を解明し、銀行検査充実に向けた動きにあわせて銀行検査規定がどのように変化したのかを、検査規定の作成プロセスに遡って考察することである。

　具体的には銀行検査充実に向けた諸施策の全貌を概観し、金融制度調査会による「金融機関検査充実に関する調査」の答申内容と審議経緯を辿るとともに、「銀行その他金融機関検査充実計画」（大蔵省案）の内容を検討する。また、検査規定の変遷については、大正4年に制定された「銀行検査官処務規定及注意」と、金融制度調査会での審議を経て大正15年から昭和にかけて成立した「銀行検査規定」、「銀行検査心得」を比較することにより考察する。規定内容の変遷を考察するにあたっての分析視角は「指摘型検査から提言型検査へのコンセプトの変遷」である。

　第7章の目的は、大正期における行内検査の実態を、（1）金融制度調査会での銀行の内部監督充実に関する議論、（2）複数の行内検査実務書の内容比

較、(3)行内検査事例の検討、の3つのレベルでの考察を通して解明することである。行内検査を検討するにあたっては、地方銀行の行内検査報告書を材料とする。

　具体的には、大正期の行内検査に関する一般的見解を考察するにあたり、識者3名の行内検査論を比較検討する。3著者は一様に行内検査を主要テーマにしつつも、それぞれ異なる切り口から行内検査にアプローチしているため、比較項目は行内検査の概論や理論的部分に限定される。したがって、比較検討にあたっては、それぞれの行内検査論で共通に取り上げている項目の最大公約数的な部分を比較し、各行内検査論の独自ポイントは個別に検討する。

　また、大正期の銀行経営と行内検査の実態を地方銀行に代表させ、それらを官民の眼を通して考察する。地方銀行の経営実態については、大正9年当時、大蔵省銀行局特別銀行課長であった岡田信の長野市での講演をもとに、大蔵省の認識を考察する。

　事例研究としては、地方銀行たる武州銀行妻沼支店に対する大正11年、14年の行内検査報告書を材料として、その内容を検討する。検討に際しては、大正10年の合併により熊谷銀行妻沼支店から武州銀行妻沼支店に衣替えした背景事情や、妻沼村の地域特性、取引先としての地元名士の実態について、『妻沼町誌』等の地方史料を参考に考察する。

　第8章の目的は、昭和2年の帝国議会での銀行法案審議から、昭和10年の大蔵省「銀行検査新方針」発牒に至る銀行検査行政の推移を考察することである。本章では銀行条例から銀行法への移行を銀行行政の与件変化と認識し、この与件の変化にともなって昭和戦前期の銀行検査がいかなる変貌を遂げたのかを考察する。つまり「制度の整備」と「制度の運用」に分けると、銀行法の制定は前者に該当し、銀行法に基づく銀行検査行政の執行は後者に該当する。

　具体的には、銀行法制定プロセスにおける銀行法案の国会審議を全体的に俯瞰し、「金融制度体系の整備」、「銀行業の定義に関する議論」、「銀行設立に関する資本金制限」の3つの視角から銀行法案の審議内容を掘り下げる。

また、これら3つのポイントに関わる銀行行政当局のスタンスを確認するとともに、銀行検査行政あるいは銀行検査実務との関わりを考察する。

また、銀行法第21条で規定されている銀行検査をめぐる衆議院、貴族院委員会審議を検討し、行政当局が銀行法に基づいて銀行監督行政を執行する上で、どのように銀行検査を位置づけていたのかを分析する。さらに、昭和戦前期の銀行検査行政を、（1）金融機関種類別検査規定の内容検討、（2）大蔵省内で徹底された銀行検査の基本方針である、「銀行検査の新方針」の内容検討、の2つの切り口から分析する。

第9章の目的は、地方銀行に対する銀行検査事例と行内検査事例を分析し、昭和戦前期の銀行検査行政の方向性とその特徴を探ることである。検査資料の関係から、分析事例における銀行検査の被検査銀行と行内検査事例で取り上げる銀行は同一ではないので、各銀行の概要を比較し、大略両行の相違を踏まえた上で事例間の比較研究を行う。銀行検査の被検査銀行は西武銀行であり、行内検査事例として取り上げるのは武州銀行妻沼支店である。

具体的には、西武銀行を題材に、銀行検査の指摘事項やそれに対する被検査銀行の答申をもとに銀行検査がどのようなスタンスで実施されていたかという点を考察する。大蔵省の検査スタンスを判断する際の基準は、昭和2年の銀行法案審議を通して確認された「銀行検査行政の方向性」と、大正15年の制定以降銀行検査に用いられた「銀行検査規定」である。

また、武州銀行妻沼支店を題材に、行内検査の指摘事項を検査項目ごとに検討するとともに、昭和3年から17年にかけて、ほぼ毎年13回にわたって実施された行内検査の指摘内容の推移を分析する。さらに、当局検査対象銀行と行内検査対象銀行が異なることを前提に、銀行検査と行内検査がいかなる点において整合し、相互補完性をもって銀行業務の改善に寄与したのかを分析する。また、必ずしも銀行検査と行内検査が平仄をとって実施されていないのはいかなる点か考察する。

第10章の目的は、戦後占領期の銀行検査がどのような経緯と背景の下に再開されたのかについて、旧銀行法およびGHQ/SCAPとの関わりを中心に考

察することである。

　その公布以降、終戦を経てほぼ原型を留めて存続した旧銀行法については、昭和30年代初めに現役であった大蔵官僚が戦後どのような理解をもって銀行監督行政を行っていたのかを「銀行の公共性」を軸に検討するとともに、旧銀行法の銀行検査関連条文が内包する矛盾を明らかにする。また、大蔵省とGHQ/SCAPとの関係については、GHQ/SCAP関係資料に含まれている銀行検査関係資料に基づいてGHQ/SCAPからの指示内容とそれに対する大蔵省の反応を中心に分析する。

　邦銀の内部監査に直接的な影響を及ぼすのは銀行検査行政であり、銀行検査は1990年代以降、金融ビッグバンやBIS規制（バーゼル合意）より質的変化を遂げている。したがって、邦銀の内部監査の変質を分析する上での直接的な要因変化は銀行検査行政の変化であり、間接的な要因変化は金融ビッグバンやBIS規制等の外的要因変化である。

　戦後占領期における銀行検査行政の再開過程を理解することは、戦後60年間にわたる邦銀の内部監査の歴史的変遷を分析するための原点となる。本章は終戦直後の銀行検査行政の法的根拠である旧銀行法と当時最も強力な外的圧力であったGHQ/SCAPとの関係を通してこの原点に接近する試みである。

　第11章の目的は、銀行検査に対するGHQ/SCAPの考え方とその背景にある思想を整理し、それが大蔵省の銀行検査マニュアルにどのように反映されているかを探ることである。GHQ/SCAPに所属して戦後日本の銀行検査の再構築を担当したレーマン、レーダス両氏の著作や発言内容を検討した上で、それが新検査方式を経由して、戦後初の銀行検査マニュアルである『新しい銀行検査法』にどのように結実し、さらに『新しい銀行検査法』が検査担当官にどのように受け入れられたのかを考察する。

　具体的には、GHQ/SCAPの銀行検査方針とその背景にある思想を分析する。レーマンは銀行監督、銀行検査に関する論文を4編残しており、レーダスについては銀行検査方針に関する講演録が残されている。両者の銀行検査に対する考え方や思想は、これらの資料をもとに互いの共通点や相違点について整理し、いかなる点が戦後日本の銀行検査方針に引き継がれたのかを分

析する。

　また、戦後初の銀行検査マニュアルである『新しい銀行検査法』については、「GHQ/SCAPの思想の反映度合い」を中心に内容検討する。

　第12章の目的は、『新しい銀行検査法』に沿って実施された銀行検査結果と、銀行検査行政にどのような特徴があるのかを検討し、大蔵省銀行局通達の内容変遷によって示される銀行監督行政の推移と、銀行検査の内容変化がどのように整合していたのかを探ることである。

　具体的には、『新しい銀行検査法』に基づいた銀行検査結果と、銀行検査を通して把握された昭和30年代前半までの銀行業務の問題点等について考察する。また、昭和30年代前半における地方銀行業務の問題点に対する検査部の認識を、当時、検査部長を務めた福田久男の講演録を題材として考察する。検査実務担当官が認識していた、昭和30年代前半における地方銀行業務の問題点について検討する。

　さらに、大蔵省銀行局通達の内容変遷によって示される銀行監督行政の推移と銀行検査の内容変化がどのように整合していたのかを探る。昭和20年代から昭和30年代にかけての金融行政の特徴を示す一側面として、健全化を目指した銀行監督行政から、正常化を目指した銀行監督行政への移行がある。金融健全化から正常化に至る銀行監督行政の流れに、銀行検査がどのように呼応したのかを考察する。

　第13章の目的は、『金融検査の要領』が銀行検査マニュアルとして機能した昭和34年から昭和43年に至る10年間を対象に、銀行検査の内容推移を考察することである。具体的には、『金融検査の要領』の検査基本方針を『新しい銀行検査法』の検査基本方針と比較し、かつ『新しい銀行検査法』がいかなる銀行の現実に直面して内容変化を遂げ、『金融検査の要領』に帰着したのか、という点について検査指摘内容の変化との関わりから考察する。

　また、『金融検査の要領』で使用される検査報告書類の特徴を、『新しい銀行検査法』の検査報告書類と比較することにより明確化する。これは、検査報告書類が銀行検査マニュアルで示された検査の基本方針を実務に展開する

上でのツールであるだけでなく、検査官と被検査銀行のコミュニケーション・ツールとしての役割を果たし、かつ、その時々の検査方針を最も端的に示すものであるとの理解に基づいている。

さらに、『金融検査の要領』に基づいて実施された銀行検査結果を、昭和34年から昭和42年まで時系列的に比較し、その特徴を明確化し、地方銀行を中心とした金融機関に対する大蔵省銀行局検査部の問題認識を、昭和34年、37年、43年の3つの時点で捉え、その推移を考察する。

第14章の目的は、昭和43年から平成期最初の銀行検査マニュアルが発刊される直前までの20年間を検討期間として、銀行検査および銀行検査行政の推移を考察することである。

本章の分析視角は、(1)高度な経済成長を前提とした『金融検査の要領Ⅰ』[3]のコンセプトが、はたして安定成長期に入った昭和50年代以降も銀行検査実務を行う上で有効に機能したのか、(2)日本の銀行検査行政の特徴を体現した銀行検査マニュアルのコンセプトが有効であり続けたとすれば、そのコンセプトを維持しながら金融検査マニュアルの出現に至るまで間、どのような内容変遷を遂げたのか、(3)『金融検査の要領Ⅰ』の基本コンセプトが長く日本の銀行検査行政を支え続けたとすれば、そこから生じる問題はいかなるもので、それはバブル崩壊につながる、日本の銀行検査行政の停滞の原因となったのか、の3点である。

第15章の目的は、昭和63年から現在までの20数年間を検討期間として銀行検査の推移を考察し、検討期間中に生じた金融バブルとその崩壊を銀行検査行政との関係から分析することである。

銀行検査および銀行検査行政の変遷を、金融バブル発生、崩壊との関係から考察するにあたっては、銀行検査と金融バブルの関係をどのように理解するのかを明確にし、その上で銀行検査マニュアルや検査結果の検討に取りかかる必要がある。したがって、本章ではまず金融バブルを銀行監督行政レベルでどのように把握し、行政措置をとろうとしていたのかを概観した後、銀行検査がその本来の役割である、「銀行検査の情報把握機能」と「把握情報

序　章　課題と構成

の監督行政への展開機能」をどのように発揮したのかを検証する。

　本章の分析視角は、（1）銀行の貸出資産の健全性が実態的に確保されていなかったことを、銀行検査が看破できなかったのはなぜか、つまり、なぜ「銀行検査の情報把握機能」は働かなかったのか、（2）もし、看破できていたなら、なぜ、「把握情報の監督行政への展開機能」は働かなかったのか、（3）金融バブル崩壊後の銀行検査マニュアルは、「銀行検査の情報把握機能」と「把握情報の監督行政への展開機能」を働かせ得るのか、の3点である。

　注　記
　（1）大月高監修『実録戦後金融行政史』（金融財政事情研究会、1985年）。
　（2）佐竹浩・橋口収『銀行法』（有斐閣、1956年）。
　（3）第13章では、昭和34年から42年に機能した銀行検査マニュアルを『金融検査の要領』と表記するが、第14章以降では昭和51年に制定された同名の検査マニュアルを取り上げるので、その時点から前者を『金融検査の要領Ⅰ』と表記し、後者を『金融検査の要領Ⅱ』と表記する。

第Ⅰ部　明治期の銀行検査

第1章　銀行検査の誕生
　　——第一国立銀行に対するシャンドの銀行監査報告書を中心として——

はじめに

　本章の目的は、明治前期の国立銀行に対する銀行検査を、銀行の内部統制の視角から考察することである。具体的には、第一国立銀行に対する初回の銀行検査報告書を取り上げ、検査指摘内容の論点を整理して検査のねらいを明らかにするとともに、被検査銀行である第一国立銀行が、指摘内容をどの程度理解したのかという観点から検査効果の検証を試みる。

　分析視角となる内部統制については、現代の米国トレッドウェイ委員会（COSO：The Committee of Sponsoring Organization of the Treadway Commission）の考え方に基盤を置いて、それを当時にあてはめる。つまり、内部統制の3つの目的を「関連法規への準拠性」、「財務報告の信頼性」、「業務の有効性と効率性」として、これらの目的が「統制環境」、「リスク評価」、「統制活動」、「情報とコミュニケーション」、「モニタリング」の切り口から内部監査によりチェックされるという内部統制の基本構造を念頭におく。

　明治前期は、検査対象となる国立銀行が業務を開始して間もない時期であり、当然、内部監査に関わる理論的な基盤は存在しなかった。したがって、銀行検査報告書の指摘内容が、結果的に内部統制の3つの目的とどのように関連していたのかという視点から考察を加える。

　銀行から見て外部者である監督当局の検査を内部監査の観点から考察し、内部監査の基本的枠組である内部統制の目的と銀行検査の目的の整合性を、銀行検査の有効性を判断する際の尺度とするのは、銀行検査本来の役割を考慮すると必ずしも合理的とはいえない。しかし、（1）国立銀行の初回検査を担当した英国人アレキサンダー・アラン・シャンド（Alexander Alan Shand 以下「シャンド」と略記する）は、国立銀行が内部統制を構築する局面にお

いて、銀行検査を有用な手段と位置づけていたこと、(2)シャンドの著作には銀行の内部牽制、内部統制を強化する思想が明確に表われていること、等からシャンドの基本スタンスには自らの銀行経営思想の実現を国立銀行に対する指導を通して目指すという側面が認められる。

シャンドが実施した銀行検査には、銀行を検査によって規制するというスタンスよりさらに深く立ち入って、銀行経営を健全な内部統制構築の観点から指導するという、提言型検査の側面が強く見られる。これが銀行検査報告書を内部統制の観点から考察する理由である。

第一国立銀行に対する初回検査の責任者であったシャンドは、当時大蔵省に外国人として雇われ、紙幣寮に設置された銀行学局で銀行業の基礎を大蔵官僚や国立銀行員に伝授するとともに、実務レベルでの指導を役割期待として担っていた。シャンドは在日期間中に銀行業および銀行実務に関する複数の著作を残し、確固とした思想のもとに教育や実務指導を行っていたため、検査指摘内容や被検査銀行とのやり取りにもその見識の一端が明確に現れている。実務レベルの詳細な検査指摘と、シャンドの著作に記述されている簿記技術等との関係を通して、シャンドが初期の国立銀行に導入しようとした、会計組織に基盤をおいた銀行経営思想は、銀行検査報告書を分析する上での鍵となる。

中長期的には、シャンド後に銀行検査がどのような発展を遂げたのかという点が重要である。銀行検査はシャンド流の提言型検査の延長線上で発展を遂げ、邦銀に銀行経営思想を定着させることができたのか、あるいは、銀行検査が大蔵官僚機構において独自の変質を遂げ、銀行経営思想とは別次元で金融監督手段としての実効性を発揮したのか、という点は銀行検査史研究における重要な研究課題である。

シャンドについては土屋喬雄氏の先行研究があり[2]、草創期の銀行簿記については片野一郎氏の詳細な研究成果がある[3]。しかし、前者はシャンドの事績に関する総括的な研究であり、銀行検査に焦点を絞っているわけではない。また、後者はシャンドを銀行簿記発達史の起点に位置づけた上で、簿記技術の変遷を辿ることを中心テーマとした研究であり、これも銀行検査に重点を置いているわけではない。先行研究からは、銀行検査報告書を分析する過程

で有益と考えられる成果を取り入れる。

第1節　国立銀行検査の概観

1－1　国立銀行の概要[(4)]

　国立銀行とは、明治5年11月5日に制定された「国立銀行条例」に基づいて設立された、わが国最初の株式会社組織である。この国立銀行条例は「商業上の金融機関を具うること」、「政府発行紙幣銷却処分」という2つの事情に基づいて制定されたことから、国立銀行は発券銀行とされた。国立銀行の営業期間は20年と定められた。

　明治9年8月の条例改正により、国立銀行が発行する銀行券の金貨兌換が取りやめられ、公債をもって資本金に充てることが可能となったことから、銀行の設立が容易となり、その後の国立銀行増加の原因となった。国立銀行数は明治9年の4行から明治12年11月には153行となったが、大蔵卿の内定で国立銀行の資本総額が4,000万円に制限されていたため、第百五十三国立銀行を最後に国立銀行の設立は停止した。[(5)]

　明治29年3月に「営業満期国立銀行処分法」および「国立銀行営業満期前特別処分法」が公布され、国立銀行153行のうち営業満期前の転換を含めて122行が私立銀行に転換した。このほか、合併により消滅したもの16行、営業満期による解散が8行となっており、他の7行は閉鎖されている。

1－2　国立銀行検査の時代区分

　明治期の金融機関は中期から後期にかけて著増しているが、国立銀行に関しては明治12、13年の151行をピークにその後漸減している。本章で検討するのは明治前期の国立銀行検査であり、取り上げる事例は国立銀行が4行しかない時期の国立銀行検査報告書である。

　国立銀行検査を個別検討する際の時代認識の枠組として、国立銀行検査の生成から衰退に至るまでを期間区分する。本章では明治4年から同31年までを4つの期間に分ける。分析対象とする検査報告書は、国立銀行検査の草創期の早い段階で書かれたものである。したがって、本章で検討対象とする時

期は国立銀行検査の準備期と草創期である。4つの期間の内訳は以下の通りである。

 国立銀行検査の準備期：国立銀行検査を担当した大蔵省紙幣寮の事務章程
 （明治4年から同7年）　中に検査規程が盛り込まれる等、国立銀行検査の
         準備が行われた時期。銀行検査はまだ実施されて
         いない。
 国立銀行検査の草創期：大蔵省の銀行学局でアラン・シャンドによる教育
 （明治8年から同14年）　が施され、大蔵当局の銀行検査に対する基本姿勢
         が純粋に検査実務に反映された時期。
 国立銀行検査の低迷期：常に検査回数が銀行数を下回り、検査回数も変動
 （明治15年から同26年）　が激しく、一貫した銀行監督行政の方針に基づい
         て検査が実施されているとは思えない時期。
 国立銀行検査の終息期：国立銀行がその使命を終えて徐々に銀行数を減ら
 （明治27年から同31年）　し、銀行検査回数もそれと平仄を合わせた形で減
         少する時期。この終息期は低迷期に包含されるが、
         明治26年の銀行条例実施に合わせて普通銀行に対
         する銀行検査が正式に開始されたことによる影響
         を勘案し、独立した時代区分と認識する。

第2節　国立銀行検査の検討

2－1　紙幣寮事務章程の銀行検査関連規程

　大蔵省紙幣寮は明治5年の国立銀行条例発布以降、同10年まで銀行検査の担当部署であった。設置時に定められた内部規程である「紙幣寮事務章程」には、銀行検査に関わる規程が盛り込まれている。この規程内容の変遷を考察する。

第1章　銀行検査の誕生

図表1-1　銀行検査に関わる「紙幣寮事務章程」の規程内容推移

制定・改定時期	銀行検査に関わる「紙幣寮事務章程」の規程内容
明治4年7月 （紙幣寮設置時）	第十一、官准ヲ經テ證券若クハ楮幣ヲ發行スル諸會社アレハ、則チ必ス之カ實際ヲ檢査シテ毎次ニ報告書ヲ徴收シ、若シ事跡ニ疑フ可キ有ルヲ見ハ、即チ其簿冊及ヒ準備金等ヲ査覈シ、實状ヲ卿・輔ニ具上シ指揮ヲ承テ處分ス。
明治5年7月 （国立銀行条例布告4ヶ月前）	第十二、政府ノ准允ヲ經テ證券若クハ紙幣ヲ發行シ、或ハ爲換兌換・受寄金・貸付金等ノ料理ヲ以テ生業トスル銀行ノ類ハ、其景況ヲ視察シ毎次ニ實際ヲ點檢シテ報告書ヲ徴取シ、若シ疑フ可キ者有レハ即チ官員ヲ廛鋪ニ遣リ、其簿冊及ヒ準備金ヲ檢査シテ卿・輔ニ申告シ指揮ヲ承テ處分ス。
明治6年12月 （国立銀行条例布告13ヶ月後）	第十一、禀准ヲ經テ證券若クハ紙幣ヲ發行スルノ銀行、或ハ爲換兌換或ハ受寄金・貸付金等ヲ營業ト爲ス銀行ノ類ハ、都テ其情状ヲ觀察シ、時時其實際ヲ點檢シ、報告書ヲ徴取ス、若シ疑フ可キ有レハ速ニ官員ヲ差遣シテ簿冊及ヒ準備金等ヲ檢査シ、其事由ヲ卿・輔ニ開陳シ、其指揮ヲ承奉シテ處分ス。

出典：大内兵衛、土屋喬雄編『明治前期財政經濟史料集成　第3巻　大蔵省沿革史（下）』（原書房、昭和53年）56-106頁。

　紙幣寮事務章程の制定および改定に共通した銀行検査関連規程のスタンスは、検査のたびに報告書を銀行から提出させることと、実情を検査することである。しかし、「實際ヲ檢査」あるいは「實際ヲ點檢」という表現の意味を規程の文脈から推察する限り、これらは銀行が提出した報告書を通して銀行を検査することであり、いわゆる検査官が被検査銀行におもむく実地検査とは異なる。検査官が実地検査を行うのは書類検査を通じて問題点を発見した場合のみであり、実地検査の対象も帳簿と準備金に焦点が絞られる。

　規程中に銀行という名称が明確に現れるのは、国立銀行条例布告後の明治6年12月に改定された紙幣寮事務章程においてであり、明治4年7月の事務章程制定時および明治5年7月の第1回改定時には被検査対象金融機関はそれぞれ「諸會社」、「銀行ノ類」と表現されている。紙幣寮は国立銀行条例発布の1年4ヶ月前に設置されているが、その時点で既に証券発行機能と紙幣

第Ⅰ部　明治期の銀行検査

発券機能を有する会社を対象にした検査は紙幣寮の職務と認識されている。監査対象は為替会社を念頭においた組織と考えられる。

　紙幣寮事務章程中の銀行検査関連規程は、いわばわが国で最初の銀行検査規程である。この規程は銀行業の発達や銀行検査の精緻化にともなって、爾後変質する銀行検査規程内容を時系列的に分析する際の出発点となる。国立銀行条例17条の内容は以下の通りである。[6]

第十七條　銀行ノ事務實際檢査ノ爲メ紙幣寮ヨリ檢査役派出ノ手續ヲ明ニス
　第一節　紙幣頭ハ大藏卿ノ許可ニ從ヒ各國立銀行營業ノ實際ヲ詳知スルタメ定例又ハ臨時ノ檢査役ヲ派出ス可シ
　第二節　此檢査役ハ各銀行ノ本店又ハ別店トモ事務取扱中ノ時限ナレバ時ニテモ其用所ニ抵リ諸簿冊計表其他實地ノ取扱振ヲ詳密ニ檢閲スルヲ得ヘシ
　第三節　此檢査役ハ先ツ銀行ノ業體ヲ視察シ銀行役員ノ處務能ク此條例ニ遵ヒ成規ニ違ハサルヤ否ヲ監督シ其檢閲ノ實況ト考案ノ次第トヲ書面ニ認メ詳明ニ紙幣頭ニ報告ス可シ
　第四節　銀行ハ此檢査役ノ外何レノ職務何レノ官爵アル者ト雖モ其爲メニ威服セラレ實務ノ檢査ヲ受クルニ及ハス尤モ國法ニ於テ地方官廳ヨリ命シタル檢査ハ此例にアラス

　「図表1-1　銀行検査に関わる『紙幣寮事務章程』の規程内容推移」で明確なように、明治5年7月の国立銀行条例布告前における紙幣寮事務章程の銀行検査関連規程と、明治6年12月の国立銀行条例布告後のそれとは、微妙な表現においては異なっているものの、規程の骨子に大きな変化は見られない。国立銀行条例17条第2節において「各銀行ノ本店又ハ別店トモ事務取扱中ノ時限ナレバ何時ニテモ其用所ニ抵リ」として、営業時間内であればいつでも銀行の本店・支店での実地検査が可能であることを明確にしているのに対して、紙幣寮事務章程ではその点が明確化されていない。

　紙幣寮事務章程には見られない国立銀行条例中の規程は、「銀行ハ此検査役ノ外何レノ職務何レノ官爵アル者ト雖モ其爲メニ威服セラレ實務ノ檢査ヲ

受クルニ及ハス」というくだりであり、大蔵省検査役が排他的に銀行検査権限を有することを明確にしている点が特徴的である。大蔵卿から委任を受けて銀行検査を行う検査役のステータスが法律で規定されたことは、銀行検査史上特筆すべき事実である。

2－2　銀行業の発達に対するシャンドの貢献

わが国の銀行業の発達に対するシャンドの貢献および紙幣寮と同氏の関係について銀行局年報は、「銀行ノ我國ニ興ルヤ實ニ創始ノ事業ナルヲ以テ、明治五年七月銀行學士英人アルレンシヤンド氏ヲ紙幣寮ニ聘シテ銀行諸般ノ事務ヲ諮詢シ、銀行必須ノ書ヲ草セシム。即チ銀行大意及銀行簿記精法是ナリ。且銀行雑誌ノ如キモ亦其材ヲ同氏ノ著書ニ採ル者多シ。加ルニ學局ノ設立生徒ノ陶冶等ニ至リテモ同氏ノ指授ニ出ルモノ少シトセス。全七年四月銀行學局ヲ當課ニ開キ學員十名ヲ擧ケ簿記法及經濟學等銀行必須ノ諸學科ヲ學ハシム」として、シャンドが国立銀行設立時から銀行実務を直接指導していたことを明らかにしている(7)。

銀行学局の設立が議定されたのは明治７年である。その当時、紙幣寮には銀行課が設置されており銀行学局は銀行課の一科として設立された。シャンドが教鞭をとった銀行学局の設立議案の要旨は以下の通りである(8)。

（１）紙幣寮銀行課の職務はきわめて重大であるので銀行学の一科を開設し、学生10名を選抜して銀行事務に関する書籍を学ばせる。
（２）人間の生活に関わるもので貨幣を伴わないものはなく、銀行は貨幣の流通に携わる便利なものである。銀行業は資金を供給し、貨幣流通の中心に位置することにより銀行の利用者とともに利益を得る。農工、商売、貿易、運輸、航海等も例外なくそうであるので、政府は銀行を設立し、その統括を紙幣頭に託したのである。
（３）富裕な外国においてすら紙幣の発券機能を有するものは稀である。わが国政府が銀行に紙幣発券の特権を与えたのは、政府発行紙幣を全て銀行の兌換紙幣によって代わらせるためである。
（４）したがって、銀行を設立するには社員を斎整たる規律をもって選抜し、

第Ⅰ部　明治期の銀行検査

　　　銀行の設立に関わる法規には犯すべからざる厳粛な規則があるので民衆の期待に応えることができるのである。
（5）現在既に設立されている銀行は3行、設立予定の銀行は2行で、今後設立を願い出ている銀行は多数におよぶ。しかし、銀行を創始してまだ日が浅いので人々はまだその利用方法を理解しておらず、良く指導しなければ不慮の躓きを招き政府に損害がおよぶ。したがって、銀行の基礎を確立して保護策を尽くし、銀行の隆盛を期し、人々の信頼を得ることは現在の急務である。そして、それは紙幣頭の責任である。
（6）そのようなわけで、性質が良く才能に恵まれた10名を選抜して銀行学に従事させ、各国銀行の法規や営業の手順を学びかつ研究させて利益をはかろうとするものである。このように、今後別途才能のある者を選抜して外国に遣わして益々銀行学の蘊奥を究めさせようとするものである。

　銀行学局の設立議案には多少誇張した表現も見られるが、準備期・草創期の国立銀行の監督を任された紙幣寮の危機感が強くにじみ出ている。紙幣寮の基本的なシナリオは、銀行の基礎を確立し、その隆盛を期して民衆の信頼を得ることである。そして、そのための方策としては銀行保護策を尽くすと同時に、銀行監督・銀行経営の両面から能力を向上させることが効果的と考えている。銀行学局はこの後者、すなわち銀行監督および銀行経営を担うべき若きエリートを厳格な規律のもとに養成する最高学府であった。
　第一国立銀行に対する検査報告書の分析に先立って銀行学局の位置づけや機能を概観したのは、当時シャンドがお雇い外国人として大蔵省からどのような役割を与えられていたのかを確認するためである。検査報告書をシャンドのサイドおよび第一国立銀行サイドから分析した後、第3節においてシャンドが銀行学局で力点を置いて指導した『銀行簿記精法』、『日本国立銀行事務取扱方』を検査報告書との関わりにおいて分析する。
　銀行業務の基礎知識が浸透していない明治前期において、銀行検査は銀行学局で指導される基礎知識を普及させる役割を担わされていたと考えられる。銀行検査は銀行監督行政との相互作用を高めることと並んで、国立銀行に対

する教育的使命を果たすことが期待されていた。

2−3　第一国立銀行の検査報告

シャンドが実地に紙幣寮銀行課の官僚とともに銀行検査を実施したのは、明治8年3月1日から8日までの一週間である。銀行学局の設立が明治7年4月であるので、この時期はわが国の銀行学の教育が緒についたばかりであった。明治7年11月には第一国立銀行の株主である小野組の破産があり、この事情も勘案して同行に対する銀行検査のタイミングが決定されたものと考えられる。

検査報告書の形式は洗練されたものとは言い難いが、項目ごとに内容を整理して報告されている。報告順序としては、まず前の項でテーマの頭出しをして次の項でその詳細を述べている。検査報告書の形式が十分洗練されていないのは、シャンド自身が銀行検査官ではなく銀行員出身であるためと考えられる。銀行検査報告書の構成および内容要約は「別表1-1　第一国立銀行の初回検査報告要旨」の通りである。

2−4　検査報告書の論点整理

検査報告書は現金をはじめとする有価物の現物検査に関わる記述で始まっている。当時の第一国立銀行の事務レベルが現物検査に応えられる習熟度に達していなかったことも原因の一端と考えられるが、有価物と管理台帳の突合結果については明確な検査結果の記述は見られない。

項番第4で検査報告書は、第一国立銀行が発券した紙幣流通量が減少傾向にあることに言及して懸念を表明している。イギリス人であるシャンドが、米国の銀行制度を手本とした国立銀行を前向きに評価していなかったことが、「この実態は国立銀行の紙幣発行が時期尚早であったことを示すように思われる」という記述に表れている。しかし、報告書は同時に現行制度の枠組内での現実的対応を提言しており、その指摘は銀行検査の目的を逸脱しているとはいえない。

項番第5から項番第8では、各種預金の内訳等を分析するとともに、預金準備金の適正性について言及している。つまり、国立銀行条例で定められた

第Ⅰ部　明治期の銀行検査

通り、通用金（紙幣や金貨等）や公債ごとに定められた比率にしたがって預金準備が手当てされているかを検証して指摘を行っている。「補遺」にある通り、後日シャンドはこの検証のもととなる通用金残高の認識に誤解があったことを渋沢から逆指摘され、率直にその誤りを認めた上で報告書を訂正している。しかし、有価物検査がままならない事務レベルにあった当時の状況を勘案すると、通用金残高の認識に誤解が生じた原因は検査を担当したシャンドの問題というよりは、むしろ銀行サイドの事務レベルに起因する部分が大きいと考えられる。

　シャンドは項番第8で定期預金期日に合わせた合理的な預金準備のあり方を提言している。つまり、不合理な預金準備は銀行の資金効率を悪化させ、それが損失につながることを指摘している。これは、現在では日常的に考慮されているALM（Asset Liability Management：資産・負債の総合管理）の考え方が、わが国ではじめて銀行検査指摘を通して啓蒙されたものと理解できる。

　本来項番第9から項番第12に該当するであろう部分は、検査報告書の項番と指摘内容の対応関係が不明瞭であるが、内容的には小野組と島田組に対する貸付金の詳細説明で埋められている。第一国立銀行に対する銀行検査のタイミングと小野組・島田組の破綻は無関係ではないが、この問題に関する検査指摘内容を掘り下げて分析することは、初期の国立銀行検査の一般的特徴をこの検査報告書に代表させて分析する本章の趣旨とは若干離れるので、指摘内容自体の詳細な考察は割愛する。

　検査報告書の「補遺」は明治8年5月7日に行われたシャンドと渋沢の会談内容に基づく記述であるので、正式には検査期間内に実施された検査報告書の一部とみなすことはできない。しかし、その内容は本来あるべき銀行融資についての記述が豊富に盛り込まれていると同時に、銀行業務に対するシャンドの思想が明確に表現されている。補遺で述べられている主要ポイントは以下のように整理される。

（1）銀行の職能に関する検査指摘
　①第一国立銀行が実態的に機関銀行として創立されたことについての

指摘
②当座勘定の決済機能を活用すべきこと
③銀行が商法や銀行の機能に関する知識を普及する中心となるべきこと

(2) 銀行の内部統制に関する検査指摘
①関連法規への準拠性
②財務報告の信頼性
③業務の有効性と効率性

(3) 貸付業務のあり方に関する検査指摘
①貸付の見返りとして徴求した担保についての基本的な考え方
②貸出資金使途の明確化の必要性
③貸出ポートフォリオの適正性

　銀行の職能に関する指摘は3つのポイントから構成される。シャンドが最も深刻なものとして指摘したのは、第一国立銀行と小野組の関係が内包する問題点である。小野組に対する貸出1,319,606円は、同時点での同行の帳簿上の紙幣流通高1,331,195円にほぼ匹敵する金額であり、いかに貸出が小野組に偏っていたかが分かる。すなわち、創立者の一人である小野組に対する貸出が巨額にのぼり、かつ同社が破綻して不良債権を抱えた状態で銀行検査を行ったわけであるから、検査では当然この問題を明確に指摘する必要があったと思われる。シャンドとすれば機関銀行の最悪のパターンを目の当たりにする思いだったであろう。
　シャンドが銀行の決済機能を幅広く商人に享受させることを重視していたことは、渋沢とのやり取りから明確である。渋沢が明治8年当時、商人に当座勘定を利用させることに慎重であった理由が、商人達の商道徳レベルに疑念を抱いていたせいなのか、あるいは、銀行の決済機能に対する認識不足にあるのかは定かでない。しかし、少なくともシャンドは検査指摘の中で、躊躇する渋沢を鼓舞して当座勘定を普及させることを強く提言している。シャ

ンドは、銀行が商法や銀行の機能に関する知識を普及する中心となるべきことを提言している。しかし、商人に銀行株を買わせて徐々に取締役にするべきという提言については、シャンドの株式会社制度に対する認識を理解しなければ正しく評価することは困難である。

銀行の内部統制に関する検査指摘を、現代の米国トレッドウェイ委員会の内部統制の考え方に照らし合わせて検討すると、シャンドは内部統制の3つの目的全てに言及していることが分かる。コンプライアンスを重視すべきことは、株式担保貸出に関して国立銀行条例を遵守すべきことを例にあげて指摘している。財務報告の信頼性については、銀行勘定の偽計や不正を許さず、銀行の実態を社会に対して明らかにすることを関連法規に準拠する形で実践すべきことが指摘されている。つまり、シャンドは銀行の実態を正しい数値で財務報告に反映させることが重要であることを強調している。業務の有効性と効率性については、事務管理を巧みに行うべきことを中心に述べられている。国立銀行が4行しかなかった明治8年当時、シャンドは銀行間競争による収益極大化行動を前提とした業務の有効性と効率性ではなく、銀行業務の基盤である事務管理の有効性と効率性を重視した。

貸付業務のあり方についての検査指摘は、事例を交えて多岐にわたっている。ポイントは「担保に対する考え方」、「資金使途の明確化」、「貸出ポートフォリオの適正性」の3つに要約され、これらは現代の銀行実務書においても強調される重要ポイントばかりである。貸付担保については、抵当権に対する基本的な考え方と株式担保の問題点について小野組に対する貸付を事例として取り上げて指摘している。最初のポイントは、小野組に対する不良債権を担保する抵当権を銀行株式取得と交換に解除したことを不適切であると指摘したものである。債権保全上の措置としてはきわめて当然な指摘であり、渋沢もこれには同意している。

2番目の指摘は株式担保の取扱原則を指摘したものであり、取り上げている事例は自社株式担保のケースである。これは、前述のコンプライアンスに関する指摘事例とも重複するもので、国立銀行条例にも定められている自社株式を担保とした貸出の回収タイミングに関する指摘である。担保価値が不安定な株式を担保として徴求する場合は、6ヶ月をメドとして不良債権化の

判断を行い、その時点で担保株式の売却代金で債権を回収するというものである。つまり、国立銀行条例第11条第4節に則り、いわばロスカット・ルールにしたがって整然と不良債権を回収するべきことを指摘している。[9]

　資金使途の明確化についても、小野組に対する貸出事例に基づいて指摘している。これは銀行検査を通じて小野組の事業規模と資金需要のアンバランスに疑問を抱いたこと、またそれに渋沢も同意していることを述べたものであるが、取引先企業に対する適正な貸出金額をどのように算出するかというような技術的指導はなされなかった。第一国立銀行の創立資金を小野組が同行から借り入れたことについて、どのような合意がなされていたのかについては、渋沢を中心とする関係当事者間で事実認識が四分五裂している。そもそも、自行の貸出金が回りまわって自行の資本金に転化しているという、きわめて異常な形で第一国立銀行が創立された点について、シャンドは渋沢との会談で厳格に指摘している。

　シャンドは貸出ポートフォリオの適正性を第一国立銀行の株主の多数化によって実現すべきと考えていた。つまり、小野組のような少数の大株主によって銀行が所有されていると、機関銀行化した金融機関は大株主の意向に逆らえず、必然的に貸出ポートフォリオが「大規模で有害な」ものに偏ってしまう。しかし、株主が多数に分散すれば機関銀行としてのステータスから脱却でき、かつ貸出ポートフォリオも分散化が可能になるという論理である。当時、政府以外の貸出先は隆々と商売を営む商人達であった。そしてシャンドは、その商人達が銀行に出資することができる程度の資金力と企業規模を有することが必要と考えていた。

2－5　第一国立銀行から見た銀行検査

　検査報告書の補遺で描かれた渋沢栄一の姿は、日本の資本主義の父として尊崇された渋沢のイメージを覆すものかもしれない。しかし、渋沢を客観的に銀行家の一人として位置づけた場合、同氏は当時の日本でトップレベルの銀行経営者であり、銀行経営に対する認識レベルも銀行家の上限にあったと考えられる。検査報告書を被検査銀行サイドから客観化して分析することは、銀行検査の効果と当時の銀行経営者の認識レベルを理解する上で有益と考え

る。したがって、「渋沢栄一伝記資料」等で記述されている事実をもとに、第一国立銀行の関係当事者および渋沢の眼を通してシャンドの銀行検査報告書を被検査銀行サイドから検討する。

　まず、渋沢自身がシャンドの検査をどのように受け入れていたのかを、明治43年4月25日に京都徒弟講習所で行われた演説の内容から探る[10]。渋沢は、「夫から私がシャンドに八釜しく小言を云はれたのは銀行者の心得である。通常の計算は簿記精法で追々進歩しました、併し簿記精法だけで営業が出来たのではない。或は手形の流通、「チェッキ」の取扱と云ふものも追々に「シャンド」及其以外に向って私共同志者と共に骨を折って其方法を講究した其中に段々と力のある人、智慧のある人が輩出して今日までになったのである。決して一人の力で進で来たのではありませぬ、更に一層深く其根原から云ふと私はシャンドに屢々銀行営業の実際を検査を受けて種々八釜しく言はれたが其事を茲にお話して置きたいと思ふ」と述べて、シャンドから検査を通じて銀行業務の基本知識について指導を受けたことを認めている。渋沢が銀行者の心得と呼んでいるのは、検査報告書本編の勘定科目ごとの詳細な検査指摘よりむしろ、補遺で述べられている銀行業務の基本に関わる内容である。

　シャンドが貸付業務のあり方に関する検査指摘で述べている内容について渋沢は、「総て英吉利の銀行の経営は彼様かと思ひましたが、此シャンドに検査を受けるに就て銀行の職務上の注意と云ふものは実に綿密であった。貸金などは一々検査を受けますと、幾ら貸して居るか何ういふ相手に貸してあるか、例へば何ういふ商人であるか、商人ならば輸入商人か輸出商人か……各種の取引に対して総て丁寧に事情を聞く、さうして之は何う云ふ性質の人である、此貸金は何う云ふ事に使はれる金かといふことを穿鑿した、夫れはシャンドが独り私の銀行へ来て爾う云うことを八釜しく言ったばかりで無く他の銀行へ行っても帳面の記入法以外に取引の仕方、例へば預金があると此相手は何ういふものであるか、始終来る人か、一時的に来たものであるかと委しく取調べて……」と述べている。

　渋沢は回顧談で金利条件に関するシャンドの指導内容については言及していないが、貸出金額、資金使途、債務者の業種等、基本的な貸出条件を把握することの重要性を文字通りやかましく叩き込まれたことについて語ってい

第1章　銀行検査の誕生

る。そして、この渋沢の証言はシャンドの検査報告書内容と整合的である。

第3節　シャンドの著作に見る銀行検査の本質
3－1　シャンドの著作と検査報告書の前後関係
　本節ではシャンドの銀行検査報告書の基底にある銀行業務に対する基本認識と、銀行事務の基礎である銀行簿記について、『銀行簿記精法』および『日本国立銀行事務取扱方』を通して考察する。そして、シャンドが銀行学局での教育や銀行検査を通じて大蔵省官僚や国立銀行職員に知識を移植することにより実現を目指した、国立銀行業務の理想型を探る。国立銀行の設立初期から大蔵官僚や国立銀行員の教育に従事したシャンドは、自身が説いた銀行経営のあり方を理想型とし、現実の国立銀行業務をそれに近づけるための手段として銀行検査を位置づけていたと考えられる。このことを裏づける資料として、土屋喬雄氏の分析を紹介する。土屋氏は渋沢の次の回顧談を引用している。[11]

　　「私は数回シャンド氏に銀行の営業検査を受けた。（中略）其受けたのは検査と云ふも頗る妙であった。今日はあんな馬鹿らしいことはありませぬが、併しシャンドと云ふ人は余程綿密で、悪く申せば干渉であった。当初ゆえにあのやうなことをしたのか私も細かに覚えませぬが、何でも二た月に一度位は来られた。国立銀行の制度でありますから、政府の干渉が非常に強かった。殊に金貨の引換と云ふことがありましたから、尚更に重視したのであったらうと思ひます。銀行の得意が出来て来るに従って預金高も多くなり、融通もするやうになって参りましたから、是人が検査に来て、主なる対手に対して其貸借の理由を質す。（中略）それに対して諄々と説明をする。或場合には其時の返答を書いておく。此前には斯う云ったと云ふて尋ねる、併し当方はそれまでは覚えて居りませぬから言ふことが違ふと、帳面を見て、前の答と違ふといふて、厳しい質問をされることもあった。要するに、其趣意は成るたけ金融を為すの性質を審かにして置かなくちゃならぬ。どういふ筋に出すと云ふことだけは必ず明らかにして置かなければならぬ、唯だ利息が取れる、元金が返えるのだ、それ以上は何で

61

も構はぬ、と云ふ事だけは、如何に堅固な得意先でも知って置く必要があると云ふことは、根本の道理であると云ふて居ったのであります」。

土屋氏の分析は「シャンドの検査は厳格かつ綿密であり、受けた側は、それに悩まされ、ときには憤慨したこともあったかもしれない。しかし渋沢がこれによって大いに利益を得た、と認めているように、わが国の銀行制度が確立するうえに貢献するところあったであろう」というものである。

本章で検討対象とするシャンドの著作は、いずれも日本滞在中に執筆されたものである。第一国立銀行に対する初回銀行検査報告書と著作の関わりを分析するに際しては、各著作の執筆時期や発表時期を考慮して検査報告書との前後関係を明確にすることが必要である。シャンドの大蔵省勤務は2次に分かれており、第1次は明治5年10月1日から同8年9月末日までの3ヵ年の契約で勤務した。しかし、1年間の勤務の後、明治6年10月に1年間の休職を願い出て帰国し、同7年10月再び来朝し第2次勤務に就いている。[12]

銀行簿記精法はこの第1次勤務中に執筆された著作である。土屋氏の分析によると、シャンドが本書の執筆に着手したのは第1次勤務直後で、10ヵ月後の明治6年8月には原稿が完成し、上梓されたのは明治6年12月である。つまり、第一国立銀行に対する初回検査の約1年前には銀行簿記精法は完成していたことになる。

日本国立銀行事務取扱方は、明治10年12月13日の第1号から、同11年12月20日の第13号で廃刊となった「銀行雑誌」の第1、第2、第3、第4、第6、第8、第10号の計7回にわたって連載された著作である。雑誌への掲載はシャンドの帰国後であるが、土屋氏は本書執筆の時期を第2次勤務中と分析している。いずれにせよ、日本国立銀行事務取扱方は銀行簿記精法の発展形として国立銀行の業務実態を勘案して執筆されたものと推察されるので、初回検査報告書の後に構想が確立したと考えられる。

3-2 銀行簿記精法と日本国立銀行事務取扱方の関係

銀行簿記精法は簿記の基本書である。その内容は銀行の帳簿組織の全体像を示すとともに、銀行業務で記帳される個別取引の仕訳を解説している。シャンドの検査報告書には簿記の原則に違反した事例についての指摘は見られ

第1章 銀行検査の誕生

ないので、明治8年当時の第一国立銀行の事務が特筆すべき欠陥を抱えていたとは考えられない。

銀行簿記精法を銀行検査報告書との関わりから検討するにあたって注目すべきは、本書の簿記技術書としての側面よりもむしろ銀行会計による内部牽制システム導入の側面である。銀行簿記精法は複式簿記を論じた日本で初めての著作であるので、本書によって導入された複式簿記自体が銀行会計を旧来の単式簿記から脱却させて相互牽制機能を強化したことは事実であろう。しかし、本章で検討対象とするのは、帳簿体系と帳簿間の牽制体制をシャンドがどのような形で導入しようとしたのか、そして、それが検査指摘とどのように整合しているかという点である。

日本国立銀行事務取扱方は第一国立銀行の初回検査報告書の後に発刊されたものであり、銀行簿記精法の姉妹編としてシャンドの思想が反映された著書である。また、後者は前者の不十分な点を補完しつつ時代的変遷に沿って国立銀行の内部統制に影響を与えたと考えられるので、両著を内部統制・内部牽制の視角から分析する。

前出の片野氏は、日本の銀行簿記史を研究する中で、個別記帳方法の詳細を分析すると同時にシャンドの銀行簿記精法や日本国立銀行事務取扱方を内部牽制、内部統制の視角からも検討を加えているので、片野氏の研究成果に基づいて論考を進める。

3-3 銀行簿記精法における内部牽制の考え方

片野氏は銀行簿記精法の長所3点と短所2点を指摘している。長所とされたのは、(1)複式簿記知識の全くない明治初年当時の銀行取引における複式簿記の理解を容易にしたこと。(2)業種別補助帳簿組織を編成したこと。(3)精密な内部牽制の考え方を帳簿組織全体にわたり浸透せしめたこと、の3点である。

銀行簿記精法の短所としては、(1)決算の方法については全然述べていないこと、(2)「入金手形」、「支払手形」という呼称で入金伝票・出金伝票を伝達伝票として取り上げているが、取引の原始証憑書類と帳簿記入との関係にふれていない点は実践的指導書としては不完全である、という2点が指摘

第Ⅰ部　明治期の銀行検査

されている。片野氏の指摘通り、銀行簿記精法には決算手続の説明がなく、記帳すべき伝票・元帳と原始証憑との関係についても触れられていない。前者については明治7年下期と明治8年上期両期の決算結果を比較すると、18科目に及ぶ勘定科目の変更や新設が見られ、厳格な規程に従って決算処理を行っているとは思えない。(16)したがって、銀行簿記精法の短所が銀行の決算実務に不都合を及ぼしたという点においては重要な指摘と考えられる。しかし、後者の指摘である原始証憑書類と帳簿記入との関係については、銀行の実務指針や日常業務での指導で十分カバーできる問題であり、本書の致命的欠陥とは考えられない。

　片野氏が本書の長所として掲げた3点はいずれも銀行簿記制度発達の基礎となる重要ポイントである。特に銀行検査で重視する内部牽制との関わりからすると、「精密な内部牽制の考え方を帳簿組織全体にわたり浸透せしめたこと」は正確な事務処理を可能にするだけでなく、組織内での不正行為を予防する観点からも重要である。片野氏の見解を検証すべく、銀行簿記精法における内部牽制の実態を、同書の「書体六十一　出店勘定書」(17)の当座預金差引勘定帳をめぐる説明にしたがって検討する。

複合仕訳帳制による内部牽制
　「當坐預金差引勘定帳」、「増補日記帳」、「日記帳」、「總勘定元帳」の整合関係について、銀行簿記精法は以下のように説明している。(18)

書体三十一　當坐預金差引勘定帳
一　此帳ニ記シタル借方ト貸方トノ差引殘高ハ、總勘定元帳中當坐預金勘定ノ差引殘高ト突合フナリ。
　　又増補日記帳中ニ掲ケタル差引殘高ニモ突合フナリ。

書体三十二　増補日記帳
一　此帳中金銀現受入金銀現拂振替勘定及ヒ總計ノ諸桁ハ、日記帳中貸方幷借方ナル當坐預金勘定ノ金銀振替勘定及ヒ總計ノ金高ニ突合フナリ。
一　毎日事務ノ終リニハ、此帳ノ差引殘高ヲ以テ總勘定元帳中當坐預金勘

第 1 章　銀行検査の誕生

定ノ差引高ニ突合ハスヘシ。

書体三十三　日記帳
一　此帳面ノ毎口取勘定ノ總計ハ、之ト突合ハスヘキ總勘定元帳中ノ諸桁面ニ見エタリ。
一　此帳中借方ナル振替勘定總高ハ、貸方ナル振替勘定總高ト突合フナリ。
一　此帳中金銀ノ差引殘高ハ、總勘定元帳中金銀有高勘定ノ差引殘高ニ突合フナリ。

　出店勘定の処理は上記の帳簿に加えて日締帳が使用され、銀行簿記精法における仕訳帳組織においては複合仕訳帳制を採用している。補助帳簿である当座預金差引勘定帳の差引残高が、総勘定元帳の当座預金勘定の差引残高と合致しなければならないことはいうまでもないが、総勘定元帳と並んで主要帳簿と位置づけられる日記帳と増補日記帳は総勘定元帳と当座預金差引勘定帳の間に介在し、借方および貸方個別の仕訳単位で互いに突合することが求められる。[19]

図表1-2　複合仕訳帳制による内部牽制の事例

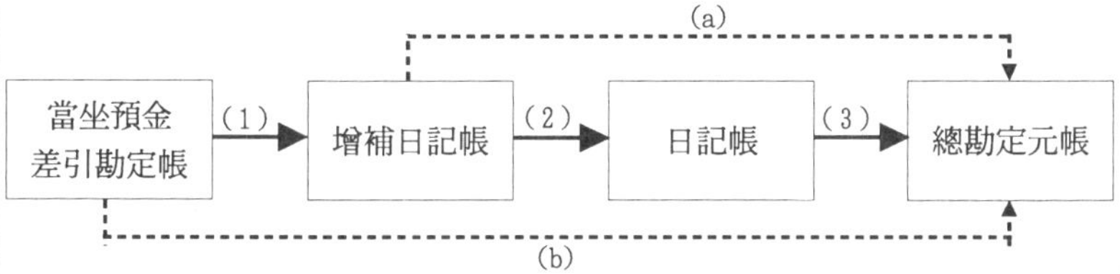

當坐預金差引勘定帳 —(1)→ 増補日記帳 —(2)→ 日記帳 —(3)→ 總勘定元帳
(a)（当座預金差引勘定帳 ⇢ 總勘定元帳）
(b)（当座預金差引勘定帳 ⇠ 總勘定元帳）

(1) 現金、振替仕訳とも個別の借方記帳、残高ベースで当座預金差引勘定帳と増補日記帳は突合する。
(2) 増補日記帳は日記帳の分割特殊仕訳帳として付属している。
(3) 日記帳内の個別勘定である口取勘定の総計は総勘定元帳の当該勘定総計と突合する。

出典：日本銀行調査局編集、土屋喬雄監修『日本金融史資料明治大正編第5巻』（大蔵省印刷局発行、昭和31年)、889-890頁。
注：出店勘定の処理はこれらの帳簿に加えて日締帳が使用されるが、複合仕訳帳制による内部牽制機能を検証する上では煩雑となるので省略した。

第Ⅰ部　明治期の銀行検査

　銀行簿記精法における各帳簿の関係を図示すると「図表1-2　複合仕訳帳制による内部牽制の事例」のようになり、個別帳簿間の関係を要約すると（１）から（３）となる。この流れとは別に、(a)(b)のごとく当座預金差引勘定帳は差引残高ベースで総勘定元帳と突合することが求められ、増補日記帳も当座勘定の差引残高ベースで総勘定元帳と突合することが求められるので、当座預金記帳が総勘定元帳に反映されるまでには（１）～（３）に加えて(a)および(b)と三重のチェックがかかることになる。

　このように、シャンドが導入した複合仕訳帳制においては、各帳簿の責任者を分けることにより勘定記帳段階で内部牽制が機能し、自ずと不正や誤りをチェックするシステムが働く。銀行監督行政の立場から見ると、銀行業務の基盤である銀行事務の堅実性は、銀行員の銀行簿記技術と複合仕訳帳制に基づいて制定された、内部規程への遵法精神を高めることによって確保されることになる。銀行検査を通じて銀行員の銀行簿記規則に対する遵法精神を高揚させ、それを銀行実務で実現するための銀行簿記技術を高めることができれば、大蔵省の銀行監督は効率的に運営されることになる。

　この厳格な帳簿システムを導入することで、国立銀行に制度としての内部牽制をインプラントすることが可能になり、さらに銀行検査でこれを定着させることによって銀行経営の基礎を固める仕組ができ上がったと考えられる。つまり、シャンドの思想を正確に理解して、いかに銀行の内部牽制体制を洗練したものにし、かつ銀行検査を厳格に遂行するかが、大蔵省や国立銀行に散在するシャンドの弟子達に課せられた命題となった。[20]

3－4　日本国立銀行事務取扱方における内部監査の概念

　日本国立銀行事務取扱方について片野氏は、「日本国立銀行事務取扱方に述べられているところは銀行経営の職務制度と会計組織とを有機的に結合して精密な内部統制組織を樹立しようとするもので、その基本構想は今日の経営にあてはめてもなお決して陳腐ではない」と結論づけている。

　片野氏は、銀行簿記精法との比較による改善点として、帳簿の分類を明確にしたことをあげている。日本国立銀行事務取扱方では計算掛に属する総勘定元帳、同差引帳、日記帳、増補日記帳、日締帳、損益勘定帳を「総理簿」、

計算掛以外の諸掛に所属する帳簿を「明細簿」と名付けて分類している。片野氏はこの帳簿の分類が、複式簿記の果たす計算機能から見て合理的と評価し、「銀行簿記精法がわが国における簿記方法を決定する上に大きな役割を果たしたのに対し、日本国立銀行事務取扱方は銀行業の経営の内部統制組織の確立に対して重要な役割を果たしていると考えられる」と結んでいる。[21]

筆者は片野氏の見解は尊重するものの、日本国立銀行事務取扱方が銀行の内部統制組織の確立に寄与したと結論づけるためには、同書が「支店検査ノコト」という項目を新たに設置し、銀行経営の職務制度に検査の概念を導入した事実に注目しなければならないと考える。

日本国立銀行事務取扱方で述べられている検査は銀行の内部監査であり、銀行の自主的モニタリングの概念を具体化したものと位置づけられる。具体化された内容については、同じく銀行の内部監査について規定した「国立銀行成規」第20条との比較検討により明らかにする。両規程の内容比較を「図表1-3 「国立銀行成規」と「日本国立銀行事務取扱方」の内部監査関連規程」に示す。

国立銀行成規は、明治5年に発布された国立銀行条例の施行規則としての位置づけを与えられた規程である。日本国立銀行事務取扱方は、明治10年から同11年にかけて銀行雑誌に発表されているので、両者の時期的な乖離は5〜6年程度である。

国立銀行成規が銀行内の検査役に求めている機能は、財務報告の信頼性確保であり、現代に引き直せば会計監査法人と監査役に期待する職能に近い。それに対して日本国立銀行事務取扱方で規定されている検査機能は支店検査に限定されているものの、「財務報告の信頼性確保」、「内部規程の遵守状況チェック」、「有価物等現物管理の厳格性確保」と3つのポイントに拡大されている。内部規程を遵守させることは銀行内で選出された検査役の主たる職能であり、そのことは「支店検査ノコト」の冒頭に明記されている。

第一国立銀行の初回検査報告書の分析を通じて整理した通り、シャンドの検査指摘を現代の米国トレッドウェイ委員会の内部統制の考え方に照らし合わせて検討すると、内部統制の目的である「関連法規への準拠性」、「財務報告の信頼性」、「業務の有効性と効率性」の3つ全てに言及していることが分

第Ⅰ部　明治期の銀行検査

図表1-3　「国立銀行成規」と「日本国立銀行事務取扱方」の内部監査関連規程

「国立銀行成規」第20条	日本国立銀行事務取扱方「支店検査ノコト」
第二十条　検査の事取締役ハ三ヶ月毎ニ其内ヨリ一人ヲ選擧シテ検査役タラシムヘシ此検査役ハ當銀行ノ有高ヲ計算シ勘定ノ差シ引ヲ改メ諸帳面ノ締高等ノ正直ナルヤ否ヲ検査シ又當銀行商業ノ實際慥ニ立行クヘキヤ否ヲ検査シ其顛末ヲ集會ノ節取締役一同ニ報告スヘシ	支店検査ノコト 支店ノ規程ヲ一定セシメント欲セバ一人検査役ヲ派出シテ各支店ヲ巡回シ能ク本店ノ規程ヲ守ルヤ否ヤヲ検査セシムベシ 此検査役ニ委任スベキ件々ハ左ノ如シ 第一　其資産ヲ精密ニ検査シ之ヲ諸簿冊ト比較シ若シ資産確實ナラザルトキハ直ニ其事由ヲ本店ニ報告スベシ 第二　其取扱フ事業ハ正實ナルカ又本店ノ規程ヲ遵守スルカヲ稽査スベシ 第三　其金庫ハ堅牢ニシテ火災盗難ノ患ナキカ毎日使用ノ簿冊ハ營業終リタル後遺漏ナク庫内ニ保蔵スルカニ注意スベシ 第四　各支店ノ検査了ラハ其顛末ヲ詳述シ報告書ヲ製シテ本店ニ差出スベシ

出典：（1）明治財政史編纂會『明治財政史第13巻』（丸善、明治38年）、94-95頁。
　　　（2）日本銀行調査局編集、土屋喬雄監修『日本金融史資料明治大正編第6巻』（大蔵省印刷局発行、昭和32年）、30頁。

かる。翻って日本国立銀行事務取扱方において銀行の内部監査に期待している機能を考察すると、業務の有効性と効率性が現物管理の厳格性確保という内部管理に限定されてはいるものの、関連法規への準拠性と財務報告の信頼性を確保すべきという考え方は明確に示されている。

　以上の事実から、シャンドは今日の内部監査理論が謳っている内部統制の基本的要件を満たした銀行検査を自ら実施するとともに、それとほぼ相似形の内部監査を国立銀行にインプラントする構想を抱いていたことが明らかとなった。つまり、銀行検査を権威に基づく独立した外部からの検査とし、銀行の内部監査を内部者による自主的な検査と位置づけると、「外部監査に対する内部監査」および「独立的モニタリングに対する自主的モニタリング」[22]という構図の中で、銀行検査と銀行の内部監査の相乗効果を高めるシステムがシャンドによって構想されたと考えられる。

第 1 章　銀行検査の誕生

小　括

　シャンドによる第一国立銀行の検査報告書は、銀行業務に関わる個別指摘に加えて、銀行の職能、内部統制、貸付業務のあり方等にわたる広範な領域をカバーしている。銀行の内部統制に関しては、現代の米国トレッドウェイ委員会の内部統制の枠組で示される内部統制の 3 つの目的（関連法規への準拠性、財務報告の信頼性、業務の有効性と効率性）全てに言及しており、今日の銀行経営にあてはめてもなお新鮮でかつ不可欠な事項をもれなく指摘している。

　シャンドの検査指摘が銀行経営の本質をえぐり、かつ核心を外していないのは、シャンドが銀行員としての実践を通して確立した独自の経営思想を有しており、その正当性を確信しているからであろう。そのシャンドの思想が日本の銀行業の発達にいかなる影響を与えたかを理解するためには膨大な実証分析を積み重ねる必要があるが、少なくとも検査報告書に記された指摘内容やきめ細かな実務指導は、渋沢栄一によって、銀行実務に体現された銀行経営思想として受容された。

　この銀行実務に体現された銀行経営思想の核心は、銀行会計組織と連動した内部牽制機能の導入と内部監査制度導入による内部統制組織の樹立である。前者は『銀行簿記精法』、後者は『日本国立銀行事務取扱方』にその思想が表れている。銀行検査報告書の論点を整理し、それをシャンドの著作との関係において考察した結果として言えることは、シャンドは会計組織を中心とした精密な事務体制を確立することによって国立銀行に内部統制組織をインプラントし、銀行検査とほぼ相似形の内部監査制度を導入することにより、銀行検査と銀行の内部監査の相乗効果をもって、インプラントした内部統制組織を定着させようとしたのではないかということである。

　シャンドという師を得た大蔵省と国立銀行にとっては、彼の思想を正確に理解して銀行の内部統制を確固たるものにし、かつ、銀行検査を厳格に遂行することによってそれを効果的に補完することが、至上命題となった。明治前期以降の銀行検査を考察する際の分析視角の 1 つは、この命題がどのよう

第 I 部　明治期の銀行検査

に銀行検査行政や銀行経営で実践されたのかを検証することである。この点については、第 2 章で実証的に検討する。

　注　記
（ 1 ）本章では明治期を前期・中期・後期と 3 分割し、それぞれが約15年程度の期間から構成されると考える。国立銀行検査の考察に際しては明治31年までを 4 分割し、最初の 2 期（準備期・草創期、明治 4 年〜同14年）を考察対象とするため明治前期とほぼ重なっている。したがって、一般に時代認識が容易な明治前期という時代表記を使用する。
（ 2 ）土屋喬雄『シャンド―わが国銀行史上の教師―』（東洋経済新報社、昭和41年）。
（ 3 ）片野一郎『日本・銀行簿記精説』（中央経済社、昭和31年）。
（ 4 ）社団法人東京銀行協会調査部編集『本邦銀行変遷史』（（社）東京銀行協会銀行図書館、平成10年）、2 - 9 頁。
　　　国立銀行の概要については本書の説明が分かり易いので、それを要約して記述した。
（ 5 ）大蔵省銀行局「銀行便覧　第 4 巻　明治44年版」『復刻　財政金融史料集成　第 2 集　銀行便覧』（昭和57年、総合経済研究センター）によると明治12年の国立銀行数は151行となっているが、この時期合併や解散により消滅した国立銀行もあるため、期初、期中、期末あるいは月別の銀行数把握タイミングにより差が生じたものと思われる。
（ 6 ）明治財政史編纂會『明治財政史　第13巻』（丸善、明治38年）、50頁。
（ 7 ）大蔵省銀行課『財政金融史料集成　第 1 集　銀行局年報　明治 6 年〜同12年』（大蔵省文庫所保存版、昭和56年）、2 頁。
（ 8 ）大内兵衛、土屋喬雄編『明治前期財政經濟史料集成　第 3 巻　大蔵省沿革史（下）』（原書房、昭和53年）、115-117頁。
（ 9 ）明治財政史編纂會、前掲書、46頁。
（10）渋沢青淵記念財団竜門社編集『澁澤榮一傳記資料　第四巻』（渋沢栄一伝記資料刊行会、昭和30年）、157-159頁。
（11）土屋、前掲書、106-107頁。
（12）土屋、前掲書、49-61頁。
（13）片野、前掲書、14-15頁。銀行簿記精法がわが国最初の複式簿記書であることを示す片野の分析を以下に示す。
　　　「『帳合之法』は初篇 2 冊、後篇 2 冊より成り初篇はもっぱら単式簿記法

を解説するもので明治6年6月に刊行され、後篇2冊は複式簿記法を解説し翌7年6月に刊行された。『銀行簿記精法』は6年12月に刊行されたが、その内容は複式簿記法を解説しているのであるから、出版時では帳合之法より半年おそいが複式簿記書としてはわが国最初のものである」。
(14) 片野、前掲書、42-43頁。
片野は『日本国立銀行事務取扱方』の冒頭に「此ノ一編ハ英人遅度氏舊氏ヘ医療御雇中同氏ノ曾テ彼國銀行ニ於テ實驗セシ所ヲ以テ我國立銀行ノ實際ニ就キ其便否ヲ斟酌シテ筆記セシモノニ係ル今譯出シテ以テ世ニ示ス」と述べられていることから、同著がシャンドの著作であることは明白であると分析している。
(15) 片野、前掲書、41頁。
(16) 渋沢青淵記念財団竜門社編集『澁澤榮一傳記資料 第四巻』(渋沢栄一伝記資料刊行会、昭和30年)、154-162頁。
(17) 日本銀行調査局編集、土屋喬雄監修『日本金融史資料明治大正編 第5巻』(大蔵省印刷局発行、昭和31年)。銀行簿記精法原文には目次がないため『日本金融史資料明治大正編 第5巻』に編集して掲載する際、監修者である土屋喬雄が便宜的に目次を作成した。本章で引用する部分を示すにあたり引用箇所を土屋の作成した目次にしたがって特定する。
(18) 日本銀行調査局、前掲書、889-890頁。
(19) 片野、前掲書、27-28頁。
銀行簿記精法は個別記帳の方法を羅列説明しており、銀行簿記で使用される帳簿が外形的に整理されているわけではない。片野は銀行簿記精法の研究を通じて独自に使用帳簿を体系化し「主要帳簿」、「補助帳簿」、「補助帳簿以外の帳票類」の3カテゴリーに分類整理した。本節で検討対象とする帳簿は総勘定元帳、日記帳、増補日記帳、日締帳の4帳簿が主要帳簿に、当座預金差引勘定帳が補助帳簿に分類されている。
(20) 土屋、前掲書、77頁。以下に引用するごとく銀行学局の卒業生は341名に及んだ。その中にはシャンドの直弟子が多く含まれているものと考える。「……12年6月伝習所が廃止されるまでに前後学んだ生徒の数を合計するに341名の多きに達した。その内訳は、伝習所において教授した生徒61名、旧紙幣寮において教授した学員および生徒の人員57名を合わせて181名であった。これらの卒業生は、おのおの其の学ぶところを諸官庁もしくは各銀行、各会社において実行するにいたった」。
(21) 片野、前掲書、54頁。

(22) 今日の内部監査理論では組織内での監査を前提に、被監査部署と独立した組織による監査を独立的モニタリング、被監査部署が自主的に行うモニタリングを自主的モニタリングと称している。しかし、内部監査が定着していない当時を前提として本章では「独立的モニタリング」と「自主的モニタリング」の概念を銀行検査と銀行の内部監査との関係に拡大して理解する。

第1章　銀行検査の誕生

別表1-1　第一国立銀行の初回検査報告要旨

項番	検査内容のポイント
第一	①明治8年2月28日現在の第一国立銀行の資産総額は7,801,126円2銭4厘であり、これが同行の景況を表わしている。
第二	①今般最初に手がけるべき検査内容と検査の実態は以下の通りである。 　1）現物在高と勘定表との突合状況の検査（金貨、紙幣、銀貨、銅貨、地金銀、公債証書、銀行紙幣）。 　2）突合を検査した検査官はその氏名を突合残高の内訳に記載し責任を明確にする。 　3）検査官および受検銀行とも未習熟であるがゆえに要領を得ないところもあったが、今後両者が習熟すれば円滑に運営できると思われる。
第三	①紙幣流通高は1,331,195円。
第四	①実際の紙幣流通高の算出内訳は以下の通り。 　　帳簿上の紙幣流通高　　　1,331,195円 　　（政府に附托している紙幣）（923,000円） 　　（大阪支店手許紙幣）　　（61,500円） 　　　（合計）　　　　　　　（984,500円） 　　実際の紙幣流通高　　　　346,695円 ②明治7年4月の第一国立銀行の紙幣流通高は1,319,546円であったが、明治8年1月には424,086円、現在346,695円まで減少した。日を追うごとに流通高が減少していることが懸念される。 ③この実態は国立銀行の紙幣発行が時期尚早であったことを示すように思われる。しかし、現在の制度の中で改革してこのような事態を回避する方策を講じるべきであり、ことの重大性を考えて、みだりに法律に基く新制度を導入することは避けるべきである。新制度を導入する場合は改革の必要がない正確なものとすることが重要である。 ④国立銀行条例によれば紙幣準備として所持すべき金貨の割合は紙幣流通高の66.7%である。したがって、紙幣流通高346,695円に対して所持すべき金貨は231,141円55銭である。 ［附箋］ 　1）銀行が所持していた金貨は251,886円86銭1厘であり、本来所持すべき金貨と比較して20,742円31銭1厘余分である。これは十分な準備といえるが、その若干分は政府の金貨ではないかと考える。 　2）定期預金残高は337,091円25銭2厘である。

第五	①337,091円25銭2厘の定期預金の多くは華族や士族からのもので期間は1年余りが大半である。期間が3年あるいは6年におよぶものもある。 ②一年定期の金利は平均して6朱半であり、貸出金利は年1割2朱であるので銀行は利益を得られる。6年定期の金利は9銖であり、これは非常に高いというべきである。 ③小野組、島田組の破産で銀行の信用は大きな衝撃を受け預金は減少傾向にある。しかし、明治8年2月28日の預金残高は1月31日比13,343円増加しており、銀行の信用は回復しつつあるといえる。 　　明治7年10月31日　　　500,665円 　　同年11月30日　　　　467,574円 　　同年12月31日　　　　416,277円 　　明治8年1月31日　　　323,748円 ④当座預金残高は456,802円27銭4厘である。
第六	①当座勘定には付利する必要がないので銀行にとって利益の多いものである。当座勘定59口の内訳は以下の通り。 　　政府官員および県に属するもの　　39口 　　商人に属するもの　　　　　　　　 9口 　　士族に属するもの　　　　　　　　 5口 　　華族に属するもの　　　　　　　　 4口 　　銀行役員に属するもの　　　　　　 2口 　　合　計　　　　　　　　　　　　 59口 ②商人が保有する口数が9口であることに注意を要する。これは当座預金の利便性に問題があるためである。渋沢氏との会談において同氏から、当座勘定を良く知らない商人に小切手帳を渡した場合、残高以上の小切手を振り出し、支払いを拒否した銀行が逆に信用を失墜させる懸念があるとの説明を受けた。このことについては渋沢氏と話をする必要があるし、同氏の懸念を回避する方策がある。その方策にしたがえば、銀行の利潤と承認の利便性がともに達せられる。 ③別段預金残高は34,648円86銭4厘である。
第七	①別段預金の内訳は以下の通りである。 　　大蔵省より銀貨の拝借高　　30,000円 　　預かり公債証書の利金で附托人に属するもの　4,648円86銭4厘 　　合　計　　　　　　　　　　　　　　　　　34,648円86銭4厘

第八	①国立銀行条例によると附托金準備（預金等の支払準備）として附托金残高の2割5分にあたる金額をそれぞれ通用金で1割5分、公債で1割用意する必要がある。しかし、現有通用金残高からその他の必要準備金を差し引くと既に12,567円の不足を生じている。したがって附托金残高の1割5分にあたる154,974円を加えると、167,361円の通用金が不足していることになる。^(*2) ②当行は地金銀で275,484円12銭7厘を保有しているので国立銀行条例に反していることによって危難を受けることはない。しかし通用金による準備金は貨幣および紙幣を意味し、地金銀は意味しない。準備金の一部を地金銀に組み入れることを禁止するものではないが深入りしないことが望まれる。 ③第一国立銀行の全定期預金は2月28日現在337,091円で、その1割は33,709円である。しかし、この預金の大半は明治9年、同10年および11年まで支払期限が到来しない。かつ本年（明治7年）6月30日以後に支払期日が到来するものがきわめて多い。したがって、支払期限未到来の預金に準備金をおくのは銀行の損失となることを知るべきである。1つの準備金規則を用いることなく、支配人は支払期限の10日前に定期預金の支払いに備えておけば安全である。 ［筆者注］ （*1）附托金＝定期預金＋当座預金＋別段預金（準備金不要）＋支払手形＋振出手形＋代金取立手形 （*2）通用金＝金貨＋銀貨＋銅貨＋紙幣
不明	［小野組に対する貸付金の説明］省略
第十三	［島田組に対する貸付金の説明］省略
補遺	明治8年5月7日［第一国立銀行の検査に関するシャンドと渋沢栄一の会談］ ①検査報告書において準備金が167,361円不足しており地金銀残高が多いことを論じた（上記第八）。しかし、現有通用金残高から差し引くべきその他の必要準備金中に、本来その準備から減ずるべき275,484円が計算上混入していたため、実際には運用金で附托金の1割5分に当たる部分はカバーされていたとの訂正が行われた。 ②小野組に対する貸付金に関して渋沢は元利合計58,396円の損失を見込んでいる。この内29,000円は小野組の身代より弁済を受けることが可能と渋沢は言った。当行は抵当物件の余力が不十分であるとして小野組に対する20,000円の貸付金2件の抵当権を解除し、代わって40,000円の銀

補遺　行株券を受け取る措置を行ったが、もし抵当が不十分であれば追加徴収するべきであり、抵当権の解除は不適切であるとの意見を渋沢氏に話したところ、同氏もこの措置は不注意であったことを認めた。

③小野組破綻の根源は政府が小野・三井両組に対して第一国立銀行を創立させたことにある。小野組にいたっては銀行創立資金を借金で賄った。三埜村の語るところによると斎藤、長田両氏はこの貸付について渋沢氏に反対したとのことであるが、渋沢氏は両氏が同意したとして意見が食い違っている。

④島田組への貸付金に関わる見込損失は3,000円であり、小野組への貸出損失と合計すると61,396円となる。しかし、銀行は70,000円の抵当を設定している上に、渋沢が望むように小野の身代から29,000円の支払いが望める場合は損失に対する準備は十分といえる。

⑤小野組が自社保有の銀行株を抵当にした貸出金明細は以下の通りである。

東京における小野組への貸出金	700,000円
古川への貸出金	100,000円
大阪における小野善太郎への貸出金	40,000円
合　計	840,000円

⑥当時この株券を買う者はいなかったので、この株券は差し引いて考えなければならない。2,500,000円の資本金は840,000円を考慮すると1,660,000円となる。しかし、渋沢氏は、資本金は2,500,000円であり、依然として銀行株を抵当にして華族や他の役員に貸出金を行い、それを代わり金にして銀行株を買わそうとしていることを私は熟知している。

⑦私（シャンド）はこのことについては条例を遵奉すべきと考える。すなわち、条例にもあるとおり、株券を抵当として貸出を行った場合、6ヶ月以内に返済されない場合はこれを売り払うべきである。もし、売り払うことができない場合はこれを除去して減資すべきである。もし資本金の増加を欲する場合は、新たに株券を発行して増資すべきである。

⑧つまり、私が薦める方法は銀行の実態を社会に対して明らかに示し、条例の趣旨を遵守することである。政府は銀行の勘定の虚偽を許すことがあってはならない。実態を正しく示すのは銀行の信用を増加させる利益がある。もし、差引残高表や諸帳簿に虚偽があれば、銀行の信用を毀損するおそれがある。

⑨小野組への貸出総額と抵当差引後の残高は以下の通り。

小野に貸し付けた全金額	1,319,606円
内株券の抵当を減ずること	840,000円
差引残高	497,606円

差引残高497,606円は再び商業上の資金として用いるべきものである。しかし、当時の商人の事業規模が僅少であったことからみて、私はこの貸出金額の合理性に疑問を抱いている。渋沢氏も同様である。

⑩三埜村氏が言うには、三井組では自社株の一部を売ることを良しとしているので、私は株式を商人に売り付けて取締役にすることを渋沢氏に薦めた。株式を数多くの株主に配分すれば小野組への貸付のように大規模で有害な貸出をする心配がない。この場合、銀行は商法を厳格に遵守すべきである。

⑪渋沢氏が言うには、一流の商人は疑いを持っており株券を買いたがらず、二流、三流の商人は株券を買う資金を持たない。つまり商人は誰も銀行の事務を知らないということである。渋沢氏の言うことが正しいとすれば、二流、三流の商人は金を持たずに銀行取引を開始することを望む人であるということになる。この場合、銀行新設にあたっては厳重に注意しなければならない。

⑫渋沢氏は商人に当座勘定を開くことを好まない。小切手帳を商人に渡すことに危険を感じているようだ。私からすると渋沢氏はあまりに細心すぎると思われる。商人に当座勘定を開設することは少しも懸念すべきことではない。徐々に商人に株式を買わせて取締役とすべきである。

⑬渋沢氏は時々銀行で商人の集会を開き、商法および銀行の事務を議論させることについて私に同意した。これは正当な方策において一歩前進であると信ずる。

⑭渋沢氏は内国為替を銀行業務に加えようと計画している。もしその方法を整斉と推進するためには私もこれを熟知したいと思っている。

⑮上海支店を開設するために人を送ったことを同氏は語ったが、この件については熟考することが望ましいと考える。またロンドンについては、当行は外国為替を始めることができるのではないかと考えた。この点については私の意見をまとめた上で紙幣寮の手順にしたがって渋沢氏に送ることを約束した。

⑯以上をまとめると、第一国立銀行で事務管理を巧みに行い、商法に準拠して業務を拡張することができれば、確然不抜の一個の企業体となることはいうまでもない。

出典：第一銀行八十年史編纂室『第一銀行史』(㈱第一銀行、昭和32年) 214-235頁。

第2章　銀行検査の形成過程
―― シャンド後の銀行検査の特徴 ――

はじめに

　第1章では、シャンドによる第一国立銀行に対する初回銀行検査報告書を取り上げて、明治前期の国立銀行に対する銀行検査を内部統制の視角から考察した。本章では、シャンドの提言型銀行検査を受けて、その後どのように銀行検査規程が改定され、その規程内容にしたがっていかに銀行検査が形成されたのかという点について解明を試みる。

　具体的には、（1）明治9年9月に改正された国立銀行検査順序（「銀行検査手續」[1]）、（2）新たに制定された銀行検査担当者の一般的心得（「銀行検査ニ關スル當局者一般ノ心得」）、（3）実地検査の心得（「銀行視察ノ心得」[2]）、の3規程を分析して銀行検査の基準を確認する。

　また、明治11年3月から5月にかけて行われた6件の国立銀行検査事例から、福島第六国立銀行、新潟第四国立銀行、上田第十九国立銀行の3行に対する銀行検査結果を取り上げ、（1）シャンドの銀行検査との比較、（2）銀行検査の正確性、（3）銀行検査の着眼点、の3つの視角から分析する。

　銀行検査規程については、改正後の「銀行検査手續」のいかなる点において規程内容が精緻化され、新しいコンセプトが付加されたのかという点を考察する。新たに制定された「銀行検査ニ關スル當局者一般ノ心得」および「銀行視察ノ心得」は、検査実務の注意事項を述べたものであるので、銀行検査において検査官がとるべきスタンスが最も良く表れている。これらの心得を考察することにより、シャンドの検査スタンスが銀行検査規程に反映されているのか、あるいはそうでないのかが明確になると考える。また、検査官報告書撮要を分析するにあたり、検査実務の心得との比較が可能になる。地方官庁の検査担当官による銀行検査については、大蔵省がどの程度の検査効果を期待していたのかを、地方官庁のために用意された銀行検査規程内容

を分析することにより解明する。

　本章で検討対象とする銀行検査規程の改定や、大蔵検査官による銀行検査官報告書撮要の作成は、いずれもシャンドによって第一国立銀行検査が行われた明治8年3月以後3年間に行われた。したがって、福島第六国立銀行に対する検査報告書の検討に際しては、3年間を1つのまとまりとして三者相互の関係を探ることが合理的と判断し、後出の検討スキームにしたがって「シャンドの第一国立銀行検査報告書」、「大蔵検査官による福島第六国立銀行検査官報告書撮要」、「銀行検査規程」を並列的に比較する。

　新潟第四国立銀行に対する銀行検査官報告書撮要の検討に際しては、撮要の記載内容と同行の企業年史を比較し、大蔵検査官がミクロレベルでどの程度正確に経営実態に踏み込んだ検査を実施していたかを検証する。また、上田第十九国立銀行については、明治11年に銀行検査を受けた2桁ナンバーの国立銀行から同行を選択し、設立経緯を勘案して大蔵検査官がどのような着眼点に基づいて銀行検査を実施したのかを検討する。同行の帳簿組織の整備状況に関する検査着眼点の合理性を検討するにあたっては、高橋久一氏の『明治前期地方金融機関の研究』[4]を参考にする。また、他の地方国立銀行の帳簿組織や「明治9年改正国立銀行成規」、および「日本国立銀行事務取扱方」で規定された帳簿組織の雛型を参考にする。

　本章の考察は、全て『明治財政史』や『銀行雑誌』等の基礎的資料をもとに「シャンドの銀行検査との比較」という視角から分析した。個別の論点に関しては高橋氏の研究成果および小林春男氏の『銀行検査事始』[5]等に基づいて論考する。

第1節　国立銀行検査規程の検討

1-1　国立銀行検査順序

　シャンドによる第一国立銀行の初回検査から1年半後の明治9年9月に、国立銀行条例の改正にともなって国立銀行検査順序（「銀行検査手續」）および検査報告書の雛型に改正が加えられた。これは銀行検査順序が制定された明治6年12月以来、約3年ぶりの改正であった。また、銀行検査担当者の一

第I部　明治期の銀行検査

般的心得（「銀行検査ニ關スル當局者一般ノ心得」）と実地検査の心得（「銀行視察ノ心得」）が新たに制定された。

　本節では、まだ銀行検査が本格的に実施されていなかった明治6年に制定された国立銀行検査順序の内容が、シャンドによる銀行検査の実践指導や、大蔵検査官による実務経験を経てどのように変化したのかを考察するとともに、銀行検査規程の内容変遷を探る。まず、改正後の国立銀行検査順序を分析する。国立銀行検査順序は「別表2-1　改正国立銀行検査順序の要旨と解釈」に示した項目から構成されている（原典には項目番号は付されていないので便宜上1～15まで筆者が付番した）。別表2-1では検査手続の個別内容を要約し、かつ筆者の解釈を加筆した。

　銀行検査手続の項番1～11は、検査手順、現物検査、勘定照合に関する事務的な記述であり、シャンドの思想が色濃く反映される余地は多くない。項番12の「質物流込ノ事」は、シャンドの第一国立銀行検査報告書で直接的に触れられてはいないが、貸付担保に対する基本的姿勢にはシャンドの考え方が息づいていると考えられる。また、シャンドの直接的な実務指導の方法は被検査銀行の責任者との直接対話であるが、本項目の検査手法は検査官による銀行への直接的な問い合せであり、この点にもシャンドの手法が生かされている。

　項番13の「諸簿冊突合ノ事」は、シャンドが『銀行簿記精法』や『日本国立銀行事務取扱方』で導入した内部牽制の仕組みを銀行検査で確認しようとするものであり、検査手法も銀行の主要帳簿や補助帳簿への直接的なアクセスにより帳簿間の整合性を確認するものである。

　項番14は、検査報告書の雛型を制定して形式を統一することを述べている。シャンドの初回検査報告書では明確な検査報告書の形式が制定されないまま、シャンドの問題意識が重要な項目毎に列挙されていたが、雛型を統一することによって検査の切り口が揃い、検査官個々人の問題意識の偏りや、恣意性に影響されることがなくなるというメリットがある。つまり、銀行検査の報告形式に横串を通すことにより検査行政に統一性をもたせることができる。その反面、検査内容が画一化されることにより、検査報告書の枠を超えて銀行経営にとって実質的に有益な検査提言を行うことが困難になるという短所

もある。つまり、シャンドの検査報告書の補遺のように検査官と銀行経営者の本音のぶつけ合いの内容をそのまま検査記録としたようなものは排除される。

項番15は、銀行とその所在地の産業との関わりを明確に認識して、マクロ面から銀行業務の実態を検査すべきことを述べたものである。銀行監督行政との相互作用の観点から銀行検査行政を位置づけた上で銀行業本来の役割遂行を念頭に置けば、マクロの視角から産業との関わりにおいて銀行検査を実施することは理論的に正しいと考えられる。「木を見て森を見ず」を回避し、マクロの視角から銀行業本来の目的遂行を銀行監督行政と協調して指導・サポートするという銀行検査のあり方は、シャンドが銀行大意で示した考え方に等しく、見方によっては、それを大蔵官僚が現実化したものと捉えることもできる。

以上の銀行検査手続の考え方は、実際の銀行検査にどのような形で生かされていたのかを検査報告書の事例をもって検証することが必要となるが、それに先立って、当時の検査担当者の一般的心得（「銀行検査ニ關スル當局者一般ノ心得」）と実地検査の心得（「銀行視察ノ心得」）を概観する。

1－2　銀行検査担当者の一般的心得

「銀行検査ニ關スル當局者一般ノ心得」は7箇条から構成されている[6]。検査の流れにしたがって心得のポイントをまとめる。

事前検査段階
（1）実地検査の前段階であらかじめ銀行より提出を受けた書類を精査し、問題点の有無を調査すること。
（2）あらかじめ抽出した問題点については実地検査で詳しく事情や理由を聴取すること。

実地検査段階
（1）実地検査の最初の段階で速やかに金銀等の現物検査を行うこと。
（2）帳簿の検査において調査未済の勘定で出納が必要な場合は、検査官の

第Ⅰ部　明治期の銀行検査

　　　了解をとってから行うこと。その旨を実地検査の冒頭に被検査銀行の役員に通知すること（銀行業務に対する銀行検査の優先）。
（3）検査の対象範囲は現状のみならず必要に応じて拡張し、過去数ヶ月に遡って実施するとともにそれを記録すること（為替、荷為替、割引手形、代金手形等）。また、準備金およびその他の景況を見るために検査前数ヶ月にわたって総勘定差引残高帳、日記帳等について調査すること。問題があればその理由を聴取し、必要に応じて頭取支配人の押印がある書類を提出させること。
（4）証書類に問題があったり、印紙に不足がある場合は、その理由を聴取して報告書に記載すること。
（5）法令違反、銀行の本来業務以外のことをしたり、不正行為がある場合は、その理由を詰問して頭取支配人の押印がある書類を提出させ、後日の確証とすること。但しこのような場合、大蔵大臣の処分を仰ぐべき時は、至急通報すること。

事後検査段階

　検査報告書は検査官が（1）実際に調査点検したもの、（2）視察したもの、（3）聞きただしたもの、（4）今後の見込み等を別紙雛型に記載して大蔵大臣に報告するものである。したがって、検査で見聞きしたものは全て筆記して報告書作成の用に提供すること。

全般的な注意事項

　以上は銀行検査の手続および一般的な注意の大略を示したものである。検査の目的、銀行の事情等により臨機応変に検査し、遺漏なきを期すること。

　本心得は実地検査段階において、検査冒頭に金銀等の現物検査を実施すべきことを述べているが、これは銀行検査手続の内容と重複している。また、帳簿の検査においては調査未済の勘定で出納が発生する場合は、明確に銀行検査を優先すべきことが示されている。つまり、銀行検査が銀行業務に優先することが明確化されている。事後検査段階においては、検査報告書はあく

第2章　銀行検査の形成過程

まで検査事実に基づいて作成して大蔵大臣に報告すべきことが述べられている。そして、実地検査において詳細に検査記録を残すことの重要性が強調されている。

　銀行検査に関する当局者の一般的心得を、事前検査、実地検査、事後検査に整理して要約すると、現在の銀行検査や行内検査で実施されている内容にあてはめても成立する部分が多い。本心得を見るかぎり、明治前期における銀行検査の権威は、現代と比較すると強大であったと考えられる。

1－3　実地検査の心得

　「銀行視察ノ心得」は17項目から構成されている[7]。銀行視察の心得は銀行が陥っている弊を認識し、柔軟に緩急をもって対処するためのものである旨が冒頭で述べられている。したがって、「銀行検査ニ關スル當局者一般ノ心得」が銀行検査を滞りなく実施する上での大蔵省の銀行検査内部規程に該当するのに対して、「銀行視察ノ心得」は銀行検査実務により近いレベルでの業務マニュアルに該当すると考えられる。内容にしたがってカテゴリーごとに整理すると以下のようにまとめられる。

　銀行視察の事前準備
　視察の順序や方法は銀行、官庁郡区役所、地方の商業上の有力者との便宜斟酌を通じてその実況を理解することが必要である。

　銀行所在地および被検査銀行の実態
（1）銀行の主要貸出事業は何か、またその取引先の営業の性質や種類を知ること。
（2）銀行の所在地における年間を通した金融の繁閑の実態および検査時の繁閑を知ること。
（3）銀行役員間、銀行役員と株主間の調和一致の状況を知ること。
（4）直接間接を問わず相場に関わる投機商売または物品の商売に従事しているか否か。
（5）銀行所在地における私立銀行並びに銀行類似会社の概況および国立銀

83

行との関係。
（6）銀行の増資における出資の状況および増資理由。
（7）役員信用の実態および自己営業（筆者理解：役員の個人的な営業）の種類、相場投機との関わりの実態。
（8）銀行株の現時点の相場および半期中の売買高。
（9）銀行所在地における与信、受信金利および為替手数料率。
（10）銀行所在地での手形取引の有無。手形取引がある場合はその性質、手形流通の実態。
（11）銀行の貸付金、（当座）貸越金の性質および信用貸の多寡。
（12）銀行条例その他通達、規則中の疑義、諸帳簿記入法の合理性。
（13）銀行所在地における株主を招集し、銀行事務上の得失を説明しているか。また、常に銀行の針路および営業の利害に注意して株主の責任を果たすよう教育しているか。
（14）銀行視察の前後に拘らず被検査銀行の営業上の問題点を認識したときは、直ちに検査手順に準拠しその要領を具申すること。
（15）緊急を要する場合は遺漏なく調査すること。

　銀行視察の事前準備段階においては、銀行や地方官庁の協力を得て被検査銀行所在地の特徴を捉えた上で、それを銀行検査の進め方に生かすことの重要性が述べられている。また、被検査銀行の実態を把握する段階においては、役員間、役員と株主間の関係について検査すべきことが述べられている。これは、現代におけるプリンシパル・エージェント関係を中心とした、企業統治の実態を検査することに等しい。ただし、本心得で述べられている銀行の針路や営業の利害に関わる株主の責任についての理解は、株主責任が出資範囲に限定される現在の企業統治の基本概念とは異なっている。
　相場に関係すること、および投機的商売に関わることについては、銀行検査の観点からは警戒すべきことを明確に述べている。リスクをとって利益を得る為替銀行と異なり、シャンドがいうところの普通銀行のカテゴリーに属する国立銀行は、相場に関わるリスクは負うべきではないという基本姿勢が明確に示されている。

第 2 章　銀行検査の形成過程

　銀行の増資理由および出資の内訳についての検査は、第一国立銀行に対する小野組の出資に代表される、国立銀行の機関銀行化への懸念に根差していると考えられる。第一国立銀行の検査報告書の分析では、シャンドが貸出ポートフォリオの適正性を株主の多数化によって実現すべきと考えていたと分析した。本心得では、銀行への出資内訳や増資の詳細について検査すべきことが強調されている。

　銀行所在地での手形取引の有無や手形流通の実態を検査すべきとしているのは、当座勘定の利用による銀行の決済機能の利用状況を調査する意図が働いていると考えられる。明治 8 年には渋沢栄一ですら商人に当座勘定を利用させることを躊躇していた。しかし、その翌年の明治 9 年に発行された本心得には、手形の流通をむしろ慫慂するために検査を実施する意図が明確に示されている。

　法令遵守と帳簿記入の合理性を検査することは、まさにコンプライアンスと財務報告の信頼性に関わるチェックポイントに相当するが、帳簿記入については最終目的である財務報告の信頼性に先立ち、簿記技術の習得という実務的側面を検査する意図が強いと考えられる。この時期、大蔵省が推進している複式簿記ではなく旧来の単式簿記により記帳管理を行っていた国立銀行が存在していたと考えられることから、銀行検査による個別の実務指導は基本的かつ不可欠なものであったと推察される。

第 2 節　地方官庁のための国立銀行検査規程

　明治 9 年から明治10年に至って国立銀行数が 9 行から25行へと急速に増加したことに伴い、明治10年に銀行課長であった岩崎小二郎は、国立銀行条例第73条但書「紙幣頭ハ時宜ニヨリテ大蔵卿ヘノ稟議ヲ經テ其銀行管轄地方官ニ依託シ、其銀行実際ノ営業ヲ（定例）臨時ノ別ナク検査セシムルコトアルヘシ」の趣旨にしたがって大蔵卿、内務卿の了承の下、地方長官に対して管轄地方所在の国立銀行を検査すべきことを通達した。「大蔵省達無號」[9]として発せられたその通達は、当初地方庁に専任で 2 、3 名の銀行係を置くことを求めていたが、同年11月になって兼任を認めた。明治11年 1 月には「銀行

85

第Ⅰ部　明治期の銀行検査

検査手續」、「検査報告書雛形」を添えて心得書を各府県に配布した。

2－1　地方官庁のための国立銀行検査心得書
地方官庁による国立銀行検査心得書は以下のように要約される[10]。
（1）地方長官は大蔵卿からの通達または指令を受けた場合には、管轄内に設立された銀行が行う業務の全てを検査すること。
（2）地方長官は検査の通達または指令を受けた場合は、少なくとも2名以上の官員を遣わして検査手順書に準拠してその銀行を検査させ、速やかにその報告書を作成し大蔵卿に申呈すること。ただし、検査の日時はその銀行にあらかじめ通知してはならない。
（3）地方長官は以下の事情がある場合に限って、大蔵卿の通達または指令を待たずに適宜検査官を派遣して検査手続書に準拠して銀行営業の実態を検査させ、その顛末を大蔵卿に具申させること（筆者注：「以下の事情」の詳細は不明）。

地方官庁による国立銀行検査心得の特徴点は、（1）地方官庁の管轄内に所在する国立銀行に対しては大蔵省と同様の検査、すなわち銀行業務全てを対象として検査すること、（2）抜き打ち検査を前提としてそれを明示していること、（3）緊急時判断の権限を地方長官に委任していること等である。国立銀行数は明治10年に25行にまで増加したが、さらに2年後の明治12年には151行にまで著増している。おそらくは、地方官庁による国立銀行検査心得書を発行した時点で、この事態はある程度予想し得たと考えられるので、地方官庁に銀行検査することを求め、同時に地方長官にも緊急時の判断権限を与えたものと考えられる。

2－2　地方官庁のための「検査の条件及びその手続」
「検査の条件及びその手続」の特徴を要約すると以下の通りとなる[11]。
（1）金銀等の現物検査、公債証書の検査の要領は大蔵官僚による検査と同様である。
（2）貸付金、定期・当座・御用預金、振出・割引・代金取立・仕払銀行手

形、質物流込、帳簿間の突合、検査報告書の記載方法等についての検査要領は明示されていない。
(3)附則はなく、マクロの経済情勢や地勢を把握すべきことは明示されていない。
(4)株主からの出資金の取扱いおよびその詳細について検査すべきことが明示されている。これは大蔵官僚による国立銀行検査順序（「銀行検査手續」には要検査項目として明示されてはいない。
(5)堅固な金庫の有無を検査すべきことが明示されている。
(6)被検査銀行の簿記は旧来の日本式を採用しているか、あるいは西洋風の書式を採用しているか、記入方法は整然としているかについて検査すべきことが明示されている。
(7)明治14年頃大蔵省は、出資金を支払った株主に対する貸出に振替えた事例を検査で摘発し、同年9月、府県に対して国立銀行検査に関する通達を送った。その内容は以下の2点である。
①出資金入金の初めから終了までの日記帳勘定処理の詳細を精査すること。
②出資者に対して貸出がある場合は貸付金記入帳に基づいて貸付金額、貸付年月日、姓名等を調査すること。

　地方官庁による「国立銀行検査心得」が基本的に大蔵官僚と同内容の検査を実施することを前提としているのに対して、地方官庁による「検査の条件及びその手続」は、特定の検査項目に傾斜をかけて記載されている。つまり、金銀等の現物検査は大蔵官僚による通常の銀行検査と同じ密度で実施することを求めているが、銀行の負債勘定、資産勘定の正確性に関わる検査は求めていない。また、地方官庁にとって唯一大蔵省より把握密度が高い分野であると考えられる銀行所在地のマクロ経済情勢や地勢については、検査項目に含まれていない。
　逆に大蔵官僚による銀行検査より高い密度で実施すべきとされている検査項目は、(1)銀行への出資金取扱事務の適正性、(2)銀行簿記近代化の実態、(3)堅固な金庫の有無、の3点である。特に、出資金取扱事務に関しては明

治14年に摘発した問題事例に基づき、極めて厳格な検査を地方官庁に求めている。銀行簿記近代化の実態を厳格に検査すべきことを地方官庁に求めたのは、地方の国立銀行に対する近代簿記の普及が遅れていることを懸念したためと考えられる。

　銀行の貸借対照表上の主要勘定科目に関わる検査要領を地方官庁用の手続に載せていないのは、この分野が銀行簿記の専門知識を要する分野であるからと考えられる。旧来の簿記に親しんでいる国立銀行に対して、地方官庁の兼任官が十分な銀行簿記の知識をもって厳格な検査を実行することは事実上不可能と判断したものと考えられる。当初、地方官庁に検査専門官である銀行係を2、3名置こうとしたが、これは本来の銀行検査と同密度の検査を地方官庁に期待した大蔵省の意図が反映されたものと推察される。明治10年11月には専任官の設置が任意となった。その2ヶ月後の明治11年1月に作成された「検査の条件及びその手続」に、銀行の貸借対照表上の主要勘定科目に関わる検査要領は含まれていないのは、地方官庁の兼任官の検査能力を現実的に直視した結果であろう。

第3節　草創期における国立銀行検査の形成過程
　　　　　―福島第六国立銀行―

　本節で検討対象とする国立銀行の検査報告書は、『銀行雑誌』[12]に掲載された「銀行検査官報告書撮要」から選択したものである。銀行検査官報告書撮要は、明治11年5月発行第6号、同年6月発行第7号および同年7月発行第8号の3回発表されている。

　検討対象とする銀行検査官報告書撮要の概要を「図表2-1　銀行検査官報告書撮要一覧（明治11年3月～5月）」に示す。シャンドが第1回の国立銀行検査を実施した明治8年には、銀行検査は23回、明治9年は18回、明治10年は13回、明治11年は65回実施されている。検討対象の銀行検査は明治11年に実施されており、国立銀行検査順序（「銀行検査手續」）が改正されたのは明治9年9月であるので、図表2-1に列挙した銀行検査官報告書撮要は、改正後約1年半を経た国立銀行検査順序が実務に定着しつつある時期の検査報告

第 2 章　銀行検査の形成過程

図表2-1　銀行検査官報告書撮要一覧（明治11年3月～5月）

検査実施時期 銀行雑誌掲載号	検査官（官職／名前）	被検査銀行
明治11年 3 月27日 同年 5 月発行第 6 号	四等属　外山脩造 八等属　前野眞太郎	福島第六国立銀行
明治11年 4 月 6 日 同年 6 月発行第 7 号	四等属　外山脩造 八等属　前野眞太郎	新潟第四国立銀行
明治11年 4 月21日 同年 6 月発行第 7 号	四等属　外山脩造 八等属　前野眞太郎	飯山第二十四国立銀行
明治11年 4 月25日 同年 6 月発行第 7 号	四等属　外山脩造 八等属　前野眞太郎	上田第十九国立銀行
明治11年 4 月29日 同年 6 月発行第 7 号	四等属　外山脩造 八等属　前野眞太郎	松本第十四国立銀行
明治11年 5 月 4 日 同年 7 月発行第 8 号	四等属　外山脩造 八等属　前野眞太郎	山梨第十国立銀行

出典：日本銀行調査局編集、土屋喬雄監修『日本金融史資料明治大正編第 6 巻』（大蔵省印刷局発行、昭和32年）

書と理解できる。

　図表2-1の国立銀行検査は、明治11年 3 月から 5 月にかけて同じ検査官 2 名によって 6 回実施された。検査準備や地方への移動の手間等を考慮すると、実地検査は定型化・簡略化することが合理的であるが、検査密度は希薄化せざるを得なかった。本章で検討対象とする検査報告書は銀行雑誌に掲載された銀行検査官報告書撮要であるが、銀行業界や経済界に混乱をきたす報告書内容は省略されている可能性がある。したがって、福島第六国立銀行に対する銀行検査官報告書撮要を中心に内容要約し、それにその他の銀行検査報告書に固有の特徴を加味して、この時期の検査報告書の全体像を把握する。

　福島第六国立銀行以外の被検査銀行 5 行の銀行検査官報告書撮要様式は、上記と同様であり、銀行毎あるいは銀行所在地ごとに固有の形式を用いて報告書を作成している例は見られない。しかし、長野地区の国立銀行に対しては飯山第二十四国立銀行、上田第十九国立銀行、松本第十四国立銀行の 3 行

に対して連続して検査を実施したため、地方景況は一括記載されている。事例として福島第六国立銀行の銀行検査官報告書撮要の構成を以下に示し、「別表2-2　福島第六国立銀行に対する銀行検査官報告書撮要要旨」でその内容を分類整理する。また、検査時点での福島第六国立銀行のバランスシートを「別表2-3　福島第六国立銀行の資産負債一覧表（明治11年3月27日現在）」に示す。

（1）被検査国立銀行所在地の景況
　　　①福島県内の主要都市（500戸以上）
　　　②福島管内の主要会社
（2）被検査国立銀行の検査結果
　　　①貸付金、預金等の検査結果についてのコメント
　　　②貸借対照表の掲載

3－1　銀行検査官報告書撮要の検討

　銀行検査官報告書撮要の検討にあたっては、「シャンドの銀行検査報告書⇒国立銀行検査規程⇒銀行検査官報告書撮要」という時系列的な流れを考慮する必要があることはいうまでもない。しかし、明治8年にシャンドが第一国立銀行の検査を実施してから明治11年に検討対象とする検査官報告書撮要が作成されるまでの間は約3年であるので、時代の流れに沿って三者の単線的な因果関係を探ることに加え、この3年間を1つのまとまりとして三者相互の関係を探ることが合理的と判断する。したがって「図表2-2　シャンドの銀行検査報告書・国立銀行検査規程・銀行検査官報告書撮要の相互比較」に基づいて草創期の国立銀行検査の形成過程を分析する。
　本節ではシャンドの第一国立銀行の検査報告書の考え方がどのように国立銀行検査順序等に代表される銀行検査規程に反映されたのかを探り、銀行検査規程にしたがって実施された検査結果をまとめた銀行検査官報告書撮要の特徴を、シャンドの検査報告書との比較において明確化する。そのためには、シャンドの検査報告書の特徴とその背景にある思想が、大蔵省の銀行検査規程にどのように継承されているかを考察することが必要となる。比較対照す

第2章　銀行検査の形成過程

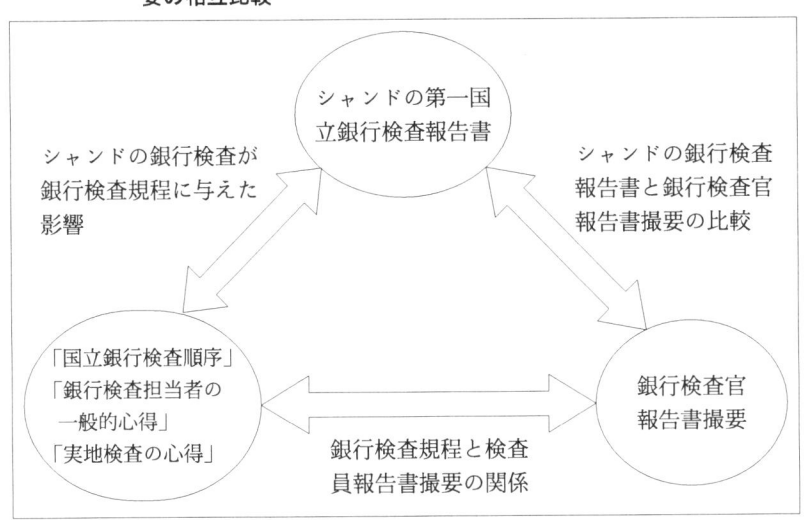

図表2-2　シャンドの銀行検査報告書・国立銀行検査規程・銀行検査官報告書撮要の相互比較

```
                    シャンドの第一国
                    立銀行検査報告書
    シャンドの銀行検査が                    シャンドの銀行検査
    銀行検査規程に与えた                    報告書と銀行検査官
    影響                                    報告書撮要の比較

    「国立銀行検査順序」
    「銀行検査担当者の                      銀行検査官
    　一般的心得」                          報告書撮要
    「実地検査の心得」     銀行検査規程と検査
                          員報告書撮要の関係
```

注：明治8年から11年にかけて制定、実施された銀行検査規程および銀行検査を相互比較する。

る三者の特徴を再整理し、「別表2-4　シャンドの検査報告書と明治9年改定大蔵省規程および銀行検査官報告書撮要の特徴比較」のように比較表を作成する。

別表2-4に記載したポイントに沿って、シャンドの国立銀行検査報告書と大蔵省の銀行検査規程を比較分析する。シャンドの検査報告書は形式にこだわらず実質を重視したもので、その指摘内容も銀行経営の本質に深く切り込んでいる。しかし、検査対象となった第一国立銀行は在京の国立銀行であるため、地域的特性を明らかにすることを目的としてマクロの経済情勢や首都の景況を念入りに報告する必要はなかった。したがって、検査報告書には第一国立銀行を取り巻く経済情勢や景況は記載されていない。

シャンドと大蔵官僚の比較において、両者の差異を特徴づけるのは、銀行実務経験に基づいて銀行検査を実施し得るか否かである。シャンドのように実務が確立された英国の銀行で勤務した経験を有する者であれば、その経験

をもとに銀行経営者や実務者の立場にたって詳細な検査提言ができたであろう。しかし、シャンドの検査能力は実務経験のない当時の大蔵官僚から見るとまさに異能ともいうべきものであった。また、銀行検査を担当する大蔵官僚が後づけで銀行実務を経験することも事実上不可能であった。

　銀行検査規程で想定した検査実施者は大蔵官僚であり、検査規程には彼等が銀行実務経験を持たないことを前提とした上で銀行検査の適確性を確保するための方策を盛り込む必要があった。このような観点から、銀行実務の経験不足を補う検査ポイントとしてマクロ的アプローチが重視されたのではないかと考える。また、明治前期には国立銀行が日本全国に簇立した結果、各銀行の経営実態を詳細に把握しにくい状況が生じた。そのような状況下においては、銀行検査の一環として実施される被検査銀行所在地の経済情勢や景況の分析は、検査結果を客観的に検討する上で不可欠なものであった。

　銀行経営や実務に密着した提言型検査としてのシャンドの銀行検査の特徴が、銀行検査規程の中にどのように息づいているのかを分析するにあたって念頭に置くべき点は2つである。つまり、(1)シャンドの弟子達が師と同じレベルの検査能力を銀行学局の訓練で身につけることができたのか、(2)その能力が銀行実務を経験することによってのみ、身につけることができるとすれば、当時それを可能にする実務研修システム等の制度インフラがどの程度整っていたのか、という点である。

　銀行学局のカリキュラムは、金融論や銀行実務を洋書や翻訳書を主体とした教材を用いて座学で身につけることを目的としており、実務研修は組み込まれていない。特に銀行学局の初期は国立銀行の開業間もない頃で、実質的に実務研修を受け入れることが可能な銀行は存在しなかった。また、銀行学局とは別に在日外国銀行での実務研修制度を実施し、大蔵官僚に銀行実務を修得させようとする制度の存在も当時の資料に見出すことはできない。したがって、少なくとも国立銀行検査の草創期においては、シャンドが身をもって示した銀行検査の模範例を厳密に再現することのできる検査官を自前で育成することは不可能であった。

　つまり、シャンドによるわが国最初の銀行検査は提言型検査としては最高の手本であったが、それを文字通り再現することが不可能であるがゆえに、

銀行検査規程の目指す方向は結果的に指摘型検査になった。当時の大蔵省は、信念をもってシャンドと方向性を異にしたというよりは、むしろ銀行検査官の能力範囲内で検査を実施しようとした結果、必然的に選択せざると得なかった方向性がそのまま銀行検査規程に表現されたと考えるべきであろう。

3－2　銀行検査規程と銀行検査官報告書撮要の関係

　銀行検査規程で特徴的なポイントは、マクロ経済情勢に関する調査を義務づけたことに加えて、(1)担保物件の処理実態に関わる検査を行うこと、(2)検査を事前検査、実地検査、事後検査に分割すること、(3)銀行検査の優先性を明確化したこと、(4)役員間、役員と株主間の関係を検査すべきこと、(5)相場に関することや投機的商売について特段の注意をもって検査すること、(6)法令遵守と帳簿記帳の合理性に関わる検査であること、等である。

　本章で検討対象とした検査官報告書撮要には、マクロ経済情勢や景況に関する調査結果が記載されているという点を除いて、これら6つのポイントを重視したことを感じさせる記述は見られない。シャンドの銀行検査報告書のような銀行経営の本質に触れた検査指摘・提言は見られず、内部牽制や内部統制を重視した検査指摘・提言も見られない。マクロ経済情勢や景況に関する記述に関しても、検査事実を全て確認した上で報告書に記載しているわけではない。福島第六国立銀行の検査官報告書撮要には、現地聴取の内容を検証することなく、それを事実として記載している箇所が見られる。

　個別勘定科目へのコメントは事実を記述したもので、勘定処理の不備や問題点に対する指摘は見られない。検査当日の「資産負債一覧表」が検査報告書に添付されているが、資産負債状況についてのコメントや指摘はない。

　シャンドの銀行検査と銀行検査官報告書撮要の関係はこれまでの分析で明らかである。つまり、銀行実務の本質にミクロレベルで切り込む提言型検査の精神は、銀行検査規程には反映されず、検査指摘をマクロの経済情勢や景況調査で補完する、実質的な指摘型検査が銀行検査規程の内容となった。そして、この銀行検査規程の精神を汲んで実施されたはずの銀行検査は、銀行検査官報告書撮要を見るかぎり、検査を担当する大蔵官僚の経験や検査技術

の不足もあって十分な検査指摘すらも行われていない状況であった。内容改定の段階において、ある程度検査官の能力の限界を斟酌したと思われる銀行検査規程ですら、銀行検査実務の段階ではその規程内容に沿った検査が十分に実行されていない。

つまり、シャンドの銀行検査報告書の精神は銀行検査規程で変質し、実際の銀行検査の段階ではそれがさらにレベル・ダウンした。このような経緯でシャンドの検査報告書と銀行検査官報告書撮要は似て非なるものとなり、シャンドの思想が銀行検査実務において正しく継承されることはなかった。

第4節　地方国立銀行に対する銀行検査の正確性と着眼点 ―新潟第四国立銀行と上田第十九国立銀行―

4－1　新潟第四国立銀行に対する銀行検査官報告書撮要と企業年史の比較検討

本節で分析対象とした国立銀行は、1桁ナンバーの銀行2行と2桁ナンバーの銀行4行の計6行である。このうち2桁ナンバーの銀行は、いずれも明治10年以降に設立されているので、明治6年に開業免状が下附された新潟第四国立銀行とは営業経験において3～4年のひらきがある。明治11年の銀行検査は、2桁ナンバーの銀行にとっては実質的な初回検査であるが、同じタイミングで銀行検査を受けた新潟第四国立銀行にとっては、今回が初回検査ではない。したがって、報告量に大きな差はなくても、1桁ナンバーと2桁ナンバーの銀行では銀行検査報告書の質や内容の正確性に相違があってしかるべきである。

明治11年に銀行検査を受けた国立銀行のうちで1桁ナンバーの銀行については、福島第六国立銀行を対象として、その銀行検査官報告書撮要を銀行検査規程やシャンドの検査報告書との関係において分析した。もう1つの1桁ナンバー銀行である新潟第四国立銀行については、銀行検査官報告書撮要の記載内容の正確性を企業年史との比較において検証する。比較検討に使用する企業年史は『第四銀行八十年史』[13]と『第四銀行百年史』[14]である。銀行検査官報告書撮要と企業年史の比較においてはどちらかを固定的に正とするので

はなく、両者間に矛盾がないことを確認することにより、銀行検査官報告書撮要の銀行業務内容に関する記述の正確度を推認する。検討領域を銀行業務の内容に絞り込むのは、大蔵検査官がミクロレベルでどの程度正確に経営実態に切り込んだ検査を実施していたかを検証するためである。

銀行検査官報告書撮要では、明治11年当時は官庁関係の為替が９割以上を占めていたことが具体的数値で把握されているが、第四銀行百年史（以下「百年史」と略記する）にも三井銀行と初めてコルレス（為替取引）契約を結んだ当初は官庁為替に限定されていたことが記述されている。また、荷為替については明治11年１月以降取組みがないことを検査では指摘しているが、百年史には明治10年代を通して荷為替が不振であったことが記述されており両者は概ね整合的である。

貸出業務に関しては、担保徴求の実態および延滞貸出金計数について、検査で詳細に把握されている。抵当は地所家屋から米穀預り証書等へ移行していることが記述されている。これは明治10年頃から方針を改めて、米、公債、商品等流動性があるものを担保とする商業金融に力を入れてきたとする、第四銀行八十年史（以下「八十年史」と略記する）の記述と整合的である。

延滞貸出金の計数は延滞事情やその程度を含めて詳細に把握されている。ここでは銀行検査で把握した事実に基づき被検査銀行に対して検査指摘を述べている。つまり、利子の支払いはいずれの延滞貸出金でも順調に行われているという新潟第四国立銀行の抗弁に対して、約定期限に返済される貸出金が少なく延滞が多いという事実を認識すべきという検査意見が述べられている。検査事実に基づいた銀行検査官の判断が示された事例である。

定期預金の残高は、検査時点で94,600円、その内、県庁や病院の分は82,200円となっているが、八十年史によると明治10年は民間預金だけで78,021円、明治12年は125,782円の預金残高があり、預金内訳の把握が正確でないと思われる。

当座貸越は検査時点ではゼロと把握している。八十年史によると、明治10年はゼロであるが、明治12年は28,728円の当座貸越残高があり、しかも全貸出金の8.3％に達している。当座貸越は明治11年から同12年末にかけて急速に増大したと考えられる。

第Ⅰ部　明治期の銀行検査

　銀行検査官報告書撮要には、「別表2-5　新潟第四国立銀行に対する銀行検査官報告書撮要と企業年史の比較」で検討した検査項目以外に金銀の有高、公債証書に関する記述があり、帳簿類の管理については、「能ク整頓セリ」として特段の指摘はない。企業年史にはこれらの検査項目に関する十分な情報がないので比較検討の上その正確性を検証することはできない。
　以上の考察から、銀行検査で把握した事実関係の記述は概ね正確であり、明確に事実誤認と認められるものは見られない。しかし、延滞貸出金の実態に関する検査意見を除いて、大半の記述は把握した事実を述べるにとどまっており、被検査銀行が抱える問題点に切り込んだ検査指摘はない。

4－2　上田第十九国立銀行の設立事情

　本章では、第一国立銀行を被検査銀行としたシャンドの銀行検査報告書と、地方国立銀行を被検査銀行とした大蔵官僚の銀行検査官報告書撮要を、検査担当者の能力を比較検討し、銀行検査官報告書撮要の記載内容の正確性についても検討してきた。第一国立銀行は銀行学局の知識伝播のいわば中継基地としての役割を果たしており、明治11年当時における同行の銀行経営やその基礎である銀行簿記の新知識は、質・量ともに地方銀行を圧倒していたと考えられる。銀行検査担当者の検査能力が同等であったとしても、被検査銀行の銀行業務のレベルに違いがあれば出来上がった検査報告書の内容の充実度にも当然にして差が生じる。したがって、第一国立銀行と異なり最新の銀行実務知識をはじめとする情報の伝達タイミングで不利な地方国立銀行の立場を考慮し、第一国立銀行と地方国立銀行の銀行業務レベルの格差がどの程度であったのかを把握する必要がある。
　以下で、高橋久一氏の研究成果に基づき、当時の地方国立銀行に対する第一国立銀行の指導的地位の実態を概観するとともに、銀行経営の基礎である帳簿組織に焦点を合わせ、その実態解明を試みる。(15)事例検討の対象としては、明治11年に銀行検査を受けた2桁ナンバーの国立銀行から上田第十九国立銀行を選択する。
　地方国立銀行の銀行簿記の修得状況について高橋氏は、「地方国立銀行における銀行簿記の伝習について、もっとも強力な推進力となったのは大蔵省

であり、ついで指導的地位にあるのは第一国立銀行である。明治6年同行創立の当時、大蔵省紙幣寮附属書記官英国銀行学士シャンドを招聘して行内に稽古所を開き、諸般の業務を行員に伝習せしめた。のちに同行有力役員となった佐々木勇之助・熊谷辰太郎・長谷川一彦・本山七郎兵衛や当時の帳面課長野間益之助などはみなシャンドの教えをうけた。またシャンドが同年8月、『銀行簿記精法』を脱稿して大蔵省がこれを刊行したが、あらかじめ、同書を用いて第一国立銀行の行員に伝習させ、その便不便を試みたといわれる」と述べて、明治6年当時の第一国立銀行は大蔵省と並んで銀行簿記の啓蒙者的役割を果たしていたと分析している。第一国立銀行創立から4年後の明治10年には国立銀行数は25行、翌11年には95行に達していたが、この時期の後発国立銀行に対する同行の貢献内容について第一銀行史は次のように説明している。

「かくのごとく短期間に多くの国立銀行が続々設立せられたが、いまだ近代的銀行・会社に関する知識が国民の間に普及しなかった時代のことであるから、新設国立銀行の多くはその営業開始にあたって先輩銀行に指導を求めなければならなかった。そして先輩銀行中当行が中央に位置し、名実ともに最大の銀行であったという事実のほかに、銀行・会社知識の先覚者ならびに最初の国立銀行条例の立案者として斯界の第一人者と推されていた渋沢栄一が頭取であったために、新設国立銀行のうち当行に指導を求めたものが少なくなかったのである。それらはおおむねその行員を当行に派遣し、定款・申合規則・内規等の範を当行にとったのみならず、営業上の参考としたのである。それ故に当時における当行の性格は模範銀行というべきものであり、あたかも製糸業界における模範工場として斯業の近代化に甚大の影響を与えた富岡製絲工場と相似たる役割を果たしたものと言い得るであろう。この点につき当行の「第八回半季実際考課状」（明治10年上半季）には、「方今各地方ニ於テ銀行ヲ創立セントスル者ハ、概ネ当行ニ問テ、其規画例軌ヲ叩キ、殊ニ本店ノ実際ニ就テ習ハント欲シ、或ハ簿記ヲ学ハント請フモノ少ナカラズ。之ハ是営業ノ利病ニ直接セサルモノト雖モ、又世信ノ如何ヲ徴スルニ足ルヘシ」と記している。「第九回半季実

際考課状」(明治10年下半季)にも、「春季各地方ニ於テ銀行ヲ創設スル者多クハ本店ニ来リテ、起業ノ目途ヲ詢リ、営業ノ例規ヲ繹ネ、其開業スルニ至テハ、皆当本支店ニ対シテ「コルレスポンデンス」ノ約束ヲ結ビ、是カ為諸方新ニ為替ノ途ヲ開設シ、幾分カ商業上ニ於テ利益ヲ与フル所アリ」と報じている。明治11年以後に創立せられた諸国立銀行も同様に当行に指導を求めたことはいうまでもないが、先方の要請によって当行の行員を派遣し指導に当たらしめた場合もあった。」

これは企業年史からの引用であるので、その表現には少なからず誇張があることは否定できないが、文中で引き合いに出されている第八回および第九回の半季実際考課状の記述には信憑性が認められる。明治10年から12年頃の第一国立銀行は、創立時から引き続いて地方を中心とする後発国立銀行に対して指導的役割を果していたと考えられる。

上田第十九国立銀行の開業は明治10年11月8日であり、開業後半年もたたない銀行に対する検査は、本来、経営指導的役割を有するべきである。同行開業時における第一国立銀行の貢献内容や設立事情に関しては『澁澤榮一傳記資料 第五巻』が各種資料を収録しているので、それらをもとに開業前後の事情を考察し、開業に近接した時期に作成された銀行検査官報告書撮要の内容を検討する。上田第十九国立銀行の創業前の事情について、第十九国立銀行史は、同行の創立を企画した長野県南佐久郡の黒沢鷹次郎を引き合いに、以下のような説明を行っている。

「彰真社々員として黒沢鷹次郎は金融業務に理解を進むるに到ったが彼は既に明治元年より横浜に往来して生糸売買に活躍してをり、地方の座繰生糸売却先なる横浜茂木商店支配人中山浜治郎は北牧村の先輩で嘗て共に平田鉄□(ママ)の同門人となり思想的にも交流ある間柄である。地方の生糸を馬背で横浜に運び商談をして金を受取って帰るには最短限度二週間を要した。既に第一銀行は為替を実施してゐるが信州には京浜間と荷為替の取組みが出来ないことは商機上非常に不利なるのみならず蚕糸業全体からも誠に遺憾である。この度国立銀行条例は誠に好機であると考へ中山及び県内の同

志に国立銀行創立について意見を述べ機運の熟するを待った。
　中山は既に第二銀行を通じて渋沢と懇意であり、伯父伴次郎及び自分も中込の親戚小林喜三郎方で安政の頃、時々渋沢と顔を合せたことがある。そこで渋沢を訪問して意見を仰ぐことになった。」

　これらの事情をみるかぎり、第十九国立銀行の創立者は京浜と南佐久郡の間で行われる生糸商売の効率的な決済手段の必要性から、国立銀行の創立を企画したことが理解できる。さらにこの背景には製糸金融を担っていた小野組の破綻がある。つまり、明治7年11月の小野組破綻によって長野県財界へのマイナス影響が深刻となったため、地方に金融機関を設立する必要性が生じ、明治9年北信濃の先覚者によって設立されたのが、黒沢が社員として勤めた彰真社であった。[19] 黒沢が生糸商売で感じた不自由は、十分な為替業務の便益を提供し得ない彰真社の限界に根差していると考えられる。これらのいきさつを考慮すれば、設立後間もない上田第十九国立銀行の銀行検査を担当する検査官は、荷為替を中心とした為替業務の実態を探ることを主要検査ポイントとして認識するはずである。

4－3　上田第十九国立銀行に対する銀行検査官報告書撮要の着眼点

　上田第十九国立銀行の銀行検査官報告書撮要については、同行の設立事情を勘案して大蔵検査官がどのような着眼点に基づいて銀行検査を実施したのかを検討する。マクロ経済情勢や地勢のみならず銀行業務の内容に関しても検討を加える。
　明治11年3月から5にかけての銀行検査6回のうち3回は、長野県に存する国立銀行に対する検査である。今回検討対象とする上田第十九国立銀行と同じく、北信濃に位置する飯山第二十四国立銀行および中信濃に位置する松本第十四国立銀行も同時期に銀行検査を受けている。3回の銀行検査を滞りなく行うためには、大蔵検査官は長野県全体の産業構造や地勢を把握しなければならない。「図表2-3　上田第十九国立銀行に対する銀行検査官報告書撮要の着眼点」で抽出した上田第十九国立銀行に関する検査指摘はマクロ・ミクロ両面において生糸商売とその発達に不可欠な為替サービスの重要性を認

第Ⅰ部　明治期の銀行検査

図表2-3　上田第十九国立銀行に対する銀行検査官報告書撮要の着眼点

検査項目	検査内容
上田並びに同地方景況	①上田は信州北部の地方並びに松本地方から東京へ行く場合の咽喉の位置を占める地方で個数は2,600余。市内は活気に富んでいる。 ②物産は生糸、繭、売繭、真綿、紬、上田縞等である。中でも生糸が最も盛んである。 ③1年間の売買高は約百万円であるという。商売の景況は少し福島と似たところがある。 ④生糸の取引が盛んな時期は東京、横浜、上州あたりの商人が多く当地に入り込むと聞く。これらの商人は問屋を経て買出しするとのことである。 ⑤当地の商人は蠶種紙の失敗から若干衰退している。長岡萬平、北澤祐右衛門両名は盛んに生糸の売買を行うということである。 ⑥本年より当地で荷為替を開始し、その他一切の商業の便を助けることになるので、今後漸次降盛を極めるものと考える。
為替業務に関する検査指摘	①明治11年1月から4月までに東京へ向けて取組んだ為替の金額は以下の通りである。 　27,000円（口数99） 　東京から当地へ向けた為替の金額は以下の通りである。 　11,000円（口数47） ②当店は玄関構えが町並から脇に入ったところにある。自然にその出入りは不便であるので生糸の取引が盛んな時期は市中へ出張して荷為替を取組むという。 ③当行の役員は佐久郡の出身者が多く、上田町の出身者は甚だ少ない。これは市中商人で当行の株主である者が少ないためであると考えられる。しかし、増資に応じる者の中には当地の商人が少なくないという。

出典：日本銀行調査局編集、土屋喬雄監修『日本金融史資料明治大正編第6巻』（大蔵省印刷局発行、昭和32年）。

識した上での記述となっている。

　上田並びに同地方景況については、福島第六国立銀行のケースと同じく事実確認は欠如しているものの、生糸産業を中心とした同地方の特徴は捉えており、生糸産業をはじめとする地元産業の育成にとって荷為替による便益が

重要な役割を果すことについても記述している。為替業務に関する検査指摘については、為替業務の実況を検査日直近の4ヶ月にわたって数値把握した上で、同行の荷為替商売の実態や株主構成にも言及している。

　以上より、検査の着眼点は適確であるが、銀行検査官報告書撮要には開業後間もない国立銀行に対する経営指導的観点からの検査指摘はなく、本来期待される銀行検査の目的は満たされていない。

4－4　上田第十九国立銀行の帳簿組織

　上田第十九国立銀行の銀行検査官報告書撮要は銀行帳簿の整備状況について、「該店ノ帖簿ハ整頓セリ」として特段の問題点は指摘していない。しかし、開業後半年未満の国立銀行の帳簿組織が完全に整備されていることは、常識的にはあり得ないと考えられる。同行の帳簿組織の整備状況について検討を加え、この指摘の適確性について検討する。

　検討を進める上で考慮べきポイントは、（1）設立後間もない国立銀行の銀行事務レベルを考察する上で上田第十九国立銀行のケースは1つの代表事例と考えられること、（2）同行の設立及び事務体系の構築には渋沢栄一および第一国立銀行が貢献していること、（3）また彰真社という為替会社が大蔵省や第一国立銀行の指導をどのように受け入れて帳簿組織を構築したかを見ることは、同様の経緯で為替会社から発展的に国立銀行として設立された他の国立銀行を考察する上での参考になること等である。高橋久一氏の研究成果をもとに上田第十九国立銀行の帳簿組織を概観する。

　高橋氏は、「……明治9年「国立銀行条例」の改正後に開業を免許され、各地に簇立した国立銀行は、いわゆる「成冊」を大蔵省から一括申受けたと思われるが、われわれはその事例を第十九国立銀行および第七十七国立銀行において見出すことができる」[20]と述べて、第十九国立銀行が開業当初から用いた帳簿体系を、日本国立銀行事務取扱方や明治9年改正国立銀行成規と比較している。以下でその比較表を引用し、銀行検査官が見たであろう第十九国立銀行の帳簿組織を考察する。

　第十九国立銀行の帳簿組織を他の帳簿組織と比較すると、いくつかの特徴に気がつく。まず割引手形や代金取立手形に関する帳簿が抜け落ちており、

第Ⅰ部　明治期の銀行検査

貸付金を管理する帳簿もない。それと対照的に、明治9年改正国立銀行成規や日本国立銀行事務取扱方の帳簿組織には見られない荷為替手形記入帳や荷為替手形元帳を独自に制定し、帳簿組織に組入れている。

　同行設立当初の帳簿組織は、地元産業育成に資するため荷為替による便益を提供するという設立意図とは整合的であるが、本来業務である貸出金、割引手形、取立手形等の帳簿が整備されておらず全体的には必ずしもバランスが取れたものとはいえない。「別表2-6　改正国立銀行成規中の簿冊目録」の通り、帳簿種類を見ると明治9年改正国立銀行成規、日本国立銀行事務取扱方および第七十七国立銀行ともに帳簿数が43種類であるのに対して、第十九国立銀行のみが27種類と極端に少なく、全ての業務をカバーする帳簿は用意されていない。

　しかし、前述の通り、第十九国立銀行の帳簿の整備状況に対する銀行検査官報告書撮要の指摘は、「該店の帖簿ハ整頓セリ」というものである。これは帳簿組織全体としては不十分な点が散見される一方、規格外で銀行設立意図と整合的な帳簿を独自に制定した点を前向きに評価したものと考えられる。第十九国立銀行に対する銀行検査官報告書撮要を研究した小林春男氏は、「……「該店（第十九国立銀行：筆者注記）ノ帖簿ハ整頓セリ」と評されていて、飯山第二十四国立銀行が、「帖簿ハ稍整頓セリ」と記され、松本第十四国立銀行が「帖簿ハ未タ整頓ト云フヘカラス其記入法往々不十分ナリ」と注意されているのに比し、著しい異いである」として、第十九国立銀行の帳簿組織に対する大蔵検査官の際立ったプラス評価について記述している[21]。

　つまり、大蔵検査官は、外形的には十分整頓された帳簿組織とはいえない第十九国立銀行の帳簿組織に対して、当面の実務的な利便性を重視して高評価を与えたことになる。

小　括

　本章の目的は、第一国立銀行に対するシャンドの銀行検査報告書を受けて、どのように銀行検査規程が改定され、その規程内容にしたがって、どのように銀行検査が形成されたのかについて、明治前期の銀行検査官報告書撮要を

分析することにより解明を試みることであった。明治前期以降の銀行検査を考察する際の分析視角の１つは、大蔵省がシャンドからひとり立ちして銀行検査行政を営み始めた時期において、銀行検査がシャンドの影響を受けてどのように成立したのか、そのプロセスを検証することである。

明治９年に改正された銀行検査規程は、シャンドが身をもって示した提言型検査を銀行検査実務で再現するに十分なものではなかった。しかし、それを文字通り再現することが不可能であるがゆえに、銀行検査規程の目指す方向は結果的に指摘型検査となった。当時の大蔵省が銀行検査官の能力範囲内で検査を実施しようとした結果、必然的に選択せざると得なかった方向性がそのまま銀行検査規程に表現された。

銀行検査規程と銀行検査官報告書撮要を比較すると、銀行検査規程に特徴的なポイント、すなわち（１）担保物件の処理実態に関わる検査を行うこと、（２）検査を事前検査、実地検査、事後検査に分割すること、（３）銀行検査の通常業務に対する優先性を明確化したこと、（４）役員間、役員と株主間の関係を検査すべきこと、（５）相場に関することや投機的商売について特段の注意をもって検査すること、（６）法令遵守と帳簿記帳の合理性に関わる検査であること、等が重視されて銀行検査が実施されたとは考えられない。またマクロ経済情勢や景況に関する記述に関しても、検査事実を全て確認した上で検査報告書に記載しているわけではない。

銀行検査規程の分析と、福島第六国立銀行に対する銀行検査の事例研究を通して言えることは、（１）大蔵検査官はシャンドが身をもって示した提言型検査を理解し、それを実践することはできなかったが、大蔵省は当時の銀行実務教育レベル、銀行制度、検査官の能力等の範囲内において適切な銀行検査規程を用意し、実践的な銀行検査を心がけたこと、（２）開業直後の銀行が必要とする経営指導を中心とした経営監査的側面からの検査指摘は見られず、マクロ面・ミクロ面ともに実態把握が中心となったが、それは当時の大蔵省の調査能力の実態を勘案すると不可避な方向性であったこと、（３）シャンドから受け継ぐべき提言型検査のDNAは、明治前期に消滅したのか大蔵検査官の遺伝子に組み込まれて表面化しなかっただけなのかは不明確であり、明治中期以降大蔵省内で銀行検査をめぐるいかなるコンセプトの葛藤があり潜

第Ⅰ部　明治期の銀行検査

在的なジレンマが生じていたのかを事例検証することが今後の検討課題となること、等である。

　新潟第四国立銀行に対する銀行検査官報告書撮要については、企業史との比較により銀行検査の正確性の観点から検討を加えたが、銀行検査で把握した事実関係については概ね正確であり、明確に事実誤認とみとめられる記述は見られなかった。しかし、延滞貸出金の実態に関する検査意見を除いて大半は把握した事実を記述するにとどまり、被検査銀行が抱える問題点に切り込んだ検査指摘はなかった。上田第十九国立銀行については、大蔵検査官がどのような着眼点に基づいて銀行検査を実施したのかを検討したが、同行の帳簿組織に関しては、外形的には十分整っているとは言えない帳簿組織に対して、当面の実務的な利便性を重視して高評価を与えるなど、実態面を重視した検査を行った形跡が認められる。

　昭和戦前期の大蔵検査官は指摘型検査擁護派と提言型検査擁護派に分かれて論争し、銀行検査のあり方を模索していた[22]。今後は明治中期以降、シャンドの示した提言型検査と指摘型検査の2つのコンセプトがいかにぶつかり合い、その後の時代に連なっていったのかを検証することが課題となる。

　第3章では、その前段の作業として、各種銀行法規の変遷や成立過程における銀行検査規定の変質を考察する。また、金融行政の基本法規である銀行条例の修正案をめぐる議論を「銀行の公共性」の視角から分析することにより、銀行条例の下で、銀行検査を通して預金者保護や信用秩序維持を確保しうる法的な制度インフラがどのように整備されたのかを考察する。

注　記
（１）明治財政史編纂會『明治財政史　第13巻』（丸善、明治38年）、715-729頁。
（２）本章では「銀行検査手續」、「銀行検査ニ關スル當局者一般ノ心得」、「銀行視察ノ心得」をまとめて表現する場合は「銀行検査規程」と記載する。
（３）本章では「銀行検査手續」、「銀行検査ニ關スル當局者一般ノ心得」、「銀行視察ノ心得」をまとめて表現する場合は「銀行検査規程」あるいは「国立銀行検査規程」と記載する。
（４）高橋久一『明治前期地方金融機関の研究』（新生社、昭和42年）。
（５）小林春男「銀行検査事始（下）」『バンキング163号』（昭和36年、産業経

済社)、61頁。
(6) 明治財政史編纂會、前掲書、722-723頁。
(7) 明治財政史編纂會、前掲書、723-725頁。
(8) 前出の本邦銀行変遷史によると普通銀行は一般に銀行条例または銀行法に基づいて設立された銀行をいうが、銀行条例にも銀行法にも、その条文中に普通銀行という用語は使用されておらず、明治・大正期の出版物では、私立銀行と普通銀行を同義語として使用している例も少なくないとされている。シャンドがいうところの普通銀行は英国のマーチャント・バンクに該当すると推察される。用語使用上の混乱を回避する意味から、本章で用いる「普通銀行」は本邦銀行変遷史にしたがい銀行条例または銀行法に基づいて設立された銀行と理解し、シャンドがいうところの普通銀行とは区別する。
(9) 明治財政史編纂會、前掲書、725-729頁。
(10) 明治財政史編纂會、前掲書、726頁。
(11) 明治財政史編纂會、前掲書、728-729頁。
(12) 日本銀行調査局編集、土屋喬雄監修『日本金融史資料明治大正編 第6巻』(大蔵省印刷局発行、昭和32年)。銀行雑誌は明治10年12月から同11年12月にわたり第13号まで大蔵省銀行課によって発行された銀行業務に関する専門雑誌である。この専門誌に掲載されている銀行検査官報告書撮要の被検査銀行名は「福島第六国立銀行」、「新潟第四国立銀行」、「上田第十九国立銀行」等のように地名が正式銀行名に冠されている。正式名はそれぞれ「第六国立銀行」、「第四国立銀行」、「第十九国立銀行」であるが、銀行雑誌の記述を尊重し、本章では地名を付した銀行名を採用する。
(13) ㈱第四銀行『第四銀行八十年史』(㈱第四銀行、昭和31年)。
(14) ㈱第四銀行企画部行史編集室『第四銀行百年史』(㈱第四銀行、昭和49年)。
(15) 高橋、前掲書。
(16) 高橋、前掲書、462-463頁。
(17) 第一銀行八十年史編纂室『第一銀行史』(㈱第一銀行、昭和32年)、335-336頁。
(18) 渋沢青淵記念財団竜門社編集『澁澤榮一傳記資料 第五巻』(渋沢栄一伝記資料刊行会、昭和30年)、285-286頁。
(19) 渋沢青淵記念財団竜門社編集、前掲書第五巻、286頁。
(20) 高橋、前掲書、492-495頁。
(21) 小林、前掲論文、61頁。

(22) 大月高監修『実録戦後金融行政史』(金融財政事情研究会、1985年)。

別表2-1 改正国立銀行検査順序の要旨と解釈

銀行検査 手続項目	銀行検査手続要旨と解釈
1. 検査著手ノ手續	本項目は実地検査着手直後に主要帳簿の残高を把握すべきことを述べている。具体的には日記帳の貸方残と、総勘定元帳の差引残高を押えることにより、前者を金銀の現物検査、後者を諸勘定の突合に用いる。 検査に着手する際に基本元帳の残高を最初に押える手法は現在の銀行の内部監査に通じる手法で、違いがあるとすればそれは手書元帳であるかコンピューター計表であるかの違いである。総勘定元帳差引残高表は銀行業績の最終結果を示すもので諸勘定照合の中心となるべき帳簿であることについても現在と変わりはない。
2. 銀行有高検査ノ事	本項目は更に5つの小項目から構成されている。その詳細は金銀銅貨および紙幣等の突合方法の詳細、不突合の場合の調査方法、金庫を検査する際の注意事項、金銀銅塊の検査方法、抵当品として保管しているものの取扱い等である。
3. 公債證書有高ノ事	本項目は更に2つの小項目から構成されている。その詳細は銀行所有の公債証書の有高検査と、抵当として銀行で保管しているものの取扱い等である。銀行所有の公債証書のうち他所に抵当として差出したものについては預り証書を調査し、逆に抵当として保管しているものについては差入れ人の明細を調査するとともに抵当権の対象となっている貸出金の調査の参考にすべしというものである。
4. 貸付金之事	本項目は更に3つの小項目から構成されている。その内容は貸出条件に沿った管理、担保物件の管理、不良債権管理の実態を検査する際のポイントを述べたものである。検査のポイントを整理すると以下の通りとなる。 (1) 正常な貸出金、期限経過貸出金ともに個別に融資条件を確認すること。その内訳は、「貸出先の職業」「金利条件」「返済期限」「抵当権の設定更新回数」等を精査し総勘定元帳差引残高表と照合する。 (2) 抵当物（公債証書、金銀銅塊、古金銀、外国貨幣）は日記帳残高と照合する。また不動産抵当は関連書類を借用証書と照合し抵当不足の有無を確認する。 (3) 抵当物件は保管場所が他所であっても現物を実際に点検する。

4．貸付金之事	（4）延滞貸出金の抵当物件も同様に精査し、延滞期日管理と抵当物件の処分方法および損失の見込みを確認する。 　本項目は抵当権付貸出の管理実態を「抵当物件の現在価値に対する銀行の認識」「貸出諸条件に照らした抵当物件の適正性」の観点から検査する際の注意点を記述したもので、銀行実務の基本である。
5．定期預金之事	本項目は個別の定期預金について預金者と預金の条件を「定期預金記入帳」レベルで確認し、総勘定元帳差引残高表と突合すべきことを述べている。
6．當座預金ノ事	本項目は更に3つの小項目から構成されている。最初の小項目は定期預金の検査と同様である。現在では一般的には例がないが、当座預金に利息をつける場合の管理実態の検査についても記述している。2つ目の小項目は当座貸越が発生した場合の管理、すなわち与信管理の実態を通常の貸付と同様のスタンスで検査する場合のポイントを記述している。3つ目の小項目は官庁から預っている「御用當座預金」に関するものであるが、特別な扱いはなく、一般当座預金に準拠して検査すべきことを述べている。
7．御用預金ノ事	御用預金は御用当座預金に準じて検査すべきことを述べている。
8．振出手形ノ事	本項目は振出手形明細を「振出手形記入帳」レベルで確認し総勘定元帳差引残高表と突合するべきことを述べている。振出手形記入帳を構成する項目は「期日」「番號」「姓名」「住所」「種類」「金額」「仕払摘要」であり、手形要件以上の情報をこの記入帳から得られるわけではない。[*1]
9．割引手形ノ事	本項目は割引振出手形明細を「當所割引手形記入帖」レベルで確認し総勘定元帳差引残高表と突合するべきことを述べている。當所割引手形記入帖を構成する項目は「期日」「番號」「割引願人」「元帖丁数」「振出人」「引受人」「割引場所」「手形日附」「仕拂約束期限」「仕拂期限」「割合」「割引高」「金額」「日締金額」「仕拂日」であり割引手形一枚ごとの詳細が記されている。[*2] 　割引手形は銀行にとっては与信行為であるので、必要に応じて「其景況ヲ見ル爲メ」検査スパンを過去の割引実績にまで広げるべきことを述べている。

10. 代金取立手形ノ事	代金取立手形も割引手形の検査と同様であり、必要に応じて検査スパンを過去に広げるべきことを述べている。しかし、割引手形は与信行為であるのに対して代金取立手形は銀行にとって与信は発生せず委任された取立義務があるのみなので、一般論としては景況を見ることは必ずしも与信管理ほどの重要性はもたない。代金取立手形の検査を割引手形並みの厳格さをもって行う真意は本手続を見る限り明確ではない。
11. 仕拂銀行手形ノ事	本項目は仕拂銀行手形の残高管理についての検査ポイントを記述したものである。期日払手形と一覧払手形の内訳を把握するとともに、過去の手形支払実績を検査して手形要件の詳細を検査で把握すべきことを述べている。また「爲替ノ景況ヲ見ル爲メ」検査スパンを過去に広げるべきことを述べている。
12. 質物流込ノ事	本項目は担保物件の処理実態についてどのように検査するかを記述したものである。上記1〜11までは過去の処理実態についての帳簿の突合を中心とした検査であるが、本項目からは今後の処理方針を被検査銀行の担当者に対する口頭での問審により明らかにする手法について述べている。
13. 諸簿冊突合ノ事	本項目は帳簿間の整合性を検査することにより記帳処理の正確性と内部牽制の実態を確認するものである。帳簿の中心に置かれるのは総勘定元帳であり、それと口別総勘定差引残高表、収納帳、仕拂帳、日記帳、有高帳、預金元帳等各種主要帳簿、補助帳簿との整合性が検査されるべきことを述べている。これは帳簿間の整合性による内部牽制の実態を検査によって実地に確認するもので、日常の事務処理に対して外部者が直接帳簿にアクセスすべきことが定められた。
14. 報告書之事	本項目は定められた検査報告書の雛型にしたがって検査結果を遺漏なく記載すべきことを述べている。シャンドによる第一国立銀行の初回検査報告書はシャンドの問題意識に沿って比較的自由な形式で作成されたが、検査手順書で検査報告書の雛型が定められると、記載する検査結果はある程度その雛型に制約される。また、それと同時に雛型で検査報告アイテムが定められていればそれを正確に記載すべく検査が遺漏なく行われるように慫慂される側面もある。この制約と慫慂により銀行検査は画一化されるが、同時に視角がブレることなく検査が実施されるのでいずれにせよ検査報告書の雛型は重要な意味を有する。

第Ⅰ部　明治期の銀行検査

15.附則	本項目は前文に加えて7つの小項目から構成されている。前文では検査官心得書にしたがって帳簿を精査すべきことに加えて、銀行全体の業務、既往の実績に基づいた将来の見通し、銀行所在地と銀行業務との関わり等を考慮した検査を行うべきことを述べている。7つの小項目は被検査銀行を取り巻くマクロの経済情勢や地勢を考慮すべきことについてその内容を詳細に記述している。具体的なポイントは、①銀行所在地の地勢と交通の実態、②銀行所在地の物産品とその販売方法および物産品をめぐる商業の実態、③銀行所在地の人々の貨幣に対する嗜好実態、④銀行所在地の殖産や興業に対する銀行の貢献、⑤銀行所在地の金利や賃金レベル、商況や農業の実態、⑥企業の資本金運用実態と営業方法、⑦銀行所在地における問屋・仲買業の有無、同業態が存在する場合の業務実態等である。

出典：明治財政史編纂會『明治財政史第13巻』（丸善、明治38年）715-729頁。
（*1）片野一郎『日本・銀行簿記精説』（中央経済社、昭和31年）84頁。
（*2）片野、前掲書、86頁。

別表2-2　福島第六国立銀行に対する銀行検査官報告書撮要要旨

検査項目	検査内容
福島並びに同地方景況	①福島は阿武隈川の上流に位置し戸数は約1,500余りで、仙台、米沢、山形3方への要衝にあたる。 ②福島から荒濱まで20里（80キロ）あり20艘余りが常にその間を往来しているが船問屋は1軒。 ③市街は通常繁華ではないが生糸の季節には繁昌する。 ④この地方の重要な物産は蚕糸である。信夫郡、伊達郡の2郡から産出されるものが最も多くその売買高は年間約150～160万円である。 ⑤三陸・二羽を合算するとその売買高は年間400万円を下らない。その10分の6、7は福島市場の売買によるものである。 ⑥西京、東京、横浜、上州あたりの商人が各地より集まりそれぞれ得意の糸問屋（通常は他の商売を営む）に託して仲買人を通して買い込む。 ⑦近年東京、横浜の商人は200円から300円単位で荷為替を組み、順次金額を増加させて買い入れる者が極めて多い。これらの商業の進歩は電信と銀行が直接間接に少なからず貢献している。

⑧保原、梁川、川俣（全て福島近郊の市街）等では市を開き近郊から生糸を持ち寄って売買している。

⑨福島の生糸商人である長澤松太郎、齊藤理助、和泉屋幸四郎、油井卯之助等はこの市場に出張して生糸を買入れるのに貨幣ではなく小切手を用いると聞く。中でも長澤松太郎が振り出す小切手は通常でも4,000円から5,000円程度は常に流通しているらしい。同人は為替手形も振り出しているのでこれをもってこの地方の生糸市場の繁盛を推し量ることができる。

⑩このように商業が盛んな地であるが市中の戸数は多くなく富裕な豪商も割合少ないので、利益の大部分は当該地以外の地方商人によって占められ当地の商人は手間賃、口銭等の小口利益を得る者が多い。

⑪他の地方との商品の売買の実態把握を試みる。当地では米穀の産出が不足しているので米沢、若松から買い入れている米穀は少なくない。また、相馬あたりで生産した鹽（塩）は当地を経て米沢地方へ輸送される。貸倉庫が2ヶ所あるのでこれを実際に見ると米鹽（塩）魚粕等が倉庫内に積み上げられている。

⑫倉庫の敷料は一俵につき1ヶ月5厘である。貸倉庫の預り手形を抵当として銀行から融資を得るという便宜があるので米穀が当地に集まることが殊に多いと聞く。また、当地には銀行があるので荷為替を組むのに便利であり、仙台、山形、米沢地方より商品を持込みここから東京、横浜に向けて荷為替を組むものが少なからずある。また、東京から米沢あたりへ織物の仕入金を回送するにあたり当地まで為替を組むものが多いとのことである。

⑬阿武隈川の河口に位置する荒濱から海路18里行くと石濱港がある。同港には三菱倉庫の汽船が時折入港するという。したがって、東京、横浜等から回送する貨物は同港から塩釜を経て仙台に到り、再び山形地方へ転送するとのことである。吉野周太郎（福島あたりの富豪）は時々石濱港に出張して仙台米を東京に向けて出荷するために荷為替を年間15万円程度組むとのことである。

⑭石濱に入荷した貨物を荒濱へ運漕し、そこから福島まで転送するのが便利であるというのでこれを試そうとしているとのことであるが、阿武隈川を遡ることが困難であるので、この経路の利用は極めて少なくなっている。

第Ⅰ部　明治期の銀行検査

福島並びに同地方景況	⑮石炭油、綿等は全て宇都宮を経て陸路から入荷するとのことである。もし阿武隈川の航行を一層便利にしたら、その利益は少なからずあると考える。
福島管内にある500戸以上の町	白河、二本松、須賀川、郡山、福島、桑折、保原、川俣、梁川、三春、平、小名浜、若松、坂下、喜多方
福島管内にある諸会社	白川製糸會社（水車仕掛）、二本松製糸會社（水車仕掛）、川俣製糸會社、石神村興復社（専ヲ開墾ヲ助ク）、白川紡績所（糸織ヲ製ス）、二本松紡績所（糸織ヲ製ス）、川俣紡績所（紅絹ヲ織リテ西京ヘ送ル）、二本松相生社（貸付會社）、若松甃牛馬社、梁川蠶種賣捌會社、郡山開成社（専ヲ開墾ヲ助ク）、須賀川産馬會社 上記以外に梁川において屑糸製糸會社設立の計画、若松において人参會社、弘業會社設立の計画がある。
若松の実態	①若松は戸数4,000余りで市内は極めて広い。しかし戦争後衰微して不振であるとのことである。第三十一国立銀行は未だに開業していない。 ②若松地方は山岳に囲まれ運輸の便は悪い。唯一越後への船便があり、これによって必需品は従来大半新潟から入荷していたが、最近は東京から入荷するらしい。 ③この地方で産出する米穀も従前は大半新潟に出荷していたが、最近は二本松、白河あたりへ出荷するものが6割を占めるということである。その他、製糸、漆器、人参等は東京、横浜へ向けて出荷するものが多い。したがって、当地に銀行が開業すれば荷為替、為替の便を生じて東京との商業上のやり取りを始めるべきと信ずる。
福島第六国立銀行	①当行の検査は明治11年3月27日に行われたが、当日の貸借対照表は別表2-3　福島第六国立銀行の資産負債一覧表（明治11年3月27日現在）の通りである。 ②当行の営業は生糸時（生糸に関わる商売が盛んになる時期）、すなわち7、8月から12月までの間、東京、横浜に向けて生糸の荷為替を組むことが主要業務となる。貸付業務は主に1月から6、7月目での間に行われ、生糸時にはこれを取りまとめて荷為替の取組みに充当する。したがって、貸付金は6月に返済するものが多い。

③貸付金は合計204口で69,300円余りである。このうち無抵当で貸付けたものが最も多い。抵当物の過半は米穀で地金銀、生糸がこれに次ぐ。地所（筆者注：土地担保）は4口でその金額はわずかに1,200円である。期限経過、滞貨となったものは1口もないが、書替延長したものは22口ある。

④当座貸越は合計5口で11,900円余りである。その得意先は全て当地の商人で、いずれも貸越限度を定め約定証書を交わしている。無抵当の信用貸しである。

⑤預り金は政府分を除き一般からの預金は定期、当座、振出手形の三種で40,704円である。その内定期預金は大半が株主と商人である。当座預金は町会所が最も多く、その他は当地商人である。

⑥当行の金銀有高は101,405円94銭8厘8毛であり、発行紙幣の準備および諸預金の準備を差引いた残金、すなわち全て当行が使用することのできる金額は77,060円6厘7毛5である。

⑦明治11年1月から3月26日までに東京へ向けて取り組んだ為替金額は以下の通りである。

　合計447,000円余り（口数100）
　　内430,500円（口数50）　　県庁分
　　　16,500円余り（口数46）　一般分

⑧明治11年1月から3月26日までに東京へ向けて取り組んだ電信為替金額は以下の通りである。

　合計885円余り（口数4）

⑨明治11年1月から3月26日までに東京へ向けて取り組んだ荷為替金額は以下の通りである。

　合計70,200円余り（口数23）

⑩明治11年1月から3月26日までに東京から福島へ向けた為替金額は以下の通りである。

　合計94,500円余り（口数93）
　　内26,300円余り（口数22）　官の分
　　　68,200円余り（口数71）　一般分

⑪明治11年1月から3月26日までに東京から福島へ向けた電信為替金額は以下の通りである。

　合計7,820円余り（口数7）

出典：日本銀行調査局編集、土屋喬雄監修『日本金融史資料明治大正編第6巻』（大蔵省印刷局発行、昭和32年）。

注：本表の検査項目は検査官報告書撮要原文に明記されているものと筆者が項目出ししたものが混在している。これは報告書内容要旨を整理した結果である。

第Ⅰ部　明治期の銀行検査

別表2-3　福島第六国立銀行の資産負債一覧表（明治11年3月27日現在）

借方適用	金　額	貸方適用	金　額
○政府ヨリ借		○政府ヘ貸	
御用預金	20,000	諸公債證書	150,039
御用當坐預金	161,210	○人民ヘ貸	
御用定期預金	6,792	貸付金	64,153
小　計	188,007	當坐預金貸越	11,968
○人民ヨリ借		當所割引手形	5,787
發行紙幣抵受取高八萬圓悉皆流通	80,000	諸買入元金	29,648
定期預金	18,001	荷爲換	96
當坐預金	23,279	小　計	111,654
振出手形	977	○支店ヘ貸	
仕拂銀行手形	113	元　金	20,000
小　計	122,370	雑勘定	133,898
○支店ヨリ借		小　計	153,898
平出張所	10,976	○他店ヘ貸	
○損益勘定			55,424
利　息	697	○損益勘定	
手數料	973	給　料	328
交換内歩	234	旅　費	20
割　引	420	雑　費	485
雑　益	79	諸　損	
古金銀賣買益	51	小　計	834
小　計	2,458	○創業入費	
○株主ヨリ借			840
株　金	250,000	○銀行所有物	
積立金	1,700	什　器	331

第 2 章　銀行検査の形成過程

前半季繰越高	4	○雑勘定	
小　計	251,704		263
		○金銀有高	
		御用預金	20,000
		金　貨	399
		銀銅貨	716
		紙　幣	76,453
		他店紙幣	3,847
		不　足	0
		小　計	101,416
		地金銀	817
合　計	575,518	合　計	575,518

出典：日本銀行調査局編集、土屋喬雄監修『日本金融史資料明治大正編第6巻』（大蔵省印刷局発行、昭和32年）48-49頁。

注：（1）金額は円未満を切り捨て表示したので勘定科目の合算数値と小計の数値および小計の合算数値と総合計はそれぞれ端数（銭以下）の累積分が不一致となっている。
　　（2）原典では複数の勘定科目のまとまりを中項目として丸印が付してあるのでそのまま引用した。
　　（3）高橋久一『明治前期地方金融機関の研究』（新生社、昭和42年）484頁。（明治10年12月大蔵省制定「国立銀行報告差立方規則」による大蔵省様式では資産・損費が貸方、負債・資本・収益が借方になっている。）

別表2-4 シャンドの検査報告書と明治9年改定大蔵省規程および銀行検査官報告書撮要の特徴比較

シャンドの検査報告書およびそれに表れる思想的特徴	明治9年に改定された大蔵省銀行検査規程の特徴	明治11年に作成された銀行検査官報告書撮要
[第一国立銀行の検査報告書] ①検査報告書は本文と補遺とで構成されている。本文冒頭には現物検査結果を記載し、その後検査で問題とする勘定科目を抽出して指摘事項を記載している。 ②第一国立銀行の問題債権である小野組、島田組に対する貸付金の分析を記載している。 ③補遺では検査報告書の形式にとらわれず自由に銀行経営上の問題点、内部統制のあり方等について指摘・提言している。具体的内容は以下の通りである。 1）銀行の職能に関する検査指摘 2）銀行の内部統制に関する検査指摘 3）貸付業務のあり方に関する検査指摘 [検査報告書の背景にある思想] ①検査報告書の背景思想が明確に表れているシャンドの著作は「銀行簿記精	[国立銀行検査順序] ①検査着手に関わる手続を冒頭に記載している。ポイントは以下の通りである。 1）主要帳簿の残高把握 2）現物監査準備(金銀銅貨、公債証書) 3）勘定突合の準備 ②監査すべき勘定科目を列挙。 ③担保物件の処理実態に関わる検査。 ④帳簿間の整合性に関わる検査。 ⑤報告書雛型および記載方法 ⑥附則においてはマクロの経済情勢。地勢、銀行所在地の物産・決済慣習、賃金レベル、商業の実態等を調査すべきことが記載されている。 [銀行検査ニ關スル當局者一般ノ心得] ①検査を事前検査、実地検査、事後検査に分割して心得を記載している。 ②事前検査では問題点を抽出すべきことを記載している。実地検査では銀行	①被検査銀行所在地の景況や地勢について冒頭に記載。 ②勘定科目に関する検査指摘と銀行業務に関する指摘をまとめて記載している。 ③検査日現在の資産負債一覧表（試算表）を検査報告書中に記載しているが、その内容は分析されていない。 ④資産負債一覧表中の勘定科目には貸借が通常と逆になっているものがあり、不明な点が多く見られる。 ⑤シャンドの銀行検査報告書のような銀行経営の本質に触れた検査指摘・提言は見られない。 ⑥内部牽制や内部統制を重視した検査指摘・提言は見られない。 ⑦監査事実を全て確認した上で報告書に記載しているわけではなく、実態確認すべ

法」と「日本国立銀行事務取扱方」。 ②銀行簿記精法には銀行会計組織と連動した内部牽制機能の導入、日本国立銀行事務取扱方には内部監査制度導入による内部統制組織の樹立の思想が見られる。	業務に対する銀行検査の優先性,検査対象期間について臨機応変に対処すること、法令違反・銀行業務範囲の逸脱に留意すべきことを記載している。事後検査では検査事実把握および記録の重要性、将来の見通しに言及すべきことを述べている。 ［銀行視察ノ心得］ ①役員間、役員と株主間の関係を検査すべきことを記載している。 ②相場に関すること、投機的商売について特段の注意をもって検査すること。 ③銀行の増資理由、出資金内訳について検査すること。 ④手形取引、手形流通の実態検査。 ⑤法令遵守と帳簿記帳の合理性に関わる検査。	きものも現地聴取のレベルで事実として記載している。 注：本表の銀行検査規程には「国立銀行検査順序」「銀行検査ニ關スル當局者一般ノ心得」「銀行視察ノ心得」が含まれる。

注：本表の銀行検査規程には「国立銀行検査順序」「銀行検査ニ關スル當局者一般ノ心得」
　　「銀行視察ノ心得」が含まれる。

第Ⅰ部　明治期の銀行検査

別表2-5　新潟第四国立銀行に対する銀行検査官報告書撮要と企業年史の比較

	新潟第四国立銀行に対する銀行検査官報告書撮要	『第四銀行八十年史』・『第四銀行百年史』の内容
為替業務	①当行の営業は一般顧客に対する貸付と県庁の為替取扱である。したがって官庁関係為替の金額が大きく一般顧客は小額である。 ②明治11年1月から4月5日までに東京支店並びに三井銀行大阪支店に向けて取り組んだ為替金額は以下の通りである。 総額 287,300円（220口） 260,300円（13口）東京仕向の官庁分 　18,600円（174口）東京仕向の一般分 　8,600円（33口）大阪仕向の一般分 （上記金額を明治10年1月から4月5日までと比較すると83,600円（54口）増加した。） ③荷為替は明治11年1月以来取組みなし。	①為替は明治9年に三井銀行本店とコルレス契約を結んだが、御用為替に限られていた。民間為替は明治10年下期に三井銀行大阪支店と契約を結んだのが最初である。明治11年9月に東京～新潟間に電信が開通したので電信為替の取扱を始め、12年上期には為替取組のうち90％近くが電信為替であった。（100年史53頁） ②荷為替の取組みは、東京の高木栄助が製茶買入れに来港し、7年8月三井組の辻純市の保証で5,000円を限度として約定を結んだのが最初である。しかし、荷為替もまた明治10年代を通して不振であった。（100年史54頁）
貸付業務	①貸付金は総計114口で254,400円である（一口平均約2,000円）。抵当は米穀地所家屋が最も多い。公債証書、株券等がこれに次ぐ。信用貸は6口で16,600円である。 ②米穀は大半沼垂貸庫および鈴木長八貸庫の預券である。その他の米穀預り証書は借入人自身の米預証書を抵当とするものがある。地所家屋の抵当は大抵旧貸付であり最近はそのような抵当をもって貸出することはない。 ③貸出金114口の内期限経過分は87口174,100円である。延期証書はない	①創業当初は地所、家屋抵当の貸出金が大半を占めていたが明治10年頃から方針を改めて、米、公債、商品等流動性があるものを担保とする商業金融に力を入れてきた。明治10年2月に新潟米商会所開業後は特に米取引に関連する金融が支配的となった。（80年史31頁） ②80年史によると明治10年代の民間への貸付金残高推移は次表の通りである。

第2章　銀行検査の形成過程

	が利子支払いが滞っているものはないという説明であるが、約定期限通りに返済するものが少なく延滞が多いことを認識すべきである。 ④貸出金の内訴訟中のものは7,200円（18口）、期限経過後返済するよう折衝中のものは24,200円（4口）、裁判が結審したにも拘らず債務が履行されていないものは3,900円（3口）、これらの合計は35,400円である。当行の延滞貸出金に対する準備金は1,500円である。	[明治10年代当行貸出金残高の趨勢] （単位：円） | | 明治10年12月 | 明治12年12月 | 明治14年12月 | 明治16年12月 | |---|---|---|---|---| | 貸付金 | 277,798 | 240,451 | 361,568 | 265,290 | | 期限過貸付金 | 12,813 | 4,753 | 11,028 | 10,791 | | 滞貸付金 | — | — | 3,500 | 26,643 | | 當所割引手形 | 712 | 6,000 | — | 45,793 | | 當座預金貸越 | — | 28,728 | 47,033 | 24,308 | | 其他 | 900 | 64,191 | — | 70,569 | | 合計 | 292,220 | 344,123 | 423,126 | 443,496 |
預金業務	①定期預金は総計24口94,600円でその内県庁や病院の分は82,200円、米商会所分は10,000円、残り2,400円の内訳は官員2口、士族1口、僧侶2口、農商4口、外国人1口の計10口である。 ②当座預金は官の分を除き総計10口で27,300円でその内町会所の分は18,000円、米商会所分は8,900円、残り400円の内訳は士族1口、官員2口である。 ③当座貸越はなく貸越契約を結んだものもない。 ④振出手形は官の分を除き過半は米商会所と当地の商人である鈴木長八の分である。	①80年史によると明治10年代の預金残高推移は下表の通りである。 [明治10年代当行諸預金残高の趨勢] （単位：円） | | 明治10年12月 | 明治12年12月 | 明治14年12月 | 明治16年12月 | |---|---|---|---|---| | 御用預金 | 53,087 | 81,900 | 536,890 | 386,949 | | 御用振出手形 | 73,486 | 81,602 | — | — | | 為替方御用金 | — | — | — | 28,805 | | 政府預金計 | 126,573 | 163,502 | 536,890 | 415,754 | | 定期預金 | 78,021 | 125,782 | 34,798 | 64,892 | | 当座預金 | 57,380 | 70,618 | 11,964 | 50,288 | | 別段預金 | 213 | 7,834 | 3,140 | 2,700 | | 約定預金 | — | 9,171 | 169 | 396 | | 人民預金計 | 135,614 | 213,405 | 50,071 | 118,276 | | 合計 | 262,187 | 376,907 | 586,961 | 534,030 | 注：政府預金と人民預金の小計を算出し追加した。

第Ⅰ部　明治期の銀行検査

質物流込	①質物流込は8,500円で大半地所家屋である。	①質物流込の推移は、明治10年下期8,553円、明治11年上期7,572円、同年下期5,358円（100年史）

出典：日本銀行調査局編集、土屋喬雄監修『日本金融史資料明治大正編第6巻』（大蔵省印刷局発行、昭和32年）。
　　　㈱第四銀行『第四銀行八十年史』（㈱第四銀行、昭和31年）。
　　　㈱第四銀行企画部行史編集室『第四銀行百年史』（㈱第四銀行、昭和49年）。
注：（1）新潟第四国立銀行の銀行検査官報告書撮要から同行の業務内容や財務数値に関わる記述を抽出し、その内容を企業年史と比較した。
　　（2）銀行検査官報告書撮要中の金額は百円未満を概数表示している。

別表2-6　改正国立銀行成規中の簿冊目録

明治9年改正国立銀行成規	第十九国立銀行簿冊	第七十七国立銀行簿冊	日本国立銀行事務取扱方
○開業前より必要の簿冊（14冊）			
株式勘定元帳	同　左	株式勘定元帳	株式勘定元帳
収納帳	同　左	同　左	同　左
仕払帳	同　左	同　左	同　左
		出納帳	
貯蓄金銀控帳		同　左	
紙幣有高控帳	紙幣在高帳	紙幣有高控帳	紙幣有高帳
金銀有高控帳	金銀有高帳	金銀有高控帳	金銀有高帳
			本社紙幣交換記入帖
日記帳	同　左	同　左	同　左
発行紙幣記入帳	同　左	同　左	同　左
公債証書売買帳	同　左	同　左	
諸雑費内訳帳	同　左	同　左	
総勘定元帳	惣勘定元帳	総勘定元帳	惣勘定元帳（ママ）
同差引残高記入帳	同　左	同　左	同差引帳
株式有高帳	株数記入帳	株式有高帳	株式有高帳

第 2 章　銀行検査の形成過程

○開業後必要のもの（18冊）			
割賦金記載帳	同　左	同　左	同　左
当座預金元帳	同　左	同　左	同　左
同差引残高記入帖	同　左	同　左	同差引帳
定期預金記入帳	同　左	同　左	定期預金受取証書記入帖
			別段預金元帳
			同差引帳
敗裂紙幣記入帳		同　左	損壊紙幣記入帳
	振出手形記入帳		振出手形記入帳
仕払銀行手形記入帳	同　左	同　左	同　左
当所割引手形記入帳		同　左	同　左
他所割引手形記入帳		同　左	同　左
代金取立手形記入帳		同　左	同　左
割引手形記入帳		同　左	同　左
同差引残高記入帳		同　左	同差引帳
銀行手形記入帳	銀行手形元帳	銀行手形記入帳	同　左
出店勘定元帳		同　左	各支店元帳
同差引残高記入帳	同　左	同　左	同差引帳
	他店勘定元帳		他店元帳
			同差引帳
貸付金記入帳	貸付金記載帳	貸付金記入帳	同　左
貸付金元帳	同　左	同　左	同　左
同差引残高記入帳		同　左	同　左
			期限過貸付記入帳
本支店勘定書	本支店勘定表	本支店勘定書	

121

第Ⅰ部　明治期の銀行検査

○営業隆盛になるにしたがい必要となるもの（12冊）			
株数譲渡日締帳		同　左	株式譲渡記入帳
	株主姓名帳		株主手記姓名録
			名代人姓名録
貸付金記入帳		諸証券保護預帳	同　左
貸付金元帳		請合状記入帳	
同差引残高記入帳		同差引残高記入帳	
交換添帳		同添表	
			抵当品記入帳
増補日記超		同　左	同　左
日締帳		同　左	同　左
諸支払手形日記帳	⎫諸受払手形	諸仕払手形日記帳	
諸請取手形日記帳	⎭日記帳	諸受取手形日記帳	
他所切手記入帳		同　左	同　左
他所紙幣記入帳		同　左	
			損益勘定帳
	荷為替手形記入帳		
	荷為替手形元帳		
43種	27種	43種	43種

出典：高橋久一『明治前期地方金融機関の研究』（新生社、昭和42年）。
注：第十九国立銀行の帳簿組織は開業当初のものであり、開業後半年未満で行われた大蔵検査の時点ではこの帳簿体系に大幅な変更点がなかったという前提で論考する。

第3章　明治中期における銀行検査の考察
―― 銀行条例の成立過程における銀行検査規定の変遷 ――

はじめに

　本章の目的は、明治前期から中期にかけて内容変化を遂げた国立銀行条例、明治前期に建議された通常銀行条例案、明治中期に成立した銀行条例等の各種銀行法規の変遷や成立過程において、銀行検査規定がどのように変質したのかを考察することである。銀行条例については、同条例が銀行検査に関する条文を有するだけでなく、その法的精神に基づいて銀行検査を機能させることをどの程度意図していたのかという点について、「銀行の公共性」の視角から検討する。

　銀行条例は、数度にわたる国立銀行条例改正の後、明治23年8月に制定されたが、その成立までの過程において「通常銀行」という新たな概念によって金融機関を1つのカテゴリーにまとめ、独自の通常銀行条例案を建議した得能良介の事績を探る。

　通常銀行条例案は、明治8年に建議されながら実際には日の目を見ることのなかった、いわば幻の銀行条例である。それにもかかわらず、銀行法規の変遷を考察するにあたって通常銀行条例案を取り上げるのは、この条例案がシャンドから影響を受けて策定されていると同時に、明治9年改正国立銀行条例に基づく銀行検査手続に少なからず影響を及ぼしていると考えられるからである。明治9年改正検査手続から明治24年改正検査手続に到る検査手続の内容変化や、その後施行された銀行条例の銀行検査規定を考察するにあたり、通常銀行条例案は明治前期から明治中期に到る銀行検査の発展経路において両期間を繋ぐ結節点と位置づけられる[1]。本章では通常銀行条例案に注目し、その役割を分析するための枠組を「図表3-1　銀行条例における銀行検査条項の成立過程」のように設定し、銀行条例を中心とした個別条例や上位法規である商法との関係を分析することにより銀行検査規定の変遷を考察する。

第Ⅰ部　明治期の銀行検査

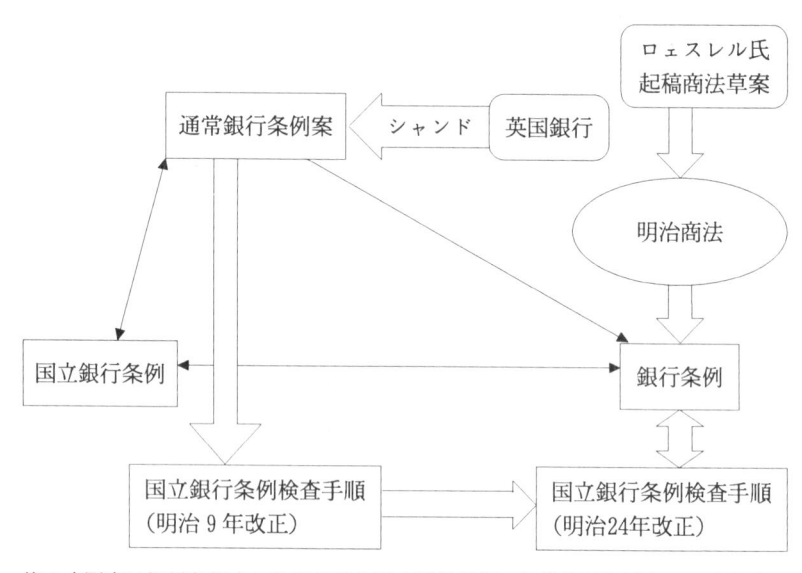

図表3-1　銀行条例における銀行検査条項の成立過程

注：本図表は銀行条例中の検査条項と国立銀行条例、通常銀行条例案、明治商法等の検査条項及び国立銀行検査検査手順との関係を示したものである。時代は左から右へ流れ、国立銀行条例が制定された明治5年から銀行条例が施行された明治26年までをカバーしている。凡例は以下の通りである。

　　➪　：銀行検査条項に関する影響の方向性
　　⇔　：銀行検査条項、銀行検査手順の運用
　　◆▶　：銀行検査条項の相互比較
　　━▶　：銀行検査条項に関する間接的影響の方向性

　得能の建議は、結果的に大蔵卿の受け入れるところにはならなかったが、紙幣頭の要職にあった得能の銀行行政の理念と、後に銀行条例を制定した大蔵大臣松方正義の理念を比較検討し、銀行検査に焦点を合わせて分析する。具体的には、銀行条例の理念を理解することを通して、明治中期における銀行検査の位置づけを探る。

　本章では、シャンドの影響を受けて立案された通常銀行条例案中の銀行検査関連条項が、その後の銀行検査規定にどのような影響を及ぼし、それが明

第3章 明治中期における銀行検査の考察

治中期にどのような変遷を辿るのかを検査手続の個別検討を通して探る一方、銀行条例の特質を通常銀行条例案との比較において理解する。つまり銀行条例における銀行検査を、国立銀行条例における銀行検査の発展形として理解するだけでなく、金融機関を広義に捉えた銀行法規である通常銀行条例案と、銀行条例の比較を通して銀行条例の特徴を際立たせ、その特徴を踏まえた上で明治中期における銀行検査規定の変遷について考察する。

第1節では、通常銀行条例案の銀行検査条項を明治9年改正国立銀行検査手続と比較し、通常銀行条例案がいかなる点において個別検査手続に影響を及ぼしたかについて考察する。

第2節では、明治9年と明治24年改正国立銀行検査手続を比較検討することにより検査実務に最も近接した銀行検査規定の内容変化を考察する。

第3節では、銀行条例の上位法規である明治商法における会社検査の基本概念を、ロェスレル氏起稿商法草案との比較検討をもとに理解し、明治商法と銀行条例の銀行検査条項の整合性や補完性について考察する。

第4節では、銀行条例の立法趣旨に表れている「銀行の公共性」の概念を通常銀行条例案の建議趣旨との比較に基づいて確認し、さらに東京銀行集会所が提出した銀行条例修正案をめぐる金融監督当局と銀行業界との議論の内容を銀行の公共性の観点から分析することにより、銀行検査の法的根拠や制度的存立基盤について考察する。また、国立銀行条例と銀行条例の銀行検査条項の整合性について確認する。

本章のテーマへの接近方法としては、『明治財政史』、『明治大正財政史』、『銀行便覧』、『銀行局年報』等の基礎的文献から銀行検査関連の資料を抽出して比較検討するとともに、明治商法については、『法令全書』や『ロェスレル氏起稿商法草案』を参考に、会社検査に焦点を合わせて分析する。銀行条例修正案をめぐる金融監督当局と銀行業界との議論については、加藤俊彦氏[2]が普通銀行の性格との関連から論点を整理している。この加藤氏の論考に基づいて、新たに銀行の公共性の概念を分析視角に加え、はたして銀行検査によって預金者保護や信用秩序維持を確保しうる法的な制度インフラが銀行条例制定をもって整備されたのか否かを考察する。

第1節　通常銀行条例案における銀行検査の位置づけ

1－1　通常銀行条例案建議の経緯

　通常銀行条例案は国立銀行のみならず、当時の大商人が運営していた金融機関を含め、広く規制対象を設定していた。これらの金融機関は国立銀行条例の適用対象外であったため、公益に反するもの以外は当事者間の自由契約に任せざるを得ず、それ故に金融秩序が紊乱し商人間の信用も崩壊したというのが、この条例案を策定するにあたっての得能良介の基本認識であった。通常銀行条例案は広く金融機関を定義するとともに、商人間の信用と商業道徳を法律によって規制しようとするものであった。つまり、金融を営む商人の自律的かつ自浄的な行動は期待できないので、それを適正に規律づける銀行法規が最優先で整備されなければならないという得能の危機感に基づいて、通常銀行条例案は策定された。

　通常銀行条例を起案した得能の意図は、金融機関を広く対象にした銀行法規を制定し、この銀行法規をもって金融機関を整理し、金融の閉塞を打開することであった。得能の基本思想は、商業取引は信用に基づいて行われるべきであり、それを可能にする銀行法規は商業道徳を基礎において制定・展開されるべきというものである。この儒教を中心に据えた商業道徳を基礎におく考え方は、得能の2代前に紙幣頭を務めた渋沢栄一が後年実業家としての経歴を積み上げ、それを儒教思想と融合させて提唱した道徳経済合一論を先取りする考え方のようにも思える。つまり、得能は儒教道徳を実践で体現するという考え方を、自身の思想として有していたと考えられる。得能が有していた儒教思想の真髄は同人の随筆に表れている。得能はその随筆の中で、「一概して宋儒を退くるは、儒者の精義に非ず。當時國賊蜂起し、佛道浸潤隆興す。儒者大に之を慷慨し、政府の救ふ可からざるを知て萬世の爲に道を開くを望むが如し。力を道義の説解に盡し、治安牧民の説策に暇なく、獨り道義の論説に勤むるものにして、義理の精微は宋末の論にあるべし。讀むもの襟懐を開き、時世を推究して、論旨を玩味すべし。素より世運に迂にして、事理を察せず、業課の門に目を注がず、治安の道に達せず、章句論説のみ事とするは、儒者とするに足らず。賢哲士の採らざる所なり。然り而して道義

を研究し、道徳を主義するに至っては、儒者の本務己が任とする所と云ふべし」と述べており、宋末の儒教解釈に基づきその道理を深く理解した上で実務に生かすべきことを主張している。[3]

通常銀行条例案に対するシャンドの影響
　通常銀行条例案に対するシャンドの影響を示すものとして得能良介君伝は、「君は此の主張により屬僚を督し、通常銀行条例案を起草せしめ、明治七年九月二十七日之を大蔵省に稟議せり。然るに此第一回の銀行條例草按は紙幣寮雇英人シャンドが、嘗めて英國の會社條例中より抽出して編成せる銀行條例を取捨添削して、作成せるものなりしが、翌十月英國に歸省中なりしシャンドの歸り來るに會し、前に提出の銀行條例草按を取戻し、更に彼の意見を参考にして、同年十二月二十八日再び之を提出せり。之を普通銀行條例の第二按とす」と記述している。[4]
　この記述のように通常銀行条例案は2回作成されている。シャンドが銀行学局等を通して、大蔵官僚達に伝えた英国の銀行条例に基礎をおいて起草されたものが第一回の草案で、シャンドが英国への一時帰国を終えて再来日したのを機に、さらに同人の意見を詳しく斟酌して作成されたのが、第二回の草案である。第一回と第二回の草案を比較検討するための原資料は存在しないため、具体的にどのような点を強調してシャンドが第一回草案に手を加えたのかは不明である。しかし、一旦大蔵官僚のみで起案した草稿をシャンドの帰りを待って再度見直しを行って再提出したという事実をもってしても、通常銀行条例案に対するシャンドの影響力の大きさが確認できる。
　このように、通常銀行条例案の実務的な側面においては、シャンドからの影響が見られる。通常銀行条例案の理解を重視して考察を行うことは、明治中期以降変質する銀行検査を時系列的に分析するにあたり、銀行検査発祥の原点に立ち返って、その後の変化のありさまを俯瞰することに等しい。

1－2　通常銀行条例案が対象とする金融機関
　普通銀行の法規である銀行条例が明治23年に制定されるまでの過程において、明治8年当時大蔵省で議論された銀行検査に対する考え方を、通常銀行

条例建議案に基づいて概観する[5]。

　芳川顕正を継いで明治7年に紙幣頭に就任した得能良介は、明治8年3月20日に通常銀行条例発布の必要性について大蔵卿に建議した。得能は「通常銀行條例發行之儀」として議会への稟議案を作成したが、当時は一般会社法である商法制定についての議論が盛んであり、通常銀行条例は一般会社法制定の後に発布しても遅きに失することはないとの多数意見におされて惜しくも廃案となった[6]。しかし、法案が不成立に終わったとはいえ、銀行検査に関わる通常銀行条例の建議内容は、当時の大蔵省の銀行検査に対する基本姿勢を明確に示していると考えられる。本節ではその内容について検討を加える。

　通常銀行条例案における銀行検査の内容検討に先立ち、得能が導入した「通常銀行」という概念でくくられる金融機関の範囲について考察する。通常銀行条例案が建議された明治8年3月は、まさに第一国立銀行に対する第一回目の銀行検査がシャンドによって行われた時期である。したがって、通常銀行条例案の建議はシャンドによる銀行検査の実効性やその内容を吟味した上でなされたものではない。この時期の国立銀行数は4行であったが、将来の国立銀行急増を予測し、事前に銀行法制を整備すべき時期であった。また、この年は明治7年の小野組、島田組破綻の翌年であることから、通常銀行条例案は融資先企業の破綻のみならず、融資していた銀行が破綻企業の機関銀行と化していた事実をも考慮して策定されたと考えられる。

　普通銀行や貯蓄銀行が存在しなかった当時の金融機関構成を考慮すると、通常銀行条例案が対象とすべき金融機関は、当時存在していた国立銀行が中心であったと考えられる。それにもかかわらず、得能が通常銀行という概念を用いて銀行法規が対象とすべき金融機関に大きな網をかけようと考えた背景には、以下の理由が考えられる。

（1）銀行監督行政の中核にあった得能は、自らがその構成について計画を立て実施する権限を有していた。したがって、後に普通銀行や貯蓄銀行と称され、当時の国立銀行のカテゴリーには属さない金融機関の設立を見越して、大枠で金融機関の定義を設定しうる立場にあった。

（2）国立銀行条例は「商業上の金融機関を具うること」、「政府発行紙幣銷

却処分」という2つの事情に基づいて制定されたことから、国立銀行は発券銀行とされた。それと同時に営業期間も当初から20年と定められていた。したがって、通常銀行条例案では、将来の国立銀行の廃業や業務内容の転換を予想して条例が対象とする金融機関を想定する必要があった。
（3）明治8年当時は存在しなかった普通銀行や貯蓄銀行の概念は、明治期以降、現在にいたる金融機関の歴史の中で醸成されてきたものである。当時の得能は、将来日本で主流となる金融機関に相応しい一般名詞の実質的な命名権を有しており、それを「通常銀行」と称したのではないかと考えられる。

　銀行類似会社は通常銀行の概念に含まれていなかった。銀行局年報でも明らかなように、通常銀行条例についての書き出しは、「通常銀行及ビ銀行類似會社ハ……」であり、通常銀行と銀行類似会社を明確に区別している。この理由としては、（1）明治初年度あるいはそれ以前から商売上のニーズに沿っていわば自然発生的に簇立した銀行類似会社にまで銀行法制の網をかぶせた場合に実務的な困難が生じること、（2）将来の認可行政で徐々に銀行類似会社が通常銀行のカテゴリーに相応しい金融機関へと変質する中で、変質後の金融機関に銀行法規の網をかぶせることにより、実質的な監督行政の有効性を確保しようとしたこと、等が考えられる。
　銀行類似会社は、国立銀行以外で「（国立）銀行に類する業を営む者」と解されるが、設立手続に関する法的基準がなかったことから、（1）大蔵省の指令により地方庁で承認されたもの、（2）地方庁かぎりで承認されたもの、（3）「人民相対に任す」との指令を受けて設立されたもの、（4）全く任意に設立したもの、等があった。
　明治9年8月国立銀行条例が改正され、銀行類似会社であっても「銀行」という名称を用いることができるようになるが、当時の政府統計などでは、銀行と称しているものを「私立銀行」として、それ以外の銀行類似会社とは別に扱っている。明治16年までに大蔵省が承認した銀行類似会社（私立銀行を除く）の数は、699社であった。これ以降、銀行条例が実施される前年の

第Ⅰ部　明治期の銀行検査

明治25年までの9年間に170社が新設され、189社が転業あるいは廃業した結果、明治25年末には680社となった。

　明治23年8月23日に制定された銀行条例において「公に開きたる店舗に於て営業として証券の割引を為し又は為替業務を為し又は諸預り及貸付を併せ為すものは何等の名称を用いるに拘はらず総て銀行」（第1条）とされたことから、同法の施行（明治25年）によって銀行類似会社という概念は消滅するが、商号中に銀行という文字を含まない銀行は、その後も多く存在していた。得能が通常銀行条例案を建議した明治8年の時点では銀行類似会社は銀行とは認められておらず、通常銀行条例案が対象とする金融機関ではなかった。

1－3　通常銀行条例案が明治9年改正国立銀行検査手続に及ぼした影響

　本節の考察は、銀行検査行政の流れから類推して、通常銀行条例案が明治9年の国立銀行条例改正に何らかの影響を及ぼしたという前提に立っている。通常銀行条例の銀行検査に関わる条項と、改正国立銀行条例に基づく銀行検査規定の特徴を比較検討し、紙幣頭であった得能の思想が、どのように改正国立銀行条例に基づく銀行検査規定に生かされているかを考察する。銀行検査規定には「銀行検査手続」、「銀行検査に関する当局者一般の心得」、「銀行視察の心得」が含まれる。したがって、これら3つの規定内容を集約して特徴を比較する。得能が建議した通常銀行条例案第9条の内容は以下の通りである。

　　第九條　銀行ノ事務實際検査及銀行訴訟ノコトヲ明ラカニス
　　第一節　紙幣頭其他銀行ノ事務ニ關係アル役員ハ此條例ニ從テ創立スル銀行ノ株主タルヲ得ヘカラス
　　第二節　紙幣頭ハ大蔵卿ノ許可ヲ得テ各通常銀行ノ營業實際ヲ詳知スル爲定例又ハ臨時ノ検査役ヲ派出スヘシ
　　第三節　右検査役ハ其銀行ノ諸簿冊計表書類竝ニ貨幣手形紙幣地金銀及證書等ヲ検査スルヲ得ヘシ且紙幣頭ヨリ其適當ト思考スル特權ヲ與フルコトアルヘシ

第3章　明治中期における銀行検査の考察

第四節　右検査役ハ書面ヲ以テ其檢査ノ次第ヲ紙幣頭ニ報スヘシ
第五節　此條例ニ從テ創立スル銀行ハ上ニ云ヘル検査役竝ニ地方官廰ヨリ命シタル者ノ外決シテ他ノ検査ヲ受ケサルヘシ
第六節　紙幣頭ハ此條例ニ從テ創立スル銀行ヲシテ其指定シタル規則ニ從ヒ時々報告計表ヲ差出サシムルヘシ又各銀行ハ取締役竝ニ支配人ノ姓名及ヒ其増減ヲ紙幣頭ニ届ケ且別段決議或ハ特例決議ハ其時々寫ヲ紙幣頭ニ差出スヘシ
第七節　通常銀行ニテ他ノ銀行或ハ商會其外取引先ヲ相手トシテ控訴スルカ又ハ他人ヨリ此銀行ヲ相手トシテ訴訟ノコトアルモ都ヲ一般ノ訴訟法ニ從ヒ其地方官廰ニ於テ裁判スヘシ

　通常銀行条例案は、民間企業には自律性が欠如しているという前提に基づいて策定されている。得能はこの基本スタンスに基づいて、銀行検査の根拠法規を通常銀行条例に限定するとともに、同条例を営業種類や役員の権限も含めて詳細に規定する法規と位置づけ、通常銀行条例にはその規定を遵守させる強制力があるとしている。そもそも通常銀行条例案の建議は、小野組・島田組の破綻に象徴される銀行経営の脆弱性と金融機関の急増を予測したことが契機となっているので、多数の金融機関の健全性を確保するために通常銀行条例に権威と強制力を持たせようとしたことは合理的と認められる。
　両者の共通点は検査の目的である。通常銀行条例案では、検査の目的を銀行の営業実態を詳細に把握することとしているのに対して、改正国立銀行条例に基づく銀行検査規定では、マクロ・ミクロ両面からの実態調査を重視している。国立銀行条例中の検査条項における検査目的は、銀行の監督が前面に押し出されているのに対して、銀行検査実務に近接した銀行検査手続のレベルでは通常銀行条例案の明確な影響が認められる。「銀行検査官報告書撮要」[9]は、検査指摘や検査提言というよりは、検査を通じて把握した事実を述べているものが大半で、その意味では、改正後の銀行検査規定の趣旨に沿った銀行検査を実施していたといえる。
　通常銀行条例は強力な銀行法規を制定する意図に基づいた条例案で、監督権限にしたがって未発達な金融機関を指導・育成しようとするものである。

銀行検査に対しては、銀行の実態を調査する機能が与えられている。換言すると得能は、銀行検査に対しては有効な検査指摘や検査提言は期待しておらず、銀行検査を通して正確・詳細な実態調査結果が得られれば、その調査結果にしたがって効果的な銀行監督行政を実施しようと考えていた。通常銀行条例案は廃案となったが、明治9年改正の国立銀行条例において、銀行検査の目的は結果的に得能の狙い通りに設定されたといえる。

　もう1つの共通点は検査手法である。国立銀行検査には見られない銀行検査の特徴として、通常銀行条例案では、「報告計表の提出」、「取締役・支配人の増減管理」、「銀行検査の根拠法規を通常銀行条例に限定すること」の3点が述べられている。最初の2つのポイントである「報告計表の提出」、「取締役・支配人の増減管理」は、改正国立銀行条例に基づく銀行検査規程の特徴と一致する。報告計表は明治10年の銀行検査においても重要な検査対象資料であり、取締役や支配人の異動については株主構成の異動と並んで重要な検査ポイントとなっている。

第2節　国立銀行検査手続の改正

2－1　明治24年改正の国立銀行検査手続

　明治9年9月の国立銀行検査順序（「銀行検査手続」）、および検査報告書の雛型改正から約15年後の明治24年3月、国立銀行検査手続に2度目の改正が加えられた。改正後の国立銀行検査手続は「銀行検査官処務規定並びに注意」および「検査報告書雛形」から構成されており、前者は更に「検査官ノ心得」、「検査ノ順序」、「地方商況ノ視察」から成り立っている。[10]

　明治9年9月に改正された国立銀行検査順序との手続体系上の主たる相違は、前回改正後は地方官庁による銀行検査のための「検査の条件及びその手続」が制定されていたのに対して、明治24年改正の国立銀行検査手続では、地方官庁用の銀行検査手続を定めず、大蔵検査官と地方官庁の検査担当官が検査手続を共用するという点である。検査手続体系から判断するかぎり、地方官庁の銀行検査担当官に対しても大蔵検査官と同レベルの検査精度を期待することになる。

第 3 章　明治中期における銀行検査の考察

　しかし、これまでの検査手続の内容から判断する限り、明治 9 年当時、地方官庁の検査担当官の検査能力は大蔵検査官のそれと乖離していたと考えられる。地方官庁の銀行検査担当官に期待されたのは、現物検査に加えて、（1）銀行への出資金取扱事務の適正性、（2）銀行簿記近代化の実態、（3）堅固な金庫の有無、の 3 点を検査する能力であり、財務諸表の分析を通した勘定科目数値の妥当性や詳細な業務内容の検査は求められていなかった。検査手続が共用されるということは、地方官庁の検査担当官に対しても、これまで実質的に期待されていなかった勘定科目ごとの詳細な実態検査が求められるということになる。明治24年改正国立銀行検査順序前段に記載されている検査手続の趣旨、つまり検査目的は、大略以下のようにまとめられる。

（1）銀行検査に際しては諸帳簿、証書、その他の物件を精査することを通して、①事業、②経営、③法律、④命令、⑤規約等に違反することがないかを調査すること。
（2）地方経済の実況を考察し被検査銀行の営業全般に注目すること。
（3）被検査銀行の既往実績に鑑み同行の将来および営業の方向性について考究し大蔵大臣に報告すること。

　明治 9 年の改正検査手続と比較して、明治24年の改正検査手続における検査の目的は多様化し、かつ明確化された。冒頭で強調されるのは現物検査を通したコンプライアンスの実態把握の重要性である。ただし、違反すべきではないとされる規範には、法律、命令、規約だけでなく、事業の趣旨や経営方針等が加えられている。明治24年の改正検査手続におけるコンプライアンスは、被検査銀行が法律をはじめとする決まりごとを遵守するだけではなく、事業の趣旨や経営方針に違反することなく業務遂行すべしという趣旨と理解される。つまり、改正検査手続は、国立銀行のプリンシパルである株主やその他のステークホルダーを尊重して銀行検査すべきことを明確に宣言している。

　次に強調されるのは、マクロ的観点に軸足を置いた銀行検査を行うべきことである。特に国立銀行が属する地方経済圏の実態把握の重要性は明治 9 年

第Ⅰ部　明治期の銀行検査

改正検査手続でも強調され、この検査手続を受けて実施された銀行検査報告書でも、地方経済の実態に関する記述には多くの紙幅が割かれている。

　最後に強調されるのは、明治24年に到って初めて加えられ得る重要ポイントである。明治9年時点では国立銀行の歴史はまだ浅く、被検査銀行の既往実績を基にした将来志向の検査指摘や検査提言を行うことは不可能であった。しかし、明治24年時点では、明治初期に設立された国立銀行は既に20年近くの歴史を有するため、銀行検査を通して被検査銀行の既往実績を分析し、その分析結果に基づいて銀行の将来や営業の方向性について考究することもできたと考えられる。この時点に到って初めて、指摘型検査のみでなく提言型検査を実施する素地ができたといえる。検査目的を達成するため検査手続においてどのような実務的な手当がなされているのかを、「銀行検査官処務規定並びに注意」を構成する3つの検査手続である「検査ノ順序」、「検査官ノ心得」、「地方商況ノ視察」を個別に比較検討することにより解明する。

2-2　明治9年と明治24年改正国立銀行検査手続の比較検討

　明治9年改正検査順序と明治24改正検査順序の比較結果は、(1)既存の検査ポイントを詳細にした規定、(2)新規の検査ポイントにとして設置された規定、(3)その他の規定、等の分類ごとにその変化点が整理される。

　既存の検査ポイントを詳細にした規定
(1)公債証書でまとめて表現されていたものが国債、地方債、証券等と内訳表示されるとともに、検査を通じて券面額のみならず買入代価ならびに平均相場等を把握することを規定した。
(2)国債、地方債、証券等公債証書の関係者について、明治9年改正検査順序が詳細な調査を要するとして注目しているのは、証券を抵当として差入れた者であるが、明治24年改正検査順序で調査を要する者とされているのは、売買が著しく多額に達するか、またはその他特に調査を要する者である。検査手法としては、役員に尋問してその事由を探求し記録することが追加されている。
(3)当座貸越の管理実態について通常の貸付と同様のスタンスで検査する

ことは、明治9年改正検査順序でも明確化されていた。しかし、明治24年改正検査順序では、これがさらに精緻化されている。たとえば、借越主の業態、その貸越約定高、現貸越高、利息割合、根抵当の種類等を検査しこれを記録すること、および、一時的な少額貸越ではないものについては、当座貸越の使用目的、返済の方法等を詳細検査することを規定している。

新規の検査ポイントとして設置された規定
（1）外国貨幣の取扱いが規定され、検査時点での為替損益の把握を義務付けた。国債、地方債、証券、所有物等のうち相場に左右されるものは、概算により損益を把握することを規定した。
（2）明治9年改正検査順序の貸付金の項目は、①貸出条件に沿った管理、②担保物件の管理、③不良債権管理の実態を検査する際のポイント、の3項目から構成され、明治24年改正検査順序もこの項目分類にしたがって検査のポイントが記述されている。しかし、貸出金の運用実態の検査ポイントが新たに設置された。特に貸出金の偏った運用や情実貸金の実態を検査し、役員に対する尋問も取り入れた厳格なものにしている。また、貸付金の使用目的については、貸出条件（利息、貸出期間等）との整合性を検査することをポイントとするとともに、銀行が貸出を通じて事業、産業にどのように貢献したかについても検査の対象としている。
（3）不良債権管理については、その原因の検査、貸付金の使用目的による期限延長の可否、期限延長による農工商の事業上の効用有無、損失の見込み、処分の方法等について検査することを規定している。抵当品および質物があるときは注意して調査し、その価格を見積り、差引損失額を明確にして検査報告書に詳細に記載する等、損益に及ぼす影響を詳細に把握することを義務付けている。
（4）割引手形は明治9年改正検査順序においても、「當所割引手形記入帖」をもとに割引手形券面上の手形要件を中心に検査することが規定されているが、明治24年改正検査順序では手形成因に重点を置いて、かつ

手形授受の実態等に焦点を当てている。また、他所割引手形や再割引手形の取扱いについては新たな検査項目として手形要件を中心に実態調査すべきことを規定している。
(5)荷為替手形、送金手形、本支店ならびに他店勘定、損益勘定、雑種の勘定、保護預り、増資代り金入金事務等の業務については、明治24年改正検査手順で初めて規定された新たな検査ポイントであり、業務の発展と拡大にともなうものと考えられる。

その他の規定
(1)附則は明治9年改正検査順序だけの項目である。しかし、そこに記されている内容は、検査官心得書にしたがって帳簿を精査すべきことと、銀行全体の業務、既往の実績に基づいた将来の見通し、銀行所在地と銀行業務との関わり等を考慮した検査を行うべきことである。検査官心得書は明治24年改正検査順序でも別途制定されており、金融経済を中心としたマクロの視点からのアプローチについては独立した「地方商況の視察」として詳細な検査規定が制定された。

　上記の整理結果で明確なように、明治24年改正検査順序は明治9年改正検査順序に既に含まれている検査ポイントをより詳細にすることや、新規の検査ポイントを加えることを通して格段に精緻化されている。これは明治9年から同24年に到る15年間の銀行検査実績に基づいて見直しを加えた結果と考えられる。
　新たな視点から検査ポイントが加えられた既存の検査対象業務は、貸付金、不良債権管理、割引手形等の与信業務である。貸付金に関しては資金の運用実態を把握するための検査ポイントが加えられた。具体的には、貸付金の偏った運用や情実貸金の実態を検査するための検査ポイントが加えられるとともに、検査手法として役員に対する尋問が取り入れられた。これは、貸付金の運用実態を正確に把握するためには書類検査だけではなく、インタビューを交えた実態検査が必要であることを検査順序で明確にしたものである。貸出条件の妥当性を判断するにあたっては、貸付金の使用目的や融資先に対す

る銀行の貢献度を念頭に置くことを求めている。

　明治24年改正検査順序から新規に付加された貸付金に関わる検査ポイントとして、「貸出条件の妥当性判断基準」と「延滞貸付金管理」があげられる。これらに共通なのは、貸付金の使用目的や融資先に対する銀行の貢献度を念頭に置くことや、延滞貸付金が融資先に与える事業上の効用を考慮することである。つまり、これらの検査ポイントに共通なのは、借入人に対する銀行の与信行為の貢献度を問題にしている点である。

　「検査官の心得」の比較
　明治9年改正検査順序において「検査官の心得」に該当するのは、「銀行検査に関する当局者一般の心得」と「銀行視察の心得」であり、後者の「銀行視察ノ心得」の内容の大半は銀行所在地および被検査銀行の実態に関わるもので、いわばマクロ的観点からの検査心得で構成されている。明治24年改正検査順序におけるマクロ的観点からの検査心得は、「地方商況の視察」としてまとめられているので、比較の対象となるのは、明治9年改正検査順序における「銀行検査に関する当局者一般の心得」と、明治24年改正検査順序における「検査官の心得」である。

　明治9年改正の「銀行検査に関する当局者一般の心得」と、明治24年改正の「検査官の心得」を比較すると顕著な差異が見られる。明治24年改正の「検査官の心得」は、明治9年改正の「銀行検査に関する当局者一般の心得」に記載された心得に加えて数項目が追加されている。追加された心得のポイントを以下のように列挙する。

（1）銀行が多額の損失を生じた場合の検査心得。
（2）銀行及び銀行役員と投機的事業の関係を検査する場合の心得。
（3）銀行および銀行役員の信用、役員相互の関係、銀行と株主の関係等を検査する場合の心得。
（4）銀行の株価、株式売買高、株主の情報について検査する場合の心得。
（5）銀行の業績、将来の経営、資金運用、銀行外の事業への関与に関する実態検査の心得。

（6）大蔵大臣への検査結果報告に関する心得。

　追加された心得は、銀行が抱えるリスクを（1）経営リスク、（2）投機リスク、（3）企業統治リスク等に分類し、それぞれにあてはめて整理することができる。銀行の経営リスクと認識できる事象に関わる心得は、銀行が多額の損失を生じた場合の検査心得と銀行の業績、将来の経営、資金運用、銀行外の事業への関与に関する実態検査の心得である。投機リスクと認識できる事象に関わる心得は、銀行及び銀行役員と投機的事業の関係を検査する場合の心得である。また、企業統治リスクと認識できる事象に関わる心得は、銀行および銀行役員の信用、役員相互の関係、銀行と株主の関係等を検査する場合の心得と銀行の株価、株式売買高、株主の情報について検査する場合の心得である。
　明治24年改正の「検査官の心得」は、銀行本業での業績がはかばかしくない場合のリスクと、本業以外の投機的商売に手を下した結果生じるリスクの両方をカバーする心得、および銀行役員や株主の動向を主とした企業統治に関わるリスクをカバーする心得を新たに追加したことになる。明治9年改正の「銀行視察ノ心得」には銀行が多額の損失を生じた場合の経営リスクを除く投機リスク、企業統治リスクに関わる心得が盛り込まれている。しかし、明治24年改正においてはこれらが銀行検査に臨むにあたっての一般的な注意事項としてではなく、個々の検査官が従うべき検査官の心得として制定されたことに意義がある。

「地方商況の視察」の比較
　明治24年改正の「地方商況の視察」で精緻化されたマクロ的視点からの分析ポイントは、以下のように整理される。

（1）産業振興に及ぼす地勢、運輸、交通の景況。
（2）主要産業の実態と商流、取引習慣。
（3）産業振興に対する銀行の貢献度。
（4）一般的な金融情勢と季節変動および労働条件。

（5）貨幣流通の実態。
（6）銀行類似会社等他業態金融機関との関係。
（7）その他の地方経済情勢。

7項目に整理された検査ポイントはマクロ的視点からの分析視角をほぼ完璧にカバーしている。つまり、検査官の心得でカバーするミクロ的視点の銀行検査を、このようなマクロ的視点からの分析によって客観的に位置づけ、場合によっては若干の軌道修正を加えたとすると、マクロ的視点からの検査ポイントとしては、かなり完成度が高いものが出来上がったと考えられる。

第3節　銀行条例施行までの法的整備

本節では、明治前期から明治26年に銀行条例が施行されるまでの時期を中心として、銀行検査に関わる法的整備の実態を考察する。(11)この時期は、国立銀行を除く金融機関に対する銀行検査が制度的に存在しなかった期間である。通常は銀行検査が存在することを前提にその実態を考察するが、明治前期から明治中期に到るこの時期は、銀行検査が存在しなかったことが、金融監督行政や金融検査行政および金融機関経営にどのような影響を及ぼすのかを検討する唯一の機会である。

分析の切り口は、銀行条例に優先して成立を急いだ商法には、銀行検査や銀行監督を補完する機能があったのか、もしあったのだとすれば、はたしてそれは十分に機能したのかというポイントである。商法の内容を検討するにあたっては、銀行検査を補完する条文を中心に検討するとともに、ロェスレル氏起稿による商法草案に遡って条文内容を考察する。(12)

3−1　明治商法における会社検査関連規定

わが国初の商法は明治23年3月27日に公布された（以下「明治商法」と略記する）。国立銀行条例の銀行検査に関わる条項に該当するのは、第六章　商事會社及ヒ共算商業組合　商事會社總則　第一節　合名會社　第十款　會社の検査　第二百二十四條から第二百二十七條に到る4ヵ条である。当該条文は以

第Ⅰ部　明治期の銀行検査

下の通りである。[13]

> 第十款　會社の検査
> 第二百二十四條　總株金ノ少ナクトモ五分ノ一ニ當ル株主ノ申立ニ因リテ會社營業所ノ裁判所ハ一人又ハ數人ノ官吏ニ會社ノ業務ノ實況及ヒ財産ノ現況ノ檢査ヲ命スルコトヲ得
> 第二百二十五條　檢査官吏ハ會社ノ金匣、財産現在高、帳簿及ヒ總テノ書類ヲ檢査シ取締役及ヒ其他ノ役員ニ説明ヲ求ムル權利アリ
> 第二百二十六條　檢査官吏ハ檢査ノ顛末及ヒ其面前ニ於テ爲シタル供述ヲ調書ニ記載シ之ヲ授命ノ裁判所ニ差出スコトヲ要ス
> 第二百二十七條　主務省ハ何時ニテモ其職權ヲ以テ地方長官又ハ其他ノ官吏ニ命シテ第二百二十四條ニ掲ケタル檢査ヲ爲サシムルコトヲ得

　会社の検査は銀行検査のように監督当局の意思によって実施されるものではなく、あくまでも株式の2割以上を有する株主の申し立てが前提となっている。つまり、会社の検査は株主権行使の一環として裁判所が介在し、官吏が業務の実態を監査するものである。ただし、第227条において主務省は「何時ニテモ其職權ヲ以テ」地方長官や官吏に命じて会社の検査を実施させることができるので、条文解釈上は銀行検査と同じく監督当局の意思によって銀行を含む会社の検査を実施することが可能ということになる。
　明治商法の公布時点では翌年の明治24年1月1日からの施行を予定していたが、事実上商法は銀行条例と同じタイミングで明治26年に施行された。したがって、明治23年に公布された商法は、実質的に銀行条例が施行されるまでの間、それに代わるものとして国立銀行を除く金融機関の監督や銀行検査の根拠法規として機能することはなかった。

3－2　ロェスレル氏起稿商法草案における会社検査規定
　ロェスレル氏起稿商法草案は、明治14年4月に起稿し、明治17年1月に脱

稿するまで2年9ヶ月の歳月をかけて欧州先進国の商法典を参考に作成された。ロェスレル氏起稿商法草案の「会社の検査」にまで遡って考察するのは、そもそも明治商法の会社の検査に関する規定がいかなる思想に基づいて官庁による民間企業の検査が実施されるのかを理解するためである。ロェスレル氏起稿商法草案と明治商法の異同を検討するのは、ロェスレル氏起稿商法草案の基本的思想がストレートに明治商法に反映されているのか、あるいは明治17年に脱稿した同草案が明治23年までの6年間を経ていかなる内容変化を遂げて明治商法に反映されたのかを確認するためである。ロェスレル氏起稿商法草案は第三章　株式會社　總則　第十三款　會社ノ検査　第二百七十五條から第二百七十八條に到る4ヵ条である。当該条文は以下の通りである。(14)

第十三款　會社ノ検査
　第二百七十五條　總株金ノ五分ノ一以上ニ當ル株主ノ至當ナル申立ニ依リ會社設置ノ地方ノ裁判所ハ官吏一名又ハ數名ヲ派遣シテ會社ノ業務及ヒ財産ノ實況ヲ検査セシムルコトアルヘシ
　第二百七十六條　検査官吏ハ會社ノ帳簿及ヒ一切ノ書類ヲ検閲シ頭取其他ノ役員ヲ推問シテ其供述ヲ誓ハシムルノ權利アル者トス
　第二百七十七條　検査官吏ハ其検査ノ次第及ヒ役員ノ供述ヲ筆記シテ其裁判所ニ差出シ且其寫ヲ會社ニ下付ス可シ株主又ハ其他ノ人ニテモ望ム者ニハ之ヲ下付スルコトヲ得ヘシ
　第二百七十八條　官許ヲ得テ設立シタル會社ハ何時ニテモ主務ノ省ヨリ第二百七十六條第二百七十七條ニ記載シタル検査ヲ爲サシムルコトヲ得ヘシ

3－3　ロェスレル氏起稿商法草案と明治商法の比較検討

　ロェスレル氏起稿商法草案の会社の検査に関わる規定が、第275条から第278条の4ヵ条から構成されているのに対して、明治商法も同じく第224条から第227条の4ヵ条から構成されており、内容詳細を除いて条文構成やボリュームに関しては、明治商法はロェスレル氏起稿商法草案をほぼ踏襲している。ロェスレル氏起稿商法草案には条文ごとに立法趣旨や背景説明が付され

ているので、それを参考に両者間で対応する各条文の相違点について考察を加える。

　ロェスレルは基本的に、「会社の検査」を会社が倒産等の危機に瀕した非常事態における、株主から会社代表者に対する出訴の予審であると理解していた。それと同時に、検査は企業統治の実態を監視し、必要に応じて適切なタイミングで官が企業実態に介入する手段であるとも考えていた。その底流にあるのは、主務官庁はあくまでも個別企業の利害や権利関係の詳細に立ち入るべきではないという考え方であり、その例外が認められるのは、この大原則を曲げてでも官が民に介在する必要がある場合である。ロェスレルは公衆保護という大命題が成り立ち得ないような非常事態を回避する必要がある場合、すなわち、公共性の高い企業の経営の健全性を確保する必要がある場合を例外と認識している。ロェスレルにとって銀行検査は会社の検査の例外として、金融機関という公共性の高い組織であるがゆえに認められるものである。

　この例外を明確にする規定が、ロェスレル氏起稿商法草案第278条と、それに対応する明治商法第227条である。ロェスレルは自身が考える例外の判断基準として、「官許ヲ得テ設立シタル會社」という概念を条文で明確化しているが、明治商法ではこの前提条件を全く外して、企業規模や企業の公共性とは関係なく、主務官庁が必要と判断した場合にはいつでも検査を実施できるとした。後出の銀行条例の第8条は、「大蔵大臣ハ何時タリトモ地方長官又ハ其他ノ官吏ニ命シテ銀行ノ業務ノ實況及財産ノ現況ヲ檢査セシムルコトヲ得」というものであるが、それはまさに、「主務省ハ何時ニテモ其職權ヲ以テ地方長官又ハ其他ノ官吏ニ命シテ……」で始まる明治商法第227条と相似形である。この条文を見ると、明らかに明治商法の起稿者と銀行条例の起稿者は銀行検査に関する法体系の整合性を意識していたと考えられる。

　ロェスレル氏起稿商法草案と明治商法を、「会社の検査」に関わる条文に限って比較するかぎり、明治商法の条文には裁判所の役割が明確に規定されており、主務官庁が個別企業の利害や権利関係の詳細に立ち入るべきではないとするロェスレルの基本的な考え方が生かされている。その一方、ロェスレルが商法草案第276条の立法趣旨の一環で説明している検査の理解、すな

わち、検査は企業の実態を監視し、必要に応じて適切なタイミングで官が企業実態に介入する手段であるという思想は、条文には明確に表現されていない。したがって、明治商法の起稿者がこの思想を理解して第225条を策定したか否かについては確認できない。

　検査官の職掌を限定的とするロェスレルの考え方は、検査の範囲を限定的に設定し、検査および検査結果の報告以外の実務については検査員がなすべき事項ではないとして明確な線引きを行っている点に表れている。

　以上の考察を通して言えることは、明治商法はその成立時期から考えて、銀行条例が施行されるまでの期間を実態的に上位法規としてカバーすることはなかったが、会社の検査に関するロェスレルの思想の一端を商法条文に反映させ、銀行条例の条文と矛盾や不整合が生じないよう細心の注意をもって制定されたということである。

第4節　銀行条例における銀行検査の位置づけ

4－1　銀行条例の立法趣旨と検査規定

　銀行条例の立法趣旨は、明治23年5月15日付の「銀行條例制定ノ儀」に示されているので、その一部を以下に引用する[15]。「銀行條例制定ノ儀」と同時に制定された当初の銀行条例案は私立銀行と貯蓄銀行をともに対象金融機関としたが、分離が望ましいということで撤回された[16]。しかし、銀行条例制定の儀は私立銀行と貯蓄銀行を区別せず、1つのカテゴリーに属する金融機関として扱っているため、むしろ広義の金融機関を対象にした松方正義の銀行監督行政の精神が純粋な形で表現されていると考えられる。したがって、これを分析対象とする。

　銀行条例制定の儀では、銀行条例の位置づけが明治商法との関係から明確化されている。明治商法は網羅性を備えている一方、特殊な役割を有する銀行を規制する上では十分詳細な規定を備えていないため、これを補完する法律として銀行条例を位置づけている。

　銀行条例制定の儀には銀行の公共性の観点から「信用秩序維持」と「預金者保護」の2つが強調されている。信用秩序維持については、「……其一成

一敗ハ惟リ其株主債主等ニ直接ノ損益ヲ蒙ラシムルニ止マラス市場一般ノ信用ニ影響シ、一二銀行ノ蹉跌ニ因リ各地方ノ人民盡ク疑懼ノ念ヲ生シ、平生確實ノ銀行ト雖モ之カ爲メ多少ノ猜疑ヲ受ケ、營業上不測ノ困難ヲ來ス事アルヲ免レス」と述べて、信用秩序の維持が困難となる事例を具体的に示している。

預金者保護に関しては、「私立銀行ハ事業ノ何物タルヲ解セス、或ハ貨物ノ賣買ヲ試ミ、或ハ株券若クハ不動産ノ賣買ニ從事スル等、苟モ利益ノ存スル所ハ其事業ノ何タルヲ問ハス之ニ關渉シ、終ニ株主債主ヲシテ不測ノ惨況ニ陷ラシムルノ弊往々之レアリ」と述べて、株主と並んで預金者の保護が必要なことを強調している。ただし、預金者が保護されない事態は、私立銀行がその本来業務である銀行業を営む中で生じるのではなく、銀行経営者が銀行業の何たるかを解せず、その結果として業績が低迷することによって生じることを想定している。このように銀行条例が想定する銀行経営者のレベルは著しく低位なものであった。

銀行の資金供給面における国民経済的機能については、銀行条例制定の儀では言及されていない。これは、銀行の公共性の一環としての国民経済的資金の供給機能を大上段で打ち出すには、あまりにも当時の私立銀行の経営実態に問題があったことがその理由と考えられる。

加藤俊彦氏は銀行条例を明治政府の指導育成の一環として理解している。同氏は、「明治政府はこの條例によって、銀行に對する『指導育成』の方針を強化し、もってこれらの悪弊を除去せんとこゝろみたのであらう」と述べて、当時の銀行経営者が銀行の職能を理解せず、それであるがゆえに利害関係者の利益が毀損される実態を明治政府が銀行条例をもって是正しようとしたものであるとしている。筆者は、銀行条例が私立銀行を指導育成することをその役割としていたという理解を加藤氏と共有する。

銀行条例制定以前の段階で私立銀行経営者の遵法精神を論じることは不可能であるが、銀行経営者の職業倫理の醸成を含めた経営の質的向上に対しては、主務官庁である大蔵省は監督責任を全うしようとしてきた。事実、明治7年以来、大蔵省は銀行の職能や銀行経営に関する知識を、銀行学局等を通して伝播する努力を行ってきた。しかし、銀行条例が指導育成機能を担って

いたとすると、それを効果的ならしめるのは銀行経営者に対する教育より、むしろ銀行が銀行条例に反した場合の罰則規定と銀行経営の実態をチェックする銀行検査である。

銀行条例を施行し、法律に基づいて金融監督行政を行うにあたっては、銀行条例制定の儀で銀行の公共性を強調すると同時に、法律の運用においてその趣旨を効果的に浸透させるため、罰則規定や銀行検査規定で銀行経営者を縛ることが必要であった。その意味で銀行検査規定は罰則規定と並んで銀行条例の趣旨を効果的に実現するための重要規定と位置づけられる。

4-2　通常銀行条例案との比較による銀行条例の立法趣旨の特徴

通常銀行条例案は明治8年当時紙幣頭であった得能良介によって建議され、銀行条例は明治23年当時大蔵大臣であった松方正義によって制定された。通常銀行条例案は、国立銀行と銀行類似会社を除く金融機関を「通常銀行」というカテゴリーでくくり、規制の対象としていたのに対して、銀行条例の当初案は私立銀行と貯蓄銀行の両方を規制対象としていた。したがって、両者の建議趣意書および立法趣意書を比較することは、ほぼ等しいカテゴリーに属する金融機関を対象にした銀行法規の精神を、15年を隔てた明治前期と明治中期の間で比較検討することになる。両者の特徴をまとめると「図表3-2　『通常銀行条例発行の儀』と『銀行条例制定の儀』の特徴比較」の通りとなる。

通常銀行条例案と銀行条例の趣意書を比較した上で言えることは、通常銀行条例案では確立していなかった銀行の公共性についての考え方が、銀行条例では不完全ながら示されているということである。銀行の公共性を、「預金者保護」、「信用秩序維持」、「銀行の資金供給面における国民経済的機能」の3要素から構成されると理解すると[18]、銀行条例の趣意書にはこのうち預金者保護と信用秩序維持の2要素の重要性が明確に謳われている。通常銀行条例案では法案建議の理由として、小野組、島田組の破綻を例に、政府の保護監督が不十分な金融機関が銀行取引先の変異の余波を受けて倒産する危惧があることをあげており、「信用秩序維持」や「預金者保護」を前面に出すのではなく、それらをあくまで銀行倒産という二次災害の位置づけにとどめて

第Ⅰ部　明治期の銀行検査

図表3-2　「通常銀行条例発行の儀」と「銀行条例制定の儀」の特徴比較

「通常銀行条例発行の儀」の特徴	「銀行条例制定の儀」の特徴
（1）銀行の設立が増加する中、政府の保護監督がなければ銀行が不測の損害を蒙る虞がある。（小野組等の例） （2）私定会社（私立銀行）の永続を図ろうとすれば、営業の種類を分けて通常銀行条例に依拠させるしかない。 （3）従来世間の融通を渋滞させる原因は、各地方に確実な現金資産の預託機関がないことであり、通常銀行の設立により、奉還士族の資産運用と地方金融融通の道が開ける。 （4）以上により従来の弊害を一掃できる。	（1）「銀行の公共性」の概念が明示されている。具体的には「信用秩序維持」と「預金者保護」である。しかし、銀行の資産供給面における国民経済的機能については銀行の公共性を構成する要素として位置づけられていない。 （2）明治商法の制定後、同法がカバーできない銀行業務に関わる詳細を補完すると位置づけで制定された。 （3）銀行の職能を再確認し、銀行経営者を指導育成する役割を担っていた。

出典：（1）明治財政史編纂会『明治財政史第12巻』（丸善、明治38年）、538-569頁。
　　　（2）大久保達正監修、松方峰雄、兵頭徹編集『松方正義関係文書補巻松方伯財政論策集』（大東文化大学東洋研究所、平成13年）、374-375頁。

いる。つまり、政府の保護監督や準拠すべき法律が整っている国立銀行とは異なり、そのいずれもが不十分な私立銀行や貯蓄銀行の経営をまず安定させることを、一次的な目的としたのが通常銀行条例案である。

　これに対して銀行条例では、銀行の公共性の概念が信用秩序維持と預金者保護を中心に打ち出されている。つまり、「私立銀行ノ事業ハ他ノ一般ノ商社ト異ナリ、廣ク公衆ヨリ預リ金ヲ為シ、巨額ノ資本ヲ運轉シ金融ヲ開導スルノ機關」であり、その特殊性ゆえに銀行経営の健全性の度合が経済全体に与える影響が大きいことを理解した上で、信用秩序維持と預金者保護の重要性が強調されている。銀行の資金供給面における国民経済的機能については、銀行の公共性を構成する要素として位置づけられてはいないが、「銀行事業ノ一國經濟上ニ大關係ヲ有スル夫レ此ノ如シ」として、資金供給面に限らずとも銀行の影響が国民経済的規模で重要であることが強調されている。[19]

　両者の法体系上の位置づけとしては、通常銀行条例案が国立銀行条例や商

法等の既存の銀行関連法規や今後制定されるべき重要法規との関わりについて一切触れていないのに対して、銀行条例は同条例が明治商法の補完的機能を担うことを明確に示している。明治商法制定前に建議された通常銀行条例案が、商法制定を優先すべきであるという理由で却下されたことを考えれば、通常銀行条例案の趣意書に商法についての言及がないことは当然であるが、少なくとも、国立銀行条例や将来制定されることが確実であろう商法との関係を明確に規定し、説得的に通常銀行条例の必要性を説き尽くせなかったところに同条例案が不成立となった原因の一端が認められる。

法律制定の目的に関しては、通常銀行条例が主として金融流通を強化することが目的であるのに対して、銀行条例は銀行の職能を再確認し、銀行経営者を指導育成することが目的である。両者間の目的の差異は、明治前期から明治中期にかけての15年という時間の隔たりが大きく影響していると考えられる。明治8年当時はゼロであった普通銀行は、明治23年には272行とその数が激増し、その後も更に急増する勢いを示している。明治8年当時、普通銀行のカテゴリーとして分類されないまでも、銀行類似会社として実態的に銀行業務を営んでいた金融機関は存在した。それらの中には、営業基盤を民間相互の契約に立脚するのみで法的規制の対象となりにくい零細金融機関が多く含まれていたが、これらの金融機関はあくまでも通常銀行条例案が想定する規制の範囲外にあった。これに対して明治23年当時は既に法的規制の対象となる金融機関が多数に及び、かつそれら金融機関の経営者のパフォーマンスが憂慮される状態にあった。これら時代間の相違が、法律制定の目的に反映されたと考えられる。

銀行検査忌避に対する罰則規定

明治23年8月25日付法律第72号で制定された銀行条例の銀行検査条項は、第8条、第10条の2ヵ条であるが、このうち第10条は「第八條ノ検査ヲ受ルコトヲ拒ミタルトキハ商法二百五十八條ノ例ニ依テ處分ス」として、銀行検査を忌避した場合には商法上の罰則規定を適用することにより強制力を持たせた。ここに銀行検査忌避に対する罰則規定において、銀行条例と明治商法の運用上の接点が成立し、私立銀行の検査忌避は、銀行条例の上位法規であ

第Ⅰ部　明治期の銀行検査

る明治商法によって裁かれることとなった。明治商法第258条の規定は以下の通りである。(20)

　　第二百五十八條　株式會社ノ取締役ハ左ノ場合ニ於テハ二十圓以上二百圓
　　　　　　　　　以下ノ過料ニ處セラル
　　第一　第二百十六條ノ規定ニ反シ株金ノ全部又ハ一分ヲ拂戻シタルトキ
　　第二　第二百十六條ノ規定ニ反シ會社ノ爲メ其株券ヲ取得シ又ハ質ニ取リ
　　　　　又ハ公賣セサルトキ
　　第三　第二百十八條ハ第二百十九條ノ規定ニ反シ利息又ハ配當金ヲ株主ニ
　　　　　拂渡シタルトキ
　　第四　第二百二十五條ノ場合ニ於テ會社ノ金匣、財産現在高、帳簿及ヒ總
　　　　　テノ書類ノ検査ヲ妨ケ又ハ求メラレタル説明ヲ拒ミタルトキ
　　合資會社ノ業務擔當ノ任アル社員又ハ取締役カ第二百五十三條ノ規定ニ反
　　シ利息又ハ配當金ヲ社員ニ拂渡シタルトキハ亦本條ニ定メタル罰則ヲ之ニ
　　適用ス

　明治商法は、会社の検査に関するロェスレルの思想を商法条文に反映させ、銀行条例の条文と矛盾や不整合が生じないよう、細心の注意をもって起稿されたと考えられる。第258条を見ると、検査忌避の罰則規定においても会社の検査に関する規定を銀行検査に矛盾なく適用することが可能である。ロェスレル氏起稿商法草案には、第309条から318条までの10ヵ条から構成される網羅的な罰則規定が存在する。このうち検査忌避に対する罰則を定めたと推察される規定は以下の通りである。(21)

　　第二百十二條　頭取左ノ場合ニ於テハ二十圓以上二百圓以下ノ罰金に處ス
　　　　　　　　ヘシ
　　一第　條ノ場合ニ於テ會社ノ帳簿及ヒ書類ヲ呈示シ及ヒ請求ニ應シテ
　　　　　答フルコトヲ肯セサル時
　　二第　條ノ規則ニ背キ會社ノ爲ニ同會社ノ株式ヲ所得シ質物トシテ之
　　　　　ヲ受取リ或ハ規則ニ從テ之ヲ再賣セサル時

148

三第　　　條ノ規則ニ背キ利足又ハ利益配當ヲ株主ニ拂渡シタル時

　ロェスレル氏起稿商法草案は、その名の通りあくまでも草案であるので、条文番号が空欄の場合がある。第212条もこの例に漏れず、罰金に処される条文内容が特定できない。しかし、ロェスレル氏起稿商法草案の第276条は、「檢査官吏ハ會社ノ帳簿及ヒ一切ノ書類ヲ檢閲シ頭取其他ノ役員ヲ推問シテ其供述ヲ誓ハシムルノ權利アル者トス」と規定されていることから、第212条の一で「會社ノ帳簿及ヒ書類ヲ呈示シ及ヒ請求ニ應シテ答フルコトヲ肯セサル時」と記述しているのは、おそらく検査のための帳簿や書類の呈示を指していると考えられる。

　会社の検査に関しては、ロェスレル氏起稿商法草案と明治商法との間で条文数やその内容に至るまで一対一対応の相似性が見られた。上記の推察が正しいとすれば、検査忌避に対する罰則規定に関しても、両者間には対応関係が見られる。このように、明治商法の「会社の検査」は罰則規定に至るまでロェスレル氏起稿商法草案と対応関係を有する。そして、この罰則規定を法律運用上の接点として、明治商法と整合的に銀行条例が制定されている。したがって、銀行条例の銀行検査条項はロェスレル氏起稿商法草案の「会社の検査」規定から整合的に派生した下位法規のように思える。しかし、明治中期にはすでに国立銀行条例が存在しており、銀行条例は国立銀行条例とも整合性を確保しなければならなかったと考えられる。以下では銀行検査関連条項を中心に両条例を比較する。

国立銀行条例と銀行条例の銀行検査条項の比較
銀行条例の銀行検査条項は以下の通りである。[22]

　第八條　大蔵大臣ハ何時タリトモ地方長官又ハ其他ノ官吏ニ命シテ銀行ノ
　　　　　業務ノ實況及財産ノ現況ヲ檢査セシムルコトヲ得
　第十條　第八條ノ檢査ヲ受ルコトヲ拒ミタルトキハ商法二百五十八條ノ例
　　　　　ニ依テ處分ス
　第十一條　此條例ハ日本銀行横濱正金銀行国立銀行ニ適用セス

第Ｉ部　明治期の銀行検査

　国立銀行は、明治5年11月5日に制定された「国立銀行条例」に基づいて設立された当初から、その営業年限を20年とすることが決められていた。国立銀行に対する具体的な処置は、明治29年2月に「営業満期国立銀行処分法」および「国立銀行営業満期前特別処分法」が公布されてから具体化したが、明治23年当時、既に国立銀行の大半が将来私立銀行に転換するか、あるいは廃業するかを選択せざるを得ないことが明確であった。

　銀行条例は明治23年当時の国立銀行条例との整合性を考慮して制定されたと考えられるが、銀行条例制定時点では銀行条例の趣旨にしたがった私立銀行検査手続は制定されていなかったため、金融当局における銀行検査ノウハウの蓄積や検査官の要員制限等の関係から、銀行条例の規制対象銀行に対しては当面国立銀行検査手続を援用して検査が実施されたと推察される。つまり、国立銀行条例と銀行条例の銀行検査条項に著しい矛盾が認められない限り、大蔵省内部の銀行検査手法やノウハウは国立銀行検査の応用として私立銀行検査に引き継がれたと考えられる。銀行条例の銀行検査条項は、その条文内容が簡潔になった結果、国立銀行条例の銀行検査条項と矛盾が生じる可能性が低くなっている。銀行条例には通常銀行条例案にも国立銀行条例にも存在しない検査忌避に対する罰則が明確に定められている。

4－3　銀行条例の修正をめぐる議論と銀行検査

　明治23年に制定された銀行条例に対しては、業界団体である東京銀行集会所が渋沢栄一を委員長として修正案を大蔵大臣宛に提出したが、銀行検査条項である第8条と第10条の内容修正案は示されなかった。帝国議会への建議に発展するほど強かった銀行業界の修正希望の内容については、当時の監督当局と銀行業界の思惑の違いを整理するという観点から、議論の経緯も含めて認識しておく必要があると考えられるので、以下に論点をまとめる。論点整理は加藤俊彦氏の研究[23]を参考にし、銀行検査との関わりから重要と考えられるポイントについては明治財政史等の史料に基づいて考察を加える[24]。

　渋沢栄一は、「明治三十年内外ヲ期シテ皆此七十二号ノ法律ニ據ラサルヘカラサルモノナレバ該條例ノ完備ナルト否ラサルトハ同業者一般ノ安危ニ係

ルノミナラズ國家經濟ノ消長ニ關スルコト亦以テ勘シトセサレハ充分ニ講究シ置キタシ」として、明治24年3月東京銀行集会所第111回同盟銀行定式会議において銀行条例の利害得失を調査することを決した[25]。つまり、銀行条例に対する渋沢の基本認識は、（1）銀行条例が将来普通銀行に転換する国立銀行を含め、全ての金融機関を対象とした銀行法規となること、（2）銀行条例の完成度は金融機関のみならず国家経済にも影響を及ぼすこと、の2点に要約される。国立銀行を中心とした東京銀行集会所加盟銀行の経営者個々の思惑は別として、少なくとも同集会所を率いる立場にあった渋沢は、国家的見地から銀行条例の内容を検討して修正案をまとめ上げたと推察される。

　銀行条例の修正案をめぐる議論をフォローすることは、松方正義を中心とする銀行監督当局と渋沢栄一率いる銀行業界双方の思惑が交差、対立する論点を分析することに等しい。本節ではこの論点を「銀行の公共性」に対する両者のスタンスの相違から考察する。渋沢が国家経済的観点から銀行条例の修正を目論んでいたとしても、個々の銀行経営者は収益性確保や業容拡大を第一義的に目指しており、国立銀行を中心とする先発銀行の利益代表である東京銀行集会所は、自ずと後発銀行に対して閉鎖性を有する。銀行条例をめぐる議論においては、必然的に「銀行の経済性」が「銀行の公共性」の対立軸として浮上する。

　銀行が準拠すべき銀行条例の条文内容をめぐる議論は、監督当局と銀行業界の立場の違いを浮き彫りにする。この対立点を、「預金者保護」、「信用秩序維持」、「銀行の資金供給面における国民経済的機能」の切り口から分析することにより、爾後銀行条例の枠組内で遂行される金融監督行政、金融検査行政の両当事者間の基本認識の相違を確認する。

　本節の目的は、「銀行の経済性」という言葉で表現される銀行のエゴや排他的利潤動機に基づく思惑が、銀行条例の立法趣旨で「銀行の公共性」を基本コンセプトとして打ち出した金融監督当局の思惑と対立的に交錯するのか、あるいは圧倒的なリーダーシップをもって銀行業界を率いてきた渋沢が銀行業界を啓蒙して業界の立場から銀行条例に正当性・公平性を持たせようとするのかを、銀行条例施行前の段階で見きわめることである。

第Ⅰ部　明治期の銀行検査

　銀行条例の修正案をめぐる論点
　加藤俊彦氏は、明治24年6月24日に渋沢栄一から松方蔵相に奉呈された「銀行條例修正請願書（銀行條例案並ニ其説明）」（以下「修正案」と略記する）で示された論点から、特徴的なものとして2点をあげている。その第1点は、修正案が小銀行の設立制限を求めたことであり、第2点は、銀行条例第5条を修正して、この条文の持つ意義をでき得るかぎり緩和しようとしたことである。銀行条例第5条は、「銀行ハ一人又ハ一會社ニ對シ資本金高ノ十分ノ一ヲ超過スル金額ヲ貸付又ハ割引ノ爲ニ使用スルコトヲ得ス資本金總額ノ拂込ヲ了ラサル銀行ニ於テハ一人又ハ一會社ニ對シ其拂込高ノ十分ノ一ヲ超過スル金額ヲ貸付又ハ割引ノ爲ニ使用スルコトヲ得ス」とされている通り、一取引先あたりの与信制限を定めたもので、機関銀行化の回避あるいは貸出金ポートフォリオやリスク分散の観点から合理的な規定と判断される。加藤氏があげた2つのポイントは、銀行監督当局と銀行業界が真っ向から対立した、銀行の利害に関わる主要論点である。したがってこれら2つの論点を中心に検討を加える。

　小銀行の設立制限
　第1点目の小銀行の設立制限については、修正案第3条とその条文説明によって趣旨が明示されている。修正案第3条は、「銀行ノ資本金額ハ貳拾萬圓ヲ下ル可カラス然レトモ人口十萬未滿ノ地ニ於テハ拾萬圓以上人口二萬五千未滿ノ地ニ於テハ五萬圓以上ノ資本金ヲ以テ創立スルコトヲ得」として、銀行設立を資本金額で制限するとともに設立地の人口との関係からも縛りを加えている。修正案第3条の趣旨は以下の5点に要約される。

（1）銀行は金融の円滑を目的とする経済上重要な機関である。
（2）僅少資本で銀行を設立して徒に利益を追求する余り大きなリスクを負うことは銀行経営を不振に陥らせる。
（3）（弱小）銀行が設立、倒産を繰り返すとその影響は一般の銀行にも及び国家経済を攪乱する恐れがある。
（4）修正案の目的はこれに制限を加え銀行を安易に設立する計画を妨げ

ことにある。
（5）制限の尺度は従来の経験に基づき国立銀行条例を参考にした。

　修正案第3条は、銀行の濫立と倒産の繰り返しによる、信用秩序の崩壊を危惧する観点から提案されたもので、銀行の公共性の観点からすると一見信用秩序維持を重視した条文と理解される。確かに銀行倒産が頻発すると信用不安が発生し、それが信用秩序維持を不可能にすることには間違いがない。しかし、この条文の背景にある論理は、僅少資本で設立された弱小銀行は、「相争フテ銀行ヲ設立シ貪利ノ弊冒險不振ノ所業ニ陥リ」というものである。修正案第3条は、僅少資本で設立された銀行はおしなべて高収益を目指してリスクをとり、その結果業績不振に陥るという、いわゆる弱小銀行性悪説ともいえる教条主義的思想が基盤となっている。この考えの根底には大銀行を中心とした業界エゴが存在する。

　「銀行の公共性」から説き起こされる、本来あるべき信用秩序維持は、小規模金融機関の職能を認め、規模の大小にかかわらず金融行政を通して銀行を監督し、経営の健全性を確保することである。銀行は「資金供給面における国民経済的機能」の観点から、その規模に応じて経済社会で果すべき役割があるという理解を前提に、信用秩序維持を目的とした金融監督行政を執行するのが監督当局の役割であり、それを法律面から支えるのが銀行条例である。業界エゴに囚われない公平な立場から弱小銀行の設立問題を考えれば、脆弱な資本背景しかもたない銀行の濫立は、ある程度規制するものの、経済社会の要請に応じて銀行設立の自由度を確保し、その上で個別金融行政によって銀行経営を適正に規制するのが銀行監督行政本来の姿である。

　大蔵省監査局長であった加藤高明は、明治24年9月22日に修正案に対する逐条理由書を松方に建議した。その理由書で加藤は、「銀行業ハ前ニ（第一條ノ部）述フル如ク普通ノ業務ナレハ、決シテ其資本金額ニ制限ヲ加ヘ之ヲ覊束スルノ理ナシ。殊ニ本邦今日ノ私立銀行ノ如キハ却テ五萬圓以上ノモノ頗ル多シ。故ニ若シ斯ノ如キ制限ヲ置クハ一般營業ノ自由ヲ妨ケテ一國理財上ノ圓滑ヲ缺クノ恐レアリ」として、小銀行の設立制限は銀行営業の自由を妨げ、金融の円滑を妨げると回答している。当時の議会勢力は小銀行設立制

第Ⅰ部　明治期の銀行検査

限に反対であり、結果的に東京銀行集会所が提出した修正案は不成立となった。

一取引先あたり与信制限の緩和

第2点目は銀行条例第5條の意義を緩和することである。銀行条例第5条は一取引先あたりの与信制限を定め、機関銀行化を回避し、貸出金ポートフォリオやリスク分散の観点から銀行経営の健全性を確保すること意図したものである。この条文の趣旨を緩和することは銀行経営の放縦を看過することにつながりかねない深刻な問題を引き起こす。

修正案第8条は銀行条例第5条の修正条文である。その内容は、「銀行ハ一人又ハ一會社ニ對シ資本金及ヒ積立金高ノ十分ノ一ヲ超過スル金額ヲ貸付ノ爲メニ使用スルコトヲ得ス資本金總額ノ拂込ヲ了ラサル銀行ニ於テハ一人又ハ一會社ニ對シ其拂込金及積立金高ノ十分ノ一ヲ超過スル金額ヲ貸付ノ爲ニ使用スルコトヲ得ス」というものである。銀行条例第5条との相違点は、一取引先あたり与信制限の計算基礎となる「資本金高」が「資本金及ヒ積立金高」に増加していること、および、規制対象となる与信種類が「貸付又ハ割引」から「貸付」に減少したことである。つまり、東京銀行集会所は一社与信制限の計算基礎となる数字を調整することにより与信制限を緩和しようと画策した。

修正案第8条の条文説明のうち与信制限の計算基礎については、「『積立金』ノ文字ヲ加ヘタルハ積立金ハ積立タル資本金ニシテ其効用株金ヨリ成立スル資本金ト毫モ差異アル無シ故ニ本條ノ場合ニハ當然之ヲ合算スヘキ者ト信ス」と述べて、積立金を与信制限の計算基礎に組み込むことを正当化している。その論理は、（1）積立金は積み立てた資本金であること、（2）積立金の効用は株式払込金で成立する資本金と差異がないことの2点から構成されている。しかし、積立金は積み立てた資本金ではあり得ず、株式払込金から成立する資本金と主として利益剰余金で成立する積立金では会計上の性格が異なり、その効用も同じではありえないことから、この条文説明は十分な説得力を持たない。

前述の加藤高明は逐条理由書において、「積立金ハ資本金ニ損失ヲ醸シタ

第 3 章　明治中期における銀行検査の考察

ルノ際、之ヲ補塡スル爲ニ積立ツルモノナレハ、臨時変變動スルヲ免レサルモノニシテ固ヨリ資本金ト同視スヘキモノニアラス。大ニ其性質ヲ異ニセリ。況ンヤ銀行ノ爲メニ決シテ好ムヘキコトニアラサルニ於テオヤ。又況ンヤ定期貸付ヲ主トスルノ今日ニ於テオヤ。割引ハ正面ノ理論上ヨリスレハ貸付金ト性質ヲ異ニスルカ故ニ貸付金ト同一視スルハ穏當ヲ缺クノ嫌ナキニアラサレトモ、今日ノ實際ヨリ論スレハ割引ノ大半ハ貸付金ト同様ノモノニシテ弊害尠ナカラス。故ニ割引ト雖モ貸付ト同一ノ制限ヲ置クハ最モ實際ニ適シタルモノニシテ、今日修正スルノ必要ヲ見ス」と述べている。加藤は理由書で積立金を資本金と同一視する詭弁を論破し、割引手形と貸付金の相違を認めながらも一取引先あたり与信制限との関わりにおいて両者は無差別と断じている。

　しかし、結果的に銀行条例第 5 条は明治28年 2 月 9 日法律第 1 号をもって削除され、貸付金、割引手形の一取引先あたり与信制限は撤廃された。その結果、将来起こりうる機関銀行化と貸出ポートフォリオの偏りを看過することとなった。加藤俊彦氏は銀行条例第 5 条に関して、「しかし問題の中心は貸付と割引の区別ではなく銀行経営の問題であった。銀行業者としては、この条例の厳格なる実施は営業上の困難を惹起する恐れがあり、とくに小銀行にあってはそれが甚しかったと思われる」として、当時は銀行の資金運用先の確保が困難で、とりわけ小銀行にとっては死活問題であったと分析している。

　銀行条例をめぐる銀行監督当局と東京銀行集会所の議論で争点となった、「小銀行の設立制限」と「一取引先あたり与信制限の緩和」についての争点をめぐる議論の末にたどり着いた最終結論を銀行検査との関わりから分析すると、銀行条例施行後小銀行が増加し、かつ貸付ポートフォリオの適正性を求める融資規律についての歯止めがない中で、銀行の公共性や銀行経営の健全性を担保するはずの銀行検査の拠り所が欠けている状況が出現することになる。つまり、小銀行の増加を前提とした融資規律の厳格化に関する限り、明治28年の銀行条例改正時点では、私立銀行に対する銀行検査を金融監督行政の補完手段として機能させるための法的基盤は事実上整えられてはいなかった。銀行の公共性の観点から実態的に預金者保護、信用秩序維持を銀行検

査によって担保しようとすれば、銀行条例の趣旨をより厳格に運用する通達を発牒し、通達の趣旨を正確に体して検査実務にあたる検査官が数百人単位で必要となるというのが実態であった。

小　括

　本章では、各種銀行法規の変遷や成立過程における銀行検査規定の変質を考察した。また金融行政の基本法規である銀行条例の修正案をめぐる議論を「銀行の公共性」の視角から分析することにより、銀行条例の下で、銀行検査を通して預金者保護や信用秩序維持を確保しうる法的な制度インフラがどのように整備されたのかを考察した。

　各種銀行法規を分析する上で注目した通常銀行条例案の銀行検査条項を、明治9年改正国立銀行検査手続と比較することにより、通常銀行条例案がいかなる点において銀行検査手続に影響を及ぼしたかを考察した。その結果、検査目的と検査手法において両者に共通点が見られた。通常銀行条例案は強力な銀行法規を制定する意図に基づいて、銀行検査に対しては主に銀行の実態を調査する機能を与えようとしていた。通常銀行条例案は銀行検査には独自の立場からの有効な検査指摘や検査提言は期待しておらず、銀行検査を通して正確・詳細な実態調査結果が得られれば、その検査結果に基づいて銀行監督行政を効果的に実施することを基本としていた。調査機能を重視する銀行検査の特質は明治9年改正国立銀行検査手続に引き継がれた。

　通常銀行条例案の影響を受けた明治9年改正国立銀行検査手続と、明治24年改正手続を比較し、かつ検査実務に近接した銀行検査規定の内容変化を考察した。その結果、検査順序や検査心得において、被検査銀行を取り巻くマクロ経済情勢調査等のカテゴリーに関する検査項目が精緻化されたことを確認した。明治24年改正検査順序は、明治9年改正検査順序に既に含まれる検査ポイントをより詳細にすることや、新規の検査ポイントを加えることを通して厳格化されているが、これは明治9年から同24年に到る15年間の銀行検査実績に基づいて見直しを加えた結果と考えられる。

　明治24年改正検査順序から新規に付加された貸付金に関わる検査ポイント

として、「貸出条件の妥当性判断基準」と「延滞貸付金管理」があげられる。これらに共通なのは、貸付金の使用目的や融資先に対する銀行の貢献度を念頭に置くこと、および延滞貸付金が融資先に与える事業上の効用を考慮することである。つまり、これらの検査ポイントに共通なのは、借入人に対する銀行の与信行為の貢献度を問題にしている点である。

明治商法における会社検査の基本概念をロェスレル氏起稿商法草案と比較検討することにより、会社の検査においては、主務官庁が個別企業の利害や権利関係の詳細に立ち入るべきではないとするロェスレルの基本的な考え方が明治商法に息づいていることを確認した。ロェスレルは、会社の検査を会社が倒産等の危機に瀕した非常事態における、株主から会社代表者に対する出訴の予審であると理解していた。その底流にあるのは、主務官庁はあくまでも個別企業の利害や権利関係の詳細に立ち入るべきではないという考え方であり、その例外が認められるのはこの大原則を曲げてでも官が民に介在する必要がある場合である。

ロェスレルにとって銀行検査は、会社の検査の例外として、金融機関という公共性の高い組織であるがゆえに認められるものである。明治商法は銀行条例が施行されるまでの期間を実態的に上位法規としてカバーすることはなかったが、会社の検査に関するロェスレルの思想の一端を商法条文に反映させ、銀行条例との矛盾や不整合が生じないよう細心の注意をもって制定された。

銀行条例については、その立法趣旨に表れている、「銀行の公共性」の概念を、通常銀行条例案の建議趣旨との比較に基づいて確認し、さらに東京銀行集会所が提出した銀行条例修正案をめぐる金融監督当局と銀行業界との議論を銀行の公共性の観点から検討することにより、銀行検査の法的根拠や制度的存立基盤について考察した。その結果、銀行条例施行後小規模銀行が増加する一方、貸付ポートフォリオの適正性を求める融資規律の歯止めがきかない中で、銀行経営の健全性を担保する銀行検査の環境条件が欠けている状況が認められた。つまり、小規模銀行の増加を不可避とし、その状況を前提として融資規律を適正に確保しなければならないとすると、一取引先当り融資制限を撤廃した明治28年の銀行条例改正時点では、私立銀行に対する銀行

第Ⅰ部　明治期の銀行検査

検査を金融監督行政の補完手段として機能させるための法的基盤は、事実上整えられてはいなかった。

したがって、銀行条例施行後において、銀行の公共性の観点から実態的に預金者保護や信用秩序維持を銀行検査によって確保しようとすれば、銀行条例の趣旨をより厳格に運用する通達を発燦し、その通達の趣旨を正確に体した検査官を数百人単位で配備することが必要な状況にあった。銀行検査に関わる銀行条例の法的インフラの整備状況を前提とする限り、金融機関の実態に即したきめ細かい通達行政を執行することは事実上不可避であった。

第4章では、明治後期における金融行政当局者や業界代表者の、銀行検査に対する認識を探り、それがどのような変遷を見せるのかを分析検討する。

注　記
（1）佐竹浩・橋口収『銀行法』（有斐閣、1956年）。
　　　昭和31年に発刊された銀行法の解説書において、当時の大蔵官僚であった佐竹浩と橋口収は、銀行の公共性を構成する概念として、「銀行の資金供給面における国民経済的機能」を「預金者保護」、「信用秩序維持」に並ぶ第3の要素として掲げている。本章では、銀行の公共性はこの3つの要素から構成されると認識する。
（2）加藤俊彦「銀行條例について—本邦普通銀行の性格と関連して—」『経済学論集第17巻第3号』（昭和23年、有斐閣）。
（3）池田敬八発行『得能良介君伝』（印刷局、大正10年）、589-590頁。
（4）池田、前掲書、254-263頁。
（5）明治財政史編纂会『明治財政史第12巻』（丸善、明治38年）538-569頁。
（6）日本銀行調査局編集、土屋喬雄監修『日本金融史資料明治大正編第7巻上』（大蔵省印刷局発行、昭和35年）6頁。得能良介は、通常銀行条例発布を建議する2ヶ月前の明治8年1月から英国人のアラン・シャンド氏に各銀行の帳簿を検査させることについて大蔵卿の許可を得ている。つまり、得能は銀行検査を徹底させるための法制を整備するだけではなくその準備段階として英国流の銀行検査を実施する等、銀行実務に対する直接的な監督を重視していた。
（7）大蔵省銀行課『財政金融史料集成第1集銀行局年報明治6年〜同12年』（大蔵省文庫所保存版、昭和56年）、183頁。

第3章　明治中期における銀行検査の考察

(8) 社団法人東京銀行協会調査部編集『本邦銀行変遷史』((社)東京銀行協会銀行図書館、平成10年)、2-9頁。
(9) 日本銀行調査局編集、土屋喬雄監修『日本金融史資料明治大正編第6巻』(大蔵省印刷局発行、昭和32年)。
(10) 明治財政史編纂会『明治財政史第13巻』(丸善、明治38年)、795-807頁。
(11) 銀行条例は明治23年に公布されているが、その施行は明治26年まで待たなければならなかった。本章では銀行条例の施行をもって国立銀行以外の金融機関に対する銀行検査の制度インフラが整備されたと考え、明治初年から明治26年までを国立銀行以外の金融機関に対する銀行検査が不在の時期と考える。
(12) ヘルマン・リョースレル『ロエスレル氏起稿商法草案(上巻・下巻)復刻版』(新青出版、1995年)。
(13) 内閣官報局編『法令全書第二十三巻-2』(原書房、昭和53年)。
(14) ヘルマン・リョースレル、前掲書上巻、443-447頁。
(15) 大久保達正監修、松方峰雄、兵頭徹編集『松方正義関係文書補巻松方伯財政論策集』(大東文化大学東洋研究所、平成13年)、374-375頁。
(16) 加藤、前掲論文。
(17) 加藤、前掲論文。
(18) 佐竹・橋口、前掲書、4頁。
(19) 大久保・松方・兵頭、前掲書、374-375頁。
(20) 内閣官報局編『法令全書第二十三巻-2』(原書房、昭和53年)、47-48頁。
(21) ヘルマン・リョースレル、前掲書上巻、469頁。
(22) 大蔵省編纂『明治大正財政史 第16巻』(経済往来社、昭和32年)。
(23) 加藤、前掲論文、56-66頁。
(24) 明治財政史編纂会『明治財政史第12巻』(丸善、明治38年)、597-607頁。
(25) 日本銀行調査局編集、土屋喬雄監修『日本金融史資料明治大正編第12巻』(大蔵省印刷局発行、昭和34年)、225頁。
(26) 加藤、前掲論文、57頁。
(27) 明治財政史編纂会、前掲書第12巻、598頁。
(28) 明治財政史編纂会、前掲書第12巻、598頁。
(29) 明治財政史編纂会、前掲書第12巻、603頁。
(30) 明治財政史編纂会、前掲書第12巻、599頁。
(31) 明治財政史編纂会、前掲書第12巻、600頁。
(32) 明治財政史編纂会、前掲書第12巻、604頁。

(33) 加藤、前掲論文、63-64頁。

第4章　明治後期における銀行検査の考察
―― 金融行政当局者の演説を通して見る銀行検査 ――

はじめに

　本章の目的は、明治後期における金融行政当局者や業界代表者の銀行検査に対する認識がいかなるもので、金融経済情勢の変化や銀行の業績悪化の影響を受けて、それがどのような変遷を見せるのかを考察することである。本章では金融行政当局者の銀行検査に対する認識を探る資料として、公的会合における金融行政当局者および業界代表者の演説記録を用いる。分析手法としては、演説原稿あるいは演説筆記録に基づいて演説内容をカテゴリー分類し、カテゴリーごとの発言の軽重を原稿字数で判断する。

　第1節では、銀行検査関連発言を含む金融財政等、幅広い分野にわたる演説を、演説原稿に基づいて大きく6つのカテゴリーに分類し、銀行検査関連発言が演説全体の中でどのようなウェイトを占めるのかを把握する。その上で銀行検査関連発言をさらに6つのカテゴリーに分類して発言内容を整理する。

　銀行検査に対する認識については、金融行政当局者の銀行検査に対する認識を理解するため、（1）銀行検査の有効性に関する認識、（2）銀行検査による個別指導が有効と考えられる問題点に関する認識、（3）銀行監督行政を行う上で銀行検査により実態を把握することが効果的と考えられる問題点に関する認識、の3つの分析視角を設定し、銀行検査関連発言を分類整理するための6つのカテゴリーとの対応関係を規定する。その上で、6つのカテゴリーに沿って分類整理された銀行検査関連発言を、銀行検査に対する認識に関わる3つの分析視角との関係から整理し、金融行政当局者の銀行検査に対する認識を外形的に把握する。しかし、このようにして把握された金融行政当局者の銀行検査に対する認識はあくまで発言内容の機械的な分類整理によるものである。

第Ⅰ部　明治期の銀行検査

　第2節および第3節では、日清・日露戦争の影響を考慮して明治後期の金融経済情勢を概観するとともに、銀行の業績悪化の実態を把握する。金融経済情勢との関わりから金融行政当局者を対象に銀行検査関連発言内容を分析し、第1節で外形的に把握した金融行政当局者の銀行検査に対する認識と比較検証する。その上で銀行検査関連発言内容について分析を加える。

　明治期の45年間を明治前期・中期・後期の3期間、各15年間ずつに分割すると、単純計算では明治前期は明治初年から15年、明治中期は明治16年から30年、明治後期は明治31年から45年となる。日清・日露両戦争は、それぞれ明治27年、明治37年に始まり、その影響はいずれも明治後期に集中して現れるので、金融経済情勢については日清戦争開戦期である明治27年からこれを概観する。

第1節　金融行政当局者の演説に占める銀行検査関連発言

1-1　金融行政当局者および業界代表者の演説内容のカテゴリー分類

　本節では明治前期の大蔵大臣や金融行政担当者、あるいは銀行業界の代表者が業界の公式会合でいかなる演説を行なっていたか、特に彼等が銀行検査に対していかなる見解を有していたかを分析する。その具体的方法として、全国手形交換所連合会を中心とした公的会合における明治30年代以降の演説内容を分析する。

　分析対象とするのは、『銀行通信録』に掲載されている明治36年から同45年までの10年間に開催された「全国手形交換所連合会」と「銀行大会」における演説である。分析対象の演説が行われた公的会合は、第1回から第10回の全国手形交換所連合会と記念祝賀会、大阪で開催された全国銀行大会と銀行大懇親会である。第4回全国手形交換所連合会については銀行通信録に記載がないため、対象外とする。

　本章で明治後期と規定した明治31年から同45年までの15年間においては、第12回から第28回まで帝国議会が開催されており、歴代の大蔵大臣はこの間16回演説している。しかし、いずれの演説においても銀行検査への言及はなく、国家予算に関する内容が大半であった。したがって帝国議会での演説は

第 4 章　明治後期における銀行検査の考察

分析対象から除外する。
　分析方法は対象となる61の演説については、演説原稿あるいは演説筆記録に基づいてその内容をカテゴリー分類し、1つの演説がどのようなカテゴリーから構成されているかを演説記録の字数で測定して図表化する。そして各カテゴリーのボリュームや構成割合を比較検討して演説内容の変遷を把握する。
　具体的には演説全体を以下の6つのカテゴリーに分類する。銀行検査関連発言については、さらにカテゴリーの定義を定め個別内容の分析・検討を行う。

（1）銀行検査関連発言（銀行検査及び銀行経営等に関連する内容）
（2）手形交換所及びそれに伴う銀行事務
（3）国内財政金融及び産業に関連する内容
（4）日露戦争及び戦時の財政金融に関連する内容
（5）海外財政金融等に関連する内容
（6）祝辞及び主催者や演説者の業績に対する賛辞等儀礼的内容、雑談

　明治36年から同45年までの10年間に開催された、「全国手形交換所連合会」や「銀行大会」等の公式会合は合計16回におよび、その間61回の演説が行われた。これら演説原稿の総字数は約18万字で、検査関連発言は全体の7％にあたる12,720字であった。「図表4-1　金融行政当局者及び業界代表者の演説推移」は上記6つのカテゴリーにしたがって、どのように演説内容が分類されて年次ごとの推移を見せるのかを、演説ボリュームを示す棒グラフをマトリクス状に配置して表したものである。また「図表4-2　金融行政当局者及び業界代表者の演説構成推移」は演説構成割合を年次ごとに百分率で示したものである。
　図表4-1と図表4-2で特徴的な点は、（1）明治41年の演説ボリュームが演説原稿字数約5万字と著しく大きいこと、（2）銀行検査関連発言は明治38年、43年、45年はなかったものの、ほぼ毎年銀行検査に関する発言が行われており、特に明治40年はほぼ30％と高い構成割合を示していること、（3）明治41

第Ⅰ部　明治期の銀行検査

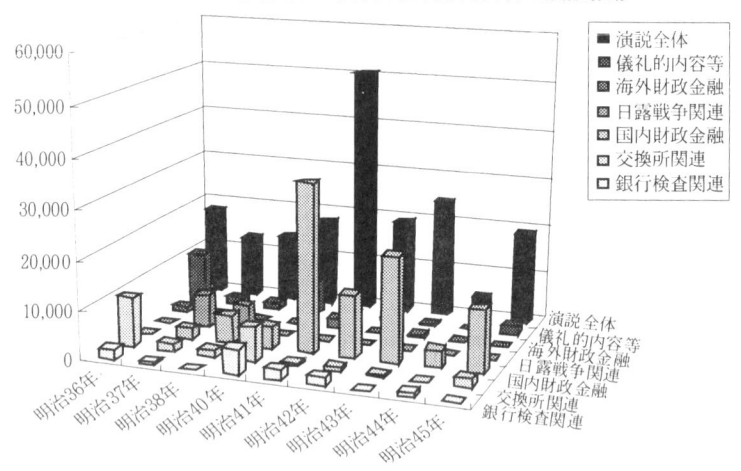

図表4-1　金融行政当局者及び業界代表者の演説推移

出典：『銀行通信録第35巻第210号～第53巻第318号』(東京銀行集会所)。
注：(1)図表中の数字は演説原稿の字数を示している。
　　(2)明治39年は全国手形交換所連合会をはじめとする公的会議の演説記録が欠落している。

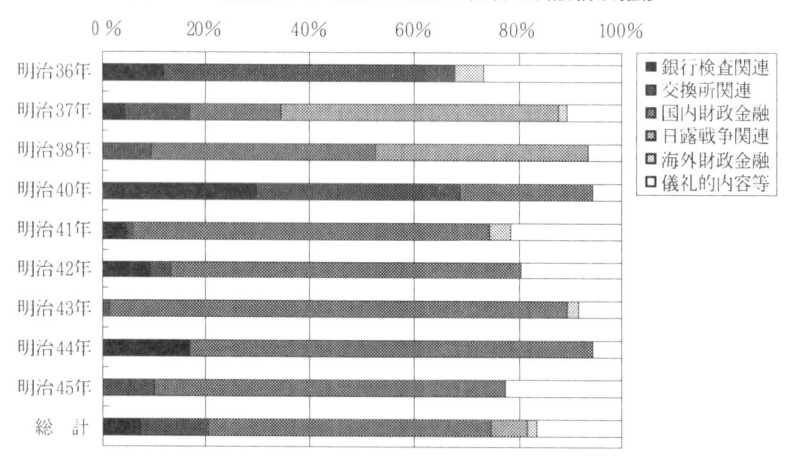

図4-2　金融行政当局者及び業界代表者の演説構成推移

出典：『銀行通信録第35巻第210号～第53巻第318号』(東京銀行集会所)。
注：(1)図表中の数字（％）は年次ごとの演説原稿全体に占める各カテゴリーの発言構成割合を示している。
　　(2)明治39年は全国手形交換所連合会をはじめとする公的会議の演説記録が欠落している。

年以降は演説に占める国内財政金融の話題が高い構成比率で推移していること、等である。

第1点については明治41年に公的会合が大阪で2回、東京で1回開催され、演説者が14名と年次ごとの平均演説者数6.8名の2倍以上であることがその原因と考えられる。第2点は本章のテーマと関係しているので、以下で詳細に検討する。第3点は銀行検査と直接関連するテーマではないが、銀行検査関連発言を検討する過程で必要に応じてその内容を分析する。

本節では銀行検査関連発言の比率が際立って高かった明治40年を分析の中心に据えて、日清戦争後の明治36年と日露戦争後の明治41年から同44年の銀行検査関連発言を分類整理し、その発言内容を検証することにより金融行政当局者の銀行検査に対する認識の内容解明を試みる。

1－2　金融行政当局者の銀行検査に対する認識と銀行検査関連発言

本節では金融行政当局者の銀行検査に対する認識を理解する切り口として、（1）銀行検査の有効性に関する認識、（2）銀行検査による個別指導が有効と考えられる問題点に関する認識、（3）銀行監督行政を行う上で銀行検査により実態を把握することが効果的と考えられる問題点に関する認識、の3つの分析視角を設ける。

本節で銀行検査関連発言として分析対象とするのは、銀行監督当局が銀行検査を実施する上で重視すべき事項についての発言と、銀行検査の正当性の根拠である銀行の公共性を構成する概念に関わる発言である。前者は銀行検査の有効性および監督当局から見た銀行経営のあり方、職業倫理および内部監査に関する発言等であり、後者は「銀行の公共性」を構成する3つの概念である、「預金者保護」、「信用機構維持」、「銀行の資金供給面における国民経済的機能」のいずれかに関する発言である。前者を「狭義の銀行検査関連発言」、後者を「広義の銀行検査関連発言」とし、それぞれが3つの小分類を有する合計6つのカテゴリーを設定する。

狭義の銀行検査関連発言に含まれる銀行経営のカテゴリーには、銀行経営者による組織経営に加えて銀行経営改善に対する監督行政の有効性について言及したものを含める。銀行検査の有効性等がそれに該当する。また銀行家

第Ⅰ部　明治期の銀行検査

　の職業倫理に関する発言として分類したものには、銀行経営者、役職員の職業倫理および銀行役職員選定のあり方についての発言も含む。内部監査に関する発言を狭義の銀行検査関連発言を構成するカテゴリーとするのは、銀行の内部監査が銀行検査と連繋して銀行業務をチェックする機能を有すると考えるからである。

　広義の銀行検査関連発言に銀行の公共性を構成する概念に触れた発言を含めるのは、銀行検査の変遷を探る上で、銀行の公共性は重要な分析視角であると同時に、銀行検査が銀行の公共性に根差して実施されると考えるからである。銀行条例の上位法規である明治商法は、主務官庁は個別企業の利害や権利関係に介入すべきではないとしている。しかし、公衆保護という大命題が成り立ち得ないような非常事態を回避する必要がある場合、すなわち、銀行のように公共性の高い企業の経営健全性を確保する必要がある場合を例外としている。つまり、銀行検査は会社の検査の例外として、金融機関という公共性の高い組織であるがゆえに認められるものである。この点に基づいて「銀行の公共性」を銀行検査の根拠とするとともに、これを銀行検査の対象と認識する。[1] 金融行政当局者の銀行検査に対する認識の切り口である3つの分析視角と銀行検査関連発言との対応関係を規定し「図表4-3　金融行政当局者の銀行検査に対する認識と銀行検査関連発言」に示す。

　金融行政当局者による銀行検査関連発言として抽出した演説の中には、銀行検査の有効性を念頭に置いたものもあるが、銀行検査の効果が実質的に期待できる事項について、銀行検査の有効性を意識せずに発言しているケースもありうる。これらの2つのケースを演説原稿の字面のみで全て判断することは不可能であるので、発言内容および演説全体の流れから明白に判断できる「銀行検査自体の有効性に関する認識」を別立てとして、それ以外の発言から推察される発言者の問題認識を「銀行検査の直接的効果に対する認識」と「銀行検査の間接的効果に対する認識」に分類し、それぞれに銀行検査関連発言を対応させる。それらの認識が銀行検査関連発言を構成するいかなるカテゴリーの発言と対応するかを念頭に置いて、発言内容を分析する。

　本節で分析対象とする金融行政当局者と、銀行検査担当者の認識が共有化され、銀行検査担当者が使用する銀行検査規程内容が金融行政当局者の認識

第4章　明治後期における銀行検査の考察

図表4-3　金融行政当局者の銀行検査に対する認識と銀行検査関連発言

金融行政当局者の銀行検査に対する認識	銀行検査関連発言
（1）銀行検査自体の有効性に関する認識	銀行経営：銀行経営改善に対する監督行政の有効性に関する発言。 内部監査：銀行検査を補完する機能としての内部監査に関する発言。
（2）銀行検査による個別指導が有効と考えられる問題点に関する認識（銀行検査の直接的効果に対する認識）	職業倫理：銀行経営者、役職員の職業倫理および銀行役職員選定のあり方についての発言。 銀行経営：銀行検査による個別指導が有効と考えられる銀行経営上の問題点に関する発言。 銀行の公共性を構成する概念（預金者保護、信用機構維持、資金供給機能）につき個別指導が適切なケース。
（3）銀行監督行政を行う上で銀行検査により実態を把握することが効果的と考えられる問題点に関する認識（銀行検査の間接的効果に対する認識）	預金者保護に関する発言。 信用機構維持に関する発言。 資金供給機能に関する発言。

注：本図表は原則的な対応関係を示したものであり、銀行検査発言を詳細に分析した場合にはカテゴリー間の入繰りは発生する。

を反映していれば、銀行検査はより厳密に当局者の意図を映し出した有効な銀行監督ツールとなる。

　以上より、狭義の銀行検査関連発言を構成するカテゴリーを「銀行経営」、「銀行役職員の職業倫理」、「銀行の内部監査」、広義の銀行検査関連発言を構成するカテゴリーを「預金者保護」、「信用機構維持」、「銀行の資金供給面における国民経済的機能」として、それぞれ3つ、計6つのカテゴリーを設定し、「図表4-4　銀行検査関連発言内訳」のごとく発言者別に時系列整理する。図表4-4は「別表4-1　検査関連発言演説者別内訳一覧」をグラフ化したものである。

第Ⅰ部　明治期の銀行検査

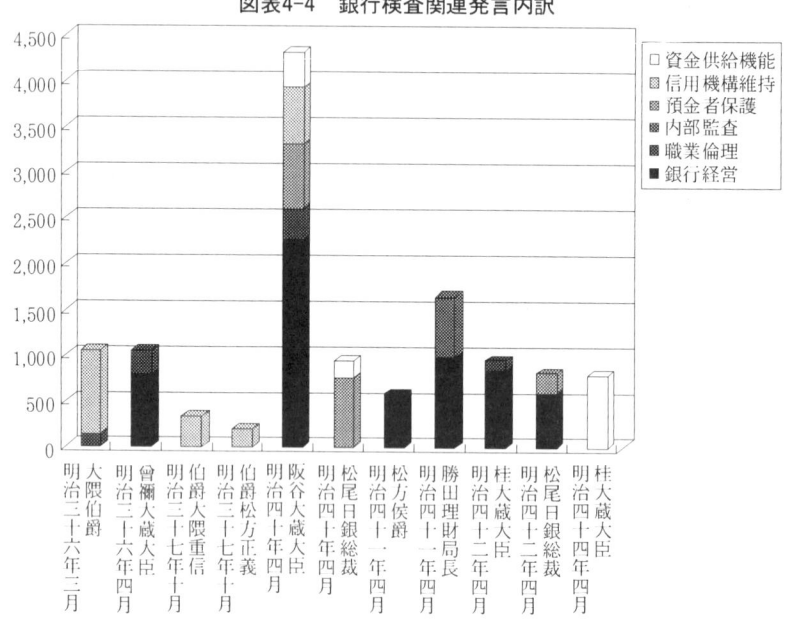

図表4-4　銀行検査関連発言内訳

[棒グラフ：縦軸 0〜4,500、凡例：資金供給機能、信用機構維持、預金者保護、内部監査、職業倫理、銀行経営]

横軸：
大隈伯爵　明治三十六年三月
曾禰大蔵大臣　明治三十六年四月
伯爵大隈重信　明治三十七年十月
伯爵松方正義　明治三十七年十月
阪谷大蔵大臣　明治四十年四月
松尾日銀総裁　明治四十年四月
松方侯爵　明治四十一年四月
勝田理財局長　明治四十一年四月
桂大蔵大臣　明治四十二年四月
松尾日銀総裁　明治四十二年四月
大蔵大臣　明治四十四年四月
桂大蔵大臣　明治四十四年四月

出典：『銀行通信録第35巻第210号〜第51巻第306号』（東京銀行集会所）。
注：(1) 本図表は別表4-1をグラフ化したものである。
　　(2) 狭義の銀行検査関連発言は棒グラフ下半分に、広義の銀行検査関連発言は棒グラフ上半分に表示する。

1－3　銀行検査関連発言の個別分析

　第1回から第10回の全国手形交換所連合会と記念祝賀会、大阪で開催された全国銀行大会、銀行大懇親会での銀行検査関連発言を分類・集計すると、各時代の金融行政当局者の銀行検査に対する問題意識が客観的に位置づけられる。本節では、明治36年から同44年の銀行検査関連発言のうち、現役の大蔵大臣、大蔵官僚、日銀総裁の演説を中心に年次を追ってその内容を整理し、当時の金融経済情勢や銀行経営実態との関わりから考察する。分析対象とする銀行検査関連発言の一覧を「図表4-5　銀行検査関連発言内容一覧」に示す。現役大臣や官僚以外の発言で注目すべきものについては必要に応じて追加的に内容検討する。

第 4 章　明治後期における銀行検査の考察

図表4-5　銀行検査関連発言内容一覧

演説時期	演説者	演説内容
明治36年4月	曾禰大蔵大臣	①銀行員の職業倫理、②監査役の職務遂行状況、③預金者保護の重要性
明治40年4月	阪谷大蔵大臣	①信用機構維持の観点からの小規模銀行合併、②銀行検査の重要性、③支店経営と職業倫理、④銀行職員選定の重要性、⑤一社与信制限、⑥預金者保護
明治40年4月	松尾日銀総裁	①預金者保護の重要性、②銀行の資金供給面における国民経済的機能
明治41年4月	勝田理財局長	①銀行検査の有効性に対する疑問、②銀行内部監査の重要性
明治42年4月	桂大蔵大臣	①銀行の公共的使命と経営姿勢、②銀行経営者の職業倫理
明治42年4月	松尾日銀総裁	①銀行の資金供給機能、②銀行経営のあり方、③預金者保護の必要性
明治44年4月	桂大蔵大臣	①銀行の資金供給機能、②銀行経営のあり方

出典：『銀行通信録第35巻第211号～第51巻第306号』（東京銀行集会所）。

　銀行検査関連発言が明治37年以降 3 年間途絶えているのは、（ 1 ）明治37年、38年両年にわたる日露戦争の影響を受けて、戦時体制と銀行のあり方というテーマが演説内容に加わったこと、（ 2 ）明治39年は全国手形交換所連合会をはじめとする公的会議の記録が欠落していること、等が主な原因と考えられる。
　現役大臣や官僚以外の重要人物では、図表4-4の通り、明治36年に大隈重信、明治37年に大隈と松方正義が発言しているが、いずれもその発言の大半は信用機構維持に関するものであった。日露戦争終結後の明治41年には松方が発言しているが、その内容はもっぱら銀行経営に関するものであった。銀行検査関連発言全体をごく大まかに分類するために、明治40年の阪谷大蔵大臣、松尾日銀総裁の発言を軸に据えると、明治30年代後半は、信用機構維持を中心とする広義の銀行検査発言が大勢を占め、明治40年を除く40年代前半

は、銀行経営を中心とする狭義の銀行検査関連発言が大勢を占めている。

具体的には、明治36年と同37年の銀行検査関連発言のうち、広義に属するものが67％であったのに対して、明治41年、同42年および44年は狭義の銀行検査関連発言が79％を占めている。日清戦争後は、銀行監督行政を行う上で、銀行検査により実態を把握することが効果的と考えられる問題点に関する認識が強かったのに対して、日露戦争後は銀行検査による個別指導が有効と考えられる問題点に関する認識が強いという結果が見られる。

現役大蔵大臣や大蔵官僚、日銀総裁の発言に焦点を絞ると、明治30年代後半、明治40年を除く40年代前半ともに狭義の銀行検査関連発言がそれぞれ全体の69％、76％を占め、銀行検査による個別指導が有効と考えられる問題点に関する認識が強かった。

この分類結果が根拠を有するか否かについては、年次を追った銀行検査関連発言の内容分析に加えて、その背景にある戦争等の経済攪乱要因や銀行の業績悪化の実態把握が必要となる。明治後期の経済情勢をマクロの観点から俯瞰することにより、銀行検査関連発言の妥当性を検証することが必要となる。

1－4　時代背景

本節では、公的会合において銀行検査関連発言があった明治36年から同44年を中心に、明治後期の金融経済情勢を概観する。この時期を概観するにあたっては、銀行経営に携わるとともに金融史家として顕著な業績を残した明石照男の『明治銀行史』に基盤を置く。そして、その内容を基礎的資料によって検証することにより時代認識する。明石は銀行経営者として銀行実務に軸足を置きつつ金融制度調査会に参画し、後に貴族院議員も務めた人物で、政治家と経営者の目線で明治後期の金融経済情勢を分析できた稀有な金融史家であるので、同氏の著作は本節の目的に適していると考える。[2]

本章で明治後期とした明治31年から同45年の15年間のうち、明治31年から同36年の6年間は、明治27年7月に始まり、同28年4月の講和条約調印で終結した日清戦争の影響を受けた期間であり、明治39年から同45年の7年間は、明治37年2月に始まり、明治38年9月のポーツマス条約調印で終結した日露

戦争の影響を受けた期間である。日清・日露両戦争を金融経済攪乱要因とすると、明治後期は、（1）日清・日露戦間期（明治31年から同36年）、（2）日露戦争開戦期（明治37年から同38年）、（3）日露戦争の戦後期（明治39年から同45年）の3期間に大きく区分される。

本章で分析対象とする銀行検査関連発言（明治36年、40年、42年、44年）は、明治36年の発言が日清・日露戦間期、それ以外が日露戦争戦後期における発言として分類整理される。明治33年、同34年および同40年は銀行の業績悪化をきたした年次である。したがって、銀行検査関連発言の背景をなす金融経済情勢の分析に際しては、経済攪乱要因たる日清・日露両戦争の影響、および明治の金融恐慌発生を防止できなかった財政金融政策の反省点を探り、それらがどのように金融行政当局者の銀行検査関連発言に反映されているのかを検証する。

第2節　日清戦争後における銀行検査関連発言の個別分析

2－1　日清戦争後の銀行の業績悪化

日清戦争終結後、数年間は金融が変調をきたし、明治30年以降、銀行を含めた商工業者は萎縮した。この事態を憂慮した政府は、明治31年4月に救済策を施すことを決定し、（1）日清戦争の償金の一部を流用した勧業銀行債券約374万円の引き受けと有望企業への貸付、（2）日本銀行による市場からの公債証書3,870万円の買収、（3）日本銀行金利の据置き、等を実施した。これらの施策が奏功するとともに、清国償金皆済、全国豊作等が重なり財界は危機を脱することができた。[3]

明治32年5月には1億円の外債が成立し、同年は蚕糸、綿糸、絹布の輸出が好調であったため、正貨が流入して兌換券の膨張を喚起した。その結果、日本銀行金利、市場金利共に低落したため、企業設立熱が上昇するとともに投機熱をも招来した。明石はこれがその後に連なる明治恐慌の原因となったと分析し、再び投機を誘発したのが外債1億円による資金流入であったとしている。つまり、外資流入による悪影響は後段で分析対象とする日露戦争後に始まったことではなく、既に日清戦争後においてその影響が顕著であると

第Ⅰ部　明治期の銀行検査

している。明石は、明治期の金融恐慌は明治34年の春に誘発されたが、その序章は明治33年10月25日の熊本第九銀行の支払停止に始まったとしている。[4]

　この恐慌は明治33年10月に発生し、翌年の明治34年下期に終息した比較的短期のものであったが、九州から名古屋までの西日本を中心に、東京も巻き込んだ全国的な恐慌となった。しかし、明石はこの恐慌の影響が比較的軽微であったのと、日清戦争後の投機熱で経営基盤が脆弱となった銀行が淘汰されたことで、むしろ銀行の信用を強固にする効果もあったと評価している。

　明治35年に入ると、貿易による正貨の流入と信用の回復により銀行預金は増大し、ロンドン市場での公債5千万円売却により、日本銀行の正貨準備はさらに増加した。明治36年にかけては金利引下げを数度行い、民間金利もこれに倣って低落した。このため、戦後財政の圧迫が企業家心理に不安として残存していたにもかかわらず、経済社会は徐々に回復しつつあった。明治36年4月、全国銀行大会において曾禰大蔵大臣が銀行検査に関する発言を行ったのは、このような金融経済状況下でのことであった。

　明治33年から34年にかけての銀行の業績悪化は、西日本中心に東京、千葉あるいは北海道、東北まで含めた全国規模のものであった。明治33年の銀行の業績悪化の兆しを看取した大蔵省は翌34年1月上旬に、東京府下および関東地方各銀行の検査をタイムリーに実施しており、その点においては銀行検査の機動性が認められる。大蔵省検査の対象地区は西日本ではなく、首都圏を中心とした経済圏であった。この点に大蔵省が銀行検査対象地域として重視した地区が端的に表れている。

　「明治34年日本銀行統計年報」は、同年の銀行破綻について、「本年ハ春來各地銀行會社ノ破綻ヲ暴露スルモノ續出セシ爲メ、經濟界益々多難ヲ極メ下半季ハ稍〻靜穩ニ歸セシモ、概シテ非況ヲ脱スル能ハス。爲メニ多數銀行會社ノ合併並ニ解散ヲ見シモ、新設ニ至テハ極メテ僅少ナリトス」と概括しており、明石の認識は大略政府見解と合致している。[5]

2－2　明治36年における銀行検査関連発言

　明治36年の銀行検査関連発言については、曾禰大蔵大臣の演説に注目する。明治36年4月に開催された全国銀行大会において曾禰は、銀行員の職業倫理

と監査役の職務遂行状況について発言している[6]。

　曾禰大蔵大臣の演説は、第5回内国勧業博覧会が大阪市で開催されたのを機に、同市の銀行家が発起して挙行された全国銀行大会の冒頭で行われた。実際の演説は目賀田主税局長が代読したが、約1,500字からなる演説原稿のうち1,000字余りが、上記の引用に代表される銀行家の職業倫理や銀行経営および預金者保護の実態に関するもので、銀行家の姿勢を糺すとともに、彼等を鼓舞激励する内容となっている。

　この演説は、銀行数がピークをうった明治34年から2年後の明治36年に行われたもので、このタイミングは銀行急増の弊害が顕在化した後、それを合併によって徐々に終熄させつつある時期と一致している。「図表4-6　国立銀行・普通銀行・貯蓄銀行数推移」の通り、明治34年までは銀行簇立の勢いが大蔵省の合併政策を凌駕したため、合併による銀行の経営基盤安定策がその効果を顕在化させることはなかったが、明治35年、36年にかけては、銀行数の減少と銀行資本金総計の増加が数字上で確認できる。時の大蔵大臣としては、銀行合併効果をアピールし、銀行経営者の自重と自覚を促す絶好の機会がこの全国銀行大会であった。銀行経営者の自重を求めたポイントは、「資金運用の固定化」、「私利を得るための不当な貸付」、「準備金不足」、「銀行の信用を利用した重役の兼業」、「監査役の職務怠慢」等である。

第Ⅰ部　明治期の銀行検査

図表4-6　国立銀行・普通銀行・貯蓄銀行数推移

	明治8年	明治9年	明治10年	明治11年	明治12年	明治13年	明治14年	明治15年	明治16年	明治17年	明治18年
国立銀行	4	5	25	95	151	151	148	138	137	133	133
普通銀行	0	1	1	1	2	25	70	169	197	214	218
貯蓄銀行	0	0	0	0	0	0	0	0	0	0	0
合　計	4	6	26	96	153	176	218	307	334	347	351

	明治19年	明治20年	明治21年	明治22年	明治23年	明治24年	明治25年	明治26年	明治27年	明治28年	明治29年
国立銀行	132	134	132	131	126	124	126	128	127	128	113
普通銀行	220	221	230	255	272	294	323	604	728	817	1,054
貯蓄銀行	0	0	0	0	0	0	0	23	33	91	161
合　計	352	355	362	386	398	418	449	755	888	1,036	1,328

	明治30年	明治31年	明治32年	明治33年	明治34年	明治35年	明治36年	明治37年	明治38年	明治39年	明治40年
国立銀行	53	4	0	0	0	0	0	0	0	0	0
普通銀行	1,305	1,485	1,634	1,854	1,890	1,857	1,780	1,730	1,697	1,670	1,663
貯蓄銀行	227	273	348	435	444	434	476	473	481	489	486
合　計	1,585	1,762	1,982	2,289	2,334	2,291	2,256	2,203	2,178	2,159	2,149

	明治41年	明治42年	明治43年	明治44年	明治45年
国立銀行	0	0	0	0	0
普通銀行	1,635	1,617	1,618	1,615	1,621
貯蓄銀行	486	483	474	478	479
合　計	2,120	2,100	2,092	2,093	2,100

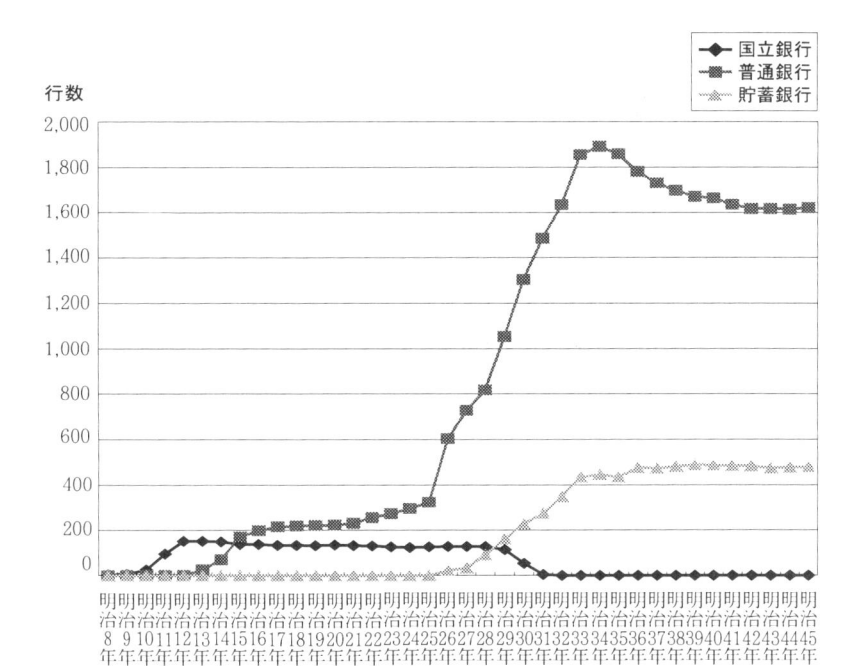

第4章　明治後期における銀行検査の考察

出典：大蔵省銀行局「銀行便覧第5巻大正7年版」『復刻財政資料集成』（昭和57年、総合経済研究センター）。

第3節　日露戦争後における銀行検査関連発言の個別分析

3－1　日露戦争後の金融情勢と銀行の業績悪化

　明石は日露戦争後の金融経済情勢の浮沈を日清戦争後になぞらえて、「歴史は常に繰返す。日露戦争後に於ける經濟界一進一退の状況は、恰も日清戦争後の一張一弛に異ならず。日本海の大海戦により意氣天に沖したる國民は、一度平和談判の結果に失望したとは云へ、二個年に亘つて涵養せられた英發の氣象は、更に其鋭峰を表はし來つた。即ち企業心は欝勃として興り、終に未曾有の企業狂亂の時代に突進するに至つたのである」と表現している。また、起業熱を刺激した原因として、（1）外資の導入、（2）投資の方向転換、（3）金融緩慢、をあげている。この結果、銀行は日清戦争後と同じく遊資を

175

多く抱え、金利も漸次低落した(7)。

政府の対応について明石は、「當時政府は形勢亂調に趨くを看取し、又戰後の起業熱に關する前例に鑑み、特殊銀行に注意を發してゐたが、日本銀行の如きは寧ろ企業勃興の趨勢を樂觀し、何等警戒する所がなかつた爲め、一般金融業者も亦不知不識の間に其信用を膨張せしめた」と述べて、政府の先見性と日本銀行の情勢判断の問題点について指摘している(8)。

大蔵省による日本銀行の指導は、「蔵相内訓」という形式をもって、明治39年8月23日当時の阪谷大蔵大臣から日本銀行および日本興業銀行、日本勧業銀行の3行に対して行われた。蔵相内訓の要点と日本銀行答申については、『日本銀行百年史 第二巻』に詳しいので、同書に沿ってその内容を概観する(9)。

阪谷蔵相による内訓のポイントは、金利低下にしたがって事業熱が発生する兆候が見られるので、貸出運営に留意して経営することが必要であるということである。この事業熱の意味するところは、通常の判断を超えている場合で、金融逼迫の反動を招き経済界の調和を満たす場合を指している。これに対する日本銀行の答申内容要旨は以下の通りである。

(1) 明治38年5、6月ごろから明治39年8月までの事業の新設・拡張計画高は、約5億5,000万円で比較的巨額といえるが、日露戦争の終結・戦勝の余勢につれて、満州、朝鮮の事業計画を考慮すると、一時に企業が設立されるのは当然の勢いである。むしろ企業家は、日清戦争後の経験に鑑みて計画を立てているので概して有用である。多額の外債を抱えているわが国としては、事業の勃興によって商工業を振興し、輸出を伸ばして国力の充実に努めなければ、外債元利金支払いも兌換制度維持も困難である。事業熱が憂慮すべきか否かは、急激に国力不相応の資金を必要とし、金融を乱すようになってから初めて論じるべきことである。

(2) 要は事業と金融を調和させることが重要である。約5億5,000万円の事業計画が数年を要するとすれば、毎年の所要資金は平均1億から2億円程度に止まろう。日露戦費17億円余のうち9億円は国内に滞留していると考えられるし、外資導入の途も開けてきたので、多少は外資

第4章　明治後期における銀行検査の考察

も流入すると考えられる。したがって、現在程度の事業の新設・拡張計画であれば、金融についてにわかに憂慮すべきことは生じないと考える。
（3）事業を計画する企業家と資金供給する銀行家では、経営態度は自ずと異なる。事業が確実であるという理由だけで証拠金払込証等を担保として貸出すると、貸出先の資力不足で払込みができない場合には、銀行は担保である株式を引き受けて払い込む義務を負う。こうなると銀行は、預金を株式に固定させることになり、預金の取付けに遭った場合、これに応じることができなくなる。株価低落により損失が生じ破綻する場合もありうる。いずれにせよ、「資金の輾転利用」を本領とする銀行としては、その原則に反するので、銀行は有益な事業を応援すると同時に、資金の固定化を避けて事業と金融の調和に努めるべきである。

　この答申内容で明らかなように、日本銀行の基本的なスタンスは、日露戦争後の事業新設の規模を妥当とし、企業家の計画に対しても、日清戦争後の経験を生かしたものとして信頼をおいている。また、外債による資金余剰のマイナス面を憂慮するのではなく、その適切な運用が元利金返済の必要条件であるという考え方を示している。つまり、現在は企業家の事業計画と銀行家の資金供給のミスマッチを警戒する段階ではなく、むしろ、その兆候が明確になった時点で必要な手を打つことで足りるとする、きわめて楽観的な姿勢を答申内容に盛り込んでいる。しかし、貸出資金の固定化については、その弊害を認めており、特に取付け等の緊急事態への対処を念頭において、事業と金融の調和に努めることの重要性を強調している。
　本節で個別検討対象としている、明治40年4月の阪谷大蔵大臣、松尾日銀総裁の銀行検査関連発言は、この蔵相内訓の約8ヶ月後であるので、明治39年8月時点のスタンスと明治40年当時の銀行の業績悪化実態を考慮して、両者の発言がどのような内容になるのかを後段で検討する。
　明治41年に入っても財界は沈滞傾向を持続していたので、政府は救済策を講じたがこれが失敗に終わった。この間の事情を明石は「然るに四十一年に

入るも財界は尚ほ暗澹の光景を持續してゐたから、同年三月下旬政府は救濟策として、國庫債券の償還及び借換の方法を發表した。されど割引償還と高歩の借換公債とは全然失敗に終り、金融市場の人氣をして却つて沮喪せしめた。時に偶々内閣の更迭があり、新蔵相桂太郎氏は大阪に於ける春季全國交換所聯合大會の決議に基いて、年々國債五千萬圓の現金償還を聲明した爲め、市場は漸く生氣を囘復するの氣運に向つた。斯くて此反動の時機に於ては、戰後の株式熱に浮かされて、放漫なる經營を敢てしたる銀行は概ね蹉跌失墜したが、一般銀行業も亦金融の阻塞に困り、曩に膨張したる貸出金の囘收は容易でなかつた」と記述している。明石の記述通り、明治41年春の第6回全国交換所連合会は、同年4月17日に大阪手形交換所の主催で行われたが、審議事項を見るかぎり、年々国債5千万円を現金償還することに結びつくような決議は見られない。

　明治42年は1月の大日本精糖会社の破綻に始まり、大日本水産会社、東洋汽船会社等の大企業の失態が続発し、財界、一般投資家ともに株式投資にリスクを察知する事態となったため、銀行預金は増加傾向を示した。同年3月18日には、藤本ビルブローカー銀行の支払停止が発生する等不況感が深まったため、桂蔵相は不景気の原因、実態、対策等について経済界の意見を徴するほどであった。明治42年の景気動向から当然ではあるが、2月には市中金利が公定歩合を下回るようになったので、5月、8月の2回にわたり公定歩合を日歩2銭から1銭8厘、さらには1銭6厘へ引き下げた。明治42年は金利引き下げと金融緩慢、不景気が特徴的な年であった。

　明治43年も引き続き1月、3月に公定歩合が1銭6厘から1銭4厘、さらには1銭3厘へ引き下げられたので、同年前半は金利低下傾向が継続した。しかし、同年以降、明治45年上期までの期間に特徴的であるのは、電力、ガス、電鉄等の新規事業計画を牽引力とする、いわゆる「中間景気」が「不景気」を覆すことができないまま、それと並立したことである。『日本銀行百年史 第二巻』は、この奇妙な2種類の景気が並立したことについて、電力、ガス、電鉄等の事業部門では在庫投資と見られるものが少ないため、在庫投資の増大による企業活動の活発化を伴わず、中間景気が経済全体に波及して、全般的な景気回復を促す力が比較的弱かったことがその原因と分析している。

中間景気を支えた金融緩慢・金利低落という特徴は、明治44年下期の金融引締まりと金利の漸騰により変化を見せた。明治45年下期になると、三井物産名古屋支店不正手形事件、百十銀行等地方銀行の動揺、有力商店の破綻が続出し、10月バルカン戦争勃発によりヨーロッパ諸国の金利が高騰したため、市中銀行は貸出しを警戒し、金融は逼迫の度を加えた。金融緩和の大きな要因であった外資導入にかげりが出てきたことと、それが直接的に正貨の減少に結びついたことが金融逼迫に輪をかけた。[14]

日露戦争後の銀行の業績悪化

明石は、明治40年を、同34年、37年に匹敵する銀行の業績悪化の年と位置づけて、「銀行の不始末は明治40年3月29日の百三十八銀行東京支店、4月4日の扶桑銀行の支拂停止に始まり、忽ち蔓延して府下近縣數個の銀行及び大分縣中津に飛火した。名古屋地方に於ては小栗銀行の取付が東海道筋の大動揺を來し、爾來關東と云はず、九州と云はず、北陸と云はず、各地各面方に取付騒ぎ續出し、何時止むべきかを知らなかつた。斯の如き悲況は四十一年に入つて益々甚しく、三月の頃には東京府下の八銀行が一日の中に、殆ど同時に支拂停止の看板を掲げたこともあり、全國を通算すれば前後四十行の多きに及んだと云ふ」と説明している。[15]

明治40年の銀行の業績悪化は、名古屋の銀行不祥事と神奈川の砂糖仲次商の破綻をきっかけとして、全国の預金者を不安に陥れたものである。『日本金融史資料明治大正編 第19巻』に収録されている「日本銀行統計年報」は、明治37年で一旦終了し、明治41年5月から「日本銀行調査月報」として復活しているので、明治40年の銀行の業績悪化の実態を銀行の臨時休業や取付け、支払停止等の影響や頻度に照らして検証することは困難であるが、少なくとも愛知と神奈川を基点に燎原の火のごとく広がる信用不安は、経済界、個人預金者に大きなマイナス影響を及ぼしたと考えられる。

3-2 明治40年における銀行検査関連発言

明治40年の銀行検査関連発言では、阪谷大蔵大臣と松尾日銀総裁の演説に注目する。阪谷は明治40年4月の第5回交換所連合会において、極めて包括

第Ⅰ部　明治期の銀行検査

的でボリュームのある銀行検査関連演説を行っている。その演説内容は、本章で定義した狭義、広義を併せた検査関連発言6カテゴリーほぼ全てにわたっており、言及されていないのは銀行の内部監査についてのみである。

　阪谷の演説は、明治40年2月愛知県に発した銀行の支払停止や取付けが、静岡県、山梨県を経て東漸している最中の同年4月12日に行われた。したがって、その発言内容には、信用機構維持の視角のみならず、銀行経営や職業倫理等、あらゆる観点から銀行経営者の自覚を促す内容が盛り込まれている。最初に阪谷は、信用機構維持の観点から小規模金融機関を念頭に置いた銀行合併に関して発言している。

　阪谷は手形交換制度の綻びを示す事例として、砂糖商人の手形不渡りと、小規模銀行の臨時休業について紹介している。小規模銀行は、銀行の公共性の観点から金融機関がその使命を全うするための要件を具備していないことを欧米の学説を引用して主張し、小規模銀行の濫設は政府方針として消極姿勢であることを明確にしている。そして、小規模銀行の経営基盤の脆弱性は、銀行合併によって解決することが適切であり、政府も銀行合併を推進していく方針を明らかにしている[16]。

　この考え方が、明治36年4月の全国銀行大会における曾禰大蔵大臣の演説内容と重なることは明白である。明治36年当時、阪谷が曾禰大蔵大臣の下で大蔵総務長官の要職にあったことを勘案すると、両者が銀行合併について認識を共有するのはむしろ当然といえる。少なくとも、明治期を通して重要課題であった小規模銀行対策を合併によって解決しようとする考えは、金融行政の最高責任者である大蔵大臣レベルで引き継がれていた。

　小規模銀行設立に関しては、明治24年6月に渋沢栄一から松方蔵相に奉呈された、「銀行條例修正請願書（銀行條例案並＝其説明）」（以下修正案と略記する）をめぐる大蔵省と銀行業界との議論において、大蔵省は小規模銀行の設立制限に反対の立場をとっており、小規模銀行の設立制限を求めて銀行条例改正を求めたのは銀行業界であった。銀行業界からの修正案の裏には、銀行数増加による過当競争を懸念する先発銀行の業界エゴが存在したことは否定できないであろう。しかし、その主張を構成する論理は透徹していた[17]。

　業界エゴに囚われない公平な立場から、小規模銀行の設立問題を考えれば、

第4章　明治後期における銀行検査の考察

脆弱な資本による銀行の濫立はある程度規制するものの、経済社会の要請に応じて銀行設立の自由度を確保し、その上で個別金融行政によって銀行経営を適正に規制するのが行政本来の姿であろう。曾禰、阪谷両大蔵大臣が一貫して小規模銀行の濫立を問題とし、銀行合併による問題解決を図らざるを得なかったのは、明治24年当時の大蔵省が、銀行営業の自由を主張する裏づけとして、堅実な個別金融行政を執行する制度インフラを十分に整備し得なかったことにも原因の一端が認められる。阪谷は同じ演説で、銀行検査と銀行の支店経営および職業倫理についても言及している。[18]

　阪谷は銀行経営上の問題点として、支店の統制が十分でないという現実に着目し、支店に対する本店の指導を強化すべきことを指摘している。銀行検査においても、支店の実情に注目するとしている。阪谷は銀行の支店制度自体に問題があるのではなく、少額の資本金によって設立された、いわゆる小規模銀行が支店を持つことに問題があると主張している。これは支店を維持する上での経費負担の問題と、小規模銀行であるがゆえに支店の監督がおろそかになるという点を懸念したものである。

　もう一点際立っているのは、銀行の役職員の資質に関わる発言である。阪谷は全国銀行大会に出席している銀行家達に対する具体的な提言として、支配人以下の銀行職員の選定に注意すべきことを述べている。具体的な事例を念頭に抱いての発言と推察されるが、はなはだしく常識を欠いた支配人が、銀行の管理職階にあって実務を取り仕切っていることに、心胆を寒からしめられる思いを抱いていたのではないかと推察される。

　阪谷は一取引先への与信制限についても言及した。[19]阪谷は一社に偏った与信行為の弊害を説いている。破綻の原因は特定の取引先に対する偏った貸出が原因であることが大半で、それはまさに保険会社が危険分散を無視してリスクをとるのと同じことであると論じている。この阪谷の一社与信制限に対する問題認識は、明治36年4月に開催された全国銀行大会で明らかにされた、曾禰大蔵大臣の「資金投用の法宜しきを得ざるが爲めに資金の固定を來たすものあり」という認識と整合的である。[20]

　一社与信制限の問題については、明治24年6月に渋沢栄一から松方蔵相に奉呈された銀行条例の修正案をめぐって、大蔵省と銀行業界が議論を繰り広

げた。銀行業界が修正の対象としたのは銀行条例第5条である。この条文は一取引先あたりの与信制限を定め、機関銀行化を回避し、貸出金ポートフォリオやリスク分散の観点から銀行経営の健全性を確保することを意図したものであった。しかし、銀行条例第5条は明治28年2月9日法律第1号をもって削除され、貸付金、割引手形の一取引先あたり与信制限は撤廃された。その結果、将来起こりうる機関銀行化と貸出ポートフォリオの偏りを看過することとなった。

明治28年の銀行条例改正時点では私立銀行に対する銀行検査を金融監督行政の補完手段として機能させるための法的基盤は事実上整えられてはいなかった。銀行の公共性の観点から実態的に預金者保護、信用秩序維持を銀行検査によって担保しようとすれば、銀行条例の趣旨をより厳格に運用する通達を発牒し、その通達の趣旨を正確に理解した検査官が数百人単位で必要となる状況であった。[21]

明治40年時点で阪谷が説いた一社に与信が集中することの弊害は、明治7年小野組の破綻ですでに顕在化していた。明治28年の銀行条例改正で、一社与信制限条項が廃止されたことにより、この問題は後年に至るまで邦銀が長く抱え続ける宿痾となった。

阪谷は、明治34年6月5日から明治38年1月8日まで、曾禰大蔵大臣の下で大蔵次官総務長官を務め、曾禰の後を受けて引き続き明治41年1月14日まで大蔵大臣を務めたので、6年半にわたり金融行政の中核に身を置き続けた。阪谷は長年大蔵省の本流にあって、銀行経営の問題点をつぶさに観察できる立場にあった。前半の3年半は、曾禰大蔵大臣の下でその意向を行政実務に反映させる立場にあったので、当然にして両者の現状認識や金融行政に対する姿勢は似通っていたと考えられる。[22] 松尾日銀総裁は、明治40年4月の第5回交換所連合会において、銀行の預金者保護と資金供給機能に関する発言をしている。

明治39年8月の蔵相内訓をめぐる大蔵省と日本銀行の基本的姿勢の食い違いは、半年後の阪谷大蔵大臣、松尾日銀総裁両者の演説内容の相違にも端的に表れている。松尾は、その発言に見る通り、日露戦争後の事業新設の規模を妥当と発言するにとどまらず、「何卒有利有益なる事業は新舊を問はず發

達せしめて此國力の増進を圖らなければならぬと信じます」と述べて、新旧事業の育成と必要資金の援助を銀行経営者に対して慫慂している[23]。その一方で、資金運用固定化の弊害については言葉を尽くして回避するよう説諭している。すなわち、松尾の銀行検査関連発言の内容は、明治39年8月の蔵相内訓に対する日本銀行答申内容と実質的に異なるところがない。

これに対して阪谷は、銀行検査関連発言を構成するカテゴリーの大半にわたって発言しているが、事業育成の観点からの銀行の資金供給機能については触れず、資金運用の一社偏在を回避すべきとの観点から資金供給機能の健全化を説いている。当然のことながら、阪谷も半年前の蔵相内訓の趣旨に沿って慎重に発言しており、両者の食い違いは微妙な演説内容の相違を通して識別することができる。

明治40年時点で、大蔵省と日本銀行の資金運用に対する基本スタンスが相違する原因は、両者の機能と役割の相違に加えて、日露戦争後の金融情勢や銀行の業績悪化の実態をどのように認識して銀行機能を発揮させるかという点に開きがあることである。

しかし、両者は対立点を微妙にずらし、銀行の資金供給機能に関するテーマについて異なる観点から主張したので、聴衆である銀行経営者たちが困惑することはなかったと思われる。明治40年時点で確認された大蔵省と日本銀行の基本認識の相違を起点として、明治42年以降銀行監督当局者や日本銀行総裁の発言がどのような変化を見せるのかについて以下で考察する。

3－3　明治42年における銀行検査関連発言

明治42年4月に開催された第7回全国交換所連合会で桂大蔵大臣は、銀行の公共的使命と銀行家の経営姿勢について発言している[24]。

桂は銀行の資金運用方法に問題が存することを端的に指摘するとともに、経済界における金融機関の重要性を、銀行が有する公共的性格との関係から説いている。また、経済の実態や取引先の信用状況についての判断力が不十分であること、およびその主たる原因が銀行の重役や幹部職員の職業倫理の欠如にあることを指摘している。銀行経営者は経済界における金融機能の重要性と、銀行の公共的性格を認識して身を正すと同時に、他業界との連携を

能動的に構築することが重要であると指摘している。

　桂は、明治41年7月14日から同44年8月30日までの3年間に及ぶ第二次桂内閣で大蔵大臣を兼任した。この演説は組閣後9ヶ月の時点で行われたが、大蔵大臣を兼任する総理大臣が銀行経営の具体的内容にまで踏み込んで銀行経営者の心得を明確に説いたことは注目すべきである。

　「斯の如き時期に於きましては」と桂自身が表現している明治42年は、大企業の倒産が頻発した年で、金利引き下げと金融緩慢、不景気が特徴的であった。桂は、適切な資金運用先を見つけることに窮した結果、銀行が業況不芳な企業に貸出を行うことにより、その業績を悪化させるリスクについて説いている。

　松尾日銀総裁は、桂大蔵大臣が演説した第7回全国交換所連合会において、銀行の資金供給面における国民経済的機能と銀行経営のあり方、および預金者保護の必要性について発言している。この松尾発言のスタンスは、明治40年4月の銀行検査関連発言と基本的には異なっていない。しかし、貸出実行にあたっての融資対象事業の評価、および融資先責任者の人物評価の重要性、貸出管理回収の厳格化等、銀行の融資経営に関わる発言が新たに加わっている。これもおそらく明治42年に頻発した大企業の倒産が原因と考えられる。

3－4　明治44年における銀行検査関連発言

　桂大蔵大臣は、明治44年4月に開催された第9回全国交換所組合銀行連合大会において、銀行の資金供給面における国民経済的機能と、銀行経営のあり方について発言している。

　この演説が行われた明治44年は、下期に金融引締めと金利漸騰が発生するまでは金融緩慢、金利低位推移が特徴的であった。同年は電力、ガス、電鉄等の新規事業計画を牽引力とする「中間景気」が「不景気」を覆すことができないまま、それと並立した時期でもあった。桂は、「勧業銀行農工銀行を通し地方に於ける中小階級の民族に對する低利の生産資金の供給を増加せんとす」として、地場生産業育成を主眼とした特殊銀行の資金運用適正化の必要性を主張し、「事業不振の聲依然として存するに拘らず會社の拂込、債券の發行又は新事業の計畫が頗る巨額に上るに至れり」と述べて、いわゆるイ

ンフラ整備型設備投資資金である電力、ガス、電鉄産業等への資金供給が抱えるリスクについて注意喚起している[27]。

実際、この演説が行われた数ヶ月後の明治44年下期からは金融引締めに転ずるので、銀行が新規設備投資資金を提供した相手先企業が、追加資金や運転資金を必要とする時点では、銀行もそれまでの柔軟さで対応できるとは保証できないことを、桂はその慧眼で見通していたことになる。国家建設を支える重厚長大型設備投資への資金供給と、地道な地場産業育成資金の供給を、バランス良く保つことで適正にリスク回避し、金融機関の役割を発揮させようとするのが、この桂発言の趣旨である。

小　括

本章の目的は、明治後期における金融行政当局者や業界代表者の、銀行検査に対する認識を探り、それがどのような変遷を見せるのかを分析検討することであった。そのために、（1）金融行政当局者等の銀行検査に対する認識の切り口を定め、その一方で銀行検査関連発言をカテゴリー分類して両者の対応関係を規定すること、（2）この対応関係を基に金融行政当局者等の銀行検査に対する認識を外形的に把握すること、（3）明治後期の金融経済情勢を特徴づける経済攪乱要因として日清・日露戦争を重視し、銀行の業績悪化の実態を加味して外形的に把握した金融行政当局者の銀行検査に対する認識を分析するとともに、その変遷について検討すること、等3つのステップを踏んだ。

最後のステップである実証分析では、対象とした銀行検査関連発言を日清・日露戦間期である明治36年の発言、銀行の業績悪化が発生した明治40年の発言、日露戦争後の明治42年、明治44年の発言に大きく分類し、明治40年の発言を軸としてその前後で銀行検査に対する認識がどのような変遷を見せるのかという点を分析視角とした。

明治36年から44年までの間、大蔵大臣は曾禰から阪谷、桂と引き継がれたが、大蔵官僚として永年コンビを組んできた曾禰と阪谷の発言には、小規模銀行の経営基盤の脆弱性および銀行合併の有効性に対する認識において、明

第Ⅰ部　明治期の銀行検査

確な連続性が認められた。桂は総理大臣との兼任で蔵相を務め、銀行検査関連発言に関して時宜を捉えたオーソドックスな意見を展開した。

　松尾は、本章の検討対象期間を通して日銀総裁であった人物で、大蔵省とは異なる中央銀行総裁としての立場から銀行検査関連発言を行った。そして常に銀行の資金供給機能、預金者保護に関して発言するとともに、銀行経営に関わる事項についても発言を行った。松尾は中央銀行総裁としてのスタンスを保ち、大蔵省との微妙な立場の違いを踏まえつつ、その主張を貫徹した。

　銀行検査関連発言の歴史的変遷を総括的に見ると、明治36年の銀行検査関連発言は、明治33、34年の銀行の業績悪化の2～3年後に行われ、明治42、44年の銀行検査関連発言は、明治40年の銀行の業績悪化の2～4年後に行われた。経済の攪乱要因である日清・日露戦争から影響を受けた銀行の業績悪化や、金融情勢緩慢の繰り返しの中で、銀行検査関連発言に大きな質的変化は見られなかった。明治40年の銀行検査関連発言は、銀行の業績悪化が発生した年に行われたものであり、金融行政当局の危機感からか、阪谷大蔵大臣は銀行経営者に対してきわめて詳細な注意喚起を行った。

　金融行政当局者の銀行検査の有効性についての認識は明確ではないものの、銀行検査による個別指導が有効と考えられる点に関する認識は一貫して高い。明治後期においてこの金融行政当局者の認識がどのように銀行検査実務に反映され、効果をあげたのかについて第5章で実証的に検討する。

　注　記
　（1）大江清一「明治中期における金融当局検査の考察―銀行条例の成立過程における銀行検査規定の変遷―」『社会科学論集第120号』（埼玉大学経済学会、2007年1月）。
　（2）明石照男『明治銀行史』（改造社、昭和10年）。
　（3）明石、前掲書、142頁。
　（4）明石、前掲書、144-145頁。
　（5）日本銀行調査局「明治34年日本銀行統計年報」『日本金融史資料明治大正編第19巻』（大蔵省印刷局、昭和32年）、452頁。
　（6）『銀行通信録第35巻第211号』（東京銀行集会所、明治36年5月）、767頁。
　（7）日本銀行百年史編纂委員会『日本銀行百年史第二巻』（日本銀行、昭和58

第4章　明治後期における銀行検査の考察

　　　年)、203頁。
（ 8 ）明石、前掲書、205頁。
（ 9 ）日本銀行百年史編纂委員会、前掲書、220-223頁。
(10)　明石、前掲書、208頁。
(11)　日本銀行百年史編纂委員会、前掲書、240-241頁。
(12)　日本銀行百年史編纂委員会、前掲書、249頁。
　　　公定歩合は当所商業手形割引歩合・国債を抵当とする貸付利息・国債を保証とする手形割引歩合を指す。
(13)　日本銀行百年史編纂委員会、前掲書、250頁。
(14)　日本銀行百年史編纂委員会、前掲書、250-251頁。
(15)　明石、前掲書、207頁。
(16)　『銀行通信録第43巻第259号』（東京銀行集会所、明治40年 5 月)、669-673頁。
(17)　大江、前掲論文。
(18)　『銀行通信録第43巻第259号』669-673頁。
(19)　『銀行通信録第43巻第259号』669-673頁。
(20)　『銀行通信録第35巻第211号』767頁。
(21)　大江、前掲論文。
(22)　大蔵省百年史編集室『大蔵省百年史別巻』（財団法人大蔵財務協会、昭和44年)、55頁。
(23)　『銀行通信録第43巻第259号』673-674頁。
(24)　『銀行通信録第47巻第283号』（東京銀行集会所、明治42年 5 月)、666-667頁。
(25)　大蔵省百年史編集室、前掲書、55頁。
(26)　『銀行通信録第47巻第283号』。
(27)　『銀行通信録第51巻第306号』（東京銀行集会所、明治44年 4 月)、554頁。

第Ⅰ部　明治期の銀行検査

別表4-1　検査関連発言演説者別内訳一覧

演説時期	演説場所・主催・演説機会	演説者	銀行検査関連
明治36年3月	東京銀行集会所・第1回全国交換所連合会附懇親会	大隈伯爵	1,050
明治36年4月	大阪市中ノ島公会堂・全国銀行大会	曾禰大蔵大臣（目賀田主税局長代読）	1,060
明治37年10月	第2回交換所連合懇親会	伯爵大隈重信	340
明治37年10月	第2回交換所連合懇親会	伯爵松方正義	210
明治40年4月	第5回交換所連合会祝辞及び演説	阪谷大蔵大臣	4,320
明治40年4月	第5回交換所連合会祝辞及び演説	松尾日銀総裁	940
明治41年4月	日本銀行大阪支店内手形交換室・大阪手形交換所主催（西部銀行同盟会、関西銀行会）・銀行大懇親会	松方侯爵	590
明治41年4月	日本銀行大阪支店内手形交換室・大阪手形交換所主催（西部銀行同盟会、関西銀行会）・銀行大懇親会	勝田理財局長	1,650
明治42年4月	東京銀行集会所・東京交換所主催・第7回全国交換所連合会	桂大蔵大臣	950
明治42年4月	東京銀行集会所・東京交換所主催・第7回全国交換所連合会	松尾日本銀行総裁	820
明治44年4月	京都市議事堂・第9回交換所組合銀行連合大会	桂大蔵大臣	790
合　計		（構成比率）	12,720 (100%)

出典：『銀行通信録第35巻第210号〜第51巻第306号』（東京銀行集会所）。
注：（1）演説者の肩書きは資料に記載されたものをそのまま使用したので年度ごとに不統一
　　（2）演説原稿の字数は10の位までの概数で表示している。
　　（3）明治39年は全国手形交換所連合会をはじめとする公的会議の演説記録が欠落してい

第4章　明治後期における銀行検査の考察

(図表中の数字は各主題について言及した演説原稿の字数)

狭義の銀行検査関連発言			広義の銀行検査関連発言		
銀行経営	職業倫理	内部監査	預金者保護	信用機構維持	資金供給機能
	140			910	
470	260		330		
				340	
				210	
2,270	340		700	620	390
			760		180
590					
990		660			
850	100				
270			220		330
350					440
5,790 (46%)	840 (7%)	660 (5%)	2,010 (16%)	2,080 (16%)	1,340 (11%)

となっている。

る。

189

第5章　明治後期の銀行事故と検査行政
――銀行事故を通して見た検査行政の特徴――

はじめに

　本章では、明治後期の銀行検査結果と検査関連通達の内容を検討した後、銀行事故の特徴を明治30年代と40年代に分けて分析し、明治後期における銀行事故の特徴を明確化する。そして明治後期における銀行検査行政の特徴を、「大蔵高官の銀行検査に対する認識」、「大蔵省通達による銀行指導内容」、「銀行事故の実態」の3者を比較することにより探る。具体的には、明治後期における銀行事故の原因分析を通して問題銀行の特徴を探り、銀行事故の事前回避と問題銀行に対して銀行検査がいかなるスタンスで実施されていたのかを考察する。そして、それが銀行検査関連発言の分析を通して把握した金融行政当局者の銀行経営実態に対する認識と一致しているのか、また銀行事故の実態を踏まえて適切な通達行政が行われていたのかを確認する。

　第1節では、明治30年代を中心に明治後期の銀行検査総括と銀行検査関連通達を分析する。具体的には、銀行検査総括と明治34年に発簇された銀行検査に関する理財局通達を検討し、銀行検査結果に基づいて大蔵省がいかなる点に問題意識を持ち、どのようなメッセージを銀行経営者に送っていたのかを考察する。

　第2節では、明治30年代の銀行事故の実態について銀行事故の原因を中心に考察する。具体的には、菅谷幸一郎の論文「銀行失敗の原因並に其豫防法（上・中・下）」をもとに銀行事故を取り上げた事例を集計整理し、銀行事故の特徴を考察する。菅谷は大正15年10月15日に開催された金融制度調査会普通銀行制度特別委員会議事速記録（第二回）において、書記として会議に参画している。

　第3節では、銀行事故事例をもとに、個別銀行を対象としたミクロレベルの銀行経営の問題点に関する実態把握を目的として銀行事故を分析し、金融

行政当局者がその実態をどのように理解していたのかを検証する。具体的には、大蔵省の銀行検査担当部局によって調査作成された、明治43年5月、6月の『銀行事故調』(4)を分析して銀行事故の実態や大蔵省の銀行検査スタンスを確認する。また、銀行事故調を明治後期から大正前期を対象期間として分析した、渋谷隆一氏の解題『銀行事故調・全』(5)との比較において本節の分析結果を再検討する。

　第4節では、明治後期の「銀行事故の実態」を「大蔵高官の銀行検査に対する認識」、「大蔵省通達による銀行指導内容」と比較し、銀行検査行政の問題点を析出する。菅谷が調査対象とした明治30年代には、金融監督当局者として唯一曾禰大蔵大臣が銀行検査関連発言を行っている。この演説は銀行数がピークをうった明治34年から2年後の明治36年に行われたもので、このタイミングは銀行急増の弊害が顕在化した後、それを合併によって徐々に終熄させつつある時期と一致している。また、大蔵省銀行事故調が調査対象期間とした明治43年は、金融行政当局者により銀行検査関連発言が行われた明治42年、44年とほぼ同時期である(6)。このような背景認識に基づいて、菅谷論文や大蔵省銀行事故調による銀行事故の実態と銀行検査関連発言を比較することにより、銀行検査実務担当者と金融行政当局の責任者である大蔵大臣の銀行事故や銀行検査についての認識共有の状況を分析する。また、どの程度、問題銀行の正確な実態把握に基づいた通達が発議されていたのかを考察する。

　本章のテーマへの接近方法としては、『明治財政史』、『明治大正財政史』、『銀行事故調』、『銀行通信録』等の基礎的文献から関連資料を抽出して考察する。明治30年代の銀行事故については菅谷幸一郎の「銀行失敗の原因並に其豫防法（上・中・下）」をもとに考察し、明治40年代の銀行事故については渋谷隆一氏の解題『銀行事故調・全』を参考にする。本章では、銀行が通常の経営状態から逸脱して破産、廃業、休業、営業停止あるいはそれらが原因で吸収合併される事態を、「銀行失敗」あるいは「銀行事故」と呼ぶ。前者は主に菅谷幸一郎によってその論文で用いられ、後者は大蔵省の『銀行事故調』で用いられている。

第Ⅰ部　明治期の銀行検査

第1節　明治30年代の大蔵省銀行検査総括と銀行検査関連通達

　本節では、明治30年代の銀行検査総括と銀行検査関連通達を分析し、両者の整合性を考察する(7)。まず、明治30年代前半までの銀行検査総括の内容を検討し、次に明治34年に発牒された理財局銀行検査関連通達を分析検討する。

1－1　大蔵省銀行検査総括

　明治30年代前半までの検査結果をまとめた銀行検査総括を要約すると、以下の9点になる(8)。
（1）銀行業は商工業に重要な影響をおよぼすので、銀行業者による違法な行為や不正な行為があったり、業務運営がいい加減になれば社会や公衆の利益を害することになりかねない。
（2）したがって、政府は時に応じて官吏を派遣し、銀行の帳簿や全ての業務を検閲審査する必要がある。
（3）国立銀行の検査に関しては明治6年12月に検査手順を定め、明治10年3月には「検査官心得書」を定め実行した。
（4）私立銀行に関しては、その営業を規律する条例法規がなく官吏を派遣して検査することもなかったが、明治26年7月1日に商法が実施され、同時に銀行条例も実施された。
（5）商法第227条および銀行条例第8条の趣旨に則り、明治27年2月大蔵省は初めて検査官吏を派遣した。検査対象となった銀行は、長崎貯蓄銀行と伊萬里銀行等であった。
（6）私立銀行の検査は国立銀行の検査心得を運用していたが、①私立銀行の数が次第に増加してきたこと、②それにしたがって検査担当官吏の繁忙度も増してきたこと、③私立銀行と国立銀行の基本的な性格は異なること、等を勘案して、明治31年5月には従来国立銀行のものを準用してきた銀行検査心得を私立銀行のために改正した。
（7）明治32年になると私立銀行の本支店出張所の数は2,784箇所にのぼったため、全箇所の臨検が一巡するのに5年かかることになった。当然、銀行監督は緩慢となった。

第5章　明治後期の銀行事故と検査行政

(8)明治32年4月26日に前年に改定したばかりの銀行検査心得を改正して以下の対策を講じた。
　①全国の私立銀行総数の約3分の1以内の銀行に臨検する。
　②臨検した銀行以外の銀行については、これにより緊張感を与える。
　③地方庁に命じて銀行を検査させる。
　④検査報告書の記載事項で煩雑なものについては、これを合理化して検査の実数をあげ、監督の精神を貫く。
(9)その後この方針にしたがって銀行検査を行ってきたが、銀行業務に関する不正不良の事例が少なくないため、明治34年9月、理財局長通牒をもって不正不良の著しい事例を指摘するとともに、地方長官の注意を喚起した。

　この銀行検査総括では、銀行業者が法令を遵守せず、業務運営を厳格に行わないことによって生じる、公衆と商工業へのマイナス影響を懸念している。しかし、業務運営の杜撰さが「公衆の利益」に及ぼすマイナス影響に関しては、その公衆を預金者とは特定しておらず、預金者保護の概念は明確には打ち出されていない。
　明治27年2月に大蔵省が初めて私立銀行に対して検査官吏を派遣して以降、明治31年5月には私立銀行用に銀行検査規程を整備し、翌明治32年には全私立銀行の3分の1をメドに検査の実施を図る等、急増する銀行数に対応するための合理化と地方官庁の活用を含む施策を打ち出している。明治34年には理財局通達を発牒し、銀行検査結果に基づいた注意事項を地方官庁や銀行に対して水平展開している。この理財局通達は不正不良事例が後を絶たない実態に対して臨検の実効性を高め、検査行政と通達行政の相乗効果を狙ったものである。
　後段の節で検討する『銀行事故調』(9)は、大蔵省の銀行検査に対するスタンスについて、「尚ホ明治四十年一月ヨリ翌四十一年末ニ至ルマデ、各地銀行ノ預金取付、臨時休業續出スルニ當リ、大蔵省ハ爾後銀行ノ監督方法ニ就キテハ特ニ慎重ナル考慮ヲ拂フコトトナシタリ。即チ明治四十年ニ於テハ出來得ル限リ實地検査ヲ勵行スルノ方針ヲ採リ」(10)として、明治40年までは実地検

193

査を重視する方針を明確に打ち出している。

　明治41年以降については、「翌四十一年以降ハ事情アルモノノ外ハ檢査ヲ見合セ、原則トシテ視察方法ヲ實行スルコトトナシ、右視察ノ結果内部其他ノ事故アルモノニ對シテハ、相當ノ整理改善方ト共ニ、其後ノ視察方等ニ就キテ各府縣ヘ夫々照會ヲ發シ、又検査、視察ノ未着手分ニ對シテハ夫々各府縣知事（北海道長官）ヲシテ内部ヲ調査報告セシメ、其結果ニツキテ、右ノ如キ照會ヲ發スルコトトナシタルカ如シ」(11)として、特別の事情あるもの以外は検査を見合わせ、原則として視察によって各行の事情を把握するとともに、地方官庁の調査報告を活用する方針を打ち出した。

　かくして、明治40年を境に銀行検査行政は大きくその方針を変換した。大蔵省銀行検査総括が発表された時期と、明治34年理財局銀行検査関連通達が発牒された時期、および明治30年代の銀行事故発生時期はいずれも、大蔵省がその銀行検査方針を変換する以前、つまり、実地検査による銀行の個別検査に注力していた期間に属する。その後の明治40年代の銀行事故は、銀行検査行政のスタンスが変更された後、つまり、特別の事情あるもの以外は検査を見合わせた時期に属するものである。

1－2　明治34年理財局銀行検査関連通達

　本節では「明治34年銀行検査関連理財局通達」の各項目を要約し、その内容から推察される大蔵省のねらいを「図表5-1 『明治34年銀行検査関連理財局通達』による大蔵省のねらい」にまとめて分析する(12)。

　銀行検査関連理財局通達は、大蔵省から地方官庁や銀行経営者に対してメッセージを発して注意喚起する手段であるので、大蔵省の問題認識が最も明確に表われる。明治34年銀行検査関連理財局通達の項目ごとに大蔵省のねらいを要約すると「図表5-2 『明治34年銀行検査関連理財局通達』内容構成」の通りとなる。

　理財局長通達は、銀行役員が他業兼務し、当該企業へ貸出を行った結果、それが回収不能になった場合に、銀行が抱える問題点について注意喚起している。後段で検討する「菅谷論文」(13)でも明らかなように、「銀行重役の私借」と「重役関係会社に対する貸出」は、明治30年代における銀行失敗原因の5

第5章 明治後期の銀行事故と検査行政

図表5-1 「明治34年銀行検査関連理財局通達」による大蔵省のねらい

通達要旨	大蔵省のねらい
(1) 銀行重役が他の会社の経営に関わり資金回収が不可能となったことが世間の風評にのぼれば、預金取付けとなり銀行信用が毀損される。	銀行役員の兼任禁止による信用秩序維持
(2) 督促不足により貸出金回収不可能になる場合があるので金融を円滑にすること（預金引出し、新規貸出の円滑化）が重要。債務者の資産、担保品の時価に注視すること。	貸出金管理の厳格化
(3) 理解不足により保証人、裏書人に対する権利行使が不十分なもの。	手形制度・保証制度運用の適正化
(4) 配当を減らすことを躊躇したり、不良債権を長期間正常債権に計上しているもの。損失の可能性がある場合は償却準備金（貸倒引当金）を積み増しするか、当期中に償却すること。しかし償却したからといって銀行の債権が消滅するものではなく株主または債権者（預金者）に損害を蒙らせることはない。注意を要する。	配当政策の適正化、不良債権の勘定計上適正化
(5) 上記(1)から(4)のようにすれば、信用を維持・増加させ、損失を免れ常に円滑で突然発生するリスクを回避することができる。資金の停滞、金融逼迫を回避するためこれらの方策を実行することが必要。	（上記方策の必要性確認）
(6) 各地での金融繁閑の時期は自ずと異なるので銀行はその事情や時期を勘案して資金の運用を図ることが必要。この点に注意して商工業が繁栄・沈滞を勘案した資金運用・回収が必須。これをせずに金融逼迫にかこつけて（銀行が外部から）借り入れを行うことに汲々としているケースがある。	資金供給、運用・回収の適正化
(7) 貸出金担保物件を、債務者の承認を得て流用し借入れをするもの。このような場合は債務者に対して債務弁済の督促をするにあたり不都合が生じるので避けるべき。	担保物件管理の厳格化、貸出回収の円滑化
(8) 担保品として、印刷機械、時計、硯箱、膳碗、茶碗、椀、その他商品でないものを徴収しているケースがある。これらは銀行貸出の担保としては相応しくないもので質屋的営業に類するものである。注意を要する。	担保徴求手続、管理の適正化

第Ⅰ部　明治期の銀行検査

（9）担保品の実物を確認していないケースがある。銀行営業に対する不熱心さを示すものであり注意を要する。	担保徴求手続、管理の適正化
（10）担保品を債務者自身に保管させたため、その物権を消費されてしまったケースがある。損害は銀行自身が負担せざるを得ない。注意をを要する。	担保品管理の厳格化
（11）担保品を銀行が引き取り債務免除する場合に、担保品の時価が下落したために元本利息をカバーすることができないケースがある。この物権を銀行の所有物として記載することを恥じて、債務者または行員の名義を用いてこれを担保として貸出を行ったように見せかけるケースがある。これは銀行の対面を装おうとして虚偽の記載を行うものである。注意を要する。	担保品管理の厳格化、担保品に係る勘定計上の適正化
（12）富裕客から貸出金利と同率の金利で預金を受け入れ、かつ担保を供するケースがある。甲銀行では預金と称しても、乙銀行ではこれを借入金と称する場合もある。その性質によって預金か借入金かを明確にすること。	受信勘定計上の適正化
（13）株式会社または合名会社の重役あるいは社員で、その銀行から巨額の債務を負っているものがある。株式会社の場合は監査役、合名会社の場合は社員の承認を得れば支障はないが、いずれのケースも大いに反省する必要がある。	銀行重役の銀行取引の規律付け
（14）株式会社の銀行の場合、自行の株券を保護預りまたはその他間接の方法によって債権担保としているものがある。直接間接を問わず、その目的が質権の担保と認められる以上は法律で禁じられている。注意を要する。	銀行の資本勘定空洞化回避
（15）銀行条例施行細則改正の趣旨を誤解して、財産目録を作りこれを備え置いていないケースがある。商法の規定により注意を要する。	銀行資産の情報公開適正化

出典：大蔵省編纂『明治大正財政史第14巻』（財政經濟學會、昭和12年）、67-72頁。
注：「大蔵省のねらい」は著者が追記した。

第5章 明治後期の銀行事故と検査行政

図表5-2 「明治34年銀行検査関連理財局通達」内容構成

凡例：
■ 与信管理強化
■ 財務報告の信頼性確保
■ 銀行役員の規律付け
▨ 銀行・会社の経営・資本の充実
□ 情報公開

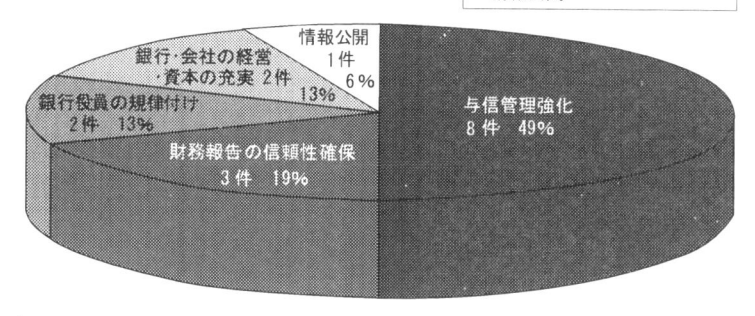

- 与信管理強化 8件 49%
- 財務報告の信頼性確保 3件 19%
- 銀行役員の規律付け 2件 13%
- 銀行・会社の経営・資本の充実 2件 13%
- 情報公開 1件 6%

出典：大蔵省編纂『明治大正財政史第14巻』（財政經濟學會、昭和12年）、67-72頁。

割を占めており、銀行役員の綱紀引締めは喫緊の課題であった。銀行役員の職業倫理低下が銀行失敗の重要な原因を構成するものであるとの認識があれば、銀行役員の他業兼務禁止や罰則をともなう形での兼務先企業、および役員自身への貸出を制限するのが効果的と考えられる。このような抜本的な施策を採用しなかったことが、明治40年代にまで同様の問題を引きずる原因になったと思われる。

理財局通達は、保証された証書や裏書された手形に対する権利行使について、債務者または手形の振出人が破産等の事態にならなければ保証人、裏書人に対抗できないという、誤解に基づく商慣習の問題点を指摘し、厳格に手形上の権利を行使するよう指導している。この指摘はきわめて実務的であり、規律をもって手形貸付や証書貸付の債権行使を行う上で有効と考えられる。

貸倒引当金の運用厳格化等、不良債権の会計処理についての指導は原則論としては正しいが、具体性に欠ける。しかし、債権回収可能性判断の基準や会計監査人による第三者的立場からの監査機能が不十分な明治後期においては、精神論をもって指導する以外に方策はなかったと考えられる。

理財局通達は要資事情を十分検討して貸出を行うよう指導している。これ

は貸付の基本動作であるが、敢えてこれを通達で指導しなければならないのは、当時の私立銀行における資金運用の基本がはなはだ心もとない状況であったことを物語っている。この点については通達による一括指導ではなく、銀行検査を通した個別案件ごとの指導が効果的であり、通達行政と銀行検査の協働が効果をあげ得る分野と考えられる。

　貸出担保の取り扱いに関して、通達は7点指導している。まず債務者から担保として徴求した物件流用について、理財局通達は「場合によっては致し方ない」というスタンスをとっている。同通達がいうように、このような処理をした場合は当然債務弁済の督促をする上で不都合が生じる。この点に関しては大蔵省自身が担保取り扱いについて厳格なスタンスをとる必要がある。担保品として不適格な物件や現物確認や担保品管理の重要性及び自行株担保の禁止については明確に指導している。また、担保品の価値下落を糊塗するための偽装工作の可能性を指摘し、これを戒めている。

　このように理財局通達には、精神論で終わっているものと具体的な指導が行われているものがある。担保物件の流用等、現代の銀行実務からするとかなり異例な取り扱いを大蔵省自身が容認している事例も見られる。精神論で終わっていると判断せざるを得ない指摘については、貸出事例の蓄積が乏しいために基準が確立していないことや、当時の制度インフラの不備に起因するものもある。例えば債権回収可能性の判断基準や会計監査人制度の不備等である。銀行検査関連通達は、銀行検査実務との相乗効果で威力を発揮すると考えられることから、銀行検査は銀行検査関連通達との関わりで検討する必要がある。

　明治30年代を中心にまとめた銀行検査総括は、銀行検査関連理財局通達と比較してその内容が貧弱で、両者は同じレベルで平仄が合っているとは言えない。明治30年代の銀行検査総括は銀行経営実態を明確に示すものとなっていない。したがって、後段では明治30年代、40年代の銀行事故事例からその原因に遡り、問題銀行を中心とした当時の銀行経営実態について考察する。

第2節　明治30年代の銀行事故

2－1　菅谷幸一郎の銀行検査論概要

　明治30年代の銀行事故を分析するにあたっては、菅谷幸一郎の論文「銀行失敗の原因並に其豫防法（上・中・下）」を用いる。同論文で菅谷は、銀行失敗原因の分析に基づいて銀行失敗の予防法を論じている。銀行失敗原因の多くは「銀行重役の私借」や「重役関係会社に対する貸出」であり、これは銀行経営者自身の経営能力不足や職業倫理欠如が原因である。菅谷論文は、銀行経営上の注意点に着眼した銀行監督当局にとっての銀行監督論であり、銀行事故の事前回避という点では銀行検査論でもある。このような観点から、菅谷論文を銀行検査に関する明治期の代表的見解の１つとして取り上げて内容検討する。

　菅谷論文の概要
　菅谷論文の骨子は以下の６点から構成される。ポイントごとに内容を概観する。
　　第一　重役の精撰
　　第二　重役利己の取引を防ぐの途
　　第三　大口の貸出を制限するの途
　　第四　中間の一言
　　第五　行員の不正行為を防ぐの途
　　第六　その他の予防法

2－2　明治30年代の銀行事故分析

　菅谷論文における銀行失敗原因分析の対象期間は、明治30年前後から明治40年に至る約10年間である。この期間は実地検査による銀行の個別検査に注力していた時期に属するものである。原因分析の結果を「図表5-3　菅谷論文における銀行失敗の原因分析」にまとめる。
　菅谷は明治30年代の銀行失敗原因の分析に基づいて、それをいかに回避するかという観点から詳細な提言を行っている。その中心となるのは、銀行失

図表5-3　菅谷論文における銀行失敗の原因分析

銀行失敗の原因	単純集計 銀行数	単純集計 構成比率（％）	菅谷調整後 構成比率（％）
1．銀行重役の私借が多額にのぼるもの	97	32	37
2．重役関係会社に対する貸出が多額に上るもの	23	8	13
3．少数の会社又は個人に対する大口貸出	23	8	4
4．行員の不正貸出又は行金費消に因るもの	21	7	11
5．その他不適当な貸出（括弧内は内訳）	65	21	13
（1）ある業種の商工業者に偏って貸出を行い不良債権化したもの	(27)	(9)	(9)
（2）回収不確実債権が多額に上るが事情が十分判明していないもの	(38)	(12)	(4)
6．払込未済の空株への貸出で払込みを装い、又は手形を払込に代用したもの	17	5	13
7．親銀行の代用（主に貯蓄銀行）	12	4	4
8．その他の原因	21	7	3
9．失敗の原因が不明のもの	26	8	2
合　計	305	100	100

出典：『銀行通信録第43巻第259号』（東京銀行集会所、明治40年5月）。
注：「菅谷調整後」の構成比率は単純集計数値に菅谷が独自の考察を加えて算出した比率である。

敗原因の5割を占める「銀行重役の私借」と「重役関係会社に対する貸出」に関わる提言である。提言の要点は、企業的野心や好奇心の旺盛な者は取締役や監査役として不適格であるので、それらの者を役員として選出しないこと。具体的には、定款中に役員・使用人は株主代理人となって議決権を行使することを禁止する旨の規定を設けて、役員の専横を阻止することである。

　重役の利己的動機に基づく銀行との取引を防ぐ方法として、定款を厳格化することを提言している。商法の趣旨に則り、重役への貸出取引禁止規定や定時株主総会で、監査役が取締役と銀行との貸出取引の詳細を報告すべき旨

第5章　明治後期の銀行事故と検査行政

を定款に設けること、等である。また、監査役機能強化の具体策は、（1）監査役の簿記知識強化、（2）常勤監査役設置による職務専念度向上、（3）職務専念度に応じた報酬、（4）監査役と銀行の取引を定款で禁止すること、等である。その狙いは、商法の趣旨を銀行経営で実現するために定款規定を厳格化し違法取引を禁止するというものである。

　大口貸出の制限についての具体的方策は、重役の利己的動機に基づく取引防止と同じく定款の規定を強化することである。国立銀行条例の大口貸出制限規定が効果をあげていたことに注目し、これに類似する規定を定款中に盛り込むという提言である。菅谷は、銀行と関係会社の取締役、監査役が相互に兼任していることが情実を生み、それが癒着の原因となっていると指摘している。しかし、兼任を禁止することは現状困難であることも認識し、定款規定により重役貸出を直接禁止するのが現実的としている。

　「中間の一言」の趣旨は、銀行家が銀行の責任を自覚することが銀行失敗を予防する上で、第一に重要だということである。米国の恐慌が株式投資家に与えた教訓を銀行家に適用することができるとして列挙した項目には、バブルに踊った平成期の銀行が傾聴すべき教訓もある。景気拡大による担保価格高騰にともなって貸出を増加させ不良債権化させたケースである。菅谷は、明治33年の生糸暴騰の際における生糸羽二重産地の銀行や、日清戦争後の株式熱盛んな地方の銀行を例にあげているが、平成のバブル期には生糸に代わって土地価格が高騰し、その結果、全国規模で企業倒産や銀行の不良債権増加が発生した。明治期のみならず平成期においても、大蔵省は銀行監督を通してこのような経済的混乱を事前に予防することはできなかった。

　行員の不正行為について菅谷は、（1）行員の不正行為は大銀行よりも小銀行の方が致命傷となること、（2）支店での不正行為は監督が困難であるため小銀行では支店の設立を控えること、等を考察結果として示した後、具体的方策として、信用保険の利用、損害補填等を目的とした基金の設立、行員恩給制度導入による待遇改善と定着化推進、行員の管理厳格化と行内検査の充実等を提案している。これらの方策は不正行為防止には有効と考えられるが、いずれも財的・人的資源の投入を要するものであり、大銀行をテストケースとして導入するのが現実的であると考えられる。

第3節　明治40年代の銀行事故

　本節では銀行検査による銀行事故の把握実態を考察する。対象期間は明治43年5月～6月にかけての2ヶ月間と比較的短期間であるが、これは基礎的資料である『銀行事故調』が有するデータのうち明治後期に属するものを抽出したためである。銀行事故調を分析するにあたっての切り口は、把握した情報に基づいて大蔵省がいかなる施策を実行したかという点である。個別金融機関ごとの事故情報を整理し、「別表5-1　大蔵省銀行事故調概要（明治43年5月～6月）」にまとめる。

3-1　大蔵省『銀行事故調』の位置づけ

　明治後期における銀行の不祥事については、大蔵省がまとめた銀行事故調に基づいて考察する。銀行事故調の筆者はその序において、明治38年には不良銀行として当局が認識している銀行だけでも320余行に及ぶことや、明治34年を境にした金融監督行政の変遷について、銀行条例が公布された明治23年から10年以上を経た明治34年に到るまで銀行設立認可は自由設立に任されていたことを明らかにしている。

　同調査報告は、明治34年以降銀行の設立認可を厳格化するにあたり、設立候補地の経済事情や発起人の資産状態、銀行の必要性等をあらかじめ調査すべきことを明確にしているが、これらの調査項目は明治24年の銀行検査手続改正で厳格化された「地方商況の視察」で求められる内容と重複しており、蓄積された従来の銀行検査報告書内容が有効活用され得る分野である。銀行の新設に際して大蔵省が地方長官に求めた具体的な調査事項は以下の3点である。

（1）銀行設立を予定している地方の経済状態は他の既設銀行の増資や支店設置をもって銀行新設に代替することはできないか。もし、代替が不可能であればその理由。
（2）銀行設立後の経営者をあらかじめ知ることができ、その者が発起人で

ある場合にはその氏名、その者が発起人以外である場合には同様の身元調査。
（3）新設銀行の定款案等に関する調査報告。

　これらの調査事項は、既設銀行との関係や設立発起人の身元調査を含む厳格なものであるが、地方長官にその調査報告義務を課したところに問題があった。つまり、当時の地方長官は中央から任命されているとはいえ、地方に身をおき、その地方の有力者と陰に陽に様々な利害関係を有する。このような立場に置かれた地方長官の判断は、日本における金融行政の全体最適を目指す大蔵省とは目線が異なる。同調査報告も、「然ルニ銀行ノ新設ハ尚ホ漸次増加ノ傾向ヲ來タシ、從來ノ方針ヲ以テシテハ濫設防止ノ實ヲ舉クルニ足ラサルモノアリタルヲ以テ、大正元年十二月、銀行新設ノ内議アル際ニハ、從來ノ調査ハ勿論、更ニ税務監督局長ノ意見ヲ徵シ、尚ホ必要アルトキハ、特ニ吏員ヲ派シテ各種ノ狀況ヲ調査セシムルコトトナシタルカ如ク……」と述べて、地方長官による調査報告だけでは厳格さに欠けることを認めている。[18]

　実際に大蔵省から官吏が派遣されて、本省の目線で銀行新設の必然性を判断するようになったのは大正期に入ってからのことであり、明治期は銀行の自由な設立と不十分な銀行監督が原因となって弱小銀行が濫立する結果に到った。大蔵省は明治43年6月の商法改正を機に、地方銀行の合併奨励に関する通達を地方長官に対して発牒している。

　大蔵省は、各地の銀行が取付けを受け休業を余儀なくされた実情を見て、おっとり刀で銀行検査を強化したが、そのような事態に陥った時点では、「銀行検査を受けた銀行イコール経営危機に陥った銀行」という図式が成立しているため、銀行検査がさらに恐慌を惹起するという状況になってしまった。銀行検査が予防的に運営されなかったため、その実効性を生かせなかったというのが実情であった。

3-2　『銀行事故調』の内容検討

　銀行事故調は、明治から大正に到る銀行事故を大蔵省明治大正財政史編纂係資料として昭和8年にまとめたものである。銀行事故の詳細は府県別、時

第Ⅰ部　明治期の銀行検査

期毎に整理されている。その内訳は以下の通りである。[19]

其一：明治43年5月現在把握している銀行事故
其二：明治43年6月現在把握している銀行事故
其三：明治45年1月から大正元年12月現在把握している銀行事故
其四：大正2年11月から大正3年10月現在把握している銀行事故
其五：大正3年11月から大正4年3月現在把握している銀行事故

　明治40年代の銀行事故を明治43年5月～6月の事例に代表させた理由は、同期間が明治後期に属することに加えて、（1）同期間の事故分析が他期間と比較すると精度が高く、明治45年以降、事故調査方法の変更があったと推察されること、（2）後段の節で銀行事故と比較検証するために取り上げる、銀行検査についての大蔵省高官の公的会合での発言内容が、明治43年を挟んだ明治42、44年に行われており、検証の有意性を確保するためには近接時点の事故事例が望ましいと考えられること、（3）銀行事故調の記載時期を全て取り上げた場合、明治43年7月から同44年12月までの1年半と、大正2年1月から同10月までの10ヶ月の合計2年4ヶ月のいわゆる虫食い期間があり、データの一貫性確保が困難と考えられること、等である。
　本節で検討対象とする明治43年5、6月現在の銀行事故実態の特徴は、別表5-1のようにまとめられる。これをさらに分類整理すると図表5-4-(1)～(4)のように要約される。銀行設立経緯等概要は、銀行検査の特徴を明らかにする上で直接的な関係は薄いと考えられるので集計対象から除外し、分類項目を、「業況不調の経緯及び原因」、「今後の見通し」、「大蔵省の施策」、「対応結果」の4項目に絞る。
　銀行事故調の記述のうち「業況不調の経緯及び原因」を分類整理すると、「図表5-4-(1)　大蔵省銀行事故調項目別集計（業況不調の経緯及び原因）」で明らかなように、銀行事故原因としては「経営力不足・内部紊乱」が20件と最も大きく、「役職員の詐欺行為」が次いで12件と2番目に大きな原因となっている。銀行経営者の能力不足やそれに伴って発生する内部紊乱、銀行役職員の詐欺行為の実態は、新聞等のメディアや地域の噂を通して預金者が知る

第 5 章　明治後期の銀行事故と検査行政

図表5-4-(1)　大蔵省銀行事故調項目別集計（業況不調の経緯及び原因）

	経営力不足・内部	役職員の詐欺行為	資金運用の固定化	他行倒産からの連鎖	戦後景気の誤認他
業況不調の経緯及び原因	20	12	6	4	1

図表5-4-(2)　大蔵省銀行事故調項目別集計（今後の見通し）

	具体的見通し有り	役職員の詐欺行為
今後の見通し	0	31

図表5-4-(3)　大蔵省銀行事故調項目別集計（大蔵省の施策）

	施策実施（大蔵省）	施策実施（知事・警視総監）	具体的施策なし
大蔵省の施策	6	14	11

図表5-4-(4)　大蔵省銀行事故調項目別集計（対応結果）

	対応結果が明白	対応結果不明
対応結果	0	31

出典：大蔵省明治大正財政史編纂係『銀行事故調』（大蔵省資料、昭和8年）。
注：（1）図表中の数字は分類項目に該当する銀行数である。
　　（2）図表5-4-(1)の場合、業況不調原因が複数の場合は重複計上しているので合計数は31を超過する。
　　（3）図表5-4-(3)の場合、施策の実行を府県知事等に委託する場合があるので施策実施を「施策実施（大蔵省）」と「施策実施（知事・警視総監）」に2分類した。

ところとなり、それが預金取付けとなって休業や解散に追い込まれるケースが大半である。

　預金取付けや債権者からの提訴により窮地に追い込まれた銀行は、負のイメージを払拭するためにしばしば銀行名を改称し、買取り先を求めて経営者が奔走するケースが多く見られる。起業当時から銀行営業の地盤として定着してきた地域から比較的安易に遠方に移転するのも、経営に窮した銀行家が用いる彌縫策の特徴である。銀行事故調で取り上げられた31ケースを見る限り、地縁のない地域に銀行の経営拠点を移転したとしても、移転先の地域財閥や素封家との良好な関係が成立しない限り、経営者が入れ替わっただけで

は経営の悪化した銀行が息を吹き返す確率は低い。

「資金運用の固定化」が銀行事故の原因と考えられるケースが6件あった。資金運用の固定化の事例としては、（1）銀行役員がその地位を利用して銀行から借入れた資金が不良債権化するケース、（2）戦後景気に便乗して貸出を増加させた結果、回収不能な債権として固定化するケース、（3）通常の与信判断に問題があり貸出債権が固定化するケース、等がある。いずれもその実態を預金者が知ると、それが預金取付けに発展し、銀行の経営状態悪化に一層拍車をかけることとなる。

「図表5-4-(2)　大蔵省銀行事故調項目別集計（今後の見通し）」の通り、31の事例から構成される銀行事故調のうち調査対象となった銀行の今後の見通しについて、明確に記述されているものは一例もなかった。これは31行の問題銀行のうち、大蔵省が主体的にその処分を決定した事例が皆無であることを示している。「図表5-4-(3)　大蔵省銀行事故調項目別集計（大蔵省の施策）」の通り、問題銀行に対して大蔵省が何らかの施策を実施しているのは、31事例中20事例に過ぎず、そのうち地方府県の知事や警視総監を通して施策を実施したものが少なくとも14事例ある。これは銀行事故調にも記述されているように、大蔵省の直接的関与がかえって銀行動揺の引き金になることを懸念したことによると考えられるが、いかなる理由があるにせよ、大蔵省が問題銀行への関与に消極的であったことは事実である。当然の結果として、「図表5-4-(4)　大蔵省銀行事故調項目別集計（対応結果）」の通り大蔵省の対応結果は不明である。

3－3　先行研究との結果比較

『銀行事故調』については、1975年に渋谷隆一氏が全文を研究資料として紹介するとともに、『銀行事故調』解題として内容を分析している[20]。『銀行事故調』解題（以下「解題」と略記する）では、分析対象期間を明治43年5月から大正4年3月までの約5年間としているので、本節で分析対象期間とした明治43年5月～6月とは大きく異なる。しかし、解題が分析対象としている5年のうち2年4ヶ月はデータが欠落しており、かつその欠落が2ヶ所に及ぶため、これらのデータをもとにした分析が明治後期から大正前期の銀行事

第5章　明治後期の銀行事故と検査行政

故の特徴を正確に表しているかという点には疑問が残る。

　本節は、明治後期における銀行の二極構造を議論することを目的としてはいないので、分析対象期間を絞り、銀行の大小による区分を行わなかった。したがって、銀行の二極構造に重点を置いた渋谷氏の解題と本節では、銀行事故原因の内訳や原因ごとの比重も異なっている。解題の事故原因分析によると、銀行規模による区別を排した、「経営の不健全による事故原因」と「経営外的要因」の比率を見ると、前者の72％に対して後者は28％となっている。これに対して本節の場合は、前者が88％で後者が12％である。このように銀行事故原因の構成比率は厳密には異なるが、大体の傾向としては経営の不健全性、経営能力不足が銀行倒産原因の大半を占めている。

　解題は、「本書は明治末＝大正初期における銀行合同政策展開の実態把握を可能にし、さらに昭和二年に公布された銀行法への必然的な道程を明らかにする１つの手掛りを与えている」(21)として、銀行事故原因の分析が銀行合同政策の必然性を理解する上で重要な手掛かりになるとしている。解題は不良銀行消滅の緩慢さを示す具体的事例として、休業銀行の買収・譲受による最低資本金制限の抵触回避行動の蔓延を指摘している。渋谷は、最低資本金制限が、銀行新設時の最低資本金制限を定めた明治43年６月発牒の大蔵省通達と、新銀行法制定により徹底されたという考え方を示すとともに、『銀行事故調』が政府の銀行合同政策、特に銀行新設抑制策の変更を促す要因を示していると指摘している。

　本節のテーマは、銀行事故を通して検査行政の問題点を探ることであるので、銀行合同を中心とした大蔵省の政策運営における検査行政の位置づけについての考えを示しておく。この議論は明治後期を通して銀行監督行政の基本法規であった銀行条例成立・修正過程に遡る。

　明治24年６月24日に、東京銀行集会所を代表して渋沢栄一から松方蔵相に奉呈された、「銀行條例修正請願書（銀行條例案並ニ其説明）」（以下「修正案」と略記する）で示された論点から、特徴的なものとして２点があげられる。(22)それは「小銀行の設立制限」と「一取引先あたり与信制限の緩和」である。特に小銀行の設立制限については、修正案第３条で「銀行ノ資本金額ハ貳拾萬圓ヲ下ル可カラス然レトモ人口十萬未滿ノ地ニ於テハ拾萬圓以上人口二萬

第Ⅰ部　明治期の銀行検査

五千未満ノ地ニ於テハ五萬圓以上ノ資本金ヲ以テ創立スルコトヲ得」として銀行設立を資本金額で制限するとともに、設立地の人口との関係からも縛りを加えている。修正案第3条の趣旨は以下の5点に要約される。

(1) 銀行は金融の円滑を目的とする経済上重要な機関である。
(2) 僅少資本で銀行を設立して、いたずらに利益を追求する余り大きなリスクを負うことは、銀行経営を不振に陥らせる。
(3) 弱小銀行が設立、倒産を繰り返すと、その影響は一般の銀行にも及び国家経済を攪乱する恐れがある。
(4) 修正案の目的は、これに制限を加え銀行を安易に設立する計画を妨げることにある。
(5) 制限の尺度は従来の経験に基づき国立銀行条例を参考にした。

　東京銀行集会所が提出した修正案は不成立となった。その結果、銀行条例施行後小規模銀行が増加する一方、貸付ポートフォリオの適正性を求める融資規律の歯止めがきかない中で、銀行経営の健全性を担保する銀行検査の環境条件が欠けている状況となった。小規模銀行の増加を不可避とし、その状況を前提として融資規律を適正に確保しなければならないとすると、一取引先当り融資制限を撤廃した明治28年の銀行条例改正時点では、私立銀行に対する銀行検査を銀行監督行政の補完手段として機能させるための法的基盤は事実上整えられてはいなかった。

　したがって、銀行条例施行後において、銀行の公共性の観点から実態的に預金者保護や信用秩序維持を銀行検査によって確保しようとすれば、銀行条例の趣旨をより厳格に運用する通達を発様し、その通達の趣旨を正確に理解した検査官を数百人単位で配備することが必要な状況にあった。しかし、銀行検査に関わる銀行条例の法的インフラの整備状況を前提とする限り、金融機関の実態に即したきめ細かい通達行政を執行することは事実上不可避であった。銀行監督行政の基本法規である銀行条例成立以降、本章の検討対象期間である明治後期を含めて、銀行検査は常に銀行監督行政のバイプレーヤーとして、大蔵省の意向や大蔵通達の趣旨に沿って執行された。

第4節　明治後期の検査行政

4－1　銀行事故と検査行政の関係

　本節では「大蔵高官の銀行検査に対する認識」、「大蔵省通達による銀行指導内容」、「銀行事故の実態」の3者を比較することにより、明治後期における銀行検査行政の問題点を析出する。銀行検査に関する理財局通達は明治34年に発牒され、曾禰大蔵大臣の銀行検査関連発言は明治36年に行われた。そして菅谷論文で取り上げられた銀行事故の実態調査は明治30年代に行われた。

　本節では、明治30年代の銀行事故の実態を踏まえた金融行政当局者の認識と、それを受けた銀行検査担当者の認識がどのような形で合致していたのかを考察する。明治40年代については、明治42年の桂大蔵大臣と松尾日銀総裁の発言や明治44年の桂大蔵大臣の銀行検査に関わる発言と、銀行事故調に基づいた銀行事故の特徴を比較検討する。

　銀行事故の実態をもとに検査行政の問題点を探るのは、銀行事故が「銀行の公共性」を構成する「預金者保護」、「信用秩序維持」、「銀行の資金供給面における国民経済的機能」の3要素を破綻させる直接的原因であり、検査行政はまさにその事態を未然に防止するためのものと理解するからである。「大蔵高官の銀行検査に対する認識」、「大蔵省通達による銀行指導内容」、「銀行事故の実態」の関係を「図表5-5　明治後期における銀行事故と検査行政の関係」に示す。

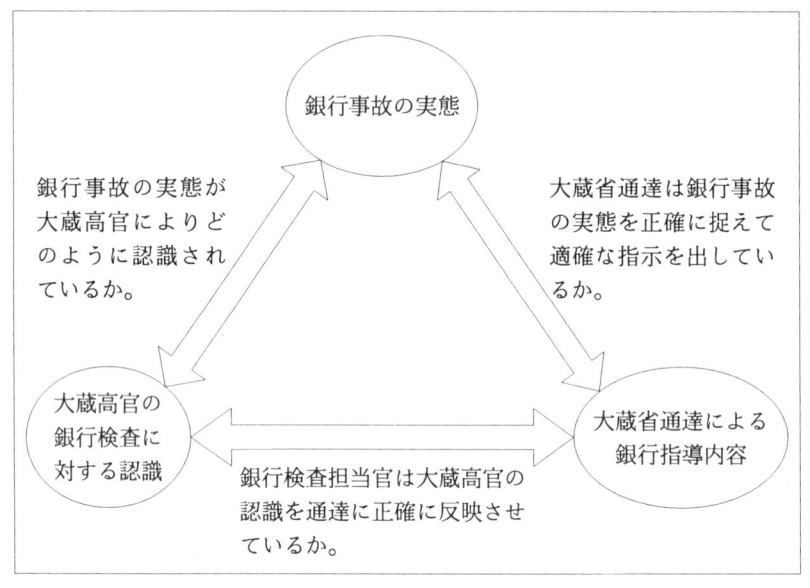

図表5-5　明治後期における銀行事故と検査行政の関係

```
                    銀行事故の実態
                   ／          ＼
銀行事故の実態が                    大蔵省通達は銀行事故
大蔵高官によりど                    の実態を正確に捉えて
のように認識され                    適確な指示を出してい
ているか。                          るか。
                   ＼          ／
          大蔵高官の  ←――→  大蔵省通達による
          銀行検査に          銀行指導内容
          対する認識
              銀行検査担当官は大蔵高官の
              認識を通達に正確に反映させ
              ているか。
```

注：両矢印で示した部分の注記は検討の切り口である。

4－2 「銀行事故の実態」と「大蔵高官の銀行検査に対する認識」の比較分析

　本節では、明治後期を通した銀行事故原因の特徴と、金融行政当局者の認識を比較検討する。明治36年4月の曾禰大蔵大臣による銀行検査関連発言では、銀行経営と職業倫理に関する発言が約70％を占め、明治40年の阪谷大蔵大臣による銀行検査関連発言では同じく約60％を占めている。明治42年4月、明治44年4月の桂大蔵大臣による銀行検査関連発言では、それぞれ100％、45％と銀行経営と職業倫理が重視されている[26]。これらを、「銀行経営能力不足と内部紊乱」と「役職員の詐欺的行為」が銀行事故の約7割を占めている、明治43年5月～6月の銀行事故と比較検討すると、明治後期を通した銀行事故原因に関する金融行政当局者の認識はほぼ正確であることが分かる。

　明治42年から44年は、電力、ガス、電鉄等の新規事業計画を牽引力とする景気回復要因が不景気を好転させることができないままに終わった時期と位

第5章　明治後期の銀行事故と検査行政

置づけられる。したがって、共通の金融経済情勢を背景に明治43年の銀行事故調とそれを挟む形で行われた明治42年、44年の大蔵大臣、日銀総裁演説との比較は有意性を持つと考える。明治42年の銀行検査関連発言は桂大蔵大臣と松尾日銀総裁、明治44年は桂大蔵大臣によるものであり、明治42年4月の桂大蔵大臣発言のポイントは「銀行の公共的使命と経営姿勢」、「銀行経営者の職業倫理」の2点、松尾日銀総裁発言のポイントは「銀行の資金供給機能」、「銀行経営者のあり方」、「預金者保護の必要性」の3点である。明治44年4月の桂大蔵大臣発言のポイントは「銀行の資金供給機能」、「銀行経営者のあり方」の2点である。

　これら3演説原稿を合算し再整理すると、「銀行経営」：57％、「資金供給機能」：30％、「預金者保護」：9％、「職業倫理」：4％となる。この結果を「図表5-4-(1)　大蔵省銀行事故調項目別集計（業況不調の経緯及び原因）」と比較すると興味深い結果が得られる。明治43年5月、6月の銀行事故調における業況不調の主原因は、銀行経営者の能力不足とそれに伴って生じる内部紊乱であり、件数で20件、原因構成比率では47％である。金融行政当局者が銀行検査関連発言として最も多く演説で取り上げたのが、銀行経営に関するもので、銀行検査関連発言演説の57％を占めることから、この点においては銀行事故の分析結果と概ね平仄がとれている。

　銀行事故調における業況不調原因のうち、「資金運用の固定化」は6件、構成比率で14％であるのに対して、金融行政当局者が銀行検査関連発言で取り上げた銀行の「資金供給機能」は、発言全体の30％を占める。同様に銀行検査関連発言の「職業倫理」と業況不調原因の「銀行役職員の詐欺行為」を比較すると、それぞれ4％と28％と大きく構成割合が異なっている。これは金融行政当局者が公的な場での演説において個別の銀行詐欺事例を取り上げることは異例であることから、演説ではそれらを職業倫理の問題として大きくくりでまとめて銀行経営者の注意を喚起した結果と考えられる。

　銀行事故調と金融行政当局者の銀行検査関連発言を比較検討した結果言えることは、銀行の業況不調の主原因である銀行経営者の能力不足の実態について、金融行政当局者は適確に認識し、十分な問題意識に基づいて公的な場での演説を通して銀行経営者に対してメッセージを発信していたということ

である。その他項目についての比較結果は、発言割合や銀行の業況不調原因の構成比率等、外形的に見る限り金融行政当局者と銀行検査実務担当官の認識共有を必ずしも明確に立証するものとなってはいない。

4－3 「銀行事故の実態」と「大蔵省通達による銀行指導内容」の比較分析

　本節では、大蔵省通達による銀行指導が銀行事故の実態を正確に捉えて行われていたのかを明治30年代を中心に検証する。この点については、菅谷論文の銀行失敗原因構成比率と「明治34年銀行検査関連理財局通達」の構成割合を比較検討する。

　銀行事故の主要原因は、「重役の私借」や「重役関係会社への貸出」等、銀行重役のモラルハザードであるのに対して、理財局通達が強調するポイントは、一般的な与信管理強化であり、そこでは必ずしも銀行重役の不行跡に重点を置いて取り上げてはいない。銀行重役の規律付けに関する通達内容としては、「銀行役員の個人借入に対する注意」と「銀行役員の他業役員兼任禁止」の2項目があり、銀行事故の原因を構成するポイントに触れている。

　銀行役員が関係しない不適切な貸出は、「払込未済の空株への貸出偽装」、「行員の不正貸出」、「少数の会社、個人への大口貸出」、「その他不適当な貸出」等であり、これらを合算すると銀行事故原因の40％以上を占める。理財局通達の49％が一般的な与信管理強化に関する項目で構成されていることを考えると、大蔵省は銀行事故原因を構成するこれら不適切な貸出を念頭に置いて、与信管理強化を各銀行に指示したと考えられる。しかし、大蔵省から発牒される通達は問題銀行を念頭に置いて作成される部分は大きいものの、同時に通達は問題銀行に加えて健全に銀行業務を営む銀行に対しても発牒されることから、一般的注意としての表現にとどめることも当然にしてありうる。

　そのような観点から銀行事故原因と理財局通達を比較すると、通達は銀行全般を視野において注意事項を述べるとともに、問題銀行への個別注意事項についても漏れなくカバーしているという見方ができる。明治34年の理財局通達は健全銀行、問題銀行両方を視野に置いてメッセージを発信していたと結論づけられる。

4－4 「大蔵高官の銀行検査に対する認識」と「大蔵省通達による銀行指導内容」の比較分析

　銀行検査担当官が金融行政当局者の認識を正確に把握し、通達に反映させているかという点については、金融行政当局者の演説内容と理財局通達の内容を比較することにより確認する。明治30年代においては金融行政当局の長である曾禰大蔵大臣の演説が明治36年に行われており、理財局通達の発牒は明治34年であるので、上意下達を前提にして時系列的な整合性を問うのであれば両者の前後関係は逆である。しかし、銀行数がピークを迎える前後の数年間を日清・日露戦間期という共通の時代背景で考えると、明治34年から36年にかけての時代のくくりにおいて、2年程度の時系列関係の逆転はさほど重要な意味を有するとは考えられない。

　曾禰大蔵大臣の銀行検査関連発言では銀行経営と職業倫理に関する発言が約70％を占めている。曾禰の発言を個別に検討すると、その内容は以下のように整理される。[29]

（1）銀行数は明治34年で2,385行と急速に増加している。
（2）銀行濫設の弊害は業務不整理を経て破綻につながるものである。
（3）その具体例は、資金の固定化や私利を求めた行員の不正、準備金不足、重役の他業兼業・銀行信用の濫用、監査役の怠業等である。
（4）これらの問題は銀行業務の未習熟が原因となっている。
（5）銀行業の改善を図れば前途は明るい。

　曾禰の主張は、「銀行急増を背景として銀行経営者が銀行業の本質を理解しないことが主要因となって種々の問題を生じ、それが銀行破綻へとつながるが、現状を正確に把握し改善に努力すれば銀行業の前途は明るい」というものである。前述の通り、理財局通達は必ずしも銀行業務のダークサイドのみを取り上げてその是正を促すのではなく、健全銀行の経営実態も視野において注意事項を極力一般化して銀行指導を行っている。この点を勘案すると、大蔵大臣の認識、大蔵通達内容ともに明治30年代半ばにおいては銀行経営者

第Ⅰ部　明治期の銀行検査

が悲観的になりすぎることを回避し、むしろ前向きに銀行経営の問題点を改善することを期待している点においてトーンが一致している。

　明治40年代については、明治42年、44年の代表的演説内容の内訳を見ると、「銀行経営」の57％を筆頭に「資金供給機能」が30％、「預金者保護」が９％、「職業倫理」が４％と続いていた。その一方、大蔵省通達による銀行指導内容の内訳は、「与信管理強化」の49％を筆頭に「財務報告の信頼性確保」が19％、「銀行役員の規律付け」が13％、「銀行の資本充実」が13％、「情報公開」が６％と続いている。つまり、銀行監督責任者の最大関心事が銀行経営全般を改善することであったのに対して、大蔵省通達を発牒した銀行検査担当官の主たる関心は、銀行の与信管理を強化することに集中していた。文字通り解釈すると、銀行監督における両者の認識は合致していないことになるが、これは銀行の公共性を念頭に置いて金融システムの健全性を懸念する立場にある大蔵高官と、実務レベルで銀行の与信機能の健全化を懸念する検査担当官の目線の相違が原因と解釈される。

小　括

　本章の目的は、（１）明治30年代の銀行検査総括と銀行検査関連通達を分析し、（２）明治後期における銀行事故の原因分析を通して問題銀行の経営実態を探り、（３）金融行政当局者の銀行経営実態に対する認識と銀行事故原因を比較検討し、（４）さらに、銀行事故実態と大蔵通達による銀行指導内容を比較することにより、銀行検査行政の特徴を把握することであった。

　明治34年に発牒された理財局通達は、銀行検査結果に基づいた注意事項を地方官庁や銀行に水平展開したものであり、不正不良事例が後を絶たない実態に対して銀行検査と通達行政の相乗効果をねらったものと理解される。理財局通達は与信管理強化や財務報告の信頼性確保等、実務に則した指導内容から構成されているが、精神論的指導にとどまっているものも見られる。

　菅谷論文に基づいた、明治30年代における銀行事故の原因分析を通して言えることは、（１）銀行事故原因の５割を占めるのは経営能力不足と内部紊乱によるものであり、それは「銀行重役の私借」や「重役関係会社に対する貸

出」として顕著に現れていること、(2)銀行役職員の詐欺的行為は銀行事故原因の3割近くを占め、職業倫理の堕落が銀行事故に大きく結びついていること、(3)偏った得意先への大口貸出等の不適切貸出と他行倒産の連鎖的悪影響は、銀行事故原因の2割以上を占めること、等である。

　『銀行事故調』に基づいた、明治40年代の銀行事故の原因分析を通して言えることは、銀行事故原因としては「経営力不足・内部紊乱」が20件と最も大きく、「役職員の詐欺行為」が次いで12件と2番目に大きいということである。「経営の不健全による事故原因」と「経営外的要因」の比率を見ると、前者の88％に対して後者は12％となっており、経営能力不足が銀行倒産原因の大半を占めている。また、31の事例から構成される銀行事故調のうち、調査対象となった銀行の今後の見通しについて明確に記述しているものは一例もなかった。

　問題銀行に対して大蔵省が何らかの施策を実施しているのは31事例中20事例に過ぎず、かつそのうち地方府県の知事や警視総監を通して施策を実施したものが少なくとも14事例ある。これは銀行事故調にも記述されているように大蔵省の直接的関与がかえって銀行動揺の引き金になることを懸念したことによると考えられるが、いかなる理由があるにせよ、大蔵省が問題銀行への関与に消極的であったことは事実である。明治40年を境に銀行検査行政は大きくその方針を変換し、明治41年以降は特別の事情あるもの以外は検査を見合わせたことが銀行事故調で明らかとなった。

　銀行事故調と金融行政当局者の銀行検査関連発言を比較検討した結果言えることは、銀行事故の主原因である銀行経営者の能力不足や職業倫理欠如について金融行政当局者は適確に認識し、公的会合や理財局通達を通して銀行経営者にメッセージを発信していたということである。その一方、問題銀行に対する銀行検査を通じた施策については、銀行事故調で取上げられた明治43年4月、5月時点の問題銀行に対する大蔵省の銀行検査担当部局の対応は緩慢で、問題銀行に対して大蔵省が何らかの施策を実施しているのは31事例中20事例に過ぎず、さらにそのうち地方府県の知事や警視総監を通して施策を実施したものが少なくとも14事例もあった。この数値は銀行検査の実効性が乏しかったことを示している。銀行事故に対する大蔵高官の認識と大蔵省

第Ⅰ部　明治期の銀行検査

通達内容は概ね適正であったが、銀行検査を通した銀行事故の発生回避対策と問題銀行処理に係る行政施策は不十分であった。

　明治後期の銀行検査行政は、法的基盤である銀行条例とともに大正期に引き継がれる。適正規模を上回った銀行数を前提とした銀行検査の実効性回復は可能かという点については、大正期の金融経済情勢や大正5年の改正銀行条例の影響、銀行監督行政のスタンス等を正確に捉えて考察することが必要となる。これらを第6章の課題とする。

注　記

（1）大江清一「明治後期における金融当局検査の考察―金融行政当局者の演説を通して見る銀行検査に対する認識―」『社会科学論集第121号』（埼玉大学経済学会、2007年5月）。
（2）菅谷幸一郎「銀行失敗の原因並に其豫防法（上・中・下）」『銀行通信録第43巻 第259、260、261号』（明治40年、東京銀行集会所）。
（3）日本銀行調査局編集、土屋喬雄監修『日本金融史資料明治大正編第18巻 金融制度調査会議事速記録』（大蔵省印刷局発行、昭和31年）、87頁。
（4）大蔵省明治大正財政史編纂係『銀行事故調』（大蔵省資料、昭和8年）。銀行事故調は昭和8年に大蔵省明治大正財政史編纂係によってまとめられたもので大蔵省の専用用箋を用いて記述されているので一次資料としての条件を満たしていると判断する。
（5）渋谷隆一「研究資料解題『銀行事故調・全』」『経済学論集第6巻臨時号』（駒沢大学経済学会、1975年3月）。
（6）大江、前掲論文。
（7）大蔵省編纂『明治大正財政史第14巻』（財政経濟學會、昭和12年）、67-72頁。
（8）大蔵省編纂、前掲書第14巻、67-72頁。
（9）大蔵省明治大正財政史編纂係、前掲書。
（10）大蔵省明治大正財政史編纂係、前掲書、序文。
（11）大蔵省明治大正財政史編纂係、前掲書、序文。
（12）大蔵省編纂、前掲書第14巻、67-72頁。
（13）菅谷、前掲論文。
（14）菅谷、前掲論文。
（15）大蔵省明治大正財政史編纂係、前掲書。

(16) 大蔵省明治大正財政史編纂係、前掲書。
(17) 大蔵省明治大正財政史編纂係、前掲書。
(18) 大蔵省明治大正財政史編纂係、前掲書。
(19) 大蔵省明治大正財政史編纂係、前掲書。
(20) 渋谷隆一「研究資料解題『銀行事故調・全』」『経済学論集 第6巻 臨時号』(駒沢大学経済学会、1975年3月)。
(21) 渋谷、前掲論文。
(22) 加藤俊彦「銀行條例について―本邦普通銀行の性格と關聯して―」『經濟學論集第17巻第3號』(昭和23年、有斐閣)。
(23) 明治財政史編纂會『明治財政史第12巻』(丸善、明治38年)、598頁。
(24) 明治財政史編纂會、前掲書第12巻。
(25) 大江清一「明治中期における金融当局検査の考察―銀行条例の成立過程における銀行検査規定の変遷―」『社会科学論集第120号』(埼玉大学経済学会、2007年1月)。
(26) 大江、前掲論文、2007年5月。
(27) 大江、前掲論文、2007年5月。
(28) 大江、前掲論文、2007年5月。
(29) 『銀行通信録第35巻第211号』(東京銀行集会所、明治36年5月)。

第Ⅰ部　明治期の銀行検査

別表5-1　大蔵省銀行事故調概要（明治43年5月～6月）

金融機関名	銀行設立経緯等概要
㈱早稲田銀行	明治32年5月資本金1万5千円で埼玉県に設立。当初中山実業銀行と称し明治36年4月帝国実業銀行と改称。
㈱真栄銀行	明治29年6月資本金8万円で設立。明治30年6月資本金10万円に増資。
㈱總房中央銀行	明治34年資本金100万円をもって千葉県下に設立。目的は千葉県本金庫を引受けることであった。
㈱荻窪銀行	明治32年12月資本金10万円で東京に設立し貯金業務を営んでいた。
㈱広業銀行	（1）元佐原銀行と称し明治27年10月資本金3万円で千葉県下に設立された。 （2）明治32年：産業銀行と改称し東京市に移転。明治34年：東京産業銀行と改称し市内各所に転々とした。明治36年4月：武州銀行と改称し営業所を宮城県に移転、23万円に増資。明治37年共立商業銀行と改称し営業所を北海道夕張市に移転。その後東京市に移り市内を転々とした。明治39年：日本明治銀行と改称。明治41年1月：共立明治銀行と改称。明治42年：8月現商号に改称し本店を移転。
㈱中外貯蓄銀行	元伊弥太貯蓄銀行と称し、明治31年2月現頭取山本弥太郎の発起により資本金5万円で設立。当初は相当の営業を行っていた。

第5章　明治後期の銀行事故と検査行政

業況不調に至る経緯および原因分析	今後の見通し	大蔵省の施策	対応結果
（1）銀行役員の詐欺行為による信用失墜 （2）明治42年4月、米国人キンク氏が破産申請したが同行は即時抗告。示談交渉により判決は延期され現在に至る。	不明	なし	不明
（1）明治30年から33年は日清戦争による経済の膨張時期で事業勃興し資金需要が活発であったが同行は資力以上の融資を行った。 （2）同行重役は銀行を私物化し巨額の負債を作った。	不明	知事による解散諭達	不明
（1）創立以来基礎薄弱で総数2万株の内実際の株式払い込みは4千株で、それすら現金での払い込みは3万円。 （2）預金証書を乱発し経営陣は私利を獲得しようとしたが明治38年5月行務整理を名目に休業した。	不明	監視の上状況照会中	不明
（1）従来業況不振、内部紊乱により信用失墜し明治39年任意解散を決議したが株主に解散について賛否両論あり。 （2）同行が苦心をして存続を図るのは裏事情があると思われるが真相不明。	不明	なし	不明
（1）明治36、37年以来毎期5、6万円から8、9万円の損失を繰越し、資本金全額を固定運用し回収見込みなく休業同様で解散の他途なし。 （2）明治41年2月、萩原太十郎のほか事務員2名が詐欺取財の罪で拘引され現在予審中である。	不明	なし	不明
（1）明治36年12月、山本個人の振出手形債務不履行のため同人の財産が差押えられたのを地方新聞が同行が差押えられたように誤報したため一時取付けが多く	不明	知事による開業説諭	不明

219

第Ⅰ部　明治期の銀行検査

㈱中外貯蓄銀行	
㈱中津交融銀行	明治25年資本金10万円をもって設立。
㈱報国貯蓄銀行	明治32年資本金3万円をもって茨城県に設立されたが当初から完全な営業をしたことがなく内部紊乱、休業同然であった。
㈱佐倉銀行	明治32年資本金10万円をもって東京に設立。開業前本店を千葉県に移すとともに支店を東京に設置した。
㈱笠井商業銀行	明治33年10月、静岡県浜名郡笠井町に資本金2万円をもって設立された。

第5章　明治後期の銀行事故と検査行政

なり休業した。 （2）同行救済の途が閉ざされた時点で監査役山本弥治郎（山本の実弟）と懇意である大阪の皮膚病医小笠原大成と意気投合して無償で山本弥太郎の株式を小笠原に譲渡した。（当時の知事の報告によると小笠原は山師的人物） （3）専務取締役小笠原大成は偽造定期預金証書乱発して詐欺行為を行ったため、明治39年11月本店事務員とともに拘引された。			
（1）明治34年以来業務不振損失多く整理に努めた。しかし商況不振で営業が振るわず休止。明治37年以降は営業報告書の提出がないのみならず、明治39年検査の際には一定の営業所がなく乱雑に記載された帳簿が弁護士の許にあるのみであった。 （2）明治41年6月の知事の上申によると、目下仮理事選定に対して裁判所へ抗告中でありその決定後速やかに解散するよう厳に督促中。	不　明	知事による解散厳告	不　明
（1）明治35年下半期後は営業報告書さえ提出せず。しばしば督促したが同行」の所在は不明であるとの知事の報告があった。 （2）同行の内情を調査したところすでに破産宣告を受け、目下東京地方裁判所において審理中。	不　明	な　し	不　明
（1）元来頭取以下重役は東京支店に重きを置き、本店における重役の私的借入や支配人の濫費等多く、内部紊乱。 （2）明治39年破産宣告を受けたが即時抗告し目下整理最中とのこと。しかし目的を達し得るか信ずるに足りない。	不　明	営業報告書不提出に対して数度警告	不　明
（1）明治42年3月、取締役清水権作、清水清八、田辺善助等が製糸業株式売買に失敗し行金に手を出し信用失墜。 （2）明治42年11月、再度解散諭示した。12月になってさらに営業所を広島県呉市に移転したが、その理由は呉市の近藤良輔（保険代理店を営み各種債券売買を業とする）が他に転売の目的をもって同行を買収したからである。	不　明	知事による解散諭示	不　明

221

第Ⅰ部　明治期の銀行検査

㈱天鹽貯蓄銀行	明治32年5月、国民貯蓄銀行と称して資本金3万円をもって宮城県に設立された。明治34年2月北海道に移転し商号を天鹽貯蓄銀行と改称した。
㈱新橋銀行	明治32年1月、資本金10万円をもって設立。明治32年40万円に増資したが業況不振。
㈱東西銀行	同行は明治29年8月、資本金10万円をもって設立された。元来は主として小間物、洋織物商等の融通を目的としていた。
㈱九十五銀行	明治11年資本金20万円をもって設立された。当初は相応に営業を営んでいたが漸次業況不調となった。
㈱京浜銀行	資本金30万円をもって明治31年に創立され、当初は相当の営業をしていた。
㈱豊玉銀行	元㈱東京庚子銀行と称し資本金20万円をもって明治33年設立された。日本橋馬喰町で営業していた当時、同行に関係の深い者達の発起で酒家生命保険会社を創設しこの保険会社の機関銀行にしようとした。

第 5 章　明治後期の銀行事故と検査行政

（1）明治37年上半期以来欠損を生じ、いまだ未整理である。 （2）従来の取引関係から北海道銀行が同行の不振を救済しようとしたが、見込みなしとして干渉を断った。	不　明	な　し	不　明
（1）明治42年上半期、損失累加して5万9千円の欠損を生じた。 （2）明治42年9月、知事報告によると現取締役が就任当初から欠損整理に腐心して今春来大口債権者に対して大割引切捨即時返還の下交渉を開始した結果主要債権者の大部分は同情を示し、目下残金の交渉を行っている。	不　明	整理を督促中	不　明
（1）日清戦争後の金融緩慢に乗じて大口貸出で資本を固定化。預金の取付けに遭い払込金以上の欠損を出した。 （2）手形交換所の資金に不足を生じて臨時休業した。	不　明	整理遂行につき督促中（知事）	不　明
（1）明治35年3月、整理の必要を認め20万円の資本金を5万円に減資し損失補塡した。さらに50万円に増資し貸出金の回収に努めその回収金で負債償却することとした。	不　明	知事による解散諭示	不　明
（1）明治35年の実地検査の折には、貸出総額86万余円のうち同行取締役、監査役に対する貸出は34万千余円、重役の関係する新聞社、製造会社、鉱山業者、移民会社、移民取扱人等に対する貸出12万7千余円、政党員に対する貸出9万5千円、冒険事業に15万3千余円、雑種のもの15万円であった。 （2）同行内部には秘密が包蔵されている疑いがあり重役の行動には監視するよう警視総監に対して依頼中である。	不　明	警視総監による監視	不　明
（1）機関銀行化に反対する株主との間に紛議が起こり総会で選出された重役を信用しない株主は株式買取りを求める者が続出した。 （2）同行は芝区において営業している時代に取締役が資本金全額を私消し破産同様となったが、預金者がいなかったので株主のみが損害を蒙った。	不　明	知事による任意解散諭示	不　明

223

㈱扶桑銀行	明治33年資本金200万円をもって設立されたが創業以来営業は不振であった。
㈱新舞鶴貯金銀行	元綾部貯蓄銀行と称し、明治31年8月資本金3万円をもって綾部銀行と姉妹銀行として綾部町に設立された。明治39年新舞鶴町に移転したが頭取は綾部銀行の頭取を兼ね株主も殆ど同様であったので両者は利害相伴っていた。
㈱桑名貯蓄銀行	明治29年12月資本金6万円をもって設立された。しかし同行は明治39年に解散した㈱百二十二銀行の分身とも言うべき銀行である。
㈱亀崎銀行	明治26年6月、資本金20万円をもって設立され、明治27年7月50万円に増資、明治28年2月40万円に減資、同年11月に70万円、明治29年10月80万円に増資した。創業以来相当の営業を営んできた。
㈱二俣貯蓄銀行	明治31年11月資本金5万円をもって設立され、明治39年下半期までは相当利益を上げていた。

第 5 章　明治後期の銀行事故と検査行政

（1）明治37年頃から殆ど休業同然であった。明治40年、新聞に内情を暴露され、その一方株式の暴落で多額の預金引き出しを蒙った。 （2）明治41年7月、知事の報告によると、同行は明治40年4月の臨時休業後一時開業したが整理未済のため殆ど休業同様の状態にあったとのことである。松本支店は手形不払いのため破産申請されたが債権者と年賦償還を協定し漸く事なきを得た。	不　明	知事による実態調査	不　明
（1）綾部銀行の破綻と同時に同行も漸次業況悪化し、明治39年上半期以降3期間は千円内外の損失生じるに至った。したがって内部紊乱したがその後現商号に改称し重役を改選し損失補塡に関して重役は大いに努力している模様である。	不　明	な　し	不　明
（1）同行の預金は百二十二銀行への預け金となっていたので、明治34年の百二十二銀行破綻の影響を受けた。 （2）損失総額は不詳であるが明治37年下半期以来今日まで毎期2万5千余円ないし4万3千円台を上下している。補塡整理に関しては明治41年6月、今後5カ年間毎期4,326円余づつ純益をもって補塡することとし、不足額は重役が補充する見込みであるとのこと。しかしその内情の不整理を推察するに余りある。	不　明	な　し	不　明
（1）明治40年頃重役の信用借りが資本金の半分以上となり固定化が進み漸次業況は窮迫した。 （2）貸出金回収がままならない状況で小栗銀行が破綻しその影響を受け預金の取付けに遭った。その結果休業。 （3）その後知事の報告によると、開業以来本支店ともに一般に静穏に営業しているとのことである。	不　明	知事による欠損の整理を督促中	不　明
（1）明治39年10月から明治40年2月頃に至り専務取締役佐々木清八並びに取締役山崎久七等が株式市場に関係し約7、8万円の損失を出したことが世間に暴露された。その頃二俣町の百三十八銀行が突然全臨時休業を発表し人心は不安に駆られ預金取付けに遭った。天竜運輸㈱の援助で漸く破産あるいは解散を免れた。	不　明	な　し	な　し

225

第Ⅰ部　明治期の銀行検査

㈱二俣貯蓄銀行	
㈱信陽貯蓄銀行	明治33年6月資本金5万円をもって新設され相当の利益を上げていた。
㈱第十四銀行	明治30年資本金60万円をもって設立され優秀な営業成績で県下の信用を担っていた。
㈱筑摩銀行	明治31年2月資本金5万円をもって設立され明治33年中10万円に増資し相応の営業を行っていた。
㈱才明銀行	明治31年11月に設立され行務は不振であった。

第5章　明治後期の銀行事故と検査行政

（2）目下佐賀県から同行株全株を引き受け、これを解散の条件として新設銀行の営業認可の申請があった。同行はその営業権全てを他に売却する状況下。			
（1）明治39年下半期取引銀行である第十四銀行の破産及び扶桑銀行支店の休業がきっかけとなり預金取付けに遭い支払いに差支えを生じる事態となった。それ以来休業同然の状態となった。 （2）重役は毎期の利益で欠損を補塡しようとしたがすでに資本は全部払い込みを終了しているので整理は覚束ない状況である。したがって目下整理方督促中である。	不　明	欠損の整理を督促中	不　明
（1）明治37年頃から欠損を生じるに至ったので内情を調査するよう依嘱した結果主たる原因は融資方法の不適切さによるものである。 （2）同行所有有価証券14万円中無価値なものが大半で、資金は固定化して回収不確実なものが少なからずある。これらの貸出金中重役に対するものが12万7千余円の多額に上り、その重役のいずれもが無資産で信用はない。 （3）明治41年7月、債権者の一人である赤羽茂十郎から破産の申請がなされ一旦破産宣告を受けた。その後破産宣告が取り消され明治42年1月開業。	不　明	欠損の整理を厳達中	不　明
（1）明治38年重役が銀行名を利用して金銭を詐取し種々の不正行為を働いた。帳簿にも虚偽の記載があったため刑事事件として拘引され諸帳簿は押収された。このため休業同然の状態。 （2）明治42年下半期整理委員を設けさせ調査をするよう励ましつつあるが、当事者が等閑に伏す傾向がある。知事の意見としては今後十分監視督励を怠りなく欠損補塡の実をあげることが重要だとのことである。しかしその後何らの報告がないので現況は詳細不明である。	不　明	知事が整理督励中	不　明
（1）明治37年上半期以来欠損累加し、目下6万円余に上った。この補塡方法について数回照会した結果38年5月中臨時総会にいて減資と同時に貸付金の回収を	不　明	なし	不　明

227

第Ⅰ部　明治期の銀行検査

㈱才明銀行	
㈱中国銀行	同行は元茨城県において金江津銀行と称した不良銀行であった。
㈱第一信託銀行	同行は大阪信託銀行と称していたが従来から欠損を重ね大阪府下では発展可能性なしとして明治42年7月広島市に移転し、商号を第一信託銀行と改称した。
㈱日本商栄銀行	同行は静岡県にあって比企銀行と称し営業不振で年々無配当を継続してきたが明治42年広島県下河口覚一外数名が買収して商号を商栄銀行として広島県に移転した。
㈱広島商工銀行	同行は元東京において永代銀行と称し堀内信吉というものが取締役となって経営していた。
㈱中須銀行	明治32年11月、資本金1万円をもって設立以来相当の営業を行ってきた。

第5章　明治後期の銀行事故と検査行政

して債務の整理を行い全て完了する予定であった。しかし種々の障害がおこり交渉中につき欠損補塡については苦慮している。			
（1）専務取締役務中省三は東京で拘引され、同時に本支店出張所の諸帳簿は広島地方裁判所の検事出張取調べの結果偽造手形が発見された。翌日から本支店ともに臨時休業をなったが頭取岩谷松平の出捐により預金支払準備金をもって3月に開業した。さしたる取付けにも遭わずその後平穏のようである。拘引された務中取締役は辞表を提出した模様であり同行の今後の状況は知事が監視中である。	不　明	業況について知事が監視中	不　明
（1）預金吸収に努めていたが明治43年3月、臨時休業を発表した。その原因は取締役中井左一が詐欺取財の嫌疑を受け3月裁判所に拘引され、同時に帳簿も押収されたため行務が執行できなくなったためである。	不　明	業況と成り行きについて監視中	不　明
（1）移転以来他行を中傷して預金吸収に努め、重役の行動甚だ不謹慎。 （2）明治43年3月、取締役河口覚一及び土井亀三郎に対して広島地方裁判所から令状が発せられ諸帳簿は一切押収された。それ以来休業しているが事件の詳細は予審中で不詳である。	不　明	な　し	不　明
（1）明治40年4月、㈱二十銀行から手形の交換を拒絶され臨時休業となった。それ以来整理を名目として休業を継続してきたが、内部が極めて紊乱し整理の見込みなく預金者、株主ともに放棄の状態となった。 （2）明治43年に至って京橋区木挽町山科海軍工事事務所山科幸三郎という者が2,800円で株式及び預金を買い取り広島県に移転し広島商工銀行と改称した。広島県知事の報告によると移転後多数実業家の賛助を得て業務拡張に従事している模様である。しかし成功するか否か疑問である。	不　明	な　し	不　明
（1）明治41年9月に至り突然休業した。その原因は取締役兼支配人吉村富熊に行務一切を任せていたが、同人が病気で休職中に頭取が諸帳簿を検査したところ	不　明	知事に対して同行の	不　明

229

第Ⅰ部　明治期の銀行検査

㈱中須銀行	
㈱福陵銀行	明治31年11月、資本金10万円をもって設立した。初めは相応の営業を行っていた。

出典：大蔵省明治大正財政史編纂係『銀行事故調』（大蔵省資料、昭和8年）。
注：早稲田銀行から中津交融銀行までの10行は明治43年5月の報告であり、天鹽貯蓄銀行から

現金と諸帳簿が不突合であること、無利子、無証書貸付金があることが判明した。このことを一般預金者が知り預金払戻請求者が続出しやむを得ず休業した。 （2）明治41年5月、支払いを停止し破産決定を受け仮差押処分を受けた。その後知事に対して破産確定した後は営業認可奪還の取り計らい方照会中である。回答はいまだ受け取っていない。		免許取り消し検討指示	
（1）鉄鋼、石炭鉱区その他不動産を担保に融資して固定化生じた。その結果明治37年下半期に至って5万円の損失を出した。明治38年11月資本金を半分に減資し損失を整理した。 （2）明治38年下半期以来今日まで毎期2、3千円余の損失を繰越し休業同様の状態にある。	不　明	知事が同行の状況について報告	不　明

福陵銀行までの21行は明治43年6月の報告である。

第Ⅱ部　大正期の銀行検査

第6章　大正期における銀行検査の考察
　　　——銀行検査充実に向けた動きと
　　　　　　　　検査規定の形成プロセス——

はじめに

　本章の目的は、大正期における銀行検査充実に向けたプロセスを精査してその実態を解明し、銀行検査充実に向けた動きにあわせて、銀行検査規定の内容がどのように変化したのかを、その作成プロセスに遡って考察することである。具体的には大正期に手がけられた銀行検査充実に向けた諸施策の全貌を概観し、金融制度調査会による「金融機関検査充実に関する調査」の答申内容と審議経緯を辿るとともに、そのたたき台ともなった「銀行その他金融機関検査充実計画」（大蔵省案）の内容を検討する。

　検査規定の変遷については、大正4年に制定された「銀行検査官処務規定及注意」と、金融制度調査会での審議を経て大正15年から昭和にかけて成立した「銀行検査規定」、「銀行検査心得」を比較することにより考察する。規定内容の変遷を考察するにあたっての分析視角は「指摘型検査から提言型検査へのコンセプトの変遷」である。

　大正期における銀行検査充実の実態を考察する上で前提とするのは、大正5年3月の銀行条例改正である。この改正は銀行検査に関わる大蔵大臣の権限を大幅に拡大し、それにともなって罰則規定を強化するものであった。その内容は、銀行検査を通して把握した銀行の営業実態と資産実態に基づいて、必要と認めるときは営業の停止を命じ、その他必要な命令を下すことができるというもので、大蔵大臣の命令に違反した場合は過料に処するという内容となっている。大正5年改正以降、大蔵大臣は法的には銀行の生殺与奪の権限を有し、銀行検査はその権限行使の引き金となる実質的な提案権を銀行検査報告という形で有していた。大正5年以降の銀行検査充実に向けた動きは、この銀行監督行政の基盤である基本法規の改正内容を前提に考察する必要が

第Ⅱ部　大正期の銀行検査

ある。

　第1節では、銀行検査充実の動きを時系列的にたどることにより、検査充実のためにどのような具体的施策が打ち出されたのかということについて解明を試みる。検査規定に関しては大正4年9月に制定された「銀行検査官処務規定及注意」の特徴を、「明治24年改正の国立銀行検査手続」との内容比較によって把握し、大蔵省の銀行検査関連通達の内容変化については、大正13年8月に発牒された「銀行注意事項三十箇条諭達」の特徴を、「明治34年銀行検査関連理財局通達」と比較することによって把握する。

　第2節では、金融制度調査会による「金融機関検査充実に関する調査」の答申内容と審議経緯を詳細に辿る。また、大蔵省内で検討されていた「銀行その他金融機関検査充実計画」を検討し、金融制度調査会決議の妥当性検証の材料とする。大蔵省案や金融制度調査会委員の理想は、金融機関経営の実態に則した銀行検査を行い、法的規制とは別次元の検査実務のレベルでその健全化を実現することであった。その理想が金融制度調査会でどのように議論されたのかを会議での質疑応答内容に基づいて分析する。

　第3節では、「銀行検査規定」、「銀行検査心得」の成立プロセスを検討する。具体的には、両規定のたたき台として大正15年9月に大蔵省で起草された、「銀行検査規程案」の第1次起草案から第2次起草案に至る規程案の添削や推敲の経緯を見ることにより、成立プロセスを考察する。日銀考査規定については、日銀考査による大蔵省検査の補完機能強化の実態について、考査規定や通達、内規等を材料に、その成立過程に遡って考察する。また、金融制度調査会での議論がどのように大蔵省の検査関連規定に反映されたのかを、規定の成立過程を辿ることにより明確化する。

　「銀行検査規定」と「銀行検査心得」は、大正15年9月に起草された「銀行検査規程案」をたたき台にして成立するが、銀行検査規程案自体も第1次起草案から省内の検討を経て第2次起草案に改訂された。本節では第1次起草案を「銀行検査規程案（旧）」、第2次起草案「銀行検査規程案（新）」として新旧を比較し、それが最終的に「銀行検査規定」、「銀行検査心得」として成立するまでの規定内容の変遷を分析する。

　第4節では、「考査部事務取扱要旨並処務心得」を中心とする日銀考査規

第6章　大正期における銀行検査の考察

定を、前節で分析した「銀行検査規定」、「銀行検査心得」との関わりから分析検討する。大蔵省検査の補完機能強化を目的とした日銀考査の充実は、金融制度調査会において議論され成立したことを受けたものである。したがって、金融制度調査会での決議内容が、考査規定内容にどのように反映されているかという点が分析視角となる。特に規定上、日銀考査の補完機能がどのように担保されているのかを、「考査部事務取扱要旨並処務心得」に加えて通牒、内規等を分析することにより解明する。

　銀行検査充実に向けたプロセスの考察は、『銀行通信録』、『大阪銀行通信録』、『中央銀行会通信録』、『昭和財政史資料』、『日本金融史資料明治大正編』等の基礎的資料をもとに分析する。検査規定内容の変遷を考察するにあたっては、大正期の15年間を分析対象とするが、銀行検査充実の動きは主に大正後期に集中しており、そこでの動きを受けた銀行検査関連規定への影響は昭和初期にまたがる場合もある。規定内容についても、『銀行通信録』、『昭和財政史資料』、『日本金融史資料明治大正編』等の基礎的資料や『日本銀行沿革史』、『日本銀行百年史』等の社史をもとに分析する。

第1節　銀行検査充実に向けた諸施策

　本節では、銀行検査充実の動きを時系列的にたどることにより、検査充実のためのどのような具体的施策が打ち出されたのかということと、それにより検査実務に最も近接した検査規定においてどのような変化が生じたのか、ということについて解明を試みる。

　そのために、まず銀行検査充実の軌跡を追いかけ、大正期においてどのような銀行検査充実の試みがなされたのか、その時系列的な推移はいかなるものであったのかを概観する。検査規定に関しては大正4年9月に制定された「銀行検査官処務規定及注意」の特徴を、「明治24年改正の国立銀行検査手続」との内容比較によって把握する。大蔵省の銀行検査関連通達の内容変化については、大正13年8月に発牒された「銀行注意事項三十箇条諭達」の特徴を、「明治34年銀行検査関連理財局通達」との比較によって把握する。

第Ⅱ部　大正期の銀行検査

1－1　銀行検査充実の軌跡

『銀行通信録』、『大阪銀行通信録』等の銀行専門誌には、「別表6-1　銀行検査充実に向けた施策一覧」の通り、大正期の銀行検査充実を示す記事が掲載されている。これらの記事から、銀行検査に関するものを抽出し時系列的に整理した結果、銀行検査を充実させようとする大蔵省の動きが大正10年以降に集中しているということが明らかとなった。つまり、当初は主として銀行検査担当官の人員増強により検査機能強化を意図するものが多かったが、（1）行内検査の充実奨励、（2）日本銀行による補助的検査機能の設置、（3）不健全銀行の整理強化、（4）銀行業界による調査機関の設置等、銀行経営の健全性を図る手段を多様化させる動きが活発になっている。大正12年には全国商業会議所連合会により銀行監督制度改善が建議され、大正13年には大蔵省が普通銀行に対して三十箇条諭達を発し、大正15年には金融機関の検査充実案が決定される等、大正期の後半4～5年は根本的な施策や提言が行われている。

行内検査の充実

行内検査充実については、大正12年3月の銀行通信録の記事で[1]、三井、三菱、住友銀行で実施されている3つの例が代表的な行内検査の雛型として取り上げられている。大正12年4月に開催された全国手形交換所連合大会において市來乙彦大蔵大臣は、「又銀行事務の検査が銀行の監督並經營上必要である事は言を俟たない所であります。政府に於ても出來得る限り検査職員を督勵して居るのであります。然しながら全國を通じて普通銀行及貯蓄銀行の本店のみにても約二千を算し、其の支店數は既に五千二百餘に達して居りまする現状に於ては、普遍的に周到嚴密なる検査を實行するのは遺憾ながら困難の事であります。然しながら銀行事務の検査は必ずしも政府の執行する検査のみを以て能事了れりとすべきものではありません。各銀行に於ても常に其の内部の検査を行ひ且つ支店に對する検査監督を勵行せらるゝ事は其の銀行の自衛上よりしても必要なるのみならず、銀行業全般の發展上際めて望ましき事と考へます。要するに政府の検査と銀行の自治的検査と兩々相俟つて銀行の損害又は不始末を能く未然に防ぐの途を講ずる事を適切と信ずるので

あります。此の點に付ても充分御留意あらむ事を希望致します」と述べて、行内検査充実の必要性を強調し、当局検査と行内検査の相乗効果をもって銀行の不始末を防ごうとする意向を表明している。この時期は官民ともに行内検査の重要性を認識していたと考えられる。

検査官増員および銀行検査励行

銀行検査官数は大正期を通して漸増し、銀行検査励行についても厳格化傾向が認められる。しかし、検査官数は一桁が二桁に増加した程度で、これにより著しく銀行検査能力が向上したとは考えられない。銀行検査の厳格化は、検査頻度や検査深度の向上よりもむしろ業績が悪化した銀行に対する指導や処分の強化がその内容となっている。それは大正5年改正銀行条例の趣旨に従って発した問題銀行に対する整理命令が機能しなかった事例について、対応を厳格化するというものであり、実態的には銀行監督行政の実効性回復がその主眼であった。

1－2　「銀行検査官処務規定及注意」の内容検討

「銀行検査官処務規定及注意」は、銀行監督強化の一環として大正4年に制定された銀行検査規定である。大正期における銀行検査充実の軌跡をたどるに際しては、大正初期に策定された本規定を起点とし、それを明治期の検査規定との比較において内容検討する。本規定の冒頭には銀行検査官の職務が明記されている。その内容は以下の4点に要約される。

（1）銀行検査官は金銀、諸帳簿、証書、その他の物件を精細に検査し、その事業、経営、法律、命令、規約に反することがないか調査すること。
（2）銀行が所在する地方経済の実況を銀行全般の営業との関わりから注目すること。
（3）銀行の既往実績に基づいてその将来および営業方法等を考究すること。
（4）上記を大蔵大臣に報告すること。

大正4年9月に制定された、「銀行検査官処務規定及注意」の特徴を明確

第Ⅱ部　大正期の銀行検査

化するため、その内容を明治24年改正の国立銀行検査手続(4)と比較し、銀行検査官処務規定及注意に特徴的な点を以下に列挙する。

(1) 両規定ともに、「検査官の心得」、「検査の順序」、「地方商況の視察」の3部から構成されている。この構成は、明治9年の国立銀行検査順序には見られなかったものであるが、本章で比較対象とする明治24年改正の国立銀行検査手続にはその起源が認められる。この3部構成は既に明治24年改正国立銀行検査手続から始まっており、銀行検査官処務規定及注意は四半世紀前の国立銀行検査規定の様式を踏襲している。
(2) 「検査官の心得」は両規定ともに14項目から構成されており、その内容も項目ごとにほぼ一対一で対応している。検査官の心得に関しては、銀行検査官処務規定及注意は四半世紀の間特に進化を遂げていない。
(3) 「検査の順序」に関しては、両規定ともに20の検査項目から構成されており、その内容も項目ごとにほぼ一対一で対応している。検査の順序に関しても、銀行検査官処務規定及注意は四半世紀の間特に進化を遂げていない。検査項目によっては、検査内容が省略され厳格性の観点からは退化しているものも見られる。
(4) 「地方商況の視察」は、両規定ともに9項目から構成されており、その内容も項目ごとにほぼ一対一で対応している。銀行検査官処務規定及注意の項目5には「此等の銀行其他の會社と其地國立銀行との關係如何」という表現がある。大正4年時点では国立銀行は存在しないので、この表現は明らかに当時の金融制度と矛盾している。明治24年改正の国立銀行検査手続には同様の表現があることから、これは機械的に地方商況の視察に関わるチェック項目をコピーした際の単純ミスと考えられる。内容的にも進化は見られない。

以上のごとく、「銀行検査官処務規定及注意」は「明治24年改正の国立銀行検査手続」を内容・形式ともにコピーしたもので、両規定間の四半世紀にわたる時の流れと、その間に銀行監督当局が経験した明治金融恐慌の教訓は生かされていない。大正期における銀行検査充実の軌跡を辿るための起点と

位置づけて考察した大正初期の検査規定は、その構成および内容に関する限り、むしろ明治24年時点から退歩している。

1－3 「銀行注意事項三十箇条諭達」の特徴

大蔵省は大正13年8月、普通銀行に対して30箇条からなる諭達を発表した。この諭達は従来の普通銀行に対する銀行検査を通して発見した違法事項または不備事項のうち、銀行営業従事者の悪意に端を発するものや銀行経営に直接関係のないものを除き、（1）銀行経営者の法規不案内によるもの、（2）業務不慣れによるもの、（3）経営上の不注意に基づくものに関する注意事項、等を地方長官経由で発牒したものである(5)。

銀行注意事項三十箇条諭達の内容検討は、明治34年に発牒された銀行検査に関する理財局通達との比較において行う。両者間には明治後期から大正期にまたがる四半世紀の時の流れがあり、その間、幾度かの銀行動揺や金融経済状況の変遷があるので、銀行注意事項三十箇条諭達はそれらを反映していると考えられる。「銀行注意事項三十箇条諭達」の各項目内容と推察される大蔵省のねらいを「図表6-1 「銀行注意事項三十箇条諭達」による大蔵省のねらい」のようにまとめる。

図表6-1 「銀行注意事項三十箇条諭達」による大蔵省のねらい

諭達要旨	大蔵省のねらい
取締役と銀行との取引にあたり実態的・形式的な監査役の承認が不十分かつ不適切。	銀行重役の銀行取引の規律付け
取締役資格株の監査役への供託について双方が怠慢。	監査役による銀行役員の監視強化
銀行重役による銀行資産および資金の不正使用。特に投機または企業資金への流用。	銀行重役による銀行資産の不正使用禁止
銀行重役および関係者に対する与信・受信取引条件優遇。	銀行重役に対する不当な優遇禁止
銀行重役または大株主がその銀行の預け先銀行から預金を見合いとして資金の融通を受けるもの。この事情を知って取り次ぎを行う銀行がある。	銀行役員、大株主に対する不当優遇禁止
取締役および監査役の報酬が正規の決定プロセスを経ていない。銀行重役に対する旅費等の支給が不適切。	取締役および監査役への報酬、経費支給適正化
銀行重役が使用人に銀行業務を一任して顧みないものがある。	銀行役員の職務専念度強化
自行設立、資本金増加に際し株式応募者の引受手続が不十分。株主に対し株式払込金を融通。定款に反し金銭以外で不適切に払込。	銀行の資本勘定空洞化回避
会社設立、増資払込に際して不当な振替勘定によって払込を糊塗する取引を媒介。	会社の資本勘定空洞化回避
自行株を取得してこれを担保又は見返りとして貸出。	銀行の資本勘定空洞化回避
支店設置の認可を受けずに出張所、出張店、派出所または代理店等の名称で支店同様の取扱いをしているもの。	無認可営業の禁止・銀行営業実態の把握強化
他業兼営の認可を受けずに業務を兼営するもの。	無認可兼業の禁止

第6章 大正期における銀行検査の考察

貯蓄銀行第一条第二項の規程に違反して預金として受け入れ、特別当座預金として利息を元金に組み入れる旨を記載し複利を付しているもの。	適正な預金受入れ
以下の研究を怠り適当な方法を有しないもの。①預金、支払準備の種類・金額、②本支店、出張所間の支払準備配分方法、③払込資本金、積立金額、④預金その他債務額と貸出の割合、⑤１人当り貸出額や一会社の社債、株式の所有限度額もしくは担保として保有する限度額。	支払準備の適正化、ALM適正化、一社与信制限厳格化
不良資産の償却を適正に実施していないもの。	不良資産償却の適正化
支店、出張所、代理店の監督が不行届きなもの。	銀行経営（支店管理）適正化
株主総会の決議録を支店に備置していないもの。	重要決議内容公開
財産目録を作成しないもの。	資産内容公開
商法第172条に掲げた事項を株主名簿に記載していないもの。	株主情報公開の適正化
受払いの頻繁でない勘定について元帳、記入帳等の備付けを怠るもの。帳簿記入あるいは関係諸帳簿記載事項の突合を怠るもの。	帳簿記帳事務の厳格化
担保品、借入有価証券、保護預品等の帳簿上の整理や関係証券書類の整理が不完全なもの。	証書、帳簿整理の厳格化
当座貸越契約がないもの、貸越限度額の定めがないもの、極度額を超過して貸越をするものがある。	当座貸越管理の厳格化
現金への換金ができない小切手、手形、立替金勘定、仮払金勘定を現金勘定に計上しているもの。	現金勘定計上の適正化
割引手形と手形貸付の混同。	与信勘定計上の適正化
仮払金と仮受金、未収利息と未払利息を差引計算しているもの。	勘定計上の適正化

第Ⅱ部　大正期の銀行検査

実質的な借入金もしくはコールマネー又は銀行の利益に属するものを預金としているもの。	預金勘定計上の適正化
所有有価証券と貸付有価証券を区別していないもの。	有価証券勘定計上の適正化
法令または定款に規定された積立を怠り、その規定に違反して利益処分をするもの。	利益処分の適正化

　「銀行注意事項三十箇条諭達」の項目ごとに大蔵省のねらいを要約すると以下の通りとなる。

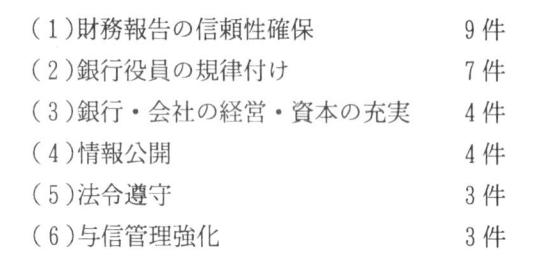

　　（1）財務報告の信頼性確保　　　9件
　　（2）銀行役員の規律付け　　　　7件
　　（3）銀行・会社の経営・資本の充実　4件
　　（4）情報公開　　　　　　　　　4件
　　（5）法令遵守　　　　　　　　　3件
　　（6）与信管理強化　　　　　　　3件

図表6-2　「銀行注意事項三十箇条諭達」構成割合

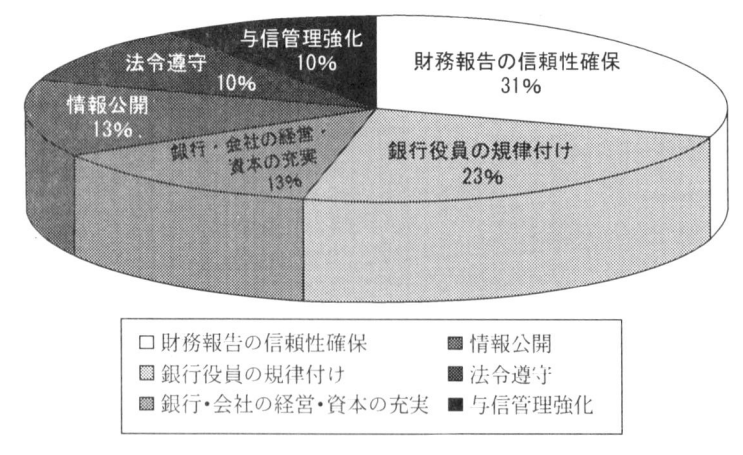

財務報告の信頼性確保　31%
銀行役員の規律付け　23%
銀行・会社の経営・資本の充実　13%
情報公開　13%
法令遵守　10%
与信管理強化　10%

凡例：
□ 財務報告の信頼性確保　■ 情報公開
■ 銀行役員の規律付け　■ 法令遵守
■ 銀行・会社の経営・資本の充実　■ 与信管理強化

出典：『中央銀行会通信録 第257号』(中央銀行会、大正13年8月) 23～24頁。
注：「大蔵省のねらい」は著者が追記した。

第 6 章　大正期における銀行検査の考察

　「明治34年銀行検査関連理財局通達」[6]の項目ごとに大蔵省のねらいを要約すると以下の通りとなる。

　　（1）与信管理強化　　　　　　　　8 件
　　（2）財務報告の信頼性確保　　　　3 件
　　（3）銀行役員の規律付け　　　　　2 件
　　（4）銀行・会社の経営・資本の充実　2 件
　　（5）情報公開　　　　　　　　　　1 件

図表6-3　「明治34年銀行検査関連理財局通達」構成割合

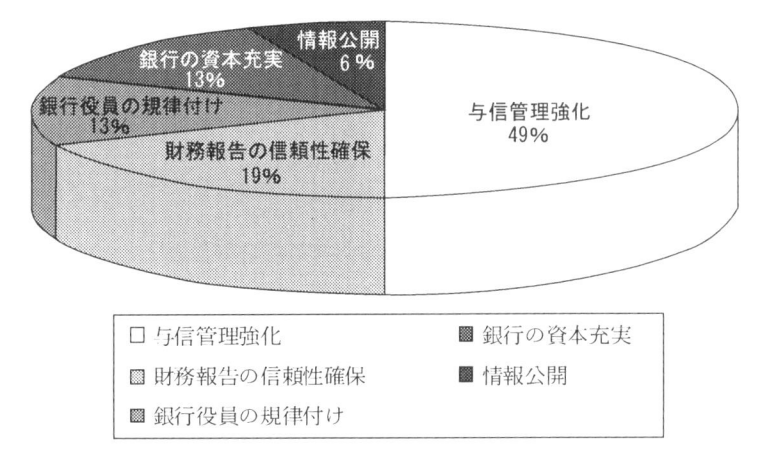

情報公開　6%
銀行の資本充実　13%
銀行役員の規律付け　13%
財務報告の信頼性確保　19%
与信管理強化　49%

□ 与信管理強化　　　■ 銀行の資本充実
■ 財務報告の信頼性確保　■ 情報公開
■ 銀行役員の規律付け

出典：大蔵省編纂『明治大正財政史 第14巻』（財政經濟學會、昭和12年）67〜72頁。

　「明治34年銀行検査関連理財局通達」との比較による「銀行注意事項三十箇条諭達」の特徴
　「明治34年銀行検査関連理財局通達」（以下「明治34年通達」と表記する）と、大正13年8月に発牒された「銀行注意事項三十箇条諭達」（以下「三十箇条諭達」と表記する）の比較によって明らかになった特徴点は、明治34年通

達が与信管理強化を重視していたのに対して、三十箇条諭達は同じく与信管理強化を重視しながらも万遍なく注意点を述べている点である。明治34年時点では大蔵省のねらいに法令遵守が含まれていなかったのに対して、大正13年時点ではそれが新たに加えられている。

銀行役員の規律づけは、明治34年通達では2項目であったのに対して、三十箇条諭達では7項目に増加しており、四半世紀にわたり銀行役員の規律づけを図る必要性が漸増してきたことが窺われる。銀行の情報公開については、1項目から4項目へと増加している。財務報告の信頼性と情報公開を合算すると13項目に及ぶことから、大蔵省は銀行の経営実態を財務報告に正しく表現し、それをさらに適正に公開することが重要と認識していたと考えられる。

総じて明治34年通達では担保の取扱いを中心とした銀行融資実務に関する注意喚起に多くが割かれていたが、三十箇条諭達では個別の融資実務を含めた銀行経営全般に関わる事項について注意喚起が幅広くなされている。

1-4　金融機関別実地検査および書面検査の推移

上記で考察した「銀行検査官処務規定及注意」に基づいて実施された、銀行検査を中心とした大正5年以降の金融機関検査推移を、「図表6-4　金融機関別実地検査および書面検査数推移」にまとめる。金融機関種類は普通銀行から無尽業や市街地信用組合まで含んでいるので、図表6-4は大正期の金融機関検査の全貌を示しているものと理解できる。大正期を通した年度ごとの検査頻度推移は、大正9年の検査件数が著しく減少した以外に、際立った特徴はないが、大正後期に近づくにしたがって徐々に検査頻度が増加する傾向がある。また大正期を通じて全金融機関に対して検査が実施されており、金融機関検査の網がかからなかった業態はなかったが、普通銀行と貯蓄銀行に対する検査が全体の8割以上と大きな割合を占めている点が特徴としてあげられる。

書面検査は主として普通銀行に対して実施されている。市街地信用組合に対しては書面監査が47件実施されており、実地検査の14件よりもむしろ主要な検査手段と位置づけられている。市街地信用組合に対する検査は大蔵省が責任と権限を持つ一方、その整理については大蔵大臣が農林大臣と協議して

第 6 章　大正期における銀行検査の考察

図表6-4　金融機関別実地検査および書面検査数推移

金融機関種類	大正4 (1915)	同5 (1916)	同6 (1917)	同7 (1918)	同8 (1919)	同9 (1920)	同10 (1921)	同11 (1922)	同12 (1923)	同13 (1924)	同14 (1925)	同15 (1926)	計
特殊銀行	8(4)	14(−)	13(1)	12(1)	9(−)	8(5)	−(−)	−(−)	4(2)	−(−)	6(3)	4(−)	77(16)
普通銀行	15(2)	44(1)	40(2)	26(2)	21(−)	3(−)	56(9)	108(−)	55(3)	96(9)	87(9)	46(6)	597(34)
									1	40	46	47	134
貯蓄銀行	23(5)	36(1)	29(3)	18(−)	15(−)	2(−)	14(2)	10(−)	10(−)	9(−)	6(−)	7(−)	179(12)
									2			4	6
信託会社	−(−)	−(−)	−(−)	−(−)	−(−)	−(−)	−(−)	−(−)	−(−)	−(−)	11(−)	2(−)	13(−)
有価証券割賦販売	−(−)	−(−)	−(−)	−(−)	4(−)	−(−)	2(−)	8(−)	6(−)	6(−)	8(−)	−(−)	28(−)
無尽業	12	12	12	12	2(−)	−(−)	4(−)	14(−)	11(−)	5(−)	6(−)	5(−)	59(−)
											3	3	3
市街地信用組合	−(−)	−(−)	−(−)	−(−)	−(−)	−(−)	−(−)	2(−)	3(−)	1(−)	6(−)	2(−)	14(−)
計	46(11)	94(2)	82(6)	56(3)	47(−)	17(5)	76(11)	142(−)	83(5)	117(−)	130(12)	66(6)	968(61)
				16	23	6	2		3	40	49	51	190

出典：大蔵省編纂『明治大正財政史 第14巻』(財政経済学会, 昭和12年) 79〜80頁。
注：(1) 上記資料に掲載されている表 (三, 四) を合算整理したもの。
　　(2) 各行上段は実地検査件数、下段は書面検査件数。
　　(3) 括弧内は支店検査数を内書きしたもの。

247

行うことになっているので、他業態の金融機関とは異なった検査手法を講じた可能性も考えられる。普通銀行に対する書面検査は大正13年以降コンスタントに年間40件以上実施されている。大正13年8月に発牒された三十箇条諭達の特徴に見る通り、同諭達は財務報告の信頼性と情報公開を重視しており、それらに関する注意項目の合算が13項目に及ぶことを考えると、書面検査の有効性を生かした検査を実施しようとする大蔵省の意図が働いたと推察される。

第2節　金融制度調査会による銀行検査充実の動き

　金融制度調査会は、大正15年9月に大蔵省当局が定めた金融制度調査会規則に準拠して設置され、大正15年10月の第一回本会議から、昭和5年12月の第七回本会議まで7回の本会議が開かれた。その間10回に及ぶ特別委員会が開催された。金融制度調査会が廃止されるのは昭和7年5月で、主たる活動は昭和2年2月までに行われた。「金融機關檢査充實ニ關スル調査案」は、金融制度調査が活動を始めた1ヶ月後の本会議で取り上げられた議案で、これをめぐって委員同士の率直な議論が戦わされた。金融制度調査会の主催者である大蔵省と銀行業界を初めとする各界代表が忌憚ないやりとりを行っているので、その詳細を追いかけることが、当時の大蔵省当局の銀行検査に対する考え方を理解する最も有効な方法と考える。発言者の意図を確認しつつ当時の議論を振り返る。

2－1　「銀行その他金融機関検査充実計画」(大蔵省案)の内容検討

　「金融機関検査充実に関する調査」は大正15年10月から議論が開始されたが、それに先立つ約半年前の大正15年4月、大蔵省では「銀行その他金融機関検査充実計画」を内部資料として取りまとめていた。この計画は普通銀行のみならず庶民金融機関をも対象にした金融機関検査充実の施策であり、金融制度調査会で決定された普通銀行を対象とした検査充実計画よりもさらに広範囲な金融機関を検査対象とするものであった。金融制度調査会による、「金融機関検査充実に関する調査」に関わる決議の妥当性を検証する目的で、

第6章　大正期における銀行検査の考察

本資料を分析検討する。「銀行その他金融機関検査充実計画」の内容は以下の通りに要約される。

金融機関の監督と銀行検査のあるべき姿について
（1）健全な金融機関機能の発揮には法規をもって律するのではなく、実際の運営を健全化することが得策と考える。
（2）これは金融制度を改善する上で金融機関監督の改善が最も重要と考える理由である。
（3）金融機関の預金取付、支払停止、破綻等の不祥事は多数の一般預金者や他の金融機関に累を及ぼすだけでなく、経済界に恐慌をきたす。また産業の進歩発達を阻害し国民思想に悪影響を及ぼす。
（4）不祥事の原因は、外的要因（財界の変動に起因するもの）と内的要因（銀行の経営悪化、重役行員の不正行為に起因するもの）に分かれる。
（5）これらの原因を踏まえてその影響を軽微にするためには、外的要因に対しては資本金の増額、支払準備の強制等があげられ、内部要因に対しては、一取引先当りの貸出制限、銀行業者の精選、重役の兼任禁止等、法制整備もその一方策である。しかし、小資本の銀行が分立し、監査役が有名無実で行内検査制度が発達せず、銀行の公共的性格を自覚して職責を全うする経営者が僅少であり、戦後の反動で財界が傷ついている現状において、最も必要なのは銀行検査の励行である。
（6）銀行検査の本来あるべき姿は以下の通りである。これらは健全な銀行業の発達に資するもので書面または営業報告書をもってする監督が及ばないことは言うまでもなく、銀行検査が必須であることの根拠である。
　①重役行員に接し、重役の人格、銀行業務に対する熱心さの程度や行員の監督の良否を知ること。
　②行員の人物、銀行業務の能力、日常の仕事振りを検査すること。
　③虚偽又は不正行為を発見し違法や不整備を矯正すること。
　④銀行資産の確否や欠損の有無を調査して事業経営の適否を勘案すること。

第Ⅱ部　大正期の銀行検査

（7）現行の銀行検査が不行届きでかつ不十分であることに対して世論は非難することが多くなった。認可主義を採用する以上、金融機関検査監督の完備は政府の義務である。銀行の破綻とそれによる財界の動揺は一面政府の責任であるので断固としてこれを改善すべきである。

従来の銀行検査の問題点
　従来の銀行検査の実態および問題点として論じられてきたものを列挙すると以下の通りである。検査回数において普及を欠き、検査の質において不徹底であるというのがその要旨である。

（1）検査官が定員不足であるため検査が普及しないこと。
（2）検査が普及しないため検査を受けた銀行に対して世間が不安に感じること。
（3）検査を受けた銀行に対して世間が不安に感じることを回避するが故に、検査の時期や場所を考慮し、検査機関の能率を低下させること。
（4）検査官の出張回数が少ないため経験による知識が欠けていること。
（5）検査官が検査対象銀行のある地方の事情に精通していないため検査の能率を上げられないこと。
（6）書面検査を充実させ営業報告書の不十分な点を補いかつ実地検査の一助とすること。
（7）検査が形式的に流れ、重役の信用、その兼営事業、投資会社の調査等を重視する余裕がないこと。
（8）例外を除き支店検査を行わないこと。支店の実際業務を行う主張所の検査をしないこと。
（9）検査報告による処理報告が遅延しているものがあること。
（10）検査の事後監査が極めて不十分であること。

銀行検査の改善策
（1）銀行および信託会社に対する実地検査ならびに書面検査のために定員を増加させ、これにより検査の普及を図る。また、各検査官が地方財

政に親しむとともに検査官の特別任用の途を開くこと。このようにして銀行業務に関する知識を求め検査の内容を充実させること。
(2)無尽業、有価証券割賦販売業および市街地信用組合は、いわゆる庶民金融として多数零細の資金を収集し金融の途を開く主として中産階級以下の重要な機関であることを鑑みると、破綻することがあればその影響は深刻である。その経営者は銀行業者に比べて社会的信用が低いものが多いので多数の加入者または組合員を保護する意味からもその監督は厳格であることを要する。

現在の銀行検査運営上の問題点
(1)第一次の検査監督権を府県庁に委任している。
(2)本省による検査も必要であるにも拘らず検査官の人数不足により検査は閑却されてきた。
(3)従来の本省検査の結果を見ても、無尽業や有価証券割賦販売業の検査に関しては、完全なものは稀である。
(4)営業免許の取消しもしくは営業の一部停止を命じなければならないものが少なからずあるので、これらの金融機関に対しても検査官の増員を図り検査の励行を期すべきである。

金融機関検査充実を急ぐ理由
(1)わが国財界の整理を徹底的に行うためには、金融機関の検査を励行し銀行の整理を行うことにより一般事業の整理を促進することが確実である。現内閣の方針に則り一昨年下半期から財界の整理は真剣に行われており、各方面に喜ぶべき兆候も現れている。しかし、未だに物価および金利の低下が十分ではなく堅実な基礎の上に建てられた産業の振興は不十分である。つまり財界の整理は不十分で安定的な資金を供給し生産力を回復するまでに至っていない。政府財政を整理緊縮しても民間事業が整理されなければ財界の好転は望めない。したがって民間事業の徹底的整理を促進するには、銀行その他の金融機関の整理を通してそれを行う以外に適切かつ確実な方策はない。

（2）一般国民の勤倹を奨励するに際して、金融機関を厳格に検査し、その内容を堅実なものにすることは先決問題である。一般国民が政府の趣旨に共鳴し勤倹貯蓄しても、その汗と涙の結晶を預かる金融機関が相次いで破綻する現状は勤倹の精神を破壊するのみならず国民の思想を悪化させるものである。
（3）政府の責任として金融機関の監督を充実することは最も緊急な政務である。現在銀行で破綻したものあるいは営業停止を命じられたものは少なくない。もしこれらの銀行が検査を受けて事前に注意を受けていれば、その数は減少していたであろうことは実例によっても明らかである。したがって検査官が手薄であるために検査を行い、警戒を発することができなかったとすれば、営業停止に至った責任の一端は政府にあると言っても過言ではない。

「銀行その他金融機関検査充実計画」における銀行・信託会社検査充実計画案
　「銀行その他金融機関検査充実計画」では銀行・信託銀行の検査を計画する上での基礎行数を大正14年12月現在で2,500行と計算していた。その計算根拠は「図表6-5　銀行・信託銀行本支店数の算出基礎表」の通りである。（基礎行数は検査対象金融機関全体を有限母集団として、そこから抽出して実際に検査を行う対象本支店を金融機関数に換算した数値と理解する。）

　銀行検査のための基礎行数を2,500行の実地検査と書面検査を担当する検査を担当する一組の構成要員と検査行程を「図表6-6　検査チームの人員構成と検査行程」の通りにまとめる。

第 6 章 大正期における銀行検査の考察

図表6-5 銀行・信託銀行本支店数の算出基礎表

銀　　行	本　店	支　店	合　計
特別銀行	34	213	247
普通銀行	1,538	5,968	7,635
貯蓄銀行	133		
小　　計	1,705	6,177	7,882
信託会社	33	17	50
合　　計	1,738	6,194	7,932

出典：『昭和財政史資料』（「銀行其ノ他金融機關検査充實計畫」、大正15年4月）マイクロフィルム冊子番号NO.1-074、検索番号32-003。

注：（1）検査すべき支店数を支店総数の4分の1とすると1,548支店になる。本店の検査は2支店分に相当するとみなすとこれは774行に対する検査に相当する。
　　（2）したがって検査対象銀行は本店数1,738行と774行を合算して2,512行となり、概算2,500行が銀行検査の基礎行数となる。

図表6-6 検査チームの人員構成と検査行程

	実地検査	書面検査
1．検査チーム一組の構成内訳	事務官　1名 属官　　3名 属官　　2名	事務官　1/5名 属官　　1名 属官　　2名
2．検査行程	50行/年(一組当り) （1行について平均3日半の検査行程に加えて移動日数を加算する。年7ヶ月出張する予定）	50行/年（一組当り） （1行について1週間）

出典：『昭和財政史資料』（「銀行其ノ他金融機關検査充實計畫」、大正15年4月）マイクロフィルム冊子番号NO.1-074、検索番号32-003。

注：書面検査については検査官5組当り1名の事務官を配置する。

　上記の図表6-5と図表6-6をもとにした検査回数や検査官増員数および経費増加概算の内訳を「図表6-7　検査回数、増員数および経費増加概算」に示す。

253

第Ⅱ部　大正期の銀行検査

図表6-7　検査回数、増員数および経費増加概算

	実地検査	書面検査	合　計
（1）検査回数	2年に1回	2年に1回	
（2）一ヵ年検査行数	1,250行	同左	
（3）所要組数	25組	25組	
（4）増加組数	20組（現在の5組を差引く）	25組	
（5）定員の増加（合計）	120人	80人	200人
①事務官	20人	5人	25人
（内特別任用）	（4人）	（1人）	（5人）
②属	60人	25人	85人
③雇	40人	50人	90人
（6）経費増加概算	438,274円60銭	106,890円80銭	545,165円40銭

出典：『昭和財政史資料』（「銀行其ノ他金融機關検査充實計畫」、大正15年4月）マイクロフィルム冊子番号NO.1-074、検索番号32-003。

「銀行その他金融機関検査充実計画」における庶民金融機関検査充実計画案
　庶民金融機関検査は無尽業、市街地信用組合、有価証券割賦販売業の3業種を対象に、銀行・信託会社の基礎行数に対応する「基礎業者および組合数」を600社とした。庶民金融機関は支店数が限られていることから、銀行・信託会社検査のように実地監査対象支店を抽出するという論理を用いないため、本支店数の単純合計である566社をベースに有価証券割賦販売業の検査が著しく手数を要することを勘案して600社としたものである。
　実地検査の頻度は2年に1回として検査チーム一組を事務官1名、属官2名、雇2名の合計5名で構成することとして、6組30名の検査官を増員することとした。

「銀行その他金融機関検査充実計画」の所要経費
　銀行その他金融機関検査充実計画にともなう必要経費増は銀行・信託会社

について図表6-7で内訳を示したが、庶民金融機関の検査充実や検査事務増加にともなう一課新設経費を合算すると、総計は「図表6-8　検査充実計画案にともなう所要経費一覧」のようになる。

図表6-8　検査充実計画案にともなう所要経費一覧

検査費目	経費額	累　計
銀行・信託会社検査	545,165円40銭	
実地検査	438,274円60銭	
書面検査	106,890円80銭	545,165円40銭
庶民金融機関検査	84,041円	629,206円40銭
検査にともなう一課新設	12,119円	641,325円40銭

出典：『昭和財政史資料』(「銀行其ノ他金融機關検査充實計畫」、大正15年4月）マイクロフィルム冊子番号NO.1-074、検索番号32-003。

　銀行・信託会社検査にともなう組織新設経費を除いた検査経費545,165円40銭の内訳を見ると、旅費が241,174円、人件費が208,780円と経費全額のそれぞれ44％と38％、合計82％を占めており、その他は事務費や庁舎賃借料等である。銀行検査にともなう変動費が少なくとも検査経費の44％を占めるため、これを予算手当すると、予定された検査行程を着実に消化しないかぎり大幅予算未達となる。つまり検査充実計画に基づいて予算措置することは、それ自体が銀行検査ノルマ達成へのプレッシャーとなる。

　大蔵省案による銀行検査の実態分析は、ほぼ完璧に行われており、銀行検査の問題点および銀行検査運営上の問題点を的確に捉えた上で、銀行検査のあるべき姿とそれに向けた改善策を具体的に述べている。また、銀行検査の充実を急ぐ理由を財界の現状から説き起こし、銀行検査に預金者保護、銀行破綻の未然防止に対する役割を期待している。

　大蔵省案では2年に1回の検査実施を前提として、銀行その他金融機関の検査担当者を200名として予算原案を策定した。算出根拠は、特別任用を含めた事務官25名に対し、「属」や「雇」等の補佐的役割を果たすスタッフを175名配置した組み合わせ比率である。つまり、大蔵省は事務官1名に対し

第Ⅱ部　大正期の銀行検査

て3〜5名のスタッフを配して25組のチームを編成し、各チームが機動的に銀行検査を実施することが可能な体制を整備しようと試みた。

「銀行その他金融機関検査充実計画」（大蔵省案）の特徴
　上記で内容要約した通り、大蔵省案による「銀行その他金融機関検査充実計画」（以下「大蔵省案」と略記する）は、明確なコンセプトを新たに打ち出し、かつそれを実現するための予算案も準備していた。大蔵省案で明確化されたコンセプトで特徴的な点は以下の通りである。

(1) 健全な金融機関機能を発揮させるためには、法律で規制するのではなく、金融機関経営を実態に即して健全化することが重要であるという考えを明確にしたこと。
(2) 銀行経営者が拠って立つべきものとして「銀行の公共性」を打ち出した上で、銀行経営の頽廃はこの概念を疎かにしたことが原因であると結論づけていること。また銀行の公共的性格を自覚して職責を全うする経営者が僅少であるという事態に効果的に対処する方策として銀行検査が有効と認識したこと。
(3) 効果的な銀行検査を行うためには、①銀行役職員への直接的接触による動態検査、②業務プロセスを検査対象とするプロセス検査、③虚偽、違法、不正を矯正するコンプライアンス検査、④事業経営の適否を重視する経営検査、の4つのポイントが重要であることを明確化したこと。つまり、「動態監査」、「プロセス監査」、「コンプライアンス監査」、「経営監査」等、現代の監査理論でも重視される提言型検査の基本コンセプトに沿った銀行検査を実施することが重要であるという考えを打ち出したこと。
(4) 銀行監督行政の手法として認可主義を採用する限り、金融機関の検査監督は政府の義務であるとしたこと。
(5) 庶民金融機関は中産階級以下にとって重要な機能を果たし、金融システム全体からしても破綻の影響は甚大であることから、金融機関検査の対象として加えるべきとしたこと。つまり、銀行の公共性のうち預

金者保護の観点からの検査を重視したこと。
（6）銀行検査は金融機関の健全性を確保するだけでなく、民間事業の整理を促進する上で重要であるとしたこと。
（7）現在の銀行検査の問題点は検査官の知識が乏しい上に検査頻度が低く、検査が形式的で事後フォローも不十分であり、かつ地方官庁に実態的な検査実務を委任し大蔵省による検査の執行が不十分であること等を明確にしたこと。つまり、銀行検査は本来の役割を全うしていないことを自ら認めたこと。

　大蔵省は銀行その他金融機関を対象とした検査充実計画を立案するに際して、従来の銀行検査の問題点を率直に反省し、制度インフラ構築および人員増強を軸とする銀行検査充実計画と、それを実行するための予算案を策定した。この大蔵省案を見る限り、銀行検査の実態は的確に認識され、あるべき銀行検査のイメージも明確ではあるが、制度インフラの具体的構築プロセスや増員予定の検査官に対する教育プログラムの内容等は不明である。大蔵省案では構築されるべき銀行検査体制は示されているが、それを実現するためのアクション・プログラムが欠落している。

　金融制度調査会の「金融機関検査充実に関する調査」を議論する「普通銀行制度特別委員会」は、大蔵官僚が思い描いた銀行検査の理想をいかにして実現するかについて議論する場となった。金融制度調査会の委員である金融界の重鎮達は、共通の現状認識に基づいて将来あるべき銀行検査の理想を持ち寄り、互いの理想をすり合わせるとともに、実務レベルでそれらを具体化するためのアクション・プログラムについて議論した。

2－2　金融制度調査会による「金融機関検査充実に関する調査」の答申内容と審議経緯

　金融制度調査会は、大正15年11月19日に開催された第四回金融制度調査会本会議で、「金融機關檢査充實ニ關スル調査案」（金融制度調査準備委員会決定案）を審議、採決した。大蔵大臣への答申内容と答申理由を「図表6-9「金融機関検査充実に関する調査」の答申内容と理由（第三項修正案追記）」にま

第Ⅱ部　大正期の銀行検査

とめる。「金融機関検査充実に関する調査」の答申内容を検討するに先立ち、第四回金融制度調査会本会議でこの議題が審議されるに至った経緯を概観しておく。

　大正15年10月の第二回金融制度調査会本会議において、「普通銀行制度に関する件」の準備委員会決定案が付議され、個別項目の審議については15名の特別委員で構成される特別委員会に付託された。特別委員会では準備委員が用意した19項目にわたる具体的改善案の内容を審議することとなった。具体的改善案の第九項は「銀行ノ内部監督ヲ一層充實セシムルノ件」であり、金融制度調査会普通銀行制度特別委員会の第一回から第二回会議にかけて審議された。「金融機關検査充實ニ關スル調査案」が第四回金融制度調査会本会議で審議されるに至ったきっかけは、大正15年10月に開催された第二回金融制度調査会普通銀行制度特別委員会でのやり取りにあった。以下でその経緯を概観する。

　「金融機關検査充實ニ關スル調査案」策定の経緯
　第二回金融制度調査会普通銀行制度特別委員会の議題である、具体的改善案の第九項に関する議論がほぼ出尽くしたとき、特別委員会委員で日本銀行総裁の市來乙彦は、銀行検査のあり方について建設的な意見を発表した。これは現在に連なる日銀考査の嚆矢となった記念碑的な発言であるので以下に内容要約する。

（1）銀行に対する検査の周到を期するためには、まず大蔵省の検査担当官を増加させることであるが、これは財政上の都合から若干困難と思われる。
（2）地方官吏に周到な銀行検査をさせる方法があるが、これも中央と地方の財政事情が影響する。
（3）税務監督局や税務署の組織・権限に変更を加えて、税務の執行とともに銀行検査にあたらせるのも一方法であるが、財政事情もあってこれが適切であるかということについては議論の余地がある。
（4）日銀に検査を行わせるについて、日銀に普通銀行検査の権能を与える

258

ことについては法律上でき難いことかも知れない。その場合は、日銀が取引銀行との関係を根拠として取引銀行の内容調査を行い、実地調査や書面調査の結果を大蔵大臣に報告する。つまり、日銀が大蔵省検査の補助機関として検査に等しい調査を実施するのも一方法と考える。

　この市來の提案とその後の議論を経て、大正15年11月9日の第八回金融制度調査会普通銀行制度特別委員会において衆議院議員で特別委員会委員の加藤政之助が金融機関検査充実に関する付帯決議を求めた。そして、「近時頻々トシテ續發スル銀行ノ破綻ニ鑑ミ預金者保護ノ必要最モ急ナリト認ム、仍テ政府ハ速ニ検査機關充實ノ計畫ヲ樹テ金融制度調査會ニ提出セラレムコトヲ望ム」という案文を提出して採決を求めた。案文内容に関する議論の後、付帯決議をもって本会議で主張するのではなく、政府案として大蔵大臣に答申し、10日後の11月19日に開催される第四回金融制度調査会本会議に議案提出することとなった。提出された答申内容と答申理由は図表6-9の通りである。

図表6-9　「金融機関検査充実に関する調査」の答申内容と理由（第三項修正案追記）

答申内容	理　由
第一項　金融機關検査充實ニ關スル件 1．政府ノ検査ハ各銀行其ノ他ノ金融機關ニ付少クナクトモ二年ニ一囘宛實地検査及書面検査ヲ行ヒ得ル程度ト爲スコトトシ財政ノ許ス限リ成ルヘク速ニ之カ實現ヲ期スルコト 2．検査規程ヲ適當ナル方法ニ依リ公表スルコト 3．検査ノ實蹟ハ通例毎年一囘之ヲ取纏メ其ノ概要ヲ摘録シテ公表スルコト	1．銀行その他の金融機関の基盤を強固にして財界の健全な発達を図る上で銀行検査の励行が重要なことは当然である。政府の検査機関の現状は本店だけを一巡するのに7年も要している。したがって、2年に一巡することを旨とし、適切に検査要員を増員し、検査監督機関の充実を期することとした。 2．政府の検査規程を公表することは、金融業者の経営上の参考となり、これが業者を指導する上で有益であると認められる。 3．銀行検査の実績をとりまとめて適

第Ⅱ部　大正期の銀行検査

	当時期にその概要を公表することは金融業者のみならず、一般財界にとっても有益な点が多くあると認められる。
第二項　日本銀行ニ銀行検査権ヲ賦與スルノ可否 1．日本銀行ニ検査権ヲ賦與スルハ不可ナリト認ム	1．日本銀行に銀行検査権を賦与するには法律を整備することが必要である。日本銀行が私的法人である以上、他の銀行に対して強制的に臨検して営業上の秘密を開示させる権限を与えることは法律上不適当である。金融機関の監督は財務行政上最も重要なものの1つであり、その監督と検査は密接な関係を保つことで監督を完全に遂行することができる。そのために、政府が検査を直接執行する必要がある。
第三項　日本銀行ヲシテ契約ニ基キ其ノ取引銀行ノ検査又ハ調査ヲ勵行セシムルノ件 1．日本銀行ハ取引銀行ニ對シ其ノ契約上検査又は調査ヲ爲ス権利ヲ有スルカ故ニ將來之ヲ勵行セシムルコト	1．日本銀行が契約上の権利に基づいて取引銀行の業務や財産に関する実態を検査あるいは調査し、常に政府の検査と連絡を保たせることは、検査を充実させる上で便益が多いと認める。
[[井上委員提出ニ係ル第三項修正案] （修正案を議決） 1．日本銀行ヲシテ取引銀行ニ對シ其ノ契約ニ依リ調査ヲ爲サシムルコト	1．日本銀行が契約によって取引銀行の業務や財産に関する実態を調査し、常に政府の検査と連絡を保たせることは、検査を充実させる上で便益が多いと認める。

出典：日本銀行調査局編集、土屋喬雄監修『日本金融史資料明治大正編第18巻　金融制度調査会議事速記録』（大蔵省印刷局発行、昭和31年）375〜397頁。
注：「金融機関検査充実に関する調査」の該当部分をまとめたもの。理由は現代語で要約した。

第 6 章　大正期における銀行検査の考察

「金融機関検査充実に関する調査」の答申内容に関する本会議での説明と質疑応答

第四回金融制度調査会本会議における答申内容説明および質疑応答を分析することは、銀行検査充実に向けた金融制度調査会の基本姿勢を探る上で必要と考えられるので内容検討する。[14]

第一項　「金融機關檢査充實ニ關スル件」についての本会議での説明内容[15]

金融制度調査会幹事で大蔵省銀行局長の松本脩は、会議冒頭の説明で、「……是等ノ金融機關ヲ検査致シマスルコトハ、此ノ理由ニモ申述ベテアリマスル通リ、預金者保護ノ點、又一般經濟界産業助長ノ點カラ致シマシテ、又我國今日ノ整理進行ノ促進ノ點カラ申シマシテ、其必要ナルコトハ今更申スマデモナイコトデアリマス」と述べて、金融機関検査を充実させる根拠として「預金者保護」、「産業助長」、「わが国の整理進行」の３点を掲げている。[16] ここでは預金者保護の概念はすでに打ち出されてはいるが、信用秩序の維持については明確には打ち出されていない。

金融機関検査を充実させる具体的方策としては、予算措置を伴う検査官の増員および検査頻度の増加、検査官の地位向上、検査規程の公表、検査結果の概要の公表等をあげている。予算措置を伴う検査官の増員について松本は、「然ル所政府ニ於キマシテモ今囘豫算案ガ確定サレマシテ此銀行其他金融機關檢査官設置ニ要スル經費ト云フモノヲ豫算ニ入レラレルコトニナリマシタ」と報告している。[17]

検査頻度の増加については、実地検査または書面検査により検査頻度を上げることを述べている。ただし、図表6-4に見られるように、銀行その他の金融機関に対する書面検査は大正 7（1918）年から行われており、特に普通銀行に対しては大正13年から大正15年にかけて年間40箇所以上の銀行において書面検査が実施されている。金融制度調査会による銀行検査充実の方策のうち、書面検査を取り入れる方法については、従来の方式を追認し、さらに力点を置くこととなった。

具体的な検査官の増員および地位向上の内容としては、検査官が勅任の地

位まで上りつめることが可能であることを示すことにより、検査官のインセンティブ向上策を打ち出している。検査規程の公表については、従来公表しなかった検査規程を公表することの意義を強調している。

　検査結果の概要の公表については、第四回の金融制度調査会本会議においても参加者から質問を受けて活発に議論されたポイントであるが、冒頭の説明で松本は、検査結果の概要を公表することによる効用を、「金融業の専門的部分での効用」、「財界の趨勢を一般公衆に知らせるという効用」の２つに分類して強調している。

第一項　「金融機關檢査充實ニ關スル件」についての本会議での質疑内容[18]
検査結果の公表と銀行の守秘義務の関係

　第一項に関する最初の質疑応答で取り上げられたのは、検査結果の公表についてである。質疑を行ったのは金融制度調査会委員で大蔵大臣経験者である阪谷芳郎で、回答者は松本である。阪谷は検査結果公表と銀行の守秘義務の矛盾について質問した。松本は銀行の守秘義務と矛盾しない程度に検査結果を公表することを明らかにした。

　阪谷はさらに追い討ちをかけるように正論を発して松本に質問した。その骨子は、（１）銀行は株主総会や監査役の認可を経て決算を発表しているので、それと同様の内容を公表しても効果はない、（２）しかし、株主総会や監査役の認可を経たものと異なる内容を公表しても紛議の種となる、（３）監査役が認可して株主総会で承認を経たものの公表と同時に、大蔵省の銀行検査官がそれと異なる収支の勘定を発表すると、２つの異なったものが存在することになる、（４）決算結果は見方により複数の結果が生じるので、銀行が発表している決算を基礎として検査する方が効果的である、（５）検査結果を公表することは結構であるが紛議の原因とならないような検査法を研究することが必要である、等の５点に要約できる。

　かつて国立銀行の検査報告書は「銀行検査官報告書撮要」として、明治11年５月発行の『銀行雑誌　第６号』、同年６月発行第７号および同年７月発行第８号に３回にわたって発表された[19]。阪谷が検査結果の公表と銀行の守秘義務の関係や検査結果公表にともなう紛議について質疑を行った背景には、こ

のように銀行検査官報告書撮要が3ヶ月にわたって公表され、その後一向に銀行検査結果が公表されなくなったという事実と無関係ではないと考えられる。

明治期に『銀行雑誌』で検査結果が公表された銀行は、福島第六国立銀行、新潟第四国立銀行、飯山第二十四国立銀行、上田第十九国立銀、松本第十四国立銀行、山梨第十国立銀行の6行であった。公表内容は個別の検査事実や取引種類ごとの数値に加え、監査役や株主総会の承認を受けていない検査当日の貸借対照表であった。阪谷の主張にしたがって、過去の検査結果公表の事実を振り返ると、明治期の検査結果公表は守秘義務だけでなく、公表が及ぼす銀行経営への影響という点からも問題があった。阪谷は明治23年に『日本會計法要論 完』[20]を著しており、政府機関や企業が会計上の活動実態を法律に沿って公表することについては、会計法の専門家の立場から一家言を有していた。

『日本會計法要論 完』が発刊された明治23年は、阪谷が大蔵省主計局調査課長から監督課長に転任した年であり、おそらくは職務遂行上の必要性から会計法の集大成を試みたものと考えられる[21]。阪谷が検査結果公表の内包するリスクを現役銀行局長以上に明確に認識し、執拗な質問攻勢を通して金融行政当局の姿勢を軌道修正しようと試みた背景には、行政実務経験や会計法の見識に裏付けられた確固たる根拠があったと考えられる。

公表すべき検査結果の範囲

この阪谷の正論を受けて松本の自信は若干揺らぐが、この議論を通して公表すべき検査結果内容が明確となる。銀行が発表する決算結果に基礎を置き、さらに銀行検査を通して明らかとなった検査結果の詳細を「銀行業者や財界の参考となる情報」という目線で分析して公表するというスタンスが示される。この点について松本は、銀行検査を通したマクロレベルの分析結果を銀行業者や財界の参考になる情報にアレンジして公表するという趣旨を明確にしている。

検査結果公表の効力

この松本の説明を受けた阪谷は、銀行の守秘義務および検査結果公表による銀行顧客動揺の可能性という観点からは納得したが、さらに「オーディター」(会計監査人) 機能と銀行検査機能の棲み分けという観点から議論を展開し松本の見解を引き出した。

阪谷は、日本銀行等公的金融機関の監理官が各銀行の決算結果を認可しているという事実を捉えて、松本の説明は了解したものの、決算結果を重視する範囲の検査に止まるレベルで検査結果を公表していたのでは、検査結果公表の効果が薄く、決算結果に対して独自の意見を発する銀行検査は公的機関による会計監査を実施するのと同じことになるとの見解を示し、松本に難問をぶつけている。

この難問を受けた松本は、自身の説明が不十分であったことを認めつつ、これまでの説明を繰り返し、「銀行ノ確實不確實ヲ政府ガ證言ヲスル意味デハゴザイマセヌ」と結んだ。両者のやり取りを見ると、思い込みが錯綜して必ずしも十分に議論が嚙み合っているとは言えない部分もあるが、大蔵大臣経験者である阪谷と松本大蔵省銀行局長とのやり取りであるので、当時この分野で最も見識が高い者同士の議論と考えられる。

銀行検査に対する阪谷の認識は、(1) 銀行検査とは銀行業務が法律の定めるところにしたがって遂行されているかをチェックし、個別銀行に対して注意喚起すること、(2) 金融機関検査充実に関する調査で提案されている公表を実施することは個別銀行の健全性を国民一般に対して保証することになること、(3) 公表した場合には、その結果がすでに問題なしとして発表された個別銀行の決算結果と矛盾することになると事態が紛糾する、という3点に集約される。阪谷は松本の説明によって一応納得した。

検査頻度および検査規程の公表についての質疑応答

第一項に関して次に取り上げられたのは、検査頻度および検査規程の公表についてである。質問に立ったのは、金融制度調査会委員で愛知銀行頭取の渡邊義郎である。渡邊の質問は現役の頭取らしく銀行検査を受ける側が心配するであろう点を衝いている。質問のポイントは、(1) 検査頻度は少なくと

も2年に1回行い得る程度とあるが、これは実地検査と書面検査を同時に実施するということか、あるいはそのどちらかを実施するという意味か、(2)検査規程を適当な方法で開示するとあるが、この検査規程は金融制度調査会に諮る予定であるか否か、の2点である[24]。

これに対して松本は、第1点はどのようにするか現在は決まっておらず、第2点については金融制度調査会に諮るつもりがないことを明言している。このやり取りの後を受けて阪谷が本質的な質問を投げかける。阪谷の質問は必ずしも検査頻度と検査規程の公表に焦点を絞ったものではなく多岐にわたるので、以下にポイントを整理する[25]。

(1) 金融機関検査を充実させるにあたり臨時検査と検査費用のことには触れられていない。
(2) 検査費用は大蔵省が負担するのであろうが、実際には金融機関の株主が検査を希望することがしばしばある。その場合は株主が検査費用を負担しても良いのではないか。20人あるいは30人とある程度まとまった人数の株主が申し入れた場合に銀行検査を実施する等、ある程度の制限を設けることは必要と思う。
(3) 例えば、朝鮮銀行の場合は欠損が生じそれが騒動の元となったが、このようなときに株主の要請にしたがって大蔵省検査が実施されれば疑惑が解かれ整理が進むと考えられる。
(4) 従来大蔵省検査は業況の悪い銀行に対して行われてきたので、銀行側も検査を望まないし、大蔵省検査が入ったということで銀行の信用にかかわるとされてきた。しかし、検査が当り前になれば、検査されることが、かえって銀行に信用を付けるということになる。
(5) 株主は商法の規定により銀行帳簿の閲覧ができないわけではないが、慣れない者が見ると銀行も株主も大変である。したがって、料金を支払って大蔵省にいつでも検査をしてもらえるということになれば大変便利である。今回公表する予定の検査規程にこのような内容を盛り込んではどうか。

上記のように、阪谷はきわめて先進的な大蔵省検査のあり方を提示し、それを検査規程に盛り込むことまで提言している。しかし、大蔵省検査のイメージを改善するには銀行の業況良否に関わりなく検査を実施できるだけの検査要員を配置することが先決であり、検査費用の株主負担を実現するためには、さらに検査の効用を一般に認知させることが必要である。つまり、阪谷の提言は大蔵当局者にとってはあまりに理想論でありすぎ、それを検査規程に盛り込むことについては首肯しようがなかった。
　松本はこの阪谷の提言に対して、株主の要請にしたがっていつでも大蔵省検査を実施しなければならないとすると、そのための制度的インフラを整えなければならないし、一方で弊害が生じる可能性についても考慮する必要があるとして否定的に回答した。また、2年に1回程度実地検査および書類検査をしていれば株主の要求を待って臨時に検査を実施する必要はなく、たとえ株主から要請があっても実費を徴収せず進んで検査を実施するとしている。このやり取りでは松本の説明に理があり、本件について阪谷が追加質問することはなかった。

　大蔵省検査の内容についての質疑応答
　金融機関検査充実に関する調査とは直接関係はないが、調査会委員で日本勧業銀行の参与理事であった志立鉄次郎が大蔵省検査に対する銀行サイドからの不満を例にあげ、検査のあり方について質問した。それを内容要約すると、（1）個別業務や取引内容の詳細に立ち入って干渉する等、検査官の職権は業務に立ち入って警告することはできるのか、（2）もしそれらを行うことについて職権上問題があるなら止めて欲しい、（3）今回策定される検査規程はその点をどのように扱っているのか、の3点にまとめられる[26]。
　松本はこれらの点について、大蔵省検査の目的は法律違反や不正だけではなく銀行経営の健全性をチェックすることがその眼目であることを明確に示した。

第6章　大正期における銀行検査の考察

第二項　「日本銀行ニ銀行検査權ヲ賦與スルノ可否」および第三項　「日本銀行ヲシテ契約ニ基キ其ノ取引銀行ノ検査又ハ調査ヲ勵行セシムルノ件」についての本会議での説明内容[27]

松本は、日本銀行に対して銀行検査権を付与しないことを決定した背景について、私人たる日銀が公権を得て強制的に銀行に臨検し、営業上の秘密を開示させる権限を持つことは不適当であると説明している。日本銀行に対して、契約に基づいて取引銀行の検査や調査を行わせることには正当性があり、日本銀行による検査の効力については、日本銀行による銀行検査は大蔵省検査とは異なるので両者は連携を強化し、必要事項については大蔵省が指導するとともに協議を密にして運営していくことにより効果が上がると説明している。

第三項　日本銀行が契約に基づいて取引銀行の検査を行うことについての質疑応答

調査会委員で東京帝国大学教授の山崎覚次郎は、日本銀行による検査対象銀行をその取引銀行に特定することの是非について、いかにも学者らしく取引銀行の定義に遡って質問している。以下に質問のポイントを要約する。[28]

（1）取引銀行は法律上の用語かあるいは慣習上の用語か。
（2）資料によると取引銀行数はわずか259行であり、千何百という銀行数の中では比較的少数である。これは預金勘定を頻繁に利用しているかあるいは特別の関係があるものを取引銀行としているのか。
（3）日本銀行が検査対象銀行を259行に決めるのには何か標準があるのか。それともどの銀行でも取引銀行になろうとすればいつでもなれるのか。
（4）第二項は法律上の問題があるが、第三項は事実上検査が可能であるので検査を実施するのであれば、取引銀行の数が増加すると、事実上日本銀行は多数の銀行に検査権を行使することになる。第二項と第三項の相違は何か。

山崎の質問は厳密ではあるが、上記（4）は明らかに理解不足に基づいてい

る。なぜなら、第三項は日本銀行に検査権を与えることが問題であることから提出された項目だからである。山崎の質疑に対して松本は要点を繰り返し簡潔に説明した。速記録からも、松本がいささかうんざりしている様子が伝わってくるが、第二項と第三項の考え方の相違について、原則論を繰り返し説明した。

　山崎の質問を受けて同じく調査会委員で大蔵省政務次官の小川郷太郎は大蔵省検査と日銀検査の相違について本質的な質問をぶつけた。以下に質問のポイントを要約する。[29]

（1）日本銀行と代理店契約を結んでいる銀行が検査対象になるとすれば63行だけが対象となり後は対象ではないと理解するがそれで良いか。
（2）日本銀行による検査は日銀が代理店契約を結んでいる銀行に対して委任事務の検査を実施するので、銀行経営の良否について検査する大蔵省検査とは大変異なると理解して良いか。
（3）日本銀行が現在契約を結んでいる63行に対しては検査を実施しているのか、それとも契約を結ぶにとどまっているのか。
（4）大蔵省検査が銀行経営の良否を判断するということは銀行業務の内容を検査することであり、その場合は銀行事務に非常な経験を有する者でなければ本当の検査はできないと考える。検査官18名、属官54名を配置すべく予算計上したとのことであるが、通常の官吏ではこのような経験を有する者はいないと考える。検査の実をあげるために経験を有する官吏を任用するということについてどのような考えを持っているのか。

松本は小川の質問に対して以下のように簡潔に応じた。[30]
（1）日本銀行が検査すべき銀行は63行であることは間違いない。ただし、今後増加する可能性がある。
（2）代理店契約に基づく検査については代理事務だけではなく全般を検査することと解釈する。例えば、国庫金も今日では預金制度になっているので、一般の資金と混同して運用されており、国庫金の行方を確か

めるには一般の営業を検査しなければならないからである。
(3) 大蔵検査官の検査技能に関しては、技能を有する官吏の養成を十分考えている。熟練者と同道して漸次養成していく。新規採用に関しては銀行事務の経験が深い者を採用していくが不都合はないと考える。

　前出の渡邊は、日本銀行による代理店契約銀行の検査について、日本銀行の検査を忌避する気持ちから国庫事務の取扱いを敬遠する銀行が出てくる可能性を心配している。これに対して松本は、日本銀行の検査があるべき姿について、希望的推測を交えて回答している。松本の論理によると、日本銀行検査は代理店契約銀行から歓迎すべきものと認識されるので、日銀検査のゆえに銀行が代理店契約の締結を敬遠することはないということになる。

第一項　「金融機關檢査充實ニ關スル件」についての意見聴取
　阪谷は第一項から第三項ともに異議がないとしながらも、銀行検査の内包するリスクについて意見を述べた。以下にポイントを要約する。[31]

(1) 銀行検査には弊害が多い。なぜなら業況の悪い銀行は銀行検査官を腐敗させようとするし、反対に検査官は業況の悪い銀行を腐敗させようとするからである。
(2) 検査官には卓越した才能の有する人か、後日銀行頭取になるような人を当てるべきである。これには費用をかけて人材を養成するばかりではなく、一般官吏以上の服務規律を設ける必要がある。なぜなら、検査官は公明正大で余り苛酷にも失せず、あまり融通が利きすぎることなく、寛容と厳格のバランスがとれて適切であり、人格が高い人でなければ検査の効能がないからである。
(3) 検査規程を作成するタイミングには株主の要請によって便宜に検査し得るような方策を考えて欲しい。
(4) 検査結果の公表については銀行ごとの資産負債を公表するものではないという意味において賛成である。

第Ⅱ部　大正期の銀行検査

　阪谷は意見陳述で銀行検査および銀行検査官に対する率直な思いを吐露した。つまり銀行検査は誘惑が多くリスクの高い業務であり、それであるがゆえに銀行検査官には卓越した才能と高潔な人格が必要だということである。株主の要請に基づく検査と検査結果の公表については従来の主張を繰り返した。阪谷の意見陳述の後、第一銀行頭取の佐々木勇之助が賛成の陳述を行い第一項と第二項を決議した。

　第三項　「日本銀行ヲシテ契約ニ基キ其ノ取引銀行ノ検査又ハ調査ヲ勵行セシムルノ件」についての修正案(32)
　大正12年から13年にかけて大蔵大臣を務めた井上準之助は、第三項について修正案を提出した。井上の修正案は図表6-9の通り、「日本銀行ハ取引銀行ニ對シ其ノ契約上検査又は調査ヲ爲ス權利ヲ有スルカ故ニ將來之ヲ勵行セシムルコト」を「日本銀行ヲシテ取引銀行ニ對シ其ノ契約ニ依リ調査ヲ爲サシムルコト」に変更するものである。その理由は「日本銀行ヲシテ契約ニ依リ取引銀行ニ業務又ハ財産ニ關スル實況ヲ調査セシメ常ニ政府ノ検査ト連絡ヲ保タシムルハ検査ノ充實上利便多シト認ム」というものである。(33)

　井上は自身の修正案について、「第三項ハ日本銀行ノ代理店契約ノアリマス銀行ハ僅ニ六十三軒カ六十四軒デゴザイマシテ此ノ三項ハアリマシテモ僅カ其銀行ニ對スル事柄デアリマシテ、敢テ私ハ多大ノ効果ガアラウト思ヒマセヌノデス、ソレデアリマスカラ日本銀行ハ總テノ取引銀行ニ對シテ契約ヲ結ンデ、サウシテ總テノ取引銀行ヲ調査スルト云フーツ契約ヲ結ブヨウニ、日本銀行ヲシテ契約ヲ結バシメルト云フ案ニナリマスノデアリマス」と明確にその趣旨を説明している。(34) 井上案は取引銀行と個別に検査契約を締結し、代理店契約のみならず日本銀行と取引関係のある銀行全体に検査の網をかぶせようとするものである。

　前出の小川から日本銀行検査の現状について質問があったことを受けて、調査会委員で日本銀行総裁の市來乙彦は日銀検査の実態と修正案に対する意見を述べた。日銀検査の実態について市來は国庫金関係の検査にとどまることが多いことを認めている。今後日本銀行検査が「金融機関検査充実に関する調査」答申が求めるレベルに達し得るかという点については肯定的な見解

第6章　大正期における銀行検査の考察

を示している。市來は日本銀行検査の特徴を考慮して井上の修正案に賛成の意思を示した。

調査会委員で大日本精糖社長の藤山雷太は、大蔵省検査と日本銀行検査の相違および両検査が重複する可能性について質問したが、これに対して井上は検査の重複については明確に答えず、その一方で両検査に線引きをしている。藤山は質問者の立場から井上の説明を簡潔にまとめて、「日本銀行の検査は日本銀行が自衛上自己の取引安全を図るために実施するもので、そのために契約を締結する。したがって国家的観点から銀行営業の安全性を検査する大蔵省検査とは異なるということか」と問い返した。(35)この確認に対して井上は首肯した。

井上の修正案に対して渡邊は、（1）検査に関わる契約締結を拒否した銀行は日本銀行との取引が不可能になるというのは任意の検査といいながら実態的には強制であること、（2）大蔵省検査と日本銀行検査が並存するのは銀行にとって煩瑣であること、等の理由で修正案に反対したが、その後の採決で賛成多数となり修正案は成立した。(36)

2-3　大蔵省案および「金融機関検査充実に関する調査」の総括的考察

金融制度調査会本会議や特別委員会での質疑応答を見ると、各委員がそれぞれの意見を明確にして率直なやり取りを行っており、出身業界や所属官庁の個別利害に拘泥することなく、金融機関検査の充実を目指して大局的な観点から真摯に議論している。金融制度調査会幹事で銀行局長の松本脩とともに、金融機関検査充実に関する議論を主にリードしたのは、普通銀行制度特別委員長の井上準之助、金融制度調査会委員で日本銀行総裁の市來乙彦、同じく委員で貴族院議員の阪谷芳郎の3名であった。この3名は大正15年以降の経歴を含めるといずれも大蔵大臣経験者であり、井上と市來は日本銀行総裁も経験している財政金融界の重鎮である。

日本銀行に取引銀行を検査させるという発想ができるのは、大蔵大臣と日本銀行総裁を経験した市來ならではと思われるし、その市來の提案をより現実的に強化する修正案を提起できるのも、同じく日本銀行総裁を経験し、後に大蔵大臣となる井上ならではと考えられる。阪谷は、日銀考査よりむしろ

271

第Ⅱ部　大正期の銀行検査

　大蔵省検査そのものについて、「検査結果の公表と銀行の守秘義務の関係」、「公表すべき検査結果の範囲」、「検査結果公表の効力」等の観点から踏み込んだ質疑を繰り返して大蔵省現役官僚の注意喚起を行った。
　阪谷については、大蔵大臣を務めていた明治40年当時の演説で明らかなごとく、銀行検査の重要性に対する認識が際立って強く、銀行検査と銀行経営・職業倫理の関連や、「銀行の公共性」を踏まえた銀行検査の役割等、多方面から銀行検査に関する発言を行ってきた。[37]
　市來は銀行検査に対する考え方を全国手形交換所連合大会での演説で明確にしている。[38] 市來の基本的なスタンスは、銀行検査単独での有効性を追及するより、むしろそれと協働するかあるいは補完する検査手段を適切に運営し、複数手段を効果的に織り交ぜることにより銀行監督の成果を出そうとするものである。例えば、銀行検査と行内検査の協働により検査効果を高めることや、大蔵省検査を補完する役割として日銀考査を充実させようとする発言にそれが表れている。
　市來が大蔵大臣であったのとほぼ同時期に日本銀行総裁を務めていた井上は、大正12年1月に開催された東京交換所新年宴会において、「我國に於ても政府に於て銀行の設立を認可し、之を監督し又検査するの権能を有す。蓋し銀行業、保険業、信託業の如きは普通の事業會社とはその性質を異にし、公益機關、信用機關なるを以つて、之と取引を爲す一般公衆のために、此種の機關を十分に嚴格に検査することは最必要なりと信ず。舊臘若干銀行の支払拂停止をなしたる結果、多數の預金者が困難なる状態に陥りしを見ても、銀行の検査に關しては、政府は勿論、吾人銀行業に従事するものも、十分の研究を爲すの必要なるを痛切に感ずる次第である」と述べて、銀行検査の重要性を集会の参加者に説いている。[39]
　これら3名の重鎮が中心となって英知を結集した金融機関検査充実に関する議論は、大正15年10月から11月にかけて短期間に集中して行われた。財政金融界のトップが一堂に会し、銀行検査のあり方についてこれほどまでに真剣に討議したのはこれが最初で最後であろう。その成果は、公表が約束された検査規定内容や銀行検査結果に必然的に表われる。
　大蔵省案や金融制度調査会委員の理想は、金融機関経営の実態に則した銀

行検査を行い、法的規制とは別次元の検査実務のレベルでその健全化を実現することであった。それは銀行検査実務において、「動態監査」、「プロセス監査」、「コンプライアンス監査」、「経営監査」等、現代の監査理論でも重視される提言型検査の基本コンセプトを実践し、それによって金融機関経営の健全性を確保することに等しい。つまり、大正期においても現代の監査理論に通じる業務プロセスを重視した監査や、銀行経営の適否にまで踏み込んだ経営監査的姿勢を銀行検査に取り入れることを銀行検査の理想としたのが大蔵省案であった。

　財政金融界の重鎮3名を中心とするメンバーによる金融制度調査会での議論は、この大蔵省案と重なるところが多い。彼等の発言を見ても銀行検査充実に向けた方法論こそ異なるものの、銀行検査を実務レベルで精緻化させようとする方向性については一致している。

　明治9年の銀行検査規定改正以降、大蔵省検査の目指す方向は指摘型検査であった。当時の大蔵省は銀行検査官の能力範囲内で検査を実施しようとした結果、必然的に選択せざると得なかった方向性をそのまま銀行検査規定に表現し、それが連綿と大正期まで引き継がれてきた。換言すると大蔵省案や金融制度調査会委員の理想は、検査手法の概念的区分に対する認識は別として、銀行検査の底流にあった指摘型検査の流れを提言型検査に変えようとするものであった。

　本節では「金融制度調査会普通銀行制度特別委員会」を、銀行検査の理想を実現するためのアクション・プログラムを議論する場と位置づけて考察を進めてきた。そこで議論されたアクション・プログラムはこの理想を実現するための手段である。大蔵省案に示された銀行検査の理想や、普通銀行制度特別委員会の各委員が持ち寄った銀行検査の理想を実現するためのアクション・プログラムが、金融制度調査会において果たして十分な議論を経て実現可能なものとなったのかを考察することは、大正末期以降に銀行検査が辿った道程を分析する上でも重要である。

　明治期の銀行検査の系譜を辿っている段階では、シャンドから受け継ぐべき提言型検査のDNAは明治前期に消滅したのか、あるいは大蔵官僚の遺伝子に組み込まれて表面化しなかっただけなのかは不明確であった。しかし、

大正末期における金融制度調査会での議論を通して見た銀行検査充実活動の基本的な方向性は、明らかに提言型検査のコンセプトを重視するものとなっている。

第3節　銀行検査関連規定の考察

3－1　「銀行検査規程」原案の成立過程[(40)]

　本節では「銀行検査関連規定」という表現を、大正期から昭和期にかけて策定された「銀行検査規定」と「銀行検査心得」の両方を含むものとして用いる。以下で、大蔵省の内部資料に基づいて銀行検査関連規定の成立過程を辿る。具体的には、大正15年4月の「銀行その他金融機関検査充実計画」（大蔵省案）の策定から同年9月に「銀行検査規程案」が起草されるまでの間、大蔵省内部でいかなる議論がなされ、金融制度調査会による「金融機関検査充実に関する調査」の答申を経て、それがどのように変化して「銀行検査規定」、「銀行検査心得」となるのかを時系列的に考察する。

　『昭和財政史資料』には大正15年9月付、同年9月8日付の2種類の「銀行検査規程案」が収録されている。内容の添削、訂正や推敲の経緯を見ると、大正15年9月付の「銀行検査規程案」を見直して、同年9月8日付の「銀行検査規程案」が成立していることが分かる。したがって、本節では大正15年9月付の「銀行検査規程案」を「銀行検査規程案（旧）」、大正15年9月8日付の規程案を「銀行検査規程案（新）」と命名して両者を区別する。両者をまとめて指す場合には「銀行検査規程案」と表記する。大蔵省内部資料には、「銀行検査規定」でなく「銀行検査規程」と記されているので、表記は後者を採用する。「銀行検査規程案（旧）」にどのように手が加えられて「銀行検査規程案（新）」が成立したのかを、両者を比較することにより考察し、銀行検査関連規定への展開を探る。比較内容の詳細および検査関連規定への展開は「別表6-2　「銀行検査規程案（旧）」と「銀行検査規程案（新）」の比較および「銀行検査規定」、「銀行検査心得」への展開」の通りである。

第6章　大正期における銀行検査の考察

3－2　「銀行検査官処務規定及注意」と「銀行検査規程案（旧）」の比較検討

「銀行検査官処務規定及注意」は「明治24年改正の国立銀行検査手続」を内容・形式ともにコピーしたものである。「銀行検査規程案（旧）」の特徴を「銀行検査官処務規定及注意」との比較において要約すると、以下の3点にまとめられる。

（1）「銀行検査官処務規定及注意」が検査実務の具体的手順を「検査の順序」で述べ、検査の注意事項を「検査官の心得」に記述しているのに対して、「銀行検査規程案（旧）」では両方をまとめた上で、検査の心構えに重点を置いた記述となっている。

（2）「銀行検査官処務規定及注意」の「検査官の心得」が14項目の注意事項を比較的無秩序に羅列しているのに対して、「銀行検査規程案（旧）」ではそれを体系化している。つまり検査対象を、①法令、定款、銀行内規違反の有無、②営業方法の良否、③財産確保の実態等の3つの大項目に分け、第8条以降の検査規定をそれぞれに当てはめて詳細化している。

（3）「銀行検査規程案（旧）」の第3条から第7条では、①他業態と関わる者の検査を念入りにすること、②検査期間の厳守、③事前検査の励行、④被検査銀行の業務に与える支障の極小化、⑤検査実施における取締役、監査役との協力、の5項目を記述している。

「銀行検査官処務規定及注意」との比較において、「銀行検査規程案（旧）」の特徴として言えることは、銀行検査の目的を「法令遵守」、「営業方法の良否」、「資産の健全性」に特定しているということである。これは現代の監査理論で謳われている内部統制の目的、すなわち(1)関連法規への準拠性、(2)財務報告の信頼性、(3)業務の有効性と効率性、に概ね対応するもので、「財務報告の信頼性」が「資産の健全性」にとって代わられているところだけが異なっている。

その他の特徴は、銀行検査を実施するにあたっての自律的規制強化、事前

275

検査の励行、銀行内部者との協力等であるが、これらは大蔵省内部や金融制度調査会での議論を経て内容変更され、最終的には「銀行検査規定」、「銀行検査心得」の条文として定着した。

3－3 「銀行検査規程案（旧）」と「銀行検査規程案（新）」の比較検討

「銀行検査規程案（旧）」と「銀行検査規程案（新）」を比較するにあたっては、金融制度調査会による「金融機関検査充実に関する調査」の答申提出直前の段階において、大蔵省内部で銀行検査規程案をめぐっていかなる議論がなされたのかを条文内容の添削結果に基づいて考察する。

まず、新旧「銀行検査規程案」のタイトル脇に記された注意書きに注目する。「銀行検査規程案（旧）」には「調査会ノ決定ニ依リ相当訂正ヲ要ス」、「銀行検査規程案（新）」には「普通銀行制度ニ関スル調査会ノ決定及之ニ基ク法規ノ改正ノ結果ニ依リテハ相当訂正ヲ要ス」と記されている。「金融機関検査充実に関する調査」との関わりからすると、その動向次第で「銀行検査規程案」の内容が変わり得ることを前提としている。

「銀行検査規程案（旧）」の第4条、第5条、第6条はいずれも「銀行検査規程案（新）」において削除されている。第4条は「検査官ハ予定検査日数内ニ銀行営業全般ニ亙リ大体ニ於テ要領ヲ掌握スルコトニ注意スヘシ」として検査効率を考慮した検査規律を規定したものである。この条文は「銀行検査規定」でも削除されている。第5条は「検査官ハ予メ検査銀行ノ定款営業報告往復文書及前検査関係文書ニ就テ準備調査ヲ為スヘシ」として事前検査を義務付けたものであるが、この条文も「銀行検査規定」で削除されている。第6条は「検査官ハ検査執行ニ際シ銀行ノ営業上支障ヲ生セシメサルコトニ注意スヘシ」として被検査銀行の業務優先を明確化したものである。この条文は「銀行検査規程案（新）」において一旦削除されたが、「銀行検査心得」第13条で復活している。「銀行検査規定」第9条は「検査ハ営業時間内ニ之ヲ行フヘシ但シ立會人ノ承諾ヲ得タルトキハ此ノ限リニ在ラス」として銀行検査が営業時間外に及ぶことによる被検査銀行の負担を軽減するための規定を設置している。

大蔵省内部では、検査官自らに課すべき規律と行内検査に対する考え方に

おいて、異なる見解が存在したことが読み取れる。しかし、最終的には「銀行検査規定」、「銀行検査心得」において被検査銀行の業務を優先すべきことと、行内検査の実態を確認することが重要と認められ、検査ポイントとして定着した。

「銀行検査規程案（旧）」第7条は、「検査官ハ一般銀行行政方針ヲ体シ取締役監査役ト協力シテ銀行営業ノ改善ニ当タルヲ任務トスルモノナルヲ以テ之カ必要ナル助言ヲ爲シ指導ニ努ムヘシ」として、銀行検査を通して被検査銀行に助言、指導を行うにあたり取締役や監査役の協力を得ることを検査手法として打ち出していた。しかし、銀行検査規程案（新）」においてはこの文言が削除されている。「銀行検査規程案（旧）」では銀行の重役を検査当局サイドに取り込み、彼等の協力によって検査効果をあげようと目論んでいたと考えられる。これは行内検査を担当する銀行内部者との協働による検査効果の強化を狙ったものと受け止められるが、当局検査と行内検査の役割分担を無視したものとも言える。「銀行検査規程案（新）」第7条は「検査官ハ一般銀行行政方針ニ基キ銀行営業ノ改善ニ付必要ナル助言ヲ爲シ指導ニ努ムヘシ」と簡素化されて、「銀行検査規程案（旧）」の条文によって生じ得る混乱を回避している。

「銀行検査規程案（旧）」第8条第6項および第8項は増資、自己株式の取扱いに関する規定であるが、いずれも条文の主語が「会社」であったものが「銀行検査規程案（新）」では「銀行」に訂正されている。大蔵省案は「銀行その他金融機関検査充実計画」[41]として検査を充実させる対象金融機関を銀行のみならず、庶民金融機関を含む全ての金融機関としていたが、金融制度調査会による「金融機関検査充実に関する調査」の対象金融機関は銀行に限定された。条文の主語の訂正はおそらく金融制度調査会における議論の方向性を予知したものである可能性が高い。検査規定は最終的に「銀行検査規定」、「農工銀行検査順序」、「無尽業者検査規定」の3種類が金融機関の特性に応じて個別に作成され、検査実務で使い分けられた[42]。

「銀行検査規程案（旧）」第8条第15項は、「帳簿ヲ備ヘ之ニ日々ノ取引其ノ他財産ニ影響ヲ及ホスヘキ一切ノ事項ヲ整然且明瞭ニ記載セルヤ」として、銀行実務における帳簿整理と記帳事務の重要性に対する認識を背景にその実

第Ⅱ部　大正期の銀行検査

態を検査しようとするものである。この条文は「銀行検査規程案（新）」において一旦削除されたが、「銀行検査心得」で条文の原文がそのまま復活した。

　「銀行検査規程案（新）」第8条第7項は、「貸出金ニ對スル擔保ノ種類評價貸出歩合等ニ關スル取扱ハ適當ナルヤ」としている。これは、貸出条件のうち担保や貸出金利の妥当性をチェックする項目であるが、「銀行検査規程案（旧）」にはこれに該当する条文が存在しなかった。「銀行検査規程案（旧）」原稿は手書きであり、抹消・訂正も原稿余白や行間に記載されているため、明確に判別できない部分もあるが、貸出条件の妥当性に関わるチェックポイントは当初不十分であった。

　「銀行検査規程案（新）」第8条第14項は、「行内検査其ノ他銀行ノ内部監督ノ施設及其ノ實行ニ付遺漏ナキヤ」として行内検査の実態を検査するための項目が設置されているが、「銀行検査規程案（旧）」には行内検査に関するチェックポイントは存在しなかった。しかし、「銀行検査規定」および「銀行検査心得」ではこの行内検査に関する条文は再度消滅した。事実、金融制度調査会では行内検査充実に関する議論が銀行検査充実に関する議論とは別建てで行われた。そこではいわゆる銀行の内部者である監査役による行内検査が中心テーマであった。

　「銀行検査規程案（旧）」と「銀行検査規程案（新）」の比較結果を要約すると以下の5点にまとめられる。

（1）大蔵省内部では検査官自らに課すべき規律、つまり検査期間の厳守、被検査銀行の業務に与える支障を極小化する等の自己規律については異なる見解が存在し、金融制度調査会答申以前の段階では検査官規律に関する条文は削除された。
（2）行内検査に対する考え方についても異なる見解が存在し、「銀行検査規程案（旧）」では存在しなかった行内検査の実態検査に関する条文は、「銀行検査規程案（新）」で追加された。
（3）「銀行検査規程案（旧）」では、銀行検査と被検査銀行の取締役や監査

役との距離感に若干の混乱が見られたが、「銀行検査規程案（新）」ではその混乱が是正された。行内検査の実態を銀行検査のポイントとして重視する「銀行検査規程案（新）」の発想をもとに、大蔵省内でのすり合わせを経て行内検査の実態を重視する意見が採用された。
（４）両者の共通点としてあげられるのは、新旧「銀行検査規程案」ともに、金融制度調査会での議論を誘導し、その落としどころを定めるために策定されたものではなかったということである。
（５）「銀行検査規程案（旧）」には銀行実務における帳簿整理と記帳事務の重要性に対する認識を背景に、その実態を検査しようとする条文があった。この条文は「銀行検査規程案（新）」において一旦削除されたが、「銀行検査心得」で条文の原文がそのまま復活した。これは銀行実務に対する重点の置き方が大蔵省内で分かれていたことを示すものと考えられる。

　以上に要約した新旧「銀行検査規程案」の比較結果に、「銀行検査規程案（旧）」の特徴を勘案して言えることは、それまで若干曖昧であった監査役に対する検査スタンスが整理されたことである。つまり、銀行検査実務を実施する上で行内監督者である監査役の協力を要請するのではなく、むしろ監査役とは一線を画し、行内検査の実態を検査することにより、そのパフォーマンスを客観的にチェックするスタンスを確立したことである。「銀行ノ内部監督ヲ一層充實セシムルノ件」は当初から金融制度調査会の議題に載せられていることから、大蔵省検査担当者の問題意識の強さを読み取ることができる。また金融制度調査会における市來乙彦の行内検査関連発言を見ても、「銀行ノ内部監督ヲ一層充實セシムルノ件」は当時の銀行監督当局者に共通の問題意識であったと理解される[43]。

　銀行検査を実施するにあたって、検査権限の行使を良識的な範囲におさめ、かつ検査官自らに規律を課す、いわば自律的規制については、検査規定で明確に定めることは回避された。銀行検査強化と、検査期間厳守や被検査銀行の業務を優先すること等の検査当局内の自律的規制強化は、本来矛盾するものではない。銀行検査強化の源泉を検査権限強化に偏重して解釈した場合に

は、銀行検査の権威のみを強調する形で銀行検査規定が制定されることになる。新旧「銀行検査規程案」をめぐる大蔵省内での議論においては、自律的規制強化を主張するいわゆる良識派が権威派の意見に押された結果、自律的規制の明文化が見送られたのではないかと推察される。

「銀行検査規程案（新）」は、基本的に「銀行検査規程案（旧）」の骨格を継承した。そして現代の内部監査理論にも通じる体系的な検査規定体系を引き継ぐとともに、銀行内部者と一線を画し、銀行検査を実施するにあたって、検査官自身が権威主義的になりすぎないための自律的規制強化は回避された。結果的に、体系的な銀行検査規定が大蔵省案として出現した。

「銀行検査規程案（新）」第5条は、「検査官ハ銀行監督行政ノ方針ニ基キ銀行営業ノ改善ニ付キ必要ナル助言ヲ為シ指導ニ努ムヘシ」と記述され、明らかに提言型検査の精神が表われている。しかし、大蔵省案の時点では検査規定内容をもって大蔵省が提言型検査を目指したのか、あるいは指摘型検査にとどまろうとしたのかについては即断できない。後段では「銀行検査規程案（新）」と「銀行検査規定」、「銀行検査心得」を比較検討することにより銀行検査のコンセプトの変化を考察する。

3－4 「銀行検査規程案（新）」と「銀行検査規定」、「銀行検査心得」の比較検討

「銀行検査規程案（旧）」から「銀行検査規程案（新）」へと連なる条文内容の変遷において議論できるものは前節で取り上げた。本節では、「銀行検査規程案（新）」から「銀行検査規定」、「銀行検査心得」に至る条文変遷について内容検討する。比較結果を要約すると以下の6点にまとめられる。

（1）「銀行検査規定」では、検査の目的のうち法令遵守に関して「銀行検査規程案（新）」の規定を強化した。「銀行検査規程案（新）」では遵守すべき対象法規を法令、定款、銀行の内規に限定していたが、「銀行検査規定」ではそれに「大蔵大臣の命令」と「取引に関する命令」を追加した。これは大蔵大臣名で発牒される大蔵省通達の強制力を高め、通達行政の効果を上げようとするものと理解できる。事実、「銀

第6章　大正期における銀行検査の考察

行検査規程案（新）」においても第11条で「検査官ハ大蔵大臣ノ命令又ハ示達ニ基ク行務又ハ財産状態ノ整理カ確実ニ勵行セラレ居ルヤ否ヤヲ注意スヘシ」と述べて、大蔵省通達の遵守状況をチェックする検査項目を設置していた。規定の冒頭で遵守すべき重要規定である法令、定款等と大蔵省通達を並列させたところに大蔵省の強い意図が働いていると考える。

（2）「銀行検査規程案（新）」が法令の規定に関し検査上注意すべき事項としてあげている、「最低資本金制限の遵守」、「法定準備金の積立」、「自己株式の取得または質権の目的とすること」等は、「銀行検査心得」では削除されている。つまり、銀行資本の充実を目的とした検査項目が削除されている。

（3）「銀行検査規程案（新）」では、「銀行検査規程案（旧）」で見られた銀行検査と被検査銀行の取締役や監査役との距離感の混乱を是正し、監査役と一定の距離を保とうとする考え方が明確化されたが、「銀行検査心得」では、監査役による監査書の作成状況やその内容あるいは監査役の報酬をチェックする検査項目は削除されている。

（4）「銀行検査規程案（新）」には、「無収益資産や延滞貸出金」や「担保の不足する債権」に関する検査項目があったが、「銀行検査規定」、「銀行検査心得」では資産の質を問題にする検査項目は削除された。

（5）「銀行検査規程案（新）」には、決算手続と利益処分の適正性に関する検査項目や、銀行の将来の収益状況や他行状況を勘案して適切な改善方法を調査する検査項目が設定されていたが、「銀行検査規定」、「銀行検査心得」ではこれが削除された。利益処分の適正性や銀行の将来や他行状況を勘案した銀行検査は、まさに銀行経営に踏み込んだ検査提言であり提言型検査の典型であるが、これを排除したということは、検査規定に関する限り指摘型検査を踏襲したことに等しい。

（6）「銀行検査規程案（新）」は「銀行検査規程案（旧）」を踏襲して、銀行検査の目的を法令遵守、営業方法の良否、資産の健全性の3つに明確に分割したが、「銀行検査心得」では営業方法の良否と資産の健全性を1つの条文として統合し、それをさらに23項目に細分化した。銀

行業の場合は、営業方法の良否が結果として資産の良否に表われるが、これはいわば原因に該当する項目と、結果にあたる項目を同じ条文でくくることに等しく、銀行検査規定の構成としては必ずしも体系的に整ったものとは言えない。この点において「銀行検査心得」の条文構成には混乱が見られる。

　金融制度調査会の「金融機関検査充実に関する調査」の答申内容の１つとして、「検査規程ヲ適当ナル方法ニ依リ公表スルコト」(44)という項目がある。新旧「銀行検査規程案」が大蔵省内で議論されていた大正15年９月時点では、同年11月に開催される第四回金融制度調査会本会議に議案提出することとなっていたこの答申内容が未確定であった可能性が高い。「銀行検査規程案（新）」と「銀行検査規定」、「銀行検査心得」を比較して明確なのは、その外形的な相違である。「銀行検査規程案（新）」は、その内容が「銀行検査規定」と「銀行検査心得」に分割されて最終的に銀行検査関連規定として成立した。「銀行検査規定」は検査対象や検査の大まかな段取りや、検査官が銀行から徴求して大蔵大臣に提出すべき計表等については明確に示しているが、銀行検査の具体的要領の詳細はむしろ「銀行検査心得」に記載されている。

第４節　日銀考査規定の考察

　本節では昭和３年６月に制定された、日本銀行の「考査部事務取扱要旨竝処務心得」(以下「考査部心得」と表記する）を、大蔵省の「銀行検査規定」、「銀行検査心得」との関わりから分析検討する。考査部心得の制定は、大正15年11月に答申された金融制度調査会の「金融機関検査充実に関する調査」において、日銀考査を大蔵省検査の補完手段と位置付ける井上準之助の修正案が議論され成立したことを受けたものである。(45)したがって、金融制度調査会での決議内容が、考査規定内容にどのように反映されているかという点が分析視角となる。

　本節では、日銀が取引先銀行に対して実施する検査を「日銀考査」と表現する。日銀考査は大蔵省が実施する「検査」に該当し、金融制度調査会の答

申や日銀から大蔵省銀行局長宛回答では考査に該当する用語として「調査」が用いられていた。しかし、日銀には金融経済状況の調査を担当する調査部が存在し、「検査」という用語は日銀の行内検査に該当する「内部検査」として使用されていた。したがって、これらの用語との混同を避けるため、日銀考査部によって行われる取引先銀行に対する検査については「日銀考査」という用語を使用する。[46]

4－1 「取引先銀行調査の事」の検討

「考査部事務取扱要旨並処務心得」の検討に先立ち、昭和3年2月に大蔵省に対して回答した「取引先銀行調査の事」の内容を概観する。これは取引銀行調査実行方針内容について昭和2年12月の大蔵省銀行局長からの照会に答える形で作成されたものであり、日銀考査方針の概要を示したものと考えられる。[47]「取引先銀行調査の事」の内容は以下の通りである。

一．本行本店ニ總裁直隷ノ考査部ヲ新設シ之ヲ本行取引先銀行ノ調査ヲ爲サシムルコト
一．考査部ニ主事一名調査役及書記若干名ヲ置クコト
一．調査ヲ爲スヘキ取引先銀行ハ本行ト手形割引取引、定期貸取引、當座貸取引、預金取引又ハ爲替約定アル銀行並ニ國庫事務又ハ國債事務代理店引受銀行ノ凡テヲ含ムモノトスルコト
一．本行ハ各取引先銀行ヨリ後出ノ様式ニ據リ契約書ヲ提出セシメ之ニ基キ調査ヲ行フコト（様式省略）
一．調査ノ方法ハ大體左ノ方針ニ據ルコト
（1）差當リ書面調査ヲ主トシ必要ニ應シ實地調査ヲ爲スヘキコト
（2）前項ノ書面調査ハ先ツ大藏省カ銀行法施行細則ニ據リ各銀行ヨリ徴求スルト同一ノ計算書及調書ヲ各銀行ヨリ本行ニ提出セシメ、尚必要ニ應シ其他適當ノ計算書及調書ヲ定時若クハ臨時ニ提出セシメ之ニ依リ爲スヘキコト
（3）調査ハ取引銀行ノ本支店ヲ一括シテ之ヲ爲スコト
（4）調査ハ取引銀行ノ資産状態並ニ營業状態ノ調査ヲ主眼トスルコト、即

第Ⅱ部　大正期の銀行検査

　　　チ投資物及貸出ノ種類性質、貸出回収ノ状況及其ノ見込損益ノ状況竝
　　　ニ営業方針ノ適否ニ重キヲ置クヘキコト

　「取引先銀行調査の事」の特徴は以下の4点である[48]。
（1）考査部を日銀総裁直属の組織とし、総裁の問題意識が直接反映した考査ができる組織としたこと。
（2）考査対象を国庫事務その他代理店事務委任銀行だけでなく、実質的に取引銀行全行としたこと。
（3）書面検査が主たる検査手法であること。また書面検査の対象書類は大蔵省が銀行法施行細則により要求するものと同じであることから、「大蔵省銀行局検査部日銀分室」ともいうべき、大蔵省検査の下請的検査の色彩が強いこと。
（4）検査は「資産状態」と「営業状態」を主眼として行われ、「法令遵守」は前面には出ていないこと。

　上記を見ると、日銀考査を実施するにあたり大蔵省とは異なる中央銀行としての立場を反映した特徴が現れている。検査の主眼はまず資産状態で、営業状態がそれに続く。つまり、日銀が供給した資金が取引銀行で健全に循環し無事回収されることが重要で、その判断においてポイントとなるのは取引銀行の資産の健全性である。したがって、検査の主眼はまず資産状態となり、その次に健全な資産状態を担保する営業状態が関心対象となる。
　金融制度調査会での議論において、日銀考査の強化は大蔵省検査の補完的機能の一環として行われるという点で一致したと理解できるが、その補完的機能は日銀考査の独自性を打ち出して発揮するのではなく、むしろ大蔵省検査と相似形の検査手法でそれを達成する方向を打ち出している。

4-2　「考査部事務取扱要旨竝処務心得」の検討

　「考査部心得」の内容は以下の通りである[49]。
一．調査ヲ爲スヘキ取引先銀行ハ、本行ト手形割引取引、定期貸取引、當座貸取引、預金取引又ハ爲替約定アル銀行竝ニ國庫事務又ハ國債事務代理

店引受銀行トス但特殊銀行並ニ外國銀行ニ付テハ經伺ノ上別段ノ取扱ヲ爲スコトアルヘシ
一．調査ノ爲メ契約ヲ締結スヘキ銀行ハ、前項ノ取引先銀行トス、但代理店引受銀行ニシテ代理店引受以外本行ト他ノ取引關係ナキモノニ付テハ新規契約ヲ爲サヽルモノトス
一．前項ニヨリ新規契約ヲ締結シタルトキハ、其ノ都度大蔵省ニ其旨報告ヲナスモノトス。但代理店引受銀行ニシテ新規契約ヲ要セサルモノニ付テハ一括シテ便宜其旨報告ヲナスヘシ
一．調査ハ差當リ書面調査ヲ主トシ必要ニ應シテ實地檢査ヲ行フモノトス。書面調査ノ爲メ徵求スヘキ書類ハ、銀行法ニヨリ取引先銀行カ大蔵省ニ提出スヘキモノト同一ノモノ及ヒ其他ノ書類トシ、前者ハ各行ニ付一律ニ徵求スル方針ナルモ、後者ハ銀行ニヨリ徵求書類ノ種目及徵求ノ時期ヲ定ムルモノトス。而シテ右書類ノ徵求ニ付テハ個々ニ又ハ包括的ニ重役ノ決裁ヲ經ルモノトス

實地調査ハ經伺ノ上之ヲ行フモノトス
一．調査ハ取引先銀行ノ本支店ヲ一括シテ之ヲ爲スモノトス
一．調査ハ取引先銀行ノ資産狀態並ニ營業狀態ノ調査ヲ主眼トス。即チ投資物及貸出ノ種類、性質、貸出囘收ノ狀況及其ノ見込、損益ノ狀況並ニ營業方針ノ適否ニ重キヲ置クヘキモノトス
一．調査ノ結果ヲ他部局又ハ支店又ハ大蔵省ニ通知スルノ要アルモノニ付テハ、經伺ノ上之ヲナスヘシ
一．當部ノ處務ニ付テハ左ノ通リ心得ルモノトス
　（イ）當部ノ調査ハ取引先銀行トノ契約ニヨルモノナルヲ以テ手續上取引先銀行ニ對シ、過重ノ負擔ヲ與フルコト無キ樣十分ノ注意ヲナスヘキモノトス。從テ他部局及支店ト十分ナル聯絡ヲ保チ書面ノ徵求ニ付テ重複スルカ如キコトヲ避クヘキモノトス
　（ロ）當部ノ調査ハ凡テ取引先銀行ノ資産狀態並ニ營業狀態ノ如何ニ關スルモノナルヲ以テ、取扱ニ付テハ秘密ヲ嚴守スル等極メテ愼重ナルヲ要スルモノトス

「考査部事務取扱要旨並処務心得」の特徴は以下の4点である[50]。
(1)「考査部心得」の多くは「取引先銀行調査の事」と重複している。両者の主な一致点は、1)調査対象となる取引先銀行との取引種類、2)取引先銀行の本支店を一括して検査すること、3)検査の対象を「資産状態」、「営業状態」とすること、等である。
(2)考査部心得には日銀考査を実施するために契約を締結した都度、大蔵省へ報告することが定められている。これは明らかに日銀考査の上位に大蔵省検査を位置づけ、日銀が独自に判断して大蔵省検査の補完機能を果たすべく被検査銀行を選択するのではなく、実質的に大蔵省の指揮命令下に入ることを意味するものである。
(3)検査結果の日銀内水平展開および大蔵省への報告は考査部主事の単独判断ではできない規則となっており、考査を通して知り得た情報についても守秘義務を課している。したがって、金融制度調査会で議決された銀行検査結果の公表については、考査部心得において積極的には取り上げられていない。
(4)考査部心得は大蔵省の検査関連規定と比較するとボリュームが少なく、検査実務の詳細を洩れなく規定しているわけではない。考査部心得でカバーできない部分については日銀内の通牒、内規で規定されており、日銀考査規定体系は事実上、考査部心得とそれを補完する通牒、内規とで構成されている。

4−3 「考査部事務取扱要旨並処務心得」を補完する日銀通牒および内規

考査部心得の趣旨に則りかつそれを補完する役割を担っていると思われる通牒・内規は「図表6-10　日銀考査規定体系を構成する通牒・内規一覧」の通りである。

第 6 章　大正期における銀行検査の考察

図表6-10　日銀考査規定体系を構成する通牒・内規一覧

通牒・内規の名称	発牒・制定日付	通牒・内規の内容
①「約定書徴求ノ手續」	昭和 3 年 6 月28日伺定	
②「約定書々式」	同　　上	
③「考秘第一號通牒」	昭和 3 年 7 月18日	取引先銀行に対する検査実施に関する説明
④昭和 3 年 8 月31日考査部主事伺定		「定期ニ徴求スヘキ計表書類」「臨時ニ徴求スヘキ計表書類」
⑤昭和 3 年 9 月17日考査部主事伺定		考査部と日銀支店から要求する提出書類重複を回避する趣旨の行内通牒
⑥「考第三號通牒」	昭和 3 年 9 月20日	取引先銀行からの書類徴求に関する注意
⑦昭和 3 年 9 月24日考査部審査部両主事伺定		国庫事務代理店引受銀行からの徴求書類変更通牒
⑧昭和 3 年11月 6 日考査部主事伺定		「日本銀行取引先銀行調査の件」

出典：日本銀行審査部『日本銀行沿革史 第二集 第一巻』(クレス出版、1991年) 512〜526頁。

　本節では、図表6-10に掲載した通牒・内規のうち考査部心得を中心的に補完していると考えられる「考秘第一號通牒」、「昭和 3 年 8 月31日考査部主事伺定」および「昭和 3 年11月 6 日考査部主事伺定」等、3 つの通牒・内規について内容検討する。

　「考秘第一號通牒」の検討
　本通牒は日銀考査を取引先銀行や代理店引受銀行に対して実施する場合の注意事項を記述したもので、その内容も考査部心得と異なるところはない。本通牒に記載されている考査に先立って銀行に説明すべき事項のうち重要なものは以下の 5 点である。日銀支店に対する指示としては、(1)従来銀行か

ら提出を受けている書類は引続き提出を受けるべきこと、（2）取引先銀行との契約書は支店ごとにまとめるべきこと、等の庶務事項が記載されている。[51]

（1）日銀考査は金融制度調査会決議に基づいて行うものである。日銀考査は大蔵省検査とはおもむきを異にし、資産状態と営業状態の考査を主眼とすること。投資物および貸出種類や性質、貸出状況、損益状況、営業方針の適否に重点を置くこと。
（2）考査に対しては取引先銀行の腹蔵なき回答を期待すること。
（3）考査によって得た情報は他に漏洩することはないこと。
（4）考査方法については、銀行が新銀行法に従って大蔵省に提出すべき書類（営業年度業務報告書）の提出を求め、必要に応じてその他書類の提出を求めること。
（5）実地考査を行う場合はあるものの、取引先銀行に対する負担は極力回避する方針であること。

これらの特徴から言えることは、上記項目（1）の内容を取引先銀行に伝えることによって、実質的に日銀考査の手の内を開示することになるということである。また考査対象書類は大蔵省への提出書類を流用し、実地考査についても取引先銀行の負担を極小化するので、考査を通した質問には腹蔵なく回答して欲しいという日銀考査に対する協力要請ともいえる明確なメッセージが含まれている。

「昭和3年8月31日考査部主事伺定」の検討
　この考査部主事伺定は、「定期ニ徴求スヘキ計表書類」と「臨時ニ徴求スヘキ計表書類」について具体的に示したものである。定期的に徴求すべき計表書類としては「業務報告書」と「日計表」が示され、いずれも半期ごとの提出が求められている。また臨時に徴求すべき計表書類としては、「監査書写」、「貸出先内訳表」および「その他の計表書類」が示されている。
　前段で検討したごとく、「銀行検査心得」では「銀行検査規程案（新）」で規定されていた監査役による監査書の作成状況やその内容、監査役の報酬を

第6章　大正期における銀行検査の考察

チェックする検査項目は削除されている。日銀考査の徴求書類に「監査書写」が含まれているということは、監査役の実態を監査するという点において大蔵省検査を補完する機能を日銀考査が有すると理解される[52]。

「昭和3年11月6日考査部主事伺定」の検討

　この考査部主事伺定は、日銀考査の基本方針について深井日銀副総裁と保倉大蔵省銀行局長が申し合わせた結果を8項目にまとめたものである。その内容は、考査部心得や日銀通牒と重複する部分もあるが、深井と保倉の合意によって新たに示された方針もあるので、これらに考察を加える。考査部主事伺定の内容は以下の通りである[53]。

一．一般書面調査ハ各銀行カ銀行法施行細則ニ據リ、大蔵省ヘ提出スヘキモノト同一ノモノヲ毎期總テノ契約銀行ヨリ徴求シ之ヲ爲スコト
二．特別書面調査ハ必要ニ應シ前項以外ノ計算書、又ハ調書ヲ提出セシメ之ヲ爲スコト
三．總テノ契約銀行ニ付キ、實地調査ヲ行フノ方針ヲ以テ進ムコト
四．疑惑ヲ避クル爲メ、實地調査ノ着手ハ一流銀行ヨリスルコト
五．特別書面調査又ハ實地調査ヲ行フ場合ニハ、調査銀行毎ニ行フヘキ調査ノ種類及時期ヲ記載シタル書面ヲ具シ、大蔵省銀行局長ト打合セヲ爲スコト
六．實地調査中緊急處置ヲ要スル事態アルヲ發見シタルトキハ、直ニ其ノ要項ヲ成ルヘク書面ヲ以テ大蔵大臣ニ報告スルコト
七．特別書面調査又ハ實地調査ヲ終リタルトキハ、調査ノ結果ノ要領ヲ記載シタル書面ヲ大蔵大臣ニ提出スルコト
八．調査ノ結果監督官廰ノ處分又ハ注意ヲ要スル事項アリト認メタルトキハ、意見ヲ具シ大蔵省ニ申報スルコト

　上記の考査部主事伺定で、新たに示された点や従来の方向性を確認するものは、（1）全ての契約銀行に対して実地考査を行う方針で臨むこと、（2）特別書面調査および実施考査を行う場合は大蔵省銀行局長と打合せを行うこと、

第Ⅱ部　大正期の銀行検査

（3）実地考査中緊急事態を発見した場合、および特別書面調査または実地考査を終了した場合は、大蔵大臣に書面で報告すること、（4）考査の結果官庁を処分する場合や注意を要する場合は、大蔵大臣に報告すること、等の4点である。

深井と保倉の合意によって新たに示された方針のうち重要なポイントは、全ての契約銀行に対して実地考査を行う方針で臨むという点である。考査部心得の基本方針はあくまで書面考査が中心であり、これを補完する日銀通牒で、実地考査を行うこともありうるということを示すのが従来の方向性であった。この基本方針を大幅に変更して実地考査を主体的に実施する方針を打ち出した点が新機軸であり、大蔵検査の目指す方向と平仄をとって日銀考査を実施する方針を確認したということになる。

特別書面調査や実地考査結果および処分を必要とする事案について大蔵大臣への報告を義務付けたことは、大蔵省主導で日銀考査を実施するという従来の方針を具体化することに他ならない。

4－4　日銀考査の大蔵検査補完機能

「考査部事務取扱要旨竝処務心得」およびそれを補完する日銀通牒や内規を考察した結果言えることは、大蔵省検査に対する日銀考査の補完的機能は、その独自性を打ち出して発揮するのではなく、大蔵省検査と相似形の検査手法を用いることにより、大蔵検査目的の共同達成を目指したということである。

昭和3年11月6日に発牒された考査部主事伺定には、深井日銀副総裁と保倉大蔵省銀行局長の申し合わせにより日銀考査の基本方針が明確化され、大蔵省主導の従来方針がより具体化された。また同通牒では考査部心得が主たる考査手法としていた書面検査だけではなく、実地考査を主体的に実施する方針を打ち出した。この点は実地検査を重視する大蔵省検査と平仄をとったものといえる。

昭和3年8月31日に発牒された考査部主事伺定では、臨時に徴求すべき計表書類の1つとして「監査書写」があげられている。大蔵省の「銀行検査心得」では監査役による監査書の作成状況やその内容、あるいは監査役の報酬

をチェックする検査項目は削除されており、監査役の活動実態や行内検査の内容については検査規定上チェックが緩やかになる傾向があった。通牒レベルではあっても、日銀考査の徴求書類に「監査書写」が含まれているということは、行内監査書の考査に関しては大蔵省検査を補完する機能を日銀考査が有すると理解される。

　大蔵省検査と日銀考査の補完関係を考察する上で直面する基本的な問題点は、果たして両者が検査目的を完全に共有し得るかという点である。つまり、検査目的を共有した上で補完関係を構築できているかという疑問は、銀行監督当局である大蔵省と中央銀行である日銀が、同じスタンスで銀行検査を実施できるのかという疑問と重なる。大蔵省の「銀行検査規定」、「銀行検査心得」と日銀の「考査部事務取扱要旨竝処務心得」双方に示された検査目的を比較すると、両者の間で明らかに違いが見られる。

　大蔵省検査の目的は、「法令遵守」、「営業方法の良否」、「資産の健全性」の３つで、重点の置き方もその順序通りであるが、日銀考査の目的は「資産状態」と「営業状態」を主眼とし、「法令遵守」は前面には出ていない。しかも検査の主眼はまず資産状態で、営業状態がそれに続く。つまり、日銀が供給した資金が取引銀行で健全に循環し、無事回収されることが重要で、その判断においてポイントとなるのは取引銀行の資産の健全性である。

　検査目的として実質的に「法令遵守」を欠き、「営業方法の良否」よりも「資産の健全性」を重視して実施する日銀考査が、大蔵省検査との「目的のズレ」を抱えて十分その補完機能を果たすことができるかという点については疑問がある。しかし、書面検査においては大蔵省、日銀ともに銀行から提出を受けた同一の書類を検査し、検査の実施においては大蔵省の緊密なコントロール下で日銀考査が行われるという点を勘案すると、検査目的は銀行検査実務の遂行過程で大蔵省サイドに収斂する可能性が高い。なぜなら、銀行監督行政上の重要事項については、大蔵次官から日銀総裁宛に発牒される官房秘通牒等による実質的な通達行政が行われていたからである[54]。つまり、日銀の内部規程の存在を凌駕する大蔵省の圧倒的な統治力によって、日銀考査が大蔵省に銀行検査実務レベルでコントロールされていた可能性が高いと判断されるからである。

第Ⅱ部　大正期の銀行検査

　本節の分析視角である、金融制度調査会の決議内容が考査規定内容にどのように反映されているかという点については、考査部心得等の日銀考査関連規定を見るかぎり、決議内容を反映させようとする意図が明確である。特に検査の補完機能については、「大蔵省銀行局検査部日銀分室」とも言える大蔵省検査の下請的検査の色彩が強い。しかし、日銀は上記の通り、組織の存在意義に端を発する日銀考査の目的については建前を貫き通している。

小　括

　本章の目的は、大正期における銀行検査充実に向けたプロセスを精査してその実態を解明し、銀行検査充実に向けた動きにあわせて、銀行検査規定の内容がどのように変化したのかを、その作成プロセスに遡って考察することであった。第1節で考察した銀行検査充実に向けた諸施策のうち、大正4年9月に制定された「銀行検査官処務規定及注意」は、「明治24年改正の国立銀行検査手続」を内容・形式ともにコピーしたもので、両規定間の四半世紀にわたる時の流れと、その間に銀行監督当局が経験した明治金融恐慌の教訓は生かされていないことが判明した。

　大正13年8月に発牒された「銀行注意事項三十箇条諭達」については、明治34年通達との比較において考察した。その結果、（1）三十箇条諭達は同じく与信管理強化を重視しながらも万遍なく注意点を述べていること、（2）明治34年時点では大蔵省のねらいに法令遵守が含まれていなかったのに対して大正13年時点ではそれが新たに加えられていること、（3）銀行役員の規律付けは明治34年通達では2項目であったのに対して、三十箇条諭達では7項目に増加しており、四半世紀にわたり銀行役員の規律づけを図る必要性が漸増してきたことが窺われること、（4）大蔵省は三十箇条諭達の中で銀行の経営実態を財務報告に正しく表現し、それをさらに適正に公開することを重要と認識していたこと、（5）三十箇条諭達では個別の融資実務を含めた銀行経営全般に関わる事項について注意喚起が幅広くなされていること、等が特徴としてあげられる。つまり、大正5年時点の大蔵省検査規定は、明治期の国立銀行検査規定の残滓を引きずる遺物的な規定で、大正期の銀行経営実態を考

慮したものではなかったが、大正13年に至り、大蔵省通達による現実に則した実務的指導が行われるようになった。

第2節では、大正15年に大蔵省内で検討されていた「銀行その他金融機関検査充実計画」と、金融制度調査会による「金融機関検査充実に関する調査」の答申内容や審議経緯を考察した。その結果言えることは、（1）提言型検査が大蔵省案における銀行検査の理想であること、（2）財政金融界の重鎮3名を中心とするメンバーによる金融制度調査会での議論もこの大蔵省案と重なるところが多いこと、（3）大蔵省案と金融制度調査会答申は銀行検査充実に向けた方法論こそ異なるものの、銀行検査を実務レベルで精緻化させようとする方向性については互いに一致していること、等である。

明治期の銀行検査の系譜を辿っている段階では、シャンドから受け継ぐべき提言型検査のDNAは明治前期に消滅したのか、あるいは大蔵官僚の遺伝子に組み込まれて表面化しなかっただけなのかは不明確であったが、金融制度調査会での議論を通した銀行検査充実活動の基本的な方向性は、明らかに提言型検査のコンセプトを重視するものとなっている。そして、この提言型検査のコンセプトが銀行検査関連規定にどのように反映されているかが、大正末期以降の銀行検査の基本的スタンスを決定する。

大正5年の銀行条例改正は、法的には大蔵大臣に銀行の生殺与奪の権限を与え、銀行検査はその権限行使の引き金となる実質的な提案権を銀行検査報告という形で有することになった。しかし、大蔵省や金融制度調査会委員の理想は、むしろ金融機関経営の実態に則した銀行検査を行い、法的規制とは別次元の検査実務のレベルでその健全化を実現することであった。この理想を実現するため、大蔵省は銀行検査充実に向けた諸施策を打ち出した。本格的な銀行検査充実の契機となったのは、大正15年の金融制度調査会による「金融機関検査充実に関する調査」の答申内容とそれをめぐる審議であり、大蔵省内で検討されていた「銀行その他金融機関検査充実計画」であった。そして、その方向性は銀行検査の底流にあった指摘型検査の流れを提言型検査に変えようとするものであり、日銀考査の強化により大蔵省検査とのシナジー効果、つまり日銀考査の補完機能を発揮させようとするものであった。

大蔵省や金融制度調査会の理想が最も端的に表れるのは銀行検査関連規定

であり、大蔵省が目論んだ大蔵省検査と日銀考査によるシナジー効果の実態把握には、銀行検査関連規定と日銀考査規定の連関を考察することが必要である。この観点から、大正期における銀行検査充実に向けた動きにあわせて、銀行検査規定の内容がどのように変化したのかをその作成プロセスに遡って考察した。大正初期に実施された銀行検査充実に向けた諸施策のうち、大正4年9月制定の「銀行検査官処務規定及注意」は、「明治24年改正の国立銀行検査手続」を内容・形式ともにコピーしたもので、両規定間の四半世紀にわたる時の流れと、その間に銀行監督当局が経験した明治金融恐慌の教訓は生かされていない。大正期における銀行検査充実の軌跡を辿るための起点と位置づけて考察した大正初期の検査規定は、その構成および内容に関する限りむしろ明治24年時点から退歩している。

第3節では、金融制度調査会での議論が、どのように大蔵省の銀行検査関連規定に反映されたのかという点について、「銀行検査規定」と「銀行検査心得」の成立過程を辿ることにより明確化した。その結果言えることは、（1）「銀行検査規定」は検査の目的のうち法令遵守規定を強化したこと、（2）「銀行検査規程案（新）」に記載されていた、①銀行資本の充実を目的とした検査項目、②監査役による監査書の作成状況や内容および監査役の報酬をチェックする検査項目、③資産の質を問う検査項目、④決算手続と利益処分の適正性に関する検査項目、⑤銀行の将来の収益状況や他行状況を勘案して適切な改善方法を調査する検査項目、等が削除されたこと、つまり当初銀行検査規程案と比較すると厳格性が後退するとともに、銀行経営に踏み込んだ検査提言が排除され指摘型検査的色彩が強化されたこと、等である。

第4節では、「考査部事務取扱要旨並処務心得」および、それを補完する日銀通牒や内規を考察した。その結果言えることは、大蔵省検査に対する日銀考査の補完的機能は、その独自性を打ち出して発揮するのではなく、むしろ、大蔵省検査と相似形の検査手法を用いることにより、その達成を目指したということである。大蔵省検査と日銀考査の補完関係を考察する上で直面する基本的な問題点は、果たして両者が検査目的を完全に共有し得るかという点である。大蔵省検査の目的は、「法令遵守」、「営業方法の良否」、「資産の健全性」の3つであるが、日銀考査では検査目的として実質的に「法令遵

第6章　大正期における銀行検査の考察

守」を欠き、「営業方法の良否」よりも「資産の健全性」を重視して実施される。しかし、書面検査においては大蔵省、日銀ともに銀行から提出を受けた同一の書類を検査し、検査の実施においては大蔵省の緊密なコントロール下で日銀考査が行われるという点を勘案すると、検査目的は銀行検査実務の遂行過程で大蔵省サイドに収斂する可能性が高い。なぜなら、銀行監督行政上の重要事項については、大蔵次官から日銀総裁宛に発牒される官房秘通牒等による実質的な通達行政が行われていたからである。日銀の内部規程の存在を凌駕する大蔵省の圧倒的な統治力によって、日銀考査が大蔵省に銀行検査実務レベルでコントロールされていた可能性が高いと判断される。

　本格的な銀行検査充実の契機となったのは、金融制度調査会による「金融機関検査充実に関する調査」の答申内容とそれをめぐる審議であり、大蔵省内で検討されていた「銀行その他金融機関検査充実計画」であった。その方向性は銀行検査の底流にあった指摘型検査の流れを提言型検査に変えようとするものであり、日銀考査強化により大蔵省検査とのシナジー効果、つまり日銀考査の補完機能を発揮しようとするものであった。金融制度調査会の決議が考査規定内容にどのように反映されているかという点については、考査部心得等の日銀考査関連規定を見るかぎり、決議内容を反映させようとする意図が明確である。

　大蔵省や金融制度調査会の理想が最も端的に表れるのは銀行検査関連規定であり、大蔵省が目論んだモニタリングのシナジー効果の実態把握には、銀行検査関連規定と日銀考査規定の連関を考察することが必要である。銀行検査関連規定の成立過程を辿った結果、銀行検査関連規定は当初の銀行検査規程案と比較すると厳格性が後退するとともに、銀行経営に踏み込んだ検査提言が排除されて、むしろ指摘型検査的色彩が強くなっている。銀行検査関連規定は検査の方向性を提言型検査に変えようとする理想を後押しするものとはなっていない。その一方、日銀考査の大蔵検査補完機能は、通達行政による大蔵省の圧倒的な統治力によって日銀考査が大蔵省に銀行検査実務レベルでコントロールされる形で成立していたことが規定内容や通牒から推察される。

　大正期における銀行検査の実質的な充実は、規定整備を中心に大正後期に

第Ⅱ部　大正期の銀行検査

行われた。大正前期から中期にかけては大蔵省主導でいくつかの充実案が実行されたが、銀行検査の基盤となる検査規定が明治期の国立銀行の遺産をそのまま引き継いだものであったため、著しい改善は期待できなかった。大正後期に整備された銀行検査規定は金融制度調査会や、大蔵省の理想である提言型検査を完全に担保するものではなかったが、日銀考査とのモニタリングのシナジー効果については、それを担保できる仕組みが構築できた。

　今後は、金融制度調査会において別の重要議題として議論された行内検査の充実へ向けての動きを、行内検査事例や当時の実務書を用いて裏付けるとともに、大正期に構築された銀行検査規定体系が大正期、昭和戦前期に向けてどのように検査実務で活用されたのかを実証することを課題とする。第7章では、大正期における銀行の行内検査の実態を、金融制度調査会での銀行の内部監督充実に関する議論や行内検査実務書の内容比較、行内検査事例の検討等を通して解明する。

注　記

（1）『銀行通信録』（第449号、大正12年3月）。
（2）『銀行通信録』（第451号、大正12年5月）31頁。
（3）『大阪銀行通信録　第216号』（大阪銀行集会所、大正4年9月）。
（4）大江清一「明治中期における金融当局検査の考察―銀行条例の成立過程における銀行検査規定の変遷―」『社会科学論集　第120号』（埼玉大学経済学会、2007年1月）。
（5）『中央銀行会通信録　第257号』（中央銀行会、大正13年8月）23-24頁。
（6）大蔵省編纂『明治大正財政史　第14巻』（財政經濟學會、昭和12年）67-72頁。
（7）大蔵省編纂、前掲書、77～78頁。
（8）日本銀行調査局、土屋喬雄監修『日本金融史資料明治大正編　第18巻　金融制度調査会議事速記録』（大蔵省印刷局発行、昭和31年）1-3頁。
（9）『昭和財政史資料』（「銀行其ノ他金融機關検査充實計畫」、大正15年4月）マイクロフィルム冊子番号NO.1-074、検索番号32-003。
（10）日本銀行調査局、前掲書、375-397頁。
（11）日本銀行調査局、前掲書、1-9頁。
（12）日本銀行調査局、前掲書、88-89頁。

第 6 章　大正期における銀行検査の考察

(13) 日本銀行調査局、前掲書、304-305頁。
(14) 日本銀行調査局、前掲書。
(15) 日本銀行調査局、前掲書、377-379頁。
(16) 日本銀行調査局、前掲書、378頁。
(17) 日本銀行調査局、前掲書、378頁。
(18) 日本銀行調査局、前掲書、380-397頁。
(19) 日本銀行調査局、前掲書。
(20) 阪谷芳郎『日本會計法要論　完』（博文館、明治23年）。
(21) 大蔵省百年史編纂室『大蔵省百年史別巻』（財団法人大蔵財務協会、昭和44年）46頁。
(22) 日本銀行調査局、前掲書、383-384頁。
(23) 大蔵省百年史編纂室、前掲書、54-60頁。渡邊は明治32年から大正2年までの長きにわたり大阪税務管理局長を務めており、大蔵官僚から私立銀行の頭取に転進した人物である。
(24) 日本銀行調査局、前掲書、384頁。
(25) 日本銀行調査局、前掲書、385-387頁。
(26) 日本銀行調査局、前掲書、386-387頁。
(27) 日本銀行調査局、前掲書、379-397頁。
(28) 日本銀行調査局、前掲書、387-388頁。
(29) 日本銀行調査局、前掲書、389頁。
(30) 日本銀行調査局、前掲書、389-390頁。
(31) 日本銀行調査局、前掲書、390-392頁。
(32) 日本銀行調査局、前掲書、392-397頁。
(33) 日本銀行調査局、前掲書、377頁。
(34) 日本銀行調査局、前掲書、392頁。
(35) 日本銀行調査局、前掲書、395-396頁。
(36) 日本銀行調査局、前掲書、396-397頁。
(37) 『銀行通信録　第43巻　第259号』（東京銀行集会所、明治40年5月）669-673頁。
(38) 『銀行通信録』第451号、31頁。
(39) 高橋亀吉編著『財政経済二十五年誌　第六巻　財界編上』（国書刊行会、昭和7年原本発行）447頁。
(40) 『昭和財政史資料』（「銀行検査規程案」、大正15年9月、同年9月8日）マイクロフィルム冊子番号NO.1-074、検索番号32-003。

(41)『昭和財政史資料』(「銀行其ノ他金融機關検査充實計畫」、大正15年4月) マイクロフィルム冊子番号NO. 1 -074、検索番号32-003。
(42)『昭和財政史資料』(「銀行検査規程案」、「農工銀行検査順序」、「無尽業者検査規定」、大正15年9月、同年9月8日) マイクロフィルム冊子番号NO. 1 -074、検索番号32-003。
(43)『銀行通信録』(第451号、大正12年5月) 31頁。
(44) 日本銀行調査局、前掲書、375-397頁。
(45) 日本銀行調査局、前掲書、379-397頁。
(46) 日本銀行百年史編纂委員会『日本銀行百年史第三巻』(日本銀行、昭和58年) 290頁。
(47) 日本銀行審査部『日本銀行沿革史第二集第一巻』(クレス出版、1991年) 505-507頁。
(48) 日本銀行審査部、前掲書、505-506頁。
(49) 日本銀行審査部、前掲書、510-512頁。
(50) 日本銀行審査部、前掲書、512-526頁。
(51) 日本銀行審査部、前掲書、514-516頁。
(52) 日本銀行審査部、前掲書、516-518頁。
(53) 日本銀行審査部、前掲書、524-526頁。
(54) 日本銀行審査部、前掲書、507頁。

第 6 章　大正期における銀行検査の考察

別表6-1　銀行検査充実に向けた施策一覧

タイトル・出典	記事要旨
大蔵省の銀行検査励行 『大阪銀行通信録』大正4年9月、第216号	（1）銀行監督を励行する目的で大蔵省銀行課に任命された青木、関場両事務官は机上調査による材料収集を終了した。 （2）それぞれが属官3名を伴い2方向に分かれて2ヶ月の予定で銀行本支店監査に出張するらしい。 （3）出張方面および監査する銀行名は絶対秘密とのことであるが、東京近県の監査が優先されその他は経営に疑念がある銀行を全国から選定し手予告なしで出張し厳密な監査をするとのこと。 （4）2ヶ月間の出張中に15行くらいを調査する予定。
銀行検査の開始と増員 『銀行通信録』大正10年9月、第431号	（1）戦時中から一時中止された銀行検査は本年から復活励行されることとなり、従来2名の検査官に加え新たに4名増員した。 （2）2名の検査官はすで5月から銀行検査に従事しており、本年増員された検査官は4月以来本省で事務練習中。8月から派遣される予定であったが省内事務の都合上今日まで遅延した。 （3）9月10日前後に実地検査のため派遣されることに決まった。これによって今後は6名の検査官で全国各地の銀行が順次検査されることになる。
銀行検査励行 『中央銀行会通信録』大正10年10月、第223号	（1）大蔵省銀行局では9月以来増員された検査官が全員各銀行、信用組合、信託会社で主に担保整理に関して検査していたが、最近までに6、7県にわたって大体の検査を終了した。 （2）検査結果によると、好況期に取得した担保物件を時価暴落した今日も同一価格で評価しておりいささかも整理が進まない一方、戦後すでに自主的に整理したものもあって成績は様々である。 （3）担保の整理は相当認められるが帳簿整理に欠陥があるものや、貸出に際して徒に営利に走る結果金融機関の使命を無視するものもあった。 （4）期末の関係で12月は検査を中止し来年は1月から検査の励行に努め、従来数年もしくは10ヶ年に1回であった銀行

第Ⅱ部　大正期の銀行検査

銀行検査励行	検査も今後は隔年または毎年1回ずつ励行する意向である。
銀行検査官増員 『銀行通信録』大正11年8月、第442号	（1）大蔵省では従来銀行検査のため事務官6名で事務にあたっているが、検査の励行を期するには現在の人員では不足なので今回新たに2名を増員し、今後一層検査を厳重に行うこととした。
銀行の検査自営制度 『銀行通信録』大正12年3月、第449号	（1）銀行検査は大蔵省にとってその職責の一つであるが、銀行数が多いのと検査人員の少ないのとで検査が行き届かない。 （2）預金者と株主の利益を保護しそれらの人々に安心を与えるには不十分であるので、大銀行ではこの点に考慮し検査機関を設けて実務上最も効果のある方策を練った。 （3）1、2の銀行ではすでに随分以前から自発的に検査制度を実施しつつあったが、近来特にその必要を自覚し検査方法をさらに適切かつ有効なものとするよう考案中である。 （4）住友銀行では今回新たに常任監査役を設け従来の検査部をその支配下に置いたという。銀行の検査制度は大まかに3種類ある。以下はその内容である。 ［三井銀行の検査制度］ 　取締役の下に検査機関を設ける以外に常任監査役が取締役に対立して検査を行う制度。 第一次　各支店で検査委員3名を選定し臨時検査を行う。 第二次　本店に内国課、外国課を置き、各支店の営業状況の監督検査を行う。 第三次　取締役の下に検査課を置き営業諸規定の基づき検査を行う。 第四次　監査役中2名を常任とし、常務取締役を経る書類を全て検閲するほか営業一般の監査を行う。 ［三菱銀行の検査制度］ 第一次　検査部を設けて諸般の検査を行う。検査部は取締役、

第6章　大正期における銀行検査の考察

	監査役両者に属する。 第二次　監査役の監査（常任監査役は目下休止）。 ［住友銀行の検査制度］ 第一次　各支店に随時検査委員を選定し検査を行う。 第二次　常任監査役（常任は最近設置）の下に検査部（従来よりあり）を置き検査員を常置して監査役の監査事務を補佐させる。 現在の銀行内部の検査制度は以上の三種であるがこれらの機関を設置する銀行は甚だ少ない。これを諸外国と対比すると、英国のように公共監査人制度はなく、ドイツのように信託会社に検査を依頼する慣習もない。唯一の大蔵省検査も手が廻らない現状では是非とも自発的に検査機関を広く設置する必要があるという意見がある。
大蔵省の銀行制度改善調査方針決定 『大阪銀行通信録』大正12年6月、第310号	（1）大蔵省は銀行制度の根本的改善に関して銀行制度準備調査委員会の名目の下に調査研究中である。 （2）調査方針としては、①植民地金融の改善、②銀行監督機関の改善、③銀行資力の充実、④銀行合同奨励、⑤庶民金融の改善発達等の順序で進める。
大蔵省の銀行改善計画 『大阪銀行通信録』大正12年8月、第312号	（1）大蔵省の金融機関調査準備委員会は普通銀行の改善策について以下の4項目に分割して推進。 　①資本金額の制限 　②検査機関の整備 　③支払準備金の充実 　④銀行合併の促進 （2）銀行検査機関改善案は銀行局の調査によると以下の5項目となる。 　①手形交換所に銀行業務に精通した実務家を委員とする検査機関を設置すること。 　②日銀に補助的検査機関を置くこと。 　③大銀行に検査課を置き自治的検査を奨励すること。

第Ⅱ部　大正期の銀行検査

大蔵省の銀行改善計画	④銀行局の検査委員7人を15人に増員すること。 ⑤銀行の報告書類の形式改善。 （3）手形交換所内に検査機関を設置する案には当業者の反対もあって実行不可能な見込み。検査官の増員は決定し来年度の予算に経費計上することになっている。
銀行検査励行 『中央銀行会通信録』大正13年8月、第257号	（1）大蔵省は最近長野、愛知、東京3府県下の不健全銀行に対して認可取消または営業停止を命じた。 （2）本年中同省からこのような命令を発せられた銀行は、営業停止が4行、認可取消が2行であった。 （3）大正5年の銀行条例改正以来今日までに同様な処分を受けた銀行数は総計37行に達し、このうち認可取消は6行、営業停止命令後自然に解散したもの8行、破産したもの2行であり、営業状態が改善され処分解除または開業認可を得るにいたったものは6行に過ぎない。また現在でも全部または一部営業停止のままであるのは15行に達している。 （4）大蔵省が上記処分を断行する際にはまず整理命令を発するのが常であるが、この整理命令を見越して逆に種々の方策を用いて預金を吸収し、預金着服の上解散するものや、整理命令をきっかけとして名義売却を図るものが少なくない。 （5）大蔵省ではこれらの不健全、不正な銀行に対しては適切な処分を行うことを決定し、本年4月以降従来殆ど手を着けなかった東京、大阪の両府下をはじめ全国主要都市の諸銀行に対して一斉に厳重な検査を開始し、目下継続中である。検査の結果整理命令を発せられた銀行は現在30行に達しているとのことである。
銀行検査励行 『銀行通信録』大正13年9月、第464号	（1）大蔵省では不健全銀行に対して整理命令を発し目下整理中の銀行は30行に及ぶ。 （2）この内、①整理命令を受けても一向に整理が進まないもの、②整理が進まないだけでなくこれを逆用して不正行為を行い公益を害し預金者その他に多大の迷惑をかけているもの、③整理不可能でその見込みが立たないもの、④整理命令を逆用して公益を害するおそれがあるもの等は営業停止するか営業認可を取消すべく処分方法について研究中である。

第6章　大正期における銀行検査の考察

大蔵省の銀行改善方針　『大阪銀行通信録』大正14年4月、第332号	（1）政府は今回大蔵所管事項中第二期計画として税制整理、関税改正、金融機関の改善等主税局、銀行局関係の重要案件を解決すべく研究中。 （2）金融機関の改善に関しては進捗が十分でないので、目下銀行局で調査を急いでいるが、調査終了の上調査会を設置し具体的調査を行う段取りである。当局が金融機関について改善の必要があると認めるのは以下の4項目である。 ①日本銀行条例改正 ②特殊銀行改善 ③普通銀行法改善 ④銀行全般に対する改善 （3）銀行全般に対する改善の内容は以下の5項目である。 ①銀行監督法規の改善完備 ②銀行検査方法の改善 ③支店、出張所、派出所に関する取締り厳格化 ④銀行業者からなる金融関係大調査機関の設置問題 ⑤その他法規上及び事務上両方面から欠点ありと認める各種の事項

出典：（1）『銀行通信録』（東京銀行集会所、大正10年9月～大正13年9月）。
　　　（2）『大阪銀行通信録』（大阪銀行集会所、大正4年9月～大正14年4月）。
　　　（3）『中央銀行会通信録』（中央銀行会、大正10年10月～大正13年8月）。
注　：（1）出典資料の記事内容は大蔵省の施策を中心に要約して記載した。
　　　（2）出典資料の記事の内「銀行検査官処務規定及注意」（大正4年9月）、「普通銀行ヘ三十箇条諭達」（大正13年8月）、「金融機関の検査充実案決定」（大正15年11月）については別途内容検討するので本図表には掲載していない。

第Ⅱ部　大正期の銀行検査

別表6-2　「銀行検査規程案（旧）」と「銀行検査規程案（新）」の比較および「銀行検査規定」、「銀行検査心得」への展開

旧条	「銀行検査規定案（旧）」	新条	「銀行検査規定案（新）」および「銀行検査規定」「銀行検査心得」への展開
タイトル	「銀行検査心得案」→「銀行検査方針案」と訂正された後、最終的に「銀行検査規程案」で成立。 （注意調査会ノ決定ニ依リ相当訂正ヲ要ス）	タイトル	「銀行検査規程案」 （注意普通銀行制度ニ関スル調査会ノ決定及之ニ基ク法規ノ改正ノ結果ニ依リテハ相当訂正ヲ要ス）
第一条	銀行検査ハ主トシテ臨検当時ニ於ケル業務ノ実況及財産ノ現況ニ就キ之ヲ行フモノトス但シ必要アル場合ニ於テハ既往ニ遡リテ之ヲ行フヘシ（検査規定第一条）	第一条	左記で変更なし。
第二条	検査官ハ主トシテ左ノ事項ヲ検査スヘシ（検査規定第一条参照） 一．法令定款銀行ノ内規等ニ違反セル事項ノ有無 二．営業方法ノ良否 三．財産ノ確否	第二条	左記で変更なし。 一．法令定款<u>大蔵大臣ノ命令</u>銀行ノ内規<u>又ハ取引ニ関スル命令</u>等ニ違反セル事項ノ有無 二．営業方法ノ良否 三．財産ノ確否
第三条	他ノ銀行ハ他ノ事業ヲ営ム者ト密接ナル関係ヲ有スル銀行ノ検査ヲ行フ場合ニ於テハ是等関係者ノ状況ヲモ調査スヘシ（検査規定第五条）	第三条	本店ノ検査ヲ行フ場合ニ於テハ支店出張所及代理店ニ於ケル状況ヲモ調査スヘシ支店ノ検査ヲ行フ場合ニ於テ其ノ支店ニ附属スル出張所及代理店ニ付亦同シ（検査規定第三条）
第四条	*検査官ハ予定検査日数内ニ銀行営業全般ニ亘リ大体ニ於テ要領ヲ掌握スルコトニ注意スヘシ*⇒削除	第四条	他ノ銀行ハ他ノ事業ヲ営ム者ト密接ナル関係ヲ有スル銀行ノ検査ヲ行フ場合ニ於テハ是等関係者ノ状況ヲモ調査スヘシ（検査規定第五条）
第五条	*検査官ハ予メ検査銀行ノ定款営業報告往復文書及前検査関係文書ニ就テ準備調査ヲ爲スヘシ*⇒削除	第五条	検査官ハ銀行<u>監督行政ノ方針ニ基キ銀行営業ノ改善ニ付キ必要ナル助言ヲ爲シ指導ニ努ムヘシ</u>

第 6 章　大正期における銀行検査の考察

第六条	検査官ハ検査執行ニ際シ銀行ノ営業上支障ヲ生セシメサルコトニ注意スヘシ（検査心得第十三条）⇒削除	第六条	検査官カ法令ノ規定ニ關シ検査上注意スヘキ事項左ノ如シ（検査心得第八條参照） 一．銀行カ其ノ資本ノ半額ヲ失ヒタルニ拘ラス取締役カ株主總會ヲ招集シテ之ヲ報告スルノ手續ヲ怠レルコトナキヤ 二．*銀行カ其ノ資本ヲ失イ最低資本金ノ制限ヲ下ルコトナキヤ*⇒（銀行検査心得にはこの条項なし） 三．銀行カ其ノ財産ヲ以テ其ノ債務ヲ完済スルコト能ハンサルニ至リタルニ拘ラス取締役ハ破産宣告ノ請求ヲ爲スノ手續ヲ怠レルコトナキヤ 四．銀行ハ損失ヲ補填セス又ハ*法定準備金ノ積立*ヲ爲サスシテ利益ノ配當ヲ爲シタルコトナキヤ其ノ他法令ノ規定ニ違反シテ利益ノ配當ヲ爲シタルコトナキヤ⇒（銀行検査心得） 銀行ハ損失ヲ補填セスシテ利益ノ配當ヲ爲　シタルコトナキヤ其ノ他法令*又ハ定款*ノ規定ニ違反シテ利益ニ配當ヲ爲シタルコトナキヤ 五．銀行カ財産ノ喪失、移轉若ハ其ノ實價ノ減少ニ因リ又ハ義務ノ増加ニ因リ損失ヲ生シタルニ拘ラス之ヲ損益計算書ニ記載セス又ハ財産目録、貸借對照表ニ不當ノ價額ヲ記入セルコトナキヤ 六．銀行ノ設立、資本ノ増加又ハ其ノ登記ヲ爲シ若ハ之ヲ爲サシムル目的ヲ以テ株式總數ノ引受又ハ資本ニ對スル拂込額ニ付裁判所又ハ總會ヲ欺罔シタルコトナ
第七条	検査官ハ一般銀行行政方針ヲ体シ取締役監査役ト協力シテ銀行営業ノ改善ニ当タルヲ任務トスルモノナルヲ以テ之カ必要ナル助言ヲ爲シ指導ニ努ムヘシ⇒ 検査官ハ一般銀行行政方針ニ*基キ*銀行営業ノ改善ニ*付*必要ナル助言ヲ爲シ指導ニ努ムヘシ		
第八条	「銀行検査規程案（新）」第六條の原案が「銀行検査規程案（旧）」第八條である。主な変更箇所は以下の通りである。 六．會社*銀行*ノ設立、資本ノ増加又ハ其ノ登記ヲ爲シ若ハ之ヲ爲サシムル目的ヲ以テ株式總數ノ引受又ハ資本ニ對スル拂込額ニ付裁判所又ハ總會ヲ欺罔シタルコトナキヤ 八．*何処ノ名義ヲ以テスルヲ問ハス*會社*銀行*ノ計算ニ於テ不正ニ自己ノ株式ヲ取得シマタハ質權ノ目的トシテ之ヲ受ケタルコトナキヤ 九．*會社ノ営業ノ範囲外ニ於テ投機取引ヲ爲會社財産ヲ處分スルコトナキヤ*⇒削除 十⇒十一 　　監査役ハ監査書ノ作成ヲ怠リ若ハ不實ノ記載ヲ爲シ又ハ其監査ニ缺クル*處*タルコトナキヤ		

305

第Ⅱ部　大正期の銀行検査

第八条	十五. 帳簿ヲ備ヘ之ニ日々ノ取引其ノ他財産ニ影響ヲ及ホスヘキ一切ノ事項ヲ整然且明瞭ニ記載セルヤ⇒削除 十八. 税法ニ違反セルコトナキヤ⇒削除	第六条	キヤ⇒ （銀行検査心得） <u>會社ノ設立</u>……（以下同文） 七. 官廳又ハ總會ニ對シ不實ノ申述ヲ爲シ又ハ事實ヲ隱蔽シタルコトナキヤ 八. <u>何処ノ名義ヲ以テスルヲ問ハス銀行ノ計算ニ於テ不正ニ自己ノ株式ヲ取得シマタハ質權ノ目的トシテ之ヲ受ケタルコトナキヤ</u>⇒（銀行検査心得では削除） 九. 取締役カ監査役ノ承認ヲ受ケスシテ自己又ハ第三者ノ爲ニ銀行ト取引ヲ爲シタルコトナキヤ 十. <u>監査役ハ監査書ノ作成ヲ怠リ若ハ不實ノ記載ヲ爲シタルコトナキヤ</u>⇒（銀行検査心得では削除） 十一. 銀行カ主務官廳ノ認可ヲ受ケスシテ之ヲ受クヘキ事項ヲ行ヒシコトナキヤ⇒（銀行検査心得では若干表現上の相違有り） 十二. 届出、報告、登記、公告又ハ通知ヲ怠リタルコトナキヤ又是等カ適法ナリヤ 十三. 定款、總會ノ決議録ヲ本店及支店ニ備ヘ置カス株主名簿、財産目録、貸借對照表、營業報告書、損益計算書、準備金若ハ利益ノ配當に關スル議案又ハ監査書ヲ本店ニ備ヘ置カス之ニ記載スヘキ事項ヲ記載セスヌハ不正ノ記載を爲シタルコトナキヤ⇒（銀行検査心得では監査書の記載なし）
第九条	「銀行検査規程案（新）」第七條の原案が「銀行検査規程案（旧）」第九條である。主な変更箇所は特段なし。		
第十条	検査官ハ<u>其ノ他</u>法令、定款、<u>事業ノ種類方法書</u>、銀行ノ内規又ハ取引先ニ對スル契約等ニ違反セル事項無キヤヲ調査スルト共ニ是等ノ規定ヲ脱スルノ行爲及將來是等事項發生ノ虞アルヤ否ヤニ付テモ注意スヘシ（検査心得第十條）⇒ （「銀行検査規程案（新）」では本項目は削除されているため銀行検査心得第十條と比較した。）		

第6章 大正期における銀行検査の考察

			十四. 取締役ハ定款ニ規定セル員數ノ株券ヲ監査役ニ供託セルヤ
			十五. 取締役及ヒ*監査役*ノ報酬ハ定款ニ其ノ額ヲ定メサリシ場合ニ於テ株主總會ノ決議ヲ以テ之ヲ定メ居レルヤ⇒（銀行検査心得では監査役の記述なし）
			十六. 役員又ハ使用人ニ犯罪行爲ナキヤ
			前*各*項ノ外商法、*銀行條例*、*銀行業法*、*税法*、貯蓄銀行條例、其ノ他ノ法令ニ違反スル行爲*ナキヤナキヲ注意スヘシ*
			(以下の条項は銀行検査心得で追加。項目番号は銀行検査心得のもの。)
			八. *會社ノ營業ノ範囲外ニ於テ投機取引ノ爲會社財産ヲ處分シタルコトナキヤ*
			九. *取締役カ監査役ノ承認ヲ受ケスシテ自己又ハ第三者ノ爲ニ銀行ト取引ヲ爲シタルコトナキヤ*
			十二. *預リ金及受入金ニ對スル擔保ノ供託ヲ怠ルコトナキヤ又ハ供託證券中擔保ニ適セサルモノナキヤ*
			十四. *帳簿ヲ備ヘ之ニ日々ノ取引其ノ他財産ニ影響ヲ及ホスヘキ一切ノ事項ヲ整然且明瞭ニ記載セルヤ*
			十七. *税法ニ違反セルコトナキヤ*
第十一条	検査官カ營業方法ノ良否ニ關シ*特ニ*注意スヘキ事項ノ*概目*左ノ如シ（検査心得第十一條参照） 一. 役員使用人又ハ是等ノ關係セル會社*等*ニ對シスル*取引ニ付*	第七条	検査官カ定款ノ規定ニ關シ検査上注意スヘキ事項ノ概目左ノ如シ（検査心得第九条） 一. 定款ノ規定以外ノ事業ヲ爲スコトナキヤ

307

第Ⅱ部　大正期の銀行検査

| 第十一条 | 金額、利率、擔保、期限等ニ付關シ特殊ノ便宜ヲ與ヘタル取引コトナキヤ
二．銀行ガ重役又ハ少數ノ者ノ資金ヲ運用スル機關ニ過ギスシテ公共的機關タル性質ヲ失ヘルコトナキヤ⇒削除
三⇒二
一人ニ對スル貸付預ヶ金、其ノ他ノ債權額カ拂込資本金及準備金ノ十分ノ一ヲ超ユルモノ又ハ銀行ノ所有シ若ハ債權ノ擔保トシテ受入ルヽ一會社ノ株式カ該會社ノ總株式ノ五分ノ一ヲ超ユルモノ其ノ他少數ノ者又ハ同一種類ノ營業者ニ對シ多數ノ貸出ヲ爲セルモノ等資金運用ノ偏倚セルモノアル場合ニ銀行經營上注意ヲ與フル要ナキヤニシテ銀行經營上注意スヘキ要アルモノナキヤ

四⇒三
不動産抵當貸等ノ長期貸出カ若ハ固定資産カ拂込資本金及準備金若ハ長期資金ニ比シ過大ナラサルヤ拂込資本金及準備金ヲ超過セル場合ニ於テ其ノ銀行所在地方ノ狀況及銀行ノ資産ノ構成狀態ニ鑑ミ銀行經營上注意スルノ要ナキヤ

六⇒五
（「銀行檢査規程案（旧）」では五が抜けて六になっている。「銀行檢査規程案（新）」には四項として新たな内容が追記されている。）

現金、預ヶ金、コールローン急速ニ換 | 第七条 | 二．定款ノ規定ニ違反シテ資金ヲ使用又ハ消費セシコトナキヤ
三．利益ノ配當又ハ準備金ニ關シ定款ノ規定ニ違反セシコトナキヤ
四．取締役、監査役、業務執行社員ノ員數ハ定款ノ規定ニ違反スルコトナキヤ
五．取締役會ニ附議スヘキ事項ニ關シ定款ノ規定ニ違反スルコトナキヤ
六．定款規定ノ施設ヲ爲スヲ怠リ又ハ定款規定ノ手續ヲ履行セサルコトナキヤ |
| 第八条 | 檢査官カ營業方法ノ良否及財産ノ確否ニ關シ特ニ注意スヘキ事項ノ概目左ノ如シ（檢査心得第十一條參照）
一．役員使用人又ハ是等ノ者ニ關係セル會社等ニ對スルシ取引ニ付金額、利率、擔保、期限等ニ關シ付特殊ノ便宜ヲ與ヘタルコト取引ナキヤ
二．一人ニ對スル貸付預ヶ金、其ノ他ノ債權（社債及保證ヲ含ム）カ拂込資本金及準備金ノ十分ノ一ヲ超ユルモノ又ハ銀行ノ所有シ若ハ債權ノ擔保トシテ受入ルヽ一會社ノ株式カ該會社ノ總株式ノ五分ノ一ヲ超ユルモノ其ノ他少數ノ者又ハ同一種類ノ營業者ニ對シ多數ノ貸出ヲ爲セルモノ等ニシテ銀行經營上注意スヘキ要アルモノナキヤ⇒
（銀行檢査心得）
二．少數ノ者又ハ同一種類ノ營業者ニ對シ多數ノ貸出ヲ爲シ又ハ一會社ノ株券又ハ社債券ノ大部分 |

第6章　大正期における銀行検査の考察

價シ又ハ取立テ得並容易ニ資金化シ得ベキ手形及有價證券等ノ預金支拂準備額カタルヘキ額ノ預金其ノ他短期ノ債務○○○現ニ不足セサルヤ又將來不足スルノ虞ナキヤニ對スル割合カ相當ナリヤ預金以外ノ短期債務ニ對シテモ相當ノ支拂準備アリヤ

七⇒六
取引先ノ信用調査貸出金ノ使途ニ關スル調査ニ欠クル虞ナキヤ施設及實行ニ付遺漏ナキヤ

（以下の七、八、九、十、十一は「銀行檢査規程案（旧）」の八から分岐したものである。）

七．貸出金ニ對スル擔保ノ種類評價貸出歩合等ニ關スル取扱ハ適當ナルヤ

八．貸出金ノ使途及ニ關スル調査及投資方面ニ關スル調査ニ欠クル虞ナキヤ地方産業ノ助長發達ニ貢獻シツヽアリヤ

九．銀行所在地ノ地方産業ノ助長發達ニ貢獻シツヽアリヤ

十．支店ノ資金ヲ本店又ハ他ノ支店ニ集中スルノ弊ナキヤ

十一．役員ニ對スル俸給給與其ノ他各種經費中不當ノ支出ヲ爲セルモノナキヤ又収益ニ比シ經費カ過大ナラザルヤ

ヲ質トシテ受入レタルモノアル場合ニ危險ノ之ニ伴フコトナキヤ

三．不動産抵當貸等ノ長期貸出カ拂込資本金及準備金ヲ超過セル場合ニ於テ其ノ銀行所在地方ノ状況及銀行ノ資産ノ構成状態ニ鑑ミ銀行經營上注意スルノ要ナキヤ⇒
（銀行檢査心得）

三．一會社ノ株券又ハ社債券ノ所有高多額ナル場合ニ其ノ會社ノ事業ニ對スル調査ハ欠クル虞ナキヤ其ノ證券ノ所有ハ單純ニキ起業援助ノ計畫ニ因ルモノナルヤ其ノ處分ハ遲延スルコトナキヤ及其ノ所有ハ危險ノ伴フコトナキヤ

四．營業用又ハ所有ノ土地建物等ノ固定資産カ過大ニ失セサルヤ⇒
（銀行檢査心得）

四．固定資金ノ額カ要求拂、通知拂又ハ短期ノ債務ニ比シ過大ナラサルヤ現金、預ケ金、コールローン、急速ニ換價シ又取立テ得ヘキ手形及有價證券等ノ債務支拂準備額カ要求拂又ハ短期ノ債務ニ對シ現ニ不足セサルヤ又將來不足スルノ虞ナキヤ

五．現金、預ヶ金、コールローン並容易ニ資金化シ得ヘキ手形及有價證券等ノ預金支拂準備タルヘキ額ノ預金ニ對スル割合カ相當ナリヤ預金以外ノ短期債務ニ對シテモ相當ノ支拂準備アリヤ⇒
（銀行檢査心得）

309

第十一条

九⇒十二
少数ノ*重役役員*又ハ支配人ニ銀行經營ヲ*獨斷*專行セシメ居ル場合其ノ他ニ於テ*結果弊害ヲ釀*セルコトナキヤ其ノ他業務執行ノ組織ニ改善ノ要ナキヤ

十⇒十三
役員*中殊*ニ*常務*ニ*從事常務*ヲ担當スル者ニシテ他ノ業務ノ役員ヲ兼ネ居ル場合ニ從事セル場合*爲*銀行經營上不都合ヲ*來*セルコトナキヤ

十一⇒十四
本店支店出張所又ハ代理店ニ對スル監督方法ニ缺ケル處ナキヤ⇒
行內檢査其ノ他銀行ノ內部監督ノ施設及其ノ實行ニ付遺漏ナキヤ

十二
監査役ノ監査方法ニ缺クル處ナキヤ
⇒削除

十三⇒十五
支店出張所又ハ代理店中*不要ノモノナキヤ整理ヲ要スルモノナキヤ*

十四⇒十六
他ノ銀行ト不當ノ競爭ヲ爲スコトナキヤ

十五⇒十七
他ノ銀行ト合併又ハ合同ヲナスノ要ナキヤ⇒
預金利子協定其ノ他組合規約ニ及ルコトナキヤ

第八条

五．總資產ノ實額カ債務ノ總額又ハ債務總額、資本金、準備金、積立金、前期繰越金及利益金ノ合計額ニ對シ現ニ不足セサルヤ又將來不足スルコトナキヤ

六．取引先ノ信用調査ノ施設及實行ニ付遺漏ナキヤ⇒
（銀行檢査心得）

六．資產ノ評價ハ適實ヲ欠クコトナキヤ

七．貸出金ニ對スル擔保ノ種類評價貸出歩合等ニ關スル取扱ハ適當ナルヤ⇒
（銀行檢査心得）

七．取引先ノ信用調査ハ欠クル虞ナキヤ

八．貸出金ノ使途ニ關スル調査及投資方面ニ關スル調査ニ欠クル虞ナキヤ⇒
（銀行檢査心得）

八．役員ニ對スル俸給、給與其ノ他各種經費中不當ノ支出ヲ爲セルモノナキヤ

九．銀行所在地ノ地方產業ノ助長發達ニ貢獻シツヽアリヤ⇒
（銀行檢査心得）

九．將來ノ年度ニ屬スル利益ヲ現年度ノ利益ニ組入レ現年度ノ負擔ニ屬スル支出ヲ翌年度ノ所属ニ移シ概算拂前渡金又ハ仮拂等ニシテ其ノ大部分ハ現年度ノ經費又ハ損失ニ屬スヘキ見込ノモノヲ資產トシテ計算スルコトナキヤ

十．支店ノ資金ヲ本店又ハ他ノ支店

第 6 章　大正期における銀行検査の考察

	十六⇒十八 他人ノ名ヲ以テ財産ヲ所有シ*投機取引*ヲ爲シ又ハ會社銀行ノ目的以外ノ事業ヲ營ムコトナキヤ 十九．*投機取引ヲナスコトナキヤ*⇒追記 十七⇒二十 株金又ハ*若ハ*役員弁償金ノ拂込ヲ爲サシムルカ爲又ハ取引ノ繁盛若ハ利益ノ増加ヲ装ハシム爲不當ノ振替勘定又ハ財産ノ賣渡及買戾等ヲ行ヘルコトナキヤ 十八⇒二十一 他ノ銀行又ハ會社ノ爲ノ前号ノ行爲ヲ爲シタルコトナキヤ 十九⇒二十二 *現金、有價證券證書 手形*類擔保品物品等ノ保管出納ニ歟ルコトナキヤ 二十．行務又ハ財産状態ノ整理改善ニ關スル既往ノ處置ニシテ適切ナラサリシモノナキヤ⇒削除 二十一⇒二十三 定款其ノ他ノ規定中*改良改善*ヲ要スル事項ナキヤ 二十二⇒二十四 使用人ノ任用、監督、及奨勵ノ方法ニ歟クル虞ナキヤ"	ニ集中スルノ弊ナキヤ⇒ （銀行検査心得） 十．未拂利息其ノ他支出金ニ對スル備金ヲ歟クコトナキヤ 十一．役員ニ對スル俸給給與其ノ他各種經費中不當ノ支出ヲ爲セルモノナキヤ又収益ニ比シ經費カ過大ナラサルヤ⇒ （銀行検査心得） 十一．未収ノ利益ヲ以テ利益ノ不足ヲ補足セルコトナキヤ 十二．少数ノ役員又ハ支配人ニ銀行經營ヲ獨斷専行セシメ居ル結果弊害ヲ醸セルコトナキヤ其ノ他業務執行ノ組織ニ改善ノ要ナキヤ⇒ （銀行検査心得） 十二．収益ニ比シ經費カ過大ナラサルヤ 十三．役員殊ニ常務ヲ担当スル者ニシテ他ノ業務従事セル爲銀行經營上不都合ヲ來セルコトナキヤ⇒ （銀行検査心得） 十三．他人ノ名ヲ以テ財産ヲ所有シ投機取引ヲ爲シ又ハ會社ノ目的以外ノ事業ヲ營ムコトナキヤ 十四．行内検査其ノ他銀行ノ内部監督ノ施設及其ノ實行ニ付遺漏ナキヤ⇒ （銀行検査心得） 十四．株金又ハ役員辨償金ノ拂込ヲ爲サシムルカ爲又ハ取引ノ繁盛若ハ利益ノ増加ヲ装ハムカ
第十二条	「銀行検査規程案（旧）」の第十二條は「銀行検査規程案（新）」第九條に対応するので、両者比較の上変更	

311

第十二条	項目を以下に記す。 一．決算ノ手續ハ嚴重ナリヤ又決算ニ關スル書類ハ完備シ居ルヤ⇒削除（以下１項目づつ番号ずれ） 六⇒五 未拂利息其ノ他*未拂*支出金ニ對スル準備金ヲ缺タコトナキヤヲ*負債勘定ニ計上*セサルモノナキヤ 八⇒七 無収益*債権資産*又ハ期限経過若ハ利息ノ延滞セル貸出金ニ對スル*整理方法ニ缺クル處*ナキヤ	第八条	爲不當ノ振替勘定又ハ財産ノ賣渡及買戻等ヲ行ヘルコトナキヤ 十五．支店出張所又ハ代理店中整理ヲ要スルモノナキヤ⇒ （銀行検査心得） 十五．他ノ銀行又ハ會社ノ爲ニ前號ノ行爲ヲ爲セルコトナキヤ 十六．他ノ銀行ト不當ノ競争ヲ爲スコトナキヤ 十七．預金利子協定其ノ他組合規約ニ及ルコトナキヤ⇒ （銀行検査心得） 十七．行務又ハ財産状態ノ整理改善ニ關スル既往ノ處置ニシテ適切ナラサリシモノナキヤ 十八．他人ノ名ヲ以テ財産ヲ所有シ又ハ銀行ノ目的以外ノ事業ヲ營ムコトナキヤ⇒ （銀行検査心得） 十八．支店、出張所又ハ代理店ニ對スル監督方法ニ缺クル虞ナキヤ 十九．投機取引ヲナスコトナキヤ⇒ （銀行検査心得） 十九．支店、出張所又ハ代理店中不要ノモノナキヤ 二十．株金若ハ役員弁償金ノ拂込ヲ爲サシムルカ爲又ハ取引ノ繁盛若ハ利益ノ増加ヲ装ハシム爲不當ノ振替勘定又ハ財産ノ賣渡及買戻等ヲ行ヘルコトナキヤ⇒ （銀行検査心得） 二十．他ノ銀行ト合併又ハ合同ヲナスノ要ナキヤ 二十一．他ノ銀行又ハ會社ノ爲ノ前
第十三条	検査官ハ役員ノ勤惰、資産、信用、性行、公私ノ職業、政黨關係、役員間竝株主トノ折合及使用人ノ良否等ニ付注意スヘシ（検査心得第十二條）		

第6章 大正期における銀行検査の考察

			号ノ行為ヲ為シタルコトナキヤ⇒
（銀行検査心得）
二十一．定款、事業ノ種類方法其ノ他ノ規定中改良ヲ要スル事項ナキヤ
二十二．現金、有價證券證書手形類擔保品等ノ保管出納ニ欠ルコトナキヤ⇒
（銀行検査心得）
二十二．業務執行ノ組織ニ不備ナキヤ
二十三．定款其ノ他ノ規定中改善ヲ要スル事項ナキヤ⇒
（銀行検査心得）
二十三．使用人ノ任用、監督及奨勵ノ方法ニ欠クル虞ナキヤ
二十四．使用人ノ任用、監督、及奨勵ノ方法ニ欠クル虞ナキヤ⇒銀行検査心得二十三項と同じ。（銀行検査心得は二十三項までであるので本項に対応する項目なし）
第十四条	検査官ハ銀行ノ將來ノ収益状況其ノ他銀行ノ盛衰ヲ考察シ之ニ對シ適實ナル改善ノ方法ヲ調査スヘシ⇒「銀行検査規程案(新)」第十三條	第九条	検査官カ財産ノ確否ニ關シ特ニ注意スヘキ事項左ノ如シ（検査心得第十一條参照）⇒
（銀行検査心得では「營業方法ノ良否及財産ノ確否ニ關シ」として営業方法と財産保全に関するポイントを第八條にまとめているので銀行検査心得の第九條は「銀行検査規程案（旧）」の本条に対応する内容ではなく、「定款ノ規定ニ關シ検査上注意スヘキ事項」である。したがって「銀行検査規程案（新）」第七條と銀行検査心得第九條を上記で比較した。

313

第十四条	第九条	下記に「銀行検査規程案（新）」第九條を記載し、前條の内容を考慮して総括的に比較検討する。 一．資産ノ評價ハ適實ヲ欠クコトナキヤ⇒ （銀行検査心得第十一條第六項と同じ） 二．滞貨銷却其ノ他諸銷却ハ適當ナルヤ⇒銀行検査関連規定では削除 三．總資産ノ實額カ債務ノ總額又ハ債務總額、資本金、準備金、積立金、前期繰越金及利益金ノ合計額ニ對シ現ニ不足セサルヤ又ハ將來不足スルコトナキヤ⇒ （銀行検査心得第十一條第五項と同じ） 四．將來ノ年度ニ屬スル利益ヲ*其ノ期ノ現年度ノ*利益ニ組入レ*其ノ期ノ現年度ノ*負擔ニ屬スル支出ヲ*翌期年度ノ*所属ニ移シ概算拂前渡金又ハ仮拂等ニシテ其ノ大部分ハ*其ノ期ノ現年度ノ*經費又ハ損失ニ屬スヘキ見込ノモノヲ資産トシテ計算スルコトナキヤ⇒ （銀行検査心得第十一條第九項と比較。概ね内容は同じ。） 五．未拂利息其ノ他未拂支出金ヲ負債勘定ニ計上セサルモノナキヤ⇒ （銀行検査心得第十一條第十項） 五．未拂利息其ノ他支出金ニ對スル備金ヲ欠クコトナキヤ 六．未収ノ利益ヲ以テ利益ノ不足ヲ補足セルコトナキヤ⇒ （銀行検査心得第十一條第十一項）

第6章　大正期における銀行検査の考察

		七．無収益資産又ハ期限経過若ハ利息ノ延滞セル貸出金ナキヤ⇒銀行検査関連規定では削除 八．擔保ノ不足スル債權ナキヤ⇒旧に追記
	第十条	檢査官ハ決算ノ手續カ正確ニシテ遺漏ナク利益ノ處分カ適當ナリヤヲ注意スヘシ⇒銀行検査関連規定では削除
	第十一条	檢査官ハ大蔵大臣ノ命令又ハ示達ニ基ク行務又ハ財産状態ノ整理カ確実ニ勵行セラレ居ルヤ否ヤヲ注意スヘシ⇒銀行検査関連規定では削除
	第十二条	檢査官ハ役員ノ勤情、資産、信用、性行、公私ノ職業、政黨關係、役員間並株主トノ折合及使用人ノ良否等ニ付注意スヘシ（検査心得第十二條）
	第十三条	檢査官ハ銀行ノ將來ノ収益状況其ノ他銀行ノ盛衰ヲ考察シ之ニ對シ適實ナル改善ノ方法ヲ調査スヘシ⇒銀行検査関連規定では削除
	第十四条	檢査官ハ銀行業務ニ重大ナル關係ヲ有スル地方ノ*産業、商業其ノ他ノ經濟*事情ニ注意シ且之ト*銀行トノ關係ヲ調査スヘシ*（検査心得第十四條参照）

出典：『昭和財政史資料』（「銀行検査規程案」、大正15年9月、同年9月8日）マイクロフィルム冊子番号NO.1-074、検索番号32-003。

注：（1）「銀行検査規程案（旧）」の欄には「銀行検査規程案（旧）」と「銀行検査規程案（新）」を比較して条文番号が同一の条文内容を対比し、その添削、訂正、推敲内容を明示した。

条文中斜字で記載したものは「銀行検査規程案（旧）」にあって「銀行検査規程案（新）」で削除された文言、斜字に下線を付した文言は「銀行検査規程案（新）」で新たに追加されたものである。

315

第Ⅱ部　大正期の銀行検査

（2）「銀行検査規程案（新）」の欄には「銀行検査規程案（新）」と「銀行検査規定」、「銀行検査心得」を比較して原則として条文番号が同一の条文内容を対比し、その添削、訂正、推敲内容を明示した。
　　　添削、訂正、推敲内容の提示方法は上記（1）と同様である。
（3）「銀行検査規程案（旧）」と「銀行検査規程案（新）」の条文番号は、必ずしも一対一対応していないので、第6条以下は同じ行に並列表示していない。

第7章　大正期における行内検査の考察
――銀行の内部監督充実に関する議論と行内検査の事例研究――

はじめに

　本章の目的は、大正期における銀行の内部監査（以下「行内検査」と表記する）の実態を、（1）金融制度調査会での銀行の内部監督充実に関する議論、（2）複数の行内検査実務書の内容比較、（3）行内検査事例の検討、の3つのレベルでの考察を通して解明することである。行内検査を検討するにあたっては、地方銀行の行内検査報告書を材料とする。

　第1節では、大正15年10月13日に開催された第二回金融制度調査会本会議での銀行の内部監督充実に関する提案と普通銀行制度特別委員会で議論された質疑応答内容を検討する。そして、幹事サイドの大蔵省と一般委員とのやり取りを通して、大蔵省が銀行の内部監督をいかなる方法でどのように強化しようとしていたのかを考察する。

　第2節では、大正期の行内検査に関する一般的見解を考察するにあたり、識者3名の行内検査論を比較検討する。検討対象として取り上げる行内検査論は磯部亥助の「私的銀行検査論」[1]、藤城敬二の「銀行検査部論」[2]、榎並赳夫の「自衛検査論」[3]である。本章では3著者の意図を汲んで、それぞれに「私的銀行検査論」、「銀行検査部論」、「自衛検査論」と命名した。また3著者は一様に行内検査をメインテーマにしつつも、それぞれ異なる切り口から行内検査にアプローチしているため、比較項目は行内検査の概論や理論的部分に限定される。したがって、比較検討にあたっては、それぞれの行内検査論で共通に取り上げている項目を比較し、各行内検査論の独自なポイントは個別に検討する。

　第3節では、大正期の銀行経営と行内検査の実態を地方銀行に代表させ、それらを官民の眼を通して考察する。地方銀行の経営実態については、大正

第Ⅱ部　大正期の銀行検査

9年当時、大蔵省銀行局特別銀行課長であった岡田信の長野市での講演をもとに、大蔵省の認識を考察する。地方銀行の行内検査の実態については、日本信託銀行に勤務していた上述の榎並赳夫の論文をもとに、民間の実務家がどのような認識を抱いていたかを考察する。地方銀行経営の実態については、岡田の講演をもとに大蔵省の認識を確認するとともに、行内検査の実態については、民間サイドに身を置く榎並の認識を参考にして行内検査事例を分析する。

第4節では、地方銀行である武州銀行妻沼支店に対する大正11年、14年の行内検査報告書を材料として、その内容を検討する。検討に際しては、大正10年の合併により熊谷銀行妻沼支店から武州銀行妻沼支店に衣替えした背景事情や、妻沼村の地域特性、取引先としての地元名士の実態について、『妻沼町誌』等の地方史料を参考に考察する。

監査役制度の充実によって銀行の内部監督強化を図ろうとする金融制度調査会の思惑と、銀行実務の現場で実施されている行内検査を同じ論文で取り上げることは、本来異なるレベルで検討されるべき監査役監査と、検査部による行内検査を牽強付会に結び付けようとしているのではないかと誤解される可能性がある。しかし、適法性監査を中心に実施される監査役監査と、経営の補佐たる銀行の検査部が内部統制強化を目的として実施する行内検査の役割を正確に棲み分ける一方、ともに内部者でありかつ監視・監督を行うという共通部分も多くあることを正しく認識すれば、両者が密接に関係するものとして議論することは、銀行の内部監督充実というテーマを追求する上でむしろ当然と考える。

本章では、『日本金融史資料明治大正編』、『銀行通信録』等の基礎的資料および『武州銀行史』、『妻沼町誌』等の社史や地方史をもとに分析を行った。武州銀行妻沼支店の検査報告書については埼玉県立文書館史料を用いた。

第7章　大正期における行内検査の考察

第1節　金融制度調査会における銀行の内部監督充実に関する議論

1－1　金融制度調査会第二回本会議における問題提起

　金融制度調査会は、大正15年10月から主たる活動を開始し、本会議や特別委員会では銀行制度が抱える問題について議論されてきた。その主要議題である銀行の内部監督充実については、大正15年10月13日に開催された第二回本会議以降本格的に議論された。

「普通銀行制度に関する調査」の第9項「銀行ノ内部監督ヲ一層充実セシムル件」の提案内容を概観する。銀行の内部監督充実に関する提案内容および提案理由は、それぞれ2つに分けられている。提案内容は以下の通りである。(4)

第九項　銀行ノ内部監督ヲ一層充實セシムルノ件

本項ハ左ノ通定ムルヲ適當ナリト認ム

一．監査役ヲシテ命令ノ定ムル所ニ依リ監査書ヲ作成シ、銀行ニ備付クルノ義務ヲ負ハシメ必要ニ應シ銀行ヨリ大蔵大臣ニ之ヲ提出セシムルコト、右監査書ハ毎期二回之ヲ作成セシメ其ノ内容トシテ役員、使用人及其ノ關係先ニ對スル貸出、一般大口貸出（第七項第一號ニ該當スルモノ）、大口所有又ハ擔保株（第七項第二號ニ該當スルモノ）並回収困難ト認ムル貸出等ニ關スル監査又ハ承認ノ事項等ヲ記載セシムルコト

二．監査役右ノ監査書ヲ作成セス又ハ其ノ監査書中ニ不實ノ記載ヲ爲シタルトキハ、制裁ヲ加フルコト、銀行カ大蔵大臣ノ右監査書提出ノ命令ニ違反シタルトキモ亦同様タルコト

　銀行の内部監督充実に関する提案理由を以下に要約する。(5)

（1）株式会社組織の銀行における監査役の多くは、名前を列するにとどまり、商法の期待する職務を行う者は稀である。したがって、これらの監査役に業務内容を通暁させ、併せて監査の実を上げさせるため、必

第Ⅱ部　大正期の銀行検査

ず毎期2回、①役員、使用人およびその関係先に対する貸出、②一般大口貸出（1名に対する貸出、預け金およびその他の債権が払込資本金および準備金の10分の1を超えるもの）、③大口所有株または担保株（銀行が所有し、または担保として受け入れる一会社の株式が当該会社の総株式の5分の1を超えるもの）、④回収困難と認める貸出等に関する監査または承認事項、等の4つの項目を記載した監査書を作成させ、銀行に備付させることとする。このようにして大蔵大臣が監督上必要と認めた時は、銀行に対して監査書を提出させることとする。
（2）監査役がこの監査書の作成を怠るか、または不実の記載をした場合は、他の同種の場合と同じく相当の制裁を加える必要があることは勿論である。銀行が大蔵大臣の監査書提出命令に違反した場合でも、同様の制裁を加える必要があると認める。

　金融制度調査会本会議議事速記録（第二回）には、上記のように提案内容と提案理由に分けて記録が残されている。本会議への提案理由は、提案内容を実質的に繰り返しているだけで、監査書を作成・備付させ命令違反や不実記載に対して制裁をもって臨む説得的な理由は示されていない。実質的な銀行の内部監督充実に関する提案内容や提案理由については、第二回金融制度調査会普通銀行制度特別委員会で議論されるので、その内容を検討する。

1－2　金融制度調査会普通銀行制度特別委員会における議論
第二回金融制度調査会普通銀行制度特別委員会

　第二回金融制度調査会普通銀行制度特別委員会における銀行の内部監督充実に関わる議論では、司法省民事局長の池田寅二郎委員が質問の口火を切った。池田は「（監査役ヲシテ）命令ノ定ムル所ニ拠リ」とあるのは、（1）法律を定めてその根拠に基づいて命令するのか、（2）銀行条例に基づく監督権に根拠を置くのか、（3）銀行のある役員にこのような命令をするのは現在の監督規定に基づくのか、（4）監査書を銀行に備え付けることになっているが株主の閲覧に供するのか、等について質問した[6]。

　この質問に対して、大蔵省銀行局長で普通銀行制度特別委員会幹事の松本

脩は、荒井大蔵省書記官に以下の答弁をさせた。藤山雷太委員の追加質問への答弁も含めた荒井の回答ポイントは以下の5点である。

（1）この監査役の特別の職務については、商法以外の法律の根拠を置いて、監査役の職務としてこれを規定したい。
（2）監査書はその法律の定めるところに従って作成させることとする。
（3）この監査書について、商法の監査とは別に取扱う。銀行の内部のことであるので、株主等には見せる必要はないということにしたい。
（4）銀行の内部監督の方法として特別な取扱いをするので、普通の監査役監査とは別のものとして立案した。
（5）監査書内容は時々大蔵省にも報告させ、銀行に備付させることにより銀行検査官が臨検した際、大体銀行の大口貸出が分かるようにしておきたい。

荒井の答弁は法律間の守備範囲を調整するという意味において、法技術的には整合性がとれているが、現実を十分考慮しているとは言い難い。つまり、法律によって監査役に内部監査を義務づけ、その結果を株主等には開示せず、大蔵大臣のみに閲覧権を設定するということは、民間企業の役員を大蔵省検査の下部組織として利用しようとしていることに等しい。そこには企業内部の自主モニタリングを強化しようとする意図は見られない。換言すると、法的規制により銀行の内部監督を充実させようという発想は、銀行の内部者を利用した大蔵省の銀行検査強化を目指したことに等しい。

藤山委員は監査役の勤務形態、銀行業者の自己監督について質問した。その内容は以下の3点に要約される[7]。

（1）監査役は常勤しない者が多いが、今回の措置は常勤をさせて監査効果をあげようとするものか。
（2）銀行の破綻は同業者への影響も大きいので、①銀行が同業者組合等を通じて独立機関を設け、自衛的に相互監視を行う、②会計士のような

第Ⅱ部　大正期の銀行検査

　　　　機能を導入して監督を強化する等の方法はないのか。
（3）日本銀行がその取引先銀行を検査するという話があるが、それらの多
　　　くは大銀行で破綻の心配はない。むしろ、日本銀行とは関わりの薄い
　　　地方の小銀行で不始末が生じやすいと考えられる。小銀行でも破綻す
　　　ると大銀行も迷惑する。このような点をこれまで考慮しなかったのか。

　監査役の勤務形態については荒井書記官が答弁し、銀行業者の自己監督については松本幹事が答弁した。その内容は以下の2点に要約される[8]。

（1）今回の措置で意味する監査役は商法上の監査役であり、監査役が常勤
　　　しているかどうかは事実問題である。監査役は常勤していなくても、
　　　大口貸出先等の実態把握については、現在の監査役がもう少し周到に
　　　監査すれば可能であると考える。
（2）銀行が同業者組合等を通じて独立機関を設けて相互監視を行うことや、
　　　会計士のような機能を導入して監督を強化する方法等については十分
　　　研究した。しかし、これは銀行業者が自発的に行うべきことで、政府
　　　として強制することはできない。したがって、金融制度調査会の調査
　　　対象として掲げて検討しても、それが実行されるか否かは定かではな
　　　いので議題には載せていない。しかし、これらは結構なことであるの
　　　で政府としても実現を強く希望する。

　藤山の質問は、企業経営の実態認識に基づいた率直でかつ的を射たものである。つまり、監査役による監査の実績を上げようとすれば常勤が前提となるであろうし、監査役以外に同業者間の相互監視あるいは外部の専門家による監視を補完手段として提案することは、通常の思考経路を辿れば当然のことである。
　これに対する荒井書記官の答弁は、「監査役の監査機能は常勤をしなくても正常に働き、同業者間の相互監視等は結構なことで推奨するが政府は強制しない」というもので、藤山の真摯な問いかけに対して真正面から回答したものではない。藤山は銀行の内部監査充実という命題を達成するためには、

監査役機能の強化にとらわれず、柔軟に手段を選んで実践していくべきであるという本質的な提言をしているのに対して、大蔵当局は「銀行の内部監査充実イコール監査役機能の強化」という既成概念に拘泥して、金融制度調査会で議論されるべき問題の本質を見失っている。

　第五回金融制度調査会普通銀行制度特別委員会
　安田保善社専務理事の結城豊太郎委員は、監査役が監査書の作成を怠るか、または不実の記載をした場合に制裁を加えることを、議案から削除することを提案した。それは、制裁を加えたところで大きな効果は期待できないことと、大蔵大臣の命令に違反して監査書を提出しないことは実際問題としてなかろうという理由からである。これに対して松本幹事は、他の重役に義務付けられている提出書類にはすべて制裁が伴っているので、法的な権衡上、監査役に対しても制裁がなければ平仄がとれないとして制裁文言を削除することに難色を示した。この結城の提案には賛成者がなく、削除案は否決された[9]。
　三井信託社長の米山梅吉委員は、一般大口貸出、大口所有株等の「大口」という表現が曖昧で疑いを起すとして削除を提案した。この提案は受け入れられ、「大口」という表現は削除された[10]。
　結城の質疑に対する松本の応答にも、大蔵省の硬直的な姿勢が表れている。銀行の内部監督充実を監査役機能の強化によって達成しようとする大蔵省にとっては、監査役の職務怠慢に対して制裁を与えることが目的達成の有効手段である。現実を直視して制裁の有効性に疑問を投げかける結城に対して、大蔵省は他の規定との法的権衡を理由に制裁規定を盛り込むことに固執した。このように、「銀行の内部監督充実」に関するかぎり、大蔵官僚主導の議論誘導が金融制度調査会における話し合いの意義を乏しいものにしている。

1－3　金融制度調査会における議論の総括的考察

　金融制度調査会における議論を見るかぎり、大蔵当局は一般委員の提言を真摯に受けとめて、それを銀行の内部監督充実に生かそうという姿勢を見せていない。大蔵当局は、議論の準備段階ですでに内部監査充実を監査役制度の改革によって行うことを決定し、それを法制度の整備によって実現するシ

ナリオを作り上げていたと推察される。その根拠は、本会議や特別委員会において主催者サイドの大蔵官僚が議論誘導的に会議を牽引している点である。

大蔵省が銀行の内部監督強化手段を監査役制度の充実に限定せざるを得なかった理由としては、(1)明治期以来、銀行監査役の有名無実化が深刻な問題として認識されており、大蔵省もその改革の機会を探っていたと考えられること、(2)第二回金融制度調査会普通銀行制度特別委員会における大蔵省サイドの答弁からも明らかなごとく、検査部の設置強化や外部監査人の活用等、法的強制力を伴わない行政指導については消極的にならざるを得ないこと、(3)検査部の充実と行内検査の充実を指導する場合、その模範となるべき銀行検査の強化が遅れていたこと、等が考えられる。

銀行検査の強化については、同時期の第四回金融制度調査会本会議で日銀考査の実施も含めた抜本的な対策が議論されていた[11]。したがって、金融制度調査会を主催する大蔵省としては、まだ実現していない銀行検査の充実を前提として、それを行内検査の範たらしめることは時期的な問題からも不可能であった。

さらに指摘すべき点は、銀行の内部監督充実を大蔵主導で実施しようとするあまり、民間銀行の役員である監査役を法的手当により実質的な大蔵省検査局の外局として取り込もうとする意図が明白なことである。つまり、罰則規定を設けて半ば強制的に当局検査の下請業務を監査役に押し付けようとしたと考えられる。結城豊太郎の罰則規定廃止提案が退けられたのは、この罰則規定こそが大蔵省にとっての内部監督充実の拠り所であったからである。

以上の考察により、銀行の内部監督充実に関する金融制度調査会での議論は、大蔵省と一般委員の思惑がすれ違うことにより、実質的な検討が十分行われたとはいえないと結論づけられる。

第2節　大正期における行内検査についての見解

2－1　行内検査に対する一般的見解

大正期における行内検査の一般的見解を考察するにあたっては、同時代の識者3名の行内検査論を比較検討する。本節で取り上げる行内検査は、磯部

亥助の「私的銀行検査論」、藤城敬二の「銀行検査部論」、榎並赳夫の「自衛検査論」である。磯部は行内検査を大蔵省検査等の公的検査との比較において私的検査と位置づけて分析し、藤城は行内検査を銀行検査部という組織・制度の側面から分析した。榎並は日本信託銀行に勤務する実務家である。同氏は地方銀行の自衛検査を分析するにあたり、まず銀行一般の行内検査を総括する立場から行内検査を分析した。

榎並の自衛検査論の本来の目的は、地方銀行の行内検査の実態を分析することであるので、後段の節において地方銀行の行内検査事例と検討するにあたって、同氏による地方銀行の実態に関わる分析結果をさらに詳細に検討する。上記3名の識者の著作や論文構成から本節で比較対象とする項目を抜粋整理して「図表7-1　行内検査論の論文構成比較」に示す。

図表7-1　行内検査論の論文構成比較

磯部亥助の「私的銀行検査論」	藤城敬二の「銀行検査部論」	榎並赳夫の「自衛検査論」
（1）私的検査の意義 （2）私的検査の機関 （3）私的検査の組織 （4）私的検査の権限 （5）私的検査の職務 （6）私的検査の目的 （7）私的検査の方針 （8）私的検査の主義 （9）私的検査の効果	（1）検査部の組織 （2）検査部の所属および地位 （3）監査役制度改善説に関連する検査改善説 （4）検査部の権限 （5）検査部各員の職務 （6）検査事項	（1）自衛検査の意義 （2）自衛検査の制度及び組織 （3）自衛検査制度の種類 （4）検査部の組織 （5）検査役の資格 （6）検査部の権限職務

出典：（1）磯部亥助『私的銀行検査法』（隆文館図書、大正9年）。
　　　（2）藤城敬二『銀行の検査部』（文雅堂、大正15年）。
　　　（3）榎並赳夫「地方銀行ノ自衛検査ニ就テ」有岡直治編集『銀行ノ検査及監督法』（大阪銀行集会所、大正11年）。
注：本図表は各著作の目次から主要論点を抽出して掲載した。

2-2　行内検査の項目別見解比較

行内検査に関する3著作は、大正9年の磯部亥助『私的銀行検査法』、大正11年の榎並赳夫『地方銀行ノ自衛検査ニ就テ』、大正15年の藤城敬二『銀

第Ⅱ部　大正期の銀行検査

行の検査部』の順序で発行されており、後年の研究ほど先行研究の影響を受けた記述が多くなると考えられる。しかし、これらの研究は純粋な学術的研究としてではなく、実務書として発表されているので、詳細な注記により引用された先行研究が明確に示されているわけではない。3著作とも大正9年から15年に至る5～6年間に著されているので、この時期をひとかたまりとして並列比較することに問題はないと考える。藤城敬二の『銀行の検査部』だけは、大正15年に開催された金融制度調査会における銀行の内部監督充実に関する議論を考慮している。

（1）行内検査の定義

行内検査の定義に関しては、どの識者も銀行による検査実施にあたり自発性が重要である点を述べている。検査の必要性については、磯部が銀行存立上、行内検査は不可欠であるとしたのに対して、藤城は銀行の業務を確立するために必要なのは、本支店業務の統一的管理であり、そのために行内検査は不可欠であるとした。榎並は、銀行内部の業態を完璧にする上で行内検査は不可欠であるとしており、それぞれのスタンスには若干の相違が見られる。

（2）行内検査の目的

検査の目的について磯部は、究極の目的を「預金者保護」、「株主の満足」、「経済社会の発達」として、これを達成するための個別目的を示したのに対して、藤城は実務レベルの目的を5項目列挙した。榎並が示した自衛検査の基本的特徴を要約すると、「銀行は経済界の指導者であり、その期待に応えることは業務執行機関の理想である。そのためには内部組織を確実にし、内部業務を完璧にすることが必要で、営業方針に基づいた経営実態を検査し業務改善を目的とする自衛検査の意義は重要である」ということになる[15]。つまり自衛検査の組織内の目的は業務改善であるが、その究極の目的は銀行が経済界の指導者としてその期待に応え、銀行本来の機能を健全に発揮することであるとしている。

第7章　大正期における行内検査の考察

（3）行内検査の権限

　磯部は行内検査の権限について、最高の権限を与えるべしとして特段の制限は示していないが、藤城は、検査部に対しては合理的な範囲で権限付与すべきで、検査権限を超越して各部課、支店に対して積極的に命令権を行使し、他の組織内監督機関の職分に立ち入ることは営業部等の事務に掣肘を加えることとなり、望ましくないとしている。榎並は、検査部権限を「帳簿その他の検閲権」、「報告を求める権限」、「帳簿検閲、報告にともなう請求権」の3点から実務的な権限内容を示している。

　磯部の主張で特筆すべきは、検査役を取締役会に出席させることを主張している点である。この点について磯部は、「（取締役会の）結果は直に銀行の活動の根源となり、會社業績の因て岐るゝ所たるべきを以て、検査部長は必ず出席し、自己職権の如何に関せず該會議の決議に対し、意見を陳述するの権限を與へ、只た決議の可否に就ては、取締役たる法定の資格なきを以て、加はらしめざるなり」(16)として、実質的に検査役を取締役と同等に処遇すべきことを主張している。取締役会における決議権はあたえないものの、傍聴権だけではなく発言権を認めるよう主張しているということは、検査役が取締役会の決議結果に影響を与え得ることを想定し、それを是としているのに等しい。

　藤城は、検査部の権限を、「検査部の権限とは、検査部の職責を果す上に、要件として当然附與せらるべき、権利的範囲を言ふのである」と定義するとともに、検査を遂行するために必ず与えられなければならない特権であるとしている。また、この権限は明確に定め、疑義のないようにすることが検査機関と事務執行機関との権限上の争いを回避することになり、検査部の存在意義を確固たるものにするとしている。(17)藤城も磯部と同じく検査権限として取締役会への出席を求めている。その基本認識は、検査部の権限を極端に制限すると検査部は実績を上げることができないが、その一方、検査部がその権限を超越して各部課、支店に対して積極的命令権を行使し、他の組織内監督機関の職分に立ち入ることは、営業部等の事務に掣肘を加えることとなり望ましくないというものである。

327

（4）行内検査の組織

磯部は、検査部を組織的に位置づける方法として、（1）検査部を監査役に直属させる方法、（2）取締役に直属させる方法、の2つの選択肢があるとしている。検査部を監査役に直属させる方法は、監査役がその業務の煩雑さを回避するため、近似した監査業務の利便性を利用することとなり、根本的な誤りがあるとしている。

この点について藤城は、鋭く対立する意見を述べている。藤城は、現状の監査役監査が皮相的でその実効性は乏しいと認めた上で、検査部が業務執行機関の補佐または代行という立場を離れて、法律上の監査機関の立場から銀行検査の徹底を期そうとすることは、検査制度の根本的改革であり、自治的検査を広義に解釈して全組織を完備するために必要な条件として、検査部を監査役所属とすることは差し支えないとしている。著作の発行年月日からすると明らかに磯部の所説を指して、「ある論者はこれを業務執行機関と監査機関の混同であるとして反対するが、むしろ検査事務を監査役に所属させる方が監査、検査の相乗効果が期待できる」と述べ、これと反対の立場を明確にしている。

榎並は、検査部を監査役に所属させるか否かという点については言及していないが、銀行に設置されるべき自衛検査制度を「業務執行機関直轄制」、「支配人直轄制」、「庶務部長直轄制」の3類型に整理して検討を加えている。そして独立の検査機関をもって支配人、支店長等の放漫を防ぐためには、検査部を業務執行機関直轄制とすることが望ましいと結論づけている。

（5）行内検査の職務

行内検査の職務について磯部は、検査部長の職務と検査部員の職務の2つに分類している。特に検査部長の職務として支店の営業方針が重視される理由を、（1）営業方針が支配人や支店長の自由裁量に任されることが多いこと、（2）営業推進上の技術は支配人、支店長の教育程度や経験によるところが多く、個人的手腕による差異が甚だしいこと、（3）したがって、本支店全部にわたって営業方針の可否についての回答を与え得る地位にある検査部長が最高顧問として忠言を与えるのがその職務の1つとなること、の3点をあげ、

支店経営のアドバイスが検査部長の重要な役割であるとしている。

　磯部が「検査部長は活動根源の命令者である」とした真意は、検査実務の執行において検査員を率いていくだけではなく、検査実務の根源である検査事務掌程をも部長自らが作成すべきことを意味している。検査部長は検査結果全般に責任を負うことは勿論ながら、結果責任だけではなく検査業務プロセスの基盤となる規程と、規程に基づいた検査実務全ての事務行程に対する責任と結果責任を併せて負うということである。[18]

　検査部員の職務に関する磯部の見解でユニークなところは、検査部員の職務として行員を客観的に観察するという点である。現在の銀行の人事部は、人材配置の適正性、行員の多能化、人事ローテーションによる不正回避等を多角的に勘案して人事政策を立案し、支店経営者と連携して人事評価を取りまとめている。しかし、大正期においては、一部の大銀行を除きそのような組織的な人事政策・運営は現在ほど確立していなかったと考えられる。磯部はこのような事情から、行員に対して客観的な観察を行うことを行内検査に従事する検査担当者の本来業務と位置づけた。

　行員に対する客観的観察基準として磯部が掲げているチェックポイントは、行員の性格、常識、職務専念度から服装等にまで至る10項目から構成されており、これらに沿って行員を正確に観察しようとすれば、当然、実地検査を通した個別面談が必要となる。[19] 磯部は、行員の業務実態に踏み込んだ厳密な行内検査を前提に自論を展開している。

　藤城は銀行検査部の職能を、(1)銀行の業務執行を完全に行うために、業務、会計、人事全般に関する検査を行うこと、(2)取締役から各部課長の営業政策まで立ち入って検査すること、(3)これらを執行するための十分な権威が保持される必要があり、検査部長の地位を行員の最上位に置く必要があること、の3点に要約している。営業政策まで立ち入って検査すべきとした点は磯部と一致している。

　榎並は行内検査業務を、(1)業務一般の検査、(2)人事に関する検査、(3)検査報告と報告書作成、(4)業務執行機関の諮問に対する回答、意見の陳述、諸調査等に4分類しているが、検査部長の役割として経営監査的側面があるか否かという点については、磯部、藤城のように明確な考え方は提示

第Ⅱ部　大正期の銀行検査

していない。

行内検査に関する諸見解に基づく総括的考察

　大正期の行内検査に関する3著作を5項目にわたって比較した結果言えることは、全ての項目にわたって3名の識者が独自の見解を有しているということである。行内検査の定義に関しては、磯部が銀行の存立にとって行内検査を必要不可欠なものとして位置づけたのに対して、藤城と榎並は、銀行業務の基礎を確立し、それを完璧にする上で必要であるとしながらも、銀行の存立に不可欠であるというほどには行内検査の重要性を絶対視していない。

　このスタンスの違いは行内検査の権限に対する考え方にも影響を及ぼしている。磯部は上記で見た通り、行内検査には最高の権限を与えるべしとして特段の制限は示していないが、藤城、榎並はそれほどまでに強力な権限を与えるべきというスタンスはとっていない。藤城についてはむしろ合理的な範囲で権限付与すべきという限定つき権限付与が望ましいとしている。

　行内検査の目的に関しては、3著作の特徴が明確である。磯部は行内検査を究極の目的から説き起こし、「預金者保護」、「株主の満足」、「経済社会の発達」を達成するために、行内検査が実施されるとしている。そして、それらを達成するための実務レベルの目的を設定している。銀行はそのステークホルダーの満足と経済社会の発達を達成することが行内検査の究極の目的であるとしている。マクロ面から行内検査の目的を論じたのは榎並であるが、同氏は、銀行の基礎を固める上で必要なものとして行内検査を位置づけており、磯部ほどの具体性はない。藤城は行内検査の目的をマクロサイドからは論じていない。

　3著作の相違が最も顕著に表れているのが行内検査の組織である。主要な論点となるのは、検査部を監査役に所属させることの是非に関する議論である。この論点に関しては、磯部と藤城が鋭く対立している。磯部は商法上の権限に基づいて行われる監査役の監査監督と銀行の自存上、自主的に実施される検査部検査は似て非なるもので、これらの近似する業務を安易に合体することは銀行の内部監督上種々の問題を生じるとしている。これに対して藤城は、監査役監査が皮相的であるがゆえに、監査役の下に検査部を所属させ

法律的根拠に基づいて行内検査を行うことは、むしろ検査制度の根本的改革であるとしている。

　両者の所説を比較すると、磯部は行内検査の定義や目的から検査組織に対する考え方に至るまで、一貫して行内検査の特質を監査役による監督監査と異なるものであるという論旨に則り理論展開している。これは、監査役監査と検査部の検査は似て非なるものであるがゆえに、両者はそれぞれの立場で検査品質を向上させるべきであるとする考えである。このような論理一貫した考えに立てば、単なる彌縫策に過ぎない両者の合体を相乗効果の名の下に実行するということは、とんでもない愚行であるという結論に達する。

　これに対して藤城の見解は、組織内の監督機能のダイナミズムを取り戻すためには、監査役と検査部のそもそもの定義や目的は二の次で、建前よりむしろ実を取って現実的に内部監督を強化することが重要という趣旨である。しかし、現実論として機能するのは磯部の考え方で、藤城の見解を実行に移すと、銀行の内部監督機能を強化するという現実的な目的からは、むしろ遠ざかる結果になると考えられる。

　なぜなら、監査役監査の皮相性は現実問題として銀行内部のみならず金融制度調査会においても真摯に議論されるほどの深刻な問題で、当時の状況から推察すると、このような実態なき監査機能に検査部を組み込むことは、検査部の活動を停滞させ、従来独立的に機能してきた検査部本来の職能すらも全うできなくなる可能性の方が高いからである。

　藤城の考え方は金融制度調査会が監査役機能を法制面で矯正しようと考えたのと同じく、同機能を検査部との合体により活性化しようと考えたものと位置づけられる。大正15年に発行された藤城の著作は同時期の金融制度調査会での議論を踏まえたものであり、結果的に公的機関による監査役機能の活性化運動に、民間サイドから呼応した形となっている。

　行内検査の職務に関しては、唯一磯部が経営監査的役割を検査部長の職務として明確化している。これは、本支店全部にわたって営業方針の可否についての回答を与え得る地位にある検査部長が、最高顧問として忠言を与えることがその職務の1つとなるという言葉に示されているように、行内検査の究極目的をステークホルダーの満足と経済社会の発達への貢献であるとした

磯部ならではの観点と考えられる。つまり、磯部は行内検査が銀行の内部統制厳格化に資するのみならず、営業面でのアドバイス機能を有するものとして位置づけていた。

2－3　主要銀行の検査組織

大正12年に三井、三菱、住友等、主要銀行3行の検査制度・組織について、『銀行通信録』に「銀行の検査自営制度」と題した記事が掲載された[20]。この記事は主要3行の検査組織を並列に比較したもので、特段の分析や意見が付されているわけではないが、各行の検査制度や組織にはバリエーションが見られる「図表7-2　主要銀行3行の検査組織比較表」に3行の検査制度を要約し、若干の考察を加える。

図表7-2　主要銀行3行の検査組織比較表

三井銀行	三菱銀行	住友銀行
取締役の下に検査機関を設ける以外に常任監査役が取締役に対立して検査を行う制度。 第一次　各支店で検査委員3名を選定し臨時検査を行う 第二次　本店に内国課、外国課を置き、各支店の営業状況の監督検査を行う。 第三次　取締役の下に検査課を置き営業諸規定に基づき検査を行う。 第四次　監査役中2名を常任とし、常務取締役を経る書類を全て検閲するほか営業一般の監査を行う。	第一次　検査部を設けて諸般の検査を行う。検査部は取締役、監査役両者に属する。 第二次　監査役の監査（常任監査役は目下休止）。	第一次　各支店に随時検査委員を選定し検査を行う。 第二次　常任監査役（常任は最近設置）の下に検査部（従来よりあり）を置き検査員を常置して監査役の監査事務を補佐させる。

出典：『銀行通信録』（第449号、大正12年3月）。

第7章 大正期における行内検査の考察

　主要3行のうち最も検査制度を重層的に制定しているのは三井銀行である。検査は、支店、本店、検査課、監査役の4階層に分かれている。検査課は取締役に所属し、営業諸規定に基づくオーソドックスな検査を実施する一方、監査役監査は2名の常勤監査役により、取締役に回付される社内稟議書内容の監査にまで踏み込んで実施されている。この点に関しては、前節で考察した磯部の所説をそのまま実践しているように思われる。さらに念入りなのは支店レベルの検査であり、自主的モニタリングを実施している点である。独立的モニタリングとしての監査役監査と検査課による検査が、自主モニタリングと並行して実施されている点を勘案すると、当時の三井銀行には現在の銀行、あるいはそれ以上の内部監督制度が存在していたといえる。

　三菱銀行は、検査部を取締役、監査役両者に所属させる変則的な検査制度を採用している。これは前節で考察した、いずれの行内検査論にも該当しない。銀行通信録の記事だけでは三菱銀行の真意を正確に推し量ることは不可能ではあるが、論理的、実務的両面から見て一貫性、整合性に欠ける検査制度と思われる。また、常勤監査役が目下休止中であるという事実から推察すると、三菱銀行には基盤が不安定な行内検査と事実上機能しない監査役監査が併存している状態であり、決して厳格な内部監督が実施されているとは言えない。

　住友銀行は、支店レベルで随時自主モニタリングを行う一方、常勤監査役に検査部を所属させその補佐を行わせている。この方式は一見前節で考察した藤城の所説を実行しているように思われるが、記事内容が正確な実態を示しているとすると、住友銀行の検査制度は、必ずしも藤城の行内検査論を正確に実行しようとするものではない。藤城が検査部を監査役に所属させようとする真意は、皮相的な監査役監査を検査部検査によって活性化し、相乗効果を得ようとするものである。検査部検査は必ずしも監査役の監査事務を補佐することを期待されているのではない。したがって、監査役監査の補佐業務を実施することによっては両者の相乗効果を期待することはできない。

　以上のように、首都に拠点を置く主要銀行においてすら、行内検査論が求める理想的な内部監督制度を導入している事例は稀であった。

第3節　地方銀行経営の実態

本節では、銀行監督当局による地方銀行の実態認識を、大蔵事務官の講演を通して明確化し、銀行実務家による地方銀行の行内検査に対する認識を確認する。その上で、行内検査の実例として武州銀行妻沼支店の行内検査報告書を取り上げ、その内容を検討する。これらのプロセスを経て、「銀行監督当局による地方銀行の実態認識」、「地方銀行の行内検査に対する銀行実務家の認識」、「地方銀行における行内検査の事例」の3者を比較検討し、大正期における地方銀行の行内検査の実態を考察する。

3－1　大蔵省による地方銀行経営の実態認識

大正9年4月、大蔵省銀行局特別銀行課長の岡田信が行った、「検査ノ立場ヨリ観タル地方小銀行ノ通弊」と題する長野市での講演内容が大阪銀行通信録に掲載された。この講演は大正9年3月19日の株価暴落前に行われたが、講演録の発刊は株価暴落直後であった。本節では、この講演内容に基づいて、地方銀行に対する大蔵省の認識を考察する。岡田は銀行検査の本旨を概括的に述べた後、地方銀行の通弊について詳細に論じている。その内容は、当時の銀行監督当局の地方銀行に対する認識を代表する見解と考えられる。[21]講演内容は体系的かつ詳細であるので、項目に沿って概観する。岡田の講演内容は以下の範囲に及ぶ。

1．銀行検査の本旨
2．地方銀行の通弊
　（1）重役の無責任、（2）情実に囚われる地方の小銀行、（3）執務の不規律
3．営業上の欠陥
　（1）大口の貸出、（2）信用貸と担保貸、（3）担保品の取扱方、（4）借用人の資金の使途、（5）手形の取扱方、（6）期限を経過せる貸出、（7）手形貸付と割引手形、（8）未払利息と未経過割引料、（9）利鞘の目安、(10)所有有価証券、(11)不動産、(12)所有物の見積価格と消却、(13)物品の出納

第7章　大正期における行内検査の考察

保管、(14)所有物の処分方、(15)支払準備、(16)預金の争奪、(17)貯蓄銀行業務の営業、(18)倉庫業の兼営、(19)決算、(20)滞貸金の消却、(21)積立金、(22)増資、(23)重役の怠慢と通弊、(24)取締役会、(25)営業費、(26)事務の分課、(27)株主総会の軽視、(28)公告の間違、(29)支店の設置
4．銀行合同の必要

岡田の講演内容を以下の9項目にまとめ、個別に考察を加える。

（1）役員の無軌道、（2）貸出運営・管理、（3）預金業務に関すること、（4）銀行の他業兼営、（5）決算のあり方、（6）資本の充実、（7）取締役会と株主総会、（8）支店の設置・運営、（9）銀行の合同

（1）役員の無軌道
　地方銀行の通弊や営業上の欠陥に関する指摘の中には、銀行一般に対する注意事項と重なるものもある。岡田は都会の大銀行を引き合いにして、それとの比較により地方銀行固有の問題点を中心に述べている。最も強調されている地方銀行の通弊は、重役の無責任と情実の問題である。岡田は「地方の小銀行は情実によって動いている」と喝破し、重役の無軌道の内容としては銀行の私物化と並行して情実貸金をあげている。
　岡田は、銀行の重役が抱える問題点として12項目をあげて注意喚起している。これらの項目は、全て重役が最低限遵守、実践しなければならないものばかりで、裏を返すと、これらが問題点として指摘されるということは、岡田の眼から見た地方銀行の重役はその職責を果たしていないことになる。

（2）貸出運営・管理
　地方銀行の貸出運営上の欠陥としては、まず大口貸出があげられている。大口貸出の原因としては、重役もしくはその関係者に対する情実貸、あるいは個人や会社に対する貸出の大口化を指摘しているが、産業が未発達な地方においては、健全な貸出先を見つけ出すことが困難なことが問題の根底にあると考える。

335

担保による貸出債権の保全や資金使途の明確化等、貸出条件に関わる問題点は、程度の差はあるにせよ都会の銀行にも共通していると考えられるが、手形に関する知識の不十分さを地方銀行の通弊として指摘している点が注目される。これは、手形貸付と割引手形を混同している銀行が多いことについて指摘している点にも見られるように、地方銀行の基本的な問題点と考えられる。

期限経過貸出や未払利息管理の不十分さ、利鞘を把握した貸出運営が不在であること等、特に期限経過貸出の管理の甘さは地方銀行固有の問題点であることが指摘されている。有価証券投資の問題点については、かなり詳細な指摘がなされている。地方銀行にとって健全な貸出先を見出しにくい状況下で資金運用方法に苦慮する中、地方銀行が有価証券投資に走りやすい環境が背景にあったと考えられる。

岡田は講演の中で、「地方の多数の銀行は不動産担保の高利貸しともいえる幼稚な域を脱しない」という趣旨の指摘をしている。騰貴した土地価格を標準とした融資の危うさを指摘している点は、バブルに踊った平成期の日本とも共通している。土地を始めとする銀行の所有物や物品については、それらの償却、日常管理、処分の適正性等について詳細に指摘している。

(3) 預金業務に関すること

銀行の与信サイドの業務と並行して、預金業務についても岡田は詳細に問題点を指摘している。その内容は、①預金支払準備の充実、②預金争奪の自粛、③普通銀行の貯蓄銀行業務執行、等に分かれる。支払準備の充実については、現在の銀行経営にも通じるALMの考え方を明確に述べて、その基本原則が守られていない実態を指摘するとともに、地方の中核となる銀行が金融調節機能を果たすべきことを提言している。

預金争奪については、それが激化する結果、逆鞘を招き、ハイリスク・ハイリターンの貸出運用を余儀なくされることにより貸出資産の質低下に結びつくことを警告している。また、普通銀行が違法に貯蓄銀行業務を行っているケースを指摘している。つまり、預金争奪競争に端を発して、普通銀行が許可なく貯蓄銀行業務を行い、金融秩序が乱されている事態を憂慮している。

(4)銀行の他業兼営

岡田の講演は長野県で行われたので、銀行による他業兼営の例として繭を担保として保管する倉庫業が取り上げられた。指摘のポイントは、銀行が他業を兼業した場合は、兼業で運営している企業の顧客が銀行の融資を申し込んだ場合、そこに情実が生じる可能性が高くなることであり、兼業のゆえに本業が疎かになるだけではなく、本業が本来貫き透すべき筋道が歪曲されることである。

(5)決算のあり方

銀行決算に関する指摘ポイントは、①一回でも決算で小細工すると、その後は嘘を嘘で固める結果となること、②地方銀行においてそれを回避するには、重役がしっかりすべきこと、③決算時には滞貸金の償却を正しく行い、決算数値の信頼性を高めること、また適切に引当金を積立てること、等である。

(6)資本の充実

資本の充実に関しては、①銀行規模や経営実態を勘案して適切な増資を行うこと、②虚偽の増資を行わないこと、③積立金の額と種類は多くすること、等である。岡田は軽薄な増資が横行し、それが銀行の配当政策や貸出政策の悪影響を及ぼすことを憂慮している。さらに、無理な増資をするために虚偽の払込みを行うことにより、実態の伴わない資本充実を行っている事例があることを指摘し、注意喚起している。

(7)取締役会と株主総会

銀行の最高意思決定機関である株主総会と取締役会の実行・運営について、岡田はいずれも地方銀行ではこれらが軽視されている事態を指摘している。特に取締役会は業務遂行上のチェック機能でもあるので、重役がその役割を全うする意味でも取締役会における実質的な議論や監督が必要である旨を強調している。

（8）支店の設置・運営

岡田が支店の設置・運営の重要性を説く裏には、銀行の破綻が支店の杜撰な運営に端を発することが多いという認識があると考えられる。増資と並ぶ支店濫設の風潮を戒め、経済合理性をもとに支店設置、運営の判断を行うことが重要と指摘している。

（9）銀行の合同

岡田がこの講演を通して最も強調したかったことは、この結論部分で述べられている銀行合同の必要性である。つまり、競争単位に満たない小銀行が数多く跋扈し、競争ルールと関連法規を無視した銀行経営が行われている実態を効果的に改善するには、銀行合併によって少なくとも競争単位に達するレベルまで銀行規模を拡大することが重要と指摘している。

大蔵省検査関連通達との比較による地方銀行経営の特徴

上記にまとめた、地方銀行の実態に関する岡田の指摘内容を、大正13年8月に普通銀行全般を対象として発牒された、「銀行注意事項三十箇条諭達」（以下「三十箇条諭達と」略記する）の内容と比較することにより、地方銀行に固有な指摘を浮き彫りにする。「三十箇条諭達」の30項目をまとめた大蔵省のねらいを要約すると以下の通りとなる[22]。岡田の講演は大正9年に行われたので、両者間には4年の時期的な開きはあるが、この間に銀行監督行政の根本的な変化はないので概ね同時期とみなして比較する。

(1) 財務報告の信頼性確保　9件
(2) 銀行役員の規律付け　7件
(3) 銀行・会社の経営・資本の充実　4件
(4) 情報公開　4件
(5) 法令遵守　3件
(6) 与信管理強化　3件

三十箇条論達を岡田の指摘内容と比較しても、大きく異なる点は見られない。しかし、岡田が地方銀行の通弊として強調した重役の無責任、特に地方固有の、「大株主すなわち有力者、有力者すなわち重役」という、企業統治が機能しにくい構造に端を発する情実の問題は、普通銀行一般を対象とした三十箇条論達の記述からは窺い知れない地方銀行の宿痾である。貸出運用機会が少ないという地方銀行特有の経済環境に起因するのは、投機を目的とする無軌道な有価証券投資と手形の取扱いの粗雑さに代表される事務未習熟の問題である。

地方銀行の通弊は、当時の普通銀行が有する通弊でもあったが、都市部と地方の間に存する地域間格差、つまり地縁の強さと、経済が未発達であることに起因する、（1）企業統治の機能不全、（2）貸出運用における規律不足、の2点が地方銀行の際立った通弊であるということになる。

3-2 地方銀行の行内検査に対する実務家の認識

榎並は地方銀行を「金融市場所在銀行ヲ除キタル地方ノ銀行」と定義した。つまり、銀行が財界の勢力を指導し得る東京、大阪、京都、名古屋等の大都市を除く、地方に所在する銀行を地方銀行と定義した。榎並の地方銀行に対する認識は以下の5点に要約される[23]。

（1）経済界の膨張にしたがって、地方銀行も増資、合併を実施してその規模を拡大しているので、都市部に所在する銀行と同一業務を行い地方財界の中核となっている。
（2）しかし、地方銀行の経営を都市部に所在する銀行と同一に議論するには両者の差異が大きい。地方銀行の執行機関は、おおむね行務に対する責任観念が薄弱な人が多い。この状態は地方的には普通であるかも知れないが、銀行本来の使命を考えると心配である。
（3）具体的な問題点は、①実際の業務は支配人任せで、事件が起こって初めて驚嘆する、②株式組織の銀行を自己の所有と同一視して公私混同し、不知不識の間に犯罪に陥る、③実務技能を有しない行員の監督が不十分なこと、等である。

（4）上記（1）から（3）により、弊害や問題が起こることや波及効果が大きい点等、銀行の存立に関わる点を慎重に考量すべきであることは、都市部の銀行と比較してもその重要性は劣らない。
（5）業務執行機関は、これらの点を考慮して銀行業務運営の研究を行うことが必要で、自衛検査部の設置を十分慎重に考慮すべきである。自衛検査部を既に設置している場合は改良し、未設置の場合は分課して長期的観点からその設置を考えるべきである。

　榎並の地方銀行に対する基本認識は、地方銀行役員の経営姿勢と行務に対する責任感が、都市部の銀行と比較して薄弱だということである。その一方で、地方銀行の重要性は増資や合併により増大しているので、経営階層の銀行経営への姿勢に問題があるということは、地方経済のみならず日本経済全体にとっても重大なマイナス影響があることを意味する。
　榎並の所属組織である日本信託銀行は、いわゆる都市部に中枢機能を有する金融機関であるので、自組織との比較で地方銀行の問題点を語る場合、どの程度の客観性が確保されるかという点に疑問の余地はある。しかし、大蔵官僚とは異なり、自ら銀行業務に携わる実務家の目線から見た地方銀行の実態認識については傾聴の価値があると考える。榎並は上記の視点から、地方銀行経営の態様に応じた検査部の設置を提言している。

3－3　地方銀行経営に関する大蔵官僚と銀行実務家の認識比較

　地方銀行の経営実態に対する大蔵官僚と銀行実務家の認識には大きな相違は見られない。しかし、地方銀行の経営態様に応じた検査部のあり方に焦点を絞ると、実務家としての榎並の認識は以下の3点で、その内容は地方銀行の特質を捉えている。

（1）地方銀行規模による影響度の大小は、都市部の銀行との比較で計るべきではなく、地方経済に対する影響で考えるべきである。
（2）地方銀行と都市部の銀行の間では検査部設置の基本的考え方は大きく異ならない。古い歴史を有する銀行、新設銀行ともに支店数、兼営業

務、機関銀行であるか否か等を斟酌することが必要である。
（3）地方銀行の重役はその社会的良心を地方産業界のために発揮することが緊要で、適切に都市部の銀行に人材を求めるべきである。

　地方銀行に検査部を設置するにあたっての重要なポイントは、都市部を含めた銀行全体との比較で検査部の規模を定めるのではなく、第一義的には、当該地方における地方銀行の規模と影響度が重要である。榎並はその点を認識していたと考えられる。地方銀行では特に支店数、兼営業務、機関銀行であるか否か、等を考慮すべきであるとしているのは、（1）地方銀行が営業上のニーズをあまり考えずに都市部に支店網を拡張する傾向があること、（2）地縁や血縁等の関係から、兼営業務、機関銀行が地方銀行経営の桎梏となる可能性が都市部の銀行より大きいこと、等の理由が考えられる。地方銀行の重役には、地場企業をはじめとする地元関係者との間に多くのしがらみがあるので、それらから自由な都市部の銀行から人材を迎えることは、「経営ノウハウの移転」、「地場とのしがらみの切断」の両面から有効と考えられる。
　榎並の認識は、都市部と地方銀行は、ほぼ相似形の問題点を互いに有しながら、地方銀行には地場とのつながりからくる厄介な問題があり、それが地方銀行家にとっては正論を貫いて銀行経営を行う上で決定的な足枷となるというものである。したがって、地方銀行の役員が腐敗する原因も都市部の銀行と比較すると格段に多く、加えて役員の責任感や業務知識の不足が経営の乱れに拍車をかける可能性がある。
　後段の節では、地方銀行の一例として武州銀行菱沼支店の行内検査事例を分析し、（1）行内検査論で述べられている理想が実務でどのように実践されているのか、（2）都市部の銀行と比較した地方銀行特有の問題点が検査報告書に表れているのか、等について考察する。

第4節　地方銀行の行内検査事例

4－1　武州銀行妻沼支店と行内検査報告書概要
　本節で事例研究の対象とする武州銀行妻沼支店は、大正10年10月12日、熊

第Ⅱ部　大正期の銀行検査

　谷銀行との合併を機に同行から継承した支店である。妻沼支店は、明治27年7月の熊谷銀行設立後17年経った明治44年10月に開設された支店で、合併時点で10年を経過していた。合併直前の大正10年7月29日時点の熊谷銀行の資本金は100万円、総資産は306万円であった。一方、同年12月末時点の武州銀行の資本金は662万円、総資産は2,400万円であったので、資本金で1対7、総資産で1対8の吸収合併となった。両行の合併契約書には片務的な条項はなく、熊谷銀行も大正10年7月時点で前期繰越金が1万3千円程度あったので、いわゆる救済合併ではなく時代の趨勢と監督当局の指導に従った合併であったと推察される。

　しかし、『妻沼町誌』は両行合併の背景として、熊谷銀行の傍系である熊谷貯蓄銀行で発生した不祥事をあげている。店舗が別で役員は殆ど共通であった両行は一体経営を行ってきたが、熊谷貯蓄銀行行員の投機失敗で役員が経営に嫌気し、合併を決意したというのである。背景事実の真偽は別として、両行の合併は熊谷銀行の合併当時の規模からして前節で取り上げた岡田信が地方銀行監督政策の結論として述べた、「競争単位に満たない小銀行の効率的合併」を推進する大蔵省の意向に沿ったものであった。本節で検討対象とする行内検査報告書は、合併1年後の大正11年6月と4年後の大正14年3月に実施された2回分である。両報告書は体裁もボリュームも異なるので個別に検討する。

4－2　武州銀行妻沼支店の行内検査報告書の内容検討

妻沼支店検査報告書（大正11年6月）の要約

　本検査報告書は田辺、吉田2名の検査員によって実施されたが、報告書目次はなく簡単なまえがきに続いて、1．当座預金、2．当座貸越、3．定期預金、4．事務取扱上の注意、5．付記、の順に検査結果が記載されている。以下項目ごとに内容要約する。

まえがき
（1）妻沼支店は土地柄、取引先に農家が多く、担保は大半不動産で有価証券は殆どない。したがって、商業銀行というよりは不動産銀行と呼ん

第7章　大正期における行内検査の考察

　　だ方が良い。
（2）これは熊谷銀行時代の弊風であり、いたずらに土地抵当を安全第一と考え、金融の円滑迅速を無視することは改める必要がある。

１．当座預金
（1）小切手に加えて支払伝票を作製するのは二重手間であるので、小切手をもって支払証憑とすべきである。但し、小切手の引き落としにより貸越が生じる場合は割印を使用すること。
（2）印鑑簿の整理が不完全である。但し、合併以後取引を開始したものについては整理が行き届いている。
　　［付記］妻沼支店は合併以後専心整理に努めたと聞くが、熊谷銀行時代の取引先に対しては印鑑証の提出を再三督促するものの、いずれも過去の慣例に倣って提出しないと聞く。
（3）小切手は諸伝票とともに整理し、小切手帳受領証は別に整理すること。
（4）当座取引契約書（当座規定）は合併以後に開始した取引客分は整理されているが、旧銀行時代からの分は印鑑簿同様整理されておらず、徴求する必要がある。

２．当座貸越
（1）印鑑は当座預金同様整理されておらず、至急督促する必要がある。
（2）担保として差し入れた有価証券に差入証、委任状、承諾書等を添付しているが、有価証券とこれらの書類は別保管する必要がある。
（3）貸越約定書は全部整理してあるが、当座預金契約書のないものが多い。徴求しておくことが必要。
（4）貸越利息の算出に違算がある。再調していないためと思われるが、注意を要する。
（5）承認状は当座貸越取引先だけに発送しているが、以後は当座預金者にも発送すべきである。

3. 定期預金
（1）支払済証書は原簿に添付してあるが、消印がないのは遺憾である。
（2）定期預金の印鑑を徴求していないものが多くある。至急追徴すること。
（3）定期預金記入帳を1年期限のものと6ヶ月期限のものに別口整理するのは良いが、定期預金証書は一冊で両者兼用とするべきである。別冊を用いると番号を混同するおそれがある。
（4）裏書譲渡禁止文言の記載がない。早速準備が必要である。

4. 事務取扱上の注意
（1）振替伝票を使用せず、全部入金、支払両伝票によって整理しているが、現金の出入りに関係ない取引が発生した場合には振替伝票を作製する方法が可能である。
（2）印鑑照合係がまずその真偽を確認することは大いに結構である。
（3）諸伝票は翌日必ず日記帳と照査し、日記帳の誤記を訂正すべきである。
（4）諸伝票、証憑類は翌日必ず検査し、法律上の欠陥および支配人、各係員の捺印の有無を確かめるべきである。
（5）事務取扱は行員全員の手を経て、比較的分科的に行われていること、および家族的に執務していることは喜ばしいことである。

5. 付　記
（1）当地方は、数年以前は秋繭の出廻期になると繭仲買人の買入資金に対して相当の貸出があった。
（2）しかし昨今彼等は高利で銀行から借入れるよりむしろ、農家から繭そのものを原価より割高に買い取って他に転売することにより利益を得るという得策を覚えたので、以前より貸出が減少しているという。

妻沼支店検査報告書（大正11年6月）の考察
　行内検査は合併1年後の早い段階で、武州銀行出身の検査員による事務レベルのチェックを主眼として実施されたものと考えられる。検査指摘には熊谷銀行時代の通弊をついたものが見られるが、概ね事務的で淡々とした内容

第7章　大正期における行内検査の考察

の報告書となっている。

　検査報告書の冒頭では、「妻沼支店は土地柄、取引先に農家が多く、担保は大半不動産で有価証券は殆どない」と断定しているが、3年後の大正14年に実施された行内検査資料によると、貸出全体の64％を占める証書貸付合計49口の内有価証券担保貸出が21口あり、証書貸付合計金額57,042円62銭の内有価証券担保貸出は34,067円35銭と約60％占めている。これに対して不動産担保貸出は全体の34％とむしろマイナーである。

妻沼支店検査報告書（大正14年3月）の要約
　本報告書は田邊正次、山嵜孝蔵2名の検査員により実施され、重役各位に提出された。検査を実施するにあたり諸勘定残高は大正14年3月12日によることが明記されている。大正11年6月の行内検査と異なり、目次で検査報告書の概要が把握できるようになっている。目次は以下の通りである。[28]

1．当店の歴史　　3．注意事項　　（乙）預金　　（D）その他
2．営業方針と当店の使命　　（甲）貸付　　（A）定期預金
（A）請求に厳ならざること　　（A）証書貸　　（B）当座預金
（B）手形の形式を利用せざること　　（B）当座貸越　　（C）特別当座預金

1．当店の歴史
（1）大正7年まで妻沼地方の住民は熊谷銀行本店まで取引に来なければならない不便さがあったことと、当地方の発展可能性を考えて妻沼支店が設置された。当地方に対する貸出回収を看過できないことが設置の理由であった。
（2）当時の妻沼支店支配人は同町出身者であったので、町内の人々の便宜と町の発展を図ることに熱心であった。
（3）当時は普通銀行が不動産担保貸出を行うことが危険視されなかったために、現支配人が苦心する素因を作った。これは先年妻沼支店の検査を実施した際、不動産をめぐり当時の支配人と検査員が衝突したことからも明らかである。

第Ⅱ部　大正期の銀行検査

（4）一方預金は農村が疲弊したことが減少の要因であろう。

2.営業方針と当店の使命
（1）当店の営業方針は、固定貸付の整理と預金増加であることは明らかである。大正12年2月と大正14年4月の預金、貸出金を比較すると、「図表7-3　武州銀行妻沼支店貸出残高推移」、「図表7-4　武州銀行妻沼支店預金残高推移」の通りである。

図表7-3　武州銀行妻沼支店貸出残高推移

単位：円

科　　目	大正12年2月		大正14年4月		増　　減	
証　書　貸	69,664	08	57,542	62	△12,121	46
手　形　貸	240	00	0		△240	00
当 座 貸 越	43,187	64	31,302	09	△11,885	55
合　　計	113,091	72	88,844	71	△24,247	01

出典：埼玉県立文書館「検査報告書写　武州銀行妻沼支店」『埼玉銀行寄贈史料』（文書番号245-15、大正14年3月）。

（2）貸出は24千円程度減少したが、預金は21千円程度増加した。貸出の減少は当店の現支配人就任後が大部分であるが、割合小口が多い。回収し易い部分が回収され困難な部分は残されているといっても過言ではない。真の整理には、なお道遠しの感がある。その原因は以下の通りである。

第7章　大正期における行内検査の考察

図表7-4　武州銀行妻沼支店預金残高推移

単位：円

科　　目	大正12年2月		大正14年4月		増　　減	
定期預金	127,552	02	146,909	66	19,357	64
当座預金	30,640	35	21,670	28	△8,970	07
特別当座預金	83,711	02	94,841	38	11,130	36
別段預金	92	29	229	21	136	92
振出預金手形	330	57	0		△330	57
合　　計	242,326	25	263,650	53	21,324	28

出典：埼玉県立文書館「検査報告書写　武州銀行妻沼支店」『埼玉銀行寄贈史料』（文書番号245-15、大正14年3月）。

(A)請求に厳ならざること

支店の営業方針が前述のごとくである以上、町内で勢力を有する者であろうと、また多忙の如何に拘らず根気強く請求すべきである。他に影響する点について考慮することは程度問題であるが、都合に応ずることは整理上大いに問題がある。

(B)手形の形式を利用せざること

当店の貸出合計89千円（3月12日現在）のうち57千円は証書貸付で、手形貸付が皆無であることが大きな欠点である。当行の本支店に類がないこの証書貸付という形式が整理を阻害すると信ずる。証書貸付の期限は短くても半年であり、かつ債務者は利息を支払いさえすれば期限経過は可能であるという見方が生じやすい。これを改めることは困難であろうがこれも支配人の考え1つである。つまり、手形という武器を利用することである。手形の期日は長期でも90日であるので、証書貸付と比較すると請求権の行使期日が速やかに到来する。このようにして強硬な態度で債務者に接すれば、整理の実績が上がると思われる。3月12日現在の残高により証書貸付を担保別に整理すると以下のようになる。

第Ⅱ部　大正期の銀行検査

　　（イ）不動産担保抵当　　17口　　19,620円
　　（ロ）有価証券　　　　　21口　　34,067円35銭
　　（ハ）信用保証　　　　　11口　　 3,356円27銭
　　　　　合計　　　　　　　49口　　57,042円62銭

　上記のうち不動産抵当はその性質上、証書貸付の形式で良いが、有価証券、信用保証は手形貸付の形式に改めるべきである。預金は21千円増加しているので、この点については支配人、行員は努力をしたと思われるが、さらに進んで預金増加策を検討したかという点については疑問が残る。
　当町内では深谷商業銀行が県金庫取扱店であるので、高金利で勧誘し当行では熊谷支店の勢いが盛んなこともあり、当店はその背後で目立たないかも知れない。しかし、このような難関を切り抜ける努力と方策を尽くしたであろうか。
　わが銀行の看板「武州銀行妻沼支店」をもって遠慮なく預金吸収策を打ち出したらどうだろうか。検査の結果、営業案内の影すらも見当たらなかった。また従来、広告、宣伝は効果が少なからずあるが、個別訪問等の運動をしたことがあるのであろうか。労を省くことは退歩の第一歩である。
　要するに当店の意気は甚だ振るわず退嬰的である。甘んじて当店の固定貸付の整理及び預金増加を全うすることができるであろうか、支配人、行員諸氏のご賢慮に訴える。

3.注意事項
(甲)貸付
　証書及び担保品取扱手続に不備の点があり、整理はまずこれを完備することにより達成できると考える。

　(A)証書貸
　（1）本証書と延期証書の印鑑が相違する者が多いので改めること（顧客3名連記）。

（2）連帯保証人がある場合には延期証書にも記名捺印を徴すること（借入人、保証人各5名連記）。
（3）延期証書に連帯保証人の捺印があるが、本証書と異なるものがあるので改めること（借入人、保証人各1名連記）。
（4）大熊哲郎に対しては1,400円と2,400円二口抵当権付貸出があるほか信用貸二口1,050円がある。抵当物の時価に余裕があれば信用貸の偏差を求め、返済が当分見込めない場合は、これに対して第三順位の抵当権を設定すること。
（5）船田保之助に対しても抵当権付で100円の貸付あるほか200円の信用貸あり。抵当物件時価の余剰が十分であるのでこれに対しても（4）と同様の手続を行うこと（単なる余地充当は不可である）。
（6）担保品である株式払込証が不足する者が多い。早速請求すること（3事例）。
（7）福島勘三郎の50円の担保品である勧業債券の20円利札は明治57年以降分について新規に徴求するべきであるにも拘らず今日まで放置している。新利札受取方手続きすること。
（8）株式会社委任状承諾証で不足するものが多いので請求すべきである（3事例）。
（9）払込証のまま保存するのは紛失のおそれが大きい。記入すること。

(B)当座貸越
（1）当座預金約定書と当座貸越約定書の印が相違するものがある（2事例）。
（2）同一債務者の約定証書で印鑑が異なるものがある。不注意の極みである。早速正印を徴求すべきである（1事例）。
（3）担保品株式払込証の不足するものがある（1事例）。
（4）長谷川恭一郎の利息が未収である。極力請求すること。
（5）岡祐和は未成年で根抵当物件の所有者である。実父岡春作氏が親権者である。当座貸越約定書には祐和氏の署名があるのみであり、当座預金約定書には春作氏一人の署名捺印あるのみである。何れが債務者であるのか識別に苦しむが岡祐和氏が債務者となるべきである。「岡祐

和親権者岡春作」の名義をもって印鑑証書を完備すべきである。

(乙)預金
(A)定期預金
(1)書損証書に無効手続を施すこと（1事例）。
(2)済証書添付を未済原符にするごときにしている（1事例）。
(3)印鑑記載の姓と証書記載の姓が異なっている（1事例）。
(4)済証書には支払印を押印すべきである（Paid打抜器を使用すること。証書裏面に受取年月日を記さないため不明となっているものがある。）（1事例）。

(B)当座預金
(1)元帳には小切手番号を必ず記入すること（3事例）。
(2)利息積数の相違するものがある。独算ではなく必ず他の係員が確認して正確を期すること。また検算印を捺印すること（1事例）。

(C)特別当座預金
(1)当座預金(2)参照。岡村兵七郎分誤算。

(D)その他
(1)伝票諸用紙類の秩序から整理し、受渡帳を作成して時々残部を調査すること。殊に小切手、送金小切手類は施錠管理して支配人の監督下に置くこと。
(2)定期預金新規契約、書換継続の場合、係員はまず伝票、証書を作成の上、定期預金記入帳を記載し、後支配人に提示し、支配人は伝票、証書面金額と記入帳面金額を照合して金額上部に検印すれば正確を期すことができる。さらに支払においてもこのような方法で処理すれば万全である。従来の方法は改めるべきである（尚定期預金記入帳形式が不完全である。添付のような形式を調製すること。）。
(3)当座預金貸越利息算出については元帳で単に積数のみを計算し、後利

第7章 大正期における行内検査の考察

息証印帳にこれを転記し、利息を算出してこれを再び元帳に転記しているが、手数が多く、転記の際に誤りが生じ易い。したがって、元帳面で利息計算すれば容易である。

（4）支配人は貸付金元帳以外に控帳を作製し、主として元帳を監視した結果、元帳残高は総勘定差引残高帳と50円相違していたことを発見した。

（5）内入金および利息領収書は旧熊谷銀行時代のものを使用しているが、当行用のものを使用すべきである。

（6）経費に関する諸証憑類の整理が不完全である。項目別、科目別の整理し、各合計額を諸経費元帳残高と合致させるべきである。

（7）将来当店貸付が証書貸付と担保付手形貸付に区別されるのであれば、従来使用のものでは不完全であり、帳簿類も別個調製すべきである。検査部案は以下の通りである。

　　（イ）従来の貸付金記入帳を改正し、貸付金元帳を廃止すること。
　　（ロ）担保付手形貸付元帳と手形記入帳を調製すること。

（8）小切手領収書は伝票類と別に整理すること。承認状は全部徴求すること。

（9）昼食は交代に行い、店舗を空けないように注意すること。

妻沼支店検査報告書（大正14年3月）の考察

本検査報告書は、冒頭で熊谷銀行妻沼支店の設置時期を大正7年としているが、実際の設置時期は明治44年10月であり、著しい認識相違が見られる。また報告書冒頭では、預金減少の原因を農村の疲弊とする一方、競合他行である深谷商業銀行妻沼支店の存在を預金増強の障害であると指摘している。

検査報告書には、管理帳票のサンプルとして、「証書貸記入帳」と「定期預金記入帳」を示し、管理厳格化を具体的に指導している。両管理帳票のサンプルともに、貸出管理、預金管理に最低限必要な項目を盛り込んだオーソドックスなものである。このような、いわば変哲のない帳票例を示して指導する必要があったということは、裏を返せば預金、貸出管理ともに従来の管理方法が極めて異例であったか、著しく稚拙であったかのどちらかと考えられる。

4－3　地方銀行に対する官民の認識と行内検査事例の比較検討

　大正14年3月の検査報告書では、不良債権回収について、「町内で勢力を有する者であろうと、また多忙の如何に拘らず根気強く請求すべきである」としている。それを裏付けるように、検査員が具体名を明記した取引先の検査指摘には、明らかに通常守るべき業務手続を無視した不備が原因となっているものが見られる。つまり、顧客への便宜的取扱いの意味を曲解し、地元名士に対する貸出事務手続を省略した結果、それが検査指摘原因となったものである。

　妻沼村近隣の長井村長を四期務めた江森右一に対しては、株式委任状承諾書を徴求せずに貸出を実行し、当座預金約定書と当座貸越約定書の印鑑が相違したまま与信取引を継続していた。地主で長井村議会議員を連続三期務めた内田善之助に対しては、担保不足のまま貸出を実行し、証書貸付の期限延長に際しては印鑑相違のまま融資を継続していた。勲八等を叙勲した長谷川恭一郎に対しては利息未収のまま放置していた(29)。これらの事例には、岡田が指摘した地方銀行の通弊である「貸出運用における規律不足」が端的に表れている(30)。地元有力者に対する貸出事務処理に不備が散見されるのは、地縁重視の取引姿勢が、銀行融資事務の基本動作に優先した結果であると考えられる。

　岡田は講演の中で、「地方の多数の銀行は不動産担保の高利貸しともいえる幼稚な域を脱しない」という趣旨の指摘をしている。妻沼支店における農地を中心とした不動産担保貸出については、事務取扱面で幼稚な域を脱しないという指摘はあてはまる。しかし、騰貴した土地価格を標準とした融資の危うさという点については、おそらく農地という地目の性格上、妻沼村では急激な土地騰貴は発生しなかったと考えられる。事実、不動産担保融資に伴う債権保全上の指摘は見られない(31)。

　大正14年3月の検査報告書における預金営業の指摘では、深谷商業銀行が県金庫取扱店であることから、同行が武州銀行妻沼支店にとって預金獲得の障害となっていることを認めている。その一方、預金営業推進の不十分さを指摘し、支店の意気が退嬰的であるとして検査員は支配人を叱咤激励してい

第 7 章　大正期における行内検査の考察

る。反対に、競合行である深谷商業銀行は武州銀行妻沼支店を意識するあまり、行き過ぎた積極経営が裏目に出て貸付金約120万円が固定化し、昭和2年1月30日に突如休業した。これは預金獲得競争の中で競合行が先に廃業した事例で、結果的に武州銀行妻沼支店は生きながらえることができた。しかし、これこそまさに預金争奪が激化する結果、逆鞘を招きハイリスク・ハイリターンの貸出運用を余儀なくされることにより貸出資産の質低下に結びつく事態であり、岡田が警告した最悪のシナリオが競合行サイドで実現した事例である。

　妻沼村は古くから農業を中心として発展してきたため、わずかに座繰生糸等の家内工業と醸造・精穀・窯業鍛工等の個人営業のほか工業としては見るべきものがなかった。妻沼支店の場合、地場工業と密接に結びついた機関銀行化は見られず、行内検査でも指摘されていない。同支店は農家を主たる顧客としているので、設備投資等の大口要資事情はなく、一社大口貸出についても検査指摘は見られない。したがって、地方銀行の問題点として榎並が指摘した「機関銀行化」と岡田が指摘した「一社大口貸出」については、妻沼支店では際立った問題点として顕在化していない。

4-4　行内検査論と行内検査事例の比較検討

　第2節では、3つの行内検査論の比較において、他の数項目と並行して「行内検査の職務」について比較考察した。磯部、藤城、榎並の見解に共通な行内検査の職務は、(1)業務、会計の記帳や計算上の正否、(2)行員の客観的観察と人事に関する事項、の2点である。また磯部はこれらに加えて営業面でのアドバイスを行内検査の職務と位置づけていた。

　武州銀行妻沼支店の行内検査報告書には、「業務、会計の記帳や計算上の正否」、「営業面でのアドバイス」は記載されているが、「行員の客観的観察と人事に関する事項」についての検査結果は記されていない。つまり、営業、業務レベルでの個別指摘は行われているが、支店経営における人事運営上の問題点については触れられていない。これにはいくつかの原因が考えられるが、その主なものとして、(1)検査員と被検査支店支配人の出身銀行が異なる場合、人事関連事項は互いの聖域に属するため、指摘を回避したこと、

353

(2)妻沼支店行員は地場在住の旧行出身者で固定的に構成されているため、人事異動が容易ではなく、指摘しても問題解決が困難であること、等が考えられる。妻沼支店の行内検査は、行内検査論で一般的に述べられている行内検査の職務に照らして評価すると、人事関連事項についての指摘が不十分であるが、その背景には合併銀行特有の事情と地域特性が関わっていた。

　第2節では、「行内検査事務の項目」という切り口からは各行内検査論を比較検討していないが、本節では、妻沼支店の行内検査報告書の検査事務の項目を検討する。前掲の磯部の「私的銀行検査論」と藤城の「銀行検査部論」には、検査報告書に盛り込むべき項目が示されているので、その一覧を「図表7-5　検査報告書記載項目」に示す。

図表7-5　検査報告書記載項目

磯部亥助の「私的銀行検査論」	藤城敬二の「銀行検査部論」
［検査報告書に記載すべき直接材料］ (1)不正行為の発見 (2)諸帳簿の正否と記帳上の注意、不注意 (3)改良を要すべき点あればその意見 (4)現金並びに現品の過不足 (5)諸手形、諸証書及び付属書類の不完全、不完備 (6)諸統計表の調製、記載及びその批評 (7)諸経費に関する注意 (8)特筆すべき材料あればその事柄	［検査報告書中に特筆すべき事項］ (1)諸帳簿の正否と記帳上の注意及び不注意 (2)諸手形、諸証書及び付属書類の不完全不完備 (3)現金並びに担保品、その他現品の過不足 (4)各勘定における不正又は重大なる過失事項の発見 (5)諸経費その他損益勘定に関する注意 (6)事務取扱又は事務能率に関する注意
［検査報告書に記載すべき間接材料］ 経済学説の変化、生産消費の関係、輸出入貿易の状況、法律の改廃等、銀行営造物の風通し並びに衛生、行員の嗜好等。	［間接材料］ 一般的経済事情、金融状態、各支店営業方針の巧拙、銀行営造物の位地、衛生または諸設備、行員の性質、人格勤務振り等。

出典：(1)磯部亥助『私的銀行検査法』(隆文館図書、大正9年) 62～63頁。
　　　(2)藤城敬二『銀行の検査部』(文雅堂、大正15年) 357～359頁。

第 7 章　大正期における行内検査の考察

　磯部の「私的銀行検査論」、藤城の「銀行検査部論」ともに、検査報告書に記載すべき事項を直接材料、間接材料に分けて整理している。上述の「業務、会計の記帳や計算上の正否」は直接材料に分類され、「行員の客観的観察と人事に関する事項」は間接材料に分類されている。磯部が銀行検査の職務として実施すべきとした「営業面でのアドバイス」は、同氏が検査報告書記載事項として示した直接材料のうち「（3）改良を要すべき点あればその意見」に該当する。

　武州銀行妻沼支店の検査報告書（大正14年3月）を、図表7-5で示した行内検査報告書の雛型と比較すると、直接材料に関しては「不正行為の発見」、「現金並びに現品の過不足」、「諸統計表の調製、記載及びその批評」、「諸経費に関する注意」の4項目が欠落している。このうち、不正行為の発見と、現金並びに現品の過不足、諸経費に関する注意の3項目については、不正行為や現金等の過不足および注意すべき事項がなければ記載されないので、純粋に欠落しているのは、諸統計表の調製、記載及びその批評である。武州銀行妻沼支店の検査報告書でも、諸統計表というほど大がかりなものではないが、預金および貸出残高の推移を一覧表にして、そこから考察される支店の問題点が言及されているので、不完全ながらも諸統計表の調製、記載及びその批評は実行されている。

　間接材料のうち「行員の客観的観察と人事に関する事項」については、武州銀行妻沼支店の検査報告書（大正14年3月）では取り上げていないが、妻沼支店の歴史について冒頭で簡単に触れている。つまり、同支店の営業、業務実態を検査するに際して最低限必要な知識である支店存立の歴史的背景について言及している。合併銀行であるがゆえに、明確な記述が欠落していた人事関連事項についての検査結果については、特殊事情を勘案するとやむを得ないと考えられる。検査報告書雛型をもとに武州銀行妻沼支店の検査報告書（大正14年3月）の形式要件をチェックした結果、不完全ながらも検査報告書の体裁を概ね確保していると結論づけられる。

355

第II部 大正期の銀行検査

小　括

　本章の目的は、大正期における行内検査の実態を、（1）金融制度調査会での銀行の内部監督充実に関する議論、（2）行内検査実務書の内容比較、（3）行内検査事例の検討、の3つのレベルでの考察を通して解明することであった。まず、金融制度調査会での銀行の内部監督充実に関する議論においては、行政サイドが一般委員の提言を真摯に受けとめて、それを銀行の内部監督充実に生かそうという姿勢は見られなかった。金融制度調査会の幹事である大蔵省は、議論の準備段階ですでに内部監査充実を監査役制度の改革によって行うことを決定し、それを法制度の整備によって実現するシナリオを作り上げていたと推察される。

　大蔵省が銀行の内部監督強化手段を監査役制度の充実に限定せざるを得なかった理由としては、（1）明治期以来、銀行監査役の有名無実化が深刻な問題として認識されており、大蔵省もその改革の機会を探っていたと考えられること、（2）検査部の設置強化や外部監査人の活用等、法的強制力を伴わない行政指導については消極的にならざるを得ないこと、（3）検査部の充実と行内検査の充実を指導する場合、その模範となるべき銀行検査の強化が遅れていたこと、等が考えられる。銀行の内部監督充実を大蔵主導で実施しようとするあまり、民間銀行の役員である監査役を法的手当により実質的な大蔵省検査局の外局として取り込もうとする意図が明白となった。結果的に、銀行の内部監督充実に関する金融制度調査会での議論は、大蔵省と一般委員の思惑がすれ違うことにより、実質的な検討は十分行われなかった。

　行内検査に関する諸見解の比較においては、大正期の行内検査に関する3著作を5項目にわたって比較した。その結果、3著作の相違が最も顕著に表れているのが行内検査の組織である。とりわけ主要な論点となるのは、検査部を監査役に所属させることの是非に関する議論であった。この論点に関しては、磯部と藤城が鋭く対立している。磯部は商法上の権限に基づいて行われる監査役の監査監督と、銀行の自存上、自主的に実施される検査部検査は似て非なるもので、これらの近似する業務を安易に合体することは、銀行の内部監督上種々の問題を生じるとしている。これに対して藤城は、監査役監

査が皮相的であるがゆえに、監査役の下に検査部を所属させ法律的根拠に基づいて行内検査を行うことは、むしろ検査制度の根本的改革であるとしている。

　両者の見解についての筆者の検討結果は、現実論として機能するのはむしろ磯部の考え方で、藤城の見解を実行に移すと、銀行の内部監督機能を強化するという現実的な目的からはむしろ遠ざかることになるというものである。なぜなら、監査役監査の皮相性は現実問題として銀行内部のみならず金融制度調査会においても真摯に議論されるほどの深刻な問題で、このような実態なき監査機能に検査部を組み込むことは、検査部の活動を停滞させ、従来独立的に機能してきた検査部本来の職能すらも全うできなくなる可能性が高いからである。

　行内検査組織の実例としては三井、三菱、住友等、主要銀行3行の検査制度・組織を比較検討した。その結果、三井銀行には独立的モニタリングとしての監査役監査と検査課による検査が自主的モニタリングと並行して実施されており、現在の銀行、あるいはそれ以上の内部監督制度が存在していたといえるが、三菱、住友両行については、基盤が不安定な行内検査と事実上機能しない監査役監査が併存していたり、監査役に検査部を従属させたりと、必ずしも銀行内部監督が機能する体制は整備されていなかった。首都に拠点を置く主要銀行においてすら、行内検査論が求める理想的な内部監督制度を導入している事例はむしろ稀であった。

　大蔵官僚である岡田信の地方銀行経営に対する実態認識は、都市部と地方の間に存する地域間格差が地方銀行の通弊をより際立たせていたというものである。岡田は、地縁の強さと、経済が未発達であることに起因する、（1）企業統治の機能不全、（2）貸出運用における規律不足、の2点が地方銀行の際立った通弊と考えていた。

　実務家である榎並赳夫の地方銀行の行内検査に対する認識は、地方銀行役員の経営姿勢と行務に対する責任感が、都市部の銀行と比較して薄弱だということである。その一方で、地方銀行の重要性は増資や合併により増大しているので、経営階層の銀行経営への姿勢に問題があるということは、地方経済のみならず日本経済全体にとっても重大なマイナス影響があるということ

第Ⅱ部　大正期の銀行検査

である。

　武州銀行妻沼支店の行内検査報告書の分析結果を、地方銀行の経営実態に対する官民の認識と比較検討した結果言えることは、(1)地元有力者に対する貸出事務処理に不備が散見され、地縁重視の取引姿勢が銀行融資事務の基本動作に優先した結果が、検査指摘として表れていること、(2)これらの事例には岡田が指摘した地方銀行の通弊である、「貸出運用における規律不足」が端的に表れていること、(3)岡田は講演の中で、「地方の多数の銀行は不動産担保の高利貸しともいえる幼稚な域を脱しない」という趣旨の指摘をしているが、妻沼支店における農地を中心とした不動産担保貸出については騰貴した土地価格を標準とした融資の危うさに伴う債権保全上の指摘は見られないこと、(4)預金獲得競争の中で競合行が先に廃業したため、結果的に武州銀行妻沼支店は生きながらえることができたが、これは預金争奪が激化する結果、逆鞘を招きハイリスク・ハイリターンの貸出運用を余儀なくされることにより貸出資産の質低下に結びつく事態であり、岡田が警告した最悪のシナリオが競合行サイドで実現したこと、(5)地方銀行の問題点として榎並が指摘した「機関銀行化」と、岡田が指摘した「一社大口貸出」については、妻沼支店では際立った問題点として顕在化していないこと、等である。

　行内検査論との比較における、武州銀行妻沼支店の行内検査報告書の特徴は、同行が合併銀行であるがゆえに記述が欠落していた人事関連事項については、特殊事情を勘案するとやむを得ないと考えられ、全体としては不完全ながらも検査報告書の体裁を概ね確保しているということである。本章で取り上げた事例を見るかぎり、行内検査報告書は概ねオーソドックスな形式に則り、本来チェックすべき項目について地道に検査を実施していた。

　大正期における行内検査について、金融制度調査会での審議レベル、行内検査実務書レベル、行内検査事例レベル、の3つのレベルで検討した結果、総括的に言えることは、大蔵当局と行内検査実務レベルでは銀行の内部監督充実に対するスタンスが大きく異なっていたということである。金融制度調査会での審議を見るかぎり、大蔵当局の考える銀行の内部監督充実は監査役制度を改革し、それを法制度の整備によりさらに強化するというものである。それに対し主要銀行における内部監督充実の方策は、あくまでも行内検査を

第 7 章　大正期における行内検査の考察

中心に置くものであり、行内検査に対する監査役の関わり方は副次的でかつ銀行ごとに異なっていた。一地方銀行の行内検査事例を見るかぎり、地方銀行に固有な問題に対する指摘が見られる一方、行内検査手法については、実務書が規定する方法にしたがって、概ねオーソドックスな検査が実施されていた。大蔵当局が抱く理想論とはるかにかけ離れた実務レベルにおいては、行内検査を通して把握された個別の問題について詳細に指摘され、改善を求める努力が地道に遂行されていた。

　大正期においては、当局による銀行検査事例がなく、その内容を検討することができなかったので、本章で取り上げた行内検査事例との比較により、両者の相乗効果の実態を考察することができなかった。第 8 章では、昭和戦前期における銀行検査行政の推移を帝国議会での銀行法案審議経緯や大蔵省によって発出された「銀行検査新方針」の内容を考察することによって追及する。

　注　記
（１）磯部亥助『私的銀行検査法』（隆文館図書、大正 9 年）。
（２）藤城敬二『銀行の検査部』（文雅堂、大正15年）。
（３）榎並赳夫「地方銀行ノ自衛検査ニ就テ」有岡直治編集『銀行ノ検査及監督法 3 版』（大阪銀行集会所、大正11年）。
（４）日本銀行調査局、土屋喬雄監修『日本金融史資料明治大正編　第18巻　金融制度調査会議事速記録』（大蔵省印刷局発行、昭和31年）28-29頁。
（５）日本銀行調査局、前掲書、29頁。
（６）日本銀行調査局、前掲書、90頁。
（７）日本銀行調査局、前掲書、91頁。
（８）日本銀行調査局、前掲書、91-92頁。
（９）日本銀行調査局、前掲書、223頁。
（10）日本銀行調査局、前掲書、223頁。
（11）日本銀行調査局、前掲書。
（12）磯部、前掲書。
（13）藤城、前掲書。
（14）榎並赳夫、前掲「地方銀行ノ自衛検査ニ就テ」。
（15）榎並、前掲論文。

(16) 磯部、前掲書、34頁。
(17) 藤城、前掲論文、66-74頁。
(18) 磯部、前掲書、41-48頁。
(19) 磯部、前掲書、47頁。
(20) 『銀行通信録』(第449号、大正12年3月)。
(21) 岡田信「検査ノ立場ヨリ観タル地方小銀行ノ通弊」有岡直治編集『銀行ノ検査及監督法』第3版(大阪銀行集会所、大正11年)。
(22) 大江清一「大正期における金融当局検査の考察―金融制度調査会を中心とした銀行検査充実に向けた動き―」『社会科学論集 第122号』(埼玉大学経済学会、2007年9月)。
(23) 榎並、前掲論文、332-333頁。
(24) 埼玉銀行調査部『武州銀行史』(埼玉銀行、昭和63年)40頁。
(25) 埼玉銀行調査部、前掲書。
(26) 妻沼町誌編集委員会『妻沼町誌』(妻沼町役場、昭和52年)461-463頁。
(27) 武州銀行「検査報告書写　武州銀行妻沼支店」『埼玉銀行寄贈史料』(文書番号245-16、大正11年6月)。
(28) 田辺正次、山崎孝蔵「検査報告書写　武州銀行妻沼支店」『埼玉銀行寄贈史料』(文書番号245-15、大正14年3月)。
(29) 妻沼町誌編集委員会『妻沼町誌』(妻沼町役場、昭和52年)816-853頁。
(30) 岡田、前掲論文。
(31) 岡田、前掲論文。
(32) 妻沼町誌編集委員会、前掲書、460-461頁。
(33) 岡田、前掲論文。
(34) 妻沼町誌編集委員会、前掲書、445頁。
(35) 榎並、前掲論文、333-347頁。
(36) 岡田、前掲論文。

第Ⅲ部　昭和戦前期の銀行検査

第8章　昭和戦前期における銀行検査の考察
　——銀行法制定から「銀行検査新方針」に至る検査行政の推移——

はじめに

　本章の目的は、昭和2年の帝国議会での銀行法案審議から、昭和10年の大蔵省「銀行検査新方針」発媒に至る、銀行検査行政の推移を考察することである。本章では、銀行条例から銀行法への移行を銀行監督行政の与件変化と認識し、この変化にともなって昭和戦前期の銀行検査がいかなる変貌を遂げたのかを考察する。つまり、「制度の整備」と「制度の運用」に分けると、銀行法の制定は前者に該当し、銀行法に基づいた銀行検査行政の執行は後者に該当する。

　このように、本章では銀行法の制定を与件変化、制度の整備と捉えるが、銀行検査行政を執行するための制度が整備されるためには、法律条文の変化だけではなく、条文内容を行政当局がどのように理解しているかが重要である。銀行法に基づいて銀行検査行政を執行するための与件変化は、銀行法の制定とその条文解釈が明確化されてはじめて成立する。したがって、「制度の整備」の内容を明確化するためには、銀行法案をめぐる衆議院、貴族院での質疑応答内容に基づいて政府当局の見解を分析するとともに、金融制度調査準備委員会の議論に端を発する重要課題については、金融制度調査会での議論内容と衆議院、貴族院での答弁内容を比較し、その一貫性を吟味する。

　銀行法の制定は、金融制度調査会での議論の延長線上にあり、銀行検査に関しては、金融制度調査会本会議や特別委員会で審議された「金融機関検査充実に関する調査」[1]の内容が考慮されている。したがって、金融制度調査会での議論を振り返り、銀行法における銀行監督の基本方針を確認した後、同法の銀行検査条項に関わる行政当局の施政方針を探る。

　第1節では、銀行法制定プロセスにおける銀行法案の国会審議を全体的に

第Ⅲ部　昭和戦前期の銀行検査

俯瞰し、「金融制度体系の整備」、「銀行業の定義に関する議論」、「銀行設立に関する資本金制限」の3つの視角から銀行法案の審議内容を掘り下げる。また、これら3つのポイントに関わる銀行行政当局のスタンスを確認するとともに、銀行検査行政あるいは銀行検査実務との関わりを考察する。銀行法における銀行監督の基本方針および銀行検査に対する当局者の基本スタンスについては、銀行法案を国会に付議するに際して、衆議院、貴族院両院で片岡蔵相が行った趣旨説明を分析することによって把握する。

　銀行法案をめぐっては、衆議院、貴族院で委員会が設けられ、それぞれ9回と4回の計13回審議された。銀行検査について規定した銀行法第21条についても、両院の委員会において多くの質疑応答が行われているので、その内容を分析することにより銀行監督当局の検査行政方針を確認する。

　第2節では、銀行法第21条で規定されている銀行検査をめぐる衆議院、貴族院委員会審議を検討し、行政当局が銀行法に基づいて銀行監督行政を執行する上で、どのように銀行検査を位置づけていたのかを分析する。両院委員会審議内容と金融制度調査会審議の基礎資料である、「銀行其ノ他金融機關検査充實計畫」[2]の内容を比較することにより、銀行検査行政の一貫性を確認する。銀行法制定以後の銀行検査行政の展開については、銀行法公布から約3年を経過した、昭和6年時点での国会想定質問と準備された応答内容や補足資料を検討することによって、議会における論戦のポイントを探り、銀行法案審議の段階での銀行検査に関する答弁内容が、その後どのように実行されたのかを検証する。

　第3節では、昭和戦前期の銀行検査行政を、（1）金融機関種類別検査規定の内容検討、（2）大蔵省内で徹底された銀行検査の基本方針である、「銀行検査の新方針」の内容検討、の2つの切り口から分析する。金融機関種類別検査規定の内容を検討するのは、金融機関分業主義を銀行検査実務レベルで具体化する制度整備の実態を考察するためである。普通銀行の検査に適用される「銀行検査規定」との比較において、「農工銀行検査規定」[3]、「無尽業者検査規定」を検討し、金融機関の特殊性が検査規定にどのように反映されているか、また、金融機関分業主義を推進するための検査ポイントがどのような形で検査規定に含まれているかを検討する[4]。

第8章　昭和戦前期における銀行検査の考察

　銀行法施行後の銀行検査行政の趨勢については、昭和10年に発牒された大蔵省通達「銀行検査の新方針」を検討し、銀行法制定から「銀行検査の新方針」発牒に至る検査行政の変遷にしたがって、銀行検査がいかなる質的変化を遂げたのかを分析する。また「銀行検査の新方針」の内容検討を通して、銀行法施行後約8年を経過した昭和10年の時点で、大蔵省がどのような問題意識の下に銀行検査行政を行おうとしていたのかを確認する。

　銀行法に基づく規制体系の歴史的特質については、白鳥圭志氏が銀行法の法理念を明確にすることを中心課題とした研究成果を発表するとともに、従来の銀行法研究を総括している(5)。また1920年代を中心とした大蔵省検査体制については、邊英治氏が大蔵省検査の多様な機能が1920年代末頃に確立していたことを実証した(6)。本章はこれら先行研究の成果を参考にしつつ、上記の分析視角から国会審議内容、国会想定質問、検査規定、銀行検査方針等を分析し検査行政の推移を探る。

第1節　銀行法の制定経緯と銀行検査

1−1　金融制度調査会での議論と銀行法制定経緯

　銀行法は3つの段階を経て制定された。それは、(1)金融制度調査準備委員会における「普通銀行の改善に関する具体的方策」の審議と金融制度調査会における検討、(2)金融制度調査会の成案に基づく政府による銀行法案の起草、(3)銀行法案の第五十二帝国議会への提出、等である(7)。本節で検討するのは、第3段階である、議会での審議経緯、特に衆議院、貴族院両院委員会における質疑応答内容である。

　第1段階で、金融制度調査準備委員会により「普通銀行の改善に関する具体的方策」が審議されたのは、政府が金融制度改革の必要性や世論動向を勘案したからである。つまり、金融機関の中で、まず銀行数で大勢を占め、かつ与信・受信取扱高において金融機関中で最も大きい割合を占める普通銀行に焦点を絞ったためである。

　しかし、地方銀行にもみられるように、短期的な資金需要に応じるべき普通銀行が不動産貸付に走り、その結果、当該貸付が不良債権化するという事

態を解決するためには、普通銀行を単独で規制することに加えて、不動産融資専門金融機関の活性化や機能拡大を図る必要がある。その意味で、銀行法下の銀行検査行政および銀行検査の実態を考察するに際しては、（1）金融制度自体が抱える欠陥を銀行法レベルでどの程度解決できているのか、（2）特殊金融機関や銀行法の規制対象に入らない金融機関の改善計画や銀行検査のスタンスはいかなるものであるのか、等についても併せて考察する必要がある。

　衆議院および貴族院における銀行法案の提案趣旨説明
　銀行法案は昭和2年2月15日に政府から衆議院本会議に提出され、衆議院において「銀行法案外四件委員会」の第1回から第9回に至る審議を経た後、3月9日貴族院本会議に提出された。両院委員会審議に先立ち衆議院、貴族院本会議で片岡国務大臣が説明した提案内容は、ほぼ同様であるので、以下に衆議院での提案内容要旨を示す。[(8)]

（1）産業の発達は金融機関の整備とその機能発揮によるところが多い。しかし、わが国金融機関の現状は、その組織脈絡が整っていないばかりか、時勢に沿わないものも少なくない。
（2）財界の整備恢復を促し、産業の進歩発展を図る必要がある時に際して、金融制度を整備改善することは最も緊要である。しかし、金融制度改善は至難の事業であり、その方策の如何はわが国の財政経済に及ぼす影響が大きい。したがって、いたずらに速成を求めるべきではなく、各種金融の制度、実際について周到な調査を行い、その欠陥や弊害の存する所を明らかにして実行上遺漏のないようにしなければならない。
（3）政府は大正15年9月に金融制度調査会を設置するとともに、金融制度調査準備委員会を設け金融制度調査会に付議すべき事項の準備調査を行ってきた。ここに提出した銀行法案は、このような手続きに従い金融制度調査会で普通銀行の改善につき議論した趣旨に基づいて立案した。
（4）普通銀行の現状は、わが国経済界の進展に適応して主要金融機関とし

ての機能を発揮しているといえないばかりか、その経営はしばしば慎重を欠き、そのために破綻を来たし、財界や多数の預金者に損害を及ぼすことも少なからずある。

（５）この通弊を矯正するためには、①銀行資力の充実を図ること、②堅実な経営を助長すること、③預金者の利益を保護すること、④銀行監督の周到を期すること、⑤不当な競争を防止すること、⑥銀行整備の進捗を図ること、等に関して改善の方策を講じる必要がある。

（６）普通銀行業務の広汎にして多様な性質上、改善の方策として必要やむを得ないもの以外、なるべく法規をもってこれを律することを回避する方針をとった。本銀行法案においても、①銀行業の経営主体を株式会社に限ること、②その資本金を法定すること、③他業の兼営を禁止すること、④法定積立金の割合を増加すること、⑤銀行の監督を厳重にすること、⑥預金者保護のために必要な諸規定を設けること、等はこの趣旨方針によったものである。

（７）普通銀行の整備改善については、本銀行法案に規定されたもののほか、①群小銀行の合同奨励、②預金支払準備の内容改善、③資金運用の偏りを回避するため、貸付金の固定を防止する等、多くの事項があるが、これらは法規をもって律することを適当としないものや法規をもってしてはその目的達成が困難なものがある。したがって、これらについては金融制度調査会で決定した普通銀行制度改善の要項に基づき、政府の方針を一般に指示して行政の実際にあたり、適宜銀行業者を指導監督することとした。

（８）銀行法案の目的を達成し、わが国普通銀行の指導監督を全うするためには、検査監督の機関を充実することが緊要であることを認め、これに要する経費を予算に計上した。

（９）現在わが国の普通銀行が準拠する法規である銀行条例は、明治23年の制定以降、数次の改正を見たが、今回の改正事項は甚だ多いため、この際銀行条例を廃し、新たに銀行法を定めることが便利と認め、本法案を提出した。

（10）金融制度の整備改善を行うためには、日本銀行をはじめとして金融機

関全般にわたり、その改善策を攻究することが必要である。したがって、普通銀行制度の改善も、その他の整備改善と相俟って初めて完備させることができる。しかし、これらの各種事項に関する成案が完了するのを待って、全ての方策を確立しようとすると実行の機会を逸する恐れがある。
(11)政府は緊急を要し、かつ分離実行が支障ないものは、成案を得るにしたがい順次提出する心積もりである。この法案を提出したのもこの趣旨にほかならない。

銀行法案の提案趣旨のまとめ

銀行法案の提案趣旨では、この法案が金融制度調査会での議論をもとに立案されたことが明確に述べられている。趣旨説明の中では、普通銀行は主要金融機関としての機能を発揮しておらず、破綻により財界や預金者に損害を及ぼしていると分析され、それに対応するための方策として、資力充実に加え、銀行監督の周到を期すべきことがあげられている。全部で6点示された銀行の再建方策のうち、堅実経営の助長、預金者利益の保護、不当競争の防止、銀行整備の進捗等はむしろ目的であり、方策というには具体性に欠けている。しかし、銀行の資力充実と銀行監督の周到を期することは、銀行の立て直しに向けた具体的方策であり、前者は増資や合併という手段を、また後者は監督行政の強化や銀行検査の充実という手段を伴う。つまり、銀行経営の立て直しは、新規設立時の資本金規制、合併による資本充実、銀行監督の強化、銀行検査の充実という個別手段の組み合わせで進める意図が示されている。

銀行経営の立て直し方策への法的対応については、7つの手段が示されている。このうち銀行業の経営主体を株式会社に限ることや、その資本金を法定することおよび法定積立金の割合を増加すること等は全て銀行の資力充実のための措置であり、他業の兼営を禁止することは堅実経営を助長するための措置である。預金者保護と銀行監督についても、銀行法で規制の網をかぶせることによって強化しようとしている。

法規をもってしては達成が困難な分野としては、(1)資力充実の一環とし

ての群小銀行の合同奨励、（2）預金者保護の一環としての預金支払準備の改善、（3）堅実経営助長の一環としての貸付金固定化防止、等をあげ、これらを行政による指導対象項目としている。銀行監督強化の一環としての銀行検査充実については、予算計上により具体的に対応することが述べられている。

1－2　衆議院と貴族院本会議における銀行法案の審議内容

銀行法案に関しては衆議院、貴族院それぞれの特別委員会において活発に議論され、双方20前後の項目についての質疑応答が行われた。質疑応答内容は両院で重複するものもあるが、各院個別のものもある。両院共通の質疑については、銀行法案をめぐる特別委員会委員の関心事であり、その質疑に対する政府当局者の回答は銀行法に基づいた銀行監督行政の基本姿勢を示すものと考えられる。「図表8-1　衆議院と貴族院本会議における主要な銀行法案審議内容」にまとめた審議項目のうち両院共通の重要項目について、銀行検査との関わりを中心に個別検討する。

金融制度体系の整備について

衆議院銀行法案外四件委員会委員の小川郷太郎は、日本の金融機関体系について、昭和2年2月23日の衆議院銀行法案外四件委員会の第四回会議で、金融機関分業主義の現状と今後について片岡国務大臣に質問した[9]。これに対して片岡国務大臣は金融機関の営業振りが極めて錯綜していることを認めた上で、（1）中央銀行が一般金融の中核としての機能を発揮することにおいて欠けている点があること、（2）興業銀行、農工銀行、勧業銀行、普通銀行、貯蓄銀行、信用組合、無尽会社等の形式による分化はあるが、内情は普通銀行が不動産銀行の働きをする等の事実があること、（3）勧業銀行、農工銀行等長期資金の調達手段を持つ銀行が普通銀行の業務をしていること、等について言及した。

片岡国務大臣は、「このようなことは絶対に禁止することはないが、今日のような錯綜は矯正しなければ、十分にその銀行の職責を全うすることはできない。特に普通銀行が長期貸出を行っている事例は各地で見る蹉跌の根本であるから矯正する必要がある。しかし、金融の対象となるものが発達して

図表8-1 衆議院と貴族院本会議における主要な銀行法案審議内容

衆議院本会議における銀行法案審議項目	貴族院本会議における銀行法案審議項目
[希望條項] 一．銀行監督ノ徹底ヲ期シ且銀行檢査官ノ任用ニ付テハ特別任用ノ途ヲ開カレムコトヲ望ム 二．普通銀行ノ不動産資金化ニ就キ適切ナル方法ヲ講セラレムコトヲ望ム 三．本法規定ノ最低資本金額ニ達スル爲資本ノ増加ヲ行フ場合ニハ特ニ實際ノ状況ニ鑑ミ適切ニ認否ヲ決セラレムコトヲ望ム [審議内容] （1）銀行業の定義に関する議論 （2）ビル・ブローカーに関する議論 （3）銀行業を営む者を株式会社に限る理由 （4）最低資本金額を原則として100万円と定めた理由 （5）帝國實業貯蓄銀行、共榮貯蓄銀行の善後策 （6）銀行の常務の定義 （7）地方的の合同を奨励しているが、地方的という意味 （8）日本銀行に検査の権能を与える意思の有無 （9）銀行検査官に特別任用の途を開く意思の有無 （10）銀行検査に計理士を採用する意思の有無 （11）銀行法の罰則が過重になっていることについて （12）他業兼営禁止の猶予期間を3年から5年に延長する修正案 （13）銀行法案のみを提出し、日本銀行、	[審議内容] （1）銀行設立に関する資本金制限について （2）普通銀行と他の銀行の区別について （3）金融制度体系の整備についての質問 （4）銀行破綻の原因についての質問 （5）銀行法案は都市と地方を同一視しているのではないかという質問 （6）銀行業の定義に関する議論 （7）ビル・ブローカーに関する議論 （8）他業兼営禁止に関する銀行条例と銀行法の相違 （9）他業兼営禁止の猶予期間が経過措置により5年に延長されたことについて （10）銀行の付属業務についての質問 （11）最低資本金額制限についての説明 （12）最低資本金額制限の猶予期間を経過措置により延長すること （13）商号や資本金変更等銀行の内外に対する関係 （14）監査役の責任として銀行の業務、財産の状況について年2回調査結果を本店に備置すべきこと （15）監査役の調査を計理士が代替すること （16）銀行の併合に対する政府当局のスタンス変化について （17）新法案実施にともなう検査官増員と予算措置 （18）銀行検査結果に基づく主務大臣の権限について （19）銀行条例との比較による銀行法の罰則規定内容

不動産金融、特殊金融関連事項等を後回しにした理由、審議の実態
(14) 預金保証制度を採用する意思の有無
(15) 一社与信制限に関する監督方針について
(16) 官民合同の手形引受会社を設立する意思の有無
(17) 小川委員からの修正案の要領について
(18) 木暮委員からの希望条項について
(19) 修正案、希望条項について全員一致の賛成を得たこと
(20) 銀行の商号使用の猶予期間に関する修正案
(21) 中央銀行、その他特殊銀行の改善案を帝國議会に提出する件に関する希望決議について

出典：第五十二回帝国議会衆議院議事速記録第22号『官報　号外』（内閣印刷局、昭和2年3月9日）。
　　　第五十二回帝国議会貴族院議事速記録第22号『官報　号外』（内閣印刷局、昭和2年3月18日）。
注：衆議院本会議においては希望条項が示され、その内容が銀行検査に関わるものであるので内容記載した。

いないと、金融機関もしかるべき収益を上げることができない。質問のように大体において金融機関に対して分業的に発達させる方針をとらせたいということに重点を置いている」という趣旨の答弁を行った。[10]

　このように片岡国務大臣の認識は、（1）現状の機能別金融機関本来の職責をそれぞれの金融機関が全うしているかといえば、必ずしもそうではない、（2）特に普通銀行の場合は、本来の短期金融機能を逸脱して不動産貸付に深入りすることにより、貸出が長期化、固定化して破綻の原因となるので矯正する必要がある、（3）そのためには普通銀行のみの規制では不足であり、日本銀行をはじめとする特殊金融機関や小規模金融機関等もその機能を全うすることが併せて重要である、というものである。

　しかし、現実問題として分業主義を貫いて普通銀行による不動産貸付を縮小した場合、従来不動産貸付に回していた資金はどのように運用するのか、また普通銀行に対する規制だけではなく、預金吸収等普通銀行の専門分野に侵食しつつある勧業銀行や不動産銀行をどのように規制するのかという点に

ついて明確な答弁はなされていない。従来から銀行検査で指摘されてきた貸出の固定化のうち、普通銀行が不動産担保をもとに実行する長期貸付が不良債権化するケースについては、銀行法案審議の段階では具体的な措置に結びつく議論はなされていない。

　貸出金の固定化のうち、金融制度体系等の構造的な問題に端を発するもので、銀行監督行政を通した分業主義の適正な実現が不可欠なものについては、銀行法施行下で銀行検査が強化されてもその実効性は十分上がらないと考えられる。この点は正に銀行法制、銀行監督行政、銀行検査行政の協力が必要な分野であり、具体的には普通銀行規制を中心とした銀行法に加えて、特殊金融機関を規制する法律の整備と、それらに基づいた銀行監督行政の実施、さらにはそれと平仄を合わせた銀行検査の運営等3者の相乗効果が実現してはじめて改善される。

　本節では、銀行条例から銀行法への移行を銀行監督行政の与件変化と認識するが、金融制度の改革は実行が伴ってはじめて効果を現わすものである。その意味からすると、金融制度改革は「制度の整備」と「制度の運用」がいずれも適切に行われ、かつ、それらが両立してはじめて効果を上げ得る。銀行法や特殊金融機関を律する法規整備は前者に該当し、それら法規に則って検査行政を含めた銀行監督行政を遂行することは後者に該当する。本節で取り上げた小川の質疑は、普通銀行を律する銀行法の制定だけでは「制度の整備」が不十分で、金融制度全体を考慮した特殊金融機関や小規模金融機関等を律する法的整備が不可欠であるとの考えに基づいて行われた。

　制度の整備を中心に、銀行検査がいかなる変貌を遂げたのかを考察する本章のアプローチからすると、銀行法や特殊金融機関を律する法規に見られる銀行検査行政の方向性を認識することは、制度的与件を把握することであり、これら法規の精神を汲んで制定された銀行検査規定は、検査実務レベルでの制度整備と位置づけられる。したがって、後段の節においては、金融機関分業主義を銀行検査実務レベルで具体化するための制度整備の実態を考察する。普通銀行検査に適用される銀行検査規定との比較において農工銀行検査規定、無尽業者検査規定等を検討し、金融機関の特殊性が検査規定にどのように反映されているか、また金融機関分業主義を推進するための検査ポイントがど

のような形で検査規定に含まれているか等について検討する。[11]

銀行業の定義に関する議論

銀行業の定義に関する議論は、銀行法が規制の対象とする金融機関を特定する上で最も根本的なものであり、両院で質疑応答がなされた。議論の中では手形割引を専業とする業者、ビル・ブローカーが銀行法の規制対象業者となるか否かについての質疑応答が行われた。銀行法の規制対象金融機関を特定する議論は、銀行検査対象金融機関を特定する議論と直結する。銀行条例と銀行法の規制対象がどのように変化したのかという観点から、両院での議論の経緯を検討する。

貴族院銀行法案外四件特別委員会委員の小松謙次郎は、昭和2年3月10日の貴族院銀行法案外四件特別委員会の第一回会議で、銀行の定義が銀行条例と銀行法とではどのように変化したのかという質問を切り出した。[12]これに対して政府委員の松本烝は、「顕著に異なるのは、銀行条例では営業として証券の割引をなすものは銀行としていたが、銀行法では証券の割引だけでは銀行とはならず、預金の受け入れを併せてなすことにより銀行とみなすという点である。その理由は、単に自己の資金をもって手形を割り引くというのは、貸金会社というようなもので、銀行と認めることはできないのでこれを省くこととした」という趣旨の答弁を行った。

昭和2年2月21日の衆議院銀行法案外四件委員会第三回会議においても、委員長の小野義一が神崎勲委員の質問を総括して、なぜ手形割引のみを営むものだけが銀行と認められないのかという踏み込んだ質問をしている。[13]これに対して政府委員の松本は、「受信業務を行わずに単に手形の割引、与信業務のみを行うことをもって銀行となるのは甚だ不適当であるので、これを銀行の範囲外に置いた。しかし無論手形の割引、いわゆる割引業のみを行うものを放任する考えはない。これについては別途攻究している。手形の割引は近代の経済界の時勢において段々に統一してビル・ブローカーという名前をもって発達しており、普通銀行の健全な発達と相並ぶものであるので、普通銀行としてもビル・ブローカーが発達することは、普通銀行が固有の本義を発揮する上で望ましいことである。これを銀行の範囲外に置いて別途に取り

締まる考えである」という趣旨の答弁を行った。つまり、銀行法下では受信業務として預金の受け入れを行い、それを原資にして手形の割引を行うものを除いて、手形割引を専業として行う業者は銀行検査の対象から除外されることとなった。

　銀行設立に関する資本金制限について
　銀行業を株式会社に限定し、かつ資本金制限を厳格化した背景には、銀行条例下で小規模銀行の簇立を許し、そのために銀行破綻を招き、結果として預金者の損失や経済の混乱をきたしたという政府当局の反省があると思われる。明治43年から大正3年に至る期間の銀行破綻を見ると資本金50万円以下の銀行破綻割合が破綻行数全体の80％と大きい。[14] 小規模銀行が多数存在している状況は、大正期を通して銀行監督当局の頭痛の種であった。
　これら小規模銀行を含めて、銀行条例の規制対象となる金融機関全体を母集団として行われてきた銀行検査は、銀行数が増えるにつれて検査密度が相対的に低くなり、十分な頻度と深度をもって検査を行う素地は実態的に整えられてはいなかった。このような認識に基づいて、銀行の規模や経営の質をどのように変化させて銀行検査がどのような貢献を果たし得るのかを、銀行法案第3条を巡る特別委員会での質疑応答を通して考察する。銀行設立に関する資本金制限については、銀行法案第3条に以下のように規定されている。[15]

　「銀行業ハ資本金百萬圓以上ノ株式會社ニ非ザレバ之ヲ營ムコトヲ得ズ但シ勅令ヲ以テ指定スル地域ニ本店又ハ支店ヲ有スル銀行ノ資本金ハ二百萬圓ヲ下ルコトヲ得ズ
　前項但書ノ規定ニ依リ地域ノ指定アリタル場合ニ於テ其ノ地域ニ本店又ハ支店ヲ有スル銀行ニシテ資本金二百萬圓未満ノモノハ指定ノ日ヨリ七年ヲ限リ前項但書ノ資本金ニ依ラザルコトヲ得」

　昭和2年2月18日の衆議院銀行法案外四件委員会第二回会議で、政府委員の松本は、銀行の営業主体を株式会社に限定した理由について、「株式会社は近代の経済社会における一つの形態であり、内部の経理に関しても株主総

第8章　昭和戦前期における銀行検査の考察

会、監査役の機関も備わり、法制上、実際上整頓されている。したがって、銀行のように多数の預金者を有するものについては、最も適当なものとして株式会社に限定した。わが国には株式会社ではない銀行が多く、株式会社というものは既に貯蓄銀行、信託会社において限定している。経済界の大勢に鑑みて当然のことである」という趣旨の説明を行った(16)。銀行法案を審議している時点においては、組織形態として既に株式会社に限定している貯蓄銀行や信託会社と比較して、普通銀行はその後塵を拝していた。

　衆議院銀行法案外四件委員会委員の木暮武太夫は、昭和2年2月28日の衆議院銀行法案外四件委員会第六回会議で、銀行を株式会社に限定した理由がどこにあるのかということについて、「銀行として全ての点で便利であるから株式会社にしたのではなく、むしろ脱税を目的とする意味合いで株式会社にしたのではないか。政府が法規によって銀行のような営利統制を主とすべきものを律する必要はない。銀行が株式会社でなくてはならない積極的な理由はないのではないか」という趣旨の質問をした。この質問に対して政府委員の松本は、銀行を株式会社組織に限定する理由は租税の問題からくるものではない旨を回答した(17)。

　木暮は松本の説明を不十分として、さらに株式会社組織ではない個人銀行や合名会社、合資会社の銀行では監督ができないということかという趣旨の質問をした。これに対して松本は、「株式会社には株主総会、監査役という機関があり、これらの機関がその機能を発揮すると預金者の保護になり、永続的に大金を出すというのは株式会社組織の法人であることが非常に重要である。したがって、経営上、また監督上このような組織が法制上整っている方が良い」という趣旨の答弁を行った(18)。

　銀行が株式会社という組織形態をとる理由をめぐっては、このようなやり取りを通して審議された。政府当局の思惑は、（1）株式会社組織とすることにより資本金額の下限を定め、銀行規模の規制を容易にすること、（2）株式会社に固有な企業統治上の掣肘である株主総会による監視や監査役による監査があること、等により銀行の資力を充実させ、銀行の自律的監視機能を活用すること、の2点であった。

　衆議院銀行法案外四件委員会委員の山口嘉七は、昭和2年2月21日の衆議

院銀行法案外四件委員会第三回会議で、「最低資本金額を100万円と法定すると、増資の不能または合同により銀行数が減少する結果を生じないか。銀行数が減少すると金融機関が不備となり、産業金融を阻害するおそれがないか」という趣旨の質疑を行った。これに対して政府委員の松本は、(1)近年銀行の整理が進捗しつつある、(2)銀行の内容改善については、単独に整理するよりは合同の形式によって整理するのが有利であると認められる、(3)その結果、昨年合同した銀行は194行で、このうち資本金100万円未満のものは101行である、またこの資本金合計は2,615万7千円である、(4)合同の結果増資に至ったので、新資金を要しなかった、(5)もしこの101行が単独に増資をしたら2,691万円の資金を要することとなった、(6)このような結果、ほとんど資金を要せずに済んでいる、(7)増資資金を要するものであっても7年、地方により10年という長期間のことであるから、産業の発達の妨げにはならない、(8)しかも増資資金は直に銀行の資本金となって、活動の能力を倍加して働くので、散在しているよりは地方の産業資金として供給された方がその働きははるかに大きい、等の説明を行った。[19]

　松本の説明は合併至上主義ともいえるもので、追加資金を要せずに銀行数を減らし、かつその規模を増大することができる手段として合併を勧奨している。銀行検査の観点から見ると、(1)小規模銀行であるがゆえの経営基盤の脆弱性が解消されること、(2)株式会社となることにより企業統治の基盤が確保されること、等により、銀行検査を効果的に実施するための前提条件が整えられる。その一方、合併による内部事務の混乱や旧行同士の利害対立、透明性の欠如等の問題が発生するので、これらを銀行検査の切り口からどのように是正するのかがポイントとなる。

第2節　銀行検査に関わる国会審議

2－1　銀行検査をめぐる衆議院、貴族院委員会審議

　銀行法は第21条で銀行検査を規定している。銀行条例では第8条で銀行検査を規定しており、両法規間ではその内容に際立った相違はない。[20] したがって、本節では銀行法第21条について行政当局がいかなるスタンスで銀行検査

第8章　昭和戦前期における銀行検査の考察

を位置づけていたのかを分析する。具体的には銀行法第21条をめぐって行われた衆議院、貴族院での銀行法案外四件（特別）委員会審議に基づいて銀行法における銀行検査の位置づけや狙いを探るとともに、銀行法に基づく銀行検査実施以降、銀行検査当局がどのような質問を想定していたのかを、『昭和財政史資料』に残された銀行検査に関する国会想定質問応答資料を用いて検証することにより、銀行法下における銀行検査をめぐる国会での論戦のポイントを探る。[21]

検査官の増員と検査の普及計画に関する質問については、大正15年4月に大蔵省で策定した「銀行其ノ他金融機關檢査充實計畫」の内容と比較して検査官増員方針の一貫性を検討する。[22]大蔵省の当初計画では、特別銀行、普通銀行、信託会社を検査対象に銀行検査のための基礎行数を2,500行と設定した。その上で検査官を20名増員し、検査官を中心に属官、雇官から構成される25組で2年に1回実地検査を実施するとしていた。

昭和2年3月11日、貴族院銀行法案外四件特別委員会第二回会議での小畑大太郎委員の質疑に対して、政府側の説明員である加藤栄一郎は、市街地信用組合を含めた金融機関1,800行（支店を含めると6,000行）を対象にして、検査官18名（18組）で3年に1回実地検査を実施するとしている。[23]大蔵省の当初計画と比較すると、（1）銀行検査対象金融機関が市街地信用組合を含めることにより大幅に増加したこと、（2）検査官の増加が当初計画より7名少なくなり、したがって属官等を含めた実地検査チームが予定より7組少なくなったこと、（3）その結果として実地検査を2年に1回行う予定であったのが、3年に1回となったこと等、において銀行検査の実行部隊の陣容は縮小された。

昭和2年2月28日、衆議院銀行法案外四件委員会第六回会議での木暮武太夫委員の質疑は、検査官の資質に関するものであり、その趣旨は実務に通じた人物を検査官に任命すべきというものであった。政府委員の松本脩はこれに応えて、現在の検査官も銀行実務に迂遠な者ばかりではないが、特別任用の途を開き地方の法人の整理にも関係した人物を検査官として採用したいと答弁した。[24]「銀行其ノ他金融機關檢査充實計畫」では20名の増員を予定している検査官のうち、特別任用枠を4名予定しており、当初の検査充実計画の

377

段階から実務に詳しい人物の特別任用を考えていた。

　昭和2年2月28日の衆議院銀行法案外四件委員会第六回会議で小野義一委員長は、検査官から地方長官を除外する真意を質した。これに対して政府委員の松本は、検査官の数も増えて十分手がまわるので検査官から地方長官を除くことにしたという趣旨の答弁を行った。(25)大蔵省が地方長官に地方銀行検査を指示して以来、内務省がその管轄下にある地方長官を通して地方銀行の監督権を掌握しようと考えたため、地方銀行の管轄権を維持しようとする大蔵省が、内務省の介入を排除しようとしたという裏事情が推察される。これを裏付けるように、大正15年4月の「銀行其ノ他金融機關検査充實計畫」でも検査官増員数に地方長官は算入されていない。検査官は大蔵省プロパーの官吏で構成するという大蔵省の意向は当初計画から銀行法案の審議に至るまで終始一貫している。

　昭和2年2月28日の衆議院銀行法案外四件委員会第六回会議で木暮委員は、日本銀行に検査の権能を与えるのは良くないのではないかという趣旨の質疑を行った。(26)これに対して政府委員の松本は、「日本銀行は公益的な銀行であるが株式会社であり、営利法人である。営利法人が検査を行うことについては法制上の議論があるので、日本銀行は取引銀行と契約を結び、業務財産の実況を見ることとした」という趣旨の答弁を行った。この考え方は金融制度調査会での議論の結論と平仄が取れている。

　昭和2年3月11日の貴族院銀行法案外四件特別委員会第二回会議で、小畑大太郎委員は銀行法の下での銀行検査の運用面に関わる質問を行った。小畑は大銀行に対する銀行検査が元老からの圧力で十分に機能せず、検査官が免職された事例をあげて、銀行検査の適正な運用が可能となるよう監督すべきことを片岡国務大臣に質した。片岡は銀行検査を実施する上で必要となる環境整備等に関する具体的な改善策は示さなかったが、小畑の質疑および指摘に対しては全面的に同感である旨の答弁を行った。(27)

2－2　銀行検査に関する国会想定質問と応答内容

　衆議院と貴族院での銀行法案審議における銀行検査の質疑応答は前節の通りである。銀行法公布から約3年を経過した時点での国会想定質問と、準備

された応答内容や補足資料(「秘検査課関係議会想定質問応答検査課」以下「想定質問応答」と表記する)を分析することによって論戦のポイントを探り、銀行法案審議の段階での答弁内容が、実際どのように実行に移されたのかを検証する。想定質問応答は、(1)検査課の現況如何、(2)検査の実績如何、の2点と参考資料から構成されており、準備された応答内容は以下の通りである。[28]

(1)検査課の現況
　　銀行検査官：16名
　　銀行検査官補：49名
(2)検査の実績
　検査の実績は昭和2年1月以降、昭和5年12月末日に至る4年間の検査実施数を金融機関種類別にまとめたものである。特に昭和2年5月に検査課が新設されて以降の検査実施頻度が向上したとして、その前後での検査実施数を明確にしている。年次別検査実施金融機関数を「図表8-2　国会答弁資料に見る金融機関別銀行検査実施推移(実地検査)」にまとめる。

　昭和2年から5年に至る4年間の金融機関検査総数は1,209件であり、未検査金融機関数496行を勘案すると全金融機関の検査が一巡するまでには2年程度必要である。したがって、昭和2年3月11日の貴族院銀行法案外四件特別委員会第二回会議での小畑大太郎委員の質疑に対して、3年に1回実地検査を実施するとしていた政府当局の回答は、既に昭和5年時点で不履行となっている。昭和2年時点で想定していた検査官数が18名(検査チーム18組)であったのに対して、昭和5、6年時点で16名の検査官しかいなかったことを勘案すると、検査戦力は想定の7、8割程度であった。また、当初想定した銀行検査対象金融機関数が1,800行であったのに対して、昭和5、6年時点でそれが1,705行であった。したがって、当初全金融機関を3年で一巡すると想定していた実地検査が、一巡するのに5〜6年程度要することになった理由は前提条件の相違だけでは説明できない。これは検査官を含めて3〜4名を一組とする検査チームによって実施された銀行検査の効率と頻度の偏りに原因があったと考えられる。

第Ⅲ部　昭和戦前期の銀行検査

図表8-2　国会答弁資料に見る金融機関別銀行検査実施推移（実地検査）

単位：検査金融機関数

年　次	検査総数	銀行 普通銀行	銀行 貯蓄銀行	銀行 特別銀行	小　計	信託会社	無尽業者	市街地信用組合	有価証券割賦販売
昭和2年	31	14	6	1	21	3	5	2	―
昭和3年	437	395	26	4	425	5	4	2	2
昭和4年	501	406	53	21	482	6	12	―	1
昭和5年	239	89	7	6	102	―	76	61	―
合　計	1,209	906	92	32	1,030	14	97	65	3
未検査金融機関数	496	89	10	3	102	23	169	197	5
検査対象金融機関	1,705	992	102	35	1,132	37	266	262	8
検査実施率	70%	91%	90%	91%	91%	38%	36%	25%	38%

出典：『昭和財政史資料』（「秘検査課関係議会想定質問応答検査課」、昭和6年推定）、マイクロフィルム冊子番号1 NO.1-075、検索番号32-004。

原注：本表は支店検査を除外している。但し、昭和5年においては、普通銀行数に外国銀行11支店を11行として包含し、特別銀行数に単独支店検査命令に基づく朝鮮銀行5支店を1行として包含した。

注：参考資料である未検査金融機関数、検査対象金融機関と検査実施率（検査済金融機関／全金融機関）を追記した。また未検査普通銀行89行には外国銀行支店8支店が包含されている。

　図表8-2の金融機関種類別検査実施状況を見ると、普通銀行、貯蓄銀行、特別銀行等に対してはいずれも検査実施率が90%以上であり、大半の銀行に対しては銀行検査が一巡している。しかし、信託会社、無尽業者、市街地信用組合、有価証券割賦販売業者等のいわゆる限界金融機関に対する検査実施率は20～30%代の低位に止まっている。この結果、全金融機関レベルでは検査実施率が70%となっている。このように、銀行法施行後4年を経過した時点において、主要金融機関と限界金融機関とでは銀行検査実施率に著しい差

図表8-3　大正期と昭和戦前期の金融機関別銀行検査頻度比較（実地検査）

単位：検査金融機関数/年

時　期	金融機関検査頻度	銀　行 普通銀行	銀　行 貯蓄銀行	銀　行 特別銀行	銀行検査頻度	信託会社	無尽業者	市街地信用組合	有価証券割賦販売
大正期	81	50	15	6	71	1	5	1	2
昭和戦前期	302	227	23	8	258	4	24	16	1

出典：（1）大蔵省編纂『明治大正財政史第14巻』（財政經濟學會、昭和12年）、79-80頁。
　　　（2）『昭和財政史資料』（「秘検査課関係議会想定質問応答検査課」、昭和6年推定）、
　　　　　マイクロフィルム冊子番号1 NO.1-075、検索番号32-004。
注：（1）大正期の銀行検査頻度は大正4年～15年の12年間の平均実地検査頻度。
　　（2）昭和戦前期の銀行検査頻度は昭和2年～5年の4年間の平均実地検査頻度。

が見られる。これはおそらく銀行検査実施上メリハリをつけた結果であり、全金融機関数1,705行の約半分を占める普通銀行992行中902行に対しては、銀行法施行下において検査を一巡させた。

　想定質問応答で示された銀行検査実績は、銀行検査官16名と銀行検査官補49名の計65名によるもので、地方長官の補助については述べられていない。昭和2年2月28日の衆議院銀行法案外四件委員会第六回会議での検査官から地方長官を除外する件を巡っての質疑に関しては、松本政府委員の答弁通り、銀行検査実施にあたり地方長官の補助を受けなかったと考えられる。

　図表8-2で示された銀行検査頻度が、大正期と比較してどのように変化したのかをデータ比較により検証する[29]。具体的には、大正期（大正4年～15年）と昭和戦前期（昭和2年から5年）の年度別金融機関別検査頻度を比較検討する。「図表8-3　大正期と昭和戦前期の金融機関別銀行検査頻度比較（実地検査）」にその比較結果を示す。

　大正期と昭和戦前期の銀行検査頻度を比較すると、普通銀行の検査頻度が4.5倍と著しく向上している。貯蓄銀行、特別銀行に対する検査頻度向上比率はそれぞれ1.5倍、1.3倍であるが、銀行全体に占める普通銀行数は多く、その影響で銀行検査頻度は3.6倍と大幅に向上した。信託会社、無尽業者、

市街地信用組合、有価証券割賦販売業者等の限界金融機関については、有価証券割賦販売業者を除き大半の検査頻度が5倍に向上した。大正期の限界金融機関の年間検査回数が平均9回であったので、昭和戦前期の限界金融機関への検査頻度は45回となった。このように銀行と限界金融機関を含めた金融機関全体の検査頻度は昭和戦前期に至って著しく向上したものの、限界金融機関に対する検査カバー率は20〜30％代にとどまっており、限界金融機関に対する検査に注力することが課題となった。

第3節　昭和戦前期の銀行検査行政

本節では昭和戦前期の銀行検査行政を、（1）金融機関種類別検査規定の内容検討、（2）大蔵省内で徹底された銀行検査の基本方針である「銀行検査の新方針」の内容検討、の2つの切り口から分析する。金融機関種類別検査規定の内容を検討するのは、銀行検査実務レベルの制度インフラ整備状況を把握するためである。この観点から特別銀行、小規模民間金融機関等に対する検査規定の代表として、大正15年に制定された農工銀行検査規定および無尽業者検査規定の内容検討を行う。また、「銀行検査の新方針」の内容検討を通して、銀行法施行後約8年を経過した昭和10年の時点で、大蔵省がどのような問題意識の下に銀行検査行政を行おうとしていたのかを確認する。

3－1　農工銀行検査規定

農工銀行検査規定は、「農工銀行検査順序」と「農工銀行検査方針並手続」から成り立っている。このうち「農工銀行検査順序」は「農工銀行検査順序借覧心得」と「農工銀行の検査順序」から構成され、「農工銀行検査方針並手続」は「農工銀行検査方針と、「農工銀行検査手続及心得」から構成される。農工銀行検査規定の内容を「別表8-1　農工銀行検査規定の構成と内容」に示す。

農工銀行検査規定は銀行検査規定と比較すると詳細である。その理由は業務の特殊性にあると考えられる。まず際立っているのは、「農工銀行検査順序借覧心得」である。通常検査規定は厳重に管理され、対外秘であることは

言うまでもないが、農工銀行検査規定では借覧簿管理を厳格に行い、かつ謄写も厳禁であることが示されている。つまり、農工銀行検査規定は農工銀行に固有なものであるため、規定内容が一旦漏洩すると、瞬く間に農工銀行本支店に広まり、銀行検査の効果が著しく減殺されるというのがその理由と推察される。

　2番目の特徴は、「農工銀行の検査順序」が詳細であるという点である。特に有価証券に関しては国債、地方債証券、勧業債券に加えて、自行が発行している農工債券の管理状態を詳細に検査するための規定が詳細に記述されている。農工債券については、同行の貸出原資となることから、既発行債券の諸条件の検査に加えて、農工債券の製造費、募集費、価格較差損益、市場売買価格、信用等、発行経費や信用状況の詳細な検査が義務付けられている。

　貸付金については、（1）貸付金や抵当物件の合法性、（2）特に抵当物については価格下落や土地収用法等による担保価値変動への対応状況、（3）貸付金の使途が農工業への発展に資するものであること、等について厳格に検査すべきことを義務付けている。附則については、（1）銀行の法令遵守状況、（2）農工銀行としての本来業務の遂行状況、（3）公金出納委託事務の遂行状況、等について厳格に検査すべきことを義務付けている。

　3番目の特徴は、「農工銀行検査方針」が詳細であるという点である。具体的には、（1）貸出金の偏りの状況、（2）他行による代理貸の状況（支店、代理店の監督状況を含む）、（3）抵当物の鑑定に関わる事項、（4）貸出運用の適正性、（5）抵当物件の信頼性、（6）農工債券の発行を可能にする環境について、（7）公金取扱状況、（8）経費支出の適否、（9）重役の資産および行務遂行状況、（10）行員と同行の取引状況、（11）監理官監査の実況、等について厳格に検査すべきことを義務付けている。

　「農工銀行検査手続及心得」は普通銀行のための銀行検査規定と比較して詳細であるとは言えないが、普通銀行検査と異なる特徴として、（1）検査開始にあたり府県知事と面会して銀行と府県との関係や産業との関係について知事の意見を聴取すべきことが明記されていること、（2）銀行監理官との面談により、監理官の管理状況や監理官の眼を通した検査対象銀行の実態について情報を収集することが義務付けられていること、（3）日本勧業銀行に関

383

して、代理店契約書、代理店勘定元帳、総勘定元帳等を検査すべきことを定めていること、等が特徴的である。このように農工銀行検査規定には普通銀行を対象とした銀行検査規定よりも詳細かつ専門的な検査項目が網羅されている。したがって、検査実務を円滑の遂行するためには、農工銀行業務の実務に詳しい検査官とその補佐官を専任させ、これらの専任検査官が農工銀行の検査を担当する必要がある。

　農工銀行をはじめとする特別銀行と普通銀行との役割と業務の棲み分けに関しては、前段の節で見た通り、昭和2年2月23日の衆議院銀行法案外四件委員会の第四回会議で、片岡国務大臣が明確な認識を表明している。金融機関の営業振りが錯綜しており、普通銀行が不動産銀行の働きをする一方、勧業銀行、農工銀行等長期資金の調達手段を持つ銀行が普通銀行の業務をしている点について、片岡国務大臣は現状を認識していた。

　金融機関の分業主義を実現するために不可欠であるのは、(1)特別銀行を含む銀行法制の整備、(2)適正な銀行監督行政の実施、(3)適正な銀行検査行政の実施等を整合的に実施すること、の3点である。このうち銀行検査行政については、特別銀行である農工銀行に対する銀行検査を厳格に実施するための制度整備は、農工銀行検査規定の制定という形で大正15年には完了していた。したがって、異種金融機関間の領海侵犯を回避し、分業体制を正しく定着させるためには、(1)農工銀行以外の特殊金融機関である勧業銀行、興業銀行等の銀行検査規定を整備すること、(2)普通銀行に対する検査と同様、特別銀行に対する銀行検査を、整備された検査規定にしたがって厳格に実施すること、(3)銀行法でカバーできない金融機関に対する法制整備を行うこと、(4)整備された銀行法制にしたがって銀行監督行政を厳格化すること、等を実施することが必要である。このうち特別銀行に対する銀行検査頻度については図表8-3で見る通り、昭和戦前期、特に昭和初期の検査頻度が大正期と比較して著しく改善したとはいえない。

3－2　無尽業者検査規定

　無尽業者検査規定は、「無尽業者検査規定」とその付属書類である「無尽業者検査報告様式」、および「無尽業者検査心得」から成り立っている。そ

の構成は普通銀行のための銀行検査規定と同じである。無尽業者検査規定の内容を「別表8-2　無尽業者検査規定の構成と内容」に示す。[30]

「無尽業者検査規定」、「無尽業者検査心得」ともに、銀行検査規定と比較すると格段に詳細である点については、農工銀行検査規定と同様である。しかし、その詳細さの内容は、農工銀行検査規定と無尽業者検査規定とでは大きく異なっている。農工銀行検査規定は上記で見た通り、農工銀行の公的金融機関的側面と業務内容の特殊性が主たる原因で検査規定が詳細化していた。無尽業者検査規定の詳細さは無尽業務の複雑さに加えて、「業態の不安定性」および「無尽業者の法令遵守マインドの低さ」に起因している。以下、個別に無尽業者検査規定の特徴を考察する。

「無尽業者検査規定」で際立っているのは、検査を中止せざるを得ない場合を想定し、それに関わる検査手続を詳細に規定している点である。臨検時に立ち会うべき先方の責任者が不在である場合、検査すべき帳簿や書類が臨検した営業所に存在しない場合等、通常の銀行検査では想定できない事態を想定して、その対応の詳細を示している。無尽業者によっては受検体制が整っていない事態があることを想定して、検査規定が策定されていることになる。つまり、内部管理、内部事務体制整備が遅れていることを前提に検査規定が作られている。

2番目の特徴は、「無尽業者検査心得」において、無尽業法や定款で定められた認許事項の遵守状況を詳細に検査しようとしている点である。その検査項目は、（1）無尽業法各条の内容を遵守しているか、（2）利益操作の有無、（3）会社設立や資本増額の登記に関して裁判所を欺罔していないか、（4）自己株式の取扱い、（5）会社財産処分の正当性、（6）役職員の犯罪行為の有無、等多岐にわたり、しかも検査項目設定のスタンスは性悪説に立脚している。

3番目の特徴は、同じく「無尽業者検査心得」において、営業方法の良否や財産の確否に関する検査事項が詳細に及ぶ点である。これも無尽業法遵守の確認を主としているが、そのチェック内容は与信・受信内容の詳細に及んでいる。未収無尽掛金、未払無尽給付金等、未実現の受取勘定や支払勘定をめぐる不正について具体的に検査項目を設定している。また、損益計上の妥当性や資本金勘定や積立金計上の正当性を検査項目に加えて、検査対象業者

の堅確性をチェックしようとしている。さらには、無尽業者同士の合併の必要性について検査を通して判断することを求めている。

このように、無尽業者検査規定は性悪説に則り、かつ微に入り細を穿ったもので、この検査規定に基づいて厳密に検査を実施するためには、無尽業務に精通するとともに冷徹な姿勢で臨むことが必要と考えられる。つまり無尽業者の性向や手の内を知った上で、不正の発見に際しては客観的な証跡を把握するだけの事務知識を有することが必要となる。この点においては、農工銀行とは違った意味で無尽業者の専門検査官が必要となる。

図表8-2で明らかなように、昭和5年までの無尽業者の検査実施率は36％と低位であり、必ずしも検査カバー率は十分ではないが、図表8-3を見ると大正期と比較した昭和戦前期の無尽業者に対する検査頻度は約5倍と著しく改善している。これは普通銀行に対する検査頻度の向上度合いとほぼ同率である。無尽業者は小規模であること、および商号に「銀行」という文字が入らないこと等の理由から、銀行法が対象とする金融機関には含まれないので、衆議院、貴族院両院の銀行法案を審議する委員会で議題となることはなかった。しかし、銀行検査規定と同時期に改定された無尽業者検査規定の使用頻度は昭和戦前期に入り著しく向上した。

3-3 「銀行検査新方針」の検討

「銀行検査の新方針」は昭和10年4月27日、大蔵省において荒井銀行局長、上山兼任検査課長以下銀行検査官全員が参集し、従来の銀行検査方針を再検討して策定されたものである。その内容は以下のように要約される。[31]

1. 銀行内容が一時より堅実となり、銀行総数も著減した結果、個別的に弾力性のある検査指導が可能になったことによる内容変更
(1) 従来の検査では銀行の営業収益状況の経過、財界の将来見通し等を顧慮せず、欠損、不良債権、固定貸等がある場合は画一的に減資、減配、合同等により、その補塡、償却を求めてきた。
(2) 今年度からはそれぞれの銀行の営業状態を長期にわたって調査、勘考し、たとえ現在資産上に欠陥があっても、しかるべき期間中に経常収

益により漸次償却し得る見込みのあるものは命令を緩和する。
（3）担保有価証券についても、たとえ現在は値下り損を生じていても、今後回復の見込みがあるものに対しては、従来のように一挙に処分を促すことなく、余裕ある態度をもって整理させること。
2．従来と比較して着眼点を一歩進め、これが成功すれば銀行堅実化のために貢献すると見られる内容変更
（1）従来の検査は資産上の瑕疵、営業上の欠陥を整理させることにのみ重点を置いてきたが、今後は進んで資産の構成内容に着眼する。たとえば、多額の短期預金を擁しながら、貸付が長期に偏している場合、あるいは支払準備金の内容がコール、銀行引受手形、公債等の比率において妥当でないものを適当な構成に改めさせること。

「銀行検査の新方針」は、銀行局長と銀行検査担当官が中心となって策定したもので、銀行検査を通した実態認識に基づいたものと考えられる。昭和10年時点での大蔵省銀行検査担当官の基本的認識は、（1）銀行検査を従来よりも一歩踏み込んで行う環境が整ったこと、（2）それは銀行の内容改善や銀行数の著減によること、（3）銀行検査を一歩踏み込んで行えば銀行の堅実化にさらに資すること、の3点である。

従来よりも一歩踏み込んで行う銀行検査の具体的内容は、上記にもある通り、（1）マクロ経済や将来見通しをもとに銀行経営の実態を把握し、長期的スパンで問題点の改善を求めること、（2）現代のALM（Asset Liability Management：資産・負債の総合管理）と同様の考えに基づいて資産の構成内容に注目し、改善を求めていくこと、の2点である。これらは正に一歩踏み込んだ銀行検査のあり方ではあるが、これは銀行の整理が終了し、銀行経営を前向きに改善すべき時にとるべき検査スタンスでもある。この検査スタンスを貫くためには、前提条件として、（1）銀行経営が落ち着きを見せていること、（2）銀行数が適切に集約され、銀行検査官のマンパワーが一歩踏み込んだ検査を実施するに足る規模を堅持していること、（3）銀行検査官が「銀行検査の新方針」の趣旨を理解するとともに、検査技術がその理想に追い付いていること、等が満たされなければならない。

第Ⅲ部　昭和戦前期の銀行検査

　この「銀行検査の新方針」が実行に移され、銀行検査官の理想とする銀行検査が実施されたのかを検証するためには、まず、これらの前提条件が満たされていたのかを確認することが必要となる。前提条件のうち銀行検査官の検査技術の検証は、大正期から昭和期に至る銀行検査事例を時系列的に、しかも複数比較する必要があるが、これは資料収集の関係から困難である。したがって、本節では前提条件のうち、銀行数と一行あたりの資本金額の推移を調査する。これにより、銀行数の集約状況を検証するとともに、一行あたりの資本金額の推移から銀行規模の増大を推し量り、これにより銀行経営の安定度の一端を考察する。銀行検査官が昭和10年以降、いわゆるALMの考えに基づいて資産の構成内容に注目していたことを確認するため、三井銀行が昭和10年の銀行検査のために用意した「大蔵省銀行検査官提出書類」を分析し、資産構成に関する資料提出を求めていたかを検証する[32]。

　大正後期以降昭和20年までの24年間の銀行数、公称資本金総額、１行あたりの公称資本金の推移を「別表8-3　銀行数及び公称資本金額推移」にまとめる。別表8-3で見ると昭和９年末の銀行数は昭和初年の約３分の１、同じく１行あたり公称資本金は約２倍となっている。検査頻度に関しては、９年間で銀行検査官の負担が３分の１に軽減されるとともに、規模で測ると銀行経営の安定性は２倍に増加したことになる。銀行検査官達が昭和９年末のこのような数値をもとに銀行検査の新方針を策定したとすれば、銀行数と銀行経営の安定性についての判断は客観的事実に基づいたものといえる。おそらくはこれらの客観的データに銀行検査官達の実務実感が加わって銀行検査の新方針が策定されたものと考えられる。

　三井銀行の銀行検査資料検討
　昭和戦前期に大蔵省が三井銀行に対して提出を求めた書類の一部は、三井銀行が所蔵する資料の「大蔵省銀行検査官＝提出　第一号諸調書」と表記された書類綴に含まれている。三井銀行に対しては昭和10年、13、14、15年と書類検査を中心に検査官による問審を織り交ぜて散発的な大蔵省検査が実施された。これら４ヶ年の資料は不完全ながらこの書類綴に収録されている[33]。このうち昭和10年の資料は「諸調査綴」、昭和13、14、15年の資料は「提出

書類控」であるため、正式に大蔵検査官に提出した書類は後者であると推察される。昭和10年の「諸調査綴」は、「一、沿革」、「二、地方（営業区域内）産業及金融ノ情勢」、「三、業務ノ執行及支店監督ノ方法」、「四、預金及貸出金」、「五、行金費消其ノ他ノ不祥事件」から構成されている。このうち二は省略され、「其他参考資料」として「内規抜粋」が掲げられている。(34) この内容構成を見ると、本資料は大蔵検査官の要望を踏まえて作成されたものと考えられるので、これを調査することにより大蔵検査官の検査の目的や傾向が判明すると思われる。本節で使用する資料は、「四、預金及貸出金」に含まれる「預貸金種別調」と「預金・貸金平均残高及平均日歩」である。

「預貸金種別調」は5表から構成されている。それは（1）「貸出金金額別調表」（昭和10年7月25日現在）、（2）「貸出金担保別表」（昭和10年6月30日現在）、（3）「貸出金職業別調」（昭和10年6月30日現在）、（4）「預金金額別調」（昭和10年7月25日現在）、（5）「預金職業別調」（昭和10年7月25日調）、等である。「預金・貸金平均残高及平均日歩」は1表で構成されている。このうち銀行検査官が昭和10年以降、ALMの考えに基づいて資産の構成内容に注目していたことを確認することのできる調表は、（3）「貸出金職業別調」、（4）「預金金額別調」、（5）「預金職業別調」と「預金・貸金平均残高及平均日歩」の4表である。「預金金額別調」を除く3表によって大蔵検査官の意図を探る。

昭和10年の「諸調査綴」に含まれている、「別表8-4　貸出金職業別調」、「預金・貸金平均残高及び平均日歩」、「預金職業別調」のいずれも厳密なALMの考え方に沿って作成されたものではない。「銀行検査の新方針」にあるように、多額の短期預金を保有しながら、貸付が長期に偏している場合、あるいは支払準備金の内容がコール、銀行引受手形、公債等の比率において妥当でないものを適当な構成に改めさせることを銀行検査の目的とするのであれば、貸出金と預金のみを取り上げて業種別、勘定科目別に整理しても十分ではない。また預金・貸金のみを取り上げてその平均残高及び平均日歩を比較してもALMの考え方に沿った運用利鞘は正しく計算されない。

三井銀行の場合は、昭和10年6月30日現在の貸出金総計が443,157,860円であり、昭和10年7月25日現在の預金総額が741,715,084円であるので預金

第Ⅲ部　昭和戦前期の銀行検査

超過である。ALMの考え方に沿って運用利鞘を正しく計算するならば、預貸差の約3億円をどのように運用し、そこからどれほどの利益が生じたか、またその運用は合理的でリスクはどのようにカバーされているのか等が検討されなければならない。昭和10年時点の大銀行である三井銀行に対する銀行検査においては、「銀行検査の新方針」で謳われているALMの考え方に基づいた検査が実施された証跡は見当たらない。また、昭和13、14、15年の銀行検査資料である「提出書類控」にも、ALMの考え方に従った検査を実施するための資料は含まれていない。したがって、「銀行検査の新方針」のうち、ALMの考え方に従って銀行検査を従来よりも一歩踏み込んで行うということは、三井銀行の銀行検査事例を見る限り実践された形跡は確認できない。

小　括

　本章の目的は、昭和2年の帝国議会での銀行法案審議から、昭和10年の大蔵省「銀行検査新方針」発檄に至る銀行検査行政の推移を考察することであった。検討スキームは、昭和戦前期の金融制度改革を「制度の整備」と「制度の運用」に分けた上で、制度整備の実態考察の観点から、銀行法案の国会審議内容や、銀行検査行政に関わる個別審議を検討し、国会答弁資料、検査規定、大蔵省通達等をもとに銀行検査行政の推移を考察するものであった。制度の運用については、三井銀行の大蔵省検査資料をもとに大蔵省の「銀行検査新方針」がどのように銀行検査実務に反映されているのかを考察した。

　銀行法制定プロセスとしての国会審議については、「金融制度体系の整備」、「銀行業の定義に関する議論」、「銀行設立に関する資本金制限」の3つの視角から銀行法案の審議内容を検討した。その結果、金融制度体系の整備については、金融機関分業主義の原則に反して、その実態が錯綜したものであることを行政当局者は認識していた。機能別金融機関がその本来の職責を全うせず、分業による機能発揮が不十分であることが原因で貸付債権の不良債権化が進行していることを、行政当局者が認識していたことが明確になった。これらの実態把握に基づいて金融機関分業主義の精神に則って制定された金融機関別検査規定を考察した。

第8章　昭和戦前期における銀行検査の考察

　銀行業の定義に関しては、銀行法の対象となる金融機関の定義を見直し、普通銀行の機能を確定する意図から銀行法案に基づいて国会審議が行われた。特に手形をはじめとする証券の割引を専業とするビル・ブローカーを業務種類によって分類し、銀行の定義と照らし合わせて整理することは、銀行の本来業務を整理し、結果的に銀行検査の対象となる業務範囲を特定することとなった。

　銀行設立に関する資本金制限に関する質疑応答を通していえることは、行政当局の意図は、銀行を株式会社に限定し、かつ資本金制限を設けるのは銀行合併を効率的に推進するための方策である。これを銀行検査の観点から見ると、そのポイントは、(1)小規模銀行であるがゆえの経営基盤の脆弱性が解消されること、(2)株式会社となり企業統治の基盤が確保されること等によって、銀行検査を効果的に実施するための前提条件が整えられること、等である。その一方、合併による内部事務の混乱や旧行同士の利害対立、透明性の欠如等の問題が発生するので、これらを銀行検査の切り口からどのように是正するのかも併せて検査ポイントとなる。

　銀行検査をめぐる衆議院、貴族院両院委員会審議内容と、大正15年4月に大蔵省で策定した「銀行其ノ他金融機關檢査充實計畫」の内容を比較した上でいえることは、(1)金融制度調査会での審議以降、検査官増員方針はほぼ一貫してはいたが、その陣容は当初予定より縮小されたため、それが検査頻度の低下を招いたこと、(2)従来地方の銀行検査を中心に検査官に指名していた地方長官を除外すること、(3)日本銀行による銀行検査は、取引銀行と契約を結び業務や財産の実況を検査すること、(4)銀行検査の適正な運用が可能となるよう行政当局は監督すべきこと、等である。

　昭和6年時点での国会想定質問と応答内容を見ると、銀行法制定以降3年で全金融機関に対する検査を一巡させるとした当初の行政当局の計画は、3年以上経過した昭和5年時点では完了していない。しかし、大正期と比較すると銀行検査頻度は格段に向上し、普通銀行、貯蓄銀行、特別銀行等を平均した銀行検査カバー率は90％以上を確保している。その反面、信託銀行、無尽業者、市街地信用組合、有価証券割賦販売業者等の限界金融機関に対する銀行検査カバー率は20〜30％代に止まっており、限界金融機関に対する検査

に注力することが昭和6年時点での課題であった。

　昭和戦前期の銀行検査行政について考察すべく、金融機関種類別検査規定を内容検討した結果いえることは、(1)金融機関分業主義の徹底を銀行検査によって図るための特殊銀行、無尽業者検査規定は普通銀行用の検査規定と比較すると格段に精緻かつ専門的で、金融機関の特殊性が検査規定に盛り込まれ、金融機関分業主義を推進するための検査ポイントも検査規定に含まれている、(2)しかし、検査規定が専門的であるがゆえに、それにしたがって銀行検査を実施する銀行検査官には専門性が必要で、そのための人材手当として特別任用制度を活用して専門官を雇用することが必要である、の2点である。

　大蔵省内で徹底された銀行検査の基本方針である「銀行検査の新方針」の内容は、(1)マクロ経済や将来見通しをもとに銀行経営の実態を把握し、長期的スパンで問題点の改善を求めること、(2)現代のALMに通じる考えに基づいて資産・負債の構成内容に注目し、改善を求めていくこと、の2点であった。「銀行検査の新方針」の内容検討を通していえることは、昭和2年以降の銀行数と1行あたり公称資本金推移を見ると、銀行数と銀行規模に関する限り、銀行経営の安定基盤が確保され、かつ銀行数が適切に集約されたことで、一歩踏み込んだ検査を実施するに足る銀行検査官のマンパワーが堅持されているということである。しかし、その一方、銀行検査官は、「銀行検査の新方針」の趣旨を理解するとともに、検査技術を向上させなければならない。

　また、銀行検査がALMの考えに基づいて資産・負債の構成内容に注目し、改善を求めているかという点については、三井銀行の銀行検査資料を見るかぎり、「銀行検査の新方針」で謳われているALMの考え方に基づいた検査が実施された証跡は見当たらない。また、昭和13、14、15年の銀行検査資料である「提出書類控」にもALMの考え方に従った検査を実施するための資料は含まれていない。

　以上の考察を総括すると、昭和戦前期の銀行検査行政は、銀行法制定を機に銀行合併・統合を推進する銀行監督行政と平仄を合わせて、銀行検査の頻度とカバー率を増加させる方向で運営されてきた。また、銀行法案審議を通

第 8 章　昭和戦前期における銀行検査の考察

した銀行検査に関する国会本会議や両院委員会質疑応答内容を見ても、行政当局の基本方針は金融制度調査会の答申内容を受け、さらにそれを発展させようとしたものであった。銀行検査実務の基礎インフラである検査規定に関しては、特別銀行や無尽業者に対するものは、精緻かつ専門的な規定が整っていた。昭和10年に至って銀行検査の質を向上させ、長期的観点に立脚して銀行を指導することを狙った大蔵省の「銀行検査の新方針」が発襟された。

　このように昭和戦前期の銀行検査行政は、金融制度調査会答申に基づいて、銀行法の制定に始まる制度整備を中心に、概ね銀行検査を充実させる方向で運営されてきた。第 9 章では銀行検査報告書をもとにどのような銀行検査が実施されていたのかを検討するとともに、銀行の行内検査事例を分析する。これにより、昭和戦前期において銀行検査と行内検査がどのような相乗効果をあげて銀行経営の健全性を確保していたのかについて考察する。

注　記

（ 1 ）日本銀行調査局、土屋喬雄監修『日本金融史資料明治大正編第18巻金融制度調査会議事速記録』（大蔵省印刷局発行、昭和31年）。
（ 2 ）『昭和財政史資料』（「銀行其ノ他金融機關検査充實計畫」、大正15年 4 月）マイクロフィルム冊子番号NO.1-074、検索番号32-003。
（ 3 ）農工銀行検査規定という検査規定は存在しないが、本章では「農工銀行検査順序」と「農工銀行検査方針並に手続」から構成される農工銀行に対する銀行検査規定を総称して農工銀行検査規定と呼ぶ。
（ 4 ）『昭和財政史資料』（「農工銀行検査順序」「農工銀行検査方針並手続」「無尽業者検査規定」、大正15年 9 月、同年 9 月 8 日）マイクロフィルム冊子番号NO.1-074、検索番号32-003。
（ 5 ）白鳥圭志「1920年代における銀行経営規制の形成―1927年銀行法に基づく規制体系の歴史的特質―」『経営史学　Vol.36,No.3』（2001年 9 月、経営史学会）。
（ 6 ）邊英治「大蔵省検査体制の形成とその実態―1920年代を中心として―」『金融経済研究　第20号』（2003年10月、日本金融学会）。
（ 7 ）小川郷太郎『新銀行法理由』（日本評論社、昭和 5 年）、1 頁。
（ 8 ）第五十二回帝国議会衆議院議事速記録第13号『官報号外』（内閣印刷局、昭和 2 年 2 月16日）。

第Ⅲ部　昭和戦前期の銀行検査

(9) 『帝国議会衆議院委員会議録』(「第五十二回帝国議会衆議院銀行法案外四件委員会議録（速記）第四回マイクロフィルム版」、臨川書店、平成元年)。
(10) 前掲資料、『帝国議会衆議院委員会議録』(「第五十二回帝国議会衆議院銀行法案外四件委員会議録（速記）第四回平成元年)。
(11) 『昭和財政史資料』(「農工銀行検査順序」「農工銀行検査方針並手続」「無尽業者検査規定」、大正15年9月、同年9月8日）マイクロフィルム冊子番号NO.1-074、検索番号32-003。
(12) 『帝国議会貴族院委員会議事速記録』(「第五十二回帝国議会貴族院銀行法案外四件特別委員会議録速記録第一号　マイクロフィルム版」、臨川書店、平成2年)。
(13) 『帝国議会衆議院委員会議録』(「第五十二回帝国議会衆議院銀行法案外四件委員会議録（速記）第三回　マイクロフィルム版」、臨川書店、平成元年)。
(14) 渋谷隆一「研究資料解題『銀行事故調・全』」『経済学論集　第6巻　臨時号』（駒沢大学経済学会、1975年3月)。
(15) 第五十二回帝国議会衆議院議事速記録第13号『官報　号外』（内閣印刷局、昭和2年2月16日)。
(16) 『帝国議会衆議院委員会議録』(「第五十二回帝国議会衆議院銀行法案外四件委員会議録（速記）第二回　マイクロフィルム版」、臨川書店、平成元年)。
(17) 『帝国議会衆議院委員会議録』(「第五十二回帝国議会衆議院銀行法案外四件委員会議録（速記）第六回　マイクロフィルム版」、臨川書店、平成元年)。
(18) 前掲資料、『帝国議会衆議院委員会議録』(「第五十二回帝国議会衆議院銀行法案外四件委員会議録（速記）第六回平成元年)。
(19) 『帝国議会衆議院委員会議録』(「第五十二回帝国議会衆議院銀行法案外四件委員会議録（速記）第三回　マイクロフィルム版」、臨川書店、平成元年)。
(20) 小川郷太郎『新銀行法理由』（日本評論社、昭和5年)、280頁。銀行法第21条：主務大臣ハ何時ニテモ部下ノ官吏ニ命ジテ銀行ノ業務及財産ノ状況ヲ検査セシムルコトヲ得銀行条例第8条：大蔵大臣ハ何時タリトモ地方長官又ハ其他ノ官吏ニ命シテ銀行ノ業務ノ實況及財産ノ現況ヲ検査セシムルコトヲ得
(21) 前掲資料、『昭和財政史資料』(「秘検査課関係議会想定質問応答　検査課」、

昭和6年推定)。
(22) 前掲資料、『昭和財政史資料』(「銀行其ノ他金融機關検査充實計畫」、大正15年4月)。
(23) 『帝国議会貴族院委員会議事速記録』(「第五十二回帝国議会貴族院銀行法案外四件特別委員会議録速記録第二号 マイクロフィルム版」、臨川書店、平成2年)。
(24) 『帝国議会衆議院委員会議録』(「第五十二回帝国議会衆議院銀行法案外四件委員会議録（速記）第六回 マイクロフィルム版」、臨川書店、平成元年)。
(25) 『帝国議会衆議院委員会議録』(「第五十二回帝国議会衆議院銀行法案外四件委員会議録（速記）第六回 マイクロフィルム版」、臨川書店、平成元年)。
(26) 前掲資料、『帝国議会衆議院委員会議録』(「第五十二回帝国議会衆議院銀行法案外四件委員会議録（速記）第六回平成元年)。
(27) 『帝国議会貴族院委員会議事速記録』(「第五十二回帝国議会貴族院銀行法案外四件特別委員会議録速記録第二号マイクロフィルム版」、臨川書店、平成2年)。
(28) 前掲資料、『昭和財政史資料』(「秘検査課関係議会想定質問応答検査課」、昭和6年推定)。
(29) 大蔵省編纂『明治大正財政史第14巻』(財政經濟學會、昭和12年)、79-80頁。
(30) 無尽業者検査規定は大きく2つの規定、すなわち「無尽業者検査規定」と「無尽業者検査心得」から構成されている。両者を合わせた規定としては、カギ括弧を付けず、無尽業者検査規定と表示し、個別規定としては「無尽業者検査規定」と表示することにより区別する。
(31) 『大阪銀行通信録』(第453号、昭和10年5月)、52頁。
(32) 山口和雄、杉山和雄他編集『三井銀行資料5 規則・資金運用』(日本経営史研究所、昭和53年)。
(33) 山口他編集、前掲書。
(34) 山口他編集、前掲書、VI頁。

第Ⅲ部　昭和戦前期の銀行検査

別表8-1　農工銀行検査規定の構成と内容

規定種類			規定内容要約
農工銀行検査規定	農工銀行検査順序	農工銀行検査順序借覧心得	（1）農工銀行検査順序は農工銀行検査を命じられた者にのみ携帯が許されること。 （2）本書を借覧する場合は借覧簿に捺印すること。 （3）借覧人は予め借覧日数を定め期日に返却すること。延長する場合は保管者に申し出て借覧日数を変更すること。 （4）転貸、謄写を禁じること。
		農工銀行の検査順序	（1）実地検査における検査開始時の具体的手順と検査項目ごとの検査内容を規定したもの。 （2）検査項目ごとの検査内容については、普通銀行に対する「銀行検査規定」、「銀行検査心得」より詳細に記述されている。特に有価証券、貸付金、農工債券、附則の記載が詳細である。 （3）有価証券については、①国債、地方債証券、勧業債券は詳細を記入帳と現物を照合し、他へ差入れた証券の調査、市価と比較した帳簿価額の正当性等に注意すること、②証券売買が著しく多額に達するか、その他調査すべきものがある場合は、売買取引の手続事由等を訊問すること。 （4）貸付金については、①貸付証書及び抵当物は合法なものかに注意すること、②抵当物のうち土地収用法によるか価格減少によって抵当増を要求すること、③満期一部解除、強制執行のため減少するものがある場合はその詳細を調査し増減変更の事由を訊問すること、④年賦金、利子の延滞もしくは強制競売の申立がある場合は詳細を訊問し、損失ある場合はその処分を諮詢すること、⑤貸付金は借主がこれを農工業上の発達改良に使用しているか、事業上の効果等を訊問し、時宜により実地調査すること、⑥無抵当貸は借主の信用に特に注意すること等について特に詳細に記載されている。 （5）農工債券については、①発行原簿について、発行認可高、発行年月日、発行未済額、発行価格、実収額、毎年償還金額、現流通額、利息割合等を調査すること、②農工債券の製造費、募集費、価格較差損益及び市場売買価格、信用等を調査すること等について詳細に記載されている。 （6）附則については、①銀行が法律命令、定款に規定された事項等に違反することないか調査すること、②銀行全般の営業方

農工銀行検査方針並手続		針に注意し、農工銀行として県下農工業上の改良発達を幫助する趣旨に適しているかを考察すること、③府県の金銭出納事務を取扱うときは、金銭を営業部のものと判然と区別しているか、また出納金取扱の様子を調査し、代理店を設けている場合はその契約書を取調べること等について詳細に記載されている。
	農工銀行検査方針	（1）農工銀行であるがゆえの検査方針は以下の通りである。 ①貸付先が偏頗に流れていないか、②代理貸の場合でも本行貸付と同様の調査、注意をしているか、③抵当物鑑定方法及び価格鑑定の適否、④鑑定料はどの程度低減できるか、⑤違約金及び期限前償還手数料割合の低減の程度、⑦抵当物件（建物）が保険付か否か、⑧余裕金は農工業に対する貸出を十分尽くした余力によるのか、その目的を果たしてないためか、⑨預け金に対しては担保を徴しているか、⑨余裕金運用方法の適否、⑩延滞貸金に対する処置の適否、代理貸の場合における代位弁済の有無、⑪特別担保借入の状況、⑫農工債券は事実発行することができない情況であるのか、⑬公金取扱及びその保管方法の適否、⑭支店及び代理店に対する監督の適否、⑮経費支出の適否、⑯重役の資産、信用、能力及び政党との関係、⑰重役は常に行務を把握しているか、⑱銀行使用人の銀行との取引有無、⑲事務配置の適否、⑳監理官監査の実況。
	農工銀行検査手続及心得	（1）農工銀行であるがゆえの検査手続及心得は以下の通りである。 ①検査員はまず府県知事に面会し、銀行と府県当局者、府県下産業の間柄、銀行に対する知事の意見を聴取すること、②検査員は銀行監理官と面談し、監理の方法、銀行の営業振り、内情、重役支配人等の性行、政党との関係等を聴取すること、③日本勧業銀行勘定の調査。

出典：『昭和財政史資料』（「農工銀行検査順序」「農工銀行検査方針並手続」、大正15年9月）マイクロフィルム冊子番号NO.1-074、検索番号32-003。
注：規定内容は農工銀行の固有業務に関わる部分を中心に要約した。

別表8-2　無尽業者検査規定の構成と内容

規定種類	規定内容要約
無尽業者検査規定／無尽業者検査規定	（1）他の無尽業者または他の事業を営む者と密接な関係を有する無尽業者の検査を行う場合は、これら関係者の状況をも調査すること。 （2）検査官は以下の場合においては検査の着手を見合わせ、または中止することができる。①営業主、取締役、業務執行社員、または支配人一人を急速に立ち会わせることができない場合、②検査すべき帳簿、書類の大部分が臨検営業所に存在せず、急速にこれを備えさせることが不可能な場合、③検査すべき帳簿の大部分の記入を怠り、またはその記載事項明瞭を欠き業務、財産の状況を知ることができない場合。 （3）検査官は無尽業者が法令、定款に違反する行為、または無尽業法第22条に掲げた処分を要する事項があると認めた場合は、証拠となるものを収集すること。
無尽業者検査規定／無尽業者検査心得	（1）検査官が法令等の規定に関して検査上注意すべき事項は以下の通りである。①定款または事業方法書に定めた営業区域外の者と無尽契約を結んでいないか、②認許以外の他業を営んでいないか、③営業上の資金は無尽業法第9条に違反して運用していないか、④無尽業法第11条に反して自己の無尽または管理する無尽に加入していないか、⑤無尽業法第12条に反して役職員がその会社または個人営業者と無人契約を結んでいないか、⑥無尽業法第18条で定められた収支計算書を正しく記載し営業所に備置しているか、⑦無尽業法第34条の払込金に関する規定を遵守しているか、⑧資本の半額を失ったにも拘らず株主総会での報告手続を怠っていないか、⑨財産をもって債務を定期的に返済することができないにも拘らず、破産宣告の請求をする等の手続を怠っていないか、⑩損失補塡することなく利益配当していないか、⑪財産の喪失による損失発生を損益計算書等に記載しているか、⑫会社設立、資本増額に関わる登記について裁判所、総会を欺罔していないか、⑬官庁、総会で不当の申し述べを行い、事実を隠蔽していないか、⑭会社の計算において不正に自己株式を取得し、または質権の目的としてこれを受けていないか、⑮会社の営業範囲外で投機取引のため会社財産を処分していないか、⑯役員または使用人が犯罪行為をしていないか。 （2）検査官が営業方法の良否および財産の確否に関して注意すべき事

第8章　昭和戦前期における銀行検査の考察

項は以下の通りである（第10条）。①未収無尽掛金をめぐる検査事項、②所有有価証券は無尽業法第9条第1号に適合する証券か、またこれらは実際に所有するものか、③貸付金は無尽業法第9条第2号または第3号に適合するものか、④預け金は無尽業法第9条第4号に適合する銀行預け金または郵便貯金であるか、⑤代理店契約の内容は事業方法書に照らして適当であるか、⑥営業用土地建物什器等は実際の営業上必要なものであるか、⑦現金在高は日々の取引状態に照らして適当であるか、⑧資本または出資総額は営業状態に徴して適当であるか、⑨会社の法定準備金は無尽業法第20条、定款の定めに遵拠し、任意積立金も定款の定めに遵拠しているか、⑩未払いの無尽給付金、入札差金および解約返戻金発生の理由は事業方法書、無人契約約款に適合しているか、⑪無尽給付金は各無尽の加入者から毎回徴収することができる払込期限到達掛金額および損益勘定から繰入れた補塡額から契約金給付確定高または解約返戻金あるいは掛金免除高等の払出、その他無尽利益金への組み入れ等を正当に行った残額であるか、⑫損益勘定中、無尽利益金の組入金額の割合、時期等は事業方法書に反することはないか、また募集費、集金費も事業方法書に適合するか、無尽給付金繰入、未収無尽掛金銷却等の金額は正確かつ誠実に行いつつあるか、雑費、雑損益の内容は適当か、⑬無尽の成立、加入者募集および解約等の状況はどうか、営業区域は営業状態に適合しているか、実際に必要のない区域が存し、他との競争の弊害はないか。

（3）検査官が営業方法の良否および財産の確否に関して注意すべき前条以外の事項は以下の通りである（第11条）。①債務超過になっていないか、②資産の評価は適正か、③将来年度の利益を現年度に組み入れていないか、④支払資金を欠くことはないか、⑤未収利益で利益不足を補塡していないか、⑤収益比、経費は過大でないか、⑥他人の名義で財産を所有し、投機取引、目的以外の業務をしていないか、⑦不当な振替、財産の売渡や買戻をしていないか、⑧業務、財産整理改善に関する既往の処置で不適切なものはないか、⑨他社との合併、合同は必要ないか、⑩定款、事業方法書等の改正は必要ないか。

出典：『昭和財政史資料』（「無尽業者検査規定」「無尽業者検査心得」、大正15年9月）マイクロフィルム冊子番号NO.1-074、検索番号32-003。
注：（1）規定内容は無尽業者の固有業務に関わる部分を中心に要約した。
　　（2）「無尽業者検査心得」は第14条半ば以降の資料が欠落している。

第Ⅲ部　昭和戦前期の銀行検査

別表8-3　銀行数及び公称資本金額推移　　（単位：千円）

	銀行数	公称資本金総計	1行あたり公称資本金
大正8年末	1,345	1,083,835	806
9年末	1,331	1,606,563	1,207
10年末	1,835	2,209,842	1,204
11年末	1,799	2,366,184	1,315
12年末	1,706	2,456,335	1,440
13年末	1,629	2,441,852	1,499
14年末	1,537	2,411,033	1,569
昭和1年末	1,420	2,384,958	1,680
2年末	1,283	2,370,800	1,848
3年末	1,031	2,183,133	2,117
4年末	881	2,173,107	2,467
5年末	782	2,034,824	2,602
6年末	683	1,952,782	2,859
7年末	538	1,910,652	3,551
8年末	516	1,855,479	3,596
9年末	483	1,813,472	3,755
10年末	466	1,765,943	3,790
11年末	424	1,703,096	4,017
12年末	377	1,627,410	4,317
13年末	346	1,587,640	4,589
14年末	318	1,552,241	4,881
15年末	286	1,512,623	5,289
16年末	186	1,434,257	7,711
17年末	148	1,379,007	9,318

出典：（1）大蔵省銀行局「復刻　第28～33回銀行総覧（大正11年～昭和2年）」『財政金融史料集成』（昭和60年、コンパニオン出版）。
　　　（2）大蔵省銀行局「復刻　第37～49回銀行総覧（昭和6年～18年）」『財政金融史料集成』（昭和61年、コンパニオン出版）。

第8章　昭和戦前期における銀行検査の考察

別表8-4　貸出金職業別調　（昭和10年6月30日現在）単位：円

	証書貸付	手形貸付	当座貸越	商業手形	荷付為替手形	コールローン	合　計
金融業①		6,038,450	122,016	1,239,715	254,039	51,250,000	58,904,221
公共団体・組合	108,800	15,927,060	80,749				16,116,609
証券業②		20,641,758	2,239,561	181,525	1,138,943	10,610,000	34,811,788
電気事業③		34,550,000	9	190,991			34,741,000
瓦斯事業④		10,291,000		11,600			10,302,600
交通運輸事業		42,481,006	238,468	12,069			42,731,543
繊維・染織工業		11,438,251	254,077	1,588,082	760		13,281,170
化学工業		960,000	125,007	695,926	4,156		1,785,090
重工業⑥		9,142,000	552,654	2,536,051			12,230,706
製紙業		14,520,000	10,697	6,645,848			21,176,545
食品化学工業⑦		19,180,127	77,368	2,299,884			21,557,380
洋灰・窯業		329,000	28,064	225,333			582,397
石油・鉱山精錬業		27,834,000	88,025	5,971,537			33,893,562
金物・機械類商		1,025,785	365,559	1,201,012			2,592,357
米穀・肥料商		5,638,795	562,887	206,054	21,702		6,429,439
棉花商⑧		5,577,741	1,617,617	6,029,017	1,755		13,226,130
食料品商		364,760	996,882	463,146	75,935		1,900,724
貿易商	594,690	11,878,450	3,944,172	2,122,785			18,540,098

401

第Ⅲ部　昭和戦前期の銀行検査

薬品・染料化粧品商		1,759,772	631,828	1,364,036			3,755,638
書籍・紙商		393,000	27,918	3,343,719			3,764,637
雑品販売・百貨店業		568,050	618,684	826,721			2,013,455
新聞通信出版印刷業		1,818,850	280,969	782,432			2,882,251
土地・建物倉庫業		2,275,427	271,511	80,400			2,627,339
殖産保全会社		41,113,734	369,423	46,845			41,530,002
官公吏会社員等		24,679,514	3,094,573	55,343			27,829,431
その他	264,600	8,993,827	2,790,917	1,902,391			13,951,737
合　計	968,090	319,420,828	19,389,645	40,022,469	1,497,293	61,860,000	443,157,860

出典：山口和雄、杉山和雄他編集『三井銀行資料5 規則・資金運用』（日本経営史研究所、昭和53年）、534頁。

原注：①銀行・信託・保険・信用組合・無尽会社等、②有価証券売買・取引所等、③④いずれも証券保有会社を含む、⑤綿糸・人絹・生糸・毛糸・麻糸・各種織物業・染色整理業、⑥造船・製鉄・機械製作等、⑦砂糖・製粉・製氷・製菓・缶詰業、⑧綿糸・人絹・生糸・羊毛・麻糸商、各種織物商を含む。

注：原資料の数値は銭単位で表記しているが、本表では銭以下を切り捨てて表記した。

第9章　昭和戦前期における銀行検査の事例研究
　——地方銀行に対する当局検査および行内検査事例の比較検討——

はじめに

　本章の目的は、地方銀行に対する銀行検査事例と行内検査事例を分析し、昭和戦前期の銀行検査行政の方向性や特徴を探ることである。検査資料の制約から、分析事例における銀行検査の被検査銀行と、行内検査事例で取り上げる銀行は同一ではないので、各銀行の概要を「図表9-1　西武銀行と武州銀行の概要比較」によって比較し、大略両行の相違を踏まえた上で事例間の比較研究を行う。銀行検査の被検査銀行は西武銀行であり、行内検査事例として取り上げるのは武州銀行妻沼支店である。

　昭和戦前期における銀行検査と行内検査の整合性や相互補完性等を考察するにあたっては、銀行検査を受検した西武銀行と行内検査事例の検討対象である武州銀行の特徴を比較し、その異同を認識した上で論考を加える必要がある。また西武銀行に対する銀行検査は、主として本店に対するもので、武州銀行の行内検査は妻沼支店に対するものであるので、自ずと検査範囲や検査指摘数は異なる。

　西武銀行、武州銀行ともに、明治20年代後半に設立された地場銀行が、合併や行名変更を経て埼玉県を地盤とする地方銀行として営業していたが、両行とも最終的には昭和18年7月に埼玉銀行として統合される。西武銀行の場合、本章で検討対象とする昭和6年の銀行検査実施時点においては、合併の経験がなく、同行頭取柿原萬蔵が行う事業の機関銀行としての色彩が濃かった。その一方、武州銀行は本章で検討対象とする昭和3年から昭和17年までの段階で、既に数行を吸収合併した経歴を有している。したがって、武州銀行の場合は、銀行トップが経営する事業の機関銀行としての色彩は、西武銀

第Ⅲ部　昭和戦前期の銀行検査

図表9-1　西武銀行と武州銀行の概要比較

	西武銀行	武州銀行（妻沼支店）
設立年月日	大正9年3月（西武銀行設立）	大正7年11月（武州銀行設立）
所在地	埼玉県秩父郡	埼玉県妻沼村
概要・沿革	（1）西武銀行は明治29年9月に設立された野上銀行が明治32年6月に西武商工銀行と改称し、さらに大正9年3月西武銀行と改称された。 （2）西武銀行は昭和12年11月、第八十五銀行に合併され、さらに第八十五銀行は昭和18年7月、武州銀行、忍商業銀行、飯能銀行とともに埼玉銀行となった。	（1）武州銀行妻沼支店は明治27年7月に設立された熊谷銀行の妻沼支店として明治44年10月に開設された支店である。 （2）武州銀行に吸収合併されたのは大正10年10月であり、残存する行内検査記録は本節で分析対象とする昭和3年から17年までの13回分と、大正11年、14年の2回分合計15回分である。
主要顧客	（1）秩父鉄道、織物買継業を中心とする同行頭取柿原萬蔵が行う事業の機関銀行。 （2）織物、織物買継商、絹綿諸紡織業。	（1）妻沼村には座繰生糸等の家内工業と醸造・精穀・窯業鍛工等があったが、妻沼支店の主要顧客は農家が中心。

出典：（1）埼玉銀行調査部『武州銀行史』（埼玉銀行、昭和63年）。
　　　（2）妻沼町誌編集委員会『妻沼町誌』（妻沼町役場、昭和52年）。
　　　（3）埼玉銀行通史編集室『埼玉銀行通史』（あさひ銀行、平成5年）。
　　　（4）邊英治「大蔵省検査と不良債権の処理過程―昭和初期、埼玉県西武銀行を題材に―」『地方金融史研究第35号』（地方金融史研究会、2004年3月）。

行と比較すると薄かったといえる。
　第1節では、西武銀行を題材に、銀行検査の指摘事項やそれに対する被検査銀行の答申をもとに銀行検査がどのようなスタンスで実施されていたかという点を考察する。大蔵省の検査スタンスを判断する際の基準は、昭和2年の銀行法案審議を通して確認された、「銀行検査行政の方向性」と、大正15年の制定以降銀行検査に用いられた「銀行検査規定」である。検査実務は検査行政の基本方針をどの程度反映して実施されているかという点と、検査規

定と整合的に検査が行われているかという点が検討ポイントとなる。

　第2節では、武州銀行妻沼支店を題材に、行内検査の指摘事項を検査項目ごとに検討するとともに、昭和3年から17年にかけて、ほぼ毎年13回にわたって実施された行内検査の指摘内容の推移を分析する。本節で取り上げる検査項目は、固定貸等不良債権の回収を中心とする貸出金と預金獲得推進を中心とする預金営業に関するものである。妻沼支店の固定貸について独立した項目で指摘されたのは昭和4年5月の行内検査が最初であるが、それを一覧表で表示し、検査のたびに補完状況をフォローする形式でまとめられたのは、昭和5年9月の行内検査からである。したがって、昭和5年の行内検査における固定貸一覧をもとに行内検査ごとの残高推移をまとめ、問題債権の回収管理上、行内検査がどのような効果を及ぼしたのかを考察する。預金残高推移については、各行内検査時の預金残高推移を追うとともに、預金残高目標と実績との乖離が大きい場合に、どのような検査指摘がなされ、それにより妻沼支店の実績がどのように改善されたのかを考察する。

　また、検査対象銀行が異なることを前提に、銀行検査と行内検査がいかなる点において整合し、相互補完性をもって銀行業務の改善に寄与したのかを分析する。また、必ずしも銀行検査と行内検査が平仄をとって実施されていないのはいかなる点か考察する。

第1節　地方銀行に対する銀行検査事例

1－1　西武銀行の昭和6年銀行検査指摘

　西武銀行を題材にした事例研究については、邉英治氏が不良債権の処理過程に焦点を当てた詳細な研究成果を発表している[2]。本節では同行を題材に、銀行検査の指摘事項やそれに対する被検査銀行の答申をもとに銀行検査がどのようなスタンスで実施されていたかという点に絞って考察する。大蔵省の検査スタンスを判断する際の基準は、銀行法案審議を通して確認された「銀行検査行政の方向性」と「新検査制度要綱」の一環として大正15年に制定された「銀行検査規定」である[3]。つまり、昭和戦前期における検査行政に照らして、検査実務はその行政方針をどの程度反映しているかという点と、検査

第Ⅲ部　昭和戦前期の銀行検査

規定と整合的に検査が行われているかという点が検討ポイントとなる。

　昭和戦前期の銀行検査は、銀行法制定を機に銀行合併・統合を推進する銀行監督行政と平仄を合わせて、銀行検査の頻度とカバー率を増加させる方向で運営されてきた。銀行法案審議を通した銀行検査に関する国会本会議や両院委員会質疑応答内容を見ると、行政当局の基本方針は金融制度調査会の答申内容を受け、さらにそれを発展させようとするものであった。[4]普通銀行を対象とした銀行検査規定の形成過程を考察した結果、主要な特徴としてあげられるのは主として下記の２点である。

（１）「銀行検査規定」は検査の目的のうち法令遵守規定を強化したこと。
（２）「銀行検査規程案（新）」に記載されていた、①銀行資本の充実を目的とした検査項目、②監査役による監査書の作成状況や内容および監査役の報酬をチェックする検査項目、③資産の質を問う検査項目、④決算手続と利益処分の適正性に関する検査項目、⑤銀行の将来の収益状況や他行状況を勘案して適切な改善方法を調査する検査項目、等が削除されたこと。

　銀行検査規定は、当初案と比較すると厳格性が後退するとともに、銀行経営に踏み込んだ検査提言が排除されて指摘型検査的色彩が強化された。[5]本節の目的は、検査行政の方向性や検査規定の特徴が銀行検査事例にどのように反映されているかを分析することである。

　本節で検討対象とする西武銀行は、大正９年３月、西武商工銀行が改称して設立され、昭和12年11月に秩父銀行とともに第八十五銀行に合併された埼玉県の地場銀行である。合併時点の昭和12年11月１日の主要勘定は、資産総額が1,622百万円、預金勘定が981百万円、貸付金勘定が1,075百万円、割引手形勘定が155百万円、引継財産総額は618百万円であった。[6]

　西武銀行の昭和６年銀行検査指摘内容
　大蔵省は西武銀行に対し、駒井重次検査官を主任（検査官）として昭和６年10月に銀行検査を実施した。検査指摘内容は主要５項目と注意事項から構

成されている。検査指摘と西武銀行の対応方針は「別表9-1　昭和6年10月銀行検査指摘及び西武銀行回答」の通りである。銀行検査指摘は、第1問が不良債権の整理一般に関するものであり、第2問、第3問ともに柿原頭取関連貸出の情実的扱いに関するもの、第4問が当行重役並びにその関係者関連貸出の情実的扱いに関するもの、第5問が柿原頭取関連企業に対する不適正な現金勘定処理に関するもの、注意事項は行内規定の未整備、監査役実務の不適正性に関するものである。

検査指摘5項目中4項目が柿原頭取を含む重役取引の不適正性に関するもので、残る1項目は不良債権の取扱いに関するものである。注意事項3項目中2項目が、監査役実務の不適正性に関する指摘である。頭取に対する情実的取扱いに対しては、「背任」という言葉を用いて指摘する等、厳しい検査スタンスで臨んでいる。総括すると、指摘事項の大半は取締役、監査役の経営能力不足やモラル欠如に起因している。検査指摘に対する西武銀行の回答は、いずれも指摘内容を全面的に認めた上で改善を約しており、不良債権については期限を定めて整理を約している。

不良債権は、「欠損見込額」、「固定額」、「要整理額」の3種類に分類の上、不備が指摘されている。各カテゴリーの定義や分類基準等は明確ではないが、「欠損見込額」については償却、補塡の方法並びに時期が問われ、「固定額」については回収方法並びに時期、及び回収整理の結果万一欠損を生じる場合における償却、補塡の方法並びに時期が問われている。「要整理額」については、整理完了の時期が問われており、いずれも回収方法や時期を回答することを求めている。不良債権が遅滞なく回収されるか否かが、毎月大蔵省に提出される整理報告書でフォローされる。

昭和2年から昭和5年までの、普通銀行に対する銀行検査の実施頻度は年間227行であり、昭和5年時点の普通銀行総数が992行であることを勘案すると、約4年半で銀行検査が一巡する計算になる。大蔵省は西武銀行に対して固定貸の償却期限を昭和11年下期までとし、銀行検査を実施した昭和6年10月から起算して4年半後、つまり、次回検査実施メドである昭和11年3月までには前回検査指摘事項を全てクリアーにすることを求めている。このように既往検査実績から検査頻度を計算すると、指摘に対する改善期限は中長期

第Ⅲ部　昭和戦前期の銀行検査

的なスタンスで計画的に設定されていたことが、西武銀行の事例で確認できる。大蔵省は地方銀行の通弊とされる基本的な問題を、期限を区切って一掃し、健全な銀行経営のあり方を議論できる素地を準備して、しかる後に個別銀行の経営の問題に踏み込んで提言型検査を実施しようとしていたのではないかと推察される。この観点からすると、金融制度調査会での審議や銀行法案の国会審議を通して議論されてきた「銀行検査の頻度向上」については、不十分ながらも検査実務において実現されていた。(7)

　西武銀行に対する銀行検査のスタンスは、まさに指摘型検査の典型で、今後の銀行経営の方向性や現行経営方針の問題点等、銀行経営の内容にまで踏み込んで指摘する提言型検査の片鱗は見られない。これは受検当時の西武銀行の経営実態が提言型検査を受け入れるに足る状態になかったことも原因の１つと考えられる。つまり、提言型検査が銀行検査のスタンスとして定着するには、検査当局サイドだけではなく、被検査銀行がそれを受け入れるための素地を整え、一定の経営レベルを満たしていることが前提となる。この観点からすると、検査規定は指摘型検査に重点を置いたものが適切である。昭和戦前期に使用された銀行検査規定はその形成過程から指摘型検査の特徴を有する規定であると位置づけられる。その意味で、地方銀行を中心とする普通銀行の通弊を効率的に改善し、いわゆる銀行経営のファンダメンタルズを整えるという点において、大蔵省の銀行検査規定は合目的的に策定されたと言える。

１－２　西武銀行の昭和6年銀行検査に対する答申の変更

　西武銀行は、昭和６年10月に大蔵省に提出した答申内容の「整理猶予申請書」を２回提出している。第１回猶予申請は昭和９年１月に提出され、第２回猶予申請は１年後の昭和10年１月に提出されている。各申請内容の要約を「図表9-2　西武銀行に対する銀行検査答申の猶予申請」に示す。

　西武銀行が昭和９年１月整理猶予を申請した８件は、本来昭和８年下期までに整理を約していた「欠損見込額」、「要整理額」に分類された債権と考えられる。したがって、昭和10年１月に再猶予を要請したのは「欠損見込額」、「要整理額」に分類された８件のうちの５件である。再猶予申請の４ヶ月前

第9章　昭和戦前期における銀行検査の事例研究

図表9-2　西武銀行に対する銀行検査答申の猶予申請

申請時期	整理猶予申請内容
昭和9年1月	（1）昭和6年10月の大蔵検査の結果、整理改善を命じられた事項について極力整理に努めてきた。しかし、数年来の不況により疲弊した地方経済も漸く回復の途上にあって、未だ旧債務償還の余裕のないものが多い。 （2）この際法律上の手続きを履行し、整理を強行すれば債務者を破綻させ、その更正を困難にし、折角好転に向かっている地方経済界に悪影響を及ぼすこととなる。 （3）欠損見込の担保品も次第にその価格を回復しつつあるものが多数に及ぶので、値上がりを見極めた上で処置したいと考えるので、未整理の分8件については本年度末まで整理を延期させて欲しい。 （4）丁度その期に至って整理未済の分は、毎期積み立てておいた別段積立金および所有有価証券の値上がり差益をもって整理したいと考えるので、特別の詮議をもって延期を許可願いたい。
昭和10年1月	（1）昭和6年10月の大蔵検査の結果、整理改善を命じられた事項中、昭和9年末までに整理を完了すべきもののうち整理未済のものが5件あるが、いずれも財界の回復にしたがって自然に価格が騰貴すると考える。 （2）したがって時機を見て徐々に回収すれば損失を招かずに整理することができる見込みである。しかし、万一に備えてこの償却に充当するため、利益金中から毎期別段積立金を行っている次第であり、前期整理機関をさらに本年度末までに延期いたしたく申請するものである。

出典：埼玉県立文書館「大蔵省銀行検査関連資料　西武銀行」『埼玉銀行寄贈資料』（文書番号78、昭和6年10月～10年2月）。

の昭和9年9月時点で未整理のまま残存していた「欠損見込額」は、村田源三郎に対する手形貸付1件2,100円である。またこの時点で未整理であった「要整理額」は、柿原萬蔵に対する手形貸付2件40,000円、山中宗治に対する手形貸付1件300円および坂上仙十郎に対する当座貸越1件489円38銭である。

第Ⅲ部　昭和戦前期の銀行検査

　昭和9年9月時点で期限経過未整理債権は5件42,889円38銭であり、そのうち元同行頭取の柿原萬蔵に対する債権が約93％を占めており、2度にわたるリスケジュール要請の対象債権は実態的には柿原に対するものであった。[8] 柿原萬蔵に対する貸出金は、それ以外に昭和9年9月時点で証書貸付142,308円39銭、手形割引7,425円が残存しており、総計で189,733円39銭であった。昭和6年10月の銀行検査時点では259,247円であった柿原に対する貸出残高は、3年間で当初の26.8％にあたる69,513円61銭減少した。昭和9年10月時点での西武銀行の不良債権回収率が66.7％であったのに対して、[9]柿原萬蔵向債権の回収率は26.8％と低位で、この点からも、いかに柿原に対して無理な貸出を行ってきたかが分かる。

　このように検査頻度、検査目的ともに、昭和前期の検査行政の方向性を概ね斟酌した検査実務が実施されていたことが、西武銀行に対する検査報告書を通してうかがわれる。しかし、柿原萬蔵の経営する事業の機関銀行となっていた西武銀行の体質を改善することは、銀行検査をもってしても容易ではない。不良債権化した貸出金の回収管理を実施するとともに、機関銀行化の可能性を排除するような銀行経営上の指導が必要となる。

1－3　昭和戦前期における地方銀行に対する銀行検査の特徴

　大蔵事務官であった岡田信は、大正11年に行った長野での講演「検査ノ立場ヨリ観タル地方小銀行ノ通弊」[10]において、地方銀行の通弊の第1位として重役の無責任をあげ、「地方の小銀行は情実によって動いているといっても過言ではない」と喝破している。次いで、営業上の欠陥、特に大口貸出をはじめとする与信行為にともなう不規律について指摘している。西武銀行に対する検査指摘は、まさに大正期に岡田が主張した地方銀行の通弊を象徴するものであった。昭和6年時点において、西武銀行は大正期からの地方銀行の通弊をそのまま引き継いでいた。

　さらに遡って、明治後期の銀行破綻原因を分析した菅谷幸一郎によると、「銀行重役の私借が多額にのぼるもの」、「重役関係会社に対する貸出が多額に上るもの」、「少数の会社又は個人に対する大口貸出」等、銀行重役による銀行の私物化や融資方針の偏りが破綻原因の約半分を占めている。[11] つまり、

西武銀行に対する指摘事項は大正期からの地方銀行の通弊を引き継いでいるだけではなく、指摘内容の改善が図られなければ、銀行破綻に通じる深刻な問題点を抱えていたことになり、大蔵省もそれを認識していたと考えられる。このような観点からすると、昭和戦前期の大蔵省の地方銀行に対する銀行検査行政は、基本的に岡田と同様の認識に基づいて遂行され、銀行検査は地方銀行の不規律を是正することに注力されたと考えられる。このことは、西武銀行に対する銀行検査指摘内容を見ても明らかである。

　西武銀行に対する銀行検査事例によって確認されることは、昭和戦前期、特に昭和6年時点では指摘型検査が実施され、大蔵省に対する指摘事項の改善状況の報告義務が被検査銀行への牽制機能として働いた結果、個別の問題点は着実に改善したということである。しかし、個別問題の発生原因のうち銀行の経営体質に起因するもの、とりわけ機関銀行化の結果発生した不良債権の解消には多大なエネルギーを要し、機関銀行体質を改善することは困難である。ここに指摘型検査の限界が存し、その限界を打破する上で、提言型検査の理念に基づく検査行政が効果を現わすと考えられる。つまり、個別検査指摘事項の改善進捗フォローだけではなく、個別銀行の経営内容に立ち入ってその体質改善について提言・指導する銀行検査行政が効果をあげ得る。

　昭和10年4月、大蔵省の荒井銀行局長、上山兼任検査課長以下銀行検査官全員が参集して、従来の銀行検査方針を再検討して策定された「銀行検査の新方針」は、検査行政のあるべき方向性を正しく認識したものと考えられる。「銀行検査の新方針」は、現代のALMに通じる考え方に基づいて資産の構成内容に注目し、改善を求めていくことを主眼の1つとしており、この点、銀行検査の新方針を策定した検査官の認識は合理的であったと認められる[12]。しかし、残念ながら昭和10、13、14、15年の三井銀行に対する銀行検査資料を見るかぎり、ALMの考え方に従って銀行検査を従来よりも一歩踏み込んで行ったという形跡は確認できない。三井銀行のような大規模銀行に対する検査でもこのような結果であることを勘案すると、提言型検査が地方銀行に対して実施されていたという確証は得られない[13]。

第2節　昭和戦前期における地方銀行の行内検査事例

2－1　武州銀行妻沼支店における戦前期の行内検査概要

　昭和戦前・戦中期において武州銀行妻沼支店は数度にわたる行内検査を受検している。行内検査の実施時期と検査概要を「別表9-2　武州銀行妻沼支店に対する行内検査推移」にまとめる。妻沼支店に対する行内検査は、武州銀行が第八十五銀行、忍商業銀行、飯能銀行等と合併して埼玉銀行として発足する昭和18年の前年まで、ほぼ毎年継続して実施された。

　武州銀行妻沼支店に対する昭和3年から17年までの行内検査は、昭和12年、14年を除いて毎年実施されており、検査項目も年度により若干ではあるが変化している。整理を要する貸出金については、昭和8年の行内検査から固定貸に焦点をあてて指摘が詳細になっている。13回にわたる行内検査を通して、年度ごとに検査項目の表示が異なっており、必ずしも定型化された検査報告書に基づいて検査結果がまとめられているわけではない。ただし、昭和10年以降は簡潔な報告形式に収斂している。検査報告書の検査員欄筆頭に名前が記されている主任検査員は、数年度引き続いて同じ支店の検査を担当する傾向がある。これは指摘事項に対する改善状況のチェックを厳格にするためと考えられる。

2－2　武州銀行妻沼支店の昭和3年から昭和17年の行内検査

　西武銀行に対する銀行検査指摘は、主として貸出金運用および管理の適正性に関する事項で構成されている。昭和戦前期における銀行検査と行内検査の整合性や相互補完性等を考察するにあたっては、貸出金に関する指摘項目に焦点をあてて武州銀行妻沼支店の行内検査結果を分析する。預金趨勢等、貸出金以外の主要検査項目については、検査指摘内容の推移を中心に考察する。為替に関する検査指摘は独立項目となっていないので、考察対象から除外する。

　固定貸の整理経過
　妻沼支店の固定貸について独立した項目で指摘されたのは、昭和4年5月

の行内検査が最初であるが、それを一覧表で表示して検査のたびにフォローするような形式でまとめられたのは、昭和5年9月の行内検査からである。昭和5年の行内検査における固定貸一覧をもとに、行内検査ごとの残高推移を「別表9-3　武州銀行妻沼支店の固定貸残高推移」にまとめ、問題債権の回収管理にあたって行内検査がどのような効果を及ぼしたのかを考察する。

　武州銀行調査部によって固定貸と認識された貸出金は、1件を除いて不動産担保により債権保全されている。これは、(1)貸出先に農家が多く、土地を担保に供することのできる資産家であること、(2)融資案件の審査能力欠如が原因となり、担保主義による貸出が行われたこと、等の理由が考えられるが、昭和5年9月時点で10,590円あった固定貸を、10年後の昭和15年2月には皆無とすることができた背景には、不動産による厳格な保全措置が取られていたことが理由としてあげられる。昭和16年9月の行内検査報告書では、固定貸のみならず貸出金自体がゼロであることが明記されており、この時点で妻沼支店は実態的に受信業務のみを行う純粋な預金吸収店舗であった。

　妻沼支店の固定貸の残高推移を見ると、それを減少させる上で行内検査が重要な役割を果たしたことが確認できるが、とりわけ著しく減少したのは、昭和5年9月から昭和6年10月の行内検査に至る1年間（10,590円から7,303円に減少）と、昭和7年10月から昭和8年10月の行内検査に至る1年間（7,237円から2,698円に減少）の2回である。昭和5年9月と昭和7年10月の行内検査で固定貸削減に関するいかなる指導が行われたのか、また、昭和6年10月と昭和8年10月の行内検査で固定貸残高削減結果に対してどのような評価が与えられたのかを、「図表9-3　固定貸に関する行内検査コメント」にまとめ、検査報告書のコメントを通して考察する。

　図表9-3の検査コメント見ると、整理回収がはかばかしくない場合には支店を叱咤激励するとともに、未整理固定貸の整理方法等について詳細な指示を与え、次回検査時にそれをフォローしている。整理回収が効果を上げた場合は、支配人の努力を評価するとともに、更なる整理回収推進の方策や指示を具体的に与え、固定貸の整理を慫慂している。このように、武州銀行においては、支店の固定貸削減をきめ細かい行内検査の指導で効果的に推進している。

図表9-3　固定貸に関する行内検査コメント

	固定貸に関する検査コメント
昭和5年9月 第101号 固定貸10,590円	回収額は総額の一割にも達せず整理は前途遼遠の感なき能はず。時節柄急速なる回収は困難なるべしと雖も機を見て担保売却其他の方法により可成回収を速かならしむる様努力せられたし。
昭和6年10月 第125号 固定貸 7,303円	支配人の努力に依り8号は完全に回収し、7号も減額の上証書貸付に更改するを得たるは喜ぶべく、2号、5号及6号も合計500円の入金を得たり。 イ．2号は無担保にして少額のものに付今年中に全額回収を望む。 ロ．3号は担保不足にして且利息も未収なり。時節柄不動産の処分は困難なると整理せば赤字を出す虞あるを以て先ず幾分宛にても入金せしめ元利の回収を図るの要あり。 ハ．4号及6号も全く固定し漸の利息丈入金し居る状態に付本秋の収穫季に減額交渉を希望す。 ニ．前検査当時注意整理を要する取引として掲上したるもの経過次の如し。
昭和7年10月 第144号 固定貸 7,237円	回収成績が良好ならざりしは不況時に際会し已むを得ざるものなるべかりしも、既に経済界に幾分の活況を見たる今日於ては之が整理改善に不断の努力を希望する次第なり。 1．は目下勧銀に借入方手続中の由なれば之が実現を期待して已まざるものなり。 2．は無担保にして少額のもの且つ大熊氏は相当有力者の由なれば是非とも近々全額決済方交渉希望す。 3．の担保品は不動産にして時価約1,800円にして充分ならず、且つ滞利息169.20を計上したるは遺憾のことなり而して之が管理には右不動産を処分するより外途なしとの事なるも時節柄之が実現は困難のことなるべきを以て差当り利息丈けにても完全に徴収し時機を見て之が整理を希望す。 4．5及6．は何れも不動産担保にして全く固定し居るを以て取引改善を慫慂せられ度し。

| 昭和8年10月
第155号
固定貸　2,698円 | 1．2は前検査に於ても注意せるも整理出来ずして漸く1、2円減額せるに対し利息元加の為増加せるものにて厳重督促中の由なれども永引かざる内に整理を希望す。
3．は本年8月入金済。
4．及5．は7年11月時入金済。
6．は10月18日1,700円入金し此の内利息分へ10円内入し利息残額338.09を免除整理せるものなり。右の如く前検査に於て整理する様注意したるものの内残存分結局二口となれるは欣幸とする所なるも未整理分に対する努力を希望す。 |

出典：埼玉県立文書館「検査報告書写　武州銀行妻沼支店」『埼玉銀行寄贈史料』(文書番号245-8～245-11、昭和5年9月～昭和8年10月)。

注：検査コメント中に記番号を示して対象債権に言及している場合は必ずしも別表9-3の記番号とは一致しない。これは行内検査の都度未整理の固定貸について一覧表を作成し、コメントを記載しているからである。

　昭和6年10月の行内検査においては、第3号の柿沼金平に対する1,690円、第4号の原口金一に対する513円、第6号の青木安一に対する700円の固定貸について、具体的な債権回収方法を含めて詳細に検査指摘している。柿沼金平に対する固定貸については、きめ細かい回収努力を行うよう指摘し、原口金一と青木安一に対する固定貸については、収穫期における農家の収入増による固定貸の減額交渉を指示している。

　昭和7年10月の行内検査においては、回収成績が不調であったことを指摘するとともに、個別の固定貸について前回検査以上に踏み込んだ検査指導を行っている。ただし、検査報告書では従来固定貸と要整理貸を区別して記載していたのが、今回報告書に限っては両者が混同して記載されている。前回検査時の固定貸残高7,303円から今回7,237円と66円しか固定貸が減少していない状況を踏まえて、検査コメントも厳しいものとなっている。具体的なコメント内容は、「回収成績が良好ならざりしは不況時に際会し已むを得ざるものなるべかりしも、既に経済界に幾分の活況を見たる今日於ては之が整理改善に不断の努力を希望する次第なり」[15]と、回収が進捗しない背景に理解を示しつつ、継続的な回収努力を行うことを求めている。

　第1号の大熊哲郎に対する固定貸3,700円について、前回検査では一切言

及はなかったが、勧銀からの借換融資の話が詰めの段階にあることから、借換推進を慫慂するコメントが付されている。同じく大熊哲郎に対する第2号の固定貸150円については、無担保貸ながら毎年50円～100円返済されており、全額返済を交渉するよう求めている。第3号の柿沼金平に対する1,690円については、前回検査でも回収指示が行われているが、進捗状況ははかばかしくなく、延滞利息169円20銭を加えると要回収額は1,859円20銭となる。不動産担保価額1,800円でカバーできない部分が残るため、とりあえず利息相当金額を回収するよう検査指示を行っている。第4号の原口金一に対する497円、第5号の内田親春に対する500円、第6号の青木安一に対する700円の固定貸については、不動産担保でカバーされているので、不動産担保を処分して固定貸を回収することを指示している。

昭和8年10月の行内検査においては、前回検査時の固定貸残高7,237円から4,539円減少し、2,698円となった状況を踏まえて、「前検査に於て整理する様注意したるものの内残存分結局二口となれるは欣幸とする所なるも尚未整理分に対する努力を希望す[16]」とコメントしている。第1号の原口金一に対する510円、第2号の内田親春に対する498円の固定貸については、長引かない内に整理するよう指導している。第6号の柿沼金平に対する固定貸1,690円については、前回検査における指導内容通り、一部免除を含めて利息分を回収した。その後、柿沼金平に対する固定貸は昭和9年3月の行内検査コメントに簡潔ではあるが、「昨年10月18日利息対部分を免除し整理せり[17]」と記載され、固定貸は全額回収された。

このように、昭和5年9月の行内検査から約3年半で武州銀行妻沼支店の固定貸は10,590円から991円へと10分の1以下に減少した。その間、毎年の行内検査によって詳細な処理状況のフォローと指示があり、それが効果的な固定貸残高削減の鍵となったことは上記で考察した通りである。

預金の趨勢

昭和戦前期における武州銀行妻沼支店の預金推移を見る上でポイントとなるのは、(1)大正期における同支店に対する検査指摘内容、(2)妻沼村地区の競合行で県金庫取扱店であった深谷商業銀行が昭和2年1月30日に休業し

たこと、等である。大正期には、妻沼支店に対して大正11年6月と14年3月の2回行内検査が実施されている。大正14年の行内検査においては、預金営業推進の不十分さを指摘し、支店の意気が退嬰的であるとして検査員は支配人を叱咤する等、預金営業推進に対して極めて厳しい指摘を行っている。この検査スタンスが昭和戦前期になってどのように変化したのかがポイントである。競合行である深谷商業銀行の休業は、武州銀行妻沼支店の預金営業推進にとっての追い風であり、この要因が行内検査指摘にどのような影響を与えたのかがもう1つのポイントである。昭和3年9月から昭和17年9月までの13回の行内検査で、預金営業に対してどのような評価が与えられたのか、検査コメントを「別表9-4　武州銀行妻沼支店の預金営業に関する行内検査コメント」にまとめる。

　武州銀行妻沼支店に対する検査報告書で述べられている預金の趨勢に関する指摘は、「図表9-4　武州銀行妻沼支店預金残高推移」で示された支店の預金計数推移がベースになっている。昭和5年9月の行内検査指摘には、「殊に新築による経費の増加もある事なれば預金は少くとも五十万を保持せざれば当店経営の意義なかるべきを以て来るべき収穫期に於て之が恢復に積極的活動を開始せられん事を切望す」と記載され、具体的計算根拠は示されていないものの、妻沼支店の預金残高に関わるいわゆる損益分岐点が50万円であることが明確に示されている。したがって、預金残高が50万円未満で低迷した昭和4年5月から昭和9年3月までの6回にわたる行内検査指摘は、昭和3年9月19日の預金残高最高記録である566,900円を凌駕することを預金獲得の目標として支店を叱咤激励している。

　このように、預金業務に関する検査指摘の内容は、詳細な預金事務に関わる手続上の齟齬をつくものではなく、預金計数増加を奨励する内容が大半である。これは、武州銀行の行内検査担当部署が調査部、業務部であったことと無関係ではないと考えられるが、預金に関わる検査内容は業務推進的側面が重視されていたことが明確である。預金計数の指導を損益期分岐点的視角から指導することは、支店業務の推進に関わる指導を行っていることにほかならず、その意味では提言型検査を実施していたといえる。この点、固定貸をはじめとする不良債権の整備に特化した与信業務に関わる検査指摘とはそ

第Ⅲ部　昭和戦前期の銀行検査

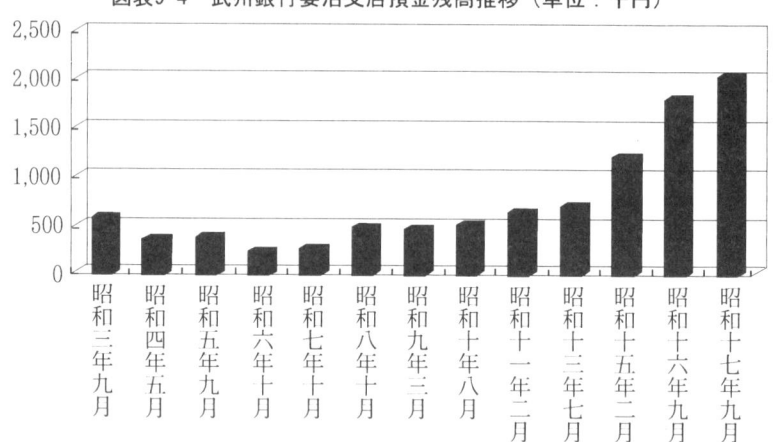

図表9-4　武州銀行妻沼支店預金残高推移（単位：千円）

[棒グラフ：昭和三年九月から昭和十七年九月までの預金残高推移]

出典：埼玉県立文書館「検査報告書写　武州銀行妻沼支店」『埼玉銀行寄贈史料』
　　　（文書番号245-1〜245-13、昭和3年9月〜昭和17年9月）。
注：（1）昭和12年、14年は行内検査が実施されていない。
　　（2）預貯金残高は各行内検査時点においてのものである。

の性格が異なっている。その証左として、固定貸が皆無となった昭和15年2月の検査以降、健全な貸出すらゼロとなったにも拘らず、行内検査によって具体的な貸出運用に関する指摘・指導が行われた形跡は見られない。昭和15年2月の行内検査で妻沼支店が実質的な預金吸収店舗となったことが確認された後は預金残高増加のみを慫慂し、その達成結果をもって検査目的が達成されたとしている。

　長年、妻沼町を中心とする地域の競合他行であった深谷商業銀行が、昭和2年1月30日に休業したことは、一時的に預金計数への影響があった。しかし、同行が足利銀行に吸収合併されたことにより局面が変わり、競合他行の撤退によるメリットを妻沼支店が全面的に享受するには至らなかった。このことは、昭和3年9月、昭和4年5月の行内検査コメントによっても確認できる。

418

2-3 昭和戦前期における地方銀行の行内検査

武州銀行妻沼支店は、農業を主要産業とする地域に設立された支店であり、その立地環境の特殊性から、同支店が必ずしも昭和戦前期の地方銀行を全面的に代表するわけではない。したがって、同支店に対する行内検査結果だけをもって、昭和戦前期における地方銀行の行内検査を代表させ、その特徴を語ることはできない。また、銀行検査と行内検査の整合性や相互補完性等を考察するにあたっては、銀行検査の被検査銀行である西武銀行と武州銀行の相違を考慮する必要がある。つまり、単独事例や事例比較のみに基づいて地方銀行に対する行内検査の特徴を断定的に述べることはできない。これらの制約を前提に、銀行検査と行内検査に共通する検査スタンスを抽出するとともに、武州銀行妻沼支店の環境条件を念頭に置いて行内検査の特質を考察する。

地方銀行に対する銀行検査と行内検査の整合性

西武銀行に対する銀行検査の指摘内容と、武州銀行妻沼支店に対する行内検査の指摘内容に共通であるのは、不良債権の整理一般に関する事項である。銀行検査指摘では、不良債権を「欠損見込額」、「固定額」、「要整理額」に3分類して被検査銀行に提示し、回収指示を行っている。これに対して行内検査指摘では、これを「固定額」、「要整理額」に2分類して提示し、同じく回収指示を行っている。妻沼支店に対する検査指摘において、「欠損見込額」と分類した不良債権がないのは、大半の不良債権が不動産担保でカバーされており、担保物件の処理により欠損が回避できると考えたためと推察される。事実、昭和5年9月の行内検査時点で、無担保扱いの固定貸は固定貸全額の0.3％に過ぎない。

不良債権回収状況のフォローについては、銀行検査が毎月の回収状況報告を求めたのに対して、行内検査では、ほぼ毎年検査を実施し、その都度具体的な回収方法を指示する等、きめ細かい支店指導を行っていた。昭和2年から5年に至る期間の普通銀行に対する銀行検査のカバー率が、91％であることを勘案すると、武州銀行に対する銀行検査がこの間あるいはそれ以後に実施されたことはほぼ確実である。[20]

西武銀行に対する銀行検査と同様の厳密さをもって、武州銀行に対する銀行検査が実施されたとすれば、妻沼支店の不良債権回収に関する行内検査は、銀行検査と整合的なスタンスで実施されたものと考えられる。しかも、銀行検査指摘に対する被検査銀行からの状況報告が毎月求められる中で、銀行全体の不良債権計数を構成する支店の計数報告が行内で求められるのは当然である。それに毎年の行内検査が加われば、不良債権回収に向けた支店の規律づけは二重に行われることとなる。このように不良債権回収促進を目的とした銀行検査は、それと相似形の行内検査が整合的に実施されることにより、検査効率が向上したと考えられる。

　不良債権回収以外の行内検査項目については、本節で取り上げた個別事例の比較によって、銀行検査と行内検査の整合性や相互補完性を考察することはできない。特に受信サイドである預金業務に関しては、西武銀行に対する銀行検査では指摘がなかったので、武州銀行妻沼支店に対する行内検査の単独事例をもって考察する。妻沼支店の預金業務に関する検査指摘の内容は、詳細な預金事務に関わる手続に関するものではなく、預金計数の増加を奨励する内容が大半であった。つまり、農家の収穫期を中心とする資金循環を把握し、それをいかに預金として取り込むかという営業的観点から検査指摘しており、その意味からは通常の検査範囲を超えたものである。大蔵省「銀行検査規定」にも営業の良否を問う検査項目は列挙されているが、預金残高増加を奨励する項目は存在しない[21]。

　このような観点から見ると、武州銀行の預金に関する行内検査は、銀行検査が求める範囲を逸脱しており、必ずしも銀行検査と整合的に実施されていたとはいえない。昭和戦前期の普通銀行に共通な与信サイドの命題であった不良債権回収については、銀行検査と行内検査が整合的かつ相互補完的に実施されていたが、武州銀行に関するかぎり、受信サイドに対する行内検査は銀行固有の問題意識に則り、比較的自由な観点から実施されていたと結論づけられる。

第9章　昭和戦前期における銀行検査の事例研究

小　括

　本章では銀行検査と行内検査を、事例研究を通して分析することにより、昭和戦前期の銀行検査行政の方向性や特徴を探ろうと試みた。西武銀行に対する銀行検査報告書や答申内容を分析した結果としていえることは、西武銀行に対する銀行検査のスタンスは、まさに指摘型検査の典型で、今後の銀行経営の方向性や現行経営方針の問題点等、銀行経営の内容にまで踏み込んで指摘する提言型検査の片鱗は見られないということである。これは、受検当時の西武銀行の経営実態が提言型検査を受け入れるに足る状態になかったことも原因の１つであり、提言型検査が銀行検査のスタンスとして定着するには、検査当局サイドだけではなく、被検査銀行がそれを受け入れるための素地を整え、一定の経営レベルを満たしていることが前提となる。
　西武銀行に対する指摘事項は、大正期に大蔵事務官であった岡田信が主張した地方銀行の通弊を象徴するものであった。昭和６年時点において、西武銀行は大正期からの地方銀行の通弊をそのまま引き継いでいた。具体的には、重役の無規律と機関銀行化による弊害が西武銀行の宿痾であり、その点が銀行検査指摘の中心をなす部分であった。それと同時に、機関銀行化を脱するためには指摘型検査の限界を認識し、個別検査指摘事項の改善進捗フォローだけではなく、個別銀行の経営内容に立ち入ってその体質改善について提言・指導することが本来重要である。しかし、固定貸を中心とする個別の不良債権の回収については、機械的ではあるが銀行検査の厳密なフォローが奏功し、元頭取関連融資を除いて西武銀行の固定貸は着実に減少した。
　武州銀行妻沼支店の行内検査結果の分析を通していえることは、行内検査による固定貸を主とする不良債権の回収管理はきわめて厳格で、具体的回収手段を含めてきめ細かい指導が行われたということである。これも詳細にわたる支店指導が奏功し、妻沼支店の固定貸は昭和５年９月の行内検査から約３年半で10,590円から991円へと10分の１以下に減少し、その後まもなく不良債権自体がゼロとなった。しかし、昭和16年９月の行内検査結果を見ると、健全な貸出金もゼロであることが判明した。妻沼支店は、武州銀行が埼玉銀行として複数の銀行と合併する前年の昭和17年９月の行内検査時点までは、

421

第Ⅲ部　昭和戦前期の銀行検査

少なくとも純預金店舗として預金吸収に特化する支店となった。

　武州銀行妻沼支店の預金業務に関する検査指摘は、詳細な預金事務に関わる手続上の齟齬をついたものではなく、預金計数増加を奨励する内容が大半であった。これは、武州銀行の行内検査担当部署が調査部、業務部であったことと無関係ではないと考えられるが、預金に関わる検査については、業務推進的側面が重視されていたことが明確である。預金計数の達成状況について損益分岐点的視角から指摘することは、支店の主要業務に関する業務指導を行っていることにほかならず、その意味では、単なる指摘型検査の枠組みを超えた提言型検査を実施していたといえる。

　西武銀行と武州銀行妻沼支店の事例を見る限り、不良債権回収に関しては、銀行検査と行内検査は整合的かつ相互補完的であったと結論づけられる。それは、（1）銀行検査にしたがって不良債権をカテゴリー分類して回収管理を行っていること、（2）不良債権回収管理のフォロー密度は銀行検査、行内検査ともに高く、両検査の相乗効果が働いて回収効率が上がっていること、等により裏付けられる。その一方、受信サイドの預金業務に関しては、西武銀行に対する預金営業関連の指摘がないため、銀行検査と行内検査の関係性について明確に述べることはできないが、武州銀行の預金に関する行内検査は、銀行検査が求める範囲を逸脱しており、必ずしも銀行検査と整合的に実施されていたとはいえない。

　総じて、昭和戦前期の普通銀行に共通な与信サイドの命題であった不良債権回収については、銀行検査と行内検査が整合的かつ相互補完的に実施されていた。武州銀行に関しては、受信サイドに対する行内検査は銀行固有の問題意識に則り、比較的自由な観点から実施されていた。第10章では戦後占領期において、銀行検査がGHQ等の外的要因によってどのように変質したのかを検討する。

　注　記
　（1）『昭和財政史資料』（「銀行検査規程案」、大正15年9月、同年9月8日）
　　　マイクロフィルム冊子番号NO.1-074、検索番号32-003。
　（2）邉英治「大蔵省検査と不良債権の処理過程―昭和初期、埼玉県西武銀行

を題材に―」『地方金融史研究第35号』（地方金融史研究会、2004年3月）。
（3）『昭和財政史資料』（「銀行検査規程案」、大正15年9月、同年9月8日）
　　　マイクロフィルム冊子番号NO.1-074、検索番号32-003。
（4）第五十二回帝国議会衆議院議事速記録第22号『官報号外』（内閣印刷局、
　　　昭和2年3月9日）。
　　　第五十二回帝国議会貴族院議事速記録第22号『官報号外』（内閣印刷局、
　　　昭和2年3月18日）。
（5）前掲資料、『昭和財政史資料』（「銀行検査規程案」、大正15年9月、同年
　　　9月8日）。
（6）第八十五銀行『第八十五銀行史』（第八十五銀行、昭和19年）、133-136頁。
（7）『昭和財政史資料』（「秘検査課関係議会想定質問応答検査課」、昭和6年
　　　推定）マイクロフィルム冊子番号1NO.1-075、検索番号32-004。
（8）埼玉県立文書館「大蔵省銀行検査関連資料　西武銀行」『埼玉銀行寄贈史
　　　料』（文書番号78、昭和6年10月～10年2月）。銀行検査指摘第1問で指
　　　摘された柿原萬蔵に対する手形貸付の合計60,000円は昭和8年1月31日
　　　をもって証書貸付に変更されたが、大蔵省への整理報告書では当初貸出
　　　形式である手形貸付として回収状況を報告してきた。したがって本節で
　　　は昭和8年10月から昭和9年9月の間に回収された柿原萬蔵宛貸付債権
　　　の内、昭和9年7月4日整理報告書にある諸書貸付回収25,220円47銭は
　　　銀行検査時点から証書貸付として存在していた債権の回収分と理解する。
（9）「大蔵省検査と不良債権の処理過程―昭和初期、埼玉県西武銀行を題材に
　　　―」『地方金融史研究第35号』（地方金融史研究会、2004年3月）、65頁。
（10）岡田信「検査ノ立場ヨリ観タル地方小銀行ノ通弊」有岡直治編集『銀行
　　　ノ検査及監督法』（大阪銀行集会所、大正11年）181-209頁。
（11）菅谷幸一郎「銀行失敗の原因並に其予防法（上・中・下）」『銀行通信録
　　　第43巻　第259、260、261号』（明治40年、東京銀行集会所）。
（12）『大阪銀行通信録』（第453号、昭和10年5月）、52頁。
（13）山口和雄、杉山和雄他編集『三井銀行資料5規則・資金運用』（日本経営
　　　史研究所、昭和53年）。
（14）埼玉県立浦和図書館『埼玉県地方金融史料目録埼玉銀行寄贈史料』（昭和
　　　4年、文書館所蔵）、371頁。武州銀行は行内検査を担当する本店部署が
　　　時期により調査部から業務部へと変更されるので昭和戦前期における行
　　　内検査担当部署は一定ではないが、本章では調査部を行内検査の担当部
　　　署として検討を進める。

第Ⅲ部　昭和戦前期の銀行検査

(15) 埼玉県立文書館「検査報告書写　武州銀行妻沼支店」『埼玉銀行寄贈史料』（文書番号245-9、昭和7年10月）。
(16) 埼玉県立文書館「検査報告書写　武州銀行妻沼支店」『埼玉銀行寄贈史料』（文書番号245-8、昭和8年10月）。
(17) 埼玉県立文書館「検査報告書写　武州銀行妻沼支店」『埼玉銀行寄贈史料』（文書番号245-7、昭和9年3月）。
(18) 妻沼町誌編集委員会『妻沼町誌』（妻沼町役場、昭和52年）。
(19) 埼玉県立文書館「検査報告書写　武州銀行妻沼支店」『埼玉銀行寄贈史料』（文書番号245-15、245-16、大正11年6月、14年3月）。
(20) 前掲資料、『昭和財政史資料』（「秘検査課関係議会想定質問応答検査課」、昭和6年推定）。
(21) 前掲資料、『昭和財政史資料』（「銀行検査規程案」、大正15年9月、同年9月8日）。

第9章 昭和戦前期における銀行検査の事例研究

別表9-1　昭和6年10月銀行検査指摘および西武銀行回答

	大蔵検査指摘	西武銀行回答
第1問	当行資産中には以下を包蔵している。 （1）欠損見込額　35,758円49銭 （2）固定額　　　63,702円14銭 （3）要整理額　136,242円92銭 　　　計　　　　235,702円25銭 （1）については償却、補塡の方法並びに時期、（2）については回収方法並びに時期、及び回収整理の結果万一欠損を生じる場合における償却、補塡の方法並びに時期、（3）については整理完了の時期を問う。	（1）欠損見込額については利益金をもって昭和8年下期までに全部償却の見込みである。 （2）固定額については極力回収に努め、昭和10年下期までに整理を完了し、万一欠損を生じた場合は準備積立金または利益金をもって昭和11年下期までに償却する。 （3）要整理額については昭和8年下期までに整理完了する。
第2問	当行では、頭取柿原萬蔵に対し総額259,247円に達する貸出を行い、総貸出金の2割5分をここに投資する実情である。しかもこれに対して十分担保を徴求しないのは、全く頭取に対する情実的取扱いであり、銀行経営上最も憂慮に堪えないところである。この点に関する事情の詳細並びに今後の処置方針を問う。	柿原萬蔵本店においては年々相当の利益をあげてきたが、熊谷支店において多額の損失を招き、これを廃止するため、その債務を引き受け困難に陥った。もし同店において支払停止するようなことがある時は、当行に累を及ぼす恐れがあるのみならず、秩父織物取引上多大の支障を来たし、当地財界に混乱を起こす恐れがあるので、これを救済するため金182,000円の貸出を行った。このようにして貸出額の増加を見たのである。したがってこの返済については同店の利益金を以て漸次入金させ、また時機を見て担保物件を売却し返済させる方針である。昭和9年上期末までには貸出総額を20万円以下に減額回収する見込みである。

425

第3問	当行頭取柿原萬蔵に対する証書貸付（160,000円、20,000円）については、約定利息2銭5厘の定めがあるにも拘らず、理由なく利率を1銭7厘に引き下げて計算し、利息金の一部免除を行ってきた。その引き下げによって当行の損失となる金額は、4,016円80銭の巨額に達する。このようなことは当行理事者の背任的行為として非難を免れないところである。この点に関する事情の詳細並びに善後処置及び将来の方針を問う。	当行頭取柿原萬蔵に対する貸付金は約定日歩2銭5厘のところ、第2問に対する回答の通り支店の損失と財界未曾有の不況とにより多額の利息負担に堪えがたきものと認めたので一時利息を軽減した次第である。今後は同店の利益増進とともに一般の利率に接近させる。尚手続上の欠陥についてはご指示の手続通りにする所存である。
第4問	当行貸出金中重役並びにその関係者に対する貸出金については、利率が甚だ低率であり一般債務者との権衡を失している。このようなことは経営方針が情実に流れていることを示すものであるのみならず、銀行の利益を減殺する結果となり不適当な取扱いと認められる。この点に関する今後の処置方針を問う。	当行貸出金中重役並びにその関係者に対する貸出金利率については今後ご指示に従うよう努める。
第5問	臨検当日の現金勘定を検査したが、現金在高中500円を柿原商店（店主柿原萬蔵）に対して一時貸し、一片の領収書を徴せるのみであるばかりか、常時このような取扱いをするのは最厳正を期すべき現金勘定の整理を乱し、かつ重役関係者に対する情実的取扱いの弊害を醸成するところであることをもって甚だ不穏当であると思料される。この点に関する事情の詳細並びに今後の処置方針を問う。	現金在高中領収証があるのは、市場の取引が夜間に渉り銀行営業時間中に手配できないため、常顧客である機業家の求めにより現金を柿原商店に依頼しておき、顧客の便宜を図るものであるが、今後このような取扱いは一切致しません。

第9章　昭和戦前期における銀行検査の事例研究

注意事項	下記の各項はいずれも不適当または不穏当と認められるものであるので早急に整理改善を要すると認められる。 (1) 行内旅費給与規定、退職金給付規定等不完全なものがある。 (2) 取締役供託株は監査役において封緘保護預りとしているが、事実は封印をせず保管方法が不完全である。 (3) 取締役の当行に対する取引について、監査役の承認がないものがある。	ご注意の事項は承り、早速改善いたします。

出典：埼玉県立文書館「大蔵省銀行検査関連資料　西武銀行」『埼玉銀行寄贈史料』（文書番号78、昭和6年10月～10年2月）。

注：(1) 西武銀行に対する検査指摘は改善命令というよりむしろ問答形式で改善を促す形式になっている。

(2) 第1問の欠損見込額、固定額、要整理額の顧客別内訳は別紙に記載されているが明細省略した。顧客別明細は邉英治氏の論文に詳しい。（「大蔵省検査と不良債権の処理過程－昭和初期、埼玉県西武銀行を題材に－」『地方金融史研究　第35号』(地方金融史研究会、2004年3月)。

427

第Ⅲ部　昭和戦前期の銀行検査

別表9-2　武州銀行妻沼支店に対する行内検査推移

実施時期	検査員	検査内容
昭和3年9月 第56号	湯浅泉 石川禎	第一　預金増加ノ趨勢 第二　貸出ニ就テ 第三　執務上ノ注意事項
昭和4年5月 第77号	岸上光 鈴木道雄	第一　預金ノ消長 第二　貸出及経費ニ就テ 第三　固定貸ノ整理経過 第四　債権証書其他ニ関スル事項 附　貯蓄預金ノ消長
昭和5年9月 第101号	大津俊一郎 鈴木道雄 村山源吉	第一　預金ノ減少 第二　貸出ノ整理 第三　事務整理及事故 附　貯蓄預金ノ状況
昭和6年10月 第125号	吉川亜周 鈴木道雄 金枝智四郎	第一　預金ノ現状 第二　貸出ノ整理 第三　事務整理及注意事項 附　貯蓄銀行代理店ノ状況
昭和7年10月 第144号	吉川亜周 金枝智四郎	第一　預金ニ就テ 第二　整理ヲ要スル貸出金 第三　執務上ノ事故及注意事項 附　貯蓄銀行代理店ノ状況
昭和8年10月 第155号	吉川亜周 島崎貞雄 本田和雄	第一　概況 第二　預金状況 第三　固定又ハ注意ヲ要スル貸出 　一　固定貸経過 　二　注意ヲ要スル貸金 第四　事務整理 附　貯蓄銀行代理店ノ状況
昭和9年3月 第164号	山原政教 金枝智四郎	第一　妻沼地方ノ概況 第二　預金状況 （一）預金消長 （二）一般預金の消長 （三）大口預金ニ就テ

428

第9章　昭和戦前期における銀行検査の事例研究

		（四）　預金勧誘ニ就テ （五）　予算ヨリ見タル預金ノ経過 第三　貸出金ノ状態 （一）　貸出金ノ年次残高 （二）　貸出金ノ担保別残高 第四　固定及注意スベキ貸出金 （一）　　固定貸ノ経過 （二）　　注意ヲ要スル貸出金 第五　事務整理ニ関シ 第六　経費及利益ニ就テ 附　　貯蓄預金ノ残高
昭和10年8月 第206号	山原政教 三友守一 斎藤一勇	第一　預金ニ就テ 第二　貸出金ニ就テ 第三　事務整理ニ関シ 第四　経費ニ関シ
昭和11年8月 第181号	渋澤武 □谷次郎 斎藤一男	第一　預金 第二　貸出金 第三　事務整理其他注意事項 附　　貯蓄銀行代理店ノ現況
昭和13年7月 第230号	渋澤武 斎藤一男 矢島武久	第一　預金 第二　貸出金 第三　事務整理其他注意事項 附　　貯蓄銀行代理店ノ現況
昭和15年2月 第254号	渋澤武 神田芳雄 楠山四郎	第一　預金 第二　貸出金 第三　事務整理其他注意事項 附　　貯蓄銀行代理店ノ現況
昭和16年9月 第287号	小原正教 田村頼葦 澤田光雄	第一　預金 　一　預金ノ趨勢 　二　特殊預金ニ就キテ 第二　事務整理並ニ注意事項 第三　武州貯蓄預金 第四　貸出金

第Ⅲ部　昭和戦前期の銀行検査

昭和17年9月 第315号	小原正教 小倉松太郎 島田□雄 髙木菊蔵	第一　預金 第二　貸出 第三　事務整理其他注意事項 附　貯蓄銀行代理店ノ現況

出典：埼玉県立文書館「検査報告書写　武州銀行妻沼支店」『埼玉銀行寄贈史料』（文書番号245-1～245-13、昭和3年9月～昭和17年9月）。
注：昭和11年8月と昭和17年9月の検査員の氏名で一部不鮮明な部分は□で示した。

別表9-3　武州銀行妻沼支店の固定貸残高推移

貸出先	貸出形態	摘要	検査時期 昭和5年 9月 第101号	昭和6年 10月 第125号	昭和7年 10月 第144号	昭和8年 10月 第155号
1　大熊哲郎	証書貸付	不動産担保	3,700	3,700 （第1号）	3,700 （第1号）	0 （第4号）
2　大熊哲郎	証書貸付	無担保	300	200 （第2号）	150 （第2号）	0 （第5号）
3　柿沼金平	証書貸付	不動産担保不十分	1,690	1,690 （第3号）	1,690 （第3号）	1,690 （第6号）
4　福島義一	当座貸越	不動産担保限度一杯固定	1,000	0 （第8号）	0 （第8号）	0
5　原口金一	当座貸越	同　上	500	513 （第4号）	497 （第4号）	510 （第1号）
6　内田親春	当座貸越	同　上	600	500 （第5号）	500 （第5号）	498 （第2号）
7　福島勘三郎	当座貸越	同　上（一部売却入金）	1,800	0 （第7号）	0 （第7号）	0
8　青木安一	当座貸越	同　上	1,000	700 （第6号）	700 （第6号）	0 （第3号）
合　計			10,590	7,303	7,237	2,698

出典：埼玉県立文書館「検査報告書写　武州銀行妻沼支店」『埼玉銀行寄贈史料』（文書番号245-
注：（1）福島勘三郎は昭和8年10月の検査で完済と認定され昭和10年8月第206号の行内検査ま
　　（2）原口金一に対する貸越は昭和11年2月第181号の行内検査までは固定貸として認識さ
　　（3）昭和15年2月第254号の行内検査では貸出金総額は11,683円（手形貸付：11,650円、当座
　　（4）昭和16年9月第287号の行内検査報告書には「検査当日当店貸出金残高ナク特ニ報告ス
　　（5）昭和17年9月第315号の行内検査報告書には「貸出金ニアリテハ当地方ハ特殊産業及
　　　　千円、当座貸越契約一口ニ過ギズ特記スベキモノナシ」と記載されている。
　　（6）図表中の金額下行に括弧書している号数は各行内検査で当該固定貸に付番されたもので

第9章　昭和戦前期における銀行検査の事例研究

単位：円

昭和9年3月第164号	昭和10年8月第206号	昭和11年2月第181号	昭和13年7月第230号	昭和15年2月第254号	昭和16年9月第287号	昭和17年9月第315号
0	0	0	0	0	0	0
0	0	0	0	0	0	0
0	0	0	0	0	0	0
0	0	0	0	0	0	0
494	494	372	—	—	—	—
497	497	0	0	0	0	0
0	0	300	300	—	—	—
0	0	0	0	0	0	0
991	991	672	300	—	—	—

1〜245-11、昭和5年9月〜昭和17年9月)。
では固定貸と認識されていなかったが、300円の固定貸として今回検査から認識された。
れていたが、昭和13年7月第230号の行内検査からは固定貸としての認識がなくなった。
貸越：33円)であり、固定貸残高はゼロである。
ベキコトナシ」と記載されており、貸出金自体の残高がゼロであったことが分かる。
投資ノ対象タルベキモノニ恵マレズ為ニ見ル可キモノナク僅カニ担保付手形貸付一口金壱

あり、行内検査ごとに異なっている。

別表9-4　武州銀行妻沼支店の預金営業に関する行内検査コメント

行内検査実施時期	預金営業に関する検査コメント
昭和3年9月 第56号	嘗て四十八万円に上りし当店預金は昨春の金融恐慌にて二十六万四千円に下り、下季は四十万円台迄恢復し来たりたりと蛍本年上季は通じて、三十四、五万円を上下する悪境にありき。然るに永らく休業中の深商を足利銀行が合併と同時に、同地支店を閉鎖したる影響にて新規預金の増加せるものあり更に六月には春繭の出盛り続て夏秋蚕の高値売行により預金は急激に増加し月末には五十万円を突破し、七、八、九の三ヶ月は更に増加して五十八万円に達せり。 右は季節的増加によるものなりと蛍当店将来のため慶賀すべき事にて各位一層の努力を翼ふ所なり。
昭和4年5月 第77号	昨年10月末に於て五十六万円に達せる記録的預金の増加は他行よりの流入当行に対する預金者の不安一掃に因る預金の還流一時的の預金等幾多特殊の理由によるものにして単に期節的自然増加のみに非ること勿論なれば例年最も預金の減少すべき五月二十日前後に於ても昨年の夫よりは遙に好成績を示すならんと期待したるが事実は全く予想に反したり。 右は農村の疲弊が昨年よりも更に深刻化せること及預金利下の結果に基くものなりや将又他に何等の事情ありや。 当店と四囲の事情酷似せる児玉支店に於ては組合預金減少し個人預金は反て増加し居れるに当店は全く之と反対の傾向あり其の理由の判断に苦しむ所なり。 支配人は常に預金の移動に注意し其の理由を探求し以て預金の減少を防止するの策を講ぜらるべし。
昭和5年9月 第101号	即ち一般預金の減少甚だしく約三十三％に当れり農村の疲弊特に甚だしきの秋に当り例年の季節的増加を期待すること能はず雖も余りに退歩せるの感なき能はず殊に新築による経費の増加もある事なれば預金は少くとも五十万を保持せざれば当店経営の意義なかるべきを以て来るべき収穫期に於て之が恢復に積極的活動を開始せられん事を切望す。
昭和6年10月 第125号	当店預金の計数は本年に入り減少の傾向止み現在に至る迄沈滞の中に大差なく経過せり（計数省略）。 而も右預金中定期預金は一月末に於て117,400円ありしか二月に入り同町坂田病院建築の為め二万円余引出され九月末に

	は93,900円に減少せしも特別当座預金は一月末の95,800円より順次増加し九月末には130,300円に達したり。 斯の如く特別当座預金の増加は甚だ喜ぶ可き現象にして当町の如く企業者なり又信用組合の強力なるものなき地に於ては熱心なる預金の勧誘と共に懇切且迅速なる取扱をなせば仮令付近農村の疲弊甚だしとも今後必ずや相当の預金増加を期待し得べしと信ずるなり。
昭和7年10月 第144号	当支店は県の北部群馬県との境界近い熊谷より群馬県太田町に通ずる街道に位置し両町へ夫々約三里なり付近一帯は純然たる農村なれば数年来の農村の疲弊は当町も又免るゝ能はず。而も当町の如く鉄道沿線を遠く離れ農作及養蚕の外特産物無き地は世が異常の好景気にならざる限り恢復も容易ならず且つ交通機関の発達及熊谷町の発展は益々当町を繁栄より遠ざくる原因となり之等は相重なりて当支店にも打撃少なからず預金は減少を重ね、去る六月二十一日には最低の記録を出現せり。然れども其後繭価の昇騰経済界幾分の立直りは徐々に預金も増加し来り以て当支店も本年の不振を極として次第に旧に復すべく今後は従来と異り働き甲斐ある可きを以て此際支店各位の一層の活動を望みて已まざるなり。但し当支店には代理者なく随て支配人に於て充分外部に活躍せしとせば朝夕余暇を利用せざるべからざるも熊谷より通勤せらるゝを以て或は時間的に多少の掣肘を受くべき懸念あるを以て此点充分遺漏なき様注意せられ度し。
昭和8年10月 第155号	当店付近は純然たる農村なれば農村の疲弊と共に次第に委縮し預金は減少を続け昨年六月には遂に196,200の最低を示すに至りしが其後繭価の昇騰による活況及当行信用回復に伴ひ支配人以下の妻沼、長井、太田の各町村の広範囲にわたれる預金勧誘の努力の結果月毎に漸増し来り480,000台を保に至れるは誠に欣幸とする所なるが更に当店の最高記録566,900（昭和3年9月19日）凌駕を目当とする今後の活躍を希望するものなり。
昭和9年3月 第164号	前掲の如く昭和二年の恐慌を無事経過して同三年五十八万円最高記録を印せしが其後財界の不況並びに農村の疲弊等にて漸減を辿り遂に十九万円の不幸なる数字を見るに至れり乍然昨八年には繭価の昇騰に恵まれ委靡せる農家も茲に復活を見

433

第Ⅲ部　昭和戦前期の銀行検査

| 昭和9年3月
第164号 | 加ふるに財界の活況に影響を受け預金は漸増し四十七万円を示すに至れり。
支配人の説明に依れば定期預金第一位を占むれ共年を通じて伸びる種類は特別当座なる由なり。即ち養蚕に特別当座を使用し最後の余剰を定期預金に振替へる関係を謂へるものなり。
而して検査当時の残高四十六万円は期末残高より六千円の減少を示し居れ共前掲の如く養蚕地方とて前半期の残高は低下の傾向あるを常とする故敢て異とするに足らずして反て昭和元年以来の各三月末の残高を抽出対比する時は前月の数字は最高記録たるを示せり。此の現象は支店当局者の活躍を物語り甚だ喜ぶべき傾向にして預金勧誘の項に記せる理由により此際尚一歩積極的に進出し新記録の再現に努力せられん事を切に希望す。
(四)預金勧誘に就き
預金勧誘之状況に就き支配人の解説する所を略記せば次の如し。
(イ)勧誘範囲及方法
県　内―妻沼町、太田村、長井村、秦村、男沼村、明戸村
群馬県―太田村、小泉町、澤野村、大川村、富澤村
十一ヶ町村に亘り宣伝ビラ（八年秋）配布又は営業案内携帯により行員（鈴木、尾崎）戸別訪問をなす
思ふに訪問事項は代理者無き関係上支配人の活動を多く束縛し居るため不充分の点あるべく苦心の点察せらる。
(ロ)勧誘対象
農業地方とて勧誘の八割は農家を目的とせり。
(ハ)将来の獲得見込
下枯期の三月に於て一記録を現はせし趨勢を以て推移せば当地方の繁栄期を経て年末迄には七十万を突破せしむる見込の由なり。折しも幸なることには妻沼大橋は四十余万円の予算に依り近く工事に着手とのことなれば多少の潤ひもあるべく此の機を逸せず優良なる地歩を獲得せられんことを望む。
(五)予算より見たる預金の経過
当支店提出の予算表の数字と平均預金高とを対比検討するに最近八期間に於て完全に予算に到達せしは五年上期のみにして続く七期は目的を達するに至らずして了れり。
勿論予算は其の店の将来への希望を現し努力すべき進路の標 |

第9章　昭和戦前期における銀行検査の事例研究

	示性を含むを普通とするを以て平均預金高が多少不足するも又了とすべき理由ありと認む。 然ながら当該期間を通じ総預金（平均預金非ず）が一回も予算額に達せしことなきが如きは予算表示の手前努力の不足なりとの結論を与ふるも又止むを得ざるべし。 但最近三期間の数字は両行なる傾向を示し居る故今期の予算495,000円は当然実現さるべきを予想すれ共該数字は常に上期下枯れなりとの観念に囚はれ寧ろ消極的の姿勢を示せるやの感あり。
昭和10年8月 第206号	前検査以来好調を持続し昨年下期の平均は544,000円の数字を示し居りて当店支店開設以来の記録なり。 妻沼大橋（仮橋）の開通により交通も至便となること故近隣十一ヶ町村に関係を有する投資点の養蚕実収期（下期）に於ける活躍を期して待つものなり。（預金種類別一覧表掲載省略） 右を検するに前検査残比し増加著しきは定期預金六万円の増加目立ち且該預金の平均利率は四分六厘にして昨年六月に比し三厘の低下を見たり。
昭和11年8月 第181号	前検査当日は五十一万円にして当時の最高は昭和三年九月の五十八万六千円なりしが検査当日は六十四万三千円を示し異常なる躍進振りを示せり。 同地方生産業たる繭及び小麦の好況に乗ずれば目標七十万も易々たるべく今後の努力を期待して止まず。 一般預金の増加は喜ばしき傾向と看らる。
昭和13年7月 第230号	右表に示す如く当店預金は検査毎に上昇し昨年十一月五日には当店最高たる七十四万一千円を記録せるも検査当日は七十万二千円なり。当店預金は例年六月―七月を最低となし同地方主産業たる米繭の収穫期たる十一月初旬を最高とするを例となし居り其差額常に二十万円を下らず本年も六月末の連日に亘る豪雨に依り小麦の品質を幾分低下せしめられたる以外差したる損害もなければ大体例年通りの増加を見るべきは必定にして当店予想額八十万円到達は易々たるべし。 尚預金内容は左表の如くにして一般預金の増加率最も大なるを欣ぶと共に組合預金の増加又今後諸組合を統御利用すべき点多きを思はしむるものあり。

435

第Ⅲ部　昭和戦前期の銀行検査

昭和15年2月 第254号	当店預金の計数は期毎に上昇の一途を辿り昨年八月二十九日は待望久しかりし一百万円の関門を突破し引続き益々順調なる計数の増加を見、検査当日に於ては百二十一万四千余円と前検査に比して五十一万一千余円（72.8％）の著増を示し揺ぎなき百万円台の地歩を確保するに至りたるは同慶に堪へざる次第なり。 而して当地方主要産業たる繭、小麦等（関係町村一町五ヶ村）昨年度収穫高計数（大略）は春繭十三万貫此代金約百余万円、小麦代金七十万余円にして本年度も上記に対し大差なきものとし如上代金の約三割五分乃至四割程度預金獲得を予想するも七十万円内外は期待され、之に加へて夏秋繭及米穀の収穫期も控へ居る事なれば本年中には這般指示せられたる新目標額百六十万円突破は差のみ難事には非ざるべく支店長始め行員一同の努力を希望して止まざる次第なり。 尚預金の内容を検するに特別当座預金尤も多く総預金の五十二．五％を占め定期預金四十二．二％之に次ぐ貸出関係に於て見るべきものなき当店としては収益其他の観点よりして当然ならんも預金計数の安定化を図る為には尚一段と固定預金獲得に意を注がれんことを希望す。
昭和16年9月 第287号	当店預金は前検査に比し五十八万円（四割八分）の著増を見、極めて好調を持続せり、右は主として農産収穫の増率に依るものにして農業地帯たる面目を如実に反映し居れ共反面当地中小商工業者の委靡甚しくして統制組合に属する地方小組合の結成さへなく、僅に熊谷市商工統制組合又は大里郡商工組合（深谷）へ加入し其配給を受け漸く需要者に販売し居る関係上時間的数量的に種々の不便を来し弥が上にも疲弊を助長せる感ありて業界預金は期待し難し貸出金の絶無なる理由又茲に存す此間にありて四割八分（主として一般預金なり）の増加は実に支店当局努力の賜なり。 （預金種類別検査コメント省略）
昭和17年9月 第315号	当店預金は期毎に上昇の一途を辿り前検査に比し二十二万強を増加二百万台を突破し引続き好調裡に推移せり。 今年度に於ける農産収穫も好調なる模様にして純農業地帯たる当地方として同慶に堪へず今後の活躍又期す可きものあり。 且隣接群馬県在の中島飛行機会社、小泉製作所の中島少年工

第 9 章　昭和戦前期における銀行検査の事例研究

	寮の一なる矢島寮（十箇所ありて小泉分は三千人収寮す）の敷地約十三万円の買約あり妻沼大橋を渡りたる東隣に所在せる為支店当局は逸速く工場連終に成功し県内銀行群大小泉支店を凌駕し十口七万四千円に対する委任状を獲得せるは支店新陣容の更新的進出の効果として祝福する次第なり。 尚工員の積立金二十一口三百五十円を得、但新には武州への口約を得たるは成功と云ふ可く出入多き工場なる故其蓄積は大なりと考えたる。 （預金種類別検査コメント省略）

出典：埼玉県立文書館「検査報告書写　武州銀行妻沼支店」『埼玉銀行寄贈史料』（文書番号245-1〜245-13、昭和 3 年 9 月〜昭和17年 9 月）。

注：昭和 8 年10月の行内検査報告書においては預金の趨勢は「1．概況」で述べられているので、そこから引用する。

第Ⅳ部　戦後占領期の銀行検査

第10章　戦後占領期における銀行検査の考察
——旧銀行法における銀行検査の位置づけと GHQ/SCAPとの関係——

はじめに

　本章の目的は、戦後占領期の銀行検査がどのような経緯と背景の下に再開されたのかについて、旧銀行法およびGHQ/SCAP連合国最高司令官総司令部との関わりを中心に考察することである[1]。終戦直後の銀行検査に関する先行研究としては、邉英治氏が大蔵省検査と日本銀行考査についての包括的な実証研究を行っている[2]。本章では旧銀行法およびGHQ/SCAPとの関係に焦点を合わせて論考を進める。

　公布以降、終戦を経てほぼ原型を留めて存続した旧銀行法については、昭和30年代初めに現役であった大蔵官僚が戦後どのような理解の下に金融行政にあたっていたのかを、「銀行の公共性」を軸に検討するとともに、旧銀行法の銀行検査関連条文が内包する矛盾を明らかにする[3]。また、大蔵省とGHQ/SCAPとの関係については、GHQ/SCAP関係資料に含まれている銀行検査関係資料（以下「SCAP文書」と表記する）に基づいて、GHQ/SCAPからの指示内容とそれに対する大蔵省の反応を中心に分析する[4]。

　邦銀の内部監査に直接的な影響を及ぼすのは銀行検査行政であり、銀行検査は1990年代以降、金融ビッグバンやBIS（バーゼル合意）規制により質的変化を遂げている。したがって、邦銀の内部監査の変質を分析する上での直接的な要因変化は銀行検査行政の変化であり、間接的な要因変化は金融ビッグバンやBIS規制等の外的要因変化である。

　戦後占領期における銀行検査行政の再開過程を理解することは、戦後60数年間にわたる邦銀の内部監査の歴史的変遷を分析するための原点となる。本章は終戦直後の銀行検査行政の法的根拠である旧銀行法と当時最も強力な外的圧力であったGHQ/SCAPとの関係を通してこの原点に接近する試みであ

る。

第1節　旧銀行法における銀行検査行政の位置づけ

1－1　戦後大蔵官僚の旧銀行法解釈

　旧銀行法の制定は、第一次大戦後の好況の反動として起こった深刻な不況の影響で多くの金融機関が休業に追い込まれる中、銀行経営の健全性を確保する観点から銀行制度を見直す必要に基づいて行われたものである。銀行条例と対比した旧銀行法の主要改正点は、（1）銀行の定義の明確化、（2）株式会社制度の再導入、（3）最低資本金の法定化、（4）銀行の他業禁止、（5）支店以外の営業所の設置および変更についても許可事項とすること、（6）法定準備金の増額、（7）銀行の常務に従事する役員の兼職の制限、（8）銀行の内部監査の強化、（9）業務報告書の内容の改正、等である。

　銀行条例における銀行の定義によると、手形割引など与信行為のみを営業とするものも銀行とされていた。その一方、預金の受入れのみを行うものは銀行とはされなかった。明治初期には一般公衆は潤沢な資金を保有しておらず、預金という形態での資金集めは営業上困難であったため、銀行は貸金業の概念に近かった。したがって、銀行行政は与信業務を規制対象にすれば事足りた。しかし、明治中期以降国民の資産形成の進行にともない、預金という形態で銀行に預け入れが行われるようになったので、与信行為と受信行為をあわせ営むものを銀行と定義すると同時に、預金者保護の見地から、預金の受入れのみを行うものも銀行と定義し、旧銀行法による監督の対象とした。

　旧銀行法に対し、昭和30年代初めに現役であった大蔵官僚が「銀行の公共性」をどのように理解していたかを明らかにすることは、戦後の銀行検査の変遷を分析するにあたっての基盤となると同時に、その後の金融行政が業界保護的政策の性格を帯びてくる過程を検討する際の出発点となる。当時の大蔵官僚の考え方を理解する上では、昭和31年当時、大蔵省の現役官僚であった佐竹浩、橋口収両氏の共著による銀行法の解説書がふさわしいと考えるので、同書に基づいて論考する。

　佐竹・橋口は、銀行の「公共性」と「経済性」は相互に調和すべき銀行監

督行政の二本柱であると説明している。そして銀行の公共性については、「銀行業が公共性をもつといわれる所以は、第１に、銀行が預金者という一般企業の債権者とは、本質的に違う債権者をもっていること、第２に、銀行業務が複雑な信用組織でむすばれているために、どこかに破綻がおこると連鎖反応でその影響が広汎な範囲におよぶという点で、その制度並びに業務運営の適否は、一国の信用秩序の維持に重大な関係があること、第３には、銀行の資金供給面における国民経済的機能がその重要性をくわえていること、の３点に要約されよう」と述べている。(9)両氏は銀行破綻が預金者という多数の債権者に及ぼす広汎かつ直接的なマイナス影響と、破綻に端を発する経済全体へのマイナスの連鎖反応が、銀行の公共性が重視される根拠であると説明している。そして、与信面からの信用創造機能停止を懸念することが銀行の公共性を重視する根拠であるとしている。これを銀行検査行政レベルで理解すると、最初の２点は「預金者保護」と「信用秩序維持」に該当し、３点目は個別銀行レベルの「信用創造機能の保護」に相当すると考えられる。

　銀行の公共性を構成する第３の概念である、「資金供給面における国民経済的機能」は銀行の公共性を直接前面に打ち出したものである。しかし、この理想を実現するには、あくまでも銀行経営の健全性を確保することが前提となる。なぜなら、「預金者保護」と「信用秩序維持」は正に銀行経営の健全性を重視した概念だからである。実際には、銀行の顧客は資金の供給者と需要者双方にまたがるので、邦銀は経済システムの資金フローを担う機関として破綻が許されない経済主体と位置づけられ、銀行が経済性追求の過程でとり得るリスクの程度は暗黙のうちに限定されていた。

　これを個別銀行レベルで考えると、自ら吸収した資金を健全な貸出に振り向けることが第一義で、その後に国民経済的観点から「資金供給の国民経済的機能」を議論すべきということになる。つまり、ミクロレベルで銀行の貸借対照表の資産・負債が健全なバランスを保つことがまず必要ということである。また、個別銀行の貸借対照表を健全に保つことは、信用創造機能を健全にかつ効果的に発揮することである。銀行経営が適切に行われ、信用創造機能が保たれるのであれば、その範囲で健全なリスクをとり、経済発展のための融資を積極的に行うべきである。銀行検査の立場としては、経済発展の

ための融資を合理的な範囲で行うべきことについて、銀行経営のあり方の一環として検査提言すべきであるということになる。

このような観点から、大蔵当局は銀行検査を資金供給の国民経済的機能というマクロレベルの課題に対して、個別銀行の貸出資産の健全性をミクロレベルでチェックするとともに、資産・負債が健全なバランスを保つことを監督・監視する機能と位置づけていたと考えられる。

1－2　銀行検査に関する旧銀行法の規定

旧銀行法における銀行検査は、主務大臣による監督権の1つである「主務大臣の検査権」の発動と位置づけられる。主務大臣の監督権は検査権以外に調査権、処分権を加えた3つから成り立っている。主務大臣の検査権については、旧銀行法第21条で規定されている。同条は、「(検査権) 主務大臣何時ニテモ部下ノ官吏ニ命ジテ銀行ノ業務及財産ノ状況ヲ検査セシムルコトヲ得」として、検査権の存在を明確化している。銀行検査の目的について、佐竹・橋口は以下のようにまとめている。

(1) 銀行検査は銀行のもつ公共的性格のうち、受信面における公共性（預金者保護）の目的に役立つことを第一義とする。したがって、銀行の財産状況・資産内容の把握に重点をおき、それにともない、損益状況の分析・検討が必要となる。
(2) 同時に銀行は与信面における高度の公共性を担っている。時代の要請の変化にともない、この面の検査にも重点が置かれる。
(3) 要するに、銀行の有する公的機能ならびに性格が、与信・受信両面に通じた全ての業務状況ならびに資産状態において、十分確立・保全・発揮されているかを実態把握するところに検査の真髄がある。

1－3　旧銀行法に規定された銀行監査役の業務内容

旧銀行法制定時の主要改正点の1つである「銀行の内部監査の強化」について、小山嘉昭氏の解説に基づいて論考を加える。銀行の内部監査の強化に関しては、これを正確に理解するために内部監査の定義を確認しておく必要

がある。通常、内部監査という言葉で表わすのは経営者から委任を受けた従業員が、普段経営者が十分把握することが困難な部署の業務実態を監査するもので、いわば経営の補佐としての役割を担う者によって行われる。これに対して、現在の監査役監査は同じ組織に属するという観点からは内部者による監査であるが、その監査は取締役会や代表取締役、取締役等役員の業務遂行が適法に執行されているかという観点から主として株主のために行われるもので、内部監査とは区別される。旧銀行法において内部監査の強化とされているのは、銀行の監査役による監査の強化である。旧銀行法は監査役が銀行の業務および財産に関する監査書を作成することを義務付けるとともに、これを銀行に定着させることを狙いとしている。銀行の監査役の任務に関しては、前出の佐竹・橋口の著作が詳しい。[12]

　当時の株式会社における監査役の主たる任務は会計監査であったが（商法274条）、銀行の監査役の任務は会計監査に加えて銀行業務および財産状況の調査にまで及ぶとされていた（旧銀行法12条）。また、銀行の業務および財産の状況に関する調査結果を記載した監査書を毎営業年度ごとに作成することが義務付けられていた。旧銀行法のねらいは、これにより監査役は自ずと銀行業務と財産状況に精通するようになり、銀行検査と並行してこれを行なうことにより銀行による自律的な監督の効果を上げようとしたものと解釈されている。

　昭和26年の商法改正により株式会社の監査役の任務が会計監査に限定されてからも、銀行については、その公共的性格や旧銀行法（12条ノ3）が株主の帳簿閲覧権を排除していることとの釣り合いから、この規定が存置されたと説明されている。旧銀行法細則付属雛型にしたがうと銀行監査役の調査書に含まれるべき調査表は4種類からなる。その内容は「図表10-1　銀行監査役の調査書に付属する調査表」の通りである。

　このように、旧銀行法が監査役に求める監査機能は、一般企業の監査役が担う監査内容をはるかに凌駕して詳細なものである。大蔵省は銀行の監査役監査を実質的な銀行の自主的モニタリング機能を担うべきものと位置づけ、銀行検査との協調と棲み分けによる効果を狙ったと考えられる。そこには内部監査人による内部監査の概念は存在しない。旧銀行法における銀行の内部

第Ⅳ部　戦後占領期の銀行検査

図表10-1　銀行監査役の調査書に付属する調査表

調査表種類	記載内容
甲　号	新旧役員およびこれらの関係先に対する債権調 (新旧役員とは、現任取締役、および支配人ならびに退任後5年を経過しない取締役、監査役および支配人をさし、これらの関係先とは、その家族、親族、使用人または関係会社等をさす。)
乙　号	大口債券調 (大口債券とは、同一債務者およびこれと同一利害関係を有する者に対する債権合計額が払込資本金および準備金合計額の十分の一をこえるものをさす。)
丙　号	大口の所有または担保株式調 (大口の所有または担保株式とは銀行の所有し、もしくは債権の担保として受けいれた一会社の株式が当該会社の総株式の三分の一をこえるものをさす。)
丁　号	不良と認める債権調

出典：内閣印刷局編『昭和年間法令全書』昭和2年-3（原書房、1990年）104-114頁。
　　　大蔵省令第31号「銀行法施行細則（監査書付属調査表）」。

　監査の強化に関する規定は、同法が公布された昭和3年当時の銀行の内部統制を前提として設定されたもので、規定自体は銀行検査と監査役監査による相乗効果を狙った整合的なものであったと考えられる。旧銀行法の趣旨に沿って監査役監査を内部監査の主要な機能を担うものとして充実させ、銀行検査との相乗効果を念頭において基本原則に忠実に監査を実施すれば、旧銀行法における銀行検査行政の本来の趣旨を効果的に実現できたはずである。

　それが実現しなかった理由は、監査役に期待されていた機能を個別銀行の検査部が実態的に代替してきたことからも明らかである。しかも、昭和18年までは監査書を四半期ごとに1回作成することが義務付けられていたが、それ以降は営業年度ごとに1回となったため、銀行監査役が旧銀行法に則って常時監査を実施する制度自体が有名無実化していた。[13]

第2節　銀行検査の形成過程

2-1　銀行検査に関するGHQ/SCAPの指示

　本節で取り上げる銀行検査関係の資料は、1948（昭和23）年から1949（昭和24）年にかけてSCAPの経済関係部局であるESS（Economic and Scientific Section：経済科学局）から大蔵省に交付された非公式覚書である。SCAP文書に含まれる「有効な銀行システムを立ち上げること、検査制度」と題した第1通目の非公式文書（1948年5月26日付）で示された要点は、大きく以下の4点である。SCAPの経済科学局長ウィリアム・F・マーカット少将名で大蔵省に通知されたこの非公式覚書は、銀行預金者と公衆の保護を目的とした法整備、銀行検査・監督制度の発達、検査要員の充実を要請している。[14]

（1）銀行は預金者保護に十分なだけの追加増資を行うこと。また、預金者と公衆の利益の保護の強化のためには、適切で効果的な銀行検査制度および銀行監督制度を発達させること。
（2）効果的な規制や監督のための法的整備を行うこと。また、銀行法、規則、健全な融資・投資方針及び慣習に従って、銀行が運営され機能しているか否かについて、十分な経験と訓練を積んだ職員が徹底的な銀行検査を行うこと。
（3）大蔵省による保険会社の監督は、銀行監督とは分離独立した事務局によって行われるべきこと。
（4）大蔵省監督下において、適切な手順を踏んで早急に有能な検査員と補助要員を養成し、銀行やその他の金融機関および保険会社に対する適確な検査を実施すること。

　大蔵省銀行局はESSからの通知の2ヶ月後の1948（昭和23）年7月7日に、「総司令部の金融機構改革方針」として以下のような内部資料を作成している。[15]

検査機構の拡充
（1）今回銀行局に検査部を設け検査機構の拡充を図ったが、なお十分な検査を行うには不十分であるから更に人員を増加する必要がある。
（2）右の人員増加と共に検査経費はこれを各金融機関に負担させることを考えて頂きたい。
（3）検査に要する旅費、手当については特別の方法を講ずることができるよう考慮して頂きたい。

ESSからの非公式覚書の日付が1948年5月26日であることを考慮すると、1ヶ月以上後に作成されたこの大蔵省の内部資料は、非公式覚書への何らかの対応を意図して作成されたものと考えられる。しかし、非公式覚書が意図した「銀行預金者と公衆の保護を目的とした法整備」、「銀行検査・監督制度の発達」、「検査要員の充実」の3つの大きな柱のうち、大蔵省銀行局は検査要員の充実のみを取り上げ、しかもESSが直接的には言及していない金融機関による検査経費の負担、検査旅費・手当に対する特別措置等、瑣末な議論に拘泥している様子が見られる。

大蔵省の対応に業を煮やしたESSは、翌年1949年に「検査に対して本質的な検閲を完遂するための適切な組織および金融機関」と題した第2通目の非公式覚書を経済科学局日本財政金融課ジョン・M・アリソン課長名で大蔵省に通知した。この第2通目の非公式覚書は、このアリソン課長名で通知された1949年9月13日付非公式文書に、ESS日本財政金融課ウォルター・K・ルコント課長名で作成された1949年8月18日付公式メモが添付される形で資料保存されている。両文書ともに指示内容が具体的になるとともに、非公式覚書については期限を区切って大蔵省からの回答を求める等、強制力が増している。1949年9月13日付で前出アリソン課長名で通知された非公式覚書による指示の要点は以下の4点である。[16]

（1）銀行検査制度を立ち上げて、国家経済の利益に向けて銀行法や規則の強化を課すことができるような基準にしたがってそれを機能させることは、健全な銀行運営を行う上で欠くべからざる主要点であり緊急

第10章　戦後占領期における銀行検査の考察

な要素である。
（2）そのようなシステムを有効にするためには、少なくとも年一回、邦銀全行に対して完全な検査を実行するという目的を持たなければならない。
（3）検査要員が不足している。検査官増員についての緊急の必要性に加えて、必須とされる管理事務や検査報告の再検討、分析、校正等を担当する要員も銀行検査制度を完璧に機能させるためには必要である。
（4）1949年10月3日までに、本計画を完遂するための提案報告を経済科学局日本財政金融課宛提出することが求められる。

1949年8月18日付で ESS日本財政金融課ウォルター・K・ルコント課長名で通知された公式メモの要点は以下の9点である。[17]

（1）日本の金融機関は現実的に規制されておらず、検査されてもいない。金融機関に対して監督権限を有する当局が定期的に見直しすることはない。大蔵省によって稀にしか行われず、かつ表面的な検査は法的権限に従って全ての金融機関に対して行われるが、それは許しがたく懐疑的なものである。銀行の投資ポートフォリオにある国債を含むこれら債券のための活動的な公開市場は存在しない。その結果は、銀行のほぼ完全な日本銀行への依存、すなわち銀行の貸付勘定や投資勘定の著しく遅い動きによる資産サイドの（問題に起因する）流動性不足状態を解決するための日銀貸出への依存として現れる。
（2）日本銀行は取引銀行に対して、主として締結された契約内容が遵守されているかをテストする意味で、約58名に及ぶ検査員によって検査を行うが、これらの契約は条件に関して統一されておらず、おそらく任意の、あるいは特別な場合の温情溢れる取扱いに基盤をおくところの日本銀行総裁に一任された規則にしたがっている。
（3）日本には現在5,712支店を有する78の銀行があり、合計すると5,790の銀行業を営む組織単位とそれに加えて、無尽会社や地方の信用組合やいくつかの保険会社から構成される約12,000の協同組合組織がある。

大蔵省は東京に40名の銀行検査要員がおり、加えて地方財務局には約80名の要員がいて非常勤ベースで検査業務全般にわたって協力している。

(4) 1948年6月、本目的のために十分な要員を供給することについて、大蔵省の主題として銀行局で議論された。それ以来、レーマン、レーダス両氏が、現在米国で実施している銀行検査技術を日本人に対して訓練し発展させるプロジェクト担当に指名された。

(5) このプログラムで幾分かの進歩は見られたが、遅れは言葉の壁に起因していた。しかし、より深刻な原因は大蔵省サイドの時間稼ぎであると思われた。大蔵省が述べるところによると、必要な資金を確保すること、つまり、金融機関の検査に関する業務遂行に割り当てられる予算確保について困難に遭遇していたということである。

(6) 1949年8月15日付、大蔵省銀行局長の愛知揆一氏は「検査部を拡充することについての内部報告」という手段をもって主計局に通知した。この報告は1948年5月26日付で銀行検査制度の拡充を提案した経済科学局財務金融課からの非公式覚書に言及した。また、覚書に応じて新たに創設された検査部は迅速に組織化され、持てる能力を最大限発揮して業務遂行されているという内容を報告した。

(7) 大蔵省は現在、スミス、ロビンソン、ヘンリー、レーマン、レーダス各氏によって1949年7月18日付で提言された銀行検査に関係する3つのポイントを実施しようと努力している。提言内容は、①銀行局は流暢な英語と日本語を自在に使える力と長年の銀行経験を有する少なくとも6名の人物を提供すること。②銀行検査に携わる専任要員を250名まで増員すること。③大蔵省の検査要員を保持するコストをカバーするために銀行を評価するという条件で立法措置を考慮すること。

(8) 内部報告は、政府機関の経費削減方針が打ち出されているこの時期に、銀行検査部署の要員を増員することに関して大蔵省が直面している困難について列挙し、法改正の必要性について言及している。大蔵省設置法を改正し、銀行検査要員を増加させる必要性についてである。報告は日本人要員を訓練することにより彼等が専門的能力の核を形成し、

第10章　戦後占領期における銀行検査の考察

その上に大蔵省の拡充された検査部署を構築するように、主計局からの継続的なサポートを要求している。
（9）このレターは、全ての金融機関のための有能で適確な検査当局を設立するプログラムに関することと、本質的な政府の機能を提供するための適切に配分された国家予算を獲得しようと努力することにおいて、大蔵省がその力を強化することに関するGHQの考え方と政策を強調することを意図したものである。

　この公式メモには、大蔵省検査や日銀考査に対する実態認識を含めて濃密な内容が盛り込まれている。大蔵省検査に対するウォルター・K・ルコントの認識は極めて懐疑的で、大蔵省による銀行検査は実質的に機能していないと考えていた。日銀考査に対する評価も低く、総裁の裁量範囲で実質的に考査が骨抜きになるという認識を有していた。非公式覚書への大蔵省の対応を批判する一方、当時銀行局長であった愛知揆一氏の努力に対しては一定の評価を与えた。
　大蔵省検査の機能拡充プロジェクトで重要な3つのポイントは、（1）銀行局は流暢な英語と日本語を自在に使える力と長年の銀行経験を有する少なくとも6名の人物を提供すること、（2）銀行検査に携わる専任要員を250名まで増員すること、（3）大蔵省の検査要員を保持するコストをカバーするために銀行を評価するという条件で立法措置を考慮すること、等である。1番目のポイントは、ESSの担当者と大蔵省との意思疎通を妨げる言語上の障壁を排除しようとするものであり、2番目のポイントは、現状40名の検査要員を一挙に250名まで増加させようとするものである。3番目のポイントは、大蔵省の検査要員を保持するための立法措置に関するものであるが、その費用を予算措置により確保しようとするのか、あるいは、銀行を受益者として検査費用を被検査銀行に負担させようとするのかはこの文面からは正確には読み取れない。
　しかし、「全ての金融機関のための有能で適確な検査当局を設立するプログラムに関することと、本質的な政府の機能を提供するための適切に配分された国家予算を獲得しようと努力するべき」であることが強調され、銀行局

第Ⅳ部　戦後占領期の銀行検査

の内部報告が主計局からの継続的なサポートを要求していることに対して、好意的に言及していることを考えると、ESSは立法措置によりしかるべく予算を確保し、検査要員とその活動を担保する必要条件を整えることを重要と認識していたと考えられる。一方、前述の1948（昭和23）年7月7日付けの「総司令部の金融機構改革方針」と題した内部資料には、「右の人員増加と共に検査経費はこれを各金融機関に負担させることを考えて頂きたい」という文言があることから、少なくとも銀行を銀行検査の受益者であると同時に、検査費用の負担者であると見なす考えが当時の大蔵省にあったと思われる。

　昭和25年4月から検査部審査課長の職にあった福田久男氏は、レーマン、レーダスの活動内容を裏付ける形で新検査方式導入当時を振り返っている[18]。以下の証言により当時の検査担当官僚が新検査方式をどのように受容していたかを垣間見ることができる。

　「GHQの経済科学局財政課金融・銀行班（ESS・マネー・アンド・バンキング・ユニット）にレーディス氏、レーマン氏という二人の銀行検査関係の担当者がいた。この両氏は、アメリカで銀行検査の経験があったらしく、きわめて熱心であった。まず、日本の検査機構が弱体であるという認識に立って、検査人員の大幅な増員を勧告してきた。また組織についても、管理課、審査課の二課を設けるよう指導してきた。銀行局はこの線に沿って、検査官の定員の大幅増員を図り、二課制も採用した。

　次に両氏は銀行検査の要領（具体的なやり方、手順など）、また検査報告書の様式やまとめ方、書き方などをレクチャーされた。両氏は比較的規模の小さな店舗数も少ない銀行の検査をモデル的に説明された。また講述が終わると、具体的に銀行検査に同道し、立ち会って自ら検査のやり方をやってみせるという熱の入れ方であった。要するに米国式の検査を日本に直輸入しようとするものであった。

　われわれは、両氏の講述を「叩き台」として、日本に取り入れるにはどうすべきかを検討した。規模の小さい銀行の場合はまだしも、都市銀行などでは、そのまま取り入れることは時間と労力を要しすぎるので、工夫する必要があった。現物監査もていねいであるが、検査全体がとにかくていねいすぎ

た。
　わが国の場合、検査の結果は、検査官が講評を行ない、分類資産などは銀行に示したが、検査結果の報告書は銀行へ渡さないで、銀行局長から「示達書」なる注意事項などを記述した通達を出すにとどめていた。そしてこれに対して、銀行から答弁書を求めることが例であった。それが米国方式だと、検査報告書を「機密の部」と「一般の部」とに分け、前者は銀行局の内部資料とするもので、後者は銀行局長からの示達書とともに銀行へ渡される仕組みであった。」

2－2　新検査方式の評価

　大蔵省銀行局検査部長の近藤直人が、1949（昭和24）年10月10日の「財政経済弘報」第152号に、「金融機関の新検査方式の解説」[19]を発表した。それまでのESSと大蔵省との交渉経緯を念頭において従来の銀行検査と比較する。「図表10-2　新旧銀行検査対比表」にその概要を示す。
　1949（昭和24）年10月時点では、まだ新検査様式による銀行検査は本格的に実施されていたわけではない。検査方法に関しては、（1）全支店を対象とした実地検査を主体とした検査への変更、（2）被検査銀行の帳簿に直接アクセスする方式への変更、等が主なポイントである。実地検査を主体とした方式への変更は、対象金融機関の実態を詳細に把握するという意味では改善であるが、検査官数と検査技術が確保できるかがポイントとなる。全支店に対する実地検査が実施できたとすると、被検査銀行のモラル・ハザードが問題となる。全支店を詳細に検査するのは、本来被検査銀行に属する検査部門の業務であり、それを銀行検査当局が実施すると、（1）被検査銀行の検査部署の業務が実質銀行検査当局により代替されてしまう、（2）被検査銀行の検査部初の検査が、数年に1回臨店する銀行検査の予行演習になってしまう、等の問題が生じる。
　被検査銀行の帳簿に直接アクセスすることは、銀行業務の実態をより正確に検査することにおいて十分効果的と考えられる。これは、被検査銀行が日常業務で用いている帳簿を検査資料とすることで、実感を持って業務内容を把握できるという点と、被検査銀行が使用帳簿から記入表に転記する際に都

第Ⅳ部　戦後占領期の銀行検査

図表10-2　新旧銀行検査対比表

	従来の検査方式	新検査方式
検査方法	①本店中心、予告なし ②被検査銀行に作成させた記入表にしたがって検査を実施 ③書面検査中心	①全店舗に臨店して検査する（実地監査主体） ②金融機関に記入表の作成を依頼することなく帳簿等による本検査を実施
検査報告書	①検査報告書の各項目の記述内容は検査官の任意 ②金融機関の経営の良否、資産の確否の説明に合理性が欠けている場合があった ③不良資産は2分類	①検査報告書は一定の様式に定型化 ②検査官が不良資産と認定した事由を第三者が納得できるように個別的に詳述（検査官の説明責任の強化により公明性を実証する） ③不良資産を3分類にした

出典：日本銀行金融研究所編修、土屋喬雄監修『日本金融史資料昭和続編第20巻』大蔵省資料（2）（大蔵省印刷局発行、1990年）、772-778頁。
注：1949年10月10日発行「財政経済弘報」第152号に掲載された「金融機関の新検査方式の解説」にしたがった新旧検査方式を対比表にまとめた。

合の悪い情報を削除するというモラル・ハザードを回避できるという点で、改善が期待できる方法である。前出の福田久男は当時を振り返って次のように証言している。

　「検査のあり方について、戦前ないし戦時中の旧検査課時代には2つの大きな流れというか考え方があった。片や旧派といい、片や新派といって、大論争が行なわれ尽きることがなかった。この点については山本菊一郎氏（昭和十年組、元日銀政策委員）が詳しく、何かにたびたび書いておられ、お話もしておられた。
　銀行検査官として与賀田辰雄さん（のち凸版印刷株式会社に招かれ、常務、専務として活躍）と垣見静さん（のちダンロップゴム工業株式会社の敵産管理人(ママ)として同社の経営の任にあたり、戦後も引き続き同社の経営を担当）の二人がおられ、前者は旧派、後者は新派のそれぞれ代表的人物であった。旧派は銀行検

査の役割、使命は銀行の現況をありのままに的確に把握することにあり、その結果を上司および行政課に報告する。上司なり行政課はこれを基礎として行政に反映させ、活用すべきである、という。新派は、現況の的確な把握にとどまらず、その銀行の経営を、よりよいものとするためにアドバイスし、勧告し、指導すべきで、上司や行政課に報告するとともに、自ら主導的にこれを遂行すべきである、という。

　この2つの立場の相違は、検査にあたっての心構えや検査報告書の書き方などにも影響してくる。

　戦後、検査部が新設され、銀行検査が復活してから、検査報告書の「まとめ方」について、それぞれの検査官により、また検査対象銀行の状況によって、いろいろとバラエティに富んだ形になりがちであった。」

　福田の証言は時期や人名が具体的に記載されており、信憑性は高いと考えられる。この証言により、戦前から戦中を通じて大蔵省内でも検査のあり方について、いわゆる「指摘型検査」に注力すべきとする考え方と、「提言型検査」に注力すべきとする考え方が並存していたことが分かる。すなわち、銀行検査行政と銀行監督行政の相互作用、銀行検査行政と邦銀の相互作用それぞれについて、2つの考え方が戦前から並存していた。

　旧派に属する銀行検査官は、銀行検査行政担当と銀行監督行政担当のコミュニケーションは重視するものの、その役割分担を明確に区別しており、いわば銀行検査行政は銀行監督行政の領域には踏み込むべきではないとの立場を明確にしている。また、銀行検査行政と邦銀との関係については、銀行経営の実態を正確に把握することに注力することが第一であり、検査結果に基づいたアドバイスや勧告は銀行検査行政本来の使命ではないとの立場を明確にしている。単純化による誤解を恐れずにその特徴を表現すると、大蔵省内の行政執行組織間の縦割り構造を是認し、それを前提にして銀行検査行政を推進する立場ということになる。

　一方、新派に属する銀行検査官は、銀行検査行政担当と銀行監督行政担当のコミュニケーションを重視すると同時に、検査結果に基づきアドバイスや勧告によって銀行の現況を改善できる部分については、銀行監督行政の執行

を待たずに、進んでその役割を果たすべきとの立場を明らかにしている。新派は大蔵省内の行政執行組織間の縦割り構造に問題意識を抱き、それを個別の検査行政の執行において是正しようとする立場の銀行検査官集団ということになる。これら新旧２つの立場が、戦後SCAPの指導を受け容れて新たな検査行政をスタートするにあたって、どのように変化・発展し、どちらの考え方が新しい銀行検査行政の基本的スタンスとして定着したのかを検証することが必要となる。

　銀行検査行政が銀行監督行政の領域に踏み込む場合には、それがどの程度になるかがポイントであり、その点の見定めや双方の了解が重要である。新派・旧派いずれの立場においても、銀行監督行政担当部署との双方向コミュニケーションが最重要となる。これをレトリックで表現すると、銀行検査行政・銀行監督行政とも互いに「ノリシロ」をもって行政運営することが重要であり、互いのノリシロを可能な範囲で拡大することが相互作用強化の手段である。銀行検査行政におけるノリシロの具体的内容は、上記で述べたごとく銀行検査結果の銀行監督行政部署への早期還元と、銀行への提言機能の拡大である。銀行監督行政のノリシロは、検査結果を反映させた大蔵通達の発牒と、通達内容についての検査部との認識共有である。

第３節　新検査方式による銀行検査―昭和26年度の銀行検査結果分析―

３－１　一般検査結果のまとめ

　新検査方式による銀行検査の実態を、第１回銀行局金融年報（昭和27年度版）[20]により分析する。戦後第１回として発行された銀行局金融年報の対象年度は、1951（昭和26）年であり、新検査方式が発表された1949（昭和24）年10月から２年程度経過している。新検査方式が実施された直後の期間に該当する銀行局金融年報は発行されていないため、新検査方式適用初年度の実態を詳細に分析することはできないが、第１回銀行局金融年報には前年度の実態に関する記述も見られることから、本資料を用いて初年度および第２年度の実態をあわせて分析する。昭和26年度の被検査金融機関数は「図表10-3　総

第10章　戦後占領期における銀行検査の考察

図表10-3　総合検査実施金融機関数

		26年度末現在金融機関数a	検査実施機関数			
			26年度中b	b/a%	25年度中c	c/a%
銀行及び信託銀行	11大銀行	11	9	82	2	18
	旧特銀	3	1	33	2	67
	信託銀行	6	1	17	2	33
	地方銀行	62	29	47	30	48
	計	82	40	49	36	44
保険会社	損害保険	20	7	35	2	10
	生命保険	20	5	25	2	10
	計	40	12	30	4	10
相互銀行無尽会社	相互銀行	58	32	55	—	—
	無尽会社	16	8	50	—	—
	計	74	40	54	15	20
信用金庫（組合）	信用金庫	360	220	61	—	—
	信用協同組合	286	233	81	—	—
	計	646	453	70	279	43
合　計		842	545	65	334	40

出典：大蔵省銀行局編集『第一回銀行局金融年報』昭和27年度版（社団法人金融財政事情研究会、昭和27年）。
原注：1. 26年度においては上記の外、両建及び粉飾預金について21行8ヶ店を実地検査した。又財務局及び財務部においては、銀行の支店単独検査、保険代理店検査（第1回銀行局金融年報第3節参照）か資金業検査をそれぞれ若干件数実施している。
　　　2. 農林中央金庫、商工組合中央金庫及び政府特殊金融機関は、26年度中には検査していない。
注：本表は銀行局金融年報（昭和27年度版）に掲載されている図表に25年度検査実施率（c/a%）を追加した。

合検査実施金融機関数」の通りである。総合検査は一般検査と特別検査で構成される。

第Ⅳ部　戦後占領期の銀行検査

図表10-4　大蔵省本省の検査要員　　　　（単位：人）

内訳＼年月	総員	内検査官	内特殊分担要員 保険	内特殊分担要員 相互銀行	内特殊分担要員 信託銀行	備考
昭和26年3月	123	42	—	—	—	銀行は全員分担
昭和27年3月	104	50	34	26	9	

出典：大蔵省銀行局編集『第1回銀行局金融年報』昭和27年度版（社団法人金融財政事情研究会、昭和27年）、396頁。

図表10-5　地方財務局の検査要員（検査官のみ）　（単位：人）

内訳＼年月	総員	関東	近畿	北海道	東北	東海	北陸	中国	四国	北九州	南九州
26. 3	82	20	10	4	9	9	5	8	6	6	6
27. 3	118	26	13	14	11	10	7	11	6	10	8

出典：大蔵省銀行局編集『第1回銀行局金融年報』昭和27年度版（社団法人金融財政事情研究会、昭和27年）、397頁。
原注：兼任検査官26年3月55人、27年3月74人を含む。

　新検査方式による検査実施状況について銀行局金融年報は、「戦後の新検査が軌道に乗ったのは、銀行については昭和25年度、その他の金融機関については、昭和26年度である。昭和25年度においては、銀行の支店について、検査官の訓練を兼ねた実地検査が多かったが、昭和26年度においては、本省と地方部局、或は本省内部において金融機関の種類或は規模別に検査分担を決め、それぞれその分担機関の検査に努力した。昭和26年度の実績が挙ったのは、かかる事情に基づくものである」と述べて、第2年度（昭和26年度）の検査実績において新検査方式が効果を現わし始めたことを強調するとともに、初年度（昭和25年度）は実質訓練の期間であったことを明らかにしている。初年度及び第2年度の検査官の陣容は「図表10-4　大蔵省本省の検査要員」および「図表10-5　地方財務局の検査要員（検査官のみ）」の通りである。
　1949年8月18日付でESS日本財政金融課ウォルター・K・ルコント課長名で通知された公式メモでは、銀行検査要員を250名まで増員することが求め

られていたが、昭和27年3月時点の検査要員は図表10-4および図表10-5によると、本省と地方財務局の非常勤検査要員を合計しても222名と若干不足している。

　新検査方式が求める検査密度と、図表10-3から図表10-5で示される検査実績および検査要員を比較すると、昭和26年度のみで、11大銀行中9行に対して新検査方式に厳格に則った総合検査を実施したとは考えられない。銀行の実務実態を包括的に検査する一般検査結果の内容については以下で検討する。

　一般検査結果の概略
　一般検査を通じて大蔵省が認識した問題点は、11大銀行に対してカバー率82％で検査を実施した結果であるので、ほぼ都市銀行に共通すると考える。

　概　観
　1．資産内容は逐次改善されている。
　2．貸出・その他事務は格段に進歩改善されている。
　3．銀行の不良債権は貸倒準備金でカバーできる。
　　　1）償却・貸倒準備金を増加させたこと。
　　　2）貸出金の不良化を未然防止したこと。
　4．内容不良の銀行は大口貸出先の不調に原因しているが、今後数期の銀行収益により補填可能。
　5．不良債権には「役職員の誤った融資態度」、「機構運営上の欠陥」に禍されて回復に比較的長期間を要するものがある。

　機構とその運営
　銀行の本部機構は逐次整備充実されているが、以下のポイントについて検討の余地がある。
　（1）銀行は機構によって運営するという認識が不足。内部規程が軽視され、部課機構は特定人物が左右している事例があるが、これは企業の発展に致命的な結果を招来するおそれがある。
　（2）一般的に各部課間の連絡協調が不十分。本部と営業店間の関係は比較

的円滑であるが、本部の部課間の協調が不十分。上記（1）の問題と重なった場合は部課間の牽制と釣合いが破壊され、十分な組織の運営が困難となる。
(3) 一般的に審査・経理・検査の陣容が弱体。審査が形式的なものになる可能性がある陣容である。審査担当者1名に対して都市銀行は通常3～4支店、地方銀行は6支店。経理部門については、損益分析を十分行っていないものが地方銀行に多い。原因は構成員の質的貧困と怠慢。検査は不祥事防止の観点のみならず、内部監査の観点から業績向上という積極的な面から強化が必要。都市銀行の検査要員1名の担当店舗数は3～4支店。
(4) 本部機構の充実は営業店を含めた銀行全体の問題として総合的に解決するべき。本部要員の増加は管理費用の増加を招くが、本部要員の総職員に占める割合は10％が適正限度と認められるが、管理費用を不当に増嵩させている都市銀行がある。

貸出金
1. 信用調査
　(1) 信用調査については以下の3点で改善が認められる。①科学的な信用調査の様式を定め、あるいは、貸出稟議の様式に信用分析の資料を取り入れている、②取引先の財務諸表等の調査資料が店舗に備えられている、③ごく一部の銀行ではあるが、信用分析の基準を具体的に定め、等級を設けて貸出に制限を加えている。
　(2) 対人信用に依存する貸出が多い。事業に対する認識に欠け勘に依存している。その理由は以下の3点。①信用調査が形式的、②調査結果を無視した貸出を行っている、③本部の審査が形式的。
　(3) 融資後の管理は不十分。
2. 大口の信用供与
　(1) 大口信用供与は貸倒準備金を含む自己資本の25％（同一利害関係人は通算する）。
　(2) 大口貸出が占める割合は地方銀行に多く全貸出の20％から50％。

（3）過当な大口信用供与は回避すべき。
3．情実的貸出
　（1）情実貸出の温床は銀行の本部機構の欠陥と信用調査の形式化。
　（2）情実貸出の多い銀行は不良資産も多い。
4．役職員関係貸出
　（1）数年前に比較すると改善顕著であるが一部の銀行では芳しくないものがある。
　（2）職員関係の貸出には職員個人と厚生団体に対するものとがある。資金コストを割っているもの、実質給与と見なされるもの等がある。
　（3）役職員関係貸出には返済計画について周到な取り決めがなされていないものがある。
5．その他

法令違反
（1）法令違反は「貸出金利違反」、「自行株担保取扱」。
（2）金利違反については、調査料等の名目による金利徴求、両建預金による実質金利カバー。
（3）自行株担保取扱は漸次減少。

一時当座貸越と融通手形
（1）無契約当座貸越、契約限度超過貸越、資金化されていない他店券見合の貸越は急激に減少。
（2）商業手形中融通手形と認められるものは著増。
　　①銀行側の取扱いが軽率。焦げ付き債権回収の手段として割引いた場合に発生。
　　②手形割引依頼人は実際の取引金額に上乗せする等手口が巧妙化。

貸出手続上の不備
（1）越権貸出、事後稟議は一般に減少しているが散見。

（2）担保手続上の不備は多い。

預　金
（1）粉飾預金、両建預金は自粛顕著であるが自動振替預金（無利息の当座預金残高は最小に留めて支払の都度普通預金等から振替える預金）は残存。これは対顧客関係、他行との競合状況に起因。
（2）表面上適法金利を装いながら裏金利を支払う悪質な方法が増加しているが発見は困難。

その他
（1）有価証券
　　一部の銀行に株式の投機的運用を行っている事例がある。自行株と持合い条件での株式、社債の取得は増加傾向。利廻り採算上不適当と思われる地方雑株の取得が少額見られる。
（2）動産・不動産
　　不動産勘定が増嵩（戦災店復興、店舗新設等）。当局通達による制限（自己資本の70％）をクリアするために傍系不動産会社に所有させる例がある。所有不動産についても未登記、権利書類の不備等が認められる。
（3）現金
　　取扱量の著増から不突合が多く係員が不突合を任意に調整している事例がある。原因の徹底調査、雑損益による正確な勘定処理、係員の責任の明確化が必要。交換手形の不適当な扱いは稀。
（4）重要貴重用紙の整理
　　未使用小切手、株券等の受払補完は改善したが不正流用による不祥事が発生した銀行もある。

3－2　一般検査結果に基づく考察

　GHQ/SCAPの影響を受けて成立した新検査方式の特質については、昭和26年度の一般検査結果を「銀行の公共性」の3つの要素である「預金者保護」、

第10章　戦後占領期における銀行検査の考察

「信用秩序維持」、「信用創造機能の保護」にしたがって検討する。

　「預金者保護」に関しては、資産状況と併せて負債状況に関する検査を行う必要があり、貸出資産の安全性と収益性の検査と並行して、預金債務のポートフォリオと期間構成や預金債務の質を検査することは、個別銀行の「信用創造機能の保護」の実態を検査する上で不可欠であるというのが本章の立場である。

　昭和26年度の一般検査結果報告を見ると、冒頭の「概観」は全て資産サイドに関するコメントで満たされている。コメント内容は、（1）資産内容は逐次改善されていること、（2）貸出・その他事務は格段に進歩改善されていること、（3）銀行の不良債権は貸倒準備金でカバーできる、等である。個別検査項目では、貸出金に関する講評が多くの割合を占めている。これに対して、負債サイドの預金に関しては、粉飾預金や両建預金の実態、裏金利に関する検査結果を示すにとどまり、質量ともに検査講評内容が貧弱である。

　この点に注目すると、銀行の公共性にとって負債サイドである預金の検査はあくまで副次的であるように思える。しかし、銀行検査で用いられた検査報告書様式をみると、預金の実態に関する検査様式は、「預金の科目別構成と増減」（期末残高及び期中増減、平均残高の異動及び検査日現在残高）、「預金者別構成と増減」（期末残高及び期中増減、検査日現在又は最近時点における構成割合及び債務者預金）、「大口預金」等から構成されており、まさに預金債務のポートフォリオと期間構成や預金債務の質を検査することを意図した検査様式体系となっている。また、預金債務の質は一般検査と並行して実施された後述の特別検査の目的として掲げられている。したがって、銀行の公共性と負債サイドの検査との関係を正確に把握するためには、検査様式とその利用状況、特別検査の結果を併せて検討する必要がある。

　「信用秩序維持」は信用組織全体を視野に入れたものでなければならず、銀行検査でこの点を担保するためには、検査官の員数を適正に保ち、多数の金融機関を可能な限り効率的に検査することが重要である。また、第2節で示したESS日本財政金融課ウォルター・K・ルコント課長からの公式メモの通り、検査要員を250名まで増員することはGHQ/SCAPからの指示でもあった。図表10-3の通り、銀行検査のカバー率は、昭和25年度は全金融機関の

463

40％、昭和26年度は65％と、2年間でほぼ全金融機関を検査したことになるが、これは昭和27年度に220名まで増員された検査官によって担われた。

このように、昭和26年度の一般検査結果を見ると、銀行検査実務や銀行検査行政は銀行の公共性を構成する「預金者保護」と「信用秩序維持」を担保すべく運営されていたと考えられる。

3-3 特別検査結果のまとめ

昭和26年度の特別検査は、粉飾預金と両建預金の実態、および大口信用集中と滞貨融資の実態を検査する目的をもって行われた。このうち粉飾預金と両建預金については、戦後の銀行のオーバー・ローンの激化にともなって、各行が預金吸収に狂奔せざるを得なかった事情を勘案する必要がある。健全な金融機関のパフォーマンスからすると、吸収の対象となる預金はあくまでも本源的預金であるべきだが、競合他行との熾烈な預金獲得競争の結果として「粉飾預金及び両建預金の弊風を漸次盛行せしめる兆が顕著であった」と銀行検査当局が認識するに到った。銀行検査当局はこの問題意識に基づき、昭和26年7月5日付通牒蔵銀第3153号で粉飾預金と両建預金の一掃を指示し、その翌月から21行87支店にわたり特別検査を実施した。

大口信用集中と滞貨融資については、都市銀行7行（富士、千代田、三和、大阪、第一、帝国、東京）に対する一般検査の重点項目として検査が実施された。都市銀行7行の預金・貸出ともに全国銀行の41％を占めており、邦銀における大口信用集中と滞貨融資の実態はこの検査で概ね把握できたものと思われる。

1. 粉飾預金の実態

粉飾預金の地区別の実態は「図表10-6　地区別粉飾預金」のようにまとめられる。

粉飾預金額および預金全体に占める割合は、ともに昭和26年3月から7月の4ヶ月間にそれぞれ△9,110百万円、△4.9％と急激に減少した。この原因は、①粉飾預金は銀行間や支店間で連携し、帳簿上のみで実行することが可能であることから、銀行検査が行われるという情報が銀行間で駆け巡ると比

図表10-6 地区別粉飾預金　　（単位：百万円、％）

地区別	昭和26年3月末日 総預金額(A)	内粉飾預金額(B)	B/A	昭和26年7月末日 総預金額(C)	内粉飾預金額(D)	D/C
東京（44ヶ店）	92,942	14,210	15.3	88,296	8,674	9.8
阪神（26ヶ店）	57,790	6,109	10.5	56,083	4,168	7.4
名古屋（10ヶ店）	13,404	2,308	17.2	12,690	1,306	10.3
福岡（7ヶ店）	6,331	1,597	25.2	5,821	967	16.6
計（87ヶ店）	170,469	24,226	14.2	162,891	15,116	9.3

出典：大蔵省銀行局編集『第1回銀行局金融年報』昭和27年度版（社団法人金融財政事情研究会、昭和27年）、397頁。

較的迅速に帳簿操作を正常に戻すことができること、②銀行間で操作していたものを複数銀行で一斉に正常化すると、操作金額の複数倍の粉飾預金が銀行業界全体で減少すること、の2点と考えられる。

預金・貸出ともに全国銀行の41％を占める金融機関で、10～15％前後の粉飾預金が存在するということは、邦銀全体でもおそらく同程度の割合で粉飾預金が存在していたことが容易に類推できる。個別銀行からの計数報告を集計し、それを基に金融行政や金融政策を立案実行する金融当局にとって、正確な銀行預金数値が把握できないことは致命的な問題である。銀行検査行政と銀行監督行政および金融政策との相互作用を考えた場合、昭和26年度の特別検査では、金融行政に必要な基礎データの正確性を確認する銀行検査の役割がクローズアップされる。

2．両建預金の実態

　検査対象となった総預金132,516百万円の57％にあたる76,756百万円が債務者からの預金であり、それは貸出金の30.5％に該当する。検査当局は、定期預金に占める債務者預金の割合が67％（通知預金は63％）と当座預金に占める債務者預金の割合である65％を上回っていることに対して、「両建預金の温床がここにあることは十分推察できるところである」として、貸出金を固定預金に縛り付ける傾向に対して問題意識を明確にしている。その後の歩積両建預金検査実務において、定期預金や通知預金を中心に預金代り金への貸付金原資混入が厳しくチェックされるようになったルーツが、戦後初めて行われたこの特別検査結果に認められる。

3．大口信用集中

　特別検査での大口信用集中の判定は、一債務者に対する融資残高5億円以上を大口としてその件数と金額を確定したものである。検査当局は大口信用集中を回避する方法として協調融資を歓迎しているが、管理面での協調はゼロに近いとしている。業種別大口融資は「図表10-7　業種別大口融資」の通りである。

4．滞貨融資

　滞貨融資の多くは、朝鮮戦争のブームの反動による輸入に関連していたが、検査当局としてもその実態は十分に把握していなかった。特別検査の目的は、その実態を調査するものであった。滞貨融資の認定基準は以下の通りで、対象品目は特定物資と称される綿花、羊毛、油脂原料、生ゴム、皮革、綿糸布、化学繊維の7品目である。滞貨融資状況を「図表10-8　業種別滞貨融資状況」に示す。
　（1）スタンプ手形によらない輸入ユーザンス決済資金融資
　（2）輸入ユーザンス決済としてのスタンプ手形の期限経過によるつなぎ融資
　（3）紡績会社に対するいわゆるマル輸手形による融資
　（4）化学繊維メーカーに対する不足運転資金の協調融資

第10章　戦後占領期における銀行検査の考察

図表10-7　業種別大口融資　　　　（単位：百万円）

業種別	計（括弧内は内自己資本の25％を超過するもの）		各行自己資本の25％超過部分
	社　数	金　額	
鉱　業	13（4）	13,609（7,145）	2,583
鉄鋼金属	13（5）	13,434（7,344）	1,295
造船造機車輛	10（3）	9,985（4,971）	1,767
機会電気	7（3）	8,790（5,351）	2,207
繊　維	65（25）	78,540（56,473）	25,263
化学工業	10（6）	10,561（7,786）	1,127
食品水産	2（0）	1,568（0）	0
ゴム硝子諸工業	4（0）	3,440（0）	0
商社商業	34（15）	35,552（21,817）	9,273
瓦斯電力	3（0）	1,981（0）	0
鉄道運輸	5（1）	4,652（1,407）	325
興業建物観光その他	1（0）	629（0）	0
合　計	167（62）	182,741（112,294）	43,840

出典：大蔵省銀行局編集『第１回銀行局金融年報』昭和27年度版（社団法人金融財政事情研究会、昭和27年）、401頁。
原注：特別の表示のない者は債務者５億円以上融資の融資総額を示している。

（５）上記以外の４月以降の過当融資

　滞貨融資総額575億円の内、被検査銀行分は459億円で、これは貸出総額の7.9％にあたる。特別検査の結論は、滞貨融資の問題は金融業界を危機に陥れるほどには深刻ではなかったというものである。しかし、滞貨融資の背景にある朝鮮動乱による景気上昇の頭打ち状態については、銀行局金融年報（27年度版）の基本情勢の冒頭で懸念材料として詳しく触れられており、行政当局が強い関心を有していたことが分かる。

　金融情勢全般に対する大蔵省の基本認識は、「一面において、滞貨金融そ

図表10-8　業種別滞貨融資状況

昭和26年9月30日現在（単位：百万円）

業　種	滞貨融資額	商品別滞貨融資額内訳						
		綿　花	羊　毛	油脂原料	生ゴム	皮　革	綿糸布	化　繊
商　社	21,016	1,407	4,763	6,390	2,405	5,609	390	48
紡　績	23,467	13,330	4,466	24	0	0	4,793	852
油脂工業	6,196	0	0	6,196	0	0	0	0
ゴム工業	3,252	0	0	0	2,935	0	317	0
皮革工業	452	0	0	0	0	452	0	0
化繊工業	3,110	102	0	0	0	0	0	3,008
メーカー小計	36,479	13,434	4,466	6,221	2,935	452	5,112	3,861
合　計	57,495	14,841	9,229	12,611	5,340	6,061	5,502	3,909

出典：大蔵省銀行局編集『第1回銀行局金融年報』昭和27年度版（社団法人金融財政事情研究会、昭和27年）、402頁。

の他の救済措置を講ずる一方、引続き高金利政策を中心とする量的規制が信用政策の主流をなすと同時に、若干の部面において質的規制が強化されている」というものである。一方、滞貨融資の処理に関しては、「これら融資は、関係市中銀行の努力と、日銀信用の援助とによって、大きな破綻なく推移することができたが、……」と述べ、滞貨融資がある程度当局主導で行われ、かつ結果を出したことに一定の評価を与えている[21]。当局主導で政策的に滞貨融資を推進し、それに一定の評価を与えている金融行政当局のスタンスと矛盾する銀行検査の結論は出しえなかったというのが実態ではないかと考える。

3－4　特別検査結果に基づく考察

　粉飾預金と両建預金および大口信用集中と滞貨融資の実態を検査する目的で実施された特別検査は、資産のみならず負債の状況を把握し、与信・受信両面を通した業務の健全性確保を中心課題に据えた検査である。

粉飾預金や両建預金を排除することは、預金構成（期間、債務者）の健全性やALMの考え方を導入する以前の極めて基本的なレベルで受信業務のあり方を正すものである。大口信用集中と滞貨融資の検査は、適正な信用供与を大幅に逸脱している与信行為の実態を明らかにし、それを是正することを意図したもので、検査官はこれら不適正な与信の実態が金融業界を危機に陥れかねないとの認識をもって検査に望んだ。つまり、与信業務も受信業務と同様、基本的なレベルで業務のあり方を正すことを意図していた。

このように戦後占領期に実施された特別検査は、与信・受信両面において業務の健全性を極めて基本的なレベルで検査し、個別銀行の信用創造機能の回復を図るものであった。

3－5　戦後占領期の銀行検査の特徴

戦後日本の銀行検査の形成にGHQ/SCAPの影響が無視できないことは、SCAPの経済関係部局であるESSからの銀行検査に関する指示内容や大蔵省の対応を見ると明白である。また、大蔵省OBが「現物監査もていねいであるが、検査全体がとにかくていねいすぎた」[22]と述懐している通り、GHQ/SCAP主導で導入された銀行検査は、当時の大蔵省検査担当官僚にとって極めて精緻なものに映った。

GHQ/SCAPは、戦時期に検査体制が弱まったことが金融機関経営の不健全化の原因であると認識しており[23]、その認識に基づいて銀行検査手法を導入したと考えられる。つまり、GHQ/SCAPのねらいは銀行検査の精緻化と権威付けであった。戦後日本のような濃密な銀行監督行政を行う慣習のない米国にとって、銀行検査が有すべきモニタリング機能は、独立的立場からの厳格なものであることが必要で、大蔵省の指導にあたったGHQ/SCAP担当者（レーマン、レーダス両氏）も、実務経験に基づき米国流の厳格な検査の導入を試みた。一方、大蔵省にとっては以下の理由により精緻な銀行検査指導を受け入れることが有意義であった。

（1）銀行の再建と健全化を目指す上で、「米国標準化」は大蔵省とGHQ/SCAPとの間の大筋の合意事項であった。また、銀行の再建と健全化

第Ⅳ部　戦後占領期の銀行検査

を銀行検査の観点から推進するには銀行検査を銀行監督行政と銀行の公共性の観点から整合的な形で構築することが必要であった。その意味で、精緻な銀行検査を導入することは、大蔵省の現状認識と整合的であった。
（２）銀行検査結果の還元は、「検査対象銀行への直接的提言」と「金融行政への反映」の２つの経路がある。いずれの経路をたどる検査結果の還元も、それを厳格に実施するためには精緻な銀行検査が前提となるため、個別銀行に対して経営指導を含んだ直接的提言をするためには、詳細な経営実態把握が特に必要となる。銀行検査の結果を個別銀行の経営指導に生かそうとする動きは、戦前の銀行検査担当部署においてその萌芽が見られた。例えば、戦前から銀行検査担当官僚の間では、「提言型検査」、「指摘型検査」それぞれを信奉する新旧両派の議論が真剣に繰り広げられていた。

　戦後の銀行経営の乱れと銀行再編成にともなう混乱を契機に、米国流の詳細な検査手法を導入することが、大蔵官僚が目指した内容と整合的となった。つまり、銀行検査に関する限り「米国標準化」は日米両国の金融行政の違いを抱えたままの、いわば同床異夢の状態で実現した。そして、結果的に日本の銀行検査は銀行の再建と健全化の目論見に対して合目的的な形で再生した。
　戦時中に端を発する銀行の内部統制の紊乱を是正する意味から、新検査方式は効果的であった。その証左として、昭和26年度の銀行検査のうち特別検査は、まさに銀行経営の乱れやモラル・ハザードを摘発する点で、具体的かつ厳格な運営がなされ効果を上げた。また、新検査方式で取り入れられた現場主義、すなわち、全店舗に臨店して実地検査する手法は、銀行経営の実態把握を詳細に行う上で戦前にはなかった画期的な検査ツールであった。しかし、銀行検査結果還元の第一の経路である、「検査対象銀行への直接的提言」の実態解明は、個別銀行の経営資料を当時に遡って詳細に分析する必要があるため事実上困難である。
　実証分析が可能なのは、第二の経路である銀行監督行政と銀行検査行政の連繋に関するポイントであり、それには昭和26年度の検査結果を「銀行検査

第10章　戦後占領期における銀行検査の考察

結果の還元早期化」、「大蔵通達等に表れる検査結果の行政への反映度合い」等の観点から分析することが必要である。具体的には、昭和26年度の検査結果が当時の大蔵通達内容とどのように関連しているかを明確にすることである。特に、戦後占領期に実施された銀行検査の結果が、いかに銀行監督行政に詳細に反映されていたかを見ることにより、検査結果還元の実態を探る。

　そして、この実態をもとに銀行検査の実効性と精緻さの度合いを考察する。「別表10-1　昭和26年度銀行検査指摘事項と大蔵省通達との比較分析」で昭和26年度の検査指摘事項を中心において、それに関連する大蔵省銀行局通達を抽出し、関連の度合いを比較分析する。抽出するのは昭和24年から昭和30年までの大蔵通達で、昭和26年度の銀行検査の前後2～3年に発牒されたものである。別表10-1による比較分析をまとめると以下のようになる。

（1）検査指摘事項と関連する銀行局通達は必ずしも全ての分野にわたって対応するわけではなく、対応部分はむしろ限定的である。
（2）銀行の機構とその運営に関する検査指摘のうち、銀行の検査部機能については、いわゆる提言型内部監査による経営への積極的提言を行う機能を銀行の検査部に求めているが、銀行内部の検査体制に関する銀行局全体のスタンスは統一されていない。これは、「銀行の公共性」を主眼に検査する銀行検査当局が、「銀行の経済性」に立脚した個別銀行指導に踏み切れない実態を端的に示している。銀行検査当局が望む銀行内部の検査は、当局検査のコピーではなく、各行独自の視点からの経営監査を視野においた、いわゆる内部監査であった。
（3）大口融資規制や銀行による不動産取得制限については、銀行局通達と銀行検査が協調して個別銀行の規制にあたろうとしているが、その実効性には疑問がある。特に大口融資規制については、銀行局金融年報（昭和27年度版）において、海外の立法例との比較から、銀行法による規制を行うことが効果的であると言及した部分もあり、大蔵官僚の本音として通達行政の限界が述べられている。
（4）粉飾預金や両建預金については、銀行局通達の遵守状況を銀行検査で確認するという個別案件ベースでの協調体制が機能し効果をあげた。

しかし、粉飾預金、両建預金ともに問題の根源に遡って根治するためには、銀行監督行政の発動が必要であった。

別表10-1の比較分析によっては、銀行検査の実効性と精緻さの度合いを全て明確にすることはできないが、少なくともいくつかのポイントについては、銀行検査行政と銀行監督行政の間には相互作用と協調体制が働いていたと考えられる。その意味で、実地検査結果に基づく銀行監督行政への提言は機能しており、戦後の銀行経営の乱れと銀行再編成にともなう混乱を収める上で戦後占領期の銀行検査はその使命を果たしつつあったと考えられる。

小　括

本章では、旧銀行法に対する大蔵官僚の認識を分析することを通して、「銀行の公共性」に対する彼等の理解を考察した。そして、銀行検査の目的を銀行の公共性を確保するものと位置づけた。銀行の公共性は「預金者保護」、「信用秩序維持」、「信用創造機能の保護」の３つの概念に収斂し、それぞれの概念にそって金融機関の実態解明を行うことが戦後の銀行検査に課せられた職務であった。

金融行政当局が、個別銀行の与信機能と受信機能にまたがる信用創造機能を重視してきたと考える根拠は、預金保険が十分に発達していなかった戦後占領期においては、個別銀行が経済システムの資金フローを担う機関として破綻することが許されない経済主体だったからである。また、個別銀行を対象とする銀行検査にとって、貸出資産の安全性と収益性の検査と並行して預金債務のポートフォリオと期間構成、さらには全預金に占める本源的預金の割合等に象徴される預金債務の質を検査することは、まさに個別銀行の信用創造機能の実態を検査することにほかならない。

しかし、昭和24年はデフレによる産業界の恐慌化を阻止するため市中銀行が日銀融資を積極的に利用し、昭和25年には朝鮮戦争の影響による預金増加不振と旺盛な資金需要に市中銀行が積極的に対応することによりオーバー・ローンの状態となった。(24)このような点を勘案すると、個別銀行の検査は、貸

借対照表の預金構成と貸出のバランスに加えて、産業界の資金需要に積極的に応じた結果としての、外部借入依存率向上等の側面にも注視する必要が生じることとなる。

　GHQ/SCAPの指示を受けて導入した新検査方式については、その導入の経緯をSCAP文書によって探るとともに、元大蔵官僚の証言にしたがって検証した。また、昭和26年度の銀行検査結果をもとに銀行の公共性と銀行検査の関係を分析した。

　銀行検査結果を見ると、戦後占領期においては「預金者保護」と「信用秩序維持」を担保すべく、銀行検査が実施され銀行検査行政が運営されていた。「信用創造機能の保護」に関しては、極めてプリミティブなレベルで個別銀行の与信・受信を検査することを通して、業務の健全性を回復させる役割を銀行検査が果たしていた。

　第11章では、GHQ/SCAPの考え方と、その背景にある思想を整理し、それが大蔵省の銀行検査マニュアルにどのように反映されているかを解明する。

注　記
（１）本章では終戦からサンフランシスコ平和条約の発効により正式にGHQの占領が終了する昭和27年までを、大蔵省による戦後の銀行検査行政の基礎が形成された時期と見なし、戦後占領期と呼ぶ。
（２）邉英治「戦後復興期における大蔵省検査・日銀考査の改革」『経済学研究』No.47（東京大学経済学研究会、2005年）。
（３）本章では銀行検査に関する行政を銀行検査行政、それ以外を銀行監督行政と呼んで区別する。また両者をまとめて金融行政と呼ぶ。
（４）日本銀行金融研究所編集、土屋喬雄他監修『日本金融史資料昭和続編　第24巻』SCAP関係資料（１）金融制度関係（大蔵省印刷局発行、1995年）。本資料は1978年以降、日本の国立国会図書館が米国国立公文書館一般公文書部に係官を派遣し、SCAP文書を系統的に収集整理した後、1995年に発刊されたものである。
（５）本章では、戦前戦後を通じた部分的な改正を経て昭和56年の大改正に到るまで存続した銀行法を「旧銀行法」と呼ぶ。昭和56年以降平成14年の改正に到るまでの銀行法を「改正銀行法」、平成14年以降現在に到るまでの銀行法を「現行銀行法」と呼ぶ。また、三者に共通して銀行法一般を

指す場合には「銀行法」と呼ぶ。
（６）小山嘉昭『詳解銀行法』（金融財政事情研究会、2004年）、20-23頁。
（７）伊藤修『日本型金融の歴史的構造』（東京大学出版会、1995年）。
（８）佐竹浩・橋口収『銀行法』（有斐閣、1956年）。
（９）佐竹・橋口、前掲書、4頁。
（10）佐竹・橋口、前掲書、239-255頁。
（11）小山、前掲書、20-23頁。
（12）佐竹・橋口、前掲書、200-202頁。
（13）佐竹浩・橋口収『新銀行実務講座第13巻　銀行行政と銀行法』（有斐閣、1967年）179頁。
（14）日本銀行金融研究所編集、土屋喬雄他監修『日本金融史資料昭和続編第24巻』SCAP関係資料（１）金融制度関係（大蔵省印刷局発行、1995年）。SCAP文書に含まれている銀行検査に関する非公式文書を全訳、要点をまとめたもの。
（15）日本銀行金融研究所編集、土屋喬雄監修『日本金融史資料昭和続編第19巻』大蔵省資料（１）（大蔵省印刷局発行、1989年）、318-322頁。
（16）日本銀行金融研究所、前掲書、非公式覚書第２通目を全訳、要点をまとめたもの。
（17）日本銀行金融研究所、前掲書、非公式覚書第２通目に添付されている公式メモを全訳、要点をまとめたもの。
（18）大月高監修『実録戦後金融行政史』（金融財政事情研究会、1985年）、217-222頁。
（19）日本銀行金融研究所編集、土屋喬雄監修『日本金融史資料昭和続編第20巻』大蔵省資料（２）（大蔵省印刷局発行、1990年）、772-778頁。
（20）大蔵省銀行局編集『第１回銀行局金融年報』―昭和27年度版―（社団法人金融財政事情研究会、昭和27年）、396-456頁。
（21）大蔵省銀行局、前掲書、1頁。
（22）大月、前掲書、217-222頁。
（23）原司郎「金融制度」大蔵省財政史室（編）『昭和財政史―終戦から講和まで―第13巻』（東洋経済新報社、1983年）、467-473頁。伊藤（修）は前掲書（『日本型金融の歴史的構造』103頁）で「戦時期に検査体制が弱まったことが金融機関経営の不健全化の原因であると」という考えを的外れであると批判している。また同氏は、邦銀経営の不健全化はむしろ戦時中の経済不合理的な軍需関係融資に由来すると主張している。筆者はこ

の見解に同調する。
（24）大蔵省銀行局、前掲書、100-101頁。

別表10-1　昭和26年度銀行検査指摘事項と大蔵省通達との比較分析

昭和26年度大蔵省銀行検査指摘	通牒発牒日付
［機構とその運営］（一般検査指摘） 銀行の本部機構は逐次整備充実されているが、以下のポイントについて検討の余地がある。 （1）審査が形式的なものになる可能性がある陣容である。審査担当者1名に対して都市銀行は通常3〜4支店、地方銀行は6支店。経理部門については、損益分析を十分行っていないものが地方銀行に多い。原因は構成員の質的貧困と怠慢。検査は不祥事防止の観点のみならず、内部監査の観点から業績向上という積極的な面から強化が必要。都市銀行の検査要員1名の担当店舗数は3〜4支店。	昭28.3.19蔵銀第1024号 昭30.3.24検査部 昭30.9.15告示第396号 昭30.9.16蔵銀第1912号 昭30.10.10大蔵省令第54号、63号 昭30.12.6直法1-223、直法1-103

大蔵省銀行局通達 （項目および内容要約）(*1)	比較分析
「決算経理の基本原則について」 ①銀行業務の公共性に鑑み、自己資本充実と経営健全化に努めるよう従前より指示してきた。 ②今期以降一層の経営合理化に努めるとともに資産内容の堅実化を増進し、銀行本来の使命達成を図ることが必要。 ③資産内容堅実化を図るためには、準備金積立、償却等に関し、税法、諸規則等を活用すること。 ④今期以降決算にあたっては、経常収支の割合は前期実績を超えない範囲に留め、毎期確実にこれを逓減させること。 ⑤配当については内部留保の蓄積を主眼として年12.5％を超えない範囲内に留めること。 「不良債権償却証明制度実施要領」 「大蔵大臣の許認可等の職権の特例を定める奨励の規定に基く指定」 「大蔵大臣の職権を財務局長に行わせる特例から除外する金融機関の指定変更について」 「大蔵大臣の許認可等の職権の特例を定める省令」 「売掛債権の償却の特例等についての通達の一部改正」	（1）左記検査指摘では「審査機能の充実」「経理部門の充実」「検査部門の充実」の3点について指摘しているが、審査機能の充実に関しては個別貸出業務と大蔵通牒との関係を別途分析する。 （2）検査指摘は経理業務の基本である損益分析が不十分であると述べているが、大蔵通牒の目的はそれらの基本的な経理実務が確実にできていることを前提とした決算実務に関する指示である。つまり、検査は経理処理面からの銀行資本充実化の前提となる堅実な経理事務を行うべきことを指摘したもので、通牒との関連は間接的である。 （3）検査指摘は銀行の検査部機能について、「内部監査の観点から業績向上という積極的な面から強化が必要」としており、いわゆる提言型内部監査による経営への積極的提言を行う機能を銀行の検査部に求めている。これに対して検査部を含む大蔵省銀行局からの通牒は個別具体的な内容に終始しており、検査指摘内容とは平仄がとれていない。つまり、銀行内部の検査体制についての基本的な指摘については、銀行局全体の合意は得られていない。これは「銀行の公共性」を主眼に検査する金融検査当局が「銀行の経済性」に立脚した個別銀行指導に踏み切れない実態を端的に示している。金融検査当局が

[貸出金] 大口の信用供与（一般・特別） （1）大口信用供与は貸倒準備金を含む自己資本の25％（同一利害関係人は通算する）。 （2）大口貸出が占める割合は地方銀行に多く全貸出の20％から50％。 （3）過当な大口信用供与は回避すべき。	昭26.7.5 蔵銀第3153号 昭29.5.6 蔵銀第1105号
[その他] （1）動産・不動産（一般） 不動産勘定が増嵩（戦災店復興、店舗新設等）。当局通牒による制限（自己資本の70％）をクリアするために傍系不動産会社に所有させる例がある。所有不動産についても未登記、権利書類の不備等が認められる。	昭26.7.5 蔵銀第3153号

第10章　戦後占領期における銀行検査の考察

	望む銀行内部の検査は当局検査のコピーではなく、各行独自の視点からの経営監査を視野においた、いわゆる内部監査であった。
「当面の財政金融情勢に即応する銀行業務の運営に関する件」 ［大口信用集中について］ ①一般に大口信用供与に偏する傾向が認められるが、これは危険分散、投機思惑抑制、資金効率の観点から好ましくない。 ②他の金融機関との協調融資によることが望ましいが、この場合も資金効率を考え、必要以上の資金を供給することをなくする必要がある。 「当面の融資方針について」 ［貸出の偏倚］ ①貸出の偏倚は銀行経営上いましめるべきことであるが最近その傾向が著しく、自己資本の50％を超えるものがある。 ②今後の経済変動に対処し、融資の危険分散の観点から、特定の企業、業種に集中することを極力是正すべし。	（1）大口信用供与については銀行検査と同年の昭和26年に注意喚起の通牒が発せられ、3年後にも同様の趣旨で再度発牒された。 （2）昭和27年度版「銀行局金融年報」では大口信用集中の問題について、「海外の立法例では銀行法によって大口信用集中が制限されているが、日本の銀行法にはそれが明記されておらず、行政監督と金融機関の自主的な運営に任されている。銀行の自己資本充実化と経営の正常化が進んだ時点で諸外国にならった制限を加えることが重要である。」(*2)との論旨が展開されており、通達行政の限界が述べられている。
「当面の財政金融情勢に即応する銀行業務の運営に関する件」 ［不動産の取得について］ ①金融機関の自己資本に対する業務用不動産の保有率は逐次増加する傾向にある。 ②これにより、金融機関の間に不要な摩擦を生じ、不動産の市価の高騰を促している事例もある。 ③1件500万円以上の不動産を取得し、又は権利金を支払う場合は事前に銀行局長の承認が必要。	（1）動産・不動産取得の自粛については銀行検査と同年の昭和26年に不動産を取得する際の具体的手続を記した通牒が発せられ、約1年半後には更に厳格な運用基準を示した通牒が再度発牒された。 （2）銀行検査では大蔵通達をくぐり抜けるために銀行が弄した姑息な手段を摘発している（傍系不動産会社の利用、未登記等）。これらの事象は歪んだ形で銀行間の規模拡張競争が顕在化した例と思われる。

479

	昭28.3.19蔵銀第1083号
［粉飾預金の実態］（特別） （１）全国銀行粉飾預金の比率は、期末９％、通常月末４％（対全預金）。 （２）本検査は５大都市所在の店舗に限定されたため、全国推定比率より高い結果を示した。 （３）粉飾預金は当座預金を用いたものが圧倒的で、７月末では粉飾預金151億円中当座預金の粉飾預金が96％。 （４）粉飾預金は通常他銀行、同行他支店で行われるが、自店内で行われる悪質なものもある。 （５）本検査の結果を受けて各行に対して厳重な注意が行われ、約１ヶ月後（９月末）の特別検査では期末にも拘わらず総預金に占める粉飾よ金の割合は2.3％に減少した。	昭26.7.5蔵銀第3153号 昭28.3.19蔵銀第1083号

第10章　戦後占領期における銀行検査の考察

「銀行業務の合理化等について」 〔営業用不動産の取得について〕 ①営業用不動産の取得については、従前通り昭和26.7.5蔵銀第3153号により承認を必要とするが、その運用にあたっては以下の基準による。 1）自己資本に対する営業用不動産の価額の比率が70％を超える場合はこれを認めないことを原則とする。 2）営業用不動産の取得は業務の能率向上が主眼。銀行間で店舗の概観を競うことは国民経済全般の見地から自粛。	（3）金融検査行政と金融監督行政の協調による抑制効果については、昭和27年以降の銀行検査結果を分析する必要がある。
「当面の財政金融情勢に即応する銀行業務の運営に関する件」 〔ウィンドウ・ドレッシングについて〕 ウィンドウ・ドレッシング（粉飾預金）の増加が異常の額に達しているが、これは実質的預金増加に寄与しないのみでなく、本来信用を生命とする銀行にとってはきわめて不適当な措置である。今後一切これを行わないこと。 「銀行業務の合理化等について」 〔ウィンドウ・ドレッシング及び好ましくない両建預金の自粛について〕 ①粉飾預金は実質的預金増加に寄与しないのみでなく、本来信用を生命とする銀行にとってはきわめて不適当な措置であり、預金増強に対する地道な努力を怠らしめることにもなりかねないので今後一切行わないこと。 ②正常でないと認められる他店小切手については締後扱いにする等極力預金の粉飾にならないようにすること。	（1）粉飾預金の自粛については銀行検査と同年の昭和26年に粉飾預金を一切禁止する旨の通牒が発せられ、約1年半後に同様の趣旨で再度発牒された。 （2）ウィンドウ・ドレッシングに関する金融検査当局の見解は昭和25年5月29日の「財政経済弘報」第190号で大蔵省銀行局検査部管理課長天野四郎が発表した「ウィンドウ・ドレッシングについて」で詳細に述べられている。月末や期末を中心にウィンドウ・ドレッシングが激しく行われる契機となったのは、昭和23年3月より実施された日銀高率適用手続であり、金融機関の活動が活発になり、預金吸収に積極性が加わって益々激化して各方面の注目を浴びている。ウィンドウ・ドレッシングの誘因として天野は、①高率適用手続、②他行との競争、③支店間の競争の3点をあげている。 （3）銀行検査によって粉飾預金の自粛は

481

[両建預金の実態]（特別） （1）本検査は粉飾預金度同時に行ったため、検査対象として選択した銀行店舗が検査対象として必ずしも適切であったとはいい難い。しかし両建預金の比率5.5％（対全預金）は、当局の自事前の予想と一致した。 （2）両建預金発生の動機は、預金増加工作、とりわけ割増金附定期預金の消化強行と絡んでいるものが多い。両建預金総額の83.5％が定期預金でありその95％が割増金附定期預金。 （3）大口債務者の両建預金の継続は定期預金の残高維持に重要な役割を果たしている。	昭28.3.19蔵銀第1083号

第10章　戦後占領期における銀行検査の考察

	奏功したが、これを根治するためには預金額の多寡により銀行にとって実益のある日銀高率適用手続を見直す必要があったと考えられる。つまり、銀行検査のみの牽制効果に限界がある場合には金融監督行政がその実態を把握し、根本的な施策を打ち出すことの重要性を示した事例と考えられる。
「銀行業務の合理化等について」 ［ウィンドウ・ドレッシング及び好ましくない両建預金の自粛について］ ①預金並びに貸出について特利を付し、預入の強制や払戻の制限により両建を図る等の傾向が依然としてある。 ②これらの行為は臨時金利調整法に違反し、その精神にもとるものであるので注意を要する。 ③割増金附定期預金で不当に多額の計画をたてたため消化困難となった分について、預金、貸出の両建等不健全な方法により表面を糊塗しているものがあるので注意を要する。	（1）昭和27年度版「銀行局金融年報」では粉飾預金と両建預金の関係について、「粉飾預金を広く解すれば、実質を伴わない預金という意味においては両建預金も含まれようが、ここに言う粉飾預金には両建預金を含めていない。取引の仮装による、純粋に作為的な預金のみを調査の対象とした。（*4）」として、両建預金を粉飾預金から区別している。 （2）昭和26年銀行検査における両建預金の認定基準は、以下の性格を有する預金を指す。 ①貸出金の担保または見返り担保となっている預金の内、1）預入日が貸出日より早いもの、2）預金額が貸出額を超過する部分、3）預金担保とすることが債務者の自由意思によると認められないもの。 ②担保または見返り担保となっていない預金についても①の諸基準を適用するが、諸般の事情は考慮する。 ③預金、貸出ともに口数が多く複雑な場合は、合計残高を債務者の資産負債状況から観察して無理な預金を強いられていると判断される場合は両建預金と認定する。

第Ⅳ部　戦後占領期の銀行検査

(引用資料)
(*1) 銀行局金融年報別冊『銀行局現行通達集』昭和33年版（銀行局金融年報編集委員会、
(*2) 大蔵省銀行局編集『第1回 銀行局金融年報』昭和27年度版（社団法人金融財政事情
(*3) 日本銀行金融研究所編集、土屋喬雄監修『日本金融史資料昭和続編 第20巻』大蔵省
(*4) 大蔵省銀行局、前掲書、397頁。

昭和33年)。
研究会、昭和27年)、78-79頁。
資料(2)(大蔵省印刷局発行、1990年)、778-779頁。

第11章 戦後占領期における銀行検査導入過程の考察
―― GHQ/SCAPによる銀行検査指導と大蔵省の対応 ――

はじめに

　本章の目的は、銀行検査に対するGHQ/SCAP（連合国最高司令官総司令部）の考え方と、その背景にある思想を整理し、それが大蔵省の銀行検査マニュアルにどのように反映されているかを探ることである。第10章では、戦後占領期の銀行検査がどのような経緯と背景のもとで再開されたのかについて、旧銀行法との関わりを中心に考察した。本章では、GHQ/SCAPの銀行検査担当者として日本に滞在し、戦後日本の銀行検査の再構築を担当したレーマン、レーダス両氏の著作や講演内容を検討するとともに、当時の米国における銀行監督や銀行検査に対する考え方に遡って両氏のスタンスを確認する。両氏はGHQ/SCAPの経済科学局財政金融課に所属し、昭和23年以降、当時米国で実施していた銀行検査技術を日本に移転するプロジェクトの担当に指名された。

　本章のテーマへの接近方法としては、SCAP関係資料、レーマン、レーダス両氏の論文や講演録、戦後財政史口述資料、米国の銀行監督統一規範試案等の資料に基づいて、GHQ/SCAPの考え方と、その背景にある思想が大蔵省の銀行検査マニュアルにどのように反映されているかを探る。戦後占領期の銀行検査に体系的な分析を加えた研究として、邉英治の「戦後復興期における大蔵省検査・日銀考査の改革」がある。[1] 邉氏の所説と筆者の見解が異なる点については、ポイントごとに論考し、分析結果を述べる。

　1940年から1941年にかけて、アメリカ連邦上院通貨委員会により、米国の銀行監督の統一化を検討する一環として実施された、全国銀行通貨政策（National Monetary Banking Policy）に関するアンケート調査については、

第11章　戦後占領期における銀行検査導入過程の考察

須藤功氏が精緻な分析を行っている。レーマン、レーダスの銀行検査に対する考え方の淵源を探るにあたっては、須藤氏の研究成果を参考に考察する。[2]

　第1節では、GHQ/SCAPの銀行検査方針とその背景にある思想を分析する。レーマンは銀行監督、銀行検査に関する論文を4編残しており、レーダスについては銀行検査方針に関する講演録が残されている。両者の銀行検査に対する考え方や思想は、これらの資料をもとに互いの共通点や相違点について整理し、いかなる点が戦後日本の銀行検査方針に引き継がれたのかを分析する。また、両者の考え方の背景を探るにあたっては、1941年の米国上院銀行通貨委員会による銀行監督・検査体制の再編問題調査[3]とその分析結果等[4]を参考に考察する。

　第2節では、銀行検査マニュアルの内容を検討する。戦後初の銀行検査マニュアルである『新しい銀行検査法』は、昭和26年に発刊された。[5] 同書の内容検討は、「GHQ/SCAPの思想の反映度合い」を中心に行う。また、「図表11-1　GHQ/SCAPの銀行検査の考え方と戦前・戦後銀行検査規程との比較」で示した図式にしたがって、GHQ/SCAPの考え方が『新しい銀行検査法』に結実する経緯を考察する。具体的には、新検査方針と『新しい銀行検査法』の内容を比較することにより、GHQ/SCAPと大蔵省が設定した銀行検査方針の趣旨が、銀行検査マニュアルにどのように展開されたのかを検討するとともに、銀行局検査部に所属する官僚がどのように新検査方式を理解して実務を行おうとしていたのかを探る。

　第3節では、同じく図表11-1にしたがって、GHQ/SCAPの考え方が『新しい銀行検査法』に反映された結果を、戦前の銀行検査規程と比較することによって考察する。戦前と戦後の銀行検査規程間の比較には、大正15年9月に大蔵省で検討された「銀行検査規程案」を用いる。[6] 両検査規程には26年間の時期的なひらきがあるが、（1）「銀行検査規程案」が正式な銀行検査規程として昭和初年以降に採用されて後、大幅な内容改訂を経て制定された銀行検査規程が資料として確認できないこと、（2）昭和15年から第二次世界大戦を経て戦後の混乱が終息し始める昭和26年までの11年間には、金融規制を重視した通常時とは異なる検査スタンスをとった時期もあったこと、等の理由から、『新しい銀行検査法』の特徴を際立たせる上で「銀行検査規程案」

第Ⅳ部 戦後占領期の銀行検査

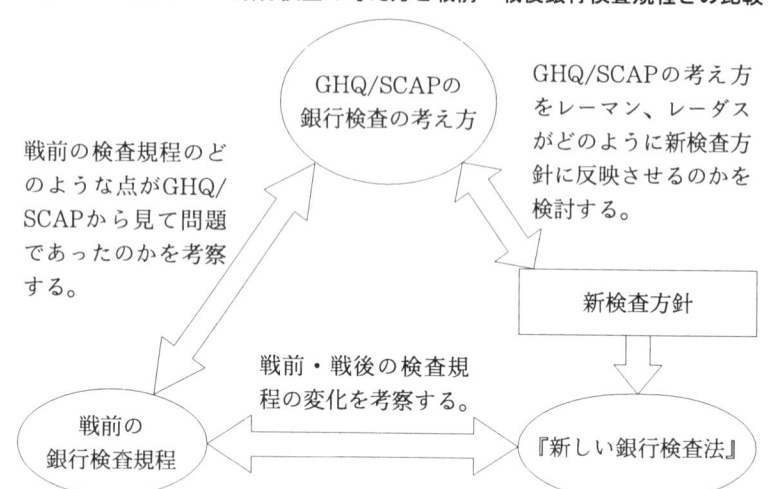

図表11-1 GHQ/SCAPの銀行検査の考え方と戦前・戦後銀行検査規程との比較

- GHQ/SCAPの銀行検査の考え方
- 戦前の検査規程のどのような点がGHQ/SCAPから見て問題であったのかを考察する。
- GHQ/SCAPの考え方をレーマン、レーダスがどのように新検査方針に反映させるのかを検討する。
- 新検査方針
- 戦前・戦後の検査規程の変化を考察する。
- 戦前の銀行検査規程
- 『新しい銀行検査法』

注：本図表にしたがって『新しい銀行検査法』の特徴を浮き彫りにし、（１）戦後の銀行検査の基礎となる検査マニュアルがどのような経緯で成立したのか、（２）それは戦前の銀行検査規程といかなる点で異なっていたのか等を考察する。

を比較対象とすることに合理性があると考える。

　また、銀行検査行政関係者の、『新しい銀行検査法』への対応を考察することにより、戦後の銀行検査制度成立過程における大蔵省等銀行監督当局の考え方を確認するとともに、銀行検査の運営局面において銀行検査担当者がいかなるスタンスで検査実務を遂行していたのかを確認する。分析に使用する資料は、専門誌に発表された銀行検査官の論文や回顧録等である。このように、戦後占領期の銀行検査行政のスタンスを基本思想にまで遡って分析するのは、この作業が戦後から現代に連なる銀行検査の原型を明らかにすると考えるからである。

第1節　GHQ/SCAPの銀行検査方針

　レーマン及びレーダスは、昭和23年6月からGHQ/SCAPの一員として、当時米国で実施していた銀行検査技術を日本に移転するプロジェクトの担当者として活動した。銀行検査に関するGHQ/SCAP指示は、昭和23年から24年にかけて少なくとも2回発せられている[7]。両者はこれらのGHQ/SCAP指示内容[8]に則り、検査現場での大蔵検査官への指導を含め、大蔵省と最前線で協働して日本の銀行検査制度の再構築に尽力した。本節では、彼らがいかなる思想に基づいてGHQ/SCAP指示内容を銀行検査実務に展開し、大蔵省を指導したのか、また、両氏の考え方は一枚岩であったのか、あるいは相違があったのか等について検討する。GHQ/SCAP指示内容は大きく、(1)銀行検査制度および銀行監督制度を発達させること、(2)効果的な規制や監督のための法的整備を行うこと、(3)早急に有能な検査員と補助要員を養成すること、(4)少なくとも年一回、邦銀全行に対して完全な検査を実行すること、等の4つのポイントに要約できる[9]。

　さらに、レーマン、レーダスの銀行監督、銀行検査に対する考え方を踏まえて、それらがアメリカの銀行監督当局の考え方と、どの程度の相似性を有するのかを検討する。検討材料としては、1940年から1941年にかけて、アメリカ連邦上院通貨委員会により、銀行監督の統一化を検討するプロジェクトの一環として実施された、全国銀行通貨政策に関するアンケート調査結果[10]、および1940年6月10日付で「銀行監督統一規範試案」として作成された、「Instructions to Examiners（検査官指示書）[11]」を利用する。GHQ/SCAPの指示は米国政府の意図を反映したものである。また、米国政府の意図は、アメリカで銀行監督権限、銀行検査権限を有する諸機関の考え方や議論の内容が反映されたものである。これらの点を勘案した上で、戦後日本の銀行検査制度の淵源がどこに求められるのかを探るのが本節の目的である。

　4つのポイントに要約されるGHQ/SCAP指示内容は、銀行検査方針、銀行検査の考え方の大枠を示すものと考えられる。GHQ/SCAPの銀行検査のガイドラインに沿って銀行検査実務レベルの指針を示すのは、GHQ/SCAPから担当指名を受けたレーマン、レーダスの2名である。両名が指示を受け

第Ⅳ部　戦後占領期の銀行検査

たGHQ/SCAPの銀行検査に対する考え方が、米国政府の意図をどの程度反映しているのかを探るため、「Instructions to Examiners（検査官指示書）」に遡ってその内容を検討する。この指示書は、アメリカで銀行監督権限、銀行検査権限を有する諸機関の考え方や議論内容の一端を反映すると考えられるものである。

1－1　レーマンの銀行監督、銀行検査に対する考え方

レーマンは昭和24年から25年にかけて『財政経済』に4編の論文を発表している。このうち、銀行検査の方法、銀行監督行政と銀行検査行政との関係等については、「銀行検査の実際面」と題して2回に分けて論文を掲載している。本章では昭和24年発表の論文を「レーマン第1論文」、昭和25年発表の論文を「レーマン第2論文」、両者を合わせて「レーマン論文」と呼ぶ。レーマン第1論文は、銀行検査に対する基本的な考え方とアメリカの銀行検査実務を紹介しており、レーマン第2論文は、第1論文でカバーできなかった点を中心に銀行検査に対する客観的考察を述べている。以下ではレーマン論文を通して、レーマン思想が明確に表れているポイントを要約する。レーマンの論文要旨は以下のようにまとめられる。

レーマン論文の要約

銀行監督行政と銀行検査行政は分離・協働が前提である。つまり、銀行政策の基本である法規作成を担当する部局と、それらを適用する部局が十分な統一と共同を確保することが重要である。銀行統制に関しては、いかなる国でも法律とその施行が統合され、監督当局は政策、手続、形式について極力標準化しなければならない。そして、金融、銀行統制が進化すると、法律とその施行の統一が進み、経済活動が円滑になる。

銀行検査官は、銀行の資産、経営を評価し、報告することを通して銀行政策に参画する者である。具体的には、純粋に事実を発見する銀行検査の機能に加えて、銀行に適用されるべき詳細な政策を形成し、全銀行に適用される銀行法令の変更の必要性と変更時期を示すのが銀行検査の役割である。

銀行検査報告書の質は重視しなければならない。特に、検査報告書の機密

事項に属する部分の記述は重視すべきである。検査官が機密事項として記載する事項は、(1)貸付および貸付回収政策、(2)有価証券投資政策、(3)滞貸金銷却政策、(4)配当政策、(5)不動産の取扱法、(6)法令遵守の程度等である。銀行経営者の経営能力評価を正確かつ時宜に適して行うためには、数字に表れない要素を考慮し、それら要素の軽重を十分判断して評価の基準とすべきである。

　銀行が抱える潜在的な危険は、検査官によって速やかに認識され、報告され、かつ監督当局によって迅速な措置を講じられてはじめて未然に取り除かれる。つまり、銀行検査のリスク事前把握機能は重視すべきである。監督当局が迅速な措置を講じるためには、その措置を正当化するに十分な根拠を得てから後になされなければならない。

　総じて、銀行検査は科学であり、銀行検査を担う検査官の資質に明確な基準を持つべきである。その資質は、能力に限らず、信念、性格等も含まれる。銀行検査と行内検査の役割分担を明確に認識すべきである。

　レーマンの銀行監督に対する考え方
　レーマンの論文内容から窺われる銀行検査に対する同氏の考え方の特徴は、銀行監督行政と銀行検査行政の分離・協働を前提として、銀行検査のあるべき姿を規定していることである。レーマンは、銀行政策の基礎をなす法規作成を担当する部局と、それらを適用する責任を有する部局が、十分な統一と共同に欠けている状況を日米共通の問題点と認めた上で、この理想を実現することを有効な銀行政策を実行するための必須条件としている。

　レーマンは、銀行監督行政担当部局と銀行検査担当部局の協調と棲み分けを重視する立場を明確に打ち出している。前者は銀行監督法規の改正や銀行行政上の通達を発牒する部局であり、後者は法規や通達の趣旨にしたがって銀行経営の実態を把握し、銀行監督行政担当部局に伝達する役割を担う部局である。そして、銀行検査を担う銀行検査官は、銀行の資産、経営を評価し、報告することを通した銀行政策への参画者であることを強調している。このように、レーマンは、銀行政策に占める銀行検査行政の位置づけを、銀行監督行政と対等なものとして明確に規定し、銀行検査に求められる厳格性、銀

行検査報告書の質の高さ、銀行検査官の資質等について述べている。

銀行監督行政と銀行検査行政の分離・協働を重視する背景として、レーマンの銀行監督に対する基本的姿勢を確認しておく必要がある。レーマンは、「銀行検査の実際面」以外に、「銀行監督、検査序論」と題する論文を大蔵省が発行する専門誌に発表し、銀行監督行政、銀行検査行政に関する見解を述べている。この論文でレーマンは、銀行監督の目的を、「健全な個々の金融機関、ひいては健全な銀行組織一般が、国民経済に対して貨幣・信用のサーヴィスを最大限に提供する能力と意思を常に有するに至ること」と規定している。また、銀行監督の機能については、「銀行の破綻に対する強固な予防手段たると同時に、銀行経営に対する最も有用な補足手段となるであろう」と述べている。さらに法的監督の限界として、「法的監督は有能な銀行経営と協力しなくては、健全な銀行組織の維持に貢献することは出来ない」としている。

つまり、銀行監督行政と銀行検査行政の分離・協働を重視するレーマンの考え方の背景には、個々の銀行の健全性こそが銀行組織一般の健全性の基礎であり、銀行が国民経済に対して金融サービスを最大限に提供する能力と意思を常に有するという目的を果たすためには、法的監督のみでは限界があるという基本認識がある。銀行監督に対するレーマンの考え方をまとめると、銀行監督法規の改正や銀行行政上の通達を発媒する法的監督と、銀行業務の現場に近接した領域で有能な銀行経営者の協力を得て遂行される銀行検査が、車の両輪となって機能すべきであるということになる。

レーマンの銀行検査に対する考え方

銀行検査の厳格性について、レーマンは、アメリカの銀行検査事例を引き合いにして説明している。その説明内容は、アメリカで実施されている銀行検査の実態についてである。レーマンにとって、銀行検査業務遂行上の要諦は銀行検査の目的を見据え、その目的達成のために万全の検査を実施することであり、銀行検査を科学として捉えて科学的アプローチによって銀行検査を実施することである。

アメリカには、銀行検査の厳格性を担保し、銀行検査報告書内容の正確性、

第11章　戦後占領期における銀行検査導入過程の考察

客観性を保証するため、銀行検査報告書の再審査、報告書の誤謬訂正、銀行に対する是正行動の勧奨、客観資料や統計資料の作成等をつかさどる検査官制度が存在している。GHQ/SCAPは1949年9月13日付のESS日本財政金融課ジョン・M・アリソン課長名で通知された非公式覚書で、「検査官増員についての緊急の必要性に加えて、必須とされる管理事務や検査報告の再検討、分析、校正等を担当する要員も銀行検査制度を完璧に機能させるためには必要である」として、実質的に銀行検査報告書の再審査等をつかさどる検査官制度の導入を要求している。GHQ/SCAPは、再審査制度が有する牽制機能により銀行検査官の規律とモチベーション維持することに加えて、銀行検査のバックオフィス機能導入を要求した。これに対して大蔵省は、昭和25年4月1日に検査部審査課を設置することにより応えた。(17)

　銀行検査官がその職務を全うしようとする場合のインセンティブは、公的介入手段としての銀行検査の性格を理解して発揮される職業倫理で裏打ちされているはずである。つまり、銀行検査行政に携わる者のインセンティブの根源は、検査制度を通して国政レベルの重責を担う銀行検査官の倫理観である。しかし、銀行検査結果の良否が、制度の目的を理解した銀行検査官の倫理観にのみ依拠するのは、銀行検査制度上はなはだ心もとない状況であることは日米ともに変わらない。この点を考えると、客観的な立場から検査報告書の再審査を可能にする銀行検査制度の導入は、戦後日本にとって不可欠であったといえる。

　銀行検査報告書に記載されるべき重要事項としてレーマンが重視しているのは、正確な検査事実とそれに基づいた個別銀行への提言内容、銀行政策提言の基盤となるべき検査官意見および変更内容、変更時期を含む銀行法令変更提言等である。いわゆる機密事項として、被検査銀行には開示されないこれらの重要事項は、銀行経営者の銀行経営上の諸施策とそれらを通して判断される経営能力評価である。この評価には数字に表れない要素を判断することが求められるがゆえに、銀行検査官の手腕が問われる。また、銀行経営者の経営実態や経営能力の評価を通して検査官が把握すべきこととしてレーマンが強調しているのは、銀行検査のリスク事前把握機能である。つまり、潜在的な危険は検査官によって速やかに認識され、十分に報告され、かつ監督

第Ⅳ部　戦後占領期の銀行検査

当局によって迅速な措置を講じられてはじめて未然に取り除かれるというのがレーマンの主張である。
　検査官の資質としてレーマンが重視するのは、第一番目に、精力、相応しい経験、学問的訓練であり、第二番目に、礼儀、忍耐、自分の見解に他者が賛同しない場合にもそれに理解を示す姿勢等を備えていることである。これは、すなわち、公平で第三者的な広い視野から銀行検査を実施する能力を備えることを意味している。
　レーマンは、銀行検査と行内検査の役割分担を明確に主張している。レーマンの理解にしたがうと、行内検査は完全な現物検査を行い、貸付稟議の真正性等を詳細に調べることを目的とするのに対して、銀行検査は最小限の現物検査を行い、最大限の努力を評価作業に傾けることを目的としている。現物管理や事務処理の正確性のみに主眼を置いた行内検査は、現代の内部監査理論に照らすと、はなはだ不十分と判断されるが、レーマンは彼なりに銀行検査と銀行の行内検査の役割分担を明確に認識していたことが確認できる。

1－2　レーダスの銀行検査方針

　GHQ/SCAP経済科学局のレーダスは、昭和24年9月21日、経営合理化研究会において「新しい銀行検査の方針」と題する講演を行った。[18] レーダスの講演記録は、銀行検査に関する同氏の基本的な考え方を述べた英文資料と検査報告書の解説を含む和文資料の2部構成となっており、後者は田中啓次郎氏の訳文が掲載されている。レーダス講演のうち英文資料は検査報告書の解説を省略している。本章で和文資料を用いるのは、経営合理化研究会に出席した日本の銀行家に、どのようにレーダスの意図が伝わったのかという点を重視するからである。レーダスの講演要旨は以下のようにまとめられる。

　レーダス講演の要約
　大蔵省検査部との協同により、銀行検査報告書という定型化した様式を持つことができたが、これにより全銀行が自行の諸々の状況や問題について、より的確に把握できる点で非常に有用と考える。この銀行検査報告書はアメリカで採用されている検査報告書をそのまま取り入れたものではなく、独自

のものとして生まれた。

　銀行検査報告書には貸付金、割引に関する分類表がある。健全な貸出資産はこの分類表に反映されないが、若干不確実なものはその明細が分類表に反映される。報告書の第二の部分は、銀行へは公開されず大蔵省が保管する部分である。ここでは、（１）銀行の人的構成、人事に関する問題、（２）検査官の個人的意見、（３）銀行の経理状態、収益状態その他、について述べられる。報告書が作成されると銀行局の担当者が分析検討し、その批判を添えてコピーが銀行に渡される。そのコピーには大蔵大臣が銀行本支店の状況をいかに改善するかを記し、回答要求書が添えられる。

　銀行業務の詳細を知っている銀行検査官が銀行検査に臨む目的は、銀行業務について銀行家を助けることである。とりわけ、経理面を担当している者にとって銀行検査は有用である。健全な金融政策を堅持し、個別の銀行が抱える問題について銀行家を手助けする上で銘記すべきことは、①大蔵省は銀行本支店の経営方法自体に特別な影響を有するものではないこと、②大蔵省が特別な関心を持つのは、その銀行が銀行関係法規を守っているかという点であること、③将来、銀行の経営状態が悪化するか、あるいは、究極的に銀行関係法規の違反に及ぶ事態が見つかったならば、大蔵省は、その点について銀行家に注意を促すという点に関心があること、等である。これらの目的を達成するためには、健全で有能な経営が必要であるが、経営の詳細を立法化することはできない。銀行経営は銀行家自身によって決定することができるものである。

　銀行検査官、銀行局担当者、銀行家いずれもが銀行の発展を期待し、関心を抱いている。そして、この国において適正に資本が回転し、一般大衆の預金を銀行が安全に預かり、銀行は投資とサービスにより豊富な収益を上げるという目的を達するために全力を尽くそうと考える。

　レーダスの銀行検査に対する考え方

　レーダスの講演から窺われる、銀行検査に対するその考え方の特徴は、銀行検査を検査当局からの一方的な統治手段と捉えるのではなく、銀行検査を契機に銀行経営者自身が銀行の経営状況を、経理データを通して把握するこ

とが有用と考えている点である。また、レーダスは銀行検査当局が検査を通して銀行の実態を把握すると同時に、銀行経営者と当局が、銀行の抱える問題について認識を共有することが銀行検査の目的の1つと考えている。つまり、検査報告書は、(1)銀行経営者にとっての経営管理ツール、(2)銀行検査当局と銀行経営者のコミュニケーション・ツール、の2つの側面があるとしている。

レーダスは銀行検査の目的をマクロ、ミクロ両面から規定している。マクロの目的は金融政策を健全に堅持することであり、ミクロの目的は個別銀行が抱える問題点について銀行を手助けすることである。これらの目的を達成するために強調すべき点として、銀行検査は、(1)銀行経営の詳細に立ち入らないこと、(2)コンプライアンスを重視すること、(3)銀行の経営状態悪化を予知し警告すること、の3つのポイントを示している。

さらに、銀行検査のマクロの目的として、国家レベルで資本が適正に回転すること、および預金を安全に確保するための信用機構を確立させ、銀行がそのパフォーマンスを向上させた結果として銀行収益を増加させることをあげている。これは銀行の公共性を構成する「預金者保護」、「信用秩序維持」、「銀行の資金供給面における国民経済的機能」の3要素[19]を重視して銀行検査を実施すべきことを、表現を変えて主張しているにほかならない。つまり、銀行が安全な預金受入機関となることは預金者保護を実現することに等しく、信用機構の確立は信用秩序を維持することに等しい。また、銀行の投資、サービス提供を活発化することは銀行の資金供給面における国民経済的機能を充実させることにほかならない。

レーダスは銀行検査と金融政策の関係を強調している。その考え方によれば、適正な金融政策を堅持するためには、まず、個別銀行が銀行関係法規を遵守して適正に経営されていることが基本要件となる。金融政策は、適正な遵法経営と、それに基づいて当局に報告される真実の経営状態を表わす数値に基づいて執行されるわけであるから、その基本要件を先ず満たすことが重要である。レーダスは、銀行が抱える将来リスクについて言及することを銀行検査の機能と考えている。これは、銀行自身が気づかない経営上の欠陥や問題点を、全銀行を検査して比較できる立場の検査当局が発見し、リスク認

第11章　戦後占領期における銀行検査導入過程の考察

識を踏まえて指摘すべきであるとの主張と解釈される。

1－3　レーマン、レーダスの銀行検査に対する考え方の比較検討

　レーマン、レーダス両氏は、ほぼ同時期にGHQ/SCAPから日本の銀行検査制度再構築を託されたが、論文や講演内容を分析すると両者間には共通点とともに微妙な相違点が見られる。本節では、銀行の公共性、銀行監督に対するスタンス等の切り口から両者の共通点と相違点をまとめる。これにより、GHQ/SCAPの銀行検査制度導入に関する基本方針を実現するにあたり、GHQ/SCAPの実務担当者の考え方が果たして一枚岩であったのか、もし、そうでなかったとすれば、それはいかなる点において異なっていたのかを検討する。「図表11－2　レーマン、レーダスの銀行監督、銀行検査に関する考え方の比較検討」に両者の見解をまとめる。

　このような検討を加えるのは、GHQ/SCAP関係資料（以下「SCAP文書」と略記する）[20]に記載されているGHQ/SCAPの意図を、日本の銀行検査制度の再構築を託されたGHQの担当者であったレーマン、レーダスがいかなる考え方を抱きながら実務対応したのかを、それぞれの銀行検査に対する考え方に遡って理解するためである。

　この2人の間で異なるのは、銀行監督と銀行検査の分離・協働に対する考え方である。レーマンは銀行監督と銀行検査の機能を明確に分離した上で、銀行検査は個別銀行の資産、経営の評価を通して銀行政策に参画するという考え方を打ち出しているのに対して、レーダスは銀行監督と銀行検査を明確に区別していない。レーダスは銀行検査を銀行監督と対立するものとも、併存するものとも考えておらず、銀行監督より金融政策との関係を重視している。

　レーダスが考える金融政策の定義を一般的な金融政策と捉えた場合、個別銀行の経営、業務実態を対象とする銀行検査と金融政策の協調を重視する考え方は、日本から見るとユニークと感じられる。しかし、アメリカで銀行検査権限を有する組織の1つである連邦準備銀行は、監督権限と中央銀行機能を兼備しており、個別銀行の検査結果の集積を金融政策に反映させることはむしろ当然と考えられる。

図表11-2 レーマン、レーダスの銀行監督、銀行検査に関する考え方の比較検討

	レーマン	レーダス
銀行の公共性	(1)レーマンは、銀行監督の目的を、「健全な個々の金融機関、ひいては健全な銀行組織一般が、国民経済に対して貨幣・信用のサーヴィスを最大限に提供する能力と意思を常に有するに至ること」と規定している。 (2)これは、銀行の公共性を構成する「預金者保護」、「信用秩序維持」、「銀行の資金供給面における国民経済的機能」の3要素を重視して銀行監督すべきことを、表現を変えてと主張しているにほかならない。 (3)レーダスは「銀行の公共性」実現を銀行検査の目的としたのに対して、レーマンはそれを銀行監督の目的であるとした。	(1)レーダスは銀行検査の目的として、「国家レベルで資本が適正に回転すること」、「預金を安全に確保するための信用機構を確立させること」、「銀行がそのパフォーマンスを向上させた結果として銀行収益を増加させること」をあげている。 (2)これは、銀行の公共性を構成する「預金者保護」、「信用秩序維持」、「銀行の資金供給面における国民経済的機能」の3要素を重視して銀行検査を実施すべきことを主張すると同時に、銀行の利益を代弁する発言でもある。しかし、これは銀行の健全性確保の基本条件としての収益性に言及したものと理解される。
銀行監督と銀行検査の関係	(1)レーマンは、銀行監督行政と銀行検査行政の分離・協働を前提として銀行検査のあるべき姿を規定し、銀行検査は銀行監督に影響を与えることを目的としている。 (2)銀行検査官は、銀行の資産、経営を評価し、報告することを通した銀行政策の参画者である。	(1)レーダスは、銀行監督と銀行検査を明確に区別して認識していないが、金融政策 (financial policy) との関係を重視している。 (2)これは、適正な金融政策を堅持するためには、まず、個別銀行が銀行関係法規を遵守して適正に経営されていることが基本要件となるという考え方に基づいていると考える。

第11章　戦後占領期における銀行検査導入過程の考察

銀行検査の目的・内容	（1）銀行検査の目的は、①銀行自身の利益と保護になること、②預金者や当該地方の人々の利益となること、③銀行の株主、国民の経済的福祉のために検査を課する政府のためになること等である。 （2）銀行検査の基礎的な内容は、①全資産、負債の現物検査、②経営能力の評価と経営の特質の把握、③法令遵守の程度等の3点である。	（1）銀行検査の目的は、①健全な金融政策を堅持すること、②個別の銀行が抱える問題について銀行家を手助けすること等である。 （2）大蔵省は銀行本支店の経営方法自体に特別な影響を有するものではない。大蔵省が特別な関心を持つのは、その銀行が銀行関係法規を守っているかという点である。
銀行検査実務の基本スタンス	（1）銀行監督上の目的を達するためには、万全の検査が必要であるので、①検査の目的、方法について良く理解すること、②検査に関し検査官が独自の分析能力を持つこと等が必要となる。事実のみを報告するのは何の役にも立たない。 （2）銀行検査と行内検査の役割分担を明確に認識していること。	（1）銀行検査は事前通知なしで行い、検査第一日目には資産、負債の現物検査を実施する。その次には、本支店の全資産の分析、評価を行う。 （2）レーダスの銀行検査実務の基本スタンスは、新銀行検査方針に詳細に示されている。 （3）銀行検査と行内検査の役割分担に関する言及はない。
その他（リスクに対する考え方等）	（1）銀行検査はリスク事前把握機能を重視している。潜在的な危険は検査官によって速やかに認識され、十分に報告され、かつ監督当局によって迅速な措置を講じられてはじめて未然に取り除かれる。監督当局が迅速な措置を講じるためには、その措置を正当化するに十分	（1）もし将来銀行の経営状態が悪化するか、あるいは、究極的に銀行関係法規の違反に及ぶ事態が見つかったならば、その点について銀行家に注意を促すという点に関心がある。 （2）検査報告書は、①銀行経営者にとっての経営管理ツール、②銀行検査当局と銀行

499

第Ⅳ部　戦後占領期の銀行検査

| | な根拠を得て後でなければならない。 | 経営者のコミュニケーション・ツール等の側面がある。 |

出典：（1）ハウアード・エス・レーマン「銀行検査の実際面」『財政経済』（大蔵省理財局、1949年11月）。
　　　（2）ハウアード・エス・レーマン「銀行検査の実際面―その2―」『財政経済』（大蔵省理財局、1950年）。
　　　（3）ハウアード・エス・レーマン「銀行監督、検査序論」『財政経済』（大蔵省理財局、1949年9月）。
　　　（4）レーマン・ハーヴァード・S「合衆国における監督当局の機能」『財政経済』（大蔵省理財局、1949年10月）。
　　　（5）総司令部経済科学局レーヂス「新しい銀行検査の方針」『十三日会講演叢書第二篇』（社団法人東京銀行協会内十三日会、昭和24年）。
注：本表の記述は上記資料の記述をもとに筆者が理解した内容をまとめたものである。

　日本においても日銀考査が昭和初期から実施されてきたが、日銀考査は、その独自性を打ち出して発揮するのではなく、大蔵省検査の補完的機能を果たすことを目的として開始され、大蔵省検査と相似形の検査手法を用いることにより、目的達成を目指したという経緯がある。[21]このため、日本銀行がアメリカの連邦準備銀行と同様のスタンスで銀行検査を実施し、ミクロの銀行検査結果をマクロの金融政策を実施する上で機動的に活用することは実態的に困難であった。

　銀行監督と銀行検査の関係に対する考え方以外の諸点、つまり、「銀行の公共性」、「銀行検査の目的、内容」、「銀行検査実務の基本スタンス」、「リスクに対する考え方」等については、両者の理解に著しい隔たりはない。銀行の公共性については、「預金者保護」、「信用秩序維持」、「銀行の資金供給面における国民経済的機能」の3要素を重視する点において一致している。しかし、レーマンは銀行の公共性が求めるものを実現することを銀行監督の目的としたのに対して、レーダスはそれを銀行検査の目的とした。

　銀行検査の目的、内容に関しては、レーダスが銀行検査の目的の1つに、「健全な金融政策を堅持すること」というポイントを入れていること以外は、ほぼ両者の考え方はすり合っていると考えられる。ただし、レーダスが銀行の目的を、個別の銀行が抱える問題について銀行家を手助けすることとしているのに対して、レーマンは銀行検査の目的を広く捉えて、預金者や銀行所

第11章　戦後占領期における銀行検査導入過程の考察

在地の人々の利益、銀行の株主、ひいては国民の経済的福祉が銀行検査の目的であると理解している。レーマンは銀行検査の内容は、「資産・負債の実態把握」、「経営の評価と特質の把握」、「法令遵守の実態把握」の3点に収斂するとしている。これらの内容が戦後日本の銀行検査規程にどのように引き継がれたのかについては、後段の節で検討する。

　銀行検査実務の基本スタンスの異同については、文章表現からは確認できない。しかし、検査の目的、方法を理解して検査を実施することや、検査官が検査能力を持つこと等は、いわば、言わずもがなの基本的事項であるので、この点において両者間で不一致があるとは考えられない。むしろ特徴的であるのは、レーマンが銀行検査と行内検査の役割分担を明確化している点である。

　リスクに対する考え方については、両者間に一致が見られる。つまり、銀行検査がリスクの存在を認識して、リスクの実現を回避するため、事前に注意喚起する機能を有すると理解する点において、両者間に差異は見られない。レーマンはリスクを事前に感知して迅速な対応を図るにあたって、十分な根拠を把握することを条件としている。これはリスクの存在を前提に銀行監督当局が具体的な行動を起こすことは、それ自体、預金者や銀行関係者の不安心理を煽るものであり、最終的には不要な信用不安を招きかねない点を懸念してのことと考えられる。

　レーダスの銀行検査報告書に対する考え方でユニークな点は、それを銀行経営者の管理ツールであり、かつ銀行検査当局と銀行経営者のコミュニケーション・ツールと理解している点である。つまり、検査結果の積極的活用と、銀行検査を契機とした検査当局と被検査銀行のコミュニケーション強化を重視している点は注目に値する。

　最終的にこの2人のどちらの思想や考え方が戦後日本の銀行検査の方向性を規定したかといえば、それはレーダスであろう。レーマンの考え方は理想型としてはすばらしいが、具体的に銀行検査手続や検査様式に反映されているのはむしろレーダスの考え方である。レーマンが、その高邁な銀行検査の理想を戦後日本に定着させようと考えたならば、それを実務レベルにまで噛み砕いて銀行検査手続や検査様式に反映させ、銀行検査の現場で指導する必

要があった。

　レーマンが銀行検査の実地指導を行ったのは、十六銀行、大垣共立銀行の2行であり、十分な現場指導により銀行検査の背景にある思想を含めて日本に銀行検査ノウハウを移転することに成功したとは言えなかった。つまり、OJT（on the job training）によるノウハウ移転努力が不足していた。また、連邦預金保険会社（FDIC）の規程をもとにレーマンが作成し、大蔵省に提示した銀行検査規定の雛型は、レーダスによって手直しされ、最終的に日本に導入された銀行検査規程はレーダス色の強いものとなった。

　このことを裏付ける資料として昭和24年4月から6月まで検査部長を務め、レーマン、レーダスから米国の銀行検査方法について直接教えを受けた三井武夫の口述資料がある。(22)三井は、「レーディスによりますと、レーマンの様式というものはFDICのやり方なんですが、非常に理想的で完備したものであるが、あまり複雑詳細すぎて日本の実情に合わないから、それを簡単にしたようなものにもう一ぺんつくり直そうということになったわけなので、その目指すところは、われわれの非常に不満とした点を直してくれるということであったので、迷惑ながらもまたその年の七月一ぱいを費してレーディスの講習を受けたわけなんです」として、レーダスがレーマンの方法を修正した経緯について証言している。(23)

1－4　米国上院銀行通貨委員会による銀行監督・検査体制の再編問題調査とレーマン、レーダスの考え方

　GHQ/SCAPが日本に進駐を始めた時期から4、5年遡る1940年から1941年にかけて、米国では銀行監督の統一化検討の一環として、連邦上院通貨委員会により、全国銀行通貨政策に関するアンケート調査が行われた。この調査は、それまで米国では統一的に実施されていなかった銀行の監督、検査を一元化しようとする連邦準備制度理事会が、現行の銀行監督、検査制度についての各監督機関の考え方を把握する目的で実施されたもので、連邦上院通貨委員会の委員長はニューヨーク州選出の民主党議員ロバート・F・ワグナーであった(24)（本章では全国銀行通貨政策に関するアンケートをめぐる委員会活動を「ワグナー委員会」と略記する）。アンケート調査は通貨監督官（財務省）、

連邦準備制度理事会、連邦預金保険公社、連邦準備銀行、各州の銀行監督官、銀行団体（アメリカ銀行協会、準備市銀行協会、合衆国貯蓄貸付連盟）に対して行われた。

　上院銀行通貨委員会アンケート調査結果は、須藤功氏が銀行監督、検査に焦点を合わせて詳細に分析している。本章ではその研究成果に基づき、また、必要に応じて詳細部分についてはアンケート調査結果そのものを確認することによって、レーマン、レーダスが戦後日本に導入しようと試みた銀行検査制度が、米国銀行検査制度のいかなる部分に源流を有するのかを探る。[25]

　レーマンの前職は連邦預金保険公社の検査官であり、レーダスは財務省ボストン検査事務所の副検査官であった。[26] 両氏の銀行検査に対する基本的な考え方は、属していた組織の方針に影響を受けると考えるのが自然である。しかし、アンケート調査の意図が、米国の銀行監督統一化であることを調査対象組織は認識していたので、銀行検査に関する質問に対して、政治的意図や組織のエゴを捨象した純粋な回答が行われたとは考えにくい。したがって、須藤氏の分析に基づき、調査回答から銀行検査に関する最も一般的な監督当局の回答を抽出し、それをレーマン、レーダスの考え方と比較検討する。

　須藤は、「銀行ビジネスの如何なる性格が、他の大多数のビジネスに課されるよりも相対的に大きな公的監督を正当化、あるいは説明するのか」という質問と、「連邦政府の銀行監督・検査機能は単一の検査機関に集中すべきか」、「全ての連邦銀行監督関連法を統一し、また成文化して、全ての被保険銀行と要求払預金保有銀行に適用すべきか」を取り上げ分析している。最初の質問は、銀行の公共性に対する監督機関の認識を問うものであり、2番目、3番目の質問は銀行監督、検査機能の統一化に対する意見を求めるものである。

銀行の公共性に関するワグナー委員会調査結果とレーマン、レーダスの考え方
　レーマン、レーダスの銀行の公共性に対する考え方に大きな違いはなく、ともに銀行の公共性を構成する「預金者保護」、「信用秩序維持」、「銀行の資金供給面における国民経済的機能」の3要素を重視している。これに対して連邦準備理事会は、銀行が公共性を有する根拠として、「銀行預金はビジネ

第Ⅳ部　戦後占領期の銀行検査

スに対する主要な支払手段であること」、「銀行の信用供与はビジネスの秩序ある機能と諸産業の金融需要に不可欠であること」、「銀行の信用供給や債務返済の能力は、個別の預金者や借り手との関係を越えて一国経済全体に影響を及ぼすこと」の3点をあげている(27)。

　連邦準備銀行は、連邦準備理事会と同様に、銀行の決済機能、与信機能を銀行の公共性を規定する要件としており、預金者、借り手の保護を銀行監督の目的としている。連邦準備理事会は、特に与信機能が経済全体に与える影響を重視している。財務省の所属する通貨監督官は銀行の決済機能に公共性を見出している。銀行の公共性を構成する3要素は、銀行が公共的機関であるがゆえに銀行監督行政や銀行検査行政によって保護すべき機能である。つまり、「預金者保護」を重視する根拠として銀行の預金吸収機能があり、「信用秩序維持」の根拠には銀行の決済機能があり、「銀行の資金供給面における国民経済的機能」の根拠には銀行の与信機能がある。したがって、連邦準備理事会、連邦準備銀行、通貨監督官の回答は銀行の公共性を逆サイドから述べたに等しい。

　連邦準備理事会と通貨監督官は、預金者保護を銀行の公共性を構成する要素として明確に打ち出してはいないが、連邦準備銀行は、銀行の与信機能、決済機能に加えて、預金者保護を銀行の公共性を重視した銀行監督の目的と認識している。これらの点を勘案すると、銀行の公共性に関するレーマン、レーダスの考え方は、連邦準備銀行の考え方に近いといえる。

　銀行監督統一規範試案としての「検査官指示書」とレーマン、レーダスの考え方
　連邦準備制度に関する資料には、「銀行監督統一規範試案」として「Instructions to Examiners（検査官指示書）」（1940年6月10日付）が含まれている(28)。対象とする銀行検査官の範囲は明確ではないものの、この検査指示書が「ワグナー委員会」による調査期間中に作成されたメモランダムであることを勘案すると、連邦準備制度に関係する人物が銀行検査官の意思統一を目的として作成したものと推察される。また、検査官指示書内容の銀行検査官への徹底状況は別として、少なくとも銀行検査に対する当局の姿勢を示すものとして、検討すべき資料と考えられる。したがって、検査官指示書の概要を整理

してレーマン、レーダスの考え方との比較材料とする。以下に要旨をまとめる。

　銀行検査の広義の目的は、銀行の支払い能力があるかないかを見きわめること（資産の評価）と、銀行経営が良いか悪いかを見きわめること（経営の評価）の2点である。いかなる議論もこの2つの目的を同時にカバーすることはできないが、これらに効率的にアプローチすることができるいくつかの共通原則を見つけ、基本的な考え方を提唱することはできる。それが検査官指示書の目的である。
　この2つの目的は相互に密接に関連している。つまり、銀行が支払能力を有しないということは、通常経営が良くないと見なされ、もし経営が良ければ通常銀行は支払能力を有すると見なされる。2つの目的に関して銀行検査報告書では、（1）「経営の評価」に関わる事実の要約、（2）「資産の評価」、（3）2つの目的いずれか、あるいは両方に関わる特定な事項に関する議論、（4）一般的コメントと結論の順で整理される。
　資産評価をしなくても検査官は経営の特徴を明確に把握することができる。検査官は資産評価をする前にいくつかの基本的事実を確認するべきである。また、検査官は「検査官ファイル」の内容を完全にマスターすべきである。それは、「その銀行は債券運用しているのか、貸出を主としているのか」、「良好なキャッシュ・ポジションにあるか」、「固定資産に対する投資は妥当か」等、34個のチェック項目から構成されている。
　資産評価をするにあたって、担保カバーされているものについては、評価は単純であるが、そうでないものについては「検査官自身の判断」が重要になる。実際の業務運営が良好な銀行は貸出方針も健全であることが明らかである。したがって、貸出の調査をする前に経営が良好か否かについての明確な考えを持つことが一般的に望ましい。しかし、それをあまりに重視すると、資産価値の判断を歪める。

　この検査指示書は銀行検査の目的を、「経営評価」と「資産評価」の2つであるとして、目的相互の関連と検査実務での対応を含めて述べている。指

示書という性格上、銀行検査の基本理念に関わる事項については述べられていない。この指示書を要約すると、経営評価と資産評価は表裏一体であり、検査評定にあたっては2つの目的間の相互補完関係を理解して、偏りのない合理的な判断を下すべきということになる。

　レーダス講演では、経営評価と資産評価を検査の目的との関わりから述べている事実は確認できないが、レーマンは自身の論文で、「銀行検査官は、銀行の資産、経営を評価し、報告することを通した銀行政策の参画者であること」を銀行検査の重要ポイントとしてあげており、経営評価と資産評価を重視するという意味では、検査官指示書と共通な認識を有している。(29)

　銀行監督・銀行検査に関するワグナー委員会調査結果とレーマン、レーダスの考え方
　銀行監督・銀行検査に関するワグナー委員会の質問は、「連邦政府の銀行監督・検査機能は単一の検査機関に集中すべきか」というもので、必ずしも銀行監督や銀行検査の本質を問うものではないが、検査機能の単一機関への統合に関する質問への回答には、銀行検査のあり方に触れた箇所も見られる。本章では、それらのポイントを抽出して、レーマン、レーダスの考え方と比較検討する。
　ワグナー委員会の質問に対して、無条件で銀行監督・検査機能を単一検査機関に集中すべきと回答した例は見られなかった。調査回答には、検査機能の集中に反対する理由が様々な角度から述べられている。連邦準備銀行は、検査機能を単一機関に集中すべきでない理由として、（1）銀行検査はそれ自体が目的なのではなく、銀行監督の一般的問題の中の重要な部分に過ぎないこと、（2）銀行の監督と検査の機能は多くの密接に結合した機能から構成されているので、分離することは容易ではないこと、の2点をあげている。つまり、銀行検査は銀行監督の一手段であり、両者は密接不可分の関係にあるというものである。換言すると、銀行検査は銀行監督権限を有する組織の下で独立的に執行されなければならないが、同時にそれは銀行監督の一環としても機能しなければならないというものである。(30)
　各州の銀行監督官やアメリカ銀行協会は、銀行検査権限は複数の組織に分

権化することが必要で、そうでなければ検査権限を有する組織が専制的になると指摘している。また、各州の銀行監督官は検査権限の分離が、「特殊な必要性や目的を看過」することを懸念している。

銀行監督・銀行検査に関する質問への回答を要約すると、国法銀行や州法銀行等、金融機関の特徴にあわせて、銀行監督権限と銀行検査権限を有する監督機関を複数にすることは必要であるが、銀行監督権限と銀行検査権限を分けて、それぞれを異なる監督機関で分有することは不合理であるということになる。

銀行監督・銀行検査に関するレーマンの考え方は、（１）銀行監督行政と銀行検査行政の分離・協働を前提として銀行検査のあるべき姿を規定すべきこと、（２）銀行検査は銀行監督に影響を与えることを目的としていること、の２点に要約され、ワグナー委員会調査に対する回答に近い内容となっている。レーダスは銀行検査が協働すべき相手方を金融政策と認識しており、レーマンともワグナー委員会調査回答とも異なる見解を示している。つまり、銀行監督と銀行検査の関係については、レーマンは当時のアメリカの監督当局や業界団体を代表する、いわばオーソドックスな意見の持ち主であったといえる。

第２節　GHQ/SCAP銀行検査方針の銀行検査手続への展開

２−１　新検査方式に対する検査部長の理解

大蔵省銀行局検査部長の近藤直人は、レーダスが講演を行った昭和24年９月21日の経営合理化研究会において、「新しい銀行検査の方針」と題して新検査方式導入の経緯について講演した。また、大蔵省銀行局金融検査官の竹島勝益は新様式の検査報告書について説明した。近藤が大蔵省銀行局検査部長に着任したのは、講演３ヶ月前の昭和24年６月付であったため、新検査方式の導入経緯に直接関わる期間は短かったが、「新検査方式研究の経過概要」、「従来の検査方式の大要」、「新検査方式の主要な特徴」の順で新検査方式の概要について説明した。

大蔵省銀行局検査部長の近藤直人氏は着任時期から見て、新検査方式の検

討プロセスには当事者として深くは関わっていないと考えられる。したがって、同氏の銀行検査に対する基本姿勢を講演内容から窺い知ることはできない。しかし、少なくともレーダスの銀行検査に対する考え方を逸脱する発言はなく、銀行検査について決定した事項を実務レベルで伝える努力を行っている。

近藤が新銀行検査方式の特徴としてあげたポイントは、いずれも画期的ではあるものの、客観的に見て実現性に乏しく、中には戦前から目指していながら実現できなかった事項を何ら新しい具体的方策を打ち出すことなく理想論のまま掲げているものもある。たとえば、新銀行検査方式で新たに打ち出された、「全店舗への臨検」および「年1回の検査」は十分な検査官を確保しない限り、実現性において問題があると言わざるを得ない。

加えて、検査官自身が詳細なラインシートを作成するとした点についても、実際の事務負担を勘案すると、実行困難と考えられる。つまり、貸出金の属性を含めた詳細な一覧表を作成するのは、むしろ銀行サイドの業務とした方が効率的で、検査官サイドはこれをいかに厳格にチェックするかという観点から方策を考える方が現実的である。

「検査手数料の徴収」については、GHQ/SCAPの指示にその発端があると考えられる[34]。検査手数料の徴収を正当化するためには、公的サービスである銀行検査に対して、税金にプラスして手数料を支払うことを銀行が受け入れるだけの価値を付加することが必要である。また、銀行は指摘された問題点に対して真摯に取り組む意図を持っていなければならない。これらの点を考えると、新検査方式で打ち出された新機軸のいくつかは、その実現性が低いと評価せざるを得ない。

以下では、銀行検査様式の検討を行い、実務面から銀行検査の有用性を考察する。具体的には、図表11-1で示した図式にしたがって、『新しい銀行検査法』の内容を検討する。戦後の新しい銀行検査の方式を戦前の銀行検査方式と比較することについては、第二次世界大戦による断絶を勘案すると両時期の連続性に疑問が残る。しかし、戦時体制下の銀行規制は平常時と比較すると著しく異質であり、戦時下と戦後を比較することは不合理である。また、戦前、戦後両時期はともにサウンドバンキングを指向していた平時であった

ことから、戦後の新しい銀行検査の方式を戦前の銀行検査方式を比較することには意義があると認められる。

2－2　新検査方式に対する銀行検査実務担当者の認識

本節では、近藤が示した新検査方針と『新しい銀行検査法』の内容を比較することにより、GHQ/SCAPと大蔵省が設定した銀行検査方針の趣旨が銀行検査マニュアルにどのように展開されたのかを検討する。新検査方針と『新しい銀行検査法』の内容比較に先立ち、近藤が講演を行った4ヶ月後の昭和25年1月に発表された、新検査方式に対する塚元亨氏の見解をもとに、大蔵省内の新検査方式に対する認識がどの程度共有されていたのかを確認する。塚元は、銀行局検査部に所属する官僚であり、「銀行新検査方式の特徴」、「新検査方式の問題点」、「検査官の批判と勧告について」の3項目を中心に自説を展開している（以下、塚元が自説を展開した論文を「塚元論文」と略記する）。その要旨を以下にまとめる。前半は新検査方式の特徴、後半以降は新検査方式の問題点と検査官の批判と勧告に関する塚元の見解である。

銀行検査実務担当者の理解内容の要約

新検査方式の第1の特徴は、「全店舗検査主義」である。これは銀行検査の目的を完璧に遂行するためである。また、銀行検査の目的は、（1）銀行が諸法規に従って業務運営を行っているか否か、（2）その運営は、金融機関の公共性に照らして、健全主義の原則に則って行われているかを検討すること、の2点である。そして、この目的を達成するためには、①銀行の資産・負債の状況、②資金の運用状況、③損益の状況、④役職員の能力、⑤人員配置の適否、⑥帳簿記録の正否ないしは適否、⑦帳簿書類の整理保管状況、⑧店舗の経済地理的条件、⑨設備の良否、等を検査の対象にする必要がある。つまり、銀行業務の実態面のみならず、銀行経営全般にわたるポイントを検査する必要がある。

新検査方式の第2の特徴は、検査官自らが銀行の帳簿書類等に基づき、個々の資産・負債、その他の記録等によって、所要の書抜表を作成して検査報告書をまとめ上げることである。したがって、銀行は従来のような書抜表を

作成する手間がなくなった。また、検査報告書自体の特徴としてあげられるのは、1) フォームが定型化されその記載が能率的になったこと（全店舗検査を前提とした検査行政効率化）、2) 検査報告書が機密報告書部分を除いて被検査銀行に交付されること、3) 不良債権の査定・分類が3段階になり、分類根拠が明確化されたこと（固定額（Ⅱ）、疑問額（Ⅲ）、欠損見込額（Ⅳ））、の3点である。

現金預ヶ金勘定の内訳は、現金、日本銀行預ヶ金、その他預ヶ金と金銭信託、交換小切手類、看做金、その他の6項目である。この中で最も問題となるのは看做金（Cash item）であり、いかなるものを看做金として取り扱うかについては未だ検討の余地がある。

貸出金勘定の検査に際して書抜表を作成するにあたり痛感するのは、無担保貸出の増加と信用調査の不備、および預金勘定についての3点である。戦前の無担保貸出の割合は30～40％であったが、前後はこれが60～70％となっている。銀行の融資に際して債務者の信用調査が不十分である点が指摘される。また、担保、信用調査と関連して問題となることは、債務者の資産、負債の内容である。

各行が預金吸収に急なあまり、増加預金中に不健全な要素が見られる。その代表的事例は両建預金の著増傾向である。具体的な方法は、(1) 預金の受入れをすると同時に、その預金を担保に資金の融通をする、(2) 預金することを条件として同額の資金融資を行い、その預金を担保に徴求する、(3) 再検査の実力以上の融資を行い、その一部を凍結預金とする等である。月末の預金残高を増加させるため、ウィンドゥ・ドレッシングも顕著である。この種の預金増加は、国民の真の資本蓄積ではなく、銀行経費の関係からも健全ではない。真の貯蓄は、国民所得の中から生まれるものであり、具体的には勤労所得、個人事業主所得および企業の内部留保がその源泉をなす。この部分が預金として吸収されて初めて預金増加となる。

新様式による銀行検査報告書の中に検査官の批判と勧告のページがあるが、検査官の主観的意見を記載することはできない。あくまで客観的事実と数字を基礎とすることが要請されている。銀行検査報告書の検査官の批判と勧告のページに関する米国FDIC（連邦預金保険公社）の説明は、①このページは

検査官が気付いたことの総括であるから、他のいかなるページよりも慎重に、時間と思慮を費やして書くべきこと、②このページを書くためには、全体として銀行の実体を把握することが前提要件となること、③批判、勧告の順序は、科目の配列順よりは、問題の重要性にしたがうべきであり、このためには検査官の賢明な判断が必要となること、④批判、勧告は簡潔にして要領を得たもの、つまり煮詰めた批判と勧告がなされなければならないこと、⑤検査中に是正されたもの、改善を約束された事柄、軽微な事項を詳述する必要はないこと、の5点に要約される。

　銀行検査実務担当者の認識整理
　塚元論文は大きく、「銀行新検査方式の特徴」、「新検査方式の問題点」、「検査官の批判と勧告について」の3主題から構成されているが、このうち銀行新検査方式の特徴に関する理解内容は、近藤の講演内容と大きく異なるところはない。塚元の考え方が色濃く出ているのは、新検査方式の問題点についてである。塚元は昭和25年時点で銀行局検査部に所属していたが、課長等の役職にはついていないので、銀行検査実務に従事する立場から自説を展開したものと考えられる。大蔵省の機関誌ともいえる『財政経済弘報』に掲載された見解は、実質的な公式見解とみなし得ることから、塚元の所説は当時の銀行局検査部に属する大蔵検査官の考え方を代表していると考えられる。塚元の理解内容を通して、大蔵省の認識とレーマン、レーダスの考え方との間にどのような異同があるのかを検討する。
　新検査方式の問題点に関する塚元論文の指摘ポイントは、（1）現金預ヶ金勘定の内訳項目には検討の余地がある、（2）戦後無担保貸出が著増しているが、銀行の資金運用方針は安全性にその中心を置き、担保主義に漸次転換することが望ましい、（3）十分な信用調査を行い、その記録を残すとともに内容更新し、科学的根拠に基づいて融資を実行することが必要である、（4）商業銀行がその本旨から離れて資本的性格の融資を行うことがあることは実態として理解するが、その際も物的担保で保全することが望ましい、（5）真の貯蓄は、国民所得、具体的には勤労所得、個人事業主所得、企業の内部留保がその源泉をなすべきであるが、不健全な預金増加が見られる、等の5点で

ある。

　これらは、新検査方式の問題点というよりは、むしろ銀行検査を通して把握した銀行の実態である。昭和25年時点では既に銀行検査は実施されていたので、検査実務に何らかの形で関係していたであろう塚元が、検査実感に基づいて認識した問題点を新検査方式との関わりから言及することは十分あり得る。

　塚元が示した問題点をさらに整理すると、（1）新検査方式の検査様式不備、（2）担保主義への回帰、（3）科学的根拠に基づいた融資、（4）銀行融資の役割分担と担保主義、（5）不健全な預金増加、の5点になる。塚元が最も懸念しているのは銀行の安易な融資姿勢である。塚元は科学的アプローチによって融資実行、管理の改善を求め、担保取得で貸出資産の安全を図ることにより、銀行の健全性を確保すべきと主張している。科学的アプローチの一手段である信用調査は、融資実行時のみならず、融資期間にわたって継続的にチェックすべきとしている。

　塚元は、商業銀行の役割と融資内容については、建前だけではなく、商業銀行と企業の資金ニーズを実態的に判断して見解を述べている。通常、銀行検査官が、商業銀行が資本的性格の融資を行うことがあり得ることを公に求めることはないと考えられるが、塚元は日本経済の実態を勘案して、商業銀行が資本的性格の融資を行うことがあり得ることを認めた上で、さらに具体的方策として担保保全の必要性を説いている。

　不健全な預金増加については、戦後の銀行検査においても真剣に取り組まれた問題である。塚元は、新検査方式による銀行検査の本格実施に先立ってこの問題を論じている。不健全な預金増加による計数が及ぼすマイナス影響は、個別銀行の問題だけにとどまらず、その計数合計に基づいて銀行監督、金融政策を実施する監督当局や日本銀行の問題でもある。当時はこれが最優先で取り組むべき検査課題であった。

　塚元は、銀行検査官が被検査銀行に対する批判と勧告を記述する銀行検査報告書のページには、検査官の主観的意見を記載することはできず、あくまで客観的事実と数字を基礎にすべきと述べている。塚元はこの点についてFDICの説明を引用して根拠を示している。

第11章　戦後占領期における銀行検査導入過程の考察

レーマン、レーダスと銀行検査実務担当者の認識内容比較

銀行の公共性に対する認識については、レーマン、レーダスがその内容を明示しているのに対し、塚元は銀行検査の目的として、（1）法令遵守状況のチェック、（2）金融機関の公共性に照らした健全主義の原則重視、の2点をあげるにとどめている。銀行検査実務に関わっていた塚元が、銀行の公共性を構成する3要素を、「預金者保護」、「信用秩序維持」、「銀行の資金供給面における国民経済的機能」と認識していたか否かは明確ではないが、少なくとも健全な銀行経営が公共性を有する銀行にとって最重要課題であるという認識は有していたと考えられる。あるべき銀行経営に対する塚元の姿勢は全体的にきわめて保守的である。このように、銀行検査の目的・内容について塚元は、銀行の健全主義を徹底することであるとしか言及していない。したがって、レーマン、レーダスが述べているような銀行検査の具体的目的を念頭に置いていたかどうかは定かでない。

銀行検査実務の基本スタンスについては、新検査方式の内容や銀行検査の実務経験に沿って詳細に問題意識が述べられており、この点に関してはむしろレーマン、レーダスより認識が具体的である。その内容は、上述の通り5点にわたっており、銀行の与信・受信両面に及ぶ実質的な銀行検査ポイントである。

「銀行監督と銀行検査の関係」、「リスクに対する考え方」の2点に関する塚元の認識は明確にされていない。前者について言及されていないのは、塚元論文が、銀行検査の新方式について述べることを目的にしており、銀行監督行政との関連は論文の目的外であったことがその原因と考えられる。しかし、後者については、本来、銀行が抱えるリスクと銀行検査の関係として明確に述べられるべきである。これが述べられていないのは、昭和25年時点では銀行検査官の間ではリスクの概念が十分認識されていなかったことが原因と考えられる。むしろ、リスクという言葉を使用しなくても、公共性を有する銀行が健全な銀行経営を行っているか否かを、銀行検査を通してチェックするという銀行検査の目的の中に、暗黙のうちにリスク概念が埋め込まれていると理解するのが妥当であろう。

2－3　『新しい銀行検査法』の概要

本節では、昭和26年5月に大蔵省銀行局検査部が発刊した『新しい銀行検査法』を内容分析することにより、新銀行方式が銀行検査マニュアルにどのように反映されているのかを考察する。『新しい銀行検査法』は、第1節 総論、第2節 現物照合、第3節 検査基準（報告書様式関係頁）の3節から構成されている。また、総論は第1節 銀行検査の目的、第2節 新検査方式と米国の銀行検査方式、第3節 検査の順序の3部構成となっている。『新しい銀行検査法』の概要は総論部分に集約されている。[37]

編著者である大蔵省銀行局検査部長の山本菊一郎氏は、本書の目的として、（1）新入部員を養成し、検査官の思想を統一すること、（2）銀行に大蔵省の銀行検査を理解してもらうこと、の2つをあげている。つまり、『新しい銀行検査法』は銀行検査のあり方を明確に示す大蔵省の自信作であり、本書で述べられた基本方針に沿って検査官の意識が統一され、検査実務が行われた。以下では、『新しい銀行検査法』の基本概念について、「銀行の公共性」との関わりから分析するとともに、『新しい銀行検査法』が、米国検査方式のいかなる点を取り入れたのかについて項目ごとに個別検討する。

『新しい銀行検査法』の内容要約

『新しい銀行検査法』の基本方針は、「銀行検査の目的」、「新検査方式と米国の銀行検査方式」、「検査の順序」から構成されている。基本方針の概要について銀行検査の目的を中心にまとめる。

銀行検査の第1の目的は、預金者の保護を図るために銀行経営の安全性を検討することである。この目的には、銀行の安全性を確保するために設けられた監督法令の遵守状況の検討も含まれる。銀行検査の第2の目的は、銀行の公的健全性、経済的有用性を銀行の公共性と認識し、これを検討することである。公共性の検討には経済統制法令の遵守状況の検討も含まれる。

銀行検査の目的を具体的に述べると、（1）「預金者保護のための経営の安全性の検討」（安全性確保を目的とする監督法令遵守状況を含む）、（2）「公共性確保のための公的機能発揮状況の検討」（公的機能発揮を要請している経済監

督統制法令の遵守状況の検討を含む)、の2つである。しかし、銀行検査の目的は、銀行の「健全性」を検討することに尽きる。つまり、預金者保護のために確保されなければならない経営の「安全性」、消極的および積極的な公的機能発揮を内容とする「公共性」のいずれも、広い意味の銀行の健全性にほかならない。銀行検査実務レベルの目的は、銀行検査を通じて明らかにされた事実に基づき、銀行に対しては健全性維持増進のための適切な勧告、助言、警告を発することと、監督当局に対しては、金融行政に資するべき賢明な所見を導き出すことである。

銀行経営の安全性確保と公共性発揮は密接に関係している。その理由は、銀行を含む全ての企業が自由活動を認められる社会における根本的な経済原則は、「社会的に必要な任務をより良く果たすものがより多く報いられ、その繁栄を約束される」という不文律である。このような自由主義的経済原則がそのまま行われる場合は、経営の安全性と公共性は並行的に確保され得る。なぜなら、銀行が利潤をあげて、自己の繁栄を誇っていることは、そのまま社会的福祉への貢献を十分行っている証拠と言えるからである。

このような場合、検査当局と銀行に残される課題は、いかにして危険な投資対象を避けて、安全、有利、確実な対象を選ぶような賢明な判断を下すかという点に尽きる。これは、社会的に有用な事業への投資が必要であるという結論に落ち着く。利潤追求が社会福祉への貢献となるという経済原則が全面的に否定された状態の場合、すなわち、ソ連やわが国の戦時中の状態のような場合を考えると、銀行は法令の命ずるところにしたがって戦時的機能充足を第一義とし、確実性(担保徴求、債権保全等)は二義的となる。すなわち、私企業としての健全性は隅に追いやられる。

検査当局と銀行に残される課題は、法令遵守、すなわち、いかにして公的機能発揮するかということになる。銀行は社会的要求に応え、公的な機能を発揮することにより、健全経営に破綻をきたした。終戦後は統制が外される方向に向い、銀行融資も漸次自己責任で確実性の原則の下に行われなければならなくなった。そして、ここに再び私企業としての健全性が重要視されることとなった。今後直面するのは、自由経済を基調としつつ、政策的色彩の強い社会であるので、銀行の立場からすると、自由活動、自己の安全性確保

への自主的努力を許されつつ、経済的政策の意図にも応えなければならない時代となる。

　銀行の活動分野のうち経済統制法令に関しては、銀行はこれに従うしかなく、検査当局もその法令に照らして公共性を判断するのは当然である。経済統制法令が遵守されているならば、消極的な意味で公共性が確保されているといえる。問題はそれ以上の範囲にわたる公的機能発揮の検討である。法令はその時代の全ての公的、社会的な政策意図を反映しているとは限らない。その際、判断の基準となるのは、社会経済人としての良識である。

　それ以外の分野の活動について銀行が準拠すべきなのは、「いかなる資金需要がより優先されるべき社会的、経済的重要性を持っており、かつ、危険が少ないか」という判断であるべきである。銀行検査官として、このような判断を加える場合は、銀行よりさらに公平な、第三者的立場で銀行の公的機能発揮の状況を検討し、経営の安全性を損なわない範囲でさらにより良く公共性を発揮するにはどうすべきかを検討する。これが積極的意味における公共性発揮の途である。

　銀行が公的機能を発揮しているか否かは、皮相的な投資の分布状態から判断されるべきでなく、投資の結果生み出される「経済価値の比較」に根拠を持つべきである。また、資金の地元還元の問題は、地方銀行に限らず、大銀行でも同様に考えられる。その場合、「地方支店の資金を機械的に中央に集中するに先立って、その支店の利益を地元に還元することにより、さらに大きな経済的価値を生み、一国経済社会の福利増進に寄与し得るような途があるかどうかについて、誠意をもって検討しているか」という設問に転換できる。

　国際的見地から銀行検査の重要性を見る。今後日本は諸外国と対等な立場で、自らの信用を頼りに取引しなければならない。その場合、銀行の果たす役割は大きく、その健全性や信用状態は重大な関心事として内外の注目を浴びる。また、個々の銀行の信用だけでなく、より重要なのは銀行システム一般が、国際金融的視角から見て高水準にあるか否かである。このような水準の高低を判断する重要な手掛かりの1つとして銀行検査が浮かび上がる。つまり、わが国の銀行検査の基準は、国際的にも通用する合理的な、確たる方針に基づいたレベルの高いものかどうかが重要であり、わが国の銀行が常に

そのような基準に基づいて厳正な検査を受けているかが問われなければならない。換言すると、銀行検査はわが国の銀行に貼られた品質保証のレッテルに対する信頼感を高める。

『新しい銀行検査法』の特徴
　『新しい銀行検査法』による銀行検査の目的は、(1)銀行経営の安全性を確保すること、(2)銀行の公共性を発揮させること、の2点であり、この2つの目的は時に相反するものと位置付けられている。2つの目的が背反すると認識される背景には、「銀行の安全性確保を目的とする監督法令遵守」と「経済監督統制法令の遵守」が相矛盾する場合があるとの考えがある。つまり、経済監督統制法令は、預金者保護を犠牲にしなければならない内容を有していることがあり、法令遵守を第一義とすると、経済監督統制法令を遵守することが、時として銀行経営の安全性と相容れない場合があるということである。
　大蔵省が法令間の矛盾に着目した背景には、第二次世界大戦中において、経済統制を主眼とする戦時法令の遵守が強制され、銀行の安全性がないがしろにされたこと、すなわち、銀行の安全性を保護するための法令が軽視された歴史的経緯があると考えられる。また、『新しい銀行検査法』が発刊された昭和26年当時においては、戦後の混乱を終息させるため、経済統制を目的とした法令が重要な位置を占めていた。
　法令遵守に対する考え方が、時代を追ってどのように変遷するかという問題は、法令遵守に対する姿勢とともに、遵守の対象となる法令や法令間の整合・不整合の状態、および経済社会的背景等を考慮する必要がある。したがって、『新しい銀行検査法』で述べられている銀行の公共性、安全性を理解するためには、戦時期から連なる戦後占領期が、通常時と異なる経済社会的背景を有していたことを念頭に置く必要がある。
　大蔵省は共産主義の全体主義的特徴を捉え、それが戦時中の全体主義に類似するものとしている。戦時体制であれ、共産主義体制であれ、私企業としての健全性が隅に追いやられた状態は、銀行経営の安全性が阻害される素地をもった経済環境であるというのが、この時期の大蔵省の認識である。

経済全体のニーズに沿うことが、銀行自らの安全性を守ることにつながらない環境条件においては、どのように銀行の健全性を守って銀行検査を行うのかが検査の主眼になる。つまり、銀行の健全性とは、銀行の公共性と安全性を包括した概念で、両者のバランスがとれた状態が銀行の健全性が確保された状態と認識する。そして、この状態を確保するように監督指導するのが銀行検査の役割であるということになる。

銀行の公共性の概念は、「消極的な意味での公共性」と「積極的な意味での公共性」に分けて整理されている。前者は経済統制法令の遵守、後者は社会経済人としての良識に基づき公的機能を発揮することである。社会人としての良識とは、いかなる資金需要がより優先されるべき社会的、経済的重要性を持っており、かつ危険が少ないかという観点から銀行が機能発揮することであり、大蔵省は銀行が公共性を発揮しているか否かの判断は、投資の結果生み出される経済価値の比較に根拠を置くべきと考えている。

昭和26年当時の大蔵省は、銀行は国家の行政機関ではないとしながらも、実際には経済社会の公僕としての機能を銀行が果すべきことを前提として議論を進めている。この時代の大蔵省の考え方の特徴は、（1）銀行の公共性を、銀行が公的機能をいかに発揮するかということに置き換えたこと、（2）銀行の安全性を公共性の対立概念としたこと、の2点に要約される。

銀行法における「銀行の公共性」の概念との比較による考察

銀行の公共性を重視する根拠として、「預金者保護」、「信用秩序維持」、「資金供給面における国民経済的機能」の3要素が示されたのは、『新しい銀行検査法』が発刊された5年後の昭和31年に、佐竹浩と橋口収両氏が執筆した銀行法の解説書（以下「旧銀行法」と略記する）においてである[38]。佐竹、橋口両氏の考え方を先取りし、昭和25年当時の大蔵省の考え方と比較することにより、戦後占領期における大蔵省の銀行の公共性に対する考え方の特徴を明確化する。以下、「図表11-3 『新しい銀行検査法』における「銀行の公共性」の位置づけ」と「図表11-4 佐竹浩、橋口収の銀行法解説書における「銀行の公共性」の位置づけ」で両者の考え方を図式化して考察を加える。

『新しい銀行検査法』では、「銀行の公共性」と「銀行の安全性」がバラ

図表11-3 『新しい銀行検査法』における「銀行の公共性」の位置づけ

```
┌─────────────────────────────────────────────────────────┐
│                      銀行の健全性                          │
│  ┌──────────────────────┐                                │
│  │   銀行の公共性         │                                │
│  │ ╭──────────────╮     │   相反関係    ┌──────────────┐ │
│  │ │消極的な意味での│ ←─────────────→ │  銀行の安全性   │ │
│  │ │公共性（経済統制│     │              │（銀行の安全性を│ │
│  │ │法令の遵守）    │     │   バランス    │確保するための │ │
│  │ ╰──────────────╯     │ ←─────────→  │監督法令遵守）  │ │
│  │ ╭──────────────╮     │              └──────────────┘ │
│  │ │消極的な意味での│     │                                │
│  │ │公共性（社会経済│     │                                │
│  │ │人の良識に基づく│     │                                │
│  │ │公的機能発揮）  │     │                                │
│  │ ╰──────────────╯     │                                │
│  └──────────────────────┘                                │
└─────────────────────────────────────────────────────────┘
```

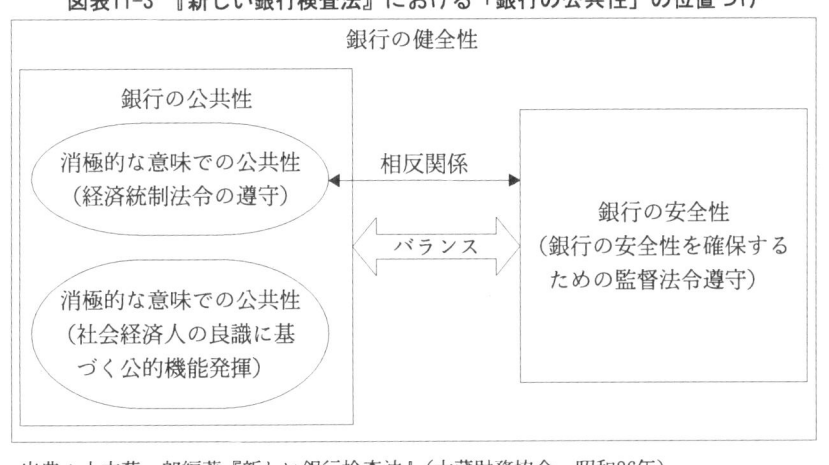

出典：山本菊一郎編著『新しい銀行検査法』（大蔵財務協会、昭和26年）。
注：出典資料に基づき、「銀行の健全性」、「銀行の公共性」、「銀行の安全性」の関係を図式化した。

図表11-4 佐竹浩・橋口収の銀行法解説書における「銀行の公共性」の位置づけ

```
┌────────────────────────┐
│      銀行の公共性        │
│  ╭──────────────╮      │
│  │   預金者保護    │      │
│  ╰──────────────╯      │              ┌──────────────┐
│  ╭──────────────╮      │  調和・並立   │  銀行の経済性  │
│  │  信用秩序維持   │  ←─────────────→ │（私企業としての│
│  ╰──────────────╯      │              │  目的追求）    │
│  ╭──────────────╮      │              └──────────────┘
│  │資金供給面における│     │
│  │国民経済的機能   │      │
│  ╰──────────────╯      │
└────────────────────────┘
```

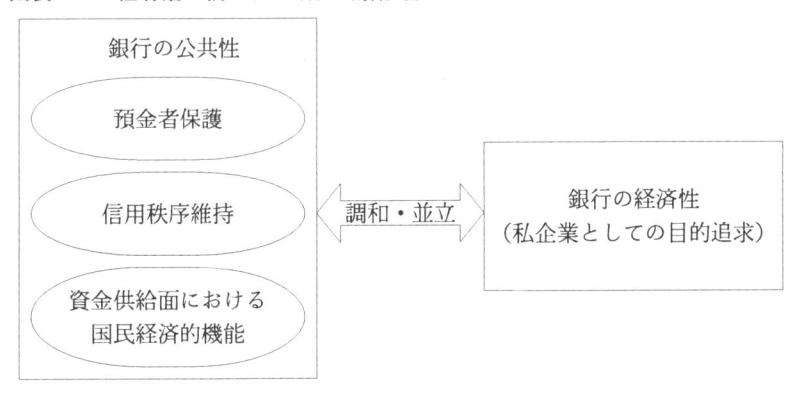

出典：佐竹浩・橋口収『銀行法』（有斐閣、1956年）。
注：出典資料に基づき、「銀行の公共性」と「銀行の経済性」の関係を図式化した。

ンスすることが、すなわち「銀行の健全性」を確保することであるとして、健全性が包括的な概念として打ち出されている。昭和26年時点では銀行経営を安全に保つことが至上命題であったので、銀行の公共性と並んで安全性が

重要な概念として位置づけられた。これに対して、「旧銀行法」は、預金者保護という観点から銀行の安全性確保を銀行の公共性の要素として取り込んでいる。また、銀行がその機能を健全に発揮することは、信用秩序維持を円滑に行うことにつながることから、「信用秩序維持」を銀行の公共性の要素としている。つまり、「銀行の健全性」を銀行の公共性の要素として取り込んでいる。さらに、『新しい銀行検査法』で述べられている銀行の公的機能発揮は、旧銀行法においては、「資金供給面における国民経済的機能」に収斂している。

総括すると、旧銀行法では、『新しい銀行検査法』の「銀行の公共性」、「銀行の安全性」、「銀行の健全性」の全てを「銀行の公共性」で括り、私企業としての目的追求を「銀行の経済性」という概念に集約して新たに付け加えた。そして、銀行の公共性と経済性は調和・並立すべきものとした。

昭和26年当時では、まだ個別銀行の健全性に先立ち、銀行制度全体の健全性と対外的な信頼性が重視された。『新しい銀行検査法』は個別銀行が自由活動、自己の安全性確保への自主的努力を許され、同時に経済的政策の意図にも応えなければならない時代が到来することを予想している。そして、その予想通り、個別銀行の収益性追求、つまり銀行の経済性が重要な概念として浮かび上がってきた。

戦後占領期が終焉を迎えた昭和27年を境として、昭和31年に至る期間において、経済社会環境の変化に伴い銀行監督のコンセプトが大きく変化したのではないかと考える。この期間において、銀行の公共性に対する考え方がどのような経路を辿って旧銀行法の考え方に収斂するのかを検討することは、銀行検査に対する大蔵省の基本姿勢の変遷を知る上で重要である。この課題については、第3節で銀行検査行政関係者の新銀行検査方針への対応の変遷を探ることにより考察する。

米国の検査方式に対する大蔵省の認識

大蔵省は、レーマン、レーダス両氏を通じて日本に導入した米国の銀行検査方式について、「日本の銀行検査史上に一時期を劃したと云わざるを得ない」[39]として高く評価している。その一方で、米国の検査方式の概略を述べて、

第11章　戦後占領期における銀行検査導入過程の考察

新検査方式の源を明らかにしたいとしながらも、「われわれは素直に米国式検査の企図するところに耳を傾けると同時に、他面わが国情に照らして採るべきを採り、捨てるべきを捨て、現在の新検査方式が誕生したのである」[40]として新検査方式が決して単なる米国の銀行検査方式のコピーではないことを強調している。

大蔵省は、米国の銀行検査方式の顕著な特徴であると同時に、従来の日本の検査方式が強く反省させられた事項として、以下の5つのポイントをあげている。これらのポイントに対する大蔵省の認識をまとめる。

（1）科学的検査基準の確立による統一的検査
（2）検査と監督行政の分業
（3）徹底した実証主義
（4）法律の遵守
（5）株主勘定の重視

大蔵省は、科学的検査基準を確立して統一的検査を実施するためには、周到に用意された検査基準が重要であるとして、FDICの検査便覧に基づいて米国の実態を紹介している。米国の銀行検査の特徴および日本の銀行検査が留意すべきポイントは、①米国では各検査担当機関が相互間の基準統一に努めたことは検査報告書様式を見れば分かる、②日本でも、名人芸による一品生産方式を脱皮し、公開技術による大量生産方式への転換を試みるが、検査実務担当者がその企画を理解し、強い責任感を持つ必要がある、というものである。

つまり、日本の従来の銀行検査を、「名人芸による一品生産方式」にたとえて、検査官の技量によって検査結果にバラツキがあったことを認めている。新検査方式では、全店検査が前提となっているので、それを大量生産方式になぞらえたものと考えられる。大蔵省は、新検査方式を実行するためには、従来の検査方式を脱却し、米国の検査基準の長所を取り入れるとともに、それに基づいて銀行検査を実施する検査官の責任感と能力を涵養することが重要と認識している。邉英治氏は『銀行局金融年報』（昭和27年度版）や当時の

第Ⅳ部　戦後占領期の銀行検査

検査部長である山本菊一郎氏の回顧録(41)を引用して、『新しい銀行検査法』が発刊された昭和26年当時、既にマニュアル化による銀行検査の画一化の弊害、特に銀行検査官の視野狭窄や上滑りで実態を看過する表面的な検査の問題点を指摘している(42)。

　しかし、検査官の視野狭窄や実態を看過する表面的な検査の弊害が、果たして銀行検査のマニュアル化に起因するかというと、必ずしもそうではない。戦前の銀行検査の問題点は、検査官の技量によって検査結果にバラツキがあったことであり、その原因の一端が体系的かつ詳細な銀行検査マニュアルの不在にあるとすれば、戦後の大幅な銀行検査官増員を前提に、「検査品質」の統一を図ろうとした場合、第一に考える対応策は銀行検査マニュアルの充実である。その点、GHQ/SCAPとの議論を経て『新しい銀行検査法』を制定した大蔵省の対応は合理的であった。また、大蔵省が画一的検査の弊害を認識したのが検査マニュアル制定と同一のタイミングであったことを考えると、この弊害は銀行検査マニュアルを使いこなした後に発生したものではなく、むしろ、マニュアル化と異なる次元に原因があったことを示している。

　『新しい銀行検査法』は、（1）銀行監督行政の変遷にあわせて機動的に銀行検査をリードすることができる柔軟性をもっていること、（2）変則かつ違法な銀行業務の異常性を明確にし、個別具体的に指摘、是正させるための綿密な現場検査を前提としていること、（3）中長期的視点から取り組み、銀行経営に関する問題指摘が可能な科学的検査基準を重視していること、の3点を備えた銀行検査マニュアルである。

『新しい銀行検査法』が目指すところは、高い専門性と責任感を兼ね備えた銀行検査官が、科学的アプローチを前提とした高密度な検査を実施することをマニュアルとしてサポートすることである。上滑りで実態を看過する表面的な検査の原因は、検査マニュアルを制定したことではなく、検査官の資質がマニュアルの目指すところに追い付かなかったことにあると考えられる。

　大蔵省が「検査と監督行政の分業」という項目で述べているのは、分業を前提として双方の協力関係を堅固にするための組織のあり方についてである。分業とは、検査部と、検査結果に基づいて銀行に対して示達等により行政監督上の処置を行う監督部局を分けることである。そして、効果的に分業を推

進するのが検査結果を審査してそれを行政に反映させる部局で、米国では、それが重要部門として存在している。この趣旨を大蔵省内の組織として具体化したのが銀行局検査部審査課である。審査課の設置は、検査結果の監督部局への還元のみならず、検査報告書レベルの高度化、均一化の趣旨からも有益と考えられ、組織手当てとしては合理的である。しかし、問題はその活動実態であり、組織が目的とするところに実態が伴うためには、審査課に所属する官僚が高度な検査技術と省内および省庁間の折衝力を有する優秀な人材であることが条件となる。

　「徹底した実証主義」という項目で述べられている実証主義の内容は、（１）臨店主義を徹底し、営業現場の実態を把握すること、（２）事実に基づく合理的判断、の２点である。銀行の本支店をくまなく検査し、そこで可能な限り確定的な事実を把握し、かつその事実に基づいて合理的判断を下すのが、「徹底した実証主義」という言葉で表現される内容である。徹底した臨店主義を実施するためには、人的、資金的負担が大きいが、大蔵省は、不十分な検査のゆえに預金者に迷惑をかける事態は回避しなければならないとしている。

　「法律の遵守」の重要性について大蔵省は、レーマン、レーダス両氏から徹底した指導を受けたとしている。従来、日本において銀行法をはじめとする金融関係諸法令の遵守が重要視されていなかった理由として、実務に関わる詳細な規定が法令内に存在しなかったことをあげている。当時、懸案となっていた銀行法改定にあたっては、米国にならって規定を詳細化することを検討中としている。

　「株主勘定の重視」に関しては、米国の例をあげて日本もそれにならうべきとしている。米国においては、正味株主勘定がいくらかを問題にし、かつ、それが銀行資産の何パーセントにあたるのかを重要視する点を紹介している。この考えは預金者保護に通じるもので、株主勘定が預金支払いのための原資をどの程度カバーし、預金者に迷惑をかけないようになっているかを重視するものである。新検査方式による検査報告書は正味株主勘定の対外負債に対する割合を求めるようになっているが、この割合が昭和25年末で３％前後であることから、この実態改善を銀行検査の緊要な課題としている。

第3節 『新しい銀行検査法』の考察

3−1　『新しい銀行検査法』と戦前の銀行検査規程の比較検討

　第2節で見た『新しい銀行検査法』の概要は、銀行検査の目的を中心にまとめられている。米国の銀行検査方式の顕著な特徴であると同時に、従来の日本の検査方式になかった点として、大蔵省が新検査方式に取り入れた5つのポイントをもとに、いかなる点が日本の検査方式として進化したのかを考察する。進化を確認するため、戦前の「検査手順」や「検査手続」の詳細を取り上げる。戦前の銀行検査規程（「旧銀行検査規程」と略記する）は、大正15年9月に大蔵省が起草した「銀行検査規程案」である[43]。

　戦時中の銀行検査をプルーデンス規制の側面から分析した先行研究に、邉英治氏の「戦時体制下における大蔵省銀行検査」がある[44]。邉氏は、「戦時体制下における大蔵省検査体制は、少なくとも、1942年時点まで、著しく弱体化したわけではなかった」と主張している。また、銀行検査の内容については、事例研究に基づいて、「稲沢銀行の『諸調書』から、1941年以降の銀行検査は、金融統制色の強いものへと変化したといってよいだろう」として、銀行検査体制の著しい弱体化はまぬがれた一方、銀行検査内容は通常時とは変化していたことを実証した[45]。

　しかし、この時期の検査マニュアルに関しては、戦時体制下の銀行監督に適応した銀行検査規程の改訂がなされたという事実を史料で確認することはできない。したがって、『新しい銀行検査法』の特徴を際立たせるために、同マニュアルと戦前期に使用された「銀行検査規程案」を比較する。両規程の対比を「図表11-5　『新しい銀行検査法』と戦前の銀行検査規程の対比表」にまとめる。

　大蔵省が新検査方式に取り入れた5つのポイントのうち、「法律の遵守」と「株主勘定の重視」は、旧銀行検査規程においても取り上げられている。旧銀行検査規程では、法令遵守に関する個別遵守項目を規程内で特定し、それ以外の項目については具体的な法令を示して、遵守状況をチェックすることとなっている。

　「株主勘定の重視」については、旧銀行検査規程中に株主勘定に関する検

第11章 戦後占領期における銀行検査導入過程の考察

図表11-5 『新しい銀行検査法』と戦前の銀行検査規程の対比表

	『新しい銀行検査法』 （昭和26年）	「銀行検査規程案」 （大正15年）
科学的検査基準の確立による統一的検査	（1）全店検査が前提 （2）検査官の責任感と能力涵養	全店検査、検査官の責任感と能力涵養については、明確に述べられていない。
検査と監督行政の分業	（1）監督行政との協力関係を堅固にするため、検査部審査課を設置 （2）検査報告書レベルの高度化、均一化	検査行政と監督行政の協力関係、検査報告書レベルの高度化、均一化については、述べられていない。
徹底した実証主義	（1）臨店主義を徹底し、営業現場の実態を把握すること （2）事実に基づく合理的判断	本店の検査を行う場合には、支店、出張所、代理店の検査も行うべきとしているが、臨店主義は明確には標榜されていない。
法律の遵守	法令遵守の徹底	法令遵守に関しては、資本金の維持、配当のあり方、定款違反等具体的項目を列挙した後、商法、銀行条例、銀行業法、税法、貯蓄銀行条例等の法令違反を検査項目としている。
株主勘定の重視	正味株主勘定を重視し、対外負債に対する割合を把握	銀行は資本を失い、最低資本金の制限を下ることがないことを検査項目としている。

出典：（1）山本菊一郎編著『新しい銀行検査法』（大蔵財務協会、昭和26年）。
　　　（2）『昭和財政史資料』（「銀行検査規程案」、大正15年9月）マイクロフィルム冊子番号NO.1-074、検索番号32-003。
注：正味株主勘定は普通株、優先株、普通株以外の株の合計で示される資本に剰余金（資本剰余金＋利益剰余金）を加え、Ⅳ分類資産、Ⅲ分類資産の50％、帳簿外債務、その他を控除して算出される。

査項目は存在するものの、その基準は「資本を失い、最低資本金の制限を下ることがないこと」をチェックするものであった。『新しい銀行検査法』では、対外債務に対する正味株主勘定の割合を改善させることを主眼としている。つまり、旧銀行検査規程では、株主勘定の減少をどこで食い止めるかということに視点を置いているのに対して、『新しい銀行検査法』では、株主勘定をどのように増やして銀行の健全性と預金者保護を図るかという点を重視している。

　法令を遵守すること、および最低資本金の制限を下らないことという銀行経営の根本に関わる部分については、戦後を待たずして既に大正末期から銀行検査のポイントとなっていた。しかし、法令遵守については銀行のマインドを高揚させると同時に、遵守すべき法令自体の精緻化が必要になるとの新たな認識が生まれた。また、株主勘定の重視については、最低資本金の下限を割り込まないように検査を行うという発想から、正味株主勘定を重視し、株主勘定の実態を把握したうえで、それを充実させる方向で検査を行うという発想に転換が図られた。

　「科学的検査基準の確立による統一的検査」、「検査と監督行政の分業」、「徹底した実証主義」の3点については、旧銀行検査規程には具体的記述が存在しない。全店検査、検査官の責任感と能力向上、検査報告書の質的向上、営業現場の実態把握等に代表される科学的アプローチや実証主義の徹底は、従来の銀行検査には見られなかった銀行検査の新しい価値観である。検査と監督行政の分業に関するコンセプトは、旧銀行検査規程では明らかにされていない。銀行検査の方法論については、従来、日本には存在しなかった新しい考え方が、終戦を機に導入された。

　つまり、大蔵省が米国の銀行検査方式に学び、新たに取り入れようとしたのは、(1)科学的アプローチ、(2)実証主義の徹底、(3)監督行政との協調により検査効果を高めるための組織手当て、の3点であり、従来から銀行検査規程には存在していたものを発想の転換により新たな切り口から検査ポイントとしたのが、法令遵守と株主勘定の重視であった。

3−2　GHQ/SCAPの銀行検査の考え方と戦前の銀行検査規程の比較検討

　本節では、GHQ/SCAPが戦前の銀行検査のいかなる点を欠陥と認識したのか、そして、その欠陥は旧銀行検査規程のどのような点に見られるのかを考察する。具体的にはSCAP文書に含まれている銀行検査関係資料に示されたGHQ/SCAPの問題認識を整理し、項目ごとに旧銀行検査規程の内容を検討する。SCAP文書による指示を整理すると以下のようになる。[46]

　1．銀行検査体制の充実
　（1）預金者と公衆の利益保護の強化を目的とした銀行検査制度、銀行監督
　　　制度。
　（2）有能な検査員と補助要員を養成すること。
　（3）管理事務や検査報告の再検討、分析、校正等を担当する要員の充実。
　（4）銀行検査に携わる固定要員を250名まで増員すること。

　2．銀行検査の実践
　（1）銀行法、規則、融資・投資方針及び慣習に従って、銀行が運営され機
　　　能しているか銀行検査を行うこと。
　（2）国家経済の利益に向けて銀行法や規則の強化させられるような基準に
　　　したがって銀行検査制度を機能させること。
　（3）十分な経験と訓練を積んだ職員が徹底的な銀行検査を行うこと。
　（4）年一回、邦銀全行に対して完全な検査を実行すること。

　3．法令遵守
　（1）規制や監督のための法的整備。

　4．株主勘定の重視
　（1）銀行は預金者保護に十分なだけの追加増資。

　銀行検査充実に関するGHQ/SCAPの指示は、1．銀行検査体制の充実、2．銀行検査の実践、3．法令遵守、4．株主勘定の重視の4つのカテゴリー

に分けられる。指示内容で重点が置かれているのは、検査体制の整備と実態に関わる項目で、銀行検査を行う上で重視すべき個別項目としては、法令遵守と株主勘定の重視が取り上げられている。

「銀行検査体制の充実」については、預金者保護を主眼とした検査・監督制度を充実させることが指示の中心である。そして、その内容を構成するのが、（1）検査官の量的、質的改善、（2）検査の質的向上を図るための検査部内のチェック機能設置、の2点である。検査官の増員については、大正15年4月付の大蔵省内部資料「銀行其ノ他金融機關検査充實計畫」で、検査官を200名（実地検査要員120名、書面検査要員80名）まで増員する計画があった。(47) しかし、実際にGHQ/SCAPが戦後占領期に目の当たりにした日本の銀行検査は、第二次世界大戦という秩序の攪乱要因により、組織体制自体が著しく脆弱化した状態にあった。

旧銀行検査規程は規程本体と銀行検査心得から構成されていたが、それらには検査官の質的向上を図るための具体的施策は述べられていない。また、検査官同士の相互チェックや別組織による客観的なチェックの思想もなく、文字通り、「名人芸による一品生産方式」による銀行検査が主流であった。つまり、旧銀行検査規程の内容から浮かび上がるのは、ベテラン検査官が個人の経験と技量によって銀行検査の権威となり、その検査官の下で経験を積んだ者が技量とノウハウを受け継いでいく、いわば徒弟制度的な銀行検査官像である。

このような実態を改善するために、GHQ/SCAPは銀行検査制度の充実に加えて、銀行検査の実践においても厳しい注文を出した。その主な内容は、（1）国家経済の利益を重視して検査すること、（2）法令遵守の実態検査を強化すること、（3）経験だけでなく、訓練を積んだ検査官が検査すること、（4）検査頻度を極端に上げること、の4点である。しかし、このうち旧銀行検査規程に含まれていない概念は、「国家経済の利益を重視した検査」、「検査官は訓練されるべきこと」、「検査頻度の向上」の3点である。さらに、このうち銀行検査規程に盛り込むことがなじまない概念は、検査頻度の向上であるので、実態的にGHQ/SCAPの検査実務に関する新たな注文は、銀行検査目的に対する認識を国家レベルに引き上げることと、検査官に訓練を施す

べきことの2点である。銀行監督行政上の留意事項ともいえるGHQ/SCAP指示は、銀行行政の基となる法的整備、銀行の資本充実である。

このように、GHQ/SCAPの指示事項を整理して旧銀行検査規程と比較すると、制度整備、制度運用の両面において、GHQ/SCAPは従来の日本の銀行検査が抱えていた問題点の本質を正確に捉え、簡潔に指示を出していたことが理解できる。

3－3　『新しい銀行検査法』に対する銀行検査担当者の考え方と実務スタンス

新検査方式が実施に移されてから3年経過した昭和28年6月、大蔵省銀行局金融検査課の三好智氏が新検査方式の実施を通して浮き彫りになった問題点をまとめた。[48] 三好は金融検査課に属し、検査実務に従事してきたと考えられるので、新検査方式が日本の銀行検査実務でどのように運用されたのかを最もよく知り得る立場にいた人物と思われる。三好の問題指摘と銀行検査実務運営実態を以下にまとめる。

三好は新検査方式が米国に範をとった主要ポイントとして、（1）臨店検査方式を重視する実証主義、（2）資産査定、業務監査等の検査基準精緻化、（3）検査報告書の様式統一による検査の定型化、の3点をあげており、その問題意識はこれらのポイントに沿ったものである。問題意識と実務対応については「図表11-6　新検査方式に対する銀行検査実務担当者の問題認識と実務対応」にまとめる。

三好によると、新検査方式は開始3年にして、その新規性の中心をなす科学的検査と実証主義に基づく検査が実践されなくなった。具体的には、（1）臨店検査主義、（2）検査官による貸出金調査票作成、が廃止され、書面検査方式と被検査銀行が貸出金調査票を作成する方式が復活した。この理由として、検査効率の追求や被検査銀行ごとにメリハリを効かした検査を行うことの重要性があげられてはいるが、実態的には新検査方式の理想が検査実務で実現できなかったという意味で挫折といわざるを得ない。これは、新検査方式の理想を実現するために必要な検査官のマンパワーの見積もりが不正確であったこと、つまり、検査官の人数及び能力を現実的に把握し、組織手当て

第Ⅳ部　戦後占領期の銀行検査

図表11-6　新検査方式に対する銀行検査実務担当者の問題認識と実務対応

ポイント	問題認識と実務対応
実証主義の進展	（1）臨店検査主義については、漸次旧方式の書面検査に回帰した。臨店検査は本店と若干の支店に限られている。 （2）臨検店舗で貸出金調査票を検査官自ら直接帳簿に基づいて作成する実証的方法から、直接被検査銀行に作成依頼する方式に変化した。 （3）臨店検査から書面検査に移行し、かつ書面作成を被検査銀行に依頼する方式に移行した理由は、①検査効率を重視したこと、②検査官数の制限の2点である。しかし、この変化を全ての被検査銀行に一律適用するのではなく、規模の大小や実態を勘案して適用する。小規模金融機関に対しては実証的方法を重視する。 （4）銀行検査の目的である預金者保護、公共性確保は、金融機関の経営を健全にするという意味で、検査当局と金融機関の利害が一致するので、金融機関の協力を妨げるものはないはずである。（ごく一部に虚偽報告をする金融機関があるが、これは全体から見ると、検査目的を達成する上では支障ない。）
検査基準の整備充実	（1）「安全性測定基準」としての正味自己資本算出基準と、そのために必要な資産分類（査定）基準は検査の枢軸をなすものとなった。これらの基準については補充整備を行った。 （2）貸出金第Ⅱ分類（固定貸）の分類基準明確化を図った。（流動性を欠いた貸出金をこの分類に入れるための基準が明確ではなかったが、貸出金の危険度で判断することとした。） （3）有価証券の評価分類基準に変更を加えた。（評価益と評価損の通算処理を認めた。） （4）不動産の評価方法については、営業用不動産と所有不動産に分類し、固定資産税課税価格に一定の修正率を適用して算出する方法を採用し、継続検討している。 （5）価格変動準備金、退職給与引当金を自己資本の範疇に含めるか否かは検討中。 （6）「公共性測定基準」は従来、監督統制法令遵守という基準があるにすぎなかった。今後、より高度な測定基準を制定すべく検討中。 （7）新検査方式の統一基準制定は、検査の公正化と水準向上に資し

第11章 戦後占領期における銀行検査導入過程の考察

	た。その一方、検査の仕事が機械的になり、数字の意味やその裏に潜む実体を看過する傾向を生じかねない。その結果、金融機関を単純一律の規範で検査するという弊害を招かないよう、個々の金融機関の規模、主体的条件等との関連について一層の考察が必要。

出典：三好智「新金融検査方式とその問題点」『金融法務事情No. 2 vol. 3』（金融財政事情研究会、昭和28年6月）。

しなかったことがその原因と考えられる。

被検査銀行に貸出金調査票を作成させることにより生じる虚偽報告リスクについては、銀行検査の目的である預金者保護と公共性確保の面から説き起こし、銀行検査当局と被検査銀行の利害の一致を理由にリスクが実現する可能性が低いとしている。しかしそれは、検査事実をより正確に把握し、それに基づいて銀行検査結果を判断するという科学的検査と実証主義検査本来の趣旨を実現できなかったことの言い訳に過ぎないと思われる。

図表11-6のポイント「検査基準の整備充実」に関しては、銀行の公共性と安全性の概念が明確に認識されている。第2節において、『新しい銀行検査法』における銀行の公共性の概念について考察したが、そこでは銀行の健全性を構成する概念として、銀行の「公共性」と「安全性」を対置させた。三好は、安全性を測る基準として「安全性測定基準」、公共性を測る基準として「公共性測定基準」を示している。三好は、正味自己資本算出基準をはじめとして、自己資本を算出するための具体的計算式を確定して、それを検査基準として用いようとするのが安全性測定基準であり、公共性測定基準の具体化は検討中であるとしている。

このように、『新しい銀行検査法』で述べられている銀行検査の基本概念は、銀行検査実務担当官によって正確に理解され、その理解に基づいて検査実務での問題が提起されている。しかし、銀行検査実務担当官の権限を超える検査組織や人員配置の不十分さに起因する問題点については、新検査方式の当初の理想が実現されないまま、検査実務を行わざるを得ない状況にあった。

邉は前出の「戦後復興期における大蔵省検査・日銀考査の改革」の中で、

第Ⅳ部　戦後占領期の銀行検査

「改革後の大蔵省検査の主眼は、戦前期と同様、基本的にプルーデンス目的に置かれていた」と述べている。しかし、これは戦後復興期の大蔵省がアメリカ式の検査方法に懐疑的であったことを疎明するものではない。むしろGHQ/SCAPは、戦時期に検査体制が弱まったことが金融機関経営の不健全化の原因であると認識しており、その認識に基づいて銀行検査手法を導入したと考えられる。銀行の再建と健全化を目指す上で「米国標準化」は大蔵省とGHQ/SCAPとの間の大筋の合意事項であった。また、銀行の再建と健全化および信用秩序維持を銀行検査の観点から推進するには、銀行検査を銀行監督行政と銀行の公共性の観点から整合的な形で構築することが必要であった。

その意味で、精緻な銀行検査を導入することは、現状に対する大蔵省の基本認識と整合的であった。銀行検査結果の還元は、「検査対象銀行への直接的提言」と「金融行政への反映」の2つの経路がある。いずれの経路をたどる検査結果の還元も、それを厳格に実施するためには精緻な銀行検査を実施することが前提となるが、個別銀行に対して経営指導を含んだ直接的提言をするためには詳細な経営実態把握が特に必要となる。銀行検査の結果を個別銀行の経営指導に生かそうとする動きは、戦前の銀行検査担当部署においてその萌芽が見られた。例えば、戦前から銀行検査担当官僚の間では「提案型検査」、「指摘型検査」それぞれを信奉する新旧両派の議論が真剣に繰り広げられていた。提言型検査を重視する考え方は昭和30年8月に検査部長に就任した福田久男氏に受け継がれた。

小　括

本章の目的は、銀行検査に対するGHQ/SCAPの考え方と、その背景にある思想を整理し、それが大蔵省の銀行検査マニュアルにどのように反映されたのかを探ることであった。具体的には、GHQ/SCAPに所属して戦後日本の銀行検査の再構築を担当したレーマン、レーダスの著作や発言内容を検討した上で、それが新検査方式を経由して、戦後初の銀行検査マニュアルである『新しい銀行検査法』にどのように結実し、さらに『新しい銀行検査法』

が検査担当官にどのように受け入れられたのかを考察することであった。

第1節では、レーマン、レーダスの銀行検査に対する考え方の異同を考察した。また、1940年から1941年にかけてアメリカで実施された、全国銀行通貨政策に関するアンケート調査に基づき、レーマン、レーダスの銀行検査に対する考え方の背景を探った。銀行監督・銀行検査権限を有する組織の回答を集約すると、米国では、国法銀行や州法銀行等、金融機関の特徴にあわせて、銀行監督権限と銀行検査権限を有する監督機関を複数にすることは必要であるが、銀行監督権限と銀行検査権限を分けて、それぞれを異なる監督機関で分有することは不合理であるという結果が出た。

銀行監督・銀行検査に関するレーマンの考え方は、(1)銀行監督行政と銀行検査行政の分離・協働を前提として銀行検査のあるべき姿を規定すべきこと、(2)銀行検査は銀行監督に影響を与えることを目的としていること、の2点に要約され、ワグナー委員会調査に対する回答に近い内容となっている。レーダスは銀行検査が協働すべき相手方を金融政策と認識しており、レーマンともワグナー委員会調査回答とも異なる見解を示している。

レーマン、レーダスの違いは、銀行監督と銀行検査の分離・協働に対する考え方であるが、「銀行の公共性」、「銀行検査の目的、内容」、「銀行検査実務の基本スタンス」、「リスクに対する考え方」等については両者の理解に大きな隔たりはない。銀行検査の目的、内容に関しては、レーダスが銀行検査の目的の1つに、「健全な金融政策を堅持すること」というポイントを入れていること以外は、ほぼ両者の考え方はすり合っていると考えられる。最終的にレーダスの考え方が戦後日本の銀行検査の方向性を規定した。レーマンの考え方は理想型としてはすばらしいが、具体的に銀行検査手続や検査様式に反映されているのはむしろレーダスの考え方であった。

第2節では、GHQ/SCAPの考え方が『新しい銀行検査法』に結実する経緯とその内容を検討するとともに、銀行局検査部に所属する官僚がどのように新検査方式を理解して実務を行おうとしていたのかを探った。銀行局検査部の塚元亨は、新検査方式および現状の銀行検査が抱える問題点を5つ指摘している。それらは、(1)新検査方式の検査様式不備、(2)担保主義への回帰、(3)科学的根拠に基づいた融資、(4)銀行融資の役割分担と担保主義、

(5)不健全な預金増加、等である。

「銀行監督と銀行検査の関係」、「リスクに対する考え方」の2点に関する塚元の認識は明確にされていない。このうちリスクについては、本来、銀行が抱えるリスクと銀行検査の関係が明確に述べられるべきであろう。これが述べられていないのは、昭和25年時点では銀行検査官の間ではリスクの概念が十分認識されていなかったことが原因と考えられる。しかし、リスクという言葉を使用しなくても、公共性を有する銀行が健全な銀行経営を行っているか否かを、銀行検査を通してチェックするという銀行検査の目的の中に、暗黙のうちにリスク概念が埋め込まれていると理解するのが妥当であろう。

『新しい銀行検査法』の特徴として明確になった点は、銀行検査の目的を、(1)銀行経営の安全性を確保すること、(2)銀行の公共性を発揮させることの2点であるとして、この2つの目的は時に相反するものと位置付けたことである。そして、この相反する「銀行の公共性」と「銀行の安全性」をバランスさせることが、すなわち「銀行の健全性」を確保することであるとして、健全性が包括的な概念として打ち出されている。昭和26年時点では銀行経営を安全に保つことが至上命題であったので、銀行の公共性と並んで安全性が重要な概念として位置づけられたのがその理由と考えられる。

大蔵省は『新しい銀行検査法』の中で、米国の銀行検査方式の顕著な特徴であると同時に、従来の日本の検査方式が強く反省させられた事項として、(1)科学的検査基準の確立による統一的検査、(2)検査と監督行政の分業、(3)徹底した実証主義、(4)法律の遵守、(5)株主勘定の重視、の5つのポイントをあげている。そして、これらは『新しい銀行検査法』の特徴として取り入れられたポイントでもあった。

第3節では、GHQ/SCAPの考え方が『新しい銀行検査法』に反映された結果を、旧銀行検査規程を介して客観的に考察した。また、銀行検査行政関係者の『新しい銀行検査法』への対応を考察することにより、戦後の銀行検査制度の成立過程における大蔵省等銀行監督当局の考え方を確認した。大蔵省が米国の銀行検査方式に学び新たに取り入れようとした5つのポイントのうち、全く新規に取り入れようとしたのは、(1)科学的アプローチ、(2)実証主義の徹底、(3)監督行政との協調により検査効果を高めるための組織手

当て、の3点であり、従来から銀行検査規程には存在していたものを発想の転換により新たな切り口から検査ポイントとしたのが、法令遵守と株主勘定の重視であった。

『新しい銀行検査法』で述べられている銀行検査の基本概念は、銀行検査実務担当官によって正確に理解され、その理解に基づいて検査実務での問題が提起されていた。その一方、銀行検査実務担当官の権限を超える検査組織や、人員配置の不十分さからくる問題点については、新検査方式の当初の理想が実現されないまま、検査実務が行われていた。第12章では昭和30年代の銀行検査が、『新しい銀行検査法』をベースにどのような発展を遂げたのか、その実態解明を試みる。

注　記
(1) 邉英治「戦後復興期における大蔵省検査・日銀考査の改革」『経済学研究No.47』(東京大学経済学研究会、2005年)。
(2) 須藤功「アメリカにおける銀行監督・検査体制の再編問題―上院銀行通貨委員会アンケート調査(1940-41年)の分析―」『明治大学社会科学科学研究所紀要第44巻第2号(通巻64集)』(明治大学社会科学研究所、2006年3月)。
(3) U.S. Senate, Committee on Banking and Currency, *National Monetary and Banking Policy:Questionnaire Relative to S. Res. 125*, 76th Cong. 3d Sess. (Washington:GPO, 1940).
(4) 須藤、前掲論文。
(5) 山本菊一郎編著『新しい銀行検査法』(大蔵財務協会、昭和26年)。
(6) 「銀行検査規程案」『昭和財政史資料』(マイクロフィルム冊子番号NO.1-074、検索番号32-003、大正15年9月)。
(7) 日本銀行金融研究所編集、土屋喬雄他監修『日本金融史資料昭和続編第24巻』SCAP関係資料(1)金融制度関係(大蔵省印刷局発行、1995年)。
(8) 日本銀行金融研究所、前掲書。第一回目の非公式文書は、1948年5月26日付で経済科学局長ウィリアム・F・マーカット少将名で大蔵省に通知された。第二回目の非公式文書は、1949年9月13日付でESS日本財政金融課ジョン・M・アリソン課長名で通知された。また、第二回目の非公式文書には、1949年8月18日付のESS日本財政金融課ウォルター・K・ルコント課長名の公式メモが添付されている。

(9) 日本銀行金融研究所、前掲書。
(10) U.S. Senate, Committee *op.cit.*
(11) Memorandum for Examiners, "Instructions to Examiners" June 10, 1940, Part1. *Legislation, Major Speeches and Essays, and Special Reports*, 1913-1960, Papers of The Federal Reserve System, University Publications of America, 1983. Reel No.18.
(12) レーマンの論文は以下の4編で、本稿では（1）を「レーマン第1論文」、（2）を「レーマン第2論文」と呼ぶ。
①ハウアード・エス・レーマン「銀行検査の実際面」『財政経済』（大蔵省理財局、1949年11月）。
②ハウアード・エス・レーマン「銀行検査の実際面 ―その2―」『財政経済』（大蔵省理財局、1950年）。
③ハウアード・エス・レーマン「銀行監督、検査序論」『財政経済』（大蔵省理財局、1949年9月）。
④レーマン・ハーヴァード・S「合衆国における監督当局の機能」『財政経済』（大蔵省理財局、1949年10月）。
(13) ハウアード・エス・レーマン、前掲論文③。
(14) ハウアード・エス・レーマン、前掲論文③、4頁。
(15) ハウアード・エス・レーマン、前掲論文③、5頁。
(16) ハウアード・エス・レーマン、前掲論文③、7頁。
(17) 大蔵省百年史編集室『大蔵省百年史 別巻』（財団法人大蔵財務協会、昭和44年）、105頁。
(18) 総司令部経済科学局レーヂス「新しい銀行検査の方針」『十三日会講演叢書第二篇』（社団法人東京銀行協会内十三日会、昭和24年）。本資料ではレーヂスと表記されているが、日本銀行金融研究所編集、土屋喬雄他監修『日本金融史資料昭和続編第24巻』SCAP関係資料（1）金融制度関係（大蔵省印刷局発行、1995年）中の同氏の氏名綴りはLadasであるため、本稿ではレーダスと表記する。
(19) 佐竹浩・橋口収『銀行法』（有斐閣、1956年）。
(20) 日本銀行金融研究所、前掲書。
(21) 大江清一「大正期における金融当局検査の考察―金融制度調査会を中心とした銀行検査充実に向けた動き―」『社会科学論集第122号』（埼玉大学経済学会、2007年9月）。
(22) 大蔵省百年史編集室、前掲書、104頁。

第11章　戦後占領期における銀行検査導入過程の考察

(23) 三井武夫氏講述「戦後の金融検査制度」『大蔵省戦後財政史口述資料（6）-1銀行』（大蔵省官房調査課金融財政事情研究会、昭和28年4月）13-14頁。
(24) U.S. Senate, Committee *op.cit.*
(25) 須藤、前掲論文。
(26) 三井、前掲書。
(27) 須藤、前掲論文。
(28) Memorandum for Examiners, *op.cit.*
(29) ハウアード・エス・レーマン、前掲書①。
(30) 須藤、前掲論文。
(31) 須藤、前掲論文。
(32) 大蔵省銀行局検査部長近藤直人「新しい銀行検査の方式について」『十三日会講演叢書第二篇』（社団法人東京銀行協会内十三日会、昭和24年）。
(33) 大蔵省百年史編集室、前掲書、104頁。
(34) 日本銀行金融研究所編集、土屋喬雄監修『日本金融史資料昭和続編第19巻』大蔵省資料（1）（大蔵省印刷局発行、1989年）318-322頁。昭和23年7月7日、大蔵省銀行局は銀行からの「検査手数料の徴収」についての要求を含む「総司令部の金融機構改革方針」という内部資料を作成している。
(35) 塚元亨「銀行検査の新方式について―新様式に関連して―」『財政経済弘報』（財政金融協会、昭和25年1月）。
(36) 大蔵省百年史編集室、前掲書。
(37) 山本菊一郎編著『新しい銀行検査法』（大蔵財務協会、昭和26年）。
(38) 佐竹・橋口、前掲書。
(39) 山本、前掲書、29頁。
(40) 山本、前掲書、29頁。
(41) 山本菊一郎「金融検査の思い出」『金融検査の史料第一輯』（銀行局検査部管理課指導係、昭和42年）。
(42) 邉、前掲論文、経済学研究。
(43) 「銀行検査規程案」『昭和財政史資料』（大正15年9月）マイクロフィルム冊子番号NO.1-074、検索番号32-003。
(44) 邉英治「戦時体制下における大蔵省銀行検査」『社会経済史学』Vol.70、No.6（社会経済史学会、2005年）。
(45) 邉、前掲論文、社会経済史学。
(46) 日本銀行金融研究所編集、土屋喬雄他監修『日本金融史資料昭和続編第24

第Ⅳ部　戦後占領期の銀行検査

　　　　巻』SCAP関係資料（1）金融制度関係（大蔵省印刷局発行、1995年）。
　（47）「銀行其ノ他金融機關検査充實計畫」『昭和財政史資料』（大正15年4月）
　　　　マイクロフィルム冊子番号NO.1-074、検索番号32-003。
　（48）三好智「新金融検査方式とその問題点」『金融法務事情　No.2　vol.3』
　　　　（金融財政事情研究会、昭和28年6月）。
　（49）邉、前掲論文、経済学研究。
　（50）原司郎「金融制度」大蔵省財政史室（編）『昭和財政史―終戦から講和ま
　　　　で―第13巻』（東洋経済新報社、1983年）、467-473頁。
　（51）大江、前掲論文、2006年7月。

第Ⅴ部　高度成長期の銀行検査

第12章　昭和30年代前半における銀行検査の考察
——『新しい銀行検査法』に基づく地方銀行の検査結果と銀行検査行政——

はじめに

　本章の目的は、『新しい銀行検査法』に沿って実施された銀行検査結果と、銀行検査行政にどのような特徴があるのかを検討し、大蔵省銀行局通達の内容変遷によって示される銀行監督行政の推移と、銀行検査の内容変化がどのように整合していたのかを探ることである。検討対象とする金融機関は、都市銀行、地方銀行、相互銀行とするが、詳細な分析は地方銀行を題材にする。

　地方銀行を中心に考察する理由は、（1）地方銀行が組織の規模や経営・業務実態、内部管理等の面から日本の金融機関の問題点を最も平均的に体現していると判断したこと、（2）昭和戦前期を対象にした第8章、第9章が地方銀行をベースにしたものであることから、連続性を重視したこと、の2点である。実際の銀行検査報告書等の一次資料へのアクセスに制限がある中で、地方銀行に対する検査当局の方針や姿勢が、検査官僚の論文、講演録を通して比較的多く文書で残されていることも、地方銀行を主体に考察する理由の1つである。

　『新しい銀行検査法』は、昭和26年以降、昭和33年まで銀行検査マニュアルとしての役割をはたした。したがって、本章で対象とする時代区分は、昭和30年代前半を中心としつつも、前後3～4年を含む期間となる。資料入手の困難さから、個別銀行の検査結果分析を行うことはできないが、地方銀行については銀行局検査部長や検査実務担当者が総括的な意見を発表しているので、それを資料として用いる。また、『銀行局金融年報』は総括的な視角から銀行監督行政や銀行検査行政についてまとめているので、それを資料とする。

第Ⅴ部　高度成長期の銀行検査

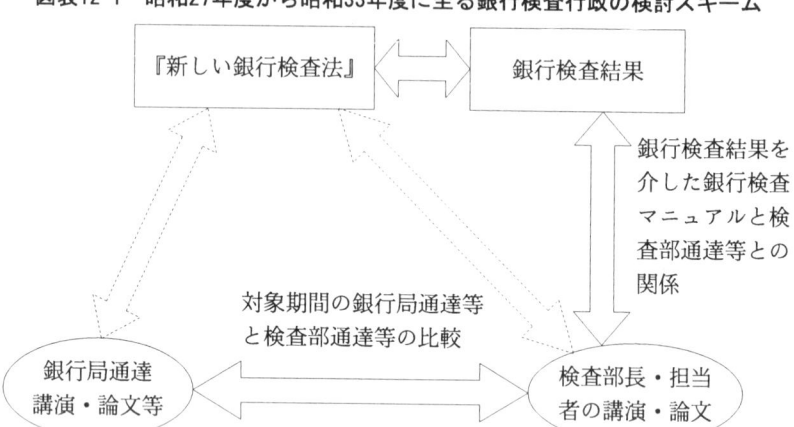

図表12-1　昭和27年度から昭和33年度に至る銀行検査行政の検討スキーム

```
        ┌──────────────┐         ┌──────────────┐
        │『新しい銀行検査法』│◄═══════►│  銀行検査結果  │
        └──────────────┘         └──────────────┘
                ▲                         ▲
                ┊                         ║   銀行検査結果を
                ┊                         ║   介した銀行検査
                ┊                         ║   マニュアルと検
                ┊                         ║   査部通達等との
                ┊        対象期間の銀行局通達等   関係
                ┊        と検査部通達等の比較
                ┊                         ║
        ┌──────────┐               ┌──────────┐
        │ 銀行局通達 │◄═════════════►│検査部長・担当│
        │ 講演・論文等│               │者の講演・論文│
        └──────────┘               └──────────┘
```

注：『新しい銀行検査法』が銀行検査マニュアルとして機能した期間を対象に、銀行検査結果を介した検査マニュアルと検査部通達等の関係を探る。特に、実線の両矢印で示した資料同士を比較検討することにより、銀行検査マニュアル、銀行検査結果、通達、講演の相互関係を探り、銀行監督行政との関わりから銀行検査行政の変遷を考察する。

　銀行検査マニュアルの役割や意義については、第11章で『新しい銀行検査法』を題材に考察した。そこでの結論は、銀行検査マニュアルは、それが利用された時期における銀行検査行政の思想を示し、銀行検査の指針としての役割と意義を有していたというものである[1]。昭和30年代前半の銀行検査行政の考察は、『新しい銀行検査法』を中心に置き、銀行検査結果と銀行局通達や講演・論文を比較することにより、銀行検査行政と銀行監督行政の相互関係を分析する。銀行検査マニュアルを頂点とした銀行検査行政の検討スキームは「図表12-1　昭和27年度から昭和33年度に至る銀行検査行政の検討スキーム」の通りである。

　本章で取り上げるいくつかの論点に関連する研究業績として、戦後占領期の銀行検査に体系的な分析を加えた邉英治氏の「戦後復興期における大蔵省検査・日銀考査の改革」[2]が存在する。本章と邉氏の間で見解が異なるものについては、論点を明確にして分析を進める。本章のテーマへの接近方法としては、まず銀行検査指摘の内容変遷を整理し、検査部長や銀行検査実務担当

第12章　昭和30年代前半における銀行検査の考察

官の見解と比較した後、銀行監督行政の変遷を分析した先行研究を参考に、銀行監督行政の推移と銀行検査の内容変化がどのように整合していたのかを探る。

　昭和20年代後半から、30年代前半にかけての銀行監督行政の推移については、『昭和財政史』に総括的な研究成果がまとめられているので、同書を銀行監督行政史の先行研究として参考にした。伊藤修氏は、『日本型金融の歴史的構造(3)』において戦後日本の銀行監督行政史を総括的に整理するとともに、大口信用供与制限の経緯についても詳細な分析を加えている。伊藤の著作を『昭和財政史』とともに参考にした。

　第1節では、『新しい銀行検査法』に基づいた銀行検査結果と、銀行検査を通して把握された昭和30年代前半までの銀行業務の問題点等について考察する。具体的には、『新しい銀行検査法』に基づいて実施された銀行検査結果を『銀行局金融年報』の記述にしたがって時系列的に整理し、指摘項目別に分析検討する。

　第2節では、昭和30年代前半における地方銀行業務の問題点に対する検査部の認識を、当時、検査部長を務めた福田久男氏の講演録を題材として考察する(4)。福田が地方銀行を対象に銀行経営のあり方について講演したのは、昭和33年であったが、同氏は昭和31年、32年の年初にも新年度の銀行検査行政の課題を専門誌に発表している。昭和31年(5)、32年の銀行検査行政の課題(6)を比較するとともに、その内容推移を分析し、昭和33年の地方銀行に対する講演がどのような必然性をもって行われたのかを考察する。

　第3節では、検査実務担当官が認識していた、昭和30年代前半における地方銀行業務の問題点について検討する。昭和33年の福田検査部長の講演会で、検査部審査課課長補佐の小池謙輔氏が個別論点を解説している。また、同氏の講演から2年遡る昭和31年には、銀行局検査部の末広隆介氏が昭和30年の検査結果に基づいて、「検査結果から見た地方銀行の経営上の欠陥について」という論文を専門誌に発表している(7)。昭和33年時点での地方銀行検査を通した検査実務担当者の見解形成プロセスを解明するためには、それが昭和30年の検査結果に基づいた検査実務担当者の問題認識からどのような変化が生じたのかを検討することが1つの方法として考えられる。

第Ⅴ部　高度成長期の銀行検査

　第4節では、大蔵省銀行局通達の内容変遷によって示される銀行監督行政の推移と銀行検査の内容変化がどのように整合していたのかを探る。昭和20年代から昭和30年代にかけての金融行政の特徴を示す一側面として、健全化を目指した銀行監督行政から、正常化を目指した銀行監督行政への移行がある。金融健全化から正常化に至る銀行監督行政の流れに、銀行検査がどのように呼応したのかを考察する。具体的には、銀行検査指摘の内容変化が、同時期の大蔵省銀行局通達等に示される銀行監督行政の内容と、どのように同調していたのかを探る。

第1節　『新しい銀行検査法』と銀行検査実務

　『新しい銀行検査法』は、銀行検査の目的を、銀行経営の安全性を確保することと、銀行の公共性を発揮させることの2点であるとして、この2つの目的は時に相反するものと位置付けた。また、同書では、（1）科学的検査基準の確立による統一的検査、（2）検査と監督行政の分業、（3）徹底した実証主義、（4）法律の遵守、（5）株主勘定の重視、の5つのポイントを強調している。本節では、『新しい銀行検査法』に基づいた銀行検査結果と、銀行検査を通して把握された昭和30年代前半までの銀行業務の問題点等について考察する。考察対象期間は、戦後2番目の銀行検査マニュアルである『金融検査の要領』が発刊される前年の昭和33年までとする。
　具体的には、『新しい銀行検査法』に基づいて実施された銀行検査結果を、『銀行局金融年報』に基づいて時系列的に整理し、同時期の銀行検査行政の推移を示す検査部通達や講演・論文等の分析結果と比較検討する。銀行検査行政の推移を分析するにあたっては、『新しい銀行検査法』の適用最終年度である昭和33年に検査部が地方銀行経営者に対する講演内容をまとめた、『検査から見た銀行経営上の問題点』を中心に置き、検査部見解の形成プロセスを昭和27年以降に発簇された検査部通達や、検査実務担当者が著した論文等によって同講演内容を跡づける。また、銀行検査行政については、検査部長と実務を担当する検査実務担当者レベルに分け、銀行検査行政の方向性が検査実務によってどのように裏づけられているか、その実態を分析する。

第12章　昭和30年代前半における銀行検査の考察

　銀行検査行政と銀行監督行政の相互関係については、検査実務によって裏づけられた銀行検査行政の背後にある銀行監督行政を、銀行局通達、銀行局銀行課に属する大蔵官僚の論文等により確認する。特に、銀行局自体が重要通達として位置づけ、専門誌で内容解説を試みている通達については、内容分析を通して銀行検査行政との整合性や相違点について明確化する。

1－1　『新しい銀行検査法』による検査指摘の項目別検討

　『新しい銀行検査法』が発刊された昭和26年当時においては、戦後の混乱を終息させるため、経済統制を目的とした法令が重要な位置を占めていた。銀行検査実務に『新しい銀行検査法』が適用されたのは、昭和26年から戦後の混乱が終息した昭和33年までの8年間であり、特に後半の4年間は経済の拡大基調にあって、金融機関の組織と機構も整いつつあった。したがって、『新しい銀行検査法』が前提とした、「銀行の安全性確保を目的とする監督法令遵守」と「経済監督統制法令の遵守」が相矛盾する事態はもはや皆無であった。

　このような背景事情を念頭に、戦後占領期が終了した昭和27年から昭和33年までの地方銀行に対する検査指摘内容の変遷を、「一般的趨勢」、「機構とその運営」、「貸付金」、「預金」の4つの主要項目に絞って、検査項目ごとに7年間にわたる検査指摘の変遷を概観する。

　検査指摘項目は、4つの主要項目を含めて大きく、「一般的趨勢」、「機構とその運営」、「貸付金」、「預金」、「有価証券」、「動産・不動産」、「現金・見做金」、「損益」、「その他」の9つある。本章ではこのうち、マクロ面に焦点をあて、「一般的趨勢」、「機構とその運営」を中心に考察する。

　一般的趨勢

　本項目は、検査を実施するにあたって大蔵省検査部が経済・金融情勢をどのように認識していたのかを示す項目である。一般的趨勢に関する検査コメントの内容変化を見ることにより、検査の前提となる経済・金融情勢に対する検査部の認識推移を考察する。本章が対象期間とする7年間で、都市銀行の検査がなく地方銀行検査のみが行われたのは複数年度ある。これは、検査

第Ⅴ部　高度成長期の銀行検査

部から見た都市銀行の業務実態が堅確であったと同時に、地方銀行業務に対する問題認識が高かったことを示している。

　昭和27年以降33年まで、預金増加基調は金融引締、金融緩和とは無関係に継続していた。貸出金も預金と同様に増加基調を継続していたが、金融の繁閑の繰り返しに影響されて年度毎に小刻みな増減を繰り返した。貸出金に関しては、好調な景気による貸出資産の良化傾向が、この時期の一貫した基調と考えられる。

　昭和29年度からは金融正常化政策の影響が出始めた。その結果、従来から問題視されてきた銀行経営の企画性欠如を正面に据えた検査指導が行われることとなった。また、金融正常化政策の下では、銀行規模の増大に伴い、地方銀行間の格差拡大が問題にされ始め、それが昭和29年度から30年度にかけて行われた、引締から緩和への移行に伴ってさらに深刻な問題となった。

　昭和30年度は、地方銀行が日銀依存から脱却する年となったが、同時に個別銀行レベルでは資金運用難が問題として浮上した。昭和31年度は輸出の好調と豊作に支えられた景気好調の年であり、年度後半から金融小締りとなった。定期預金増加による利幅縮小の問題はあるものの、各行の内部留保が増加して余裕が生じたため、検査の目的は中長期的課題に移った。特に、人材育成の問題については中長期的な経営上の重要性を認識し、従来以上に具体的な検査指摘が行われるようになった。

　昭和32年度も引続き神武景気の影響で債務者の業況が好転し、預金が増加するとともに、銀行の内部留保充実により不良債権の償却が進行した。このような好条件にもかかわらず、大口貸出の不良債権化は問題として残存した。昭和33年度はナベ底景気が続き、銀行の優良取引先確保の動きが見られた。収支基調は利幅縮小傾向となった。

　大蔵省検査部は、昭和27年度から33年度に至る7年間を、銀行が制度整備や業務の合理化を追求する上で有利な環境に変化した期間と認識していた。『新しい銀行検査法』が発刊された昭和26年当時と、同検査マニュアルがその役割を終える昭和33年を比較すると、経済環境の大きな変化が見られる。昭和33年時点では、経済監督統制法令の遵守が銀行の安全性確保と矛盾対立する構図はなくなった。つまり、戦後の混乱を終息させるために国家主導の

第12章　昭和30年代前半における銀行検査の考察

経済監督統制法令が発動され、銀行か経済合理性に沿わない融資を余儀なくされることによって、その安全性が阻害される可能性はなくなった。そして、高度成長経済の幕開けを迎えて、新たな銀行検査のあり方を模索する時期に入っていった。

機構とその運営

昭和27年度は、経理部門、業務部門、審査部門、検査部門等の制度整備が遅れていたことが指摘されている。検査部は、充実した機構、各部課間の連絡調整、および内部規程の確立の３つが完全に行われて、はじめて合理的な業務運営が可能となるとしている。昭和28年度の検査では、内規の制定を含む制度整備が進行しつつあることが評価されている。特に、短期的に効果が上がったものとして、審査部と検査部の陣容拡大がある。その反面、人事配置、業務配分の不均衡、職務分掌の不明確さ等は引続き問題とされている。

昭和29年度は、機構の整備運用の遅れが、（１）資産内容の不良化、（２）業務進展の停滞、（３）本支店統制の不備、の３つの面でマイナスであるという見解が示されている。また、行内検査は運用面において本部的感覚で実施されるようになったが、いわゆる本部の主要な機構となってはいないとされた。

昭和30年度では、機構を担う人材層の弱点についての分析が行われた。特に、中堅以上の幹部行員の資質が営業活動の良否に及ぼす影響が分析されている。また、懸案となっている経費節減について検査部は、各銀行が原価計算の原理にしたがって研究することは期待できないと明言している。昭和31年度の検査では、機構の運営が良好な銀行の事例についての言及があったが、それは機構が整備され、組織力による運営が整然と行われていることが前提である。

昭和32年度では、従来の検査の流れからの機構整備、運営についての言及はないが、銀行経営上の問題点として、①頭取の独裁、②本部統制の弱体、③職務の権限と責任が不明確、④権限が上部集中しているため、部長、次長、課長の事務処理意欲が減殺されている、等の４点が指摘されている。また、同年度７月、11月にそれぞれ発牒された、「現下の情勢に応ずる業務の運営について」、「当面の銀行経営上留意すべき基本的事項について」、の２つ

第Ⅴ部　高度成長期の銀行検査

銀行局長通達について言及し、貸出の抑制、融資の重点化、資産流動性の向上等、銀行経営上の目標遂行を要望した。

　昭和33年度については、総合的予算制度とそれを担う組織の問題に指摘の焦点が移った。具体的な指摘内容は、①経営全般の中核部署がなく、有機的連携に欠けること、②内規の未整備、③優秀な中堅行員の不足等である。総合予算制度を採用する銀行が抱える問題点は、１）予算の計数的根拠に合理的信憑性を欠くので効果が薄い、２）総合調整、内部統制の機能を発揮させるためには、制度、手続を整備し、経営管理組織を確立する必要がある、の２点であり、科学的経営の象徴としての総合予算制度を担う行内機関の権威と権限の付与に問題があると指摘されている。

1－2　検査指摘の総括

　昭和27年度から33年度の７年間における、銀行経営に対する検査指摘内容の転換点は、（１）金融正常化政策の影響で、銀行経営に企画性が求められた昭和29年度、（２）間接経費節減を含めて、銀行経営全般から収益改善が具体的な指標に基づいて論じられるようになった昭和31年度、の２つの時点である。

　昭和27年度と28年度は、銀行経営、業務内容ともに基本的な事柄についての検査指摘が中心であった。昭和26年度から実施された、『新しい銀行検査法』に基づく銀行検査の立ち上り期における指摘内容は、当時、あたり前のように行われていた変則かつ違法な銀行業務を、個別具体的に是正させることを目的としたものであった。

　昭和29年度以降は、個別に是正が必要な検査指摘を継続して行う一方、中長期的視点からの取り組みが必要な、銀行経営に関する問題指摘に重点がシフトされた。特に、機構の整備運用の遅れは、資産内容の不良化、業務進展の停滞、本支店統制の不備にとってマイナスであるという見解が示された。また、銀行経営者の専権事項である機構整備、運用が銀行検査の個別指摘と密接に関連することも明確化された。

　昭和31年度以降は、経営指標としての経常収支率や、１人当り預金量等に基づいた指摘を行うとともに、B/S（貸借対照表）、P/L（損益計算書）全体

を考慮した銀行経営を行うこと、および、経営管理組織による効果的な統制を可能にするため、権威と権限を集中すること、等を指摘したいわば経営監査的観点からの指摘が現れた。

『新しい銀行検査法』に基づいて行われた検査基準の整備充実のポイントのうち、検討が完了したのは、(1)「安全性測定基準」としての正味自己資本算出基準と、そのために必要な資産分類（査定）基準の補充整備、(2)貸出金第Ⅱ分類（固定貸）の分類基準明確化、(3)有価証券の評価分類基準変更、(4)不動産の評価方法については、営業用不動産と所有不動産に分類し、固定資産税課税価格に一定の修正率を適用して算出する方法の採用、の4点である。

検査指摘内容を見ると、これらのポイントは、貸出分類率の改善状況と審査機能の充実度の関係について言及した指摘（昭和31年度）や、業務用不動産の取得と自己資本との比率に関する指摘（昭和28年度から31年度）、有価証券全般の評価益の動向に関する指摘（昭和29年度から31年度）、等に反映されている。

第2節　検査部長が見た昭和30年代前半における地方銀行の問題点

昭和30年代前半における地方銀行業務の問題点については、昭和30年8月から32年8月まで検査部長を務めた福田久男、検査部審査課課長補佐の小池謙輔両氏が、昭和33年に発刊した講演集である『検査から見た銀行経営上の問題点』で詳細に示している。銀行検査マニュアルが改訂され、『金融検査の要領』として発刊されたのが昭和34年であるので、福田、小池の講演内容は昭和26年から33年までの8年間にわたって、『新しい銀行検査法』に基づいた銀行検査を通して把握した地方銀行の実態を反映したものである。

同書は総論と各論から構成され、総論は5章、各論は12章から成り立っている。福田が受け持った総論は、「銀行検査の目的」、「経営の基本的心構え」、「人と機構」、「健全経営」、「検査後の措置」から構成され、小池が担当した各論は、「事務処理」、「不祥事件」、「機構とその運営」、「人事と教育をめぐって」、「余裕資金」、「個別原価計算」、「独立採算」、「経費」、「大口信用集中」、

「信用調査と審査」、「貸出専行権限」、「結び」から構成される。本節では、福田講演の主要論点を抽出し、総論、各論の順に検討内容をまとめる。次節では、小池の主要論点に沿って検査実務担当者の見解を考察する。

2－1　検査部長による講演内容の考察

　福田が地方銀行を対象に、銀行経営のあり方について講演したのは昭和33年であったが、同氏は昭和31年、32年の年初にも、新年度の銀行検査行政の課題を専門誌に発表している。昭和31年(13)、32年(14)の銀行検査行政の課題を比較するとともに、その内容推移を分析し、昭和33年の地方銀行に対する講演がどのような必然性をもって行われたのかを考察する。

　銀行検査の基本的スタンス
　福田は、昭和30年代前半における地方銀行の経営上の問題点を述べるに先立って、銀行検査の目的と目的間の優先順位を明確にしている。銀行検査の目的は、（1）預金者保護、（2）銀行が国民経済的使命を果たしているかを確認すること、（3）業務運営のあり方を見ること、の3つとされた。預金者保護は国民経済的使命を果たすことより優先されるべき銀行の使命であり、それを念頭に置いて銀行検査を行うことが明確に示された。業務運営のあり方については、科学性、合理性が強調され、名人芸的な仕事の仕方は排除すべきとされた。
　検査スタンスは、指摘型検査ではなく提言型検査を採用することが明言されている。福田は、指摘型検査を摘発型、提言型検査を指導検査と呼んでおり、後者の場合は検査実務担当者がアドバイザー、相談相手として被検査銀行経営者と接することにより、銀行検査の提言機能が発揮されるとしている。経営者の心構えとして福田が示したのは、（1）預金者保護、（2）銀行の国民経済的使命、（3）業務運営、の3点であり、これらは銀行検査の目的と重なっている。

　地方銀行経営の基本的心構えについて
　福田が、「内外情勢の正確な認識」を留意すべき事項の最初に掲げた理由

第12章　昭和30年代前半における銀行検査の考察

は、(1)当時の銀行経営者の考え方が内向きになっていること、(2)地方銀行は相対的に情報過疎の状態に置かれていること、の2点と考えられる。銀行業務の内容を比較分析によって把握し、自行の業界内における位置づけを認識すべきとしたのは、科学的、合理的経営の要求の表われであると理解できる。

　自行が置かれている経営環境を経済情勢、金融情勢等マクロ面から捉え、他行との比較により業界内での位置づけを把握して計画的に経営を行うべきとする指摘は、金融機関に限らず他業態の大企業にもあてはまる。大蔵省がことさらに強調するのは、(1)これらの点が地方銀行の経営者に従来から認識されてこなかったこと、(2)規制金利により、一定の利鞘が確保される仕組みの中で、経営者マインドを喪失しがちな地銀経営者に対して基本的な心構えをリマインドする必要を感じたこと、等が主たる理由と考えられる。

　地方銀行の人と機構について
　「労使の協調」と「銀行経理の特質」をその他の留意事項としたのは、当時の銀行業界の労使関係の実態を踏まえてのことと考えられる。福田は銀行業界の労使関係のレベルを、健全なものから注意を要するものまで4段階に分けて考えている。福田は、銀行業を営むことによって得た利益を分配するにあたり、他業態と同様の厳格な対応を労働組合に対して行うことが、健全な銀行経営に必要であることを強調した。
　従業員に大盤振舞いする傾向は、規制金利体系により、半ば自動的に組み込まれた利益創出システムに依拠し、経営者としての厳しさを忘れた結果であり、反省を促す意味で通常の経営者マインドをもって利益配分を考慮すべきことを述べたものと考えられる。福田が銀行経理の特質として掲げた留意点は、経理処理の特殊性ではなく、利益構造の特殊性に関するものである。
　福田は銀行経営の基本である、人と組織についても注意点を述べている。特に銀行の主たる資産である人材については、経営者、従業員レベル、それぞれについて記述している。同氏は法的整備の必要性について述べているが、銀行経営者のパフォーマンスの良否を総体的に判断し、その結果をもって経営者を改任できるような法的整備を考えること自体が、銀行経営者の能力に

対する大蔵省の強い懸念を示している。しかし、経営者のパフォーマンスの良否を法律で定め、それに基づいて改任を決定する仕組みが導入されれば、（1）銀行経営者の評価が実態的に外部基準によって行われることとなり、銀行経営の自律性が喪失されること、（2）改任、留任の判断の基準となる経営者のパフォーマンス評価に一律の基準を適用することは困難であること、等から実施は非現実的である。

福田はまた、銀行業務の属人化の問題、本部の役割等についても述べているが、中でも行内検査の重要性を強調している点が注目される。銀行の検査部が行うべき具体的な業務内容についての言及はないが、行内検査機能が弱体であることにともなって生じる問題点として、（1）事後審査能力が疑問となること、（2）支店長権限を任せられる人材がいないこと、（3）業務の実態把握とそれに基づく業務改善、不祥事故の防止等が十分行われなくなること、の3点を掲げて注意喚起している。

地方銀行の健全経営について

資産の健全性について福田は、銀行の財務諸表から数値的に判断される外形的な健全性と、数値の中身を問題にする実質的な健全性に分けて説明している。実質的な判断基準は、貸出資産の分類が基礎となり、分類結果に応じて算出された自己資本の実態数値が銀行経営良否の判断基準であるとしている。また、資産の実質的な健全性を阻害する要因は大口貸付にあると述べている。

このように、外形的、実質的に判断される「資産の健全性」が静態的なものであるとする一方、「損益の健全性」は動態的なものと位置づけられている。規制金利による安定的な収益構造が組み込まれた邦銀にとって、損益の健全性を確保する上で重要な指標となるのが経費率であり、これを大蔵省の考える正常値に戻すことが必要であるというのが福田の考えである。そして、福田にとっての正常値の基準は、戦前の銀行経営指標であり、その水準に諸指標を収斂させるのが検査部としての目標となっている。しかし、福田の指摘が説得力を欠くのは、戦前の銀行経営に拘泥しない新しい銀行経営指標を示すことができないことに原因がある。

2－2　検査部長の論文に基づいた考察

　昭和31年、32年の年初に発表された、福田検査部長の論文の主要テーマである銀行検査行政課題は、いずれもそれぞれの前年、すなわち昭和30年、31年の金融情勢や金融機関のパフォーマンスを勘案したものである。(15)福田の銀行検査に関する見解を、「経済・金融概況の認識と検査スタンス」、「貸出資産構成について」、「大口融資、不要不急貸出等について」、「金利について」、「金融機関損益について」、「経営合理化と今後の課題」の6つの視点から分析する。

　経済・金融概況の認識と検査スタンス

　昭和31年の検査行政課題として、年初に発表された経済・金融情勢に対する福田のコメントは、昭和30年前半の金融引締から後半の金融緩和に至る変化について言及している。その一方、昭和32年の年初のコメントでは、昭和31年5月まで続いた金融緩和状態から同年6月以降の金融小締りに至る変化について言及している。昭和31年の検査行政課題と昭和32年の検査行政課題は、金融引締期から金融緩和期、金融緩和期から金融小締り期という反対方向への金融情勢変化を前提としており、金融情勢の短期的な変化は、銀行検査行政に少なからず影響を及ぼすと思われる。

　昭和32年の銀行検査行政課題で示された、金融機関全体のパフォーマンスに対する検査部の評価は総じて高い。検査部は、昭和31年半ばから引締基調となったことで、それまでの金融緩慢にともなうマイナス面が最小限に食い止められたことに加えて、金融機関が経営合理化、経費節減努力を行ったことを評価している。昭和31年は、前半の金融緩和によって生じた金利低下による収益減を、経費削減等の経営努力によってカバーした点が評価された。

　このように、昭和31年は金融業界が全体的に好調に推移した中で、検査部は大規模金融機関と中小金融機関の格差拡大を問題と認識している。この格差拡大は、企業系列を有する金融機関が、大企業向融資にとどまらず、取引先範囲を中小企業にまで拡大することにより、中小金融機関の領域を侵犯したことが原因とされている。これは昭和31年のみに固有の現象というのでは

なく、数年来続いていた同様の傾向が31年になって顕在化し、検査部が金融機関の勝ち組、負け組が鮮明になったという印象を抱いたことが背景にあると考えられる。

貸出資産構成について
　資産構成の健全化に関しては、昭和31年の実績を踏まえて、銀行の資金繰りに関する見解が示されている。検査部の見解によると、銀行の資金繰りは、（1）経営者の業務運営の意図、（2）資産構成の流動化への配慮、（3）支払準備の考え方、（4）融資比率の程度等、銀行経営上の重要ポイントが全て体現されたものであることが必要で、それを運用するための制度インフラが、支店統制、審査制度、貯蓄推進体制であるというものである。つまり検査部は、被検査銀行が資金繰りの目的を明確に認識しているかという点を重要な検査ポイントとしている。
　資産の流動性を高めて資産構成を健全化する方策として、昭和32年の銀行検査行政課題で融資率（預金・掛金に対する貸出金、給付金の割合）という概念が示された。同年の銀行検査行政から融資率をメドとして、検査部は具体的比率を用いて規制をかける姿勢を鮮明に打ち出している。これは、昭和31年の銀行検査行政課題で指摘された、金融機関の資金繰りの無計画性を是正する具体策と捉えられる。また、昭和31年の銀行検査行政課題では、本店の現業店に対する統制力の欠如が、銀行の資金繰りの脆弱さの原因の1つとされているので、店舗性格を勘案した現業店ごとのメドを指標で示せば、本店の統制力は強化されると考えられる。

大口融資、不要不急貸出等について
　昭和31年、32年課題ともに、大口融資を回避すべきという検査部コメントの基本的なトーンに変化はない。しかし、32年課題のニュアンスは若干従来と異なっている。それは、大口融資は危険分散の観点から回避すべきであるとしながらも、大口融資を実行してしまった場合の対処にまで踏み込んでコメントしている点である。しかし、対処の内容は、（1）貸出の科学的審査、（2）貸出後の業況把握、（3）事後管理、等が列挙されているのみで、新たな

第12章　昭和30年代前半における銀行検査の考察

具体的提言が述べられているわけではない。

昭和32年課題で検査部は銀行業界に対して、大口融資を入口で回避すべきと説きつつ、既に大口融資が定着してしまったことを事実として捉え、それに対する次のステップを意識してコメントしている点には注目すべきである。また、大口融資を一律に回避すべきとするスタンスから、「大口融資の内容の良否が金融機関の内容の良否を決定する」というコメントにまで踏み込んでおり、大口融資の存在を前提にして、今後それをどのように運用面でコントロールするかという点に検査のポイントが移っていることが窺われる。

昭和31年課題で述べられていた地方公共団体向け貸出、不要不急貸出については、昭和32年課題での具体的言及は見られない。不要不急貸出の金額はもともと大きいわけではなく、金融引締時には減少すると思われるので、昭和32年課題で検査部長コメントがなかったことは肯けるが、地方公共団体向け貸出についてのコメントの有無についての背景は不明である。昭和32年課題では、資金吸収面についてのコメントが見られない。これは、「経済・金融概況の認識」にもある通り、昭和31年中の預金吸収を含めた金融機関のパフォーマンスの良さについて、検査当局は評価しており、預金吸収に関する個別問題について言及を避けた背景もこの点にあると考えられる。

金利について

昭和31年課題で述べられている預金金利についてのコメントは、大口預金、一般預金に特利を付すことについて注意喚起したもので、特利行為自体を違法なこととして自粛を促すとともに、それが不良な大口融資に結びつく可能性が高いことを懸念している。つまり、昭和31年の年初時点で検査部は、預金欲しさに節を曲げて違法な資金吸収行為に走った銀行は、それが原因で情実が絡まった大口融資を実行せざるを得なくなり、銀行の健全な資産・負債構造が侵されることを憂慮していた。しかし、昭和32年課題ではこの憂慮が現実に発生し、経営困難に陥った金融機関があることを述べている。また、検査部はこれを銀行経営以前の問題であるとしている。

昭和31年課題で述べられている貸出金利についてのコメントは、一般的な金利低下傾向を指摘するとともに、貸出金利低下を防止するため、規制外貸

出を増加させて自粛申合せ金利、規制金利を上回る高利を徴する金融機関があることを指摘する等、貸出金利の乱れについて注意喚起している。検査部が最終的に憂慮しているのは、金融正常化とともに、変則的な金利体系を採用している金融機関の脆弱性が顕在化することである。昭和32年課題では、具体的数値で金利低下傾向を指摘するにとどまっている。

その他の金利については、昭和31年課題でコール市場本来の目的は利殖目的ではなく、支払準備目的であることを改めて強調するとともに、コール市場の誤った利用により利息収入を得ていた地方銀行をはじめとするコールの出し手銀行の規律づけが必要であるとしている。

金融機関損益について

金融機関の損益についての昭和31年課題は、経常収支率が頭打ちであり、粉飾に手を染める銀行も見受けられることを述べている。また、この傾向は今後深刻化すると警告している。検査部の分析によると、経常収支率低下の原因は、貸出金利低下を主軸とする資産運用利回り低下と、長期性預金の増加にともなう預金原価上昇の2要因が重なった利幅縮小である。

検査部は、経費節減は物件費と人件費に分けて分析しており、前者は各金融機関の努力を評価しているが、後者については労働組合活動積極化のため大幅増加したことが原因であり、今後の経営課題として取り組むべきとしている。昭和32年課題では預金経費率（預金に対する経費の割合）という指標を持ち出して、経費全体としては改善努力が見られるとしている。ただし、物件費と人件費それぞれに対する金融機関の努力に対しては、前年度と同様の評価を下している。

経営合理化と今後の課題

今後の経営合理化について、昭和31年課題では、ほぼ人件費削減に焦点を合わせて、それを経営の懸案として取り組むべきとしている。これに対して昭和32年課題では、人件費削減を中心に置きながらも、より具体的な対応策として「経費予算制度の励行」を強く推奨している。昭和32年課題では資金繰り計画を重要なものとしてその実践を提言しているが、経費予算制度はそ

れと並ぶ重要なものとして位置づけられている。つまり、銀行業の本業における資金繰りと経費管理のための経費予算制度を対置させ、これらの実践を求めている。

　金融機関に格差が生じていることへの今後の対処方策として、昭和31年課題では弱小金融機関への監督強化と不測の事態への対処の必要性を述べたことに加えて、金融機関当事者の言葉を借りる形で銀行合併の必要性を示唆している。これに対して、昭和32年課題では、金融の正常化にともない、金融機関経営の優劣の格差が大きくなる傾向があるが、現段階で格差拡大により経営困難に陥る事例はないとして、前年に若干不安を煽りすぎた反省を含めて、やや楽観的な見通しを示している。

2－3　昭和33年の検査部長の見解形成プロセス

　昭和33年の検査部長講演に集約される、検査部の基本スタンスの形成プロセスを探るために、同講演と昭和31年、32年の年初に専門誌に発表された新年度の銀行検査行政課題のポイントを比較検討する。昭和33年の検査部長講演で明らかにされた検査部の基本スタンスを要約すると、以下の5点になる。このうち(1)から(4)は検査部の検査ポイントであると同時に、銀行経営者に対して求められる基本スタンスである。

(1)銀行検査の目的を、①預金者保護、②銀行の国民経済的使命、③業務運営の3つとした。
(2)経営環境を経済情勢、金融情勢等マクロ面から捉える。
(3)銀行経営の基本である組織と人を重視する。
(4)銀行経営の健全性を、「資産の健全性」と「損益の健全性」に分けて認識し、正常値の基準を戦前に置いた。
(5)提言型検査を指摘型検査の上位に置き、検査のアドバイス機能を重視した。

　昭和31年課題と昭和32年課題の大きな相違点は、①前者が機構と人事について述べているのに対して、後者にはその言及がないこと、②昭和32年課題

第Ｖ部　高度成長期の銀行検査

では資産構成の厳格化についての具体的手段として資金繰りの重要性が強調され、そのための制度を整えるべきとしていること、③昭和32年では預金等資金吸収に関わる課題が明確に述べられておらず、歩積両建預金、粉飾預金等に関する具体的言及がないこと、④昭和32年課題では資金繰りと並んで経費予算制度を確立すべきことを強調していること、⑤昭和32年課題では、提言型検査を推進したいという検査部の意図とは裏腹に、指摘型検査を実施せざるを得ないことに言及していること、等の５点である。

　検査部は、金融引締時には貸出の硬直性を回避するよう指導し、緩和時には貸出内容の悪化や資金配分の偏りを是正するよう指導しており、経済・金融情勢に対する認識は検査スタンスと連関している。その一方、検査部が示した長期的課題は、経済・金融情勢から直接的な影響を受けない。金融情勢とは関係なく検査部が求めているのは、組織と人に関する問題である。具体的には、福田は機構整備について、１）制度は整備されているが、実体が伴わない観念的なもので、人に仕事がついて回り、責任の所在が不明確な状態、２）組織の規模に不相応な機構であるため、非効率となっている状態、３）機構の整備は行われているが、運営に改善の余地が残されている状態、の３ケースに分けて認識している。人については、経営者間に和が得られない状態と、職員の指導訓練が必要な状態に分けて認識している。

　昭和31年、昭和32年銀行検査課題と、昭和33年の検査部長講演に集約される検査部の基本スタンスを比較検討することにより、昭和33年時点における検査部長レベルでの基本スタンス形成プロセスを探る。まず、銀行検査の目的については、昭和31年、昭和32年銀行検査課題では特に明示されていない。『新しい銀行検査法』では銀行検査の目的を、「預金者保護のための経営の安全性の検討」（安全性確保を目的とする監督法令遵守状況を含む）と、「公共性確保のための公的機能発揮状況の検討」（公的機能発揮を要請している経済監督統制法令の遵守状況の検討を含む）、の２つとした。[16]

　経営環境を経済情勢、金融情勢等のマクロ面から捉えるという点については、昭和33年の検査部長講演以前から明確な検査スタンスとして確立しており、事実、昭和31年、昭和32年銀行検査課題でもマクロ情勢に基づいた検査スタンスが示されている。銀行検査で経済情勢、金融情勢等のマクロ面を重

視する姿勢は、第二次世界大戦後に特徴的なものではなく、明治期の国立銀行検査で既にその萌芽がみられる[17]。銀行経営の基本である、組織と人を重視することについて検査部は、銀行経営の長期的課題として認識しており、昭和31年から33年までの3年間に変化は見られない。

以上の分析から、昭和26年から33年まで8年間続いた、『新しい銀行検査法』の下での銀行検査実務の最後の3年間において、検査スタンスに特筆すべき変化が見られるのは、昭和31年から32年にかけてであり、昭和33年時点ではほぼ前年の検査スタンスを踏襲していたといえる。昭和31年から32年にかけての主たる変化は、銀行経営の健全性を「資産の健全性」と「損益の健全性」に分け、それを達成する手段を「資金繰り」と「経費予算制度」とすることにより、銀行検査で銀行のB/S、P/L全体をカバーするための理論的基盤と実務対応が明確化されたことである。

第3節　検査実務担当者が見た昭和30年代前半における地方銀行の問題点

昭和30年代前半における地方銀行業務の問題点については、前節で内容検討した福田検査部長の講演に引き続き、同じ講演会で検査部審査課課長補佐の小池謙輔氏が個別論点を解説している。また、小池の講演から2年遡る昭和31年には、銀行局検査部の末広隆介氏が昭和30年の検査結果に基づいて、「検査結果から見た地方銀行の経営上の欠陥について」という論文を専門誌に発表している[18]。昭和33年時点での地方銀行検査を通した検査実務担当者の見解形成プロセスを解明するためには、それが昭和30年の検査結果に基づいた検査実務担当者の問題認識からどのような変化が生じたのかを検討することが1つの方法として考えられる。末広、小池の問題意識を比較し、実務担当者の見解推移を整理する。

銀行局検査部の末広が昭和31年に発表した「検査結果から見た地方銀行の経営上の欠陥について」という論文に記述された地方銀行の問題点は、大きく「組織に関する問題」、「機構整備の問題」、「審査に関する問題」、「予算の問題」、「合理化の問題」、「行員の指導教育の問題」、「その他」、「結び」の8

つに分類される。問題点として取り上げられた項目は、概ね昭和33年の小池の講演項目と合致しているが、末広の問題指摘は昭和30年単年度の地方銀行検査実績に基づいているので、地方銀行の経営上の欠陥についての認識内容には両者間で相違が認められる。

　昭和30年度の地方銀行経営に対する末広の認識は、「分類資産はやや増加しているが自己資本は倍増しており、経営の基礎は鞏固になりつつあり、地方銀行が包蔵している不備欠陥事項も漸次改善している」というものである。また、預金調達金利の上昇と人件費の高騰が収益圧迫要因となっており、地元産業に深いつながりを持つ地方銀行の特質として、金融情勢の緩急に即応した経営の柔軟性を欠くと指摘している。その結果、企画性、合理性が要求される地方銀行は、収益力、資産内容の総てにわたって優劣の差が明確になっていると末広は認識している。

3－1　検査実務担当者による講演内容の考察

　小池は検査部審査課に所属していたので、全ての検査報告を時系列的に見ることができる立場にあった。その問題認識は広範囲わたり、かつ、検査部による指導効果も勘案したものであった。小池の問題認識は大きく、「地方銀行の事務処理」、「不祥事件」、「地方銀行の機構と運営」、「人事と教育」、「余裕資金」、「銀行の個別原価計算」、「銀行の経費」、「大口信用集中」、「信用調査と審査」、「貸出決裁権限」、「地方銀行経営の総括」である。

　小池課長補佐の講演内容のまとめ

　小池と福田の講演内容に齟齬は見られないが、検査結果を踏まえた実務の詳細に言及した小池の講演には、検査部長である福田の講演には見られない個別項目が含まれている。福田の講演では詳細な説明はなかったが、小池が十分な詳細さをもって説明した項目に、「事務処理」、「不祥事件」、「個別原価計算」、「信用調査」等がある。

　事務処理の不備について小池が重視したポイントには、銀行の内部統制を重視する考え方と、事務処理の結果ではなく処理プロセスを重視する姿勢が打ち出されていることから、摘発検査とは一線を画する考え方が表れている。

この点、摘発検査ではなく指導検査を重視する福田の考え方と概ねすり合っている。

不祥事件の詳細については、小池がもっぱら所見を述べている。福田、小池ともに、昭和初期以降築き上げた銀行システムや銀行の信頼性に対し、強い自負と誇りを抱いていることが講演の端々に感じられる。小池が不祥事件の防止策として掲げたのは、内部監査制度の確立と事務処理厳格化である。そこには大蔵検査の摘発検査的側面を発揮させることにより、大蔵検査を不祥事防止の牽制機能として位置づけようとする考えは見られない。

個別原価計算を銀行経営に取り入れるという発想は銀行課発牒の通達に見られるもので、検査部のオリジナルではない。小池は、昭和31年に銀行課が発牒した「昭和30年度下期決算等当面の銀行経営上留意すべき事項について」に基づいて解説を行っている[19]。個別原価計算に関する検査部指導は、実務に則した具体的なものではなく、原価計算的発想を取り入れて、銀行のALM改善に役立てて欲しいという観念的なものである。したがって、他の講演項目とは異なり、講演に参加した銀行経営者は個別原価計算の考え方を銀行経営にどのように生かすのかという点について、具体的なイメージを抱くことはできなかったと思われる。

信用調査と審査に関しては、審査部および営業拠点の両方にわたって詳細な指摘を行っている。特に、健全な融資を確保するための最後の砦である審査部については、17項目にわたる詳細な注意点を示している。審査部と営業拠点共通の要改善点は、融資判断に必要な情報の入手とその整理を重視すべきという点である。

3-2　昭和30年代前半の検査結果と検査部見解の総括的検討

本節では、昭和27年から昭和33年に至る7年間の検査結果、および検査部見解を総括的に検討して銀行検査の特徴をまとめる。昭和30年代前半の検査結果の内容変遷の中で、昭和27年から昭和33年にかけた7年間における検査指摘内容の転換点を、（1）金融正常化政策の影響で銀行経営に企画性が求められた昭和29年度、（2）間接経費節減を含めて、銀行経営全般から収益改善が具体的な指標に基づいて論じられるようになった昭和31年度、の2つに設

第Ⅴ部　高度成長期の銀行検査

定した。

　２つの転換点に共通するのは、銀行経営に企画性を求め、それを具体化させる方向で銀行を指導していることである。この７年間を通して、銀行検査は個別事象に対する直截的な指摘をシンプルに集めたものから、中長期的観点からの銀行経営指導を含むものへと進化した。以下で昭和30年代前半における検査部の見解を検討する。

　昭和33年における銀行検査行政の責任者であった、福田検査部長の見解は、昭和30年代前半の検査結果から導き出される銀行検査の特徴と整合的である。福田は昭和31年前後を銀行検査の転換点と捉え、この時期を境にして、銀行経営の健全性を「資産の健全性」と「損益の健全性」に分けて整理するとともに、それを達成する手段を「資金繰り」と「経費予算制度」とした。これにより、銀行検査で銀行のB/S、P/L全体をカバーするための理論的基盤と実務対応が明確化された。

　検査部長である福田が示した銀行検査の基本方針で特徴的なのは、銀行検査の目的と目的間の優先順位、および検査スタンスを明確にしたことである。銀行検査の目的を、（１）預金者保護、（２）銀行が国民経済的使命を果たしているかを確認すること、（３）業務運営のあり方を見ること、の３つとし、預金者保護は国民経済的使命を果たすことより優先されるべき銀行の使命であり、それを念頭に置いて銀行検査を行うべきことを明確に打ち出した。また、検査スタンスとしては、指摘型検査ではなく提言型検査を採用することを明らかにした。福田は指摘型検査を摘発検査、提言型検査を指導検査と呼んでおり、後者の場合は、検査実務担当者がアドバイザー、相談相手として被検査銀行経営者と接することにより、銀行検査の提言機能が発揮されるとした。

　昭和33年における、検査部長と検査実務担当者の見解に齟齬は見られない。検査部審査課長補佐であった小池は、検査実務に従事する立場から、個別項目に関連して自身の考え方を示した。小池が重視したポイントには、正確な事務処理で支えられている銀行の内部統制を重視する考え方と、事務処理の結果ではなく処理プロセスを重視する姿勢が明確に打ち出されていることから、同氏は摘発検査とは一線を画する考え方を有していたと考えられる。この点、摘発検査ではなく指導検査を重視する福田の考え方と整合的である。

第12章　昭和30年代前半における銀行検査の考察

　このように、昭和27年から昭和33年に至る7年間で銀行検査は、個別かつ基本的な指摘を行う検査から、中長期的観点から銀行経営の本質に切り込む検査に、2度の転換点を経て推移した。銀行局通達を介した銀行監督行政が機能した背景には、個別銀行の経営実態を詳細にフィードバックする仕組みの存在があり、その機能の一翼を担っていたのが銀行検査であったとすると、銀行監督行政と銀行検査行政が同調し、かつ相互に連関して初めて銀行監督行政の実があがると考えるのが合理的である。このような観点から、次節では、主として大蔵省銀行局通達の内容変遷によって示される銀行監督行政の推移と、銀行検査の内容変化がどのように同調していたのかを探る。

第4節　銀行監督行政と銀行検査の連関

　本節では、昭和27年から昭和33年に発簇された大蔵省銀行局通達を概観し、銀行監督行政の概要を考察する。また、銀行監督当局の監督方針が具体的に示されている主要通達の内容が、同期間の銀行検査の特徴にどのように反映されているのかを考察する。

4-1　健全化行政と銀行検査

　本章で対象とする期間において、銀行検査との関わりから見た銀行監督行政の主要なキーワードを、「バランスシート規制」、「合理化」、「銀行法改正」、「監督三法」、「金融正常化」の5つに設定する。[20] 昭和20年代から昭和30年代にかけての金融行政の特徴を示す一側面として、健全化を目指した銀行行政から正常化を目指した銀行行政への移行がある。その移行期を含む前後を含めた時期が、昭和27年から昭和33年までの7年間と重なり合う。このような基本認識に基づいて、主要キーワードごとに銀行監督行政の内容と銀行検査の関係を考察する。金融正常化については個別に検討する。

　バランスシート規制
　経常収支率指導を目的のひとつとした最初の大蔵省通達が、「昭和24年度上期決算について」として昭和24年9月20日に発簇されて以降、銀行局現行

通達集の昭和33年度版に掲載されている経理関係通達は、（１）「昭和25年度下期決算について」（昭和26年３月19日蔵銀第1010号）、（２）「昭和27年度上期決算について」（昭和27年９月22日蔵銀第4698号）、（３）「昭和29年度下期決算について」（昭和29年12月23日蔵銀第3232号）、（４）「昭和30年度上期決算について」（昭和30年７月11日蔵銀第1463号）、の４通達である[21]。

　これらの４通達に見る経常収支率の上限推移は、「昭和25年度下期決算について」が85％、「昭和27年度上期決算について」、「昭和29年度下期決算について」、「昭和30年度上期決算について」の３通達が78％である。つまり、昭和27年度上期以降の経常収支率指導の上限は78％で定着していた。

　昭和27年度上期以降の経常収支率指導の厳格化は、上限78％を遵守させるための指示内容に表れている。昭和27年度上期通達では78％を超えるものについては、その事由および来期以降の対策について、あらかじめ銀行局長の承認を受けるべきとした。これに対して、昭和29年度下期通達および昭和30年度上期通達では、78％基準を厳守させるための具体的方策として、①預金の平均残高に対する人件費の割合を前年度実績以下に収めること、②物件費については、営繕費、雑費、交通費等、銀行経営の能率改善に直接寄与しない経費を徹底削減すること、の２方策を指示している。

　経常収支率改善の具体的方策として人件費、物件費の削減を指導した背景として、昭和30年当時、銀行局銀行課に在籍していた橋口収氏は、「銀行のコストで可変的部分は、すくなくとも、現状においては、まず物件費であり、次に人件費であり、預金利息は、いわゆる特利のごときものを別にすれば、ほとんど動かしえないものとなっている」と述べている。この橋口の認識から、経常収支率改善の最後の砦として人件費と物件費しか残されていないと監督当局が考えていることが明らかになった[22]。

　経常収支率に関する昭和28年度の検査指摘は、経常収支率を規定の範囲におさめるために、経常外収支項目で操作した事例が見られるというもので、昭和28年度時点ですでに本業の金利収益で経常収支率を改善することに困難を来たしている銀行があったことを示している。また、昭和29年度の検査指摘は、「経常収支率78％基準を満たせない銀行があり、達成している銀行でも様々な決算操作が行われている」として、さらに深刻な事態を検査部が把

握していたことが分かる。

　昭和30年度では、地方銀行15行（既設銀行4行、新設銀行11行）が、基準率の78％を満たせない状況であると指摘された。また、昭和30年度の利益環境は厳しい状況で、減配する銀行が多く見込まれるとともに、貸出金利低下と定期預金増加による預金金利上昇で、金利収支は減少傾向にあったと分析されている。この点において、経常収支率改善方策は人件費と物件費の削減しかないとする橋口の認識と整合的である。

　昭和33年度の検査指摘では、経常収支率を無理に収めようとしたため、営業店が延滞回収を偽装し、本部がそれを見破れなかったケースが示されている。単に非分類貸出の金利を上乗せしたり、経費を少なく見積る単純な決算操作でなく、分類債権の延滞金利の回収を装うことは、損益のみならず貸出分類債権額を偽り、B/S、P/L両面にわたって決算操作を行うこととなる。つまり、「バランスシート規制」の一環として、直接的な利益保証とする経常収支率規制本来の趣旨が歪められ、結果的にバランスシート自体の信頼性を毀損する行為に銀行が走り、検査がそれを摘発するという矛盾に満ちた事態が発生している。

合理化
　「銀行の合理化等について」（昭和28年3月19日蔵銀第1,083号、以下「合理化通牒」と略記する）は、大きく、「業務の合理化および効率化について」、「業務の適正化について」、「融資方針について」、の3本柱からなる通達で、経済の正常化と産業の国際競争力の涵養を狙いとするものである。合理化通牒は経営全般を展望して幅広く合理化を求めており、個別項目を列挙すると、（1）資金の増加と経費の節減、（2）営業用不動産の取得、（3）営業所の設置、（4）ウィンドウ・ドレッシング（粉飾預金）と両建預金の自粛、（5）増資について、（6）不要不急融資について、（7）中小金融について、の7項目に及ぶ。項目ごとに合理化通牒の趣旨を要約し、検査指摘との関連を探る。

　資金の増加と経費の節減に関する通達の趣旨は、国際経済の調整過程に際し、銀行も一企業としてコストの削減を図るべきことを述べたものである。具体的には、資金量を増強する一方、広告費、交際費の削減を図るべきこと

を述べている。この通達では、預貸金利差の問題については言及されておらず、経費に関しても、人件費についての言及はない。昭和28年度銀行検査の「一般的趨勢」においても、「預金量増加、貸出の活発化、収益の著増、自己資本充実等通観して向上が著しい」と評価しており、検査部は預貸規模の増大と金利収益の増加が概ね正比例すると認識していた。この点に関して、銀行監督当局と検査当局の認識は整合的であった。広告費、交際費の削減に関する検査指摘は見られない。

営業用不動産の取得に関する通達の趣旨は、①資金の固定化を防止し、経営効率を向上させる趣旨から、自己資本に対する営業用不動産価額の比率が70％を越えている場合、あるいは超えることとなる場合は、新規の営業用不動産の取得を認めないこと、②営業用不動産の取得にあたっては、業務の能率向上に主眼を置き、華美に流れることがないようにすること、の2点である。

合理化通牒が発牒される前年度の、昭和27年度の検査では、店舗の新設、増設等により銀行の固定資産の額は増加し、金融機関としての資産負債の構成を不健全にしているとして、営業用不動産の取得がバランス・シートの健全性を阻害するものであったと指摘している。また、無収益所有動産、不動産を長期間抱えているもの、不動産登記未了のもの、什器備品台帳の不備等が見られるとして、不動産取得に関わる不合理な事務取扱があることを指摘している。昭和28年度の検査では、業務用不動産の取得は自己資本の70％以内に自粛するよう当局指導がなされているが、実質的な不動産取得を行い、100％を超えている事例も見られるとして、当局指導を不当に回避している事例が摘発された。

合理化通牒が発牒された翌年度の、昭和29年度の検査では、70％基準は必ずしも達成されつつあるとはいえないが、不動産登記未了はほぼ整理されているとして、不動産取得に関わる不合理な事務取扱が是正されつつある状況を評価している。昭和31年度の検査では、70％基準を超えている銀行は徐々に減少しており、これは、1）増資が行われていること、2）内部留保が厚いこと、3）償却が限度一杯行われていること、等の理由によると分析された。また、検査部は、70％基準超過銀行は、既設、新設銀行ともに経過的事情に

第12章　昭和30年代前半における銀行検査の考察

よるとして、営業用不動産取得に関する銀行の対応が改善していることを評価している。昭和32年度、昭和33年度の検査においては、営業用不動産取得に関する検査指摘は見られない。

　営業用不動産の取得は、「当面の財政金融情勢に即応する銀行業務の運営に関する件」（昭和26年7月5日蔵銀第3153号）[23]で、既に不動産取得に際して事前の銀行局長承認が必要な旨を発牒しており、必ずしも検査指摘が契機となって「合理化通牒」が発牒されたわけではない。しかし、昭和26年度から昭和33年度に至る、銀行局通達と銀行検査指摘の推移を見ると、両者が相俟って営業用不動産取得に関わる問題点が改善されるプロセスが明らかとなった。営業用不動産の取得に関する不備の改善のように、比較的事実関係が単純で、是正状況が確認しやすい検査指摘は、検査部指導による改善効果が顕著に表れる傾向がある。これは、銀行監督行政と銀行検査行政の相乗効果が機能した事例である。

　営業所の設置に関する通達の趣旨は、「営業所の合理的な配置転換は、経済基盤の推移に対応して完了したと認められるので、今後の営業所の設置については、真にやむを得ないものを除いて原則として認めない」とするものである。しかし、地方銀行の検査に関する限り、営業所の設置についての指摘は見られない。都市部への進出意欲の強い地方銀行であればあるほど、都市部に営業所を新設するニーズが高いように思えるが、検査部は地方銀行に対して地場産業への還元を優先することを指導していることから、地方銀行にとって、都市部への営業所新設を申請する環境は整ってはいなかったといえる。

　ウィンドウ・ドレッシング（粉飾預金）と両建預金の自粛に関する通達の趣旨は、ストレートに両者を自粛するように求めたもので、従来の銀行監督の内容と著しく異なるものではない。粉飾預金と両建預金については、昭和26年度に実施された特別検査の後、自粛が見られたものの、昭和27年度の一般検査ではまだ不十分であるとの検査指摘がなされている。また、同年度の検査指摘では、「昭和28年3月19日付蔵銀第1083号で自粛を要望しており、成果を期待する」として、合理化通牒を引き合いにして検査の立場からも同通達に期待を寄せている。

粉飾預金については、昭和28年度、昭和31年度で自粛が不十分であるとの検査指摘があり、昭和33年度に至って、自粛方向にあるが、いまだに積極的な銀行もあるとの指摘に変化している。昭和30年度の検査指摘では、粉飾預金の甚だしい銀行は、経営に企画性なく内部組織に欠陥のある銀行に限られ、粉飾する銀行とそうでない銀行の二極分化が見られるとして、粉飾預金が自粛されない銀行の内実を分析した上で、二極分化傾向を指摘している。つまり、昭和33年時点では粉飾預金の自粛は完了していない。両建預金については、昭和29年度、30年度、31年度と3年連続して自粛の方向にあることが検査指摘で明確にされているが、昭和32年度の検査指摘では相変わらず両建預金が見られるとしている。昭和33年度検査では、両建預金に関する言及は特にない。

　このように、粉飾預金と両建預金については、昭和27年度から昭和33年度にかけて概ね自粛傾向にあるものの、銀行検査によって完全な自粛に追い込むことはできず、自粛と再発が間歇的に継続する、いわば、「モグラ叩き」の状態が続いていたと考えられる。この点、銀行監督行政と銀行検査行政の相乗効果は必ずしも奏功していなかった。

　増資に関する通達の趣旨は、「銀行の増資について」（昭和26年2月18日蔵銀第671号[24]）の趣旨に則り、遺憾なきを期することという簡潔なものである。つまり、真の自己資本の増加にならないような増資方法を避けることを再確認するのが通達の趣旨である。昭和28年度検査において、関連会社を増資の際の引受機関として利用する事例も見られると指摘している以外に、明確な検査指摘は見られない。

　不要不急融資に関する通達の趣旨は、かねてから指導してきた不要不急融資の自粛を再確認するものである。最近の銀行融資には不要不急融資が増加する傾向があると認められるので、これを極力抑制するとともに、緊要産業に対する所要資金の確保に万全を期すべしというのがその内容である。しかし、地方銀行に対する銀行検査結果を見る限り、昭和27年度検査では不要不急融資を指摘してはいない。昭和28年度から昭和31年度に至る4年間の検査指摘は、不要不急融資の金額、割合ともに低く、自粛傾向にあるとしている。昭和32年度、33年度では不要不急融資について触れられていない。

第12章　昭和30年代前半における銀行検査の考察

　中小金融に関する通達の趣旨は、中小企業金融の活発化を促すことにある。具体的には、信用保証協会等の積極的利用、中小金融機関との協調による中小企業金融の円滑化の推進である。そのためには、中小金融特別店の実効を上げることが必要であるとしている。昭和28年度から昭和31年度まで、4年間連続して中小企業金融に関する検査指摘が見られるが、地方銀行の中小企業金融に対する取り組みを評価するものが多い。昭和30年度、31年度は、中小企業金融の割合が増加したことを評価している。昭和32年度、33年度ともに中小企業金融についての言及はない。

　銀行法改正
　昭和26年9月12日付の、「銀行法の一部を改正する法律試案」で取り上げられた、（1）最低資本金規制、（2）大口信用供与制限、（3）不動産の所有制限、（4）主務大臣の監督権強化、の4点に対して、地方銀行協会は、不動産の所有制限を除く全てにコメントを付している。特に、最低資本金規制については、参入を制限する立場から賛成の意を表明している。不動産の所有制限については、上記の「合理化」の項でも触れたので、大口信用供与制限に関する大蔵省通達と銀行検査指摘の関係に焦点を合わせて考察する。
　伊藤修氏の分析によると、戦後の大口信用供与制限のはじまりは、財閥的結合および系列関係の排除を基調とする、1946年3月のエドワーズ調査団報告に求められる。同報告の金融分野への勧告には、競争条件の公平化が含まれており、これを達成する方策の1つとして金融機関相互および金融機関と非金融企業の結合関係の排除があげられている。大口信用供与制限は、金融機関と非金融企業の結合関係を排除するための具体的手段として位置づけられていた。この報告書は、財閥系金融機関を中心に戦後の大口信用供与制限のはじまりを分析したものであり、地方銀行における大口信用供与の起源を直接的に探るものではないが、金融機関に共通な問題である大口信用供与問題の起源に関する所説に触れておくことは、銀行検査を考察する上でも有益と考える。
　「当面の財政金融情勢に即応する銀行業務の運営について」（昭和26年7月5日蔵銀第3153号）は、大口信用集中を排除する理由を、「一般に大口信用供

569

与に偏する傾向が認められるが、これは危険分散の見地においても或いは又投機、思惑抑制の見地においても好ましくないので出来る限り他の金融機関との協調融資の方式によることとすること」としている。つまり、大口信用供与排除の理由が、競争条件の公平化から危険分散、投機、思惑抑制に変化し、それが昭和30年代前半を通して継続した。

　昭和27年度から昭和33年度までの7年間のうち、昭和30年度と33年度を除く5年において大口信用供与に関する検査指摘が行われている。昭和27年度検査では、大口信用供与は不良化すると危険負担が大きいこと、大口信用供与は県外の大企業に対して行われ、地元還元がおろそかとなっていること、等が指摘されている。昭和28年度検査では、地元特定産業への偏重融資により、銀行経営の安全性が脅かされることが指摘され、昭和29年度検査では、地場企業に対する大口貸出の追貸しによる不良債権化傾向が改まっていないことが指摘されている。

　昭和31年度検査では、大口融資は債務者数、金額ともに前年比減少しており、これは、1）内部留保が進み増資が行われたこと、2）中央大企業融資が逆選別で減少したこと、等が理由であることが述べられている。昭和32年度検査では、資産内容の不良な銀行は大口貸出の失敗が認められること、また、大口貸出では銀行の自主性が失われがちとなることが指摘されている。

　これらの検査結果を見ると、エドワーズ調査団報告の趣旨を尊重して指摘している事例は皆無である。つまり、大口信用供与による企業と金融機関の抜き差しならない関係が財閥的結合や系列関係に発展し、公正な競争を阻害するというよりは、むしろ金融機関のポートフォリオの歪みが健全性を阻害し、それが預金者保護や信用機構の崩壊に結びつくというのが検査部のリスク認識であった。

　監督三法
　監督三法のうち、本章の対象期間に成立したのは、預金等に係る不当契約の取締に関する法律案（昭和32年7月施行）のみである。預金等に係る不当契約の取締りに関する法律案は導入預金を規制するものとして成立した。導入預金は、①臨時金利調整法違反、②預金者が第三者と結託した「裏利」の

第12章　昭和30年代前半における銀行検査の考察

供与、を主としている。臨時金利調整法違反の自粛を求めた代表的な大蔵省通達は、「臨時金利調整法違反に関する件」(昭和26年3月29日蔵銀第1204号)と、「金融機関の預貯金金利等の臨時金利調整法違反について」(昭和29年4月12日蔵銀第868号)であるが、導入預金以外に両建預金等を含む臨時金利調整法違反全般に関しては逐次通達で注意喚起されていた。[28]

「合理化」の項で検討した、粉飾預金、両建預金を除く臨時金利調整法違反に関する検査指摘は、昭和27年度から33年度までほぼ毎年行われている。昭和27年度は、貸出金利違反は減少している一方、特定預金者に特利を付したり、裏金利を支払っているものがあり、実質上金利調整法違反の取り扱いが見られると指摘している。昭和28年度は、預金金利違反は改善の跡が見られずかえって悪化していると指摘している。昭和29年度は、預金に特別利息を付与する先には、地方公共団体、金融機関、公共機関の外郭団体等があることが指摘されている。また、実質的に臨時金利調整法の裏をかく行為が見られると指摘しており、昭和30年度に至っても地方公共団体との預金取引に預金金利違反が見られるとしている。

このように、昭和27年度から30年度までは、毎年、臨時金利調整法違反が指摘され、昭和29年度以降は地方公共団体や金融機関、外郭団体との不当な預金取引が指摘されている。おそらく、通常の預金者と比較すると大口の預金者である地方公共団体、金融機関、外郭団体からは、銀行との力関係から、一般預金者より有利な条件が求められ、銀行も預金確保の観点からその要求を受け入れざるを得なかった結果、臨時金利調整法違反になったものと思われる。

臨時金利調整法は預金者や預金量にかかわらず、一律に同一金利を適用することを求めたものである。経済原則に照らせば、顧客ごとに選別的な金利を適用することは合理的であるが、この法律下では公定価格としての預金金利を顧客の規模や実態とは無差別に適用することが求められる。昭和31年度検査では、顧客に当座預金の利便性を供与しつつ、実質的に普通預金金利を付利している事例等、預金種別の根幹に関わる規律違反が指摘されている。また、昭和32年度検査では、特利預金が一部の農協、信用金庫取引に見られることが指摘されている。

571

第Ⅴ部　高度成長期の銀行検査

4−2　正常化行政と銀行検査

　昭和30年代の金融正常化行政が、昭和20年代の金融行政の成果を前提としていたとすると、少なくとも、前節で考察した、「バランスシート規制」、「合理化」、「銀行法改正」、「監督三法」の4項目において、銀行検査結果を通した銀行監督行政の成果を確認する必要がある[29]。

　バランスシート規制の一環として実施された経常収支率指導は、銀行監督当局が諸手段を提示して積極的な指導を行ったものの、銀行検査を通して見る限りイタチごっこの様相を呈しており、必ずしも実効性は高かったとはいえない。それは、経常収支率改善のための方策が、金利収支の改善から物件費、人件費の節約へと徐々に限られてくるにしたがって、銀行サイドも表面的な収支率を糊塗するために、姑息な手段を講じるに到ったという事実からも明らかである。

　合理化については、（1）資金の増加と経費の節減、（2）営業用不動産の取得、（3）営業所の設置、（4）ウィンドウ・ドレッシング（粉飾預金）と両建預金の自粛、（5）増資について、（6）不要不急融資について、（7）中小金融について、の7項目にわたって確認した。粉飾預金と両建預金の自粛以外の項目については概ね改善が図られたが、粉飾預金と両建預金については、昭和27年度から昭和33年度にかけて自粛傾向にあるものの、銀行検査によって完全な自粛に追い込むことはできず、銀行監督行政と銀行検査行政の相乗効果は必ずしも奏功していなかった。

　銀行法改正については、大口信用供与制限に焦点を合わせて考察した。大口信用供与制限は改善の兆しが年度の経過にしたがって顕著になってきたが、これを完全に遵守させるためには、銀行の規律づけの強化に加えて、融資先との関係や金融の繁閑等、その他の内外要因を無視することはできない。したがって、大口信用供与制限の遵守は、昭和30年代以降にも尾を引く問題であることが明確である。

　監督三法については、粉飾預金、両建預金を除く、臨時金利調整法違反について考察した。その結果、銀行監督行政当局が通達という形式で頻繁に注意喚起する一方、銀行検査現場では、さまざまな手段で実質的な臨時金利調

整法違反を試みる金融機関と検査部の格闘が繰り広げられていた。総じて、昭和20年代後半から昭和30年代前半においては、(1)経常収支率改善、(2)粉飾預金と両建預金の自粛を始めとする臨時金利調整法違反の問題、(3)大口信用供与制限、の3点が十分に解決されることなく、課題として残存していた。

　銀行局検査部が重視する通達の分析
　昭和30年代前半に発牒された、金融正常化を目的とした主要大蔵省通達は、(1)「昭和30年度下期決算等当面の銀行経営上留意すべき事項について」(昭和31年3月6日蔵銀第333号)、(2)「昭和31年度下期以降の決算等銀行経営上当面留意すべき事項について」(昭和32年3月13日蔵銀241号)、(3)「当面の銀行経営上留意すべき基本的事項について」(昭和32年11月2日蔵銀1421号)、の3通達である[30]。
　このうち、経営諸比率指導の形式整備に基づく「正常化行政」の基本的考え方と方向を明示することになった端緒は、「昭和30年度下期決算等当面の銀行経営上留意すべき事項について」(以下「昭和30年度下期決算通達」と略記する)であり、資産内容の堅実化（不良整理と貸出審査の厳格化）、自己資本の充実（特に内部留保の増大）、合理化努力の継続等を要求したのは「昭和31年度下期以降の決算等銀行経営上当面留意すべき事項について」(以下「昭和31年度下期決算通達」と略記する)であった。また、「当面の銀行経営上留意すべき基本的事項について」は、これらの基本的考え方を集大成したものである[31]。
　金融正常化行政では、都市銀行を始めとする銀行は伝統的な「商業銀行主義」の原則に戻るべきであり、そのための具体的方策として、負債面では日銀借入依存（オーバー・ローン）を是正し、資産面ではその流動化の向上を図ることであるというのが一般的な理解である[32]。しかし、地方銀行に対する昭和27年度から33年度に至る検査結果を見る限り、オーバー・ローンに関する指摘はほとんど見られない。

「昭和30年度下期決算等当面の銀行経営上留意すべき事項について」

「昭和30年度下期決算通達」に関しては、銀行局銀行課課長補佐の橋口収氏が、昭和31年決算通達を発牒した同年3月中に、ほぼ同じタイミングで2種類の専門誌に同通達の解説論文を発表している。(33) 両専門誌には、ほぼ同じ内容の論文が掲載されているが、出典を明確化する意味で、財経詳報第20号に掲載された論文に基づき内容分析する。(34) 橋口は昭和31年決算通達の要旨を、(1)「経営合理化について」の要旨、(2)「自己資本の充実について」の要旨、(3)資産内容の健全化ならびに資産構成の適正化について、(4)通ちょうにともなう諸問題、の4項目に分けて解説している。項目ごとの要旨を「別表12-1　昭和31.3.6蔵銀第333号『昭和30年度下期決算等当面の銀行経営上留意すべき事項について』の要旨」にまとめる。

橋口が「経営の合理化について」で述べている個別原価計算の考え方導入の背景には、預金吸収における量的拡大の間違った姿勢を、原価計算会計を導入することにより解決しようとする狙いがある。量的拡大の問題点として橋口が指摘しているのは、預金形態や預金原資を問わない無分別な営業行為と、それを助長する変則的な預金や新種預金の増加である。橋口は預金形態が単純であった戦前を引き合いにして、その状態に戻すべきとしている。

無分別な営業行為を是正するための具体的手段は、業界内での話し合いによる外務活動の自粛と、原価計算的考え方の導入による預金吸収の収益性に対する認識強化である。検査部審査課課長補佐の小池謙輔氏は講演において、個別原価計算導入の趣旨については正確に伝えようとしているが、その背景事情については十分説明をしなかった。したがって、講演の聴衆であった地方銀行の経営者に、通達本来の趣旨が伝わったかどうかは甚だ疑問である。

昭和31年決算通達自体も基本的な考え方を示すのみで、銀行会計の詳細な検討を経た会計技術的な側面についての説明はない。通達の趣旨を確実に実現するためには、銀行業界が大蔵省の真意を理解し、複数銀行の代表者から構成されるプロジェクト・チームを組成して、個別原価計算導入の具体的検討を行う必要があった。

「自己資本の充実について」で橋口が述べているのは、(1)適正な配当、(2)健全な増資、(3)無償交付の自粛、の3点である。適正な配当率の基準

となるのは、戦前の有力銀行の事例である。未だ脆弱な銀行経営を堅実なものとするためには、まず社外流出を抑制するというのが大蔵省の意向である。規制金利体系の中で業務を遂行する銀行にとって、収益を増加させる上で自由度があるのは、経営合理化によるコスト引き下げである。

　資産・負債の内容を上質なものにして、銀行の自主努力によって経費率を引き下げることに成功すれば、銀行収益は増加する。しかし、増加した収益を、銀行の自主性に任せて不合理に社外流出させれば、大蔵省が腐心する銀行の体質強化を図ることができなくなる。利益処分という、経営者が最も自主性を発揮すべき領域において規制をかけないと、監督当局としての指導が画竜点睛を欠くことになる。

　この時期、銀行監督当局は銀行の健全性を強化する観点から、経営者の専権事項ともいえる利益処分のあり方にまで立ち入って銀行経営を指導監督していた。橋口は、金融緩和時においては銀行貸出姿勢も緩慢になる傾向があることを戒めるとともに、大口信用集中を積極的に排除すべきと説いている。長短金融の混淆は排除すべきとしているが、特に短期金融を専業とする商業銀行が長期金融に進出していることに懸念を示している。短期金融機関が長期運用する場合は、優良な公社債や金融債に投資すべきとしているが、この点については、地方銀行の経営者に対する講演で小池が述べた内容と同様である。[35]

　しかし、小池は長短金融分離の観点から公社債、金融債への投資を推奨したのではなく、余裕資金を都市部の大企業に貸付け、それが大口化した場合の問題点から説き起こした。つまり、銀行監督当局を代表する橋口が、「長短分離ルールを冒してまで短期金融機関が長期貸付をするくらいなら、安全で流動性が高い長期債で運用すべし」としたのに対して、銀行検査当局を代表する小池は、「地方銀行が都市部の大企業に大口貸付を行うくらいなら、安全で流動性が高い長期債で運用すべし」とした。この微妙なズレは、小池が地方銀行の経営者を相手に講演をしていたことが原因と思われるが、監督を受ける銀行サイドからは大きなズレと感じられる。つまり、長期債への投資を推奨する理由が、「長短金融分離を尊重すべし」というのと、「地元への融資を尊重すべし」というのでは、指導を受けた後の銀行のパフォーマンス

に大きな違いが生じ得るからである。支払準備充実と不動産投資自粛は、資金の固定化を防ぎ、支払原資確保に遺漏なきを図るべきという、至極当然な指導内容であるが、ここでも不動産比率のメドが戦前の水準に置かれている。

「通ちょうにともなう諸問題」は小池が述べた内容のまとめであるが、特に業務分野調整と経営の健全性確保が強調されている。業務分野調整の具体的内容は、信託業務の専業化と貯蓄銀行業務の分離である。橋口が個別原価計算に固執するのは、商業銀行の本来業務たる預金吸収だけではなく、不明瞭な形でいわば本業に付随している限界業務の採算性を科学的に分析し、業務分野調整の根拠にしようとするものである。「大口信用集中の規制」、「長期貸出の抑制」、「不動産比率の明定」は、古くて新しい問題であり、昭和31年決算通達で新たに問題提起されたものではない。

「昭和31年度下期以降の決算等銀行経営上当面留意すべき事項について」
「昭和31年度下期決算通達」は、「資産内容の堅実化について」、「自己資本の充実について」、「合理化努力の継続について」、「業務運営の健全化について」、の4項目から構成されている。昭和31年度下期決算通達は合理化努力の継続等、「昭和30年度下期決算通達」の内容継続を求めたものと位置づけられているが、新たに追加されたものとして業務運営の健全化があげられる。

その趣旨は、最近顕著になりつつあるオーバー・ローンならびに外部負債依存傾向は、健全な銀行経営から見て好ましくないことから、(1)税制上の優遇により貯蓄を増強し、蓄積の範囲内で資金運用を図る方針を堅持すること、(2)不要不急資金を抑制する一方、国民経済上緊要な資金調達の円滑化を図ること、(3)蓄積資金を優良な有価証券保有に振り向けること、(4)日本銀行預け金等、資金構成の流動化、適正化に努力すること、等を推進することを求めている。また、銀行間競争が激化している事実に鑑み、健全、適正な競争と良識ある業務推進を求めている。これらは、昭和30年度下期決算通達では明確に示されていなかったポイントであると同時に、オーバー・ローンならびに外部負債依存傾向改善のために、単に建前を繰り返すだけではなく、税制上の優遇を具体的方策として示している。

第12章　昭和30年代前半における銀行検査の考察

「当面の銀行経営上留意すべき基本的事項について」

「当面の銀行経営上留意すべき基本的事項について」は、金融正常化行政の基本的考え方を集大成したものと位置づけられており、「オーバー・ローンの改善について」、「資産の流動性改善について」、「大口融資等の是正について」、「資産内容の堅実化について」、「借用金の計画的減少について」、「自己資本の充実について」、「経常収支の余裕ある均衡について」、「その他の留意事項について」の8項目から構成されている。

通達の内容は網羅的であると同時に総花的であり、どの点に重点が置かれているのか明確ではない。しかし、本通達の特徴は、その前文に明確に表れている。その趣旨は、銀行経営本来のあり方を省察し、項目ごとに示した内容を配慮し、経営全般の健全化を通じて金融の正常化を促進することが目的であるというものである。通達内容が総花的になるのは、銀行経営全般の健全化を図るがゆえと考えられる。

4－3　銀行監督行政と銀行検査の相互関係

昭和30年代前半の金融の正常化を目的とした大蔵省通達は、銀行経営全般の健全化を通じて金融の正常化を促進しようと目論んだため、通達内容が次第に総花的になったことを分析した。銀行監督行政と銀行検査の相互関係については、金融正常化行政と銀行検査の関わりに焦点を絞って考察する。まず、昭和31年から33年にわたって打ち出された金融正常化の基本的な考え方を、『昭和財政史』に基づいて整理する[36]。

金融正常化論にはいくつかのバリエーションがあるが、いずれの正常化論も、マクロ経済のパフォーマンスが金融構造に根本的に依存するという認識を基礎としているという点が共通している。また、昭和30年代前半の金融構造の特徴は、企業の資金調達が全面的に金融機関からの借入れに依存し、都市銀行を中心とする民間銀行が日本銀行借入に依存していたという点である[37]。日本経済の基礎的条件である、（1）最終的な資金の貸し手である家計が零細な資産保有者であったこと、（2）終戦直後の日本企業は将来に不確実性を抱えており、資金調達者としての信頼性を獲得していなかったこと、（3）政府

577

が重要な資金調達者として市場に登場することがなかったこと、の3点を考慮すると、日本の金融構造を変更することは至難のわざであった。[38]

　大蔵省通達「当面の銀行経営上留意すべき基本的事項について」を構成する8項目の中で、冒頭に掲げられた「オーバー・ローンの改善について」は、日本の金融構造からくる問題である。銀行監督当局は、金融構造の深淵に根差したオーバー・ローンという現象自体を是正すべきと主張していた。オーバー・ローン性悪説を、その根源に遡って再検討することなしに、オーバー・ローンの解消を金融正常化政策の目玉の1つとしていたとすると、大蔵省は根治を目指すのではなく対症療法に徹していたことになる。

　昭和20年代後半から昭和30年代前半にかけて積み残された、(1)経常収支率改善、(2)粉飾預金と両建預金の自粛を始めとする臨時金利調整法違反の問題、(3)大口信用供与制限、の3点は、銀行監督行政や銀行検査の裁量内で解決可能であるが、実務に近接した領域で実施される銀行検査にとって、オーバー・ローンの解消に直接的に取り組むのは不可能である。

　オーバー・ローンの複合要因に対して、どのように個別に規制をかけるかを監督当局が決定し、その規制の遵守状況をチェックする役回りが、本来の銀行検査の使命である。つまり、オーバー・ローンという、日本の金融構造の特殊性に根差した現象の解消を正常化達成のメルクマールにするのであれば、それが許容値に達するまで個別業務レベルで監視するのが銀行検査の役割である。その意味では、大蔵省通達の趣旨を汲んだ銀行検査は堅実に遂行されており、銀行経営全般の健全化に対しては地道にその役割を果たしつつあった。

　金融の正常化が声高に叫ばれる以前は、銀行監督当局、検査当局ともに、日本の金融構造を与件として銀行経営の健全化を推進してきたが、昭和31年から33年に至り、暗黙のうちに、金融構造を変質させることを前提に、健全化を推進するようになった。しかし、金融の正常化に対する詰めた議論がなされなかったため、正常化が必要であるという認識と、金融構造変革の具体的イメージが不一致なまま、正常化が追及された。つまり、金融の正常化はマクロレベル、健全化はミクロレベルの課題であるという切り分けが十分になされていなかった。

第12章 昭和30年代前半における銀行検査の考察

　金融の正常化が、銀行経営に影響を及ぼしたことがうかがわれる検査結果としては、昭和29年度と30年度の検査指摘がある。両年度の検査では、金融正常化政策の影響で銀行経営に企画性が求められるとともに、企画性の程度において銀行間格差が拡大していることを指摘している。金融正常化政策の銀行検査への反映は、銀行に対して経営の企画性を求めるという形で具体化された。つまり、銀行経営全般の健全化は、経営に企画性を持たせることで達成されるという解釈が銀行検査当局によって導き出された。

小　括

　本章の目的は、『新しい銀行検査法』に沿って実施された銀行検査結果と、銀行検査行政にどのような特徴があるのかを検討し、大蔵省銀行局通達の内容変遷によって示される銀行監督行政の推移と、銀行検査の内容変化がどのように整合していたのかを探ることであった。

　『新しい銀行検査法』に基づいた銀行検査結果と、銀行検査を通して把握された昭和30年代前半までの銀行業務の問題点について考察した結果、昭和27年度から33年度までの7年間における、銀行経営に対する検査指摘内容の転換点は、（1）金融正常化政策の影響で銀行経営に企画性が求められた昭和29年度、（2）間接経費節減を含めて収益改善が具体的な指標に基づいて論じられるようになった昭和31年度、の2つの時点であることが明らかになった。

　特に、『新しい銀行検査法』の下での銀行検査実務の最後の3年間において、検査スタンスに特筆すべき変化が見られるのは、昭和31年から32年にかけてであり、昭和33年時点では。ほぼ前年の検査スタンスを踏襲していた。昭和31年から32年にかけての主たる変化は、銀行経営の健全性を「資産の健全性」と「損益の健全性」に分け、それを達成する手段を、「資金繰り」と「経費予算制度」とすることにより、銀行検査で銀行のB/S、P/L全体をカバーするための理論的基盤と実務対応が明確化されたことである。

　つまり、銀行検査は、個別かつ基本的な指摘を行う検査から、中長期的観点から銀行経営の本質に切り込む検査に、2度の転換点を経て変化した。2つの転換点に共通するのは、銀行経営に企画性を求め、それを具体化させる

第Ⅴ部　高度成長期の銀行検査

方向で銀行を指導していることである。この7年間を通して、銀行検査は個別事象に対する直截な指摘をシンプルに集めたものから、中長期的観点からの銀行経営指導を含むものへと進化した。この点筆者は、白鳥圭志氏が組織的管理体制構築問題を巡って1950年代における銀行検査を分析して得られた、「1950年代における金融検査は、金融機関内部に直接立ち入った上で、組織整備を中心とする経営の規律づけから人的資源の育成にまでも及ぶ包括的内容を持っていた」とする結論を支持する。(39)

　昭和33年の検査部長講演で明らかにされた検査部の基本スタンスを要約すると、(1)銀行検査の目的を、①預金者保護、②銀行の国民経済的使命、③業務運営、の3つとしたこと、(2)経営環境を経済情勢、金融情勢等マクロ面から捉えること、(3)銀行経営の基本である組織と人を重視すること、(4)銀行経営の健全性を「資産の健全性」と「損益の健全性」に分けて認識し、正常値の基準を戦前に置いたこと、(5)提言型検査を指摘型検査の上位に置き、検査のアドバイス機能を重視したこと、の5点である。このことからも、財務体質を固めることにより営業利益ベースでの収益を底上げし、経費管理により最終利益を改善することが、銀行の健全性を増すことであるという基本認識に沿って銀行検査が実施されていたことが確認できる。

　銀行監督行政と銀行検査の関係については、大蔵省銀行局通達の内容変遷によって示される銀行監督行政の推移と銀行検査の内容変化がどのように同調していたのかを探った。具体的には、昭和20年代から昭和30年代にかけての、金融健全化から正常化に至る銀行監督行政の流れに、銀行検査がどのように呼応したのかを考察した。金融正常化論にはいくつかのバリエーションがある。

　いずれの正常化論も、マクロ経済のパフォーマンスが金融構造に根本的に依存するという認識を基礎としている。銀行局通達を介した銀行監督行政が機能した背景には、個別銀行の経営実態を詳細にフィードバックする仕組みの存在があり、その機能の一翼を担っていたのが銀行検査であったとすると、銀行監督行政と銀行検査行政が同調し、かつ相互に連関して初めて銀行監督行政の実があがると考えるのが合理的である。

　昭和20年代後半から昭和30年代前半にかけて積み残された、(1)経常収支

率改善、(2)粉飾預金と両建預金の自粛を始めとする臨時金利調整法違反の問題、(3)大口信用供与制限、の3点は、銀行監督行政や銀行検査の裁量内で解決可能であるが、実務に近接した領域で実施される銀行検査にとって、オーバー・ローンの解消に直接的に取り組むのは不可能である。しかし、個別業務レベルでは大蔵省通達の趣旨を汲んだ銀行検査は堅実に遂行されており、銀行経営の健全化に対しては地道にその役割を果たしつつあった。

マクロレベルからの銀行監督行政に対して、銀行検査は銀行に対する指導内容を現実的に変化させ、一貫して銀行経営の健全性達成を目的として、ミクロレベルで検査活動を遂行してきた。このように、検査指摘をめぐる銀行との果てしないイタチごっこを繰り返しながら、実務レベルでより効果的な検査を実施することを目指して、銀行検査行政および銀行検査実務は地味ながら着実に変化していた。

今後の課題は、後続の銀行検査マニュアルが、どのように『新しい銀行検査法』の特徴を引き継ぎ、かつ内容変化を遂げたのかを確認し、高度成長期の銀行検査の実態を考察することである。第13章でこの点を追求する。

注　記

(1) 大江清一「戦後占領期における銀行検査導入過程の考察―GHQ/SCAPによる銀行検査指導と大蔵省の対応―」『社会科学論集第126号』(埼玉大学経済学会、2009年3月)。
(2) 邉英治「戦後復興期における大蔵省検査・日銀考査の改革」『経済学研究No.47』(東京大学経済学研究会、2005年)。
(3) 伊藤修『日本型金融の歴史的構造』(東京大学出版会、1995年)。
(4) 福田久男、小池謙輔『検査から見た銀行経営上の問題点』(全国地方銀行協会、昭和33年)。
(5) 福田久男「新年度における金融検査行政の課題―銀行経営の今後の見通し―」『金融法務事情No.91』(金融財政事情研究会、昭和31年1月)。
(6) 福田久男「検査行政の今後の課題」『金融法務事情No.126』(金融財政事情研究会、昭和32年1月)。
(7) 末広隆介「検査結果から見た地方銀行の経営上の欠陥について」『金融法務事情No.117』(金融財政事情研究会、昭和31年9月)。
(8) 大蔵省財政史室編『昭和財政史―昭和27年～48年度』第10巻金融(2)

第Ⅴ部　高度成長期の銀行検査

　　　（東洋経済新報社、1991年）。
（9）山本菊一郎編著『新しい銀行検査法』（大蔵財務協会、昭和26年）。
（10）大江、前掲論文。
（11）大蔵省百年史編纂室『大蔵省百年史別巻』（財団法人大蔵財務協会、昭和44年）、104頁。
（12）福田久男、小池謙輔、前掲書。
（13）福田、前掲論文a、昭和31年1月。
（14）福田、前掲論文b、昭和32年1月。
（15）①福田、前掲論文a、②福田、前掲論文b。
（16）山本菊一郎編著『新しい銀行検査法』（大蔵財務協会、昭和26年）。
（17）日本銀行調査局編集、土屋喬雄監修『日本金融史資料明治大正編第6巻』（大蔵省印刷局発行、昭和32年）。
（18）末広、前掲論文。
（19）大蔵省銀行局「昭和30年度下期決算等当面の銀行経営上留意すべき事項について」（昭和31.3.6蔵銀第333号）銀行局金融年報別冊『銀行局現行通牒集』昭和32年版（銀行局金融年報編集委員会、昭和32年）。
（20）大蔵省財政史室編『昭和財政史―昭和27年～48年度』第10巻金融（2）（東洋経済新報社、1991年）。
（21）銀行局金融年報編集委員会『銀行局現行通達集』（金融財政事情研究会、昭和33年）。
（22）橋口収「今後における銀行経営の基本動向について―29年度下期決算状況と関連して―」『財政経済弘報第512号』（財政経済弘報社、昭和30年6月）。
（23）銀行局金融年報編集委員会、前掲書。
（24）銀行局金融年報編集委員会、前掲書。
（25）伊藤、前掲書、101-102頁。
（26）銀行局金融年報編集委員会、前掲書、57頁。
（27）大蔵省銀行局「当面の銀行経営上留意すべき基本的事項について」（昭和32年11月2日蔵銀第1,421号）銀行局金融年報編集委員会『銀行局現行通達集』（金融財政事情研究会、昭和33年）、90頁。
（28）大蔵省銀行局「当面の財政金融情勢に即応する銀行業務の運営に関する件」（昭和26年7月5日蔵銀第3153号）銀行局金融年報編集委員会『銀行局現行通達集』（金融財政事情研究会、昭和33年）、57頁。
（29）大蔵省財政史室編、前掲書第10巻金融（2）、167頁。

(30) 大蔵省財政史室編、前掲書第10巻金融（2）、167-173頁。
(31) 大蔵省財政史室編、前掲書第10巻金融（2）、169-171頁。
(32) 大蔵省財政史室編、前掲書第10巻金融（2）、167頁。
(33) ①橋口収「当面の銀行経営の在り方について―昭和30年度下期決算等銀行局長通ちょう解説―」『金融法務事情No.98』（金融財政事情研究会、昭和31年3月）。②橋口収「当面における銀行経営のあり方について―銀行局長通ちょうをめぐる諸問題―」『財経詳報第20号』（財経詳報社、昭和31年3月）。
(34) 橋口、前掲論文、財経詳報社、昭和31年3月。
(35) 福田久男、小池謙輔、前掲書。
(36) 大蔵省財政史室編『昭和財政史―昭和27年～48年度』第9巻金融（1）（東洋経済新報社、1991年）、99-107頁。
(37) 大蔵省財政史室編、前掲書第9巻金融（1）、105-106頁。
(38) 大蔵省財政史室編、前掲書第9巻金融（1）、106頁。
(39) 白鳥圭志「1950年代における大蔵省の金融機関行政と金融検査」『経営史学第43巻第4号』（経営史学会、2009年3月）。

第Ⅴ部　高度成長期の銀行検査

**別表12-1　昭和31.3.6蔵銀第333号「昭和30年度下期決算等当面の
銀行経営上留意すべき事項について」の要旨**

項　目	要　旨
経営合理化について	（1）経営の合理化によるコストの引下げのみが、今後の困難な経営を乗り切る切り札であり、銀行業界の努力は予想以上のものがある。（人件費、物件費の削減、事務能率の向上等） （2）資金コスト（預金利回り＋経費率）の半ば以上を占める預金利回りは、1年もの定期預金の割合が高くなるとともに、次第に上昇する傾向にある。これは、預金体系に手をつけない限り防ぐことのできない自然的趨勢であり、経費率を早期かつ大幅に低下させる以外に有効、適切な手段はない。その意味で経費率7、8％はあくまで堅持すべき鉄則である。 （3）今回の通達では、投資の「純減思想」が明確になっている。都心部に相当額の不動産投資をして店舗を設けると、これを採算ベースに乗せるにはかなりの期間を要する。通達の主旨は、不採算、非能率の店は、無条件に廃止するなどの適切な措置が必要というものである。 （4）「外務活動の自粛」は業界内で協調して自発的に処理することが必要である。金融機関が預金吸収活動を正常化すれば、それが経費の節減をもたらす。各種の変則、新種預金は整理されるべきである。資金吸収形態を整理し、単純化するところに経営合理化の要石がある。これは、戦前の安定した状態を念頭に置けば論議の余地はない。 （5）資金吸収形態を整理、単純化実行のよすがとして「資金吸収形態別の個別原価計算」がある。資金源泉別に個別原価計算を行えば、おのずから、いかなる資金吸収が最も採算性が高く、効率的であるかが明らかになる。いかなる形態が非効率化も明らかとなる。 （6）計数競争に追われ、資金を集めさえすれば手段、方法は問わないという態度は反省すべきである。定期積金業務の採算性、金銭信託の収益状況等が科学的に検討されることによって、自然に業務分野調整の方向に導かれるという副産物がある。 （7）近代企業としての銀行経営においては、いつか近代的原価計算ルール・方式が確立されてしかるべきである。銀行の原価計算が事業会社ほど発達、整備されなかったのは、製品（貸出）、原材料（預金）のいずれも同一性質のものであり、原価

	計算の妙味に乏しいという理由がある。また、経費の資金別配賦が比較的難しいため、成果の適確性に乏しい。しかし、時代の現実的要請は原価計算を必要としている。
自己資本の充実について	（1）銀行の自己資本充実については、配当、その他の社外流出を抑制するよう努めてきた。最近の情勢は配当率が年1割〜1割2分5厘であり、①産業界の配当水準、②銀行収益の一般的水準等から、既に割高である。したがって、配当水準の適正化に一段と努力すべきである。当面、配当率は1割以内にして、将来の安定水準は年8分であることについて、識者の意見は概ね一致している。（戦前は有力銀行にして初めて年8分であったことに注意を要する。） （2）最近の市場情勢から増資の好機と見られるが、無反省な増資は健全な経理の立場から好ましくないし、真の自己資本の増資とならない方法（新株引受資金の貸出を伴う増資）は避けるべきである。 （3）無償交付は従来の通達（昭和28年蔵銀第671号）でも、これを避けるべきと明言された。積立金の資本振替えは実態資本の増加をもたらすものではなく、配当負担の増加を招くので、健全経理を原則とする銀行経理の立場、最近の実勢等からこれを避けることが時宜を得た措置と判断された。
資産内容の健全化ならびに資産構成の適正化について	（1）金融が緩慢になると銀行が貸出を焦る傾向があるが、企業の資金繰りが容易になり、内部留保も漸増するので、担保権を実行し、不良債権の償却を図り、資産内容を良くする努力をすべきである。 （2）資産の健全性を確保するためには、大口信用の集中に注意が必要である。大口貸出は不健全な貸出となる傾向があるので、正味自己資本との関係を考慮しつつ、大口集中を積極的に排除する必要がある。これは最近の金融情勢では特に強調されるべきである。 （3）長短金融の混淆は排除すべきである。特に短期金融を主業務とする預金銀行が長期安定資金を短期資金の形で供給するなど、注意を要する。 （4）長期貸出と表裏の関係にあるが、資産構成の正常化と資産の流動性を高める観点から、公社債、地方債、金融債、事業債等の有価証券のうち優良なものへの投資は積極的に行うべきである。ただし、株式投資は消極的であるべきである。

資産内容の健全化ならびに資産構成の適正化について	（5）預金支払準備はその充実に留意すべきである。預金者保護の観点から資産の流動性を高めることは必要である。そのため低収益資産が増加するが、これには耐えなければならない。 （6）支払準備についていえることは以下の4点である。①支払準備に留意し続ける状況は好ましくないが、支払準備に対する感覚が鈍くなるのはそれ以上に好ましくない、②潜在的支払準備として日銀信用に頼りすぎることがあってはならない、支払準備の自律性が必要である、③支払準備をどの程度にするかは各銀行の自主性に委ねるべき事柄である、④支払準備は量的調整手段としての支払準備（日銀預け金制度）とは無関係である。 （7）営業用不動産の取得は必要最低限にとどめ、資金の固定化を防止する必要がある。不動産比率は毎年低減すべきものである。当面の目標は50％であるが、戦前は20％であったことを考えれば、これは暫定的な目標に過ぎない。
通ちょうにともなう諸問題	（1）昭和31年決算通達は画期的な内容を含んでいるだけではなく、各種の問題を引き出す手掛かりを提供するものである。以下はその内容である。 （2）第1は、「業務分野調整」の問題である。資金吸収形態の簡素化は経営の合理化とともに、分野調整のアイデアをもたらす。具体的には、信託専業化の問題である。信託勘定は現在、銀行勘定の経費負担において信託資金の吸収を行っている。信託勘定のコストは顧客への配当のみである。したがって、信託勘定の損益を明らかにすることは焦眉の急である。信託資金の個別原価計算が可能になって初めて信託業自律の基礎ができる。信託勘定のコスト計算ができなければ、信託勘定は存在意義がない。 （3）業務分野調整の2つ目は、貯蓄銀行業務の整備の問題である。定期積金、積立定期が無反省な募集が行われている。これらはコストが高いので、特殊な金融機関にこれを行わせてはどうか。商業銀行はコストを下げ、安い資金を産業界に供給すべきである。個別原価計算はこの方向を促進する使命を帯びている。 （4）第2は、経営の健全性確保のための諸方策の整備である。具体的には、「大口信用集中の規制」、「長期貸出の抑制」、「不動産比率の明定」等である。これらは、戦後の銀行法改

	正論議のテーマであるが、銀行法制定にまで遡る問題である。 （5）以上のように、昭和31年決算通達は各種の点から以外に深い射程を持つ。

出典：橋口収「当面における銀行経営のあり方について―銀行局長通ちょうをめぐる諸問題―」『財経詳報第20号』（財経詳報社、昭和31年3月）。

第13章　昭和30年代から40年代前半に至る銀行検査の考察
　　　——『金融検査の要領』に基づく地方銀行の検査結果と銀行検査行政——

はじめに

　本章の目的は、『金融検査の要領』が銀行検査マニュアルとして機能した昭和34年から昭和43年に至る10年間を対象に、銀行検査の内容推移を考察することである。『金融検査の要領』は、戦後初の銀行検査マニュアルである『新しい銀行検査法』の後を受けて、銀行検査のよりどころとなった。[1]『新しい銀行検査法』は、GHQ/SCAPからの要請と、戦前から引き継いだ日本の銀行検査の伝統が融合した銀行検査マニュアルであり、GHQ/SCAPの影響を受けて策定されたその内容には、検査当局である大蔵省や邦銀にとって馴染みの薄いものもあった。『新しい銀行検査法』には従来の銀行検査の慣習に沿って抵抗なく実施されうる部分と、検査実務での試行錯誤を余儀なくされる部分が混在していた。『金融検査の要領』の特徴を際立たせるにあたっては、『新しい銀行検査法』との内容比較を行う。

　本章の分析手順は以下の4つのプロセスを踏む。(1)『金融検査の要領』の検査基本方針の特徴を、『新しい銀行検査法』の検査基本方針と比較することにより明確化する、(2)『金融検査の要領』で使用される検査報告書類の特徴を、『新しい銀行検査法』の検査報告書類と比較することにより明確化する、(3)『金融検査の要領』に基づいて実施された銀行検査結果を、昭和34年から昭和42年まで時系列的に検討し、その特徴を明確化する、(4)地方銀行を中心とした金融機関に対する大蔵省銀行局検査部の問題認識を昭和34年、37年、43年の3つの時点で捉え、その推移を考察する。[2]

　昭和30年代から40年代前半の銀行検査行政の考察は、『金融検査の要領』を中心に置き、銀行検査結果と銀行局通達や講演・論文を比較することによ

第13章　昭和30年代から40年代前半に至る銀行検査の考察

り、銀行検査行政と銀行監督行政の相互関係を分析する。銀行検査マニュアルを頂点とした銀行検査行政の検討スキームは「図表13-1　昭和34年度から昭和42年度に至る銀行検査行政の検討スキーム」の通りである。

　本章のテーマへの接近方法としては、まず、『金融検査の要領』の特徴を明確化し、同検査マニュアルに基づいて実施された銀行検査の指摘内容の時系列的変遷を考察するという方法を採用する。また、昭和30年代から40年代前半にかけての銀行監督行政の推移については、『昭和財政史』に総括的な研究成果がまとめられているので、同書を銀行監督行政史の参考文献とする。[3]

　第1節では、『金融検査の要領』の検査基本方針を、『新しい銀行検査法』の検査基本方針と比較する。具体的には、『金融検査の要領』の考え方を『新しい銀行検査法』との比較において、（1）銀行検査の目的に対する考え方、（2）銀行検査の性格に対する認識、（3）銀行検査の方式、（4）検査順序についての考え方、の4項目に分けて考察する。また、『金融検査の要領』に記述された「検査の体系」に基づいて、その基本方針を明らかにする。さらに、『新しい銀行検査法』が、いかなる地方銀行の現実に直面して内容変化し、『金融検査の要領』に帰着したのか、という点について検査指摘内容の変化との関わりから考察する。

　第2節では、『金融検査の要領』で使用される検査報告書類の特徴を、『新しい銀行検査法』の検査報告書類と比較することにより明確化する。これは、検査報告書類が銀行検査マニュアルで示された検査の基本方針を実務に展開する上でのツールであるだけでなく、検査官と被検査銀行のコミュニケーション・ツールとしての役割を果たし、かつ、その時々の検査方針を最も端的に示すものであるとの理解に基づいている。

　第3節では、『金融検査の要領』に基づいて実施された銀行検査結果を、昭和34年から昭和42年まで時系列的に比較し、その特徴を明確化する。

　第4節では、地方銀行を中心とした金融機関に対する大蔵省銀行局検査部の問題認識を、昭和34年、37年、43年の3つの時点で捉え、その推移を考察する。具体的には、『金融検査の要領』、『検査から見た地方銀行経営』、『金融機関の検査』を比較する。昭和43年発刊の『金融機関の検査』を先取りして検討するのは、同検査マニュアルが昭和42年までの検査結果を反映したも

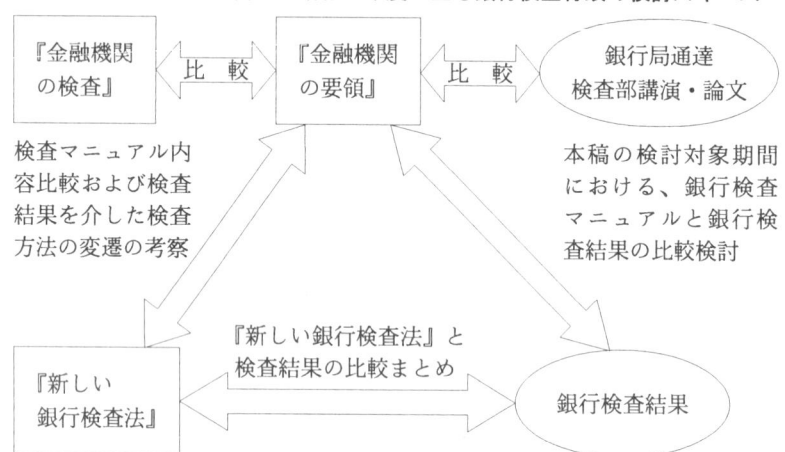

図表13-1 昭和34年度から昭和42年度に至る銀行検査行政の検討スキーム

『金融機関の検査』 ⇔比較⇔ 『金融機関の要領』 ⇔比較⇔ 銀行局通達・検査部講演・論文

検査マニュアル内容比較および検査結果を介した検査方法の変遷の考察

本稿の検討対象期間における、銀行検査マニュアルと銀行検査結果の比較検討

『新しい銀行検査法』と検査結果の比較まとめ

『新しい銀行検査法』 ⇔ 銀行検査結果

注：（1）『金融検査の要領』が銀行検査マニュアルとして機能した期間（昭和34年から昭和42年）を対象に、銀行検査結果および検査マニュアルの内容変遷を、『新しい銀行検査法』との比較において探る。両矢印で示した資料同士を比較検討することにより、銀行検査マニュアル、銀行検査結果、通達、講演・論文相互の関わりを探る。
　　（2）本章では『金融検査の要領』と表記するが、第14章以降では昭和51年に制定された同名の検査マニュアルを取り上げるので、その時点から前者を『金融検査の要領Ⅰ』と表記し、後者を『金融検査の要領Ⅱ』と表記する。

のと考えるからである。『金融機関の検査』の詳細な分析は第14章で行う。

第1節　『金融検査の要領』の成立とその背景

　『金融検査の要領』の成立とその背景を探るにあたっては、『新しい銀行検査法』の成立経緯を踏まえた上で、銀行検査マニュアルに含まれるべき基本的事項を中心に比較検討する。また、銀行検査の基本コンセプトに加えて、銀行検査実務で使用される報告書類を比較検討することにより、検査実務レベルでどのような見直しがなされ、その結果『金融検査の要領』ではいかなる実態把握が重視され始めたのかを考察する。本章では検査で用いられる検査報告書等の主要検査書類を「検査計表」、付属の計表を「付属計表」と

し、これらをあわせて「(検査)報告書類」と呼ぶ。

『新しい銀行検査法』が直面していた矛盾や現実との乖離は、銀行検査結果に最も端的に表れるので、昭和27年度から昭和33年度に至る7年間の銀行検査結果に基づいて、『新しい銀行検査法』の内容が変更された原因を探る。[4]

1－1 『金融検査の要領』の考え方

『金融検査の要領』の銀行検査に対する考え方を考察するにあたっては、『新しい銀行検査法』との比較において、基本的事項を比較検討することにより、その特徴を浮かび上がらせる。比較検討する項目は、(1)銀行検査の目的に対する考え方、(2)銀行検査の方式、(3)検査順序についての考え方、の3項目である。両検査マニュアルの比較結果は、「別表13-1 『新しい銀行検査法』との比較による『金融検査の要領』の内容検討」に示す。

『金融検査の要領』で示されている銀行検査の目的は、(1)金融機関の経営内容の健全性の検討、(2)金融機関の機能発揮の検討、(3)公正な業務運営の如何の検討、の3つであるが、この中には「信用秩序の維持」という項目は見られない。これは、信用秩序の維持が検査の目的として具体的項目で明確化されないまでも、検査の目的としてインプリシットに組み込まれているからである。銀行検査当局が個別事項をミクロレベルでチェックするのに対して、銀行監督当局は法令制定や金融機構全体の機能強化を目指したマクロ的観点からの施策を打ち出す機能を有しているので、その役割を担う大蔵省銀行局銀行課は、信用秩序全体を銀行の公共性を構成する概念として認識する。[5]

『金融検査の要領』による銀行検査の3番目の目的である、「公正な業務運営如何の検討」は、遵法性に関わる検査のみならず、経営の合理性や業務処理の適正性等の観点を幅広く含むものと考えられる。『新しい銀行検査法』では、銀行の公共性と安全性を括る概念として「銀行の健全性」が重視され、昭和33年度に至るまでは健全性確保を第一義に置いて検査行政が運営された。『新しい銀行検査法』の下で、「銀行の安全性確保を目的とする監督法令遵守」と「経済監督法令の遵守」が相矛盾したために、結果として銀行検査が機能しなかった事例は、地方銀行に対する検査指摘を見る限り存在しない。『金

融検査の要領』では、銀行法で示された銀行の公共性の概念に平仄を合わせる形で、検査の目的を設定した。

　銀行検査の方式についても、『新しい銀行検査法』は米国の銀行検査から多くの影響を受けている。それを５つのポイントに要約したのが、（１）科学的検査基準の確立による統一的検査、（２）検査と監督行政の分業、（３）徹底した実証主義、（４）法律の遵守、（５）株主勘定の重視である。『金融検査の要領』では、これら５つのポイントのうち２つに対して批判的である。「検査と監督行政の分業」はGHQ/SCAPが米国の銀行行政をもとに、日本において今後あるべき姿としての理念を述べたものであるが、銀行監督行政と銀行検査行政が銀行局内で執行されている大蔵省の現実とは乖離していた。

　『新しい銀行検査法』における「徹底した実証主義」の考え方は、臨検を前提にした銀行検査を想定していたため、書面検査は必ずしも実証主義に基づいた銀行検査を満足するものではなかった。この点について、『金融検査の要領』では、銀行検査における実証主義を広義に捉え、過去の検査成績に基づいた臨検先の抽出検査、書面検査を効果的に織り交ぜた検査を実施する根拠を明確にした。従来から存在した、総合検査、特別検査に簡易検査を加えて、重点検査事項を定めた検査を目指したのも、実証主義的検査の理想に対して実務レベルで合理的に対応しようとする工夫の表われと考えられる。

　銀行検査の順序は両検査マニュアルで大きく異ならない。銀行検査を効率的に実施しようとした場合、最初に現物検査を実施することは、銀行サイドの隠蔽やごまかしを妨げる意味でも洋の東西を問わず正当な手順であると思われる。また、実務の実態を把握した上で経営者との面談に臨み、経営方針の説明を受けて後、評価を行うのも世界標準の検査順序であると思われる。検査順序が両検査マニュアルで異ならない理由は、これらの点に求められる。

　検査実務と検査順序は互いに影響し合う関係にある。つまり、検査実務が同一であれば、それを効率的に実践する検査順序が定まるであろうし、同一の検査順序を前提とすれば、それに適した検査実務が定まるであろう。したがって、銀行検査の実務においても両検査マニュアルの間でその内容に著しい差異は見当たらない。銀行検査実務を通して、勘定科目別の個別検査付表レベルでは改良が加えられたと思われるので、これについては報告書類に基

第13章　昭和30年代から40年代前半に至る銀行検査の考察

づいて詳細に検討する。

『新しい銀行検査法』の総論部分で特徴的であるのは、指導検査と摘発検査の関係について論じている点である。その趣旨は、従来から両者が相対立する概念として論じられてきたものの、いずれも検査の目的を達成するための手段であり、同じ目的を別の方向から言い換えたものに過ぎないというものである。『新しい銀行検査法』の編著者である山本菊一郎氏は比較的中立の立場をとっていたが、指導検査と摘発検査に関わる議論は戦前から新旧2つの派閥を検査部内に形成していた。『金融検査の要領』にはこの点に関する記述は見られない。

『金融検査の要領』では、銀行検査権限を銀行法等に根拠を有する行政上の任意調査権であることを明記している。これにより、司法上の強制捜査権や許可状を用いて調査する強制調査権と、銀行検査権の淵源が基本的に異なることを検査官に認識させ、自分に与えられた権限の範囲内で検査を実施するよう教育的意味を含めた記述を行ったものと解釈される。

検査の体系に関する『金融検査の要領』の記述は、検査による実態把握とそれに基づいた検査判断に至るプロセスを詳述したもので、『新しい銀行検査法』には見られない。これは以後の銀行検査実務の基本方針となる重要な記述を含むと考えられるので分析を加える。

1－2　『金融検査の要領』の「検査の体系」に見る基本指針

「検査の体系」は、『金融検査の要領』で初めて明定されたものである。その内容は、検査で把握した事実を分析検討して得られた結果を取捨選択し、軽重を定めて総合判断を下すまでの考え方をまとめたもので、検査実務の基本指針となる。大きな判断基準は、「健全性の確保」と「公共性の発揮」であり、前者はさらに、（1）資産負債の構成と内容、（2）資産査定と正味自己資本、（3）損益、（4）業況の推移、（5）経営管理、株主、役員の5項目に分かれている。これに「公共性の発揮」と「内部監査」を加えて、項目別に内容を概観する。

資産負債の構成と内容

『金融検査の要領』では、金融機関の健全性を一般企業の信用分析に対比して説明している。企業の信用分析では、当座比率、負債比率、固定比率等により、資本構成と資産構成の状況を観察するが、金融機関の健全性については、支払準備率、流動性資産の預金に対する比率、預貸率、不動産保有率、自己資本の外部負債に対する比率等について行政指導上の基準比率が設けられている。

金融機関が一般企業と異なるのは、資産の流動性が求められる点で、これは金融機関の経営の健全性のみならず、信用創造が国民経済に及ぼす影響を考慮しているためである。しかし、流動性を高く保つと、資金の運用効率が低下し収益性が落ちる。ここに金融機関の流動性と収益性を同時に追求するという、ある意味矛盾した2つの要請を整合させる経営上の課題が存在する。

普通銀行における支払準備は、第1線準備として、現金、日銀預け金、郵便振替貯金、地金銀外国通貨、第2線準備として、銀行預け金、コールローン、銀行引受手形、第3線準備として、国債、公社債、地方債、金融債、担保付社債、外国証券に分類される。支払準備率は同率でも、これらの内訳構成がどのようになっているかは金融機関の資金事情によって異なり、収益性にも差異が生じる。つまり、支払準備率を実態に即して正しく算出するよう、厳密に支払準備を構成する資産の内容を把握することが重要である。これは、形式的真実性から実質的真実性の検討が重要であるという考え方に及ぶもので、現物検査及び個々の資産、負債の内容検討によって検査目的が果たされる。

資産査定と正味自己資本

『金融検査の要領』では、資産査定は預金者保護のために資産の健全性を確保する観点から実施され、自己資本の維持は、資産の健全性確保のための担保であるという考え方が明確に打ち出された。昭和34年時点では、資産、負債、資本の金額的な比較のみであり、自己資本比率という考えは示されていない。つまり、金額の大小とは関わりなく、預金払い出しへの対応が、健全な資産で保証され、かつ不健全な資産は自己資本部分で担保されていれば

第13章　昭和30年代から40年代前半に至る銀行検査の考察

良いという考えが、『金融検査の要領』の基盤にあると考えられる。したがって、預金を取り込んで、それを健全に運用し、不健全資産を自己資本の範囲内に収めている限り、銀行は理論的にはその規模を無限に大きくすることができる。

　銀行の規模増大の歯止めとしては、収益性のチェックポイントがある。しかし、『金融検査の要領』における収益性確保のしばりは、自己資本を食い潰さない程度の収益性を確保することを期待しているに過ぎず、積極的に資本勘定を増強し、足腰の強い銀行を作り上げるための収益増強という視点は存在しない。この点に、銀行の規模の経済性を重視した日本の銀行監督行政の特徴があり、激しい預金増強競争に象徴される邦銀の業務運営の原点が見られる。

　健全な資産を積み上げるための原資としての預金吸収という側面が忘れ去られ、単純な預金規模拡大競争に走り、その行き過ぎが粉飾預金、歩積両建預金等の好ましからざる現象となった。つまり、銀行経営者が銀行の公共性に根差した本来の目的を忘れ、本末転倒の経営に走った結果、そのマイナス面が検査で指摘されることとなった。これは、目先の預金規模拡大を追いかけないですむような銀行監督行政が施行されていなかったところに根本的な問題があり、『金融検査の要領』もその欠陥を補完する内容とはなっていなかった。自己資本比率規制に対するチェック機能を検査部が果たさない限り、過度の預金獲得競争とそれにともなう好ましからざる慣習は、邦銀の構造的欠陥として存在し続けることになる。

　損　益
　『金融検査の要領』では、金融機関の健全性の基礎を固めるものとして、流動性と確実性に次いで収益性を重視している。同検査マニュアルには、「業務運営基準一覧表」が掲載され、当局通達で昭和34年以降新たに定められた分析指標により、流動性、確実性、収益性が重視されることとなった。これは、銀行監督当局と検査当局が問題意識を共有している証左でもあると考えられる[8]。

　収益性に関する検査のポイントとしては、（１）資産負債の量と質を集約的

に反映する損益の状況から遡って、資産負債の量と質を再検討し、資産負債の確実性、流動性を維持する方策を探求すること、(2)経営管理上の諸方策が具体的に現れている経費支出の状況を検討し、金利の妥当性を検討すること、(3)為替、代理貸、債務保証等の業務に伴う収入について、主としてそれが安定的であるかどうかの観点から検討すること、の3点があげられている。

損益の状況から遡って資産負債の量と質を再検討するという発想は、『新しい銀行検査法』には見られなかったものである。これは、金融機関の収益は、資産負債の量と質をどのように構築、維持するかによって増減するもので、金融機関のパフォーマンスの総合成績に等しいという考え方である。金融機関の総合成績である収益の源泉を分析し、収益増大のためには、いかに優良な資産を積み上げ、適正な流動性を保持するか、また、本源的預金のような負債をいかに安定的に確保するかという原点に戻って検査し、提言することが重要であるとされている。

経費は、経営管理上の諸方策との関係から妥当と考えられる範囲で支出されるべきで、経営管理上、無駄な支出はひかえるべきであるというのが、『金融検査の要領』で示される考えである。また、『金融検査の要領』は金利水準の妥当性に加えて、為替、代理貸、債務保証等、サービスを対価とする収入の安定性が重要であるとしている。サービスを対価とする収入を安定的に確保するか否かは、銀行経営者の業務運営方針次第である。為替手数料収入を安定的に確保しようとすれば、顧客基盤の拡大と支店網の整備が長期的課題となり、代理貸手数料、債務保証手数料を増加させるためには、与信先の業況を把握し、どのように信用リスクを最小化して顧客ニーズに応えるかが課題となる。銀行検査は、各行の収益実態をキーにして、資産負債をどのように積み上げ、非金利収入の源泉をどのように確保するかという経営者のパフォーマンスをチェックする役割を果たすことになる。

業況の推移

「業況の推移」においては、検査の第1の目的を、検査時点での支払能力の実態を把握することとしながら、現状に至るまでの過去の経緯を調べ、そ

れに基づいて将来を予測すべきことを強調している。つまり、検査対象銀行のパフォーマンスを時間軸に沿って検討することにより、銀行経営者にアドバイスする重要性が説かれている。

　経済情勢の変動を考慮しつつ、経営基盤の変動を予測して、その予測結果を銀行検査に役立てるという手法は、明治期の国立銀行検査以来の伝統であるが、明治期においてはマクロ経済、経営環境分析の結果が必ずしも有機的に検査結果と結びついていないところに問題があった。

　『金融検査の要領』では、マクロ経済分析と検査結果の相互連関が重要である点が強調されている。同種の金融機関との比較、地理的な観察、顧客が属する社会階層別分析等については、個々の銀行に対する検査結果の比較が重要と思われる。したがって、検査結果の横並び比較を可能にするためには、検査手法や検査帳票のフォーマット統一による検査の均質化が不可欠であった。政府、日銀による通貨金融政策と銀行経営の連関については、銀行経営者サイドの問題であると同時に、政府、日銀サイドが自らの政策内容を浸透させる努力にも負うところが多い。

　経営管理、株主、役員

　経営管理についての検査は、計数等による量的判断の裏付けを調査するものであることを、『金融検査の要領』は明確に打ち出している。その判断の切り口は、「計画性」と「合理性」であり、この両面から、「機構」、「不祥事件の防止」、「人事管理」、「業務管理」の実態を考察すべきとしている。

　「機構」についての検査の切り口は、（１）業務配分の妥当性、（２）権限と責任の明確化、（３）命令系統の統一化、である。これらは、いずれも計数による実態把握が困難な事項であり、しかも、その実態は書類検査だけではなく、動態観察や責任者、担当者への質問によらなければ把握できないものばかりである。換言すると、これらの切り口は、計数等によって把握される業務の実態を支える基礎インフラの整備状況を検査するものにほかならない。

　「不祥事件の防止」に実務的な効果があるのは、行内検査と人事管理であるとしながらも、最も必要なことは、経営者並びに幹部が公共の認識に徹することであるとされている。これは、経営者や幹部自らが犯す可能性のある

第Ⅴ部　高度成長期の銀行検査

不祥事件の発生を牽制する意味と、経営者が公共の認識に徹し、社員教育を行い、銀行業務の基礎は信用であることを社内に徹底する意味があると思われる。銀行の綱紀のゆるみで最も深刻なのは、経営者の無自覚に発するものであることを戒めたものと考えられる。

「人事管理」においては、検査による給与レベルの高低に関する判断は、金額的なものに限らず、実質的判断が重視されている。大手都市銀行と地方銀行では厚生施設のレベルが異なるし、都市部と地方の物価レベルも実質的な処遇に関係すると考えられる。「業務管理」では、原価計算、店別経営比較と予算統制を重要な管理ツールとしている。

原価計算は原価意識の向上と採算計算の厳格化、店別経営比較は支店ネットワークの効率活用を目的とした管理ツールである。店別経営比較は独立採算制の導入を前提としているが、支店レベルの採算性を正確に把握しようとすると、本部経費の支店配賦等を合理的に実施する必要があり、管理会計の導入が必須となる。

独立採算制に対する基本的な考え方は、昭和33年当時、検査部審査課課長補佐であった小池謙輔氏の講演で明確にされている[9]。この講演で小池は、独立採算性導入の目的として、（1）支店単位で最高の能率を上げること、（2）本部の考える独立採算の考え方を支店と共有し、支店が近視眼的な採算追求に走らないようにすること、の2点をあげている。つまり、店別経営比較は支店が最高の能率を上げ、かつ近視眼的な採算追求に走ることのないように、本部と同じ目線で行動することが前提で成立する。

予算統制は資金予算と損益予算に分けられるとしている。昭和33年当時、検査部長であった福田久男は、地方銀行の経営者に対して行った講演会で、銀行経営の健全性を「資産の健全性」と「損益の健全性」に分けて整理するとともに、それを達成する手段を「資金繰り」と「経費予算制度」とした[10]。『金融検査の要領』は、この福田の資金繰りに対する考え方を資金予算に対応させ、経費予算制度を損益予算に対応させて予算統制を体系化した。同氏が講演で示した、B/S、P/L全体をカバーするための理論的基盤と実務対応は、銀行検査マニュアルでより明確に定式化された。

『金融検査の要領』では、資金予算と損益予算の関係として、資金予算を

損益予算に優先させるものと位置づけている。資金予算は資金繰りの前提として、預金計画と貸出計画があり、両者の時期的なズレを調整するものを資金繰りと位置づけ、調整すべき変数を貸出計画としている。損益予算は資金予算の成立後、運用収益、支払利息予算を立て、経費予算と為替、その他の役務関係収益予算が加えられて編成される。つまり、銀行経営において最優先されるべきものは資金繰りであり、それを確保して後に損益計画が立案される。

　経営内容の不良が、経営トップ、役員の資質に原因があると結論づけがちな陥穽があることを注意喚起し、経営内容悪化の直接的原因を探るべきことを強調している。また、役員に対する批判や伝聞を鵜呑みにすることを戒め、株主、役員に関する客観データに基づいて、株主については経営に対する介入の有無、役員については、そのパフォーマンスを確認するとともに、役員には直接質問することにより実態把握すべきとしている。

　公共性の発揮
　「公共性の発揮」で述べられているのは、（1）金融分野調整の問題、（2）資金の地元還元の問題、（3）不要不急融資の問題、（4）金利負担の軽減の問題、の4点である。これらは、昭和33年度までの地方銀行に対する検査指摘で頻出するポイントである。『金融検査の要領』の特徴として、銀行の公共性の二面性を認識するという点がある。これらは、預金者保護を主とした消極的側面と、与信業務が国民経済の成長発展に貢献する積極的側面の2つである。上述の4つのポイントは、銀行の公共性のうち積極的側面に属するものと位置づけられる。これら4つのポイントを個別に検討し、その結果を勘案した上で、『金融検査の要領』において公共性の発揮がどのように認識されていたのかを考察する。

　1. 金融分野調整の問題
　顧客に効率的な資金配分を行おうとすれば、金融機関の業態ごとの目的を正確に理解して、各々の金融機関に期待される役割を果たすことが全体効率の観点からは望ましい。検査部には金融機関の業態ごとの役割分担を規定す

る権能がない。検査部の役割は、金融制度を構築した当初の役割期待に沿った機能を、各金融機関が果しているか否かをチェックすることである。金融機関種類別の役割分担が経済情勢や金融市場の実態と不整合な場合もあり得るが、この場合に、検査部が金融制度改革についての政策提言機能を有するか否かが、銀行検査のステータスに影響する。つまり、検査部がミクロレベルで把握した事実に基づいて被検査銀行に指摘、提言を行い、個別銀行の改善努力に限界があると認識した場合に、現行の金融制度や金融法制を振り返って、その改善を提言するか否かで銀行検査の権威が大きく異なる。

　戦後占領期に日本の銀行検査制度に多大な影響を及ぼしたハウアード・S・レーマンは、日本滞在中に著した論文で、純粋に事実を発見する銀行検査の機能に付随して、銀行検査は、当該銀行に適用される詳細の政策を形成し、全銀行に適用される銀行法令の変更の必要性と変更時期の適切性等を示すとして、銀行検査が銀行監督行政に対する提言機能を有することを明言していた。[11] 検査部審査課は検査報告書の均質化確保、バックオフィス機能や大蔵省他部署とのリエゾン・オフィス的機能の発揮を目論んで設置されたが、検査実務官のバイブルである『新しい銀行検査法』、『金融検査の要領』のいずれにも、銀行検査の銀行監督行政に対する政策提言機能については謳われていない。この点が、銀行検査当局が戦後占領期において、米国に学ぶべくして学び得なかった最重要のポイントである。

　２．資金の地元還元の問題

　資金の地元還元の問題は、昭和33年度までの地方銀行に対する検査指摘で頻出したもので、まさしく地方銀行が抱える問題であった。この問題については、昭和33年当時、検査部審査課に属していた小池謙輔氏が講演の中で触れている。[12] 小池は地方銀行の本来の使命を再確認することと、債務者から逆選別を受ける可能性の高い中央大企業への貸出を、地方銀行にとって不安定な運用と指摘した。『金融検査の要領』では、この問題への対応方法として、地元中小企業に対する貸出不振の原因を、検査を通して把握すべきことを述べた上で、信用補完手段として信用保証協会の利用を勧奨する等、実務的な内容を盛り込んだものにしている。

3. 不要不急融資の問題

　不要不急融資の問題は、昭和33年の福田検査部長の講演でも取り上げられた問題であるが、同年までの地方銀行に対する検査指摘として頻出しているわけではない。ただし、金融繁閑の影響から金融機関が適切な資金運用先を探すのに困難をきたすことがあり得るので、銀行検査マニュアルは不要不急融資の問題を取り上げ、資金運用ポートフォリオの適正性をチェックすることが不可避となる。

4. 金利負担の軽減の問題

　金利負担軽減の問題は、必ずしも金利関連法規違反のケースを取り上げたものではないが、たとえ、法規制の範囲内であっても、体力の弱った貸出先に対して、金融慣行上、不適切と思われる金利を課し、かつ、過酷な取り立てを行うことを戒めたもので、預金者保護の観点から運用した資金を不良債務者から取り戻そうとする銀行の行動と、運用先保護の観点から行き過ぎた債権取り立てを戒める2つの考え方が矛盾したまま併存している。

　これは消極的な意味の銀行の公共性と、積極的な意味の銀行の公共性が対立するポイントであるので、本来、銀行検査マニュアルには明確に記載し難いと思われるが、『金融検査の要領』が積極的な意味の銀行の公共性に軍配を上げているのは、画期的なことである。この点を勘案すると、同マニュアルが成立した昭和34年は、銀行が体力をつけ始めている反面、今後伸びようとしている企業の資金需要に対して、より適切に対応すべきという考え方が、銀行監督当局と検査当局の間で共有されていたことになる。これは、当時、高度な経済成長を実現しつつある中で、銀行による財務面からの企業育成という命題が重んじられた時期に特徴的な事象と思われる。

『金融検査の要領』における銀行の公共性の考え方

　従来、(1)金融分野調整の問題、(2)資金の地元還元の問題、(3)不要不急融資の問題、(4)金利負担の軽減の問題、の4点は銀行の公共性の概念とは離れた、個別指摘事項として扱われてきたが、『金融検査の要領』では銀

第Ⅴ部　高度成長期の銀行検査

行の公共性の二面性を規定することにより、これらの個別指摘事項を積極的な意味での銀行の公共性の概念に沿って整理した。つまり、銀行の公共性の２つの側面である、預金者保護を主とした消極的側面と、与信業務が国民経済の成長発展に貢献する積極的側面のうち、後者に沿って指摘事項を整理した。そして、銀行監督当局による銀行法解釈の一環としての銀行の公共性の認識に、検査部による銀行の公共性に対する解釈を加え、銀行検査の目的を明確化した。

　与信受信業務両面に銀行の公共性の概念を関連づければ、大半の検査指摘は銀行の公共性に反するものとして認識されることになる。銀行検査は銀行経営効率化、業務効率化の観点に基づく指摘、提言機能に加え、銀行の公共性を確保するために不可欠なものとなる。そうなると、検査指摘、提言の重みは倍加し、行政上の任意調査権に過ぎない銀行検査権限は、銀行の公共性保護の名目において実質的な強制力を有することになる。

　　内部監査
　『金融検査の要領』の内部監査に関する記述は、内部統制組織確立の重要性から説き起こした斬新なものである。これは、『新しい銀行検査法』には見られない視点からの内部監査の理解である。内部統制組織の定義が明確ではないので、『金融検査の要領』が理想とする統制組織がいかなるものか不明であるが、企画機能を重視した経営のあり方については、昭和33年度までの地方銀行に対する検査指摘でも強調されているので、単なるチェック機能ではなく、経営の観点から内部統制組織のあり方を重視したものと推察される。統制組織の確立は内部監査の観点からも重要であるが、同時に、銀行検査の観点からも健全経営のあるべき姿を提示すべきであり、内部統制組織の確立を各銀行の自律性にのみ依拠するのは不適切と考える。

　この論拠は、昭和27年度から33年度に至る７年度中４年度において、検査当局が企画機能を重視した経営の重要性及び企画機能を阻害する要因について検査指摘したという事実に求められる。具体的な指摘は、昭和27年度、28年度、32年度、33年度において行われた。

　昭和27年度では、企画機能を重視した経営の前提となる、「充実した機構

第13章　昭和30年代から40年代前半に至る銀行検査の考察

と、各部課間の密接な連絡調整、および、これを運用する内部規程の確立」の必要性が指摘された。昭和28年度では、「本部機構の整備が進捗し、内規、事務処理規程の制定にある程度の進歩が見られる」点が記述された。昭和32年度では、企画機能を重視した経営の阻害要因となる経営上の問題点、すなわち、「①頭取の独裁、②本部統制の弱体、③職務の権限と責任が不明確、④権限が上部集中しているため、部長、次長、課長の事務処理意欲が減殺されていること」、等の諸点が指摘された。また、昭和33年度では、企画機能を重視した経営の基本ツールである総合予算制度の問題点が指摘された。

このように、内部統制組織の確立を各銀行の自律性にのみ依拠することは非現実的であり、企画機能を重視した銀行経営を、銀行監督行政のみならず銀行検査によって継続的に指摘、監督することによって定着させていくことが必要と考えられる(13)。

内部監査に関する議論が行政主導で本格的になされたのは、大正15年10月13日に開催された第二回金融制度調査会本会議での銀行の内部監督充実に関する提案と、普通銀行制度特別委員会で議論された質疑応答が初めてである(14)。第二回金融制度調査会本会議に続く一連の金融制度調査会での議論の特徴は、(1)行政サイドが一般委員の提言を真摯に受けとめて、それを銀行の内部監督充実に生かそうという姿勢は見られなかったこと、(2)金融制度調査会の幹事である大蔵省は、議論の準備段階ですでに内部監査充実を監査役制度の改革によって行うことを決定し、それを法制度の整備によって実現するシナリオが出来上がっていたと推察されること、の2点である。

また、大蔵省が銀行の内部監督強化手段を監査役制度を充実させることによって強調せざるを得なかった理由としては、(1)明治期以来、銀行監査役の有名無実化が深刻な問題として認識されており、大蔵省もその改革の機会を探っていたと考えられること、(2)検査部の設置強化や外部監査人の活用等、法的強制力を伴わない行政指導については消極的にならざるを得ないこと、(3)行内検査の充実を指導する場合、その模範となるべき銀行検査の強化が遅れていたこと、の3つが考えられる。

結論として言えることは、(1)銀行の内部監督充実を大蔵主導で実施しようとするあまり、民間銀行の役員である監査役を法的手当により実質的な大

第Ⅴ部　高度成長期の銀行検査

蔵省検査局の外局として取り込もうとする意図が明白となったこと、（2）銀行の内部監督充実に関する金融制度調査会での議論は、大蔵省と一般委員の思惑がすれ違うことにより、実質的な検討は十分行われなかったこと、の2点である。[15]

このように、大正末期の行政主導による内部監査充実の試みは、決して成功したとはいえない。その後、昭和戦前期、戦中期の混乱を経て、戦後初めて検査当局の内部監査に対するスタンスが示されたのが、『新しい銀行検査法』であり、それを内部統制の概念を含んだ、新しいコンセプトで一新したのが、『金融検査の要領』である。「内部統制」という用語は戦後の銀行検査マニュアルで頻出したわけではないので、『金融検査の要領』で内部監査が語られるにあたって、この用語が使われるのは唐突の感が否めないが、検査マニュアルで示された、銀行の経営組織に対する検査当局の考え方から推察すると、「銀行の事務組織を中心とする企画機能と内部規律を支えるシステム」という意味で内部統制という用語が使用されていたと思われる。

現代の米国トレッドウェイ委員会（COSO）が規定するような、内部統制の確固とした定義は当時存在しなかったものの、銀行業務の実態と内部監査の中間に内部統制という概念を導入し、内部監査を内部統制整備の方策としたところに、発想の斬新さが見られる。内部統制の概念規定は『金融検査の要領』では明確に示されていないが、もし、当時の概念規定が「銀行の事務組織を中心とする企画機能と内部規律を支えるシステム」という理解に近かったとするならば、この概念で規定されたシステムを確立するための銀行業務の改善は、従来と全く異なるものになっていたであろう。そして、内部統制について検査当局と銀行経営者間で共通認識が持てるようになれば、銀行検査と内部監査が同一の目的に向かってそれぞれの立場からアプローチできるようになる。

内部統制の概念が確立される契機となった米国トレッドウェイ委員会報告[16]までは、さらに30年余をまたなければならず、日本発の内部統制概念はついに実現しなかった。しかし、銀行業務を単に個別業務の集合体と理解するのではなく、内部統制という概念を通して銀行経営と個別業務の関係を規定する試みは、従来にはないものであった。

1－3　地方銀行の検査結果と銀行検査マニュアルの内容変化

　前節までの分析の結果、『新しい銀行検査法』から『金融検査の要領』への移行にともない、銀行検査マニュアルはGHQ/SCAPから受けた影響の残滓を捨て去る方向で進化したことが明らかとなった。GHQ/SCAPの影響が希薄化するということは、米国流の理想論と邦銀の現実との乖離がせばまり、邦銀の実態に即した銀行検査マニュアルに変化したことを意味する。GHQ/SCAPの影響が適切にそぎ落とされた銀行検査マニュアルは、以後、昭和期の銀行検査に適用されるマニュアルの原型になる。

　このような観点から、『新しい銀行検査法』が地方銀行のいかなる現実に直面して、『金融検査の要領』に変化したのかを、昭和26年度から昭和33年度に至る地方銀行に対する検査結果との比較により考察する。この期間においては、都市銀行に対する銀行検査が省略された年度もあることから、銀行検査当局の問題意識は地方銀行の実態によって触発される機会が多かったと考えられる。

　銀行検査マニュアルの内容を変更する1つの契機となったのは、昭和26年度から昭和33年度に至る地方銀行に対する検査結果であり、この8年間の銀行検査結果の集積が検査マニュアルの適正性や実用性を見直す根拠になった。これまでの考察にしたがうと、銀行検査マニュアル変更の主たるポイントは、（1）検査と監督行政の分業に対する考え方の変化、（2）検査における実証主義に対する考え方の変化の2つになる。これら2つのポイントについて、昭和33年までの銀行検査結果との比較に基づいて考察を加える

　検査と監督行政の分業に対する考え方の変化
　GHQ/SCAPの影響を受けた当時は、検査行政と監督行政は分業体制をとるべきであるという考え方が支配的で、『新しい銀行検査法』にもその点が明確に記載されている。しかし、『新しい銀行検査法』で述べられている検査と監督行政の分業は、銀行検査行政と銀行監督行政が別組織によってコントロールされている米国の金融制度を前提としたもので、大蔵省銀行局に両機能が属する日本の金融制度とは異なる前提に基づくものである。

つまり、GHQ/SCAPは検査と監督行政の分業を前提として、両者は互いに協調して金融機関経営の健全性を指導しなければならないと主張しているのであって、銀行検査行政を担当する機構と銀行監督行政を担当する機構を分けるべきと主張しているわけではない。もしそうであるとすれば、GHQ/SCAPは銀行検査マニュアルで検査と監督行政の分業を主張するのではなく、日本の金融制度そのものの変更を指導していたはずである。たとえ、そのような指導が日本の銀行監督当局に行われていたとしても、結果として占領期間に実現しなかったことを考えると、大蔵省の抵抗のもとに GHQ/SCAPはその主張を撤回しなければならなかったと理解するのが妥当である。

『新しい銀行検査法』の適用期間における銀行監督行政と銀行検査の関係から生じる主要なキーワードを、「バランスシート規制」、「合理化」、「銀行法改正」、「監督三法」、「金融正常化」の５つに設定する。これらのキーワードを参考に、昭和27年度から昭和33年度までの地方銀行に対する検査結果に基づいた銀行検査行政と銀行監督行政の協調と棲み分けを考察する。

1. バランスシート規制

経常収支率指導を主要な手段としたバランスシート規制については、５つの通達が発牒された。それらは、（１）「昭和24年度上期決算について」（昭和24年9月20日）、（２）「昭和25年度下期決算について」（昭和26年3月19日蔵銀第1010号）、（３）「昭和27年度上期決算について」（昭和27年9月22日蔵銀第4698号）、（４）「昭和29年度下期決算について」（昭和29年12月23日蔵銀第3232号）、（５）「昭和30年度上期決算について」（昭和30年7月11日蔵銀第1463号）、である[19]。

昭和33年度までは、バランスシート規制の主要指標は経常収支率であり、経常収支率の改善に関する指摘が大半を占めていた。昭和31年から32年にかけての主たる検査スタンスの変化は、銀行経営の健全性を「資産の健全性」と「損益の健全性」に分け、それを達成する手段を「資金繰り」と「経費予算制度」とすることにより、銀行検査で銀行のB/S、P/L全体をカバーするための理論的基盤と実務対応が明確化されたことである。また、銀行課に在籍していた橋口収氏が提唱した個別原価計算の銀行経営への導入は銀行検査

の実務者レベルによってサポートされていた。[20]

『金融検査の要領』では、既述のように「検査の体系」という項目を設けて、検査で把握した事実を分析検討して得られた結果を取捨選択し、軽重を定めて総合判断を下すまでの考え方の体系をまとめている。大きな判断基準は、「健全性の確保」と「公共性の発揮」であり、前者はさらに、（1）資産負債の構成と内容、（2）資産査定と正味自己資本、（3）損益、（4）業況の推移、（5）経営管理、株主、役員の5項目に分かれている。『金融検査の要領』では、『新しい銀行検査法』には見られない「検査の体系」に関する記述の中で、「資産負債の構成と内容」、「資産査定と正味自己資本」、「損益」に触れることにより、バランスシート規制上必要なポイントを、検査体系でどのように位置づけるかを明確化している。

2．合理化

合理化については、「銀行の合理化等について」（昭和28年3月19日蔵銀第1083号、以下「合理化通牒」と略記する）にしたがって検討する。合理化通牒の一部を構成する、（1）資金の増加と経費の節減、（2）営業用不動産の取得、（3）営業所の設置、（4）ウィンドウ・ドレッシング（粉飾預金）と両建預金の自粛、（5）増資について、（6）不要不急融資について、（7）中小金融について、の7項目の内容を要約し、検査指摘との関連を探る。[21]

7つの個別項目に関しては、大蔵省通達に体現される銀行監督行政と銀行検査の相乗効果は機能したとはいえない。また、『金融検査の要領』にもこれらの個別項目に関する検査ポイントの変化は見られない。しかし、新旧両マニュアルの銀行検査付表の比較検討によると、「資金の増加と経費の節減」については、『金融検査の要領』で新たに定められた、「資産負債の構成と増減」、「資産負債の残高異動表」、「資金運用実績表」の3表と関係があると思われる。

前節で分析した通り、『金融検査の要領』では、資金予算は資金の調達と運用についての予算であり、預金、貸出、資金繰りの3部門に分けて考えられた。その後、運用収益、支払利息予算を立て、経費予算と為替、その他の役務関係収益予算が加えられて損益予算が編成されるので、『新しい銀行検

607

査法』に欠けていた、(1)資金予算と損益予算の明確な区別、(2)両者の関係性の明確化、(3)資産負債の趨勢と銀行の収益管理の基本的枠組みの提示、の3点を、『金融検査の要領』では具体的な検査付表を制定することによって補完した。

3. 銀行法改正

昭和26年9月12日付の「銀行法の一部を改正する法律試案」で取り上げられたのは、(1)最低資本金規制、(2)大口信用供与制限、(3)不動産の所有制限、(4)主務大臣の監督権強化、の4点である。銀行法改正による、銀行監督行政と銀行検査の関わり方の変遷については、大口信用供与制限に関する大蔵省通達と銀行検査指摘の関係に焦点を合わせて考察した。[22]

銀行法改正後、昭和27年度から昭和33年度までの7年間のうち、昭和30年度と33年度を除く5年で大口信用供与に関する検査指摘が地方銀行に対して行われており、検査指摘頻度から見る限り、銀行監督行政と銀行検査の相乗効果が有効に機能したという証跡は得られない。また、新旧両マニュアルの銀行検査付表の比較検討によっても、大口信用供与制限に関する銀行検査マニュアルの内容に特段の変化は見られない。

4. 監督三法

監督三法のうち成立したのは、預金等に係る不当契約の取締に関する法律案（昭和32年7月施行）のみであり、同法律案は導入預金を規制するものとして成立した。昭和27年度から30年度までは、毎年、臨時金利調整法違反が指摘され、昭和29年度以降は地方公共団体や金融機関、外郭団体との不当な預金取引が指摘されている。また、昭和31年度検査では、顧客に当座預金の利便性を供与しつつ、実質的に普通預金金利を付利している事例等、預金種別の根幹に関わる規律違反が指摘され、昭和32年度検査では、特利預金が一部の農協、信用金庫取引に見られることが指摘された。しかし、臨時金利調整法違反に関しては、『金融検査の要領』における取扱いの変化は見られない。

5．金融正常化

　金融の正常化が銀行経営に影響を及ぼしたことがうかがわれる検査結果としては、昭和29年度と30年度の検査指摘がある。両年度の検査では、金融正常化政策の影響で銀行経営に企画性が求められるとともに、企画性の程度において銀行間格差が拡大していることを指摘している。金融正常化政策の銀行検査への反映は、銀行に対して経営の企画性を求めるという形で具体化された。つまり、銀行経営全般の健全化は、経営に企画性を持たせることで達成されるという解釈が銀行検査当局によって導き出された。

　『金融検査の要領』で検査実務の基本指針としている判断基準の1つである、「健全性の確保」を構成する、（1）資産負債の構成と内容、（2）資産査定と正味自己資本、（3）損益、（4）業況の推移、（5）経営管理、株主、役員の5項目のうち、「業況の推移」、「経営管理」の2点は銀行経営全般の健全化と関連が深い。

　検査における実証主義に対する考え方の変化

　『新しい銀行検査法』における実証主義は、臨検を前提としたものであったが、『金融検査の要領』は必ずしも全支店を対象にした臨検を前提としていない。臨検の不足部分をカバーするのは書類検査であり、そのためには検査報告書と検査付表を精緻化する必要がある。2つの銀行検査マニュアルの検査報告書類を比較して言えることは、『金融検査の要領』で使用する報告書類の種類と数が増加しているということである。また、本店と支店が提出すべき報告書類が明確化され、その種類が増加していることである。具体的には、『新しい銀行検査法』で使用する報告書類が41表であったのに対して、『金融検査の要領』では72表と31表も増加した上に、被検査銀行の本支店から個別に17表を提出させることになっている[24]。

　実証主義を表看板から外すと、臨検の手間が省ける一方、被検査銀行の負担を増加させ、検査官による被検査銀行の実態把握が表面的になる。被検査銀行では、書類作成にかかる時間的負担が増加するだけではなく、書類による銀行検査の判断の比重が増加する分、書類の内容や体裁を自行に有利に整えようとするインセンティブが働くことになる。結果として検査が形骸化し

ていくことになり、書類の正確性に疑問を抱きながら性悪説に基づいて検査を実施する結果、自ずと権威主義的な検査に陥りやすくなる。

　『新しい銀行検査法』で強調された、検査官による銀行の実態把握力の強化と民主的な銀行検査の理想は、『金融検査の要領』の出現により達成が困難になった。『新しい銀行検査法』がユニット・バンキング制度を前提とした内容を含むのは、GHQ/SCAPの影響によるものである。検査官による銀行の業務内容の把握強化と民主的な銀行検査の理想がユニット・バンキング制度を前提にするものであったとすれば、『金融検査の要領』において、この理想が現実を踏まえて変更されたことは、むしろ当然の成り行きであった。そして、この変化は昭和34年以降の銀行検査の基本的性格を規定すると考えられる。

第2節　『金融検査の要領』の検査報告書類

　銀行検査マニュアルで示される報告書類は検査実務で使用されるものであり、書類検査は言うに及ばず、臨検時の資料としても重要な役割を果たす。また、報告書類は銀行検査マニュアルで示された検査の基本方針を実務に展開する上でのツールであるだけでなく、検査官と被検査銀行のコミュニケーション・ツールとしての役割を果たす。被検査銀行は報告書類が要求する内容を記入する作業や、準備作業を通じて検査当局が把握したいと望む内容を知ることにより、検査行政の意図するところを垣間見ることができる。

　報告書類は、その時々の検査方針を最も端的に示すものであり、異なる時点の報告書類を比較することは、銀行検査マニュアルの特徴をきわだたせる上で重要である。このような観点から、本章では、『新しい銀行検査法』と『金融検査の要領』の報告書類を比較分析する。

2－1　検査報告書類体系の変化

　銀行検査マニュアルおよび検査報告書類変更の背景を考察するにあたっては、第1節で考察した基本コンセプトの比較に加えて、銀行検査で使用される報告書類の比較検討が不可欠である。以下で、『新しい銀行検査法』、『金

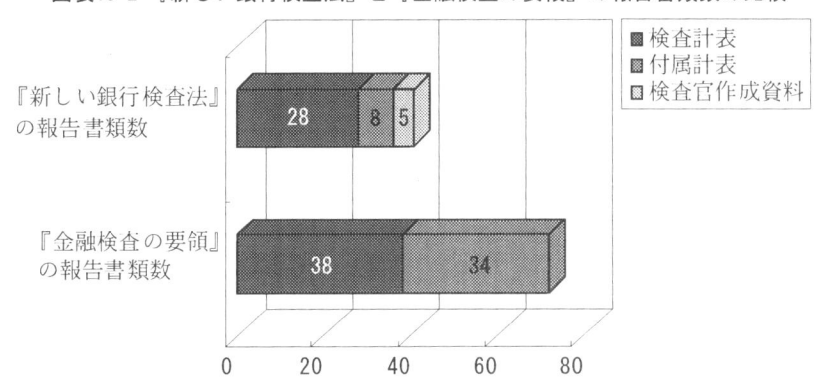

第13章　昭和30年代から40年代前半に至る銀行検査の考察

図表13-2　『新しい銀行検査法』と『金融検査の要領』の報告書類数の比較

『新しい銀行検査法』の報告書類数：検査計表 28、付属計表 8、検査官作成資料 5

『金融検査の要領』の報告書類数：検査計表 38、付属計表 34

出典：（1）山本菊一郎編著『新しい銀行検査法』（大蔵財務協会、昭和26年）119～281頁。
　　　（2）大蔵省銀行局検査部内金融検査研究会『金融検査の要領』（大蔵財務協会、昭和34年）、283～323頁。
注：（1）図表中の数字は報告書類の数を示している。
　　（2）本図表には、『金融検査の要領』の「銀行検査提出依頼一覧表（乙）」（本部、営業簿を含む各支店に個別に提出を求める検査計表、付属計表）17表は含まれていない。

融検査の要領』それぞれの検査計表、付属計表の特徴を明確化し、両者の比較検討に基づいて考察を加える。まず、『新しい銀行検査法』と『金融検査の要領』の報告書類を比較し、報告書類数やその構成を「図表13-2　『新しい銀行検査法』と『金融検査の要領』の報告書類数の比較」を用いて比較する。

『新しい銀行検査法』の検査報告書類が1種類であるのに対して、『金融検査の要領』で求める報告書類は検査当局への対応窓口となる本部企画、管理部門から提出される報告書類に加えて、本店営業部、支店等から個別に提出を求める報告書類の2種類から成り立っている。したがって、『新しい銀行検査法』との単純比較は困難である。図表13-2では本社企画、管理部門から提出される報告書類に焦点を当てて比較する。

報告書類全体では、41表から72表へ約8割増加した。検査計表は28表から38表へ4割近く増加し、付属計表は8表から34表へ約4倍になった。その一方で、従来検査官が作成していた5計表はゼロとなった。さらに、個々の本

第Ⅴ部　高度成長期の銀行検査

図表13-3　『新しい銀行検査法』と『金融検査の要領』の報告書類内訳比較

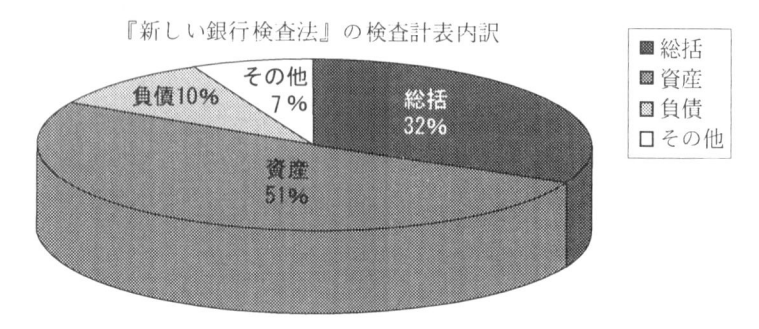

『新しい銀行検査法』の検査計表内訳

- 総括 32%
- 資産 51%
- 負債 10%
- その他 7%

『金融検査の要領』の検査計表内訳

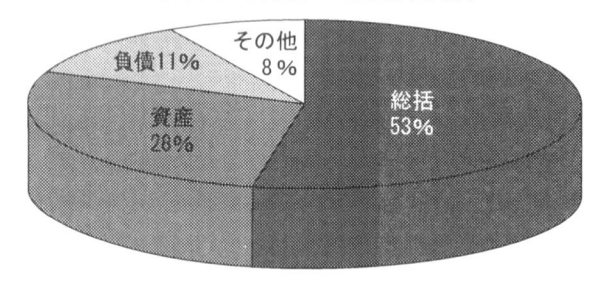

- 総括 53%
- 資産 28%
- 負債 11%
- その他 8%

出典：（1）山本菊一郎編著『新しい銀行検査法』（大蔵財務協会、昭和26年）119～281頁。
　　　（2）大蔵省銀行局検査部内金融検査研究会『金融検査の要領』（大蔵財務協会、昭和34年）、283～323頁。
注：（1）『金融検査の要領』の報告書類としては「銀行検査提出依頼一覧表（甲）」を対象とした。
　　（2）「総括」にはB/S、経済事情、役職員の状況、損益等が含まれる。
　　（3）「その他」には機密の部、経費関連計表、店舗別資料等が含まれる。

支店が作成する検査報告書は17表に及ぶ。計表毎の作成に要する負担を一律とすると、計表数の増加に比例して被検査銀行の負担は飛躍的に増加する。

『新しい銀行検査法』と『金融検査の要領』の検査計表の内訳比較を「図表13-3　『新しい銀行検査法』と『金融検査の要領』の報告書類内訳比較」に基づいて行う。図表13-3では『新しい銀行検査法』の報告書類を41表、『金融検査の要領』の報告書類を72表取り上げ、報告書作成目的の構成割合を比較する。2つの銀行検査マニュアルの報告書類を比較して特徴的と考え

第13章　昭和30年代から40年代前半に至る銀行検査の考察

られるのは、全報告書類に占める「負債」と「その他」に関する報告書類の比率が、報告書類間でほぼ変わりがないのに比べて、総括と資産に関する報告書の構成割合が著しく異なることである。『新しい銀行検査法』では、検査官作成貸借対照表は文字通り検査官が作成するので、真正な貸借対照表の作成を通して、銀行の資産、負債、資本の構成割合や内訳が検査官によって把握される。これに対して、『金融検査の要領』では、検査官自らが銀行から提出を受けた貸借対照表に手を加えることがないために、検査官が実感として銀行の全体像を把握することが困難である。

『金融検査の要領』では、検査計表のうち、「総括」の部に属するものには、経済情勢、銀行の沿革、組織機構に関する報告書類の提出を求める。付属計表では、資産負債の構成や増減、残高異動に関する報告書、損益の分析に関わる報告書、株主や役職員の関わる報告書の提出を求めており、これらが総括の部に属する報告書の構成割合を高めている。経済情勢や組織機構に関する報告書類等、『新しい銀行検査法』では提出を求められることがなかったものが新たに加わっている点を考えると、『金融検査の要領』では明治期以降、昭和戦前期までの伝統であったマクロの経済情勢分析を、検査報告書で復活させるための資料を徴求しようとしているように思える。

総括の部で新たに提出を求められた報告書類に、被検査銀行の内部監査制度に関する検査計表がある。具体的な報告内容は内部監査に関わる検査要領と検査実績である。この報告書類に基づいて実施される銀行検査を通して、各行の内部監査の方法、および、その方法にしたがって実施された内部監査の結果が検査されることになる。これは、銀行検査当局の求める内部監査のあり方が当局検査を通して被検査銀行に浸透していくことを意味し、銀行の内部監査が当局検査仕様に変化する可能性が高いことを意味する。

資産の部に属する報告書類の構成比率は、51％から28％に激減している。しかし、報告書類数でみると21から20とほぼ変化が見られない。これは、資産に関わる報告内容や密度には変化はないが、総括の部に代表されるその他の報告書類が著増したために、『金融検査の要領』においては相対的に資産に関する検査報告書類の比率が低下したと理解される。資産の部を構成する貸出資産、有価証券、動産不動産等に関する報告書類が求める情報の詳細さ

については、特段の変化は認められない。

　『新しい銀行検査法』の報告書類
　『新しい銀行検査法』の報告書類一覧は、大分類項目で「総括」、「資産」、「負債」、「機密の部」、「付属表」の5項目に分類される。このうち、機密の部には3表が含まれ、付属表には8表が含まれている。したがって、総計41表のうち、検査官が作成する「検査官作成貸借対照表」と「貸出金調査票」の2表および機密の部に属する3表の作成には被検査銀行の負担はかからない。本章の検査関連計表の定義にしたがって検査報告書類を再分類すると、41表の内訳は、主要検査書類である検査計表が28表、付属計表が8表、検査官が作成する報告書類が5表となる。また、検査計表28表のうち、資産に関するものが17表と6割以上を占めており、資産内容の検査に重点を置いている。
　『新しい銀行検査法』の報告書類体系から見ると、被検査銀行が作成したバランス・シートに基づいて、検査官がチェックを加え、大くくりで被検査銀行の資産、負債、資本の概要を把握し、さらには資産中、最重要の貸出資産について検査官自らが作業することにより、資産の健全性について判断を行うことになっている。つまり、『新しい銀行検査法』の報告書類体系は、真正バランス・シートと資産の健全性の実態把握に焦点を当てた目的合理的なものといえる。
　しかし、この報告書類体系を用いた検査を実施するためには、検査官自身が銀行業務の知識のみならず、会計学的センスを身につけていなければならず、専門知識を有する専門職集団が個々の能力とノウハウ集団内の相乗効果を発揮しなければ適正な検査は不可能と考えられる。

　『金融検査の要領』の報告書類
　『金融検査の要領』の報告書類一覧は「銀行検査提出依頼一覧表（甲）」（以下「一覧表甲」と略記する）と、「銀行検査提出依頼一覧表（乙）」（以下「一覧表乙」と略記する）の2種類から構成される。一覧表甲は、被検査銀行の本店に総括して提出依頼するもので、さらに「A一般の部」、「B報告書資

料の部」、「Ｃ報告書中付表の部」の３部に分かれる。一覧表乙は、本部、営業部を含む各支店に提出を求めるもので、17表から構成される。一覧表甲乙ともに全て被検査銀行に作成、提出を求めるもので、前者は72表、後者は18表の総計90表から構成される。

　一覧表甲の内訳は、「Ａ一般の部」が38表、「Ｂ報告書資料の部」が30表、「Ｃ報告書中付表の部」が４表から構成される。本章の定義にしたがって検査報告書類を再分類すると、主要検査書類である検査計表が38表、付属計表が34表となる。一覧表乙は一覧表甲との対応関係が明確ではないが、日計表とそれを構成する勘定ごとの明細報告を求めるものが大半で、全て本章の定義でいう検査計表に相当する。

　『金融検査の要領』の報告書類を見ると、被検査銀行が作成、提出すべき報告書類が著しく増加したことに伴って、被検査銀行の負担が増加した反面、検査官が作成する報告書類が皆無となったことで、検査官の負担が減少した。つまり、検査官は自ら報告書類を作成する負荷が減るとともに、報告書類作成に必要な専門知識習得が軽減されることになる。また、被検査銀行から提出された報告書類が増加した分、その内容を事前に分析し、理解する手間は増えるものの、必要とされる専門知識は検査計表と付属計表を理解する程度に限られるため、検査官に求められる専門知識は限定的となる。

　『新しい銀行検査法』による銀行検査は、検査官が高度な専門知識をもって、被検査銀行と対等な目線で主体的に関わり合うことを求めるものであった。これに対して、『金融検査の要領』による銀行検査は、検査官が一般的な知識レベルで効率的に銀行検査をこなせるよう、検査官の負担を減らす工夫が施されている反面、被検査銀行の負荷を増加させた。必然的に検査官の目線は高みから被検査銀行に向けられることになり、能動的な被検査銀行との関わりも減少した。このような変化は、銀行検査の効率化を追求した結果であるとともに、検査官の専門知識レベルに合わせた現実的対応の結果と考えられる。

２－２　『金融検査の要領』の検査報告書類の特徴

　検査実務は、被検査銀行からあらかじめ提出を受けた報告書類や計表に基

づいて実施される。本節では、『新しい銀行検査法』と『金融検査の要領』の基本的考え方の比較結果に基づいて、銀行検査の実務がどのように変化したのかを考察する。

　『新しい銀行検査法』の報告書類の概要
　『新しい銀行検査法』の報告書体系は、「総括」、「資産負債諸表及び経理記録、事務処理に関する注記」、「機密の部」、「付属諸表及び設問集」の４つの部分から構成されている。総括は、検査結果の結論というべき「検査官の記述と勧告」を中心に、貸借対照表、正味株主勘定の計算、損益の分析、資産負債の趨勢等を含む。資産負債諸表及び経理記録、事務処理に関する注記は総括を裏付ける諸項目の内訳表とこれに関する注記を含む。機密の部は検査官の概評や銀行役職員の人的事項に関する諸表を含む。また、付属諸表及び設問集は検査遂行上必要な主要参考資料と検査上の着眼事項に関する問答体の設問集を含む。このうち、機密の部、付属諸表、設問集は被検査銀行に交付されない。[25] 本節では検査報告書のうち主要な付表を中心に考察を加える。

　『新しい銀行検査法』との比較による『金融検査の要領』の報告書類の特徴
　『金融検査の要領』で示される報告書類については、『新しい銀行検査法』で示された報告書との比較に基づいて検討する。具体的には、『新しい銀行検査法』で使用された報告書類をもとに、それに相当する『金融検査の要領』で使用される報告書類を取り上げて内容比較を行う。比較項目は、（１）検査官作成貸借対照表、（２）検査官の記述と勧告、（３）分類資産に関する報告、（４）貸出金調査票、（５）株主勘定の分析、（６）損益の分析及び株主勘定の異動表・損益の分析、（７）資産負債の趨勢、の７項目である。

　１．検査官作成貸借対照表
　『新しい銀行検査法』で使用される報告書類の特徴の１つは、「銀行作成貸借対照表」をもとに「検査官作成貸借対照表」を作成する点である。これは、検査官自らが付属表の作成に携わるという、『新しい銀行検査法』の精神を具体化したものと考えられる。この検査官作成貸借対照表は、検査を通

した評価や査定の出発点と位置づけられる。検査官は、銀行作成貸借対照表のもととなる銀行帳簿上の諸科目を適正に使用しているか否かの確認を行い、現物検査等による勘定科目計上金額の妥当性を検証した後、不適正なものがあれば、それを適正な金額に訂正する。

このようなプロセスを経て検査官作成貸借対照表が作成されるが、このプロセスを厳密に実施しようとすれば、全支店での現物検査が不可欠になる。しかし、多くの支店を抱える邦銀で、支店の現物検査を一回の検査で実施することは不可能である。『新しい銀行検査法』で述べられた検査官作成貸借対照表の作成は、ユニット・バンキングを基本とする米銀ではじめて可能になると考えられる。

この方式が『新しい銀行検査法』に取り入れられたのは、昭和26年当時、GHQ/SCAPの影響下で銀行検査の理想を追い求めるあまり、検査現場での検査官の負荷を見誤ったことが原因と考えられる。銀行検査マニュアルは実行不可能な理想について述べるものではなく、検査実務とその実務を担当する人員との関わりから、実践可能な実務を具体的に記述すべきものである。この点について、『新しい銀行検査法』は十分な詰めが欠けていたと考えられる。

これに対して、『金融検査の要領』では、株主総会で使用した営業報告書と検査基準日付の総合日計表の提出を求めるのみで、これらに基づいて検査官が独自に貸借対照表を作成することにはなっていない。このような変更が余儀なくされるのは、すでに考察した通り、『新しい銀行検査法』を策定する時点で前提としていた米国のユニット・バンキングが日本の銀行制度と異なっていたことに加えて、当時の大蔵省が銀行検査の理想を追い求め過ぎたことが原因の一つである。昭和26年から33年までの8年間の検査実務の経験を経た上での反省に立って、『金融検査の要領』では検査官作成貸借対照表を報告書類から外したと考えられる。

2. 検査官の記述と勧告

『新しい銀行検査法』における「検査官の記述と勧告」は、検査官の最終的な判断結果を記すもので、記述にあたっての注意事項には合理的な内容が

盛り込まれている。とりわけ、検査官の主観や不合理な類推を厳に戒めており、かつ、検査で把握した事象をもとに簡潔、明瞭な文章で表現すべきとしている点は、現代にも通じる普遍的な注意事項である。『新しい銀行検査法』では、「検査官の記述と勧告」は検査報告書の中味が完全に出来上がってから作成するものとされ、内容記載にあたって詳細な注意事項が付されている。しかし、『金融検査の要領』にはこれに相当する記述は見られず、記載上の注意事項も記されていない。これは、銀行検査マニュアルといえども、金融機関や一般に公開されるものであるので、検査官の記述すべき内容や注意事項を記載することに疑問が生じたのではないかと考えられる。つまり、手の内をさらけ出し過ぎることに対する反省から、検査官の記述と勧告が削除されたと考えられる。

　銀行検査マニュアルを公開する意義は、大蔵検査官に対する教育に加えて、被検査銀行の経営者、実務担当者に対して銀行検査の基本方針や内容を伝え、その趣旨に沿って経営改善を促すことと、銀行検査に対する理解を得た上で検査実務に対する協力を円滑にするという意義がある。これらの目的を前提にすると、検査官が検査結果に基づいて勧告を記述する際の注意事項はまさに、公開すべき事項と機密事項の中間に位置するデリケートな内容である。

　3．分類資産に関する報告
　『新しい銀行検査法』の「分類資産集計表」で特徴的な点は、分類資産をⅠからⅣとした上で、分類資産の対象を貸出金のみならず有価証券、動産・不動産にまで適用している点である。有価証券の場合は、評価損部分をⅣまたはⅢとし、評価損に該当しない部分でも投資対象として好ましくない有価証券は、その帳簿価額をⅡ分類とすることが明記されている。

　動産・不動産に関しては、営業用動産・不動産と所有動産・不動産に分け、前者については償却不足額をⅣ分類とし、帳簿合計が株主勘定その他の事情から過剰であると認められる場合は、過剰額をⅡ分類とする。後者については、帳簿額が処分見込額を超えると認められる部分をⅣ分類とし、過剰でないものも全て銀行に好ましくない資産としてⅡ分類に入れる。これは、銀行監督行政によって、従来から銀行の所有不動産を減らすよう指導してきたこ

第13章　昭和30年代から40年代前半に至る銀行検査の考察

とと平仄が合っている。

　Ⅱ分類資産は、実質的に非分類資産と同様の取扱いを受け、正味株主勘定を計算する上で金額的な考慮はなされず、銀行検査による所有不動産の削減指導は、実態的に精神的縛りを主としたものとなっている。Ⅱ分類資産の定義は、（1）回収上の諸条件が満たされていない債権、（2）何らかの欠陥によって信用上疑義のある資産、（3）その他の理由により銀行資産として好ましくない資産の全部またはその一部であり、そもそも、銀行が慎重にして継続的な注意を払わない限り、将来損失を生じるおそれのある資産である。したがって、分類資産の算定にあたっては、なにがしかの掛目をかけて実態数値に反映させる工夫が必要であった。疑義を含んだ資産に対する、より詳細で厳密な評価算定方式を案出し、それを数値に反映させなければ、その数値に基づいた査定は根拠の薄弱なものとなる。

　『新しい銀行検査法』と『金融検査の要領』における分類資産の定義は、表現のニュアンスを含めて異なっている部分があるので、「図表13-4　分類資産の定義比較」で両者を比較する。分類資産の定義の変化に関しては、Ⅰ分類資産については『金融検査の要領』で明確に、「健全な資産」という表現が用いられた。『新しい銀行検査法』ではⅡ分類資産について、回収可能性に関する記述しか見られないが、『金融検査の要領』では、「確実性の観点のほかに、金融機関の資産として好ましくないものを含む」として、回収可能性以外の切り口からの定義を加えた。しかし、『新しい銀行検査法』において、所有動産、不動産は帳簿額が処分見込額を超える部分をⅣとするほか、動産・不動産の帳簿額そのものを銀行にとって好ましくない資産としてⅡ分類としている。

　Ⅲ分類資産については『金融検査の要領』で、「半額を無価値と見る」という定義を新たに加え、Ⅳ分類資産については、「全額を無価値と見る」という定義を新たに加えたが、これもすでに『新しい銀行検査法』による分類資産算出において、回収不能資産の算出方式が採用されているので、目新しい定義ではない。このように、分類資産の定義に関しては、銀行検査マニュアルの改訂にともなった大幅な変化は見られない。

619

第Ⅴ部　高度成長期の銀行検査

図表13-4　分類資産の定義比較

	『新しい銀行検査法』	『金融検査の要領』
Ⅰ分類資産	下記のⅡ、Ⅲ及びⅣに分類されない資産。	健全な資産
Ⅱ分類資産	（固定額）①回収上の諸条件が満たされていない債権、②何らかの欠陥によって信用上疑義のあるもの、③その他の理由により銀行資産として好ましくない資産の全部またはその一部。Ⅱ分類の資産については、銀行が慎重にして継続的な注意を払わない限り、将来損失を生じるおそれが存する。	現在の段階では回収不能とまでは認められないが、特別の注意を払わない限り、将来回収不能になるおそれのある貸出金、その他の資産。（確実性の観点のほかに、金融機関の資産として好ましくないものを含む。）
Ⅲ分類資産	（疑問額）最終の回収または価値について重大な懸念が存し、したがって損失の発生が見込まれるが、現在その損失額の確定し得ない資産の全部または一部。Ⅲ分類の資産については、その価値を可能な限り保存するため担保の徴求、その他資産強化の手段を施す等厳重な管理上の注意を払わなければならない。	全額を回収することは不可能であるが、回収不能額を現在確定することができない貸出金およびその他の資産。半額を無価値と見る。
Ⅳ分類資産	（欠損見込額）検査官が回収不能または無価値と判定する資産の全部またはその一部。Ⅳ分類の資産については、速やかに償却または準備金積立の措置を講じなければならない。	回収不能と認められる貸出金、有価証券の評価損、動産不動産の償却不足額、その他無価値と認められる資産。全額を無価値と見る。

出典：（1）山本菊一郎編著『新しい銀行検査法』（大蔵財務協会、昭和26年）、151-156頁。
　　　（2）大蔵省銀行局検査部内金融検査研究会『金融検査の要領』（大蔵財務協会、昭和34年）、86-99頁。

4. 貸出金調査票

　『新しい銀行検査法』では、ライン・シートと呼ばれる「貸出金調査票」は検査官自らが作成し、債務者別に貸出金分類に必要な全ての基礎資料が記載される。分類貸出金の明細表と密接な関係を有する「有価証券調査票」は、

有価証券総括表を作成するための基礎資料で、便宜に応じて作成するものであるので、貸出金調査票ほどの重要性はもたない。『金融検査の要領』においても貸出金調査票は付表に含まれているが、検査官自らが作成するのではなく、銀行が各店別に提出すべき資料の１つに含まれている。つまり、検査官が自ら作成するものではなく、被検査銀行に作成させる資料として位置づけられている点が、『新しい銀行検査法』と『金融検査の要領』とでは異なる。

5．株主勘定の分析

『新しい銀行検査法』では、帳簿上の株主勘定と控除額（分類額Ⅳの全額、Ⅲの50％および帳簿外債務等）の関係を３つの段階に分けて説明している。３つの段階とは、（１）株主勘定中の剰余金だけで控除額を吸収し得る段階、（２）剰余金だけで間に合わず控除額が資本金まで毀損する段階、（３）資本金および剰余金の合計額すなわち株主勘定合計額よりも控除額が多く、純財産が赤字となる段階である。第３段階に至ると、不良資産で株主勘定を食い潰していることになり、すでに破綻に等しい状況といえる。『金融検査の要領』においても資本剰余金に利益剰余金を加え、貸倒引当金や分類資産等を勘案した正味自己資本を算出している。したがって、株主勘定の算出に関しては大きな変化は見られない。また、『金融検査の要領』においては株主勘定と控除額の大小関係についての記述は見られないが、基本的な考え方には変化がないものと推察される。

6．損益の分析及び株主勘定の異動表・損益の分析

「損益の分析及び株主勘定の異動表」は、損益増減と株主勘定の増減をリンクさせ、時系列推移を分析するための付表である。これにより、被検査銀行は収益力だけでなく、どのような剰余金処分を行ったのかについてチェックされることになる。また、株主勘定から見た場合は、増資、減資の動向もあわせてチェックされる。検査の観点からの損益分析の主要目的は、（１）銀行の収益が預金債務に対して適切であるか、（２）銀行の収益が通常予想される、資産に生じる損失を補塡するに十分であるか、（３）銀行の収益が適度の

配当を維持するに足りるか、の3つであり、損益の増減を株主勘定の増減との比較においてチェックしようとするものである。

銀行の収益力は、正常かつ健全な経営形態を前提とした場合に合理的に予想されるものである。したがって、必ずしも正常かつ健全でない銀行経営の実態が検査で発見された場合は、まず、その実態を修正することを第一義におくことが必要となる。『新しい銀行検査法』は、正常かつ健全な経営形態を阻害している事例として、(1)不当に多額の延滞利息を徴していること、(2)浮動性大口預金の比重が高く、預金コストを異常に低率にしていること、(3)オーバー・ローンにより借入金利息との利鞘を収得していること、等をあげて、それらを是正することが必要としている。これらはつまるところ、検査指摘事項のうち特に健全性に著しいマイナス影響を与えるものを是正することにほかならない。

銀行の損益については検査官自らが調査し、(1)損益科目とその内容、(2)各期末の損益補正等、(3)損益比率、(4)資金原価および運用収益率、(5)含み益、等について注記欄にコメントする必要がある。このうち、資金原価および運用収益率については、資金運用実績と原資コストとの関係について言及することが求められる。これにより、いかに効率的に資金を集め、それを運用しているかという基本的な銀行のパフォーマンスについて分析が加えられることになる。

『新しい銀行検査法』では、「損益の分析及び株主勘定の異動表」は損益増減と株主勘定の増減をリンクさせ、時系列推移を分析するための付表と位置づけられる。これにより、被検査銀行は収益力だけでなく、どのような剰余金処分を行ったのかについてチェックされることになる。しかし、『金融検査の要領』では損益と株主勘定の推移を1つの表にまとめ、両者の増減推移を比較する表の作成は求められていない。『新しい銀行検査法』における損益の認識は収益力に注目したものであり、検討されるべき銀行の収益力を「ノーマルかつ健全な経営形態に修正した場合、その収支余裕は最低の所要純益を賄うに足りるか」という観点から捉える。

これに対して、『金融検査の要領』では、銀行の収益性を銀行の健全性を構成する3要素の1つとして、流動性や確実性と並列して捉えている。つま

り、資産の内容が預金債務の支払に支障を生じないだけの流動性と確実性を有していたとしても、収益性が低く欠損を生じるようであれば、自己資本を食い潰し、ひいては預金に見合う資産の不足を生じるという考えである。収益と自己資本の関係を重視していた『新しい銀行検査法』の考え方に対して、『金融検査の要領』は、まず収益性と資産の関係を中心に置き、自己資本の増減を含めた多面的な関係を、流動性、確実性、収益性という3つの切り口から把握しようとするコンセプトを打ち出している点が新しい。

7．資産負債の趨勢

『新しい銀行検査法』における「資産負債の趨勢表」は、資産負債構成の時系列推移を見るものである。これにより、銀行の貸借対照表に反映される銀行経営者の戦略が一覧できることになる。また、資産、負債をどのような比率で増減させ、かつ株主勘定をどのように変化させていくかについて、経営者の考え方を把握することができる。資産、負債をどのような比率で、どの程度の金額まで増加させるのかについて戦略的にアプローチするためには、予想B/Sを作成し、かつ資産内容の改善を含めた収益率向上のための施策を講じる必要がある。

そして、それを実務レベルで効果的なものとするためには、支店の独立採算制を確立し、本店経費等を正確に賦課した上で、支店別予想B/Sとそれに基づいた損益予想を立て、予算実績管理を実施することが必要となる。これを文字通り実行していた銀行があれば、抜きんでた実績をあげていたと思われるが、実際のところ資産負債の趨勢表は実績を後追いすることが中心の分析ツールで、時系列推移を参考に厳密な経営戦略を立案するためのツールにはなり得なかった。

『金融検査の要領』では、「資産負債の構成と増減」、「資産負債の残高異動表」、「資金運用実績表」の3表によって資産負債の構成と増減推移をより厳密に把握しようとしており、予算統制は資金予算と損益予算に分類される。このうち、資金予算は資金の調達と運用についての予算であり、預金、貸出、資金繰りの3部門に分けられる。資金予算が立てられて後、運用収益、支払利息予算を立て、それに経費予算と為替、その他の役務関係収益予算を加え

て損益予算が編成される。つまり、『金融検査の要領』では、『新しい銀行検査法』に欠けていた、資金予算と損益予算の明確な区別と、両者の関係性を明確にした上で、資産負債と収益管理の基本的枠組みが示された。

第3節　『金融検査の要領』と銀行検査実務

3－1　検査指摘の構成

　本節では、『金融検査の要領』に基づいて実施された銀行検査結果の特徴を考察するが、個別指摘事項ごとの分析に先立って、『新しい銀行検査法』の下で実施された検査指摘との比較において、検査指摘の構成について概観する。『新しい銀行検査法』の下で実施された検査指摘事項は、「一般的趨勢」、「機構とその運営」、「貸出金」、「預金」、「有価証券」、「動産・不動産」、「現金・見做金」、「損益」、「その他」の9つのカテゴリーから構成される。その一方、『金融検査の要領』の下で実施された検査指摘事項の構成は、「概観」、「預金」、「貸出金」、「資金繰り」、「損益」、「資産内容と自己資本」、「その他」の7カテゴリーとなっている。

　両者を比較すると、『新しい銀行検査法』では、「機構とその運営」、「有価証券」、「動産・不動産」、「現金・見做金」がカテゴリーとして独立しているのに対して、『金融検査の要領』ではこれらのカテゴリーは存在しない。『金融検査の要領』では、『新しい銀行検査法』にはなかった、「資金繰り」、「資産内容と自己資本」が新たなカテゴリーとして加わった。両検査マニュアルによる指摘事項のカテゴリーは、それぞれ昭和27年度、昭和34年度の大蔵省銀行局金融年報の銀行検査結果に関わる記述をもとにしており、両年度は各検査マニュアルの適用開始年度にあたるため、これらのカテゴリー構成は検査マニュアルの特徴を反映していると考えられる。[26]

　『金融検査の要領』は資金繰りについて、「資産負債の構成と増減」、「資産負債の残高異動表」、「資金運用実績表」の3表によって資産負債の構成と増減推移をより厳密に把握しようとしている。『金融検査の要領』では、資金予算と損益予算の区別と、両者の関係性を明確にした上で、資産負債と収益管理の基本的枠組みが示された。

そして、資金予算の前提として預金計画と貸出計画があり、両者の時期的なズレを調整するものを資金繰りと位置づけているので、銀行経営において最優先されるべきものは資金繰りであるとされている。この点を考慮すると、資金繰りが独立したカテゴリーとして扱われる理由が理解できる。

『新しい銀行検査法』に基づいた検査指摘に、「機構とその運営」が含まれているのは、マニュアルの特徴に起因するというよりは、（1）昭和27年度時点ではまだ金融機関の運営体制やそれを支える機構の整備が十分でなかったこと、（2）その実態を受けて、当時の検査部長方針として、銀行経営の基本である組織と人を重視することが明確に打ち出されていたこと、がその理由と考えられる[27]。

『新しい銀行検査法』に基づいた検査指摘には、「有価証券」、「動産・不動産」が含まれている一方、『金融検査の要領』には「資産内容と自己資本」が含まれており、資産に関するカテゴリーとしては対応しているが、前者が個別具体的なカテゴリーであるのに対して、後者は自己資本を含めて広くカテゴリーを設定している。また、『新しい銀行検査法』では「株主勘定の重視」が打ち出されているにもかかわらず、自己資本に関するカテゴリーが存在しない。『金融検査の要領』における実態的な指摘事項の中身としては、大口貸出の判断基準となる正味自己資本に関する記述が増加している。

3－2 『金融検査の要領』に基づく銀行検査結果

『金融検査の要領』に基づいて実施された銀行検査結果のカテゴリー分類は、同検査マニュアルの特徴を反映したものとなっている。以下でカテゴリーごとの検査部コメント推移を考察し、『金融検査の要領』に基づいて実施された検査指摘の特徴を明らかにする。

概　観

本カテゴリーは、検査部が経済、金融情勢をどのように認識しているかについて概括的に記述するためのものであるが、昭和34年度から42年度の9年間でその記述内容は変化している。昭和34年度は、景気、消費動向、設備投資動向等について簡単に触れているだけであるが、昭和35年度以降は、景気

動向等に関するコメントに加えて預貸率や損益動向等に言及して、当該年度の検査上のポイントとなる部分を総括している。

昭和34年度は岩戸景気を迎えて、消費、設備投資ともに堅調で、産業界の資金需要が活発化したため、預金、貸出ともに順調に推移した。昭和35年度も、その余勢を駆って比較的順調に預金、貸出が推移したことが記述されている。昭和36年度は、金融引締による景気調整局面に入ったため、預金の増勢はやや鈍化したものの、産業界の旺盛な資金需要を受けて、貸出金は堅調に推移した。検査部は、金融収支、資産内容、経営内容ともに良化したと認識された。

昭和34年度から36年度までの「概観」のコメント推移を見ると、岩戸景気の好影響が3年間はキープされ、銀行検査の観点からも、それが好ましい影響として表れていたことが確認できる。これらの好景気の影響が日常業務にいかなる歪みとして表れているのかという点に関しては、検査総括コメントの推移をもとに考察を加える。

昭和37年度から40年度は、金融引締による景気調整効果が表れてきた時期であり、このマクロ的背景をベースに検査の全体的なコメントが述べられている。景気調整下にあった昭和37年度から39年度は経済成長期にあり、産業界の資金需要が旺盛であったため、金融引締が預金、貸出の増減に直接的な影響を与えたという印象は検査コメントからは感じられない。

昭和40年度から42年度の3年間は、経済、金融情勢に関するコメントが記述されなくなったため、マクロ情勢と銀行検査との関係が不分明になっている。昭和40年度、41年度の2年間は、マクロ情勢に関するコメントに代わって、検査結果に基づく主要示達項目を10項目前後掲げている。この変化は、極めて特徴的であるとともに、個別検査指摘を論じる前提として常にマクロ情勢に触れてきた従来の伝統を覆すものでもある。しかし、これが検査指摘の新しい試みであるのか、主任検査官の個性が表れたものなのかは明確でない。

預　金

昭和34年度から42年度までの9年間を通して、粉飾預金、特利預金に関す

第13章　昭和30年代から40年代前半に至る銀行検査の考察

る指摘は年度ごとに消長を繰り返しながらも常に言及されている。しかし、預金に関して検査官が特に問題意識を有していると考えられるのは、歩積両建預金である。「概観」で見た通り、年度ごとのマクロ経済情勢や金融の繁閑にかかわらず、貸出残高が趨勢的に増加傾向を示す中で、企業に対する銀行の立場が相対的に強くなることから、預金歩留りが上昇する基盤は9年間を通して存在していたと考えられる。

　企業の側からすると、預金として寝かしておくのは極力最小限にして、設備資金や運転資金に回したいところであるので、預金額を増加させようとすると、必要以上の金額を借り入れて、預金歩留りを向上させるのが、唯一銀行からの預金増加要請に応える方法となる。また、銀行の側からすると、企業が余分な資金を借りてくれて、それをできるだけ多く預金として凍結してくれれば、正式な預金担保ではなくても貸出見合いの預金として保全上安心である。また、実質金利も高くなるので、自らの収益と保全のみに配慮する限り、預金歩留りを向上させることは、銀行にとって経済合理的な行動ということになる。

　このように、産業界の資金需要が旺盛で、銀行が企業に対して相対的に優位な立場にある場合、規制をかけない限り債務者預金の増加は不可避である。したがって、最も効果的な規制は、銀行監督当局が預金歩留率に数値的な規制をかけて、銀行検査でその実態を把握した上でペナルティを課すことであるが、債務者預金についての検査指摘を見る限り、預金歩留率の推移に言及するのみで、検査指摘による規制の実態は伝わってこない。

　預金に関する検査指摘で特徴的なのは、昭和36年度から39年度にかけて県内預金比率の推移について言及している点である。検査指摘で述べられている範囲で県内預金比率の推移を見ると、昭和35年度：82.9％、昭和36年度：81.3％、昭和37年度：79.3％、昭和38年度：77.4％、昭和39年度76.5％と年々着実に低下している。昭和35年度から39年度にかけての5年間で6.4％低下しており、この間、従来地方に留まっていた預金が6％以上都市部を中心とした県外に流出したことになる。

　預金の県外流出は資金の地元還流が理想とすれば望ましいことではないが、これを具体的数値で規制することは困難である。むしろ、預金の県外流出は

貸出の県外流出に伴うもので、貸出資金の県内還流を推進することによって、必然的に預金の県内還流も達成されると考えられる。したがって、検査当局の立場から預金の県外流出を規制しようとすると、貸出の県外流出を規制するか、県内滞留を勧奨することが効果的である。

　貸出金
　貸出金に関する検査指摘の詳細さには年度ごとに精粗はあるが、対象期間を通して一貫して言及されているのは、大口貸出の問題点である。また、県内貸出金の総貸出金に対する比率に関する指摘も毎年度行われている。昭和34年度は、県内貸出金と大口融資の動向について比較的詳細に記述されている。貸出金固定化の原因を、融資判断とその準備作業の杜撰さに帰するだけでなく、物的担保や預金取引を重視しすぎることに対して注意喚起している。
　また、役員への情実貸出が大口化する傾向があり、これが融資の正当な合理化努力を阻害していることを指摘している。昭和35年度、36年度は中小企業に対する融資姿勢が積極性を欠くことを指摘している。これは、両年度ともに、比較的景気が順調な中で、銀行サイドの融資先選別姿勢が厳しくなり、比較的安全確実な優良大企業への融資に傾いたことが原因と考えられる。
　昭和37年度は貸出審査管理の不十分さが指摘されている。特に、大口貸出先に対する審査管理が不十分である点は深刻な問題を含んでいる。また、貸出金利の臨時金利調整法違反が経済の後進地域に店舗を有する銀行に多く見られるという指摘は興味深い。もともと、地方銀行は都市銀行と比較して経済の後進地域に支店を有する割合が大きいと考えられるが、地方銀行でも特に都市圏や地方の中心都市から距離的に離れた地域に支店を有する銀行は、地場産業育成義務を果たそうとすれば、通常よりも高い与信リスクをとる必要があり、その見返りとして高金利を要求することはあり得ると考えられる。そうであれば、地方銀行に期待される地場産業育成義務を果たす上で、臨時金利調整法の許容範囲内で融資を実行できるような助成措置が必要であると考えられる。この点について検査指摘では言及がない。
　昭和38年度、39年度では、県内貸出金比率低下の原因として、地方銀行の都市圏支店からの貸出増加に加えて、中央大企業の地方進出に伴う貸出増加

が指摘されている。後者の事情による中央大企業貸出の増加は、問題にする根拠が乏しいと考えられる。つまり、地方銀行に期待される地場産業育成には、地方の産業化に加え、地元民の雇用機会創出の目的もある。その点、中央大企業の地方進出にともなう貸出増加は、雇用機会創出の対価とも考えられる。このような点についても、検査指摘では言及がない。

　昭和41年度では、新しい指摘として、大都市優良企業向けの余裕資金としての短期融資が恒常化して、その性質が余資運用から与信に変わる点をあげている。これは、昭和40年度から41年度にかけての不況が大きく影響していると考えられるが、いずれにせよ余資運用を融資形態で行うべきではなく、本来であれば国債や政保債等の安全資産を保有するか、コール市場で運用すべきであり、景気の好不況とは無関係である。昭和42年度では、貸出金に関わる問題点について万遍なく指摘しているが、特に、地元融資に際して地元有力者の顔や物的担保に依存している点と、預金獲得に引きずられて安易に融資に応じている点を指摘している。

　資金繰り

　資金繰りについては、本章の冒頭で見た通り、『金融検査の要領』では銀行経営において最優先されるべきものと位置づけられた。また、資金繰りは預金計画と貸出計画の時期的なズレを調整するものであるので、本源的預金と金融収益から構成される原資をもとに、最低限の預金支払準備を確保した上で、貸出金運用が効率的に行われているかをチェックするものである。つまり、支払準備要請と資金運用の効率運用を調整して、いかに合理的に預金の期限と貸出金の期限を合致させるかというのが、資金繰りの本旨である。したがって、資金繰りに関わる銀行検査の基本は、まず本源的預金と金融収益が確保されているかをチェックした後、それらをもとに行われている資金運用の合理性を確認することである。

　検査指摘の内容を見ると、一貫して言及されているのは預貸率の推移と比率増減の原因についてであり、債務者預金が不自然に増加していないかという点、すなわち、本源的預金が正しく調達されているかという点に検査の焦点がとどまっている。昭和36年度では、資産内容が不良の銀行、小規模銀行、

第Ⅴ部　高度成長期の銀行検査

新設銀行について、収益と業容拡大の要請から預貸率が高まっていることが指摘されている。昭和37年度では、預金増加に見合わない融資計画、公金預金の変動に対する考慮不足、経済情勢判断の見誤り等を内容とする杜撰な資金計画と融資規律の不徹底が預貸率を高めていると指摘されているが、預金増加に見合わない融資計画が成立するのは、融資実行金額をそのまま預金原資にすることが可能だからであり、その実態を放置すると預金増加要請を融資によって達成するという悪循環が生じることとなる。昭和41年度、42年度では国債、政保債の引受け増や営業用不動産保有について言及されているが、検査指摘による是正内容については述べられていない。

　このように、検査指摘は預貸率の動向に終始し、『金融検査の要領』が目指した資金繰りに関する銀行検査が、銀行検査実務で実施された形跡は見られない。資金繰りに関する本来の銀行検査を実施するためには、まず、債務者預金の全預金に対する比率を適正レベルにおさめ、本源的預金と健全な金融収益を原資とした資金繰りを議論し得る基盤を作る必要がある。そのためには、銀行検査で個別融資実行金額の資金トレースを行い、違反した銀行には厳しいペナルティを課すことが最も有効な手段と考えられる。

　損　益
　昭和35年度から39年度まで、損益の指標として1人当り預金量の増減について言及されるようになったが、昭和40年度から42年度までは言及されていない。1人当り預金量を指標にすると、人件費を中心とした経費も考慮されるため、金融収支に経費を含めた総括的な資金コストのレベルで検査指摘が可能となる。しかし、もし総括的に銀行の損益に関する検査指摘を行おうとすれば、1人当り預金量だけではなく、1人当り貸出金額を合わせて指標として用いるべきであるが、融資業務の効率性を追求しすぎると、人員不足による融資判断の劣化や融資先の業況チェックの疎漏につながりかねない。このような事情から、損益指標としては1人当り預金量に絞ったと考えられる。

　昭和40年度には、店舗別、部門別損益分析と、物件費投入効果測定の重要性について指摘され、総じて徹底したコスト意識や合理化努力に欠けると結論づけられている。また、同年度では公表利益の操作を行っている事例があ

ることが指定されている。昭和41年度、42年度は昭和40年1月の公定歩合引下げ以来、貸出利回りの低下に見合う資金コストの引下げが思わしくないことから、利鞘縮小による損益悪化が基調となった。これをカバーする観点から、昭和41年以降は、事務の機械化、集中処理化等の合理化により、人件費削減努力を行っている点について検査指摘で言及されている。

　資産内容と自己資本
　資産内容を健全に保つ上でポイントとなるのは、融資実行時における判断の適正性に加え、融資後の継続的な業況チェックであり、不良債権化した場合はタイムリーな償却が重要である。昭和34年度から42年度に至る検査指摘は、この基本認識に基づいて行われている。資産内容の良否は、2つの面で景気動向に左右されやすい。第1点は、景気が良化して企業の資金需要の高まると、銀行は選別的に良質な貸出を実行することができることである。第2点は、収益的な余裕ができると、不良債権の償却を積極的に進めることが可能になることである。景気が悪化した場合は、この反対の現象が発生する。自己資本についても同様、景気の良否に影響される部分が多く、銀行の収益が増加した場合は、剰余金が増加し、正味自己資本額が増えるため、体力の増加に見合った投資や不良債権の償却が可能になる。
　昭和34年度は、岩戸景気の影響による企業収益の向上もあって、貸出資産の内容が健全化するとともに、正味自己資本額も著増し、不良債権の償却が積極的に行われた。昭和35年度は、大幅な貸出資産内容の悪化は指摘されていないが、自主性を失った融資態度と、融資後の継続的な動態調査の不足が指摘されている。昭和36年度は、好況期であったことから、自己資本が良化しており、不良債権の償却が積極的に推進されたことが評価されている。その一方、被検査銀行のうち資産内容が悪化したものについては、債務者の業態把握の不十分さ、資金使途の検討不足により資金流用をゆるしたこと、組織的な検討を経ない融資認可、事後管理不足等が原因と分析されている。
　昭和37年度は、欠損見込額が増加したり、自己資本が毀損している銀行があることが指摘されており、その原因としては、金融引締による特定業種の大口貸出先の業況悪化があげられている。欠損見込額は、従来管理債権に分

類されていたものが時間の経過によって欠損見込額として確定したものである。昭和38年度は、比較的好況期にあったことが原因の1つとなって欠損見込額が減少し、不良債権の償却も積極的に進められたことにより、資産内容も全般的に改善した。また、審査管理機能が一般的に充実してきたことが好影響を及ぼしていることが検査部によって確認された。

昭和39年度は、分類資産額は前回検査比増加したが、欠損見込額は減少する等、資産内容の変化に対する評価は一様ではない。しかし、欠損見込額が増加した銀行については、その原因を大口不良先の新規発生と分析している。昭和40年度、41年度は不況を反映して資産内容が悪化傾向にあると指摘されている。昭和42年度は、41年度後半からの景気上昇が好影響を与え、資産内容、正味自己資本の対預金比率ともに良化した。

その他

『金融検査の要領』に基づいた銀行検査指摘は、ほぼ「概観」から「資産内容と自己資本」のカテゴリーに収められ、「その他」に含まれる指摘が行われたのは、昭和39年度と40年度のみである。昭和39年度では、（1）経営組織の合理化、近代化についての研究が不十分であること、（2）組織による計画的な業務運営が見られない銀行が多いことの2点が指摘されている。この原因として、①権限と責任の所在が不明確であること、②経営の基本方針や具体的施策が明確でないこと、の2点が示されている。昭和40年度では、経営管理体制の確立、職員配置の適正化、信賞必罰を徹底すべきことが指摘された。

経営組織や基本規程等の不備について、『新しい銀行検査法』に基づく銀行検査では、「機構とその運営」というカテゴリーを設けて、昭和27年度から33年度まで毎年度指摘された。昭和34年度以降の大蔵省銀行局金融年報の地方銀行の検査結果概要の項には、そもそも経営組織に関する指摘をまとめるカテゴリーがないことから、機構とその運営に関する問題は一応の決着を見たものと判断されたが、昭和39年度の検査指摘を見ると、必ずしも銀行の経営組織が適正に機能しているとはいえない。昭和39年度の銀行検査を総括する立場にあった検査官は、むしろ検査指摘事項の形式的な表現形式とは関

第13章　昭和30年代から40年代前半に至る銀行検査の考察

わりなく、実質的な指摘を行ったと判断される。

第4節　検査指摘と検査部の認識推移

　地方銀行が抱える問題点に対する検査部の認識については、昭和34年、37年、43年の3つの時点で捉え、その推移を考察する。昭和34年時点の検査部の認識は、同年に発刊された『金融検査の要領』の「第6章　検査から見た最近の問題点」をもとに考察し[28]、昭和37年時点の認識は、『検査から見た地方銀行経営』をもとに考察する[29]。また、昭和43年時点については、同年に発刊された『金融機関の検査』の「第2部検査上の諸問題」を用いる[30]。3つの時点における検査部の認識推移を概観するために、「図表13-5　地方銀行が抱える問題点に対する検査部の認識推移」に各資料に記された地方銀行をはじめとする金融機関の問題項目を列挙する。

　昭和43年に発刊された『金融機関の検査』は、『金融検査の要領』の後を継ぐ検査マニュアルである。両マニュアルに記述された問題点は、金融機関全体を対象にしたもので、全てが地方銀行固有の問題に限定されたものではないので、両マニュアルの内容を分析するにあたっては、金融機関全般に共通する問題点と、地方銀行固有の問題点を切り分ける。

　3つの資料にほぼ共通する検査指摘は、(1)経営管理、(2)貸出金、(3)預金、(4)損益、の4つのカテゴリーに整理される。以下で、昭和34年から昭和43年の10年間を対象に、地方銀行を中心とする金融機関が抱える問題点についての、検査部の認識推移をカテゴリーごとに考察する。

4-1　経営管理

　『金融検査の要領』は、銀行経営の欠陥を運営上の問題に絞って述べている。その内容は、経営者がいかに経営組織を効率的に利用するかという点と、経営の計画化をつかさどる総合予算の運営に関する欠陥についてである。機構形成の主眼は、機構による運営を図ることにより、事務運営の合理性を確保することであるが、機構を無視した独断専行は経営者をはじめとする機構の運営責任者によってなされることが指摘されている。また、経営の計画化

第Ⅴ部　高度成長期の銀行検査

図表13-5　地方銀行が抱える問題点に対する検査部の認識推移

『金融検査の要領』昭和34年	『検査から見た地方銀行経営』昭和37年	『金融機関の検査』昭和43年
（1）流動性の向上と収益性	（1）最近における検査の主要着眼点	（1）粉飾預金
（2）定期預金の増加をめぐる問題点	（2）地方銀行の中央大企業融資	（2）特利預金
（3）大企業融資の増加をめぐる問題点	（3）地方銀行の地元融資、中小企業融資	（3）導入預金
（4）大口融資の不良化	（4）地方銀行の不要不急融資	（4）歩積両建預金
（5）融資の審査管理をめぐる問題点	（5）経営管理	（5）従業員預り金
（6）審査事務の合理化	（6）債務者預金と実質金利	（6）融資専決権限
（7）金利の取扱をめぐる問題点	（7）預金原価、特に預金経費率	（7）大口信用供与
（8）経費の節減		（8）経理基準
（9）経営管理をめぐる問題点		（9）損益の一般的傾向と問題点
		（10）経営管理
		（11）内部監査の現状と問題点
		（12）不祥事件
		（13）不良債権償却証明制度

出典：（1）大蔵省銀行局検査部内金融検査研究会『金融検査の要領』（大蔵財務協会、昭和34年）、237〜249頁。
　　　（2）高橋俊英、清二彦『検査から見た地方銀行経営』（全国地方銀行協会、昭和37年）、3〜56頁。
　　　（3）金融検査研究会編『金融機関の検査』（金融財政事情研究会、昭和43年）、309〜439頁。
注：本図表での比較に用いた資料は、そのボリュームに差がある。『検査から見た地方銀行経営』は他の2つの資料とは異なり、検査マニュアルではなく地方銀行の問題点に焦点を絞って詳細に論じた文献であるので、総括部分を取り上げて比較材料とした。本文献の見解は、実態的に当時検査部長であった高橋俊英氏のものである。

は総合予算制度の実施を通して実現されるが、いまだ未熟な段階にあると指摘されている。これは、（1）総合予算が具体性に欠け、権威がないこと、（2）予算差異分析が行われず、差異原因の追求、功罪の明確化が行われていないこと、の2点が原因と分析されている。

　これに対して、『検査から見た地方銀行経営』の著者で、当時の検査部長であった高橋俊英氏は、経営管理のポイントを大きく2つにまとめている。

第13章　昭和30年代から40年代前半に至る銀行検査の考察

　1つは、検査官が経営管理の問題を銀行経営者に対して指摘、提言する場合は、銀行の規模を考える必要があるということである。つまり、都市銀行の事例がそのまま小規模金融機関に該当するとは限らないということである。また、組織を作っても、組織内部で相互のコミュニケーションが十分図られていないため、指令の趣旨が一貫していない場合があり、下位職階の者によって指令が無視される場合がある。
　また、経営計画が立派でも、実行がともなわない銀行が多いことが指摘されている。高橋は、銀行経営が計画性を持ち、かつ民主的であることを理想として銀行を指導しながらも、ワンマン経営がその実効性を発揮しているケースがあることを認めている。つまり、高橋の本音は、それぞれの銀行の成り立ちや規模に応じて、適切な経営方法を採用することが、現状だけをとらえれば望ましいというものであったと推察される。しかし、ワンマン経営の弊害は、長期的に見た場合、継続性に欠ける点であり、銀行検査ではこの点を問題にして銀行経営の民主化を推進している。
　『金融機関の検査』では、「経営理念」、「経営計画」、「経営組織」の3つの視角から総合的に問題点が整理されている。ここでは『金融機関の検査』を中心に、昭和43年時点の検査部の考え方を、（1）経営計画のうちで重要な役割を果たす原価計算、（2）内部監査の役割に対する認識、の2つの視角から考察する。
　経営計画で重要な役割を果たす利益計画を正確ならしめるツールとしての、原価計算システムの導入と精緻化については、昭和30年代に遡って考察する。昭和30年代における銀行の原価計算については、昭和31年3月6日付決算通牒「昭和30年度下期決算等当面の銀行経営上留意すべき事項について」（以下「昭和31年決算通達」と略記する）(31)によって、原価計算の導入を具体化するための第一歩が踏み出されたというのが、当時の検査部審査課課長補佐であった小池謙輔氏の理解である(32)。小池は、個別原価計算は、本来、調達、運用の間で詳細な紐付けを行うものであるとしながらも、この決算通達の解釈としては、まず、調達サイドについて原価計算的に捉えるために発燦するものであり、いわば銀行への個別原価計算導入の試みであるとしている。
　小池が個別原価計算の導入に関する問題を、他の銀行経営上の問題と同列

に論じていたのに対して、『金融機関の検査』では、原価計算を、経営理念を構成する重要要素である経営計画の枠組みで捉えている。また、『金融機関の検査』で述べられている、「規範的要素が含まれた利益計画」を長期的視野に立った経営者の理念が反映された利益計画と理解すると、昭和40年代に至って、時間軸を重視した利益計画が強調され、それを支える基本ツールとしての原価計算が経営計画の切り口として認識されたと理解できる。つまり、原価計算は、「不確実な明日のために何をするべきか」という、将来リスクを念頭に置いた経営計画を立案するためのツールと位置づけられていたと理解される。

『金融機関の検査』における、内部監査の役割に対する認識を考察するにあたって、『金融検査の要領』における内部監査の記述を概観する。『金融検査の要領』の内部監査に関する記述は、内部統制組織確立の重要性から説き起こした斬新なものであった。これは『新しい銀行検査法』には見られない視点からの内部監査の理解である。内部監査充実の試みは、大正末期から昭和初期にかけて行われたが、決して成功したとはいえない。その後、昭和戦前期、戦中期の混乱を経て、戦後初めて検査当局の内部監査に対するスタンスが示されたのが『新しい銀行検査法』であり、それを内部統制の概念を含んだ、新しいコンセプトで一新したのが『金融検査の要領』である。

内部統制という用語は、銀行の経営組織に対する検査当局の考え方から推察すると、「銀行の事務組織を中心とする企画機能と内部規律を支えるシステム」という意味に近いと考えられる。銀行業務の実態と内部監査の中間領域に「内部統制」という概念を挿入し、内部監査を内部統制整備の方策としたところに発想の斬新さが見られる。

それに対して『金融機関の検査』では、内部監査の重要性を内部統制概念と離れて実務的に検討している。内部監査に対する7点の認識のうちで特筆されるのは、（1）内部監査は経営を補佐する重要な役割を担っていること、（2）内部監査は事務監査、業務監査と順を追って、経営監査として経営者の目線で経営トップを補佐するのが最終目的であること、（3）当局検査と内部監査は相補うことが望ましいこと、の3点である。内部監査を経営の補佐としての役割を有するものとして認識するのは、現代の内部監査理論にも通じ

る開明的な理解であり、経営監査を最終目的とするのは、内部監査に対する期待の大きさを示している。さらに、当局検査と内部監査の相補関係を重視するスタンスは、「モニタリングの連関構造」の存在を仮定する本書の基本姿勢と整合的である。[33]

つまり、『金融検査の要領』から『金融機関の検査』への移り行きにしたがって、内部監査に対する認識がより現実的になるとともに、内部監査を業務レベルでのチェック機能と捉えるスタンスから、経営監査の役割を担う経営管理ツールと認識するスタンスに変化している。また、当局検査により、各金融機関の内部監査の実施状況を一方的にチェックする立場から、両者の相補関係を重視するスタンスへと変化している。これらの点を考えると、昭和34年から43年の10年間で検査部の内部監査に対する認識は格段に進化したといえる。

4-2　貸出金

『金融検査の要領』、『検査から見た地方銀行経営』、『金融機関の検査』の3資料で共通して取り上げられているのは、大口信用供与の問題である。貸出金についてのその他のポイントとしては、『金融検査の要領』では「融資の審査管理」、「審査事務の合理化をめぐる問題点」、『検査から見た地方銀行経営』では「地方銀行の不要不急融資の問題点」、『金融機関の検査』では「融資専決権限の問題」に焦点を絞って論じられている。大口信用供与以外の貸出に関わる問題点については、横並びで比較して論じることは困難である。したがって、大口信用供与の問題を各資料の共通項として考察し、融資の審査、不要不急融資、融資専決権限については、各資料で述べられている内容に基づき個別に検討を加える。

『金融検査の要領』は、大口信用供与がポートフォリオを適切に分散させるという原則に反する旨を述べた上で、地方銀行固有の問題について論じている。地方銀行にとっての大口信用供与を、中央大企業に対するものと、地元企業に対するものに分けた上で、前者については、「地方銀行の流動性低下」、「地元企業がなおざりになること」、「地方銀行の経営の不安定化」等の問題を指摘している。中央大企業のメインバンクは大規模都市銀行である場

合が大半で、地方銀行はその資金力に比して中央大企業への貸出が大口であるにもかかわらず、企業サイドからすると限界取引金融機関として位置付けられている場合が多い。つまり、地方銀行は金融繁閑の波に合わせた微調整機能として利用される場合が多い。

その一方、地方銀行サイドからすると、大規模都市銀行の融資額推移や動向をチェックしてさえいれば、中央大企業向貸出は与信リスクの低い堅実先への貸出と位置づけられるので、貸出実行時、借替時ともにさほど厳密な審査は求められない。地方銀行にとって中央大企業向貸出は、与信リスクは低い代わりに融資額の増減がほぼ一方的に借り手サイドによって決定される、不安定な資金運用ということになる。地方銀行の本分を忘れた形での中央大企業向融資は、地元向貸出をおろそかにすることよる機会損失を考えると、最終的には個別貸出の不良債権化よりも深刻なマイナス影響の原因となる。

その一方、地元企業に対する大口信用供与にともなって生じる問題点は、地方銀行の合理的な融資判断が機能不全に陥ることに起因する。地方銀行と地元企業が一体感を持ちすぎることにより、融資の規律づけが劣化するケースである。つまり、中央大企業に対する大口融資、地元企業に対する大口融資ともに、本来の銀行の審査機能が健全に働かない状態で行われるものであり、この状況が地元中堅企業に対する融資姿勢に波及すると、地方銀行の審査機能は漸次低下の一途をたどることとなる。

高橋俊英氏の『検査から見た地方銀行経営』の考え方で特徴的なのは、「地方銀行の余裕資金は最終的には中央大企業に供される」というものである。日本経済を全体から見ると、余剰資金は資金が不足している部門に流れるのは当然である。したがって、直接的な貸出であろうと、コール市場を通したものであろうと、経済全体から見た地方銀行から中央大企業への資金の流れは、金融逼迫時には必然的なものと考えられる。また、融資審査を伴わないコール運用と実態的な審査を経ない中央大企業向貸出の間に、リスク面での著しい差異は見られない。しかし、地方銀行が中央大企業との融資取引を通して得ることができる情報、人的関係等の周辺メリットについて、高橋はあまり評価していない。

『金融機関の検査』では、大口信用供与イコール大企業融資という既成概

念で捉えられがちな大口信用供与に対して、分析の切り口を「危険分散」と「中小企業専門金融機関の中小企業者への融資均霑」の２つとしている。さらに、大口信用供与の問題を列挙した後、その回避策について論じているが、内容的に新しいものは見当たらない。しかし、貸出の事後整理を、融資開始時の判断以上に重要なものとして強調した点は注目される。

　以下では、「融資の審査」、「融資専決権限」の２つを取り上げる。『金融検査の要領』で取り上げられている、「融資の審査」については、その不十分さに関する指摘が大半である。審査実務の問題点は、その簡素化により事務が合理化される反面、与信チェック密度が低下することに対する問題意識が大きい。つまり、融資審査事務の合理化は適正な範囲で行われるべきで、過度な審査も過小な審査も不適切であることが述べられている。また、対応策の中に内部監査の強化があげられているが、内部監査は個別の審査実務の内容に立ち入ってその是非を判断するのではなく、融資事務体制や体制に沿った融資事務の運用実態を客観的な立場から評価するものであるので、この点に関しては誤解が存すると考えられる。

　『金融機関の検査』で取り上げられている「融資専決権限の問題」は、審査事務の合理化と関連している。審査事務の合理化は、審査プロセスにおける事務処理内容そのものの合理化であるのに対して、融資専決権限の問題は審査承認フローの簡素化の問題である。つまり、工場での作業になぞらえると、前者がベルトコンベア上の製品組立作業の精粗に関わる問題であるのに対して、後者はベルトコンベアの速度の問題である。ベルトコンベアの最終地点で完成品となる融資案件の審査結果は、この２つの要素が適切にかみ合って、はじめて高品質なものとなる。融資専決権限の下位職階への再委任はベルトコンベアのショートカットであり、有能な経営トップによる独断的な審査権限行使は組立工程の省略に相当する。銀行の融資判断過程を工場の製造プロセスに擬した場合、融資判断能力、すなわち工場の製造能力でいうところの標準組立工程の遵守と標準速度によるコンベア移動が実現されて、はじめて高品質な融資審査結果が得られる。

4-3　預金

『金融検査の要領』、『検査から見た地方銀行経営』、『金融機関の検査』の預金に関する見解は、それぞれ異なった視点から述べられている。昭和34年時点の『金融検査の要領』では、預金の問題は定期預金の増加に集約して記述されている。その要旨は、(1)定期預金が実質貸出の底溜り部分と見合っているものが相当あると思われるが、そのような預金は、新たに投融資にまわすことができないので、単なる見せかけにすぎないこと、(2)定期預金の比重の増大にしたがって、預金利回りが上昇し、広告、宣伝、交際接待等の増加が収益性を圧迫する要因となっていること、(3)定期預金増加にともなって預金担保貸出が増加し、それが期日相殺されることを勘案すると、定期預金は実質的な安定性が低いと考えられること等である。

これらの問題点が意味するところは、定期預金中心の預金吸収運動を見直し、店舗周辺の普通預金吸収による低利資金の滞留を図る必要があるということである。つまり、定期預金を多く持つと、預金利息が高い分、資金コストが割高になるので収益性を圧迫するという考えである。資金の安定性と収益性を同時に実現することができればそれにこしたことはないが、現実的には預金獲得競争の激化を考えると、固定性預金として取り込み、資金の安定性を図るのがオーソドックスな戦略である。したがって、『金融検査の要領』で求めている内容は現実的ではないと考えられる。

『検査から見た地方銀行経営』では、債務者預金と実質金利の問題が記述されている。その要旨は、(1)債務者預金によって実質的に高くなっている日本の金利水準は、実質的に引き下げる必要があると考えられるので、最近の検査の際に注意して特別の調査をさせている、(2)従来、歩積両建と称してきたのは、非常に限られた範囲のものであり、歩積両建預金の認定を免れるのは造作ないことである。したがって、借入人が銀行の要請によって預金させられたとおぼしき金額を捉える調査をしている、(3)一般の債務者として預金しているものが預金全体の41％を占める。これをもとにして実質金利を計算すると、大企業は9.26％、中小企業は13.61％になる、等の3点である。

これらの点を見ると、検査部としては、純粋な預金の伸びを見て銀行の成績を判断しようとしていることが分かるが、純粋な預金量の伸び率をもとに

第13章　昭和30年代から40年代前半に至る銀行検査の考察

銀行の実績を判断するための基本的施策は述べられていない。個別の貸出金使途のフォローを通して、歩積両建預金を規制する銀行局通達が発牒される昭和39年まで、つまり昭和37年時点では、検査部としての理想を抱きながらも実際には有効な検査を実施することができず、銀行の自覚に頼っていたのが実態であった。つまり、借入人が銀行の要請によって預金させられたとおぼしき金額を捉える調査を、検査部が実施することは容易ではなく、その実効性にも不安がある。したがって、銀行との力関係で顧客がその意に反して固定預金にさせられた金額は、何らかの基準で一律かつ極力詳細に判定しなければならない。そして、その基準が示されるのが、第46回国会衆議院大蔵委員会において大久保武雄氏が提出した決議案であった。

昭和43年に刊行された『金融機関の検査』では、預金の問題は、粉飾預金、特利預金、導入預金、歩積両建預金、従業員預り金の預金種類ごとに述べられている。項目ごとの問題点については、戦後の金融機関経営の歴史的推移を踏まえ、不適切な取扱いをせざるを得なかった原因について分析を加えている。

個別に取り上げられた問題のうち、対策を含めて最も具体的に述べられているのは、歩積両建預金に関わる問題点である。つまり、昭和39年6月25日に開催された衆議院大蔵委員会に始まり、それと同日に大蔵省銀行局から発牒された通達「歩積、両建預金の自粛徹底について」によって、個別具体的に歩積両建預金を規制する政策が打ち出された。これにより、昭和37年時点では観念論に終わっていた規制措置が、国会決議を経て銀行局通達として示達されることにより具体的施策が講じられることになった。

歩積両建預金に関しては、「歩積両建預金の意義と自粛措置の沿革」、「過当な歩積両建預金を解消させるための行政指導の骨組み」、「自粛基準運用上の留意事項」の3つの切り口から分析が加えられている。昭和26年以来、過当な歩積両建預金の自粛を促す銀行局長通達は10数回発牒されているが、どれもはかばかしい効果が上がらなかった。昭和39年に入り、歩積両建預金は金融引締下における中小企業に対する資金融通の困難さから政治問題化し、衆参両院の各委員会で歩積両建預金の問題が追及されることとなった。

その結果、昭和39年6月の国会決議は、公正取引委員会に対するものと大

第Ⅴ部　高度成長期の銀行検査

蔵省に対するものの2つに分かれた。公正取引委員会に対する国会決議は、（1）不公正な取引と認められる歩積両建預金に関する具体的基準の検討、（2）必要な場合における特殊指定の実施、の2つである。大蔵省に対する国会決議は、①新たな指導基準を作成すること、②不当な歩積両建預金を1年で完全に解消すること、③非協力金融機関に対して厳格な措置をとること、の3点である。[36]

　昭和39年6月25日に開催された衆議院大蔵委員会では、大久保武雄氏が、「不当な歩積・両建の規制に関する件」として発言した。同氏は冒頭で、歩積・両建の是正状況については、相互銀行は改善のきざしはあるものの、都市銀行、地方銀行の改善がはかばかしくないことが問題で、その進捗を促す意味で発言したことを述べている。つまり、歩積・両建是正のターゲットは都市銀行と地方銀行であった。

　大蔵委員会での大久保の議案に対する主たる発言者は、大蔵委員会理事の堀昌雄氏と民社党の春日一幸氏の2名であった。堀の発言要旨は、（1）歩積・両建の規制強化にともなって、中小企業に対する貸出が委縮する可能性があるので、その点について、行政上の指導を適正にすること、（2）歩積・両建の問題に関して、銀行サイドの問題がクローズアップされているが、中小企業サイドにも内部的な問題がなしとはしないので、中小企業サイドにも今回の措置の意図を理解する必要があること、（3）信用補完を担う信用保証協会や中小企業保険公庫が、比較的大口の案件に偏り、本来信用供与を必要とするものには信用補完を行わない傾向があるので、この点の是正を行うこと、（4）歩積・両建の背景には、邦銀間の過当競争の問題があり、預金量の多寡が銀行の優劣を示すかのような誤解があるので、その点を是正すること、（5）金融機関を一くくりにするが、都市銀行から信用金庫まで格差があるので、行政上の困難はあると思われるが、銀行の経営上の問題にのみ執着して実際の措置が遅延しないようにすること、の5点である。これらの点は歩積・両建の問題に限らず、銀行行政の問題点を的確にとらえた発言である。少なくとも、大蔵委員会における議論の経緯を見る限り、充実したやり取りの後に決議されたことが理解できる。

　春日の発言は、大久保の提案を肯定した上で、歩積・両建の対象金融機関

は、あたかも都市銀行、地方銀行に限定される感があるが、相互銀行や中小金融機関および政府系金融機関である商工中金、不動産銀行等を含めて歩積・両建規制の対象となることを改めて確認している。[37]

この衆議院大蔵委員会の決議を受けて、大蔵省当局の自粛措置は第1ラウンド、第2ラウンドの2段階に分けて説明されている。第1ラウンドは、昭和39年の「歩積、両建預金の自粛徹底について」（昭和39年6月25日付、蔵銀第822号全国銀行協会連合会会長宛）によって、昭和40年5月末を期限として過当な歩積両建預金を整理解消すべく自粛措置が具体的に実施された。第2ラウンドは、昭和41年の「歩積両建預金自粛措置の強化について」（昭和41年10月31日蔵銀第1453号）によって、自粛強化が打ち出された。

第2ラウンドで自粛強化が打ち出されたのは、（1）第1ラウンドではまだ徹底を欠いているという批判があること、（2）拘束性預金は債権保全上必要であるとはいえ、その額が多すぎること、（3）拘束性預金の額に対応する部分の貸出金の金利も引き下げ、債務者の負担を軽減する必要があること、の3点である。このように、相殺、拘束解除、金利措置等の自粛措置を具体的に実施することにより、過当な歩積両建預金の整理が進んだとしている。昭和43年に発刊された、『金融機関の検査』の記述は、昭和39年の歩積両建預金の自粛強化に引き続いて発牒された、昭和41年の銀行局通達「歩積両建預金自粛措置の強化について」の結果を踏まえたものとなっている。

地方銀行に対する歩積両建預金の検査結果を、昭和39年度から42年度まで時系列的に比較する。昭和39年度は、「下期は一般預金に占める債務者預金の割合が約3.3％低下したが、これは歩積・両建預金の整理が進んでいることを示すものと思われる」として具体的数値で改善度を評価している。昭和40年度は、「債務者預金の一般預金に対する割合は、39.7％で、歩積・両建預金の自粛等もあって、前回の44.6％より低下している」として、さらに数値改善を評価している。昭和41年度、42年度も同様に、一貫して債務者預金比率が着実に低下していることを評価しており、42年度の債務者預金比率は36.4％と、昭和38年度の45.6％と比較すると、9.2％低下している。

銀行検査で把握された債務者預金の一般預金に対する割合は、年度ごとに検査対象銀行が異なるため、地方銀行全体を母集団とすると、年度ごとに抽

出された標本同士を比較していることになる。しかし、(1)昭和38年度から42年度に至る4年間で、一貫して債務者預金比率が低下していること、(2) 4年間の低下幅が9％以上に及ぶことの2点を勘案すると、昭和39年度、昭和41年度の歩積両建預金自粛強化に関わる大蔵通達の効果は歴然としている。

4－4　損益

『金融検査の要領』、『検査から見た地方銀行経営』、『金融機関の検査』の損益に関する見解は、それぞれ異なった視点から述べられており、説明内容の精粗にも差が見られる。『金融検査の要領』では、既に経費節減一辺倒から脱却して、経営合理化の対価としての経費効率向上を主眼とすべきことが認識されていたものの、その具体的方策についての記述はない。

『検査から見た地方銀行経営』は、損益を預金原価の切り口から記述している。つまり、預金経費率が高いことが銀行収益の圧迫原因となっていることを分析し、この点を改善するためには、1人当り資金量というメルクマールを導入し、それを高めることによって資金コストを引き下げる戦略を示している。この点に関しては、当時の検査部長である高橋俊英氏の考え方と、同時期の検査指摘内容を比較すると、検査部長と検査現場の担当官の考え方は一致していたと結論づけられる。

『金融機関の検査』は、金融機関の損益構造についてマクロの切り口から記述している。これは、この時期、日本経済の規模が拡大し、国債保有を銀行に依存した状況や、昭和40年不況により銀行の損益構造がさらに複雑化したことが背景にあると考えられる。1人当り資金量は、資金コストを引き下げるためのメルクマールとして引き続き重視されている。

検査部は、昭和40年代以降の環境変化に適応できないのは、比較的小規模の金融機関であると認識していた。つまり、コールの出し手金融機関が、運用利回りの動向を見きわめて利益確保することが困難ではないかと認識していたと考えられる。金融機関の他の運用手段である有価証券については、検査部は有価証券の構成変化に注目している。従来、金融機関の有価証券運用では社債が中心であったが、昭和40年代に入って国債、地方債の比率が増大した。金融機関が保有する有価証券利回りは低下傾向にあるが、とりわけ中

小金融機関保有の有価証券利回り低下の影響が大きいというのが検査部の分析である。

　資金コストについては、安定した収益を確保するために低減に努めなければならないというのが、検査部の強い問題意識である。資金コストの主体は、預金利息、人件費、物件費であり、このうち人件費を低減するためには、経営の合理化、近代化が必要である。資金コストの大宗を占めるのは預金吸収コストであり、預金利息の大半を占めるのは定期性預金に付利される利息である。『金融機関の検査』は、生産性の尺度は何かという点については議論があるとしながらも、現状の金融機関経営を前提とすると、1人当り資金量が最も適切な指標であるということを改めて確認している。

　物件費は資金調達コストの1割未満のウェイトしかないとしながらも、合理化、効率化に対して弾力性のある経費であるとしている。つまり、物件費を構成する福利厚生費、通信交通費、広告宣伝費、消耗品費等は、金融機関の歴史的背景、立地条件、支出効果について金融機関の経営判断に差異があり、合理化の余地を残しているものが多いとしている。

　昭和34年から昭和43年に至る10年間、検査部は経費効率向上方策の主眼を、預金経費率の改善にしぼってきた。つまり、人件費、物件費ともに預金経費に占める割合を問題にして、経費支出をいかに効率的に預金吸収に結びつけるかという点に焦点を合わせて検査指導してきた。昭和30年代前半の経常収支率に基づく漠然としたコスト削減指導から、資金コストという概念に基づき、1人当り資金量という具体的指標によって損益改善を指導するようになったことが、10年間で最も特徴的な検査部の損益に対する考え方の変化である。

　もう1つの特徴は、昭和40年代に入って銀行間の優劣に対する検査部の認識が明確になってきたことである。昭和40年代に入って国債を大量に保有することになった銀行は、従来と異なる収益環境下での経営を余儀なくされた。その環境変化への対応が、コールの受け手であった都市銀行と、コールで安易な運用を行ってきた、地方銀行をはじめとする小規模金融機関で異なるのではないかというのが検査部の認識である。つまり、環境変化への対応の巧拙により、金融機関の間で、優勝劣敗の格差が拡がると予想していた。

第Ⅴ部　高度成長期の銀行検査

小　括

　本章の目的は、『金融検査の要領』が銀行検査マニュアルとして機能した、昭和34年から昭和43年に至る10年間を対象に、銀行検査の内容推移を考察することであった。本章では、『金融検査の要領』の検査基本方針を『新しい銀行検査法』の検査基本方針と比較し、かつ『新しい銀行検査法』がいかなる地方銀行の現実に直面して内容変化を遂げ、『金融検査の要領』に帰着したのか、という点について検査指摘内容の変化との関わりから考察した。
　その結果、（1）『金融検査の要領』は、『新しい銀行検査法』における「徹底した実証主義」の考え方を広義に捉え、過去の検査成績に基づいた臨検先の抽出検査、書面検査を効果的に織り交ぜた検査を実施する根拠を明確にしたこと、（2）従来から存在した総合検査、特別検査に簡易検査を加えて、重点検査事項を定めた検査を目指したのは、実証主義的検査の理想に対して、実務レベルで合理的に対応しようとする工夫の表われと考えられること、（3）『金融検査の要領』では、銀行検査権限を銀行法等に根拠を有する行政上の任意調査権であることを明記していること、（4）また、これにより、司法上の強制捜査権や許可状を用いて調査する強制調査権と、銀行検査権の淵源が基本的に異なることを検査官に認識させ、自分に与えられた権限の範囲内で検査を実施するよう教育的意味を含めた記述を行ったものと解釈されること、等が明らかになった。
　『金融検査の要領』の考え方は、同書の第2章の「検査の体系」に表れている。特徴的であるのは、「損益」、「経営管理」、「銀行の公共性」、「内部監査」の4項目である。『金融検査の要領』では、金融機関の健全性を構成する要素として、流動性と確実性に次いで収益性を重視している。収益性に関する検査のポイントとしては、（1）資産負債の量と質を集約的に反映する損益の状況から遡って、資産負債の量と質を再検討し、資産負債の確実性、流動性を維持する方策を探求すること、（2）経営管理上の諸方策が具体的に現れている経費支出の状況を検討し、金利の妥当性を検討すること、（3）為替、代理貸、債務保証等の業務に伴う収入について、主としてそれが安定的であ

第13章　昭和30年代から40年代前半に至る銀行検査の考察

るかどうかの観点から検討することの3点があげられている。
　『金融検査の要領』の損益の状況から遡って資産負債の量と質を再検討するという発想は、『新しい銀行検査法』には見られなかったものである。これは、金融機関の収益は、資産負債の量と質をどのように構築、維持するかにより増減するもので、金融機関のパフォーマンスの総合成績に等しいという考え方である。金融機関の総合成績である収益の源泉を分析し、収益を増加させるためには、いかに優良な資産を積み上げ、適正な流動性を保持するか、また、本源的預金のような負債をいかに安定的に確保するかという原点に戻って検査し、提言することが重要であることを明記した点が特徴的である。
　経営管理の中核業務である予算統制業務について、『金融検査の要領』は資金予算を損益予算に優先させるものと位置づけている。資金予算は資金繰りの前提として、預金計画と貸出計画があり、両者の時期的なズレを調整するものを資金繰りと位置づけ、調整すべき変数を貸出計画としている。損益予算は資金予算の成立後、運用収益、支払利息予算を立て、経費予算と為替、その他の役務関係収益予算が加えられて編成される。つまり、銀行経営において最優先されるべきものは資金繰りであり、それを確保して後に損益計画が立案されるという考えである。
　銀行の公共性について論ずるにあたり、（1）金融分野調整の問題、（2）資金の地元還元の問題、（3）不要不急融資の問題、（4）金利負担の軽減の問題、の4点は、銀行の公共性の概念とは離れた、個別指摘事項として扱われてきた。『金融検査の要領』では銀行の公共性の2面性を規定することにより、これらの指摘事項を積極的な意味での銀行の公共性の概念に沿って整理した。そして、銀行監督当局による銀行法解釈の一環としての銀行の公共性の認識に、検査部による銀行の公共性に対する解釈を加え、銀行検査の目的を明確化した。
　つまり、与信受信業務両面に銀行の公共性の概念を関連づければ、大半の検査指摘は銀行の公共性に反するものとして認識されることになる。銀行検査は銀行経営効率化、業務効率化の観点に基づく指摘、提言機能に加え、銀行の公共性を確保するために不可欠なものとなる。そうなると、検査指摘、提言の重みは倍加し、行政上の任意調査権に過ぎない銀行検査権限は、銀行

の公共性保護の名目において実質的な強制力を有することになる。

　『金融検査の要領』の内部監査に関する記述は、内部統制組織確立の重要性から説き起こした斬新なものである。これは、『新しい銀行検査法』には見られない視点からの内部監査の理解である。内部統制組織の定義が明確ではないので、『金融検査の要領』が理想とする統制組織がいかなるものか不明であるが、企画機能を重視した経営のあり方については、昭和33年度までの地方銀行に対する検査指摘でも強調されているので、単なるチェック機能ではなく、経営の観点から内部統制組織のあり方を重視したものと推察される。統制組織の確立は内部監査の観点からも重要であるが、同時に、銀行検査の観点からも健全経営のあるべき姿を提示すべきであり、内部統制組織の確立を各銀行の自律性にのみ依拠するのは不適切と考える。

　現代の米国トレッドウェイ委員会が規定するような、内部統制の確固とした定義は当時存在しなかったものの、銀行業務の実態と内部監査の中間領域に「内部統制」という概念を挿入し、内部監査を内部統制整備の方策としたところに、発想の斬新さが見られる。内部統制の概念規定は『金融検査の要領』では明確に示されていないが、もし、当時の概念規定が「銀行の事務組織を中心とする企画機能と内部規律を支えるシステム」という理解に近かったとするならば、この概念で規定されたシステムを確立するための銀行業務の改善は、従来と全く異なるものになっていたであろう。

　それに対して、『金融検査の要領』の後を継ぐ『金融機関の検査』では、内部監査の重要性を内部統制概念と離れて実務的に検討している。『金融機関の検査』の認識で特筆されるのは、（1）内部監査は経営を補佐する重要な役割を担っていること、（2）内部監査は事務監査、業務監査と順を追って、最終的には経営監査として経営者の目線で経営トップを補佐するのが最終目的であること、（3）当局検査と内部監査は相補うことが望ましいこと、の3点である。内部監査を経営の補佐としての役割を有するものとして認識するのは、現代の内部監査理論にも通じる開明的な理解であり、経営監査を最終目的とするのは、内部監査に対する期待の大きさを示している。さらに、当局検査と内部監査の相補関係を重視するスタンスは、「モニタリングの連関構造」の存在を仮定する本書の基本姿勢と整合的である。つまり、検査部の

第13章　昭和30年代から40年代前半に至る銀行検査の考察

　内部監査に対する認識は、戦後、紆余曲折をたどりながらも、昭和40年前半に至って当局検査との相補関係を有するものとして認識されるようになった。しかし、当局検査と内部監査が協働すべき内容については、必ずしも内部監査の本質に関する正確な理解に基づいたものではない。

　『金融検査の要領』で使用される検査報告書類を、『新しい銀行検査法』の検査報告書類と比較することにより、その特徴を明確化しようと試みた結果、両マニュアル間では「総括」と「資産」に関する報告書の構成割合が著しく異なっていた。『新しい銀行検査法』では、検査官作成貸借対照表は文字通り検査官が作成するので、真正な貸借対照表の作成を通して、銀行の資産、負債、資本の構成割合や内訳が検査官によって把握される。これに対して、『金融検査の要領』では、検査官自らが銀行から提出を受けた貸借対照表に手を加えることがないために、検査官が実感として銀行の全体像を把握することが困難である。

　『新しい銀行検査法』による銀行検査は、検査官が高度な専門知識をもって、被検査銀行と対等な目線で主体的に関わり合うことを求めるものであった。これに対して、『金融検査の要領』による銀行検査は、検査官が一般的な知識レベルで効率的に銀行検査をこなせるよう、検査官の負担を減らす反面、被検査銀行の負荷を増加させた。

　必然的に検査官の目線は高みから被検査銀行に向けられることになり、能動的な被検査銀行との関わりも減少した。このような変化は、銀行検査の効率化を追求した結果であるとともに、検査官の専門知識レベルに合わせた現実的対応の結果と考えられる。

　『金融検査の要領』で示される報告書類については、『新しい銀行検査法』で示された報告書との比較を7項目わたって実施した。その結果、「検査官作成貸借対照表」、「損益の分析及び株主勘定の異動表・損益の分析」、「資産負債の趨勢」の3項目において、『金融検査の要領』に特徴的な点が見られた。

　米国の検査法を参考にして、『新しい銀行検査法』に取り入れられた検査官作成貸借対照表は、検査官によって作成されるものであるが、これはユニット・バンキングを基本とする米銀ではじめて可能になる。この点、『新しい銀行検査法』は十分な詰めが欠けていた。これに対して『金融検査の要領』

では、株主総会で使用した営業報告書と検査基準日付の総合日計表の提出を求めるのみで、これらに基づいて検査官が独自に貸借対照表を作成することにはなっていない。昭和26年から33年までの8年間の検査実務の経験を経た上での反省に立って、『金融検査の要領』では検査官作成貸借対照表を報告書類から外したと考えられる。

　『新しい銀行検査法』における損益の認識は、収益力に注目したものであり、検討されるべき銀行の収益力を「ノーマルかつ健全な経営形態に修正した場合、その収支余裕は最低の所要純益を賄うに足りるか」という観点から捉える。これに対して、『金融検査の要領』では、銀行の収益性を銀行の健全性を構成する3要素の1つとして、流動性や確実性と並列して捉えている。つまり、資産の内容が預金債務の支払に支障を生じないだけの流動性と確実性を有していたとしても、収益性が低く欠損を生じるようであれば、自己資本を食い潰し、ひいては預金に見合う資産の不足を生じるという考えである。

　収益と自己資本の関係を重視していた『新しい銀行検査法』の考え方に対して、『金融検査の要領』は、まず収益性と資産の関係を中心に置き、自己資本の増減を含めた多面的な関係を、流動性、確実性、収益性という3つの切り口から把握しようとするコンセプトを打ち出している点が新しい。

　資産負債の趨勢に関して、『金融検査の要領』では、「資産負債の構成と増減」、「資産負債の残高異動表」、「資金運用実績表」の3表によって資産負債の構成と増減推移をより厳密に把握しようとしており、予算統制は資金予算と損益予算に分類される。このうち、資金予算は資金の調達と運用についての予算であり、預金、貸出、資金繰りの3部門に分けられる。資金予算が立てられて後、運用収益、支払利息予算を立て、それに経費予算と為替、その他の役務関係収益予算を加えて損益予算が編成される。つまり、『金融検査の要領』では、『新しい銀行検査法』に欠けていた資金予算と損益予算の明確な区別と、両者の関係性を明確にした上で、資産負債と収益管理の基本的枠組みが示された。

　『金融検査の要領』に基づいて実施された銀行検査結果を、昭和34年から昭和42年まで時系列的に比較し、その特徴を明確化するとともに、地方銀行を中心とした金融機関に対する大蔵省銀行局検査部の問題認識を昭和34年、

第13章　昭和30年代から40年代前半に至る銀行検査の考察

37年、43年の3つの時点で捉え、その推移を考察した。その結果、昭和34年から昭和42年までの検査結果に基づく検査部見解については、経営管理、貸出金、預金、損益の各カテゴリーにおいて特徴的な点を考察した。

　銀行監督行政と銀行検査行政の協働は歩積両建預金の問題で発揮された。従来観念論にとどまっていた歩積両建預金の問題を、具体的基準を設けて厳格に運用するきっかけとなったのが、昭和39年6月25日に開催された衆議院大蔵委員会の決議であり、大蔵省銀行局から発牒された通達「歩積、両建預金の自粛徹底について」であった。このように、国会決議に基づき、かつ具体的規制内容を含んだ大蔵通達が発牒されることにより、銀行監督当局は具体的な指導を行うことが可能になると同時に、銀行検査当局も規制内容の遵守状況を実務レベルで検査することが可能になった。

　本章では、戦後初の銀行検査マニュアルである『新しい銀行検査法』から内容変化して、日本の銀行検査行政に適合する形で策定された『金融検査の要領』が、戦後の銀行検査を規定し、そのコンセプトが昭和43年以降、平成バブル崩壊に至るまで銀行検査マニュアルの原型として有効であり続けたという前提に立って考察した。この前提を昭和50年代にかけて検証するためにはいくつかの切り口を設定する必要がある。それらは、（1）高度な経済成長を前提とした銀行検査マニュアルが、安定成長期に入った50年代以降も実質的に銀行検査を規定していたのかどうか、（2）日本型銀行検査行政の特徴を前面に打ち出した銀行検査マニュアルが、昭和60年代に至るまで、どのような内容変遷を遂げたのか、（3）『金融検査の要領』の基本コンセプトが長く日本の銀行検査行政を支え続けたとすれは、そこから生じる問題はいかなるものであったのかという3点である。第14章では、この3つの切り口から銀行検査を考察する。

　　注　記
（1）『金融検査の要領』は昭和42年まで銀行検査マニュアルとして使用され、昭和43年からは『金融機関の検査』が新たに銀行検査マニュアルとして制定されたので、『金融検査の要領』の下で行われた銀行検査の考察は、昭和34年から42年までを対象期間とする。

（２）大江清一「昭和30年代前半における銀行検査の考察—『新しい銀行検査法』に基づく地方銀行の検査結果と銀行検査行政—」『社会科学論集 第127号』(埼玉大学経済学会、2009年6月)。
（３）大蔵省財政史室編『昭和財政史—昭和27年〜48年度』第10巻金融（２）(東洋経済新報社、1991年)。
（４）大蔵省銀行局編集『第２回〜第８回銀行局金融年報』(社団法人金融財政事情研究会、昭和28年〜昭和34年)。
（５）佐竹浩・橋口収『銀行法』(有斐閣、1956年)。
（６）大月高監修『実録戦後金融行政史』(金融財政事情研究会、1985年)。
（７）大蔵省銀行局検査部内金融検査研究会『金融検査の要領』(大蔵財務協会、昭和34年)。
（８）『金融検査の要領』で示された「業務運営基準一覧表」のうち、流動性、確実性、収益性の重視に関連する指標は以下の通りである。

ポイント	指　標	関連通達	分析指標の内容
流動性	流動性資産比率	34.3.2 蔵銀218	$\frac{流動性資産平均残高}{預金平均残高} \geq 30\%$ $\frac{期中流動性資産増加額（除切手手形金額）}{期中預金増加額（除切手手形金額）} \geq 30\%$
確実性	準備預金の保有	34.9.8 日銀公告	（１）前期末総預金量が200億円を超える銀行 　　要求払預金×1.5％＋定期性預金×0.5％ （２）前期末総預金量が200億円以下の銀行 　　要求払預金×0.75％＋定期性預金×0.25％ （34.9.11から実施）
収益性	経常収支率	34.3.2 蔵銀218	経常収支率＝$\frac{経常支出（除法人税）}{経常収入}$ （１）指導基準（78％以内）の弾力的運営を図る。 （２）$\frac{経費（除税金）}{経常収支}$の低減を指導。

出典：大蔵省銀行局検査部内金融検査研究会『金融検査の要領』(大蔵財務協会、昭和34年)。

（９）福田久男、小池謙輔『検査から見た銀行経営上の問題点』(全国地方銀行協会、昭和33年)。
（10）福田、小池、前掲書。
（11）ハウアード・エス・レーマン「銀行検査の実際面—その２—」『財政経済』

第13章　昭和30年代から40年代前半に至る銀行検査の考察

　　　（大蔵省理財局、1950年）。
(12)　福田、小池、前掲書。
(13)　大江清一「昭和30年代前半における銀行検査の考察―『新しい銀行検査法』に基づく地方銀行の検査結果と銀行検査行政―」『社会科学論集第127号』（埼玉大学経済学会、2009年6月）別表1。
(14)　日本銀行調査局、土屋喬雄監修『日本金融史資料明治大正編第18巻　金融制度調査会議事速記録』（大蔵省印刷局発行、昭和31年）、28-29頁。
(15)　大江清一「大正期における行内検査の考察―銀行の内部監督充実に関する議論と行内検査の事例研究―」『社会科学論集第125号』（埼玉大学経済学会、2008年9月）。
(16)　鳥羽至英・八田進二・高田敏文訳『内部統制の統合的枠組み理論篇』（白桃書房、1996年）。
(17)　大蔵省銀行局編集『第2回～第8回銀行局金融年報』（社団法人金融財政事情研究会、昭和28年～昭和34年）。
(18)　大蔵省財政史室編『昭和財政史―昭和27年～48年度』第10巻金融(2)（東洋経済新報社、1991年）。
(19)　銀行局金融年報編集委員会『銀行局現行通達集』（金融財政事情研究会、昭和33年）。
(20)　大江、前掲論文、2009年6月。
(21)　銀行局金融年報編集委員会、前掲書、昭和33年。
(22)　大江、前掲論文、2009年6月。
(23)　山本菊一郎編著『新しい銀行検査法』（大蔵財務協会、昭和26年）。
(24)　大蔵省銀行局検査部内金融検査研究会、前掲書、昭和34年。
(25)　山本、前掲書、昭和26年、131頁。
(26)　大蔵省銀行局編集『第2回、第9回銀行局金融年報』（社団法人金融財政事情研究会、昭和28年、昭和35年）。
(27)　福田、小池、前掲書。
(28)　大蔵省銀行局検査部内金融検査研究会、前掲書、昭和34年、237-249頁。
(29)　高橋俊英、清二彦『検査から見た地方銀行経営』（全国地方銀行協会、昭和37年）。
(30)　金融検査研究会編『金融機関の検査』（金融財政事情研究会、昭和43年）。
(31)　大蔵省銀行局「昭和30年度下期決算等当面の銀行経営上留意すべき事項について」（昭和31.3.6 蔵銀第333号）銀行局金融年報別冊『銀行局現行通牒集』昭和32年版（銀行局金融年報編集委員会、昭和32年）、80-82頁。

第Ⅴ部　高度成長期の銀行検査

(32) 福田、小池、前掲書。
(33) 本章では、外部者によるモニタリング機能を担うのは銀行検査であり、内部者によるモニタリング機能を担うのは行内検査であると考える。そして、これら２種類のモニタリングからなる「モニタリングの連関構造」という概念を導入する。この概念を導入したのは、モニタリングの連関構造の存在を仮定し、実証分析でその態様を解明することが合理的と判断したからである。すなわち、銀行検査から行内検査につながる、順列的なモニタリングの連鎖関係ではなく、銀行検査と行内検査の相互作用によって成立するモニタリングの連関構造の存在を前提とすることにより、２つのモニタリング間の相互作用の実態を探ろうとするものである。モニタリングの連関構造が機能するためには、連関構造の構成単位間でモニタリングの目的が正しく共有され、かつ共有された目的を遂行するための制度が整っていることが前提となる。目的が正しく共有されていなければ相互作用は不完全なものとなる。

別表13-1　『新しい銀行検査法』との比較による『金融検査の要領』の内容検討

比較項目	『新しい銀行検査法』
銀行検査の目的	（１）預金者の保護を図るために銀行経営の安全性を検討すること。 　　　（銀行の安全性を確保するために設けられた監督法令の遵守状況の検討を含む） （２）公共性確保のための公的機能発揮状況の検討。 　　　（公的機能発揮を要請している経済監督統制法令の遵守状況の検討を含む） 　「銀行の公共性」と「銀行の安全性」がバランスすることが、すなわち「銀行の健全性」を確保することであるとして、健全性が包括的な概念として打ち出されている。昭和26年時点では銀行経営を安全に保つことが至上命題であったので、銀行の公共性と並んで安全性が重要な概念として位置づけられた。

(34) 大蔵省銀行局「歩積、両建預金の自粛徹底について」(昭和39.6.25蔵銀第822号全国銀行協会連合会会長宛) 銀行局金融年報別冊『銀行局現行通牒集』昭和43年版 (銀行局金融年報編集委員会、昭和43年)、10-12頁。
(35) 衆議院事務局『第46回国会衆議院大蔵委員会議録第56号』(大蔵省印刷局、昭和39年6月)、13-18頁。
(36) 衆議院事務局、前掲会議録、13-18頁。
(37) 衆議院事務局、前掲会議録、13-18頁。

『金融検査の要領』
(1) 金融機関の経営内容の健全性の検討   (2) 金融機関の機能発揮の検討。   (3) 公正な業務運営の如何の検討。   　銀行検査の目的を規定するにあたり、基盤となる概念は「銀行の公共性」である。銀行の公共性は、金融業務に固有な公共性と、金融業務を営むにあたっての免許企業としての独占的性格から、金融機関の公共性が加重されると考える。 　金融業務の公共性は、「預金の公共性」と「貸出の公共性」の両面に分かれる。不特定多数の預金者に資金源を求める金融機関が生じると、預金者に対する公共的使命に反する。金融業務の第二の公共性は、与信業務が国民経済の成長発展に深い関係を持つことにある。つまり、銀行検査の目的(1)、(2)は銀行の公共性の2つの面が十分に発揮されているかを検討することにある。 　佐竹浩・橋口収『銀行法』(有斐閣、1956年)において銀行の公共性の一環として認識されている、「信用秩序の維持」は、ここでは明確に銀行の公共性の要素として認識されていない。

第Ⅴ部　高度成長期の銀行検査

銀行検査の性格	（1）大蔵省検査の性格については、米国における銀行検査担当機関によって行われる検査の性格と比較して述べられている。 （2）米国の銀行検査は、①財務省通貨監督官、②連邦準備銀行、③連邦預金保険会社の3種類であり、戦後の大蔵省検査確立の過程においては、②、③、①の順で時系列的に参考にし、最終的に大蔵省検査には全ての検査の性格が複合的に盛り込まれている。
銀行検査の方式	（1）大蔵省は、米国の銀行検査方式の顕著な特徴であると同時に、従来の日本の検査方式が強く反省させられた事項として、以下の5つのポイントをあげている。 ①科学的検査基準の確立による統一的検査 ②検査と監督行政の分業 ③徹底した実証主義 ④法律の遵守 ⑤株主勘定の重視
銀行検査の順序	（1）検査の順序としては事前準備の後、①着手、②現物照合、③徴求資料の作成依頼、④評価、査定、経営方針の検討その他、⑤責任者との懇談、⑥検査報告書、⑦報告書の審査と銀行に対する示達、⑧事後監視、検査の行政面への反映の順に検査が進められる。
銀行検査の実務	（1）検査の実務は、「現物照合」と「検査基準」に分けて解説され、前者は銀行の所属する資産を確認し、銀行が負担すべき債務を確定する作業を指す。後者は検査終了後の作業である報告書作成上の基準を指す。後者は報告書の付表を作成する基準を含むので、検査帳票の作成基準

656

第13章　昭和30年代から40年代前半に至る銀行検査の考察

(1)大蔵省検査の性格を日銀考査との関係から位置付けると、前者が行政上の権限に基づいて検査を実施するのに対して、後者は取引先である相手銀行の信用状況の調査を主たる目的としている点が異なる。
(2)しかし、実態的には検査の内容は近似しているので、大蔵省と日本銀行は相互に密接な連絡をとり、それぞれの目的に従って、効果的な検査を実施している。

(1)新しい銀行検査法で米国の検査制度を参考に取り入れられた5つのポイントは、米国の制度を生のまま受け入れたとして、以下の点を改善すべきとしている。
①「検査と監督行政の分業」は当初の構想と比較し現実的には制度的に分化されなかった。むしろ、検査と行政が一体として運営できるよう努力されている。
②「徹底した実証主義」といっても、現実的には問題が少ない場合は数ヵ店を抽出して臨店するにとどめている。実証主義とは臨検することのみによって達成されるわけではなく、確実な事実に基づいて判断を下すという検査の基本的態度を示すものという考えが貫かれている。
③検査方式としては、1)総合検査、2)簡易検査、3)特別検査の3方式があり、簡易検査は昭和33年度から採用された、比較的問題の少ない金融機関に対して重点検査事項を定めた効率的な検査である。

(1)検査の順序として新しい銀行検査法と大きく異ならない。ただし、個別項目の内容については両検査マニュアルで部分的に違いが見られる。具体的には以下の通りである。①事前準備段階において、新しい銀行検査法では総合検査の実施方法として、1)臨検店舗、2)非臨検店舗の2種類に分類した上で、非臨検店舗については作成された書面を臨店して確認する実地調査店舗と臨店しない書面審査店舗に分類してそれぞれの検査で実施すべきことを規定している。また、事前準備の一環として検査班の担当等を詳しく規定している。これに対して、金融検査の要領では詳細な説明は省かれている。②検査報告書を作成するにあたって、新しい銀行検査法では銀行債務者に関するエンマ帳として位置づけた、「債務者整理カード」について詳細な説明を加え、検査報告書とともに提出すべき重要書類としているのに対して、金融検査の要領ではこの点に関する記述はない。

(1)検査の実務は、「銀行検査の実際」として12節から構成されている。その内容は、「現金預ケ金」、「有価証券」、「貸出金」、「担保及び保証」、「動産不動産」、「その他資産」、「預金、積金」、「その他負債」、「内国為替」、「損益勘定」、「事務取扱」、「信託業務」である。「現物照合」と「検査基準」に分けて記載されておら

第Ⅴ部　高度成長期の銀行検査

銀行検査の実務	を示す内容も含まれている。 （2）現物照合は9節から構成されている。それらは、「現物照合の意義と一般的注意事項」、「現金・預け金」、「有価証券」、「貸出金」、「動産・不動産」、「その他の資産」、「預金」、「その他の負債・株式勘定及び本支店勘定」、「担保品及び保護預り」である。「現物照合」は、現金、債権証書、有価証券等の現品にとどまらず、全ての資産および負債の帳簿上の金額を漏れなく確認する作業を包含すると定義されている。 （3）検査基準は24節から構成されている。内容は、検査基準の意義、一般的基準に始まり、検査官による貸借対照表作成基準と貸借対照表を構成する勘定科目別帳票の説明から構成されている。
その他	（1）従来から指導検査、摘発検査が相対立する概念として論じられた。しかし、いずれも検査の目的を達成するための手段であり、同じ目的を別の方向から言い換えたものに過ぎない。指導検査、摘発検査それぞれを目的自体と考えることに混乱の原因がある。

出典：（1）山本菊一郎編著『新しい銀行検査法』（大蔵財務協会、昭和26年）。
　　　（2）大蔵省銀行局検査部内金融検査研究会『金融検査の要領』（大蔵財務協会、昭和34年）。
　　　（3）佐竹浩・橋口収『銀行法』（有斐閣、1956年）。
注：（1）「その他」の欄には、『新しい銀行検査法』、『金融検査の要領』のそれぞれに独自な記載

658

ず、「銀行検査の実際」に両者がまとめて記載されている。
（２）「現物検査」の定義は明確ではないが、各節は、「現物検査」と「総合的検討と評価査定」で構成されていることから、新しい銀行検査法と同様、現品にとどまらず、全ての資産および負債の帳簿上の金額を漏れなく確認する作業を包含すると理解される。

（１）銀行検査の権限は、銀行法、相互銀行法、信用金庫法等の金融関係法規で規定されている。検査権限は本来大蔵大臣のみが有するもので、金融検査官は大蔵大臣の検査命令を受けて検査を実施する。大蔵大臣の権限の一部は財務局長に委任されている。検査権限は司法上の強制捜査権や許可状を用いて犯罪事件を調査する収税官吏の強制調査権とは異なり、行政上の任意調査権である。
（２）検査の体系についてのまとまった記述は新しい銀行検査法では見られず、金融検査の要領で初めて明定されたものである。その内容は、検査の目的から説き起こし、検査で把握した事実を分析検討して得られた結果を取捨し、軽重を定めて総合判断を下すまでの考え方の体系をまとめたもので、検査実務の基本指針となるものである。大きな判断基準は、「健全性の確保」と「公共性の発揮」であり、前者はさらに、①資産負債の構成内容、②資産査定と正味自己資本、③損益、④業況の推移、⑤経営管理、株主、役員の５項目に分かれている。
（３）現在の金融機関の経営規模は戦前と比較して拡大し、業務内容も複雑多岐にわたっている。公共的立場からのみでなく、私企業の立場からも合理的な経営管理を行う必要がある。このためには内部統制組織の確立とそれを実施するための各種基準、標準を設定する必要がある。内部統制の支柱として、執務状況を調べ、批判し、経営者に報告する機能を果たすのが内部検査である。内部検査の補完的制度としては、定例自己検査、照査、書面検査、指定部店自己検査等が通常併用される。現在の内部検査は、内部統制の一環としてではなく、不正、過誤の発見手段として制度化され、他の統制的手段と遊離した摘発的役割を果たすにとどまっている。

事項の要点を記す。

第VI部
安定成長期および平成期の銀行検査

第14章　昭和50年代を中心とした銀行検査の考察
　　　──昭和40年代から60年代に至る銀行検査の内容変化と銀行検査行政──

はじめに

　本章の目的は、昭和43年から平成期最初の銀行検査マニュアルである『新版　金融検査の実務』が発刊される直前までの20年間を検討期間として、銀行検査および銀行検査行政の推移を考察することである。検討対象とする金融機関は、都市銀行と地方銀行である。その理由は、昭和40年代以降、都市銀行と地方銀行の業務管理体制の格差が狭まりつつあることと、現代につながる銀行検査行政を分析する上で、対象金融機関を極力広く設定することが望ましいこと、の2点である。

　検討期間の20年間にわたり、『金融機関の検査』、『金融検査の要領Ⅱ』、『金融検査の実務』の3つの銀行検査マニュアルが銀行検査実務を規定してきた。『金融検査の要領』と題された銀行検査マニュアルには、昭和34年制定のマニュアルと昭和51年制定のものがある。前者は戦後の日本型銀行検査マニュアルの原型となったと考えられるマニュアルで、第13章で内容を検討した。本章ではこれを『金融検査の要領Ⅰ』と表記する。また、後者は本章での検討対象マニュアルの1つで、『金融検査の要領Ⅱ』と表記する。

　明治期のアレキサンダー・アラン・シャンド、戦後占領期のGHQ/SCAPと、日本の銀行検査史の節目には常に外国からの影響があった。もし、米国トレッドウェイ委員会の思想を受け継いだ平成期の金融検査マニュアルが、バブル崩壊後の銀行検査のコンセプト転換に大きな役割を果たしたとすると、過去3度、大きな節目で日本の銀行検査行政が外国から影響を受けたことになる。つまり、銀行検査制度の創設時、第2次世界大戦終戦後、バブル崩壊後の3つの時点で銀行検査のコンセプトの確立および転換がなされた。昭

第VI部　安定成長期および平成期の銀行検査

　40年代から60年代までの時期は、明治期のシャンドや戦後占領期のGHQ/SCAPのような外的刺激がなく、かつ安定成長期に入ったため、著しい金融機関経営の混乱も見られなかった。したがって、銀行検査当局としても積極的に銀行検査マニュアルのコンセプトを転換する必要を感じなかったと考えられる。

　本章の分析視角は、(1)高度な経済成長を前提とした『金融検査の要領Ｉ』のコンセプトが、はたして安定成長期に入った昭和50年代以降も銀行検査実務を行う上で有効に機能したのか、(2)日本の銀行検査行政の特徴を体現した銀行検査マニュアルのコンセプトが有効であり続けたとすれば、そのコンセプトを維持しながら金融検査マニュアルの出現に至るまで間、どのような内容変遷を遂げたのか、(3)『金融検査の要領Ｉ』の基本コンセプトが長く日本の銀行検査行政を支え続けたとすれは、そこから生じる問題はいかなるもので、それはバブル崩壊につながる、日本の銀行検査行政の停滞の原因となったのか、の３点である。

　またアプローチの方法は、(1)『金融検査の要領Ｉ』に続く３つの銀行検査マニュアルの特徴を論じ、内容変遷を考察すること、(2)各銀行検査マニュアルに基づく銀行検査指摘の特徴と内容変遷を考察すること、(3)銀行検査マニュアル、検査指摘内容の両面から銀行検査行政の推移を考察すること、(4)銀行局通達を中心とした大蔵省通達の変遷を考察し、銀行監督行政の大きな流れを考察すること、(5)講演や著作、論文を通して考察される大蔵官僚の見解を通して銀行監督行政の推移を裏付け、銀行検査との関連を探ること、の５点で、本章を構成する各節で個別に検討する。平成期以降の銀行検査を、昭和40年代からの流れに沿って分析することを将来課題として展望した本章の検討スキームは、「図表14-1　昭和40年代から60年代に至る銀行検査の検討スキーム」に示される。

　本章のテーマへの接近方法としては、対象とする銀行検査マニュアルと、マニュアルに基づいて実施された銀行検査の指摘内容の時系列的変遷を考察するという方法を採用した。銀行監督行政については、『昭和財政史』に研究成果がまとめられているので、同書を銀行監督行政史の参考文献として参照した。[1]

第14章 昭和50年代を中心とした銀行検査の考察

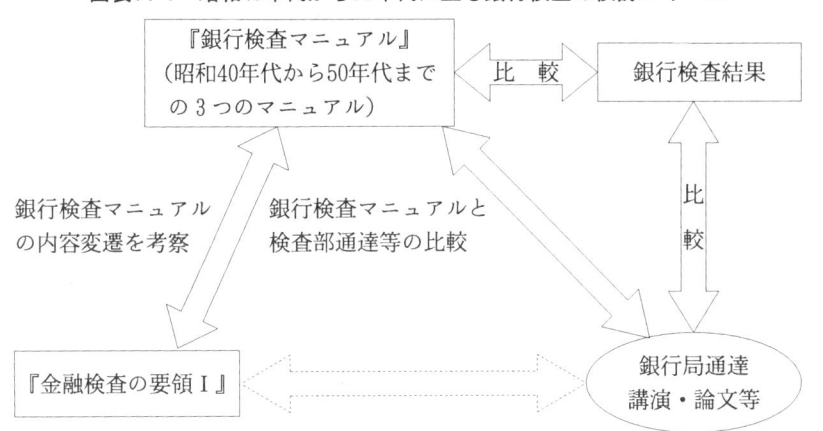

図表14-1　昭和40年代から50年代に至る銀行検査の検討スキーム

```
   『銀行検査マニュアル』
   (昭和40年代から50年代まで   ⇔比　較⇔   銀行検査結果
   の3つのマニュアル)
         ⇕                              ⇕
  銀行検査マニュアル  銀行検査マニュアルと          比
  の内容変遷を考察   検査部通達等の比較           較
                                            ⇕
   『金融検査の要領Ⅰ』 ⇠ ─ ─ ─ ─ ─ ⇢    銀行局通達
                                       講演・論文等
```

注：『金融検査の要領Ⅰ』を基点に、昭和43年から平成バブル期までの3つの銀行検査マニュアルの内容変遷を考察し、各銀行検査マニュアルに基づく銀行検査指摘の特徴と内容変遷を考察する。また、銀行局通達を中心とした大蔵省通達の変遷を考察し、銀行監督行政の大きな流れを考察する。破線の両矢印はすでに拙稿「昭和30年代から40年代前半に至る銀行検査の考察―『金融検査の要領』に基づく地方銀行の検査結果と銀行検査行政―」『社会科学論集　第128号』（埼玉大学経済学会、2009年10月）で考察した。

　銀行検査結果の分析にあたっては、対象の銀行検査マニュアルが有効な期間に発牒された銀行局通達が、銀行検査実務でどの程度考慮され、検査指摘に反映されているかを検討する。この場合、例えば、昭和40年代の銀行検査マニュアルが有効である期間に発牒された通達は、昭和50年代に使用される銀行検査マニュアルに反映される必要があるので、銀行局通達は、（1）銀行検査マニュアルへの反映状況、（2）銀行実務での指針としての役割の2つの面から時期をずらせて交互に検討される。具体的な検討フローは「図表14-2　昭和50年代を中心とした銀行検査の時期別検討内容」の通りである。

第Ⅵ部　安定成長期および平成期の銀行検査

図表14-2　昭和50年代を中心とした銀行検査の時期別検討内容

	昭和40年代後半	昭和50年代前半	昭和50年代後半	昭和60年代
検討対象の銀行検査マニュアル	金融機関の検査（昭和43年から昭和50年）	金融検査の要領Ⅱ（昭和51年から昭和56年）	金融検査の実務（昭和57年から昭和62年）	新版 金融検査の実務（昭和63年から平成2年）
検討対象の銀行検査結果	昭和43年から50年の検査結果	昭和51年から56年の検査結果	昭和57年から62年の検査結果	昭和63年から平成2年の検査結果
検査マニュアルに反映されるべき銀行局通達	昭和34年以降43年までに発牒・改定された通達	昭和43年以降51年までに発牒・改定された通達	昭和51年以降57年までに発牒・改定された通達	昭和57年以降63年までに発牒・改定された通達
銀行検査結果に反映されるべき銀行局通達	昭和43年以降51年までに発牒・改定された通達	昭和51年以降57年までに発牒・改定された通達	昭和57年以降63年までに発牒・改定された通達	昭和63年以降平成2年までに発牒・改定された通達
検査マニュアルに反映されるべき大蔵官僚論文	昭和34年以降43年までに発表された大蔵官僚論文等	昭和43年以降51年までに発表された大蔵官僚論文等	昭和51年以降57年までに発表された大蔵官僚論文等	昭和57年以降63年までに発表された大蔵官僚論文等
銀行検査結果に反映されるべき大蔵官僚論文	昭和43年以降51年までに発表された大蔵官僚論文等	昭和51年以降57年までに発表された大蔵官僚論文等	昭和57年以降63年までに発表された大蔵官僚論文等	昭和63年以降平成2年までに発表された大蔵官僚論文等

注：（1）銀行局通達および大蔵官僚の論文等の内容は、銀行検査マニュアル、銀行検査結果を考察するにあたって、時期をずらせて考慮される。例えば、昭和43年以降51年までに発牒・改定された通達、同期間の検査結果に生かされると同時に、昭和51年から56年にかけて有効であった『金融検査の要領Ⅱ』に生かされる。この関係は、両矢印で示される。
　　（2）銀行検査マニュアルは、大蔵通達以外に検査結果からも影響を受けると考えられる。例えば、昭和43年から51年の検査結果は昭和51年から56年にかけて有効であった『金融検査の要領Ⅱ』に生かされる。この関係は右斜め向き矢印で示される。
　　（3）本章で検討対象とするのは、太線で囲んだ昭和40年代から50年代後半に至る銀行検査である。

第14章　昭和50年代を中心とした銀行検査の考察

第1節　昭和40年代の銀行検査

　本節の目的は、昭和50年代を中心とする20年間を対象に検査および銀行検査行政の変遷を横断的に分析し、その特徴を考察することである。本節では、昭和40年代前半までの銀行検査の特徴を簡潔にまとめ、それをもとに昭和40年代後半の銀行検査の変遷を考察する。

1－1　昭和40年代前半の銀行検査のまとめ

　昭和40年代前半の銀行検査は、『金融検査の要領Ⅰ』に基づいて実施された。その特徴は、銀行の公共性を与信受信両面にわたって重視し、かつ個別銀行ごとにその経営実態を正確に把握・指導する目的をもって検査する点である。しかし、個別銀行に対する検査深度を強化するための銀行検査官の専門性は重視されていない。検査実務では、収益実態をキーにして資産負債の構築状況等に関する経営者のパフォーマンスをチェックすることを重視している。その際、検査のメルクマールとして資金コスト等の新指標を使用するが、自己資本勘定については自己資本比率によって規制する視点は見られない。検査スタンスとしては、提言型検査にベースを置き、内部統制の概念を通して内部監査の重要性が認識されていた[2]。

　『金融検査の要領Ⅰ』の特徴を整理した上で重複等を排除して概念化し、キーワードにまとめると、「経営実態重視」、「自己資本比率軽視」、「銀行検査マニュアルの重視」、「提言型検査の重視」、「収益と資産負債の関係重視」、「貸出資産の質の重視」、「与信受信両面にわたる銀行の公共性の重視」、「予算統制機能重視」、「内部監査重視」、「銀行検査深度の軽視」、「資金コスト等の新指標の重視」、「個別銀行間のメリハリ重視」の12項目になる。これらを大きなカテゴリーにまとめると、（1）銀行検査の基本コンセプト、（2）銀行検査の方法、（3）銀行検査のスタンスその他、の3つに集約される。これらのカテゴリーに従って、「別表14-1　昭和40年代から60年代に至る銀行検査マニュアルの内容変遷」に検討対象である3つの検査マニュアルの特徴をまとめた。

第Ⅵ部　安定成長期および平成期の銀行検査

『金融検査の要領Ⅰ』の特徴に基づいて抽出された検討ポイント

『金融検査の要領Ⅰ』に基づいて実施される銀行検査には、当然、銀行検査マニュアルの特徴が反映される。しかし、銀行検査マニュアルの記述内容と、その記述に基づいて銀行検査実務を行うことは異なる。金融検査の要領Ⅰの後続の銀行検査マニュアルの内容検討にあたっては、（１）銀行検査の基本コンセプト、（２）銀行検査の方法、（３）銀行検査のスタンスその他、の３つの基本コンセプトに則り、それぞれを構成する12項目の検討ポイントに沿って銀行検査マニュアルの特徴を把握し、かつ、マニュアルに沿って実施された銀行検査結果を分析する。

銀行監督行政と銀行検査行政の相互関係や整合性を考察する観点から、銀行局通達の変化内容がどのように銀行検査マニュアルに反映されているかという視角を加える。個別銀行における通達内容の実施状況がどのように銀行検査でチェックされているのかという点については、検査指摘の内容変遷を考察することにより把握する。

以上の基本方針に基づいて、後段の節では、本節で特定した分析の切り口にしたがって、『金融機関の検査』の内容を検討する。具体的な分析手順は、まず、（１）銀行検査の基本コンセプト、（２）銀行検査の方法、（３）銀行検査のスタンスその他、の３つのカテゴリーごとに銀行検査マニュアルの特徴を整理する。その一方で、銀行検査マニュアル発刊以前に発牒された銀行局通達で、銀行検査により実施状況のチェックや内容徹底が必要と思われるものについて、通達内容と銀行検査マニュアルの相互関係や時期の一致不一致を考察する。

本章が対象とする期間においては、海外からの影響等の大きな外的要因はないが、国内外の要因で銀行監督行政や銀行検査行政に多少なりとも影響のあったものは、大蔵省通達に反映されるか、少なくとも『銀行局金融年報』等で取り上げられていると考える。したがって、『銀行局金融年報』を中心に政府刊行物を分析し、銀行検査に影響を及ぼすと考えられる要因について銀行検査行政との関わりを考察する。

第14章　昭和50年代を中心とした銀行検査の考察

1－2　昭和40年代後半の銀行検査マニュアルの概要

『金融機関の検査』は昭和43年から昭和50年までの8年間、銀行検査マニュアルとして検査実務で使用された。同マニュアルは本章で検討対象とする3つの銀行検査マニュアルのうち、時期的に最も『金融検査の要領Ⅰ』に近いため、その影響を多く受けていると考えられる。『金融機関の検査』の「はしがき」の冒頭には、「本書は、銀行局検査部内金融検査研究会の編集によるもので、昭和34年に刊行された『金融検査の要領』に準じて編纂されたものである」という記述がある。その一方、個別の検査実務については従来と異なる記述を行ったり、検査計表の種類やボリュームが変化したりと、これまでの銀行検査マニュアルとは異なる点も見られる。

『金融機関の検査』で示される銀行検査の目的は、(1)預金者保護、(2)公共性確保のための機能発揮状況の検討、の2つである。検査の2大目的に関連して、「公正な業務運営」のいかんも検査される必要がある。銀行業務はその公共性ゆえに、一定の規準の中で公正に行われる必要があり、これを監視することは金融秩序の維持を目的とすることにつながる。検査と監督行政は、一体で運営されており、実証主義に基づき全支店からいくつかの支店を抽出して臨検を行うことが前提とされている。

検査方式は、①総合検査、②簡易検査、③特別検査の3方式で実施され、総合検査が建前であるが、経営内容に比較的問題の少ない金融機関に対しては簡易検査を実施して検査の効率化を図る。貸出金についての検討は、銀行の健全性確保と公的機能の発揮の両面から重要とされ、貸出金内容の健全性、貸出業務を通して公共性の発揮を検討するには個々の貸出金の検討が必要とされている。

銀行の経営活動の成果は損益勘定に反映されるので、損益の結果に至った資産、負債の動きを的確に把握しなければならない。損益状況の分析は、主として損益諸比率の検討により行われる。損益諸比率の時間的推移、基準比率、平均比率との比較によって被検査銀行の損益の特徴が把握される。

銀行経理に関する銀行局通達の主要論点は大きく、(1)未収利息の取扱い等の損益認識、(2)諸償却・各種引当金の繰入、の2点である。銀行経理の変更により、銀行監督当局が目指すところについて検査部は、①銀行間に競

争原理を導入すること、②経営の効率化を一層推進すること、の2点が重要と理解している。予算統制機能を経理部に持たせ、さらに未来計数に基づいて業務統制を実施するコントローラー機能を経理部に持たせるという考えが打ち出されている。

　銀行の公共性と経営実態の重視
　『金融機関の検査』で記述されている銀行検査の目的は、(1)預金者保護、(2)公共性確保のための機能発揮状況の検討、の2つである。前者には銀行経営の安全性を検討することと、安全性確保のために設けられた監督法令の遵守状況の検討が含まれ、後者には国民経済的必要より生まれた経済統制法令の遵守状況の検討が含まれる。
　これらに加えて、「公正な業務運営」の実態についても銀行検査の目的とされている。銀行業務はその公共性ゆえに、一定の規準の中で公正に行われる必要があり、したがって、「公正な業務運営」の実態を監視することは金融秩序の維持を目的とすることに等しいとされている。銀行の公共性を構成する3要素を、「預金者保護」、「信用秩序維持」、「銀行の資金供給面における国民経済的機能」とすると、銀行検査の目的はこれらと整合している[4]。
　『金融機関の検査』では、「公共性確保のための機能発揮状況の検討」には、国民経済的必要より生まれた経済統制法令の遵守状況の検討が含まれるとしている。この考え方は、『新しい銀行検査法』における消極的な意味での公共性に該当する。つまり、『新しい銀行検査法』による銀行検査の目的は、(1)銀行経営の安全性を確保すること、(2)銀行の公共性を発揮させること、の2点であり、この2つの目的は時に相反するものと位置付けられている。
　2つの目的が相反すると認識される背景には、「銀行の安全性確保を目的とする監督法令遵守」と「経済監督統制法令の遵守」が相矛盾する場合があるとの考えがある。つまり、戦時経済統制のイメージを引きずる経済監督統制法令は、預金者保護を犠牲にしなければならない内容を有していることがあり、法令遵守を第一義とすると、経済監督統制法令を遵守することが、時として銀行経営の安全性と相容れない場合がある[5]。

1－3　昭和40年代の銀行検査の特質

　昭和43年度から昭和50年度までの検査結果推移については、項目別に整理するとともに、銀行検査マニュアルとの関係を考察する。昭和48年度から50年度に至る銀行検査の主要着眼点については、昭和51年時点で検査部管理課課長補佐を務めていた谷口孝氏が「最近における金融検査の主要着眼点」という論文に考え方をまとめている。[6]昭和50年6月にも谷口論文とほぼ同様の構成で、検査部管理課課長補佐の田中宏氏が、「今後における金融機関検査の着眼事項」と題する論文を発表している。[7]本章では谷口論文を取り上げる。谷口は、昭和46年度から50年度までの経済情勢と銀行検査との関係を概観した後、歩積両建預金を中心とする預金吸収の健全性、資産の健全性、損益収支及び資金繰り、不祥事件と内部事務管理体制等について総括的に記述している。

　ここでの個別の検討項目としては、（1）統一経理基準、（2）経営管理態勢、（3）不良債権償却証明制度、（4）安定成長期を背景にした銀行検査の重要性、の4項目とする。これらは、『金融機関の検査』で新たに取り上げられた項目や、従来から銀行検査で重視されてきた項目であるとともに、銀行検査結果で頻出しているポイントでもある。4番目の項目である、「安定成長期を背景にした銀行検査の重要性」では、谷口が提起した問題点を中心に考察する。

　統一経理基準

　昭和43年度は、統一経理基準への準拠状況を検査する実質初年度である。都市銀行に対しては、統一経理基準の早期達成を目指して努力しているという評価を与えているが、地方銀行に関しては特段の記述は見られない。昭和44年度に至って統一経理基準の実施状況を含めた損益内容の検討が検査方針として掲げられ、検査をより銀行実務の詳細に踏み込んだ形で実施しようとしている姿勢が顕著になっている。昭和45年度では、地方銀行の統一経理基準への遵守状況について言及があり、所期の通り達成されたと評価している。昭和46年度では、地方銀行について、統一経理基準は経過期間を経て完全実施され、期間業績がそのまま損益収支に反映されるのは当たり前のこととな

っている。これは、従来の保守的銀行経理から見て画期的なことと評価している。昭和47年度では具体的な言及はない。

このように、昭和43年度から46年度にかけての4年間については、統一経理基準の導入からその徹底に至るプロセスが検査結果を通してうかがわれる。しかし、昭和51年時点で昭和50年度までの銀行検査を振り返った前出の谷口論文では、統一経理基準への準拠を前提として、各種引当金、準備金、未収利息等の過大または過小計上等の粉飾を懸念している。つまり、統一経理基準の導入プロセスには2つの段階がある。第1段階は、統一経理基準で示された経理慣行にしたがって経理処理を行うことに適応するプロセスで、第2段階は、経理慣行への適応後、それを正しく運用するプロセスである。

経営管理態勢

経営管理態勢を担当する部署は、マクロ経済情勢を把握した上で、銀行の中長期戦略を担う機能から内部事務管理体制までを含む包括的機能を果たすことが期待されており、検査部の関心も高いと考えられる。つまり、銀行経営者と、その意を体した総合企画部が行内で力を持ち、監督当局や検査当局の窓口になってその意向を理解すれば、当局としては銀行に対する管理グリップが格段に改善される。その意味から、総合企画部の機能は、銀行のみならず当局サイドからも重要な機能と見なされている。検査結果を見ると、総合企画部機能は都市銀行と地方銀行の間でその成熟度において著しい差があるとともに、年度によっては指摘や評価に差が見られることから、都市銀行間でも差があるのではないかと推察される。

昭和44年度の検査結果を見ると、経営管理態勢については上位行と下位行で格差が見られるという記述がある。経営管理態勢に関わる検査ポイントには、「総合企画部門の独立強化」が含まれており、大衆化路線への即応や収益管理、営業店管理の確立と並ぶ重要項目となっている。昭和45年度の検査結果では、営業店を総合的に管理する本部部門が弱いことや行内検査、人事、事務管理態勢等に立ち遅れが目立つことが指摘されている。つまり、検査当局が銀行に期待する理想形は、（1）独立した総合企画部門が過去、現在および将来に関する日本経済の誤りのないイメージを持ち、大局的な観点から経

営者に提言し、(2)強いリーダーシップ有する営業推進部門が営業店を総合的に管理して営業推進し、(3)内部事務管理部門が営業推進部門と平仄を合わせて陣後を固めるというものである。そこでは経営トップの意向のみならず、監督、検査当局の指導が徹底され易い上位下達型の組織構成が理想とされている。

不良債権償却証明制度
　不良債権償却証明制度に関しては、統一経理基準施行にともなう制度利用の活発化についての検査所見が、昭和43年度、昭和44年度と２年間連続して示された。昭和45年度には、(1)不祥事件による不良債権と償却証明制度との関係、(2)資産に計上した未収利息の償却、の２点が新たな論点として提示され、検査部の見解が明確化された。また、昭和46年度では、統一経理基準施行にともなう制度利用の活発化に関する所見に加えて、不良債権償却に携わる証明官のあるべき姿勢について、自戒の念をこめた検査コメントが見られる。昭和47年から50年にかけては、不良債権償却証明制度に関する事実関係が淡々と記述されており、際立って特徴的な指摘はない。不良債権証明制度に関わる検査指摘では、固定債権分類の妥当性を問うものは見当たらず、制度の運用状況をチェックしている点が特徴的である。
　不良債権償却証明制度を厳格に運用することにより、不良債権の無税償却に対する規律づけは強化されたと考えられる。しかし、同制度の下では、固定債権分類の妥当性を包括的に検査することは不可能である。不良債権償却証明制度の改定により、同制度に即してⅢ分類債権をも対象とした実質基準間接償却に関わる事実認定を銀行が行うようになったにもかかわらず、同制度は包括的に銀行の資産査定業務の適否をチェックする機能を持ち得なかったと考えられる。

安定成長期を背景にした銀行検査の重要性に関わる論点
　谷口が昭和46年度から50年度までを総括して検査ポイントを整理した背景には、高度成長期から安定成長期への移行期間に発生した経済的混乱と、その中で保護を受けた金融機関に対する批判がある。銀行検査の主要ポイント

として示された4点は、銀行の資産、負債、収益に関わる事項を網羅しており、かつ、内部事務管理体制にも言及したオーソドックスなものである。しかし、個別に主要ポイントの内容を見ると、それらは時代推移による基本認識の変化や、安定成長期に固有な事情を考慮したものとなっている。

例えば、歩積両建預金を中心とする預金吸収の健全性に関わる検査ポイントの狙いは、機械的、事務的な歩積両建預金の排除ではなく、銀行経営者が歩積両建預金自粛の精神を理解し、かつ、本源的預金の重要性を認識した上で預金吸収業務に重点を置くことを期待したものである。また、資産の健全性に関わる検査ポイントは、不良債権への対応が高度成長期と安定成長期で異なることを前提としたものである。

つまり、高度成長期において生じた固定貸出は、金融機関の規模拡大と景気上昇の中で、問題が深刻化する前に相対的に矮小化したが、安定成長期のしかも不況期に生じた固定貸出に対しては、厳格な不良債権への対応を行わない限り、解消するものではないという、ごく常識的な認識が根底に存在する。このように、高度成長期において経済成長とともに規模の増大を達成した金融機関に対して、安定成長期における金融機関の本来のあり方を整理して提示し、銀行経営者に原点回帰を求めるのが、谷口および当時の検査部の真意と考えられる。

金融機関の損益収支及び資金繰りの実態は、経営の苦しくなった金融機関を早期に把握し、適切な措置をとることを監督当局に提言するために検査部が関心を寄せる事項である。そして、通常、財務報告の信頼性を確保する上で主要な役割を果たすのは、上場企業であれば株主を中心とするステークホルダーであるが、銀行の場合、最重要のステークホルダーは倒産から救ってくれる監督当局である。この点に、日本の金融機関経営の際立った特徴があるが、財務報告の信頼性を確保することは、同時に預金者を中心としたステークホルダーに正確な財務情報を提供することにもつながることから、検査当局の指導は合理的といえる。

不祥事件と、それを排除するための内部事務管理体制強化は古くからの課題であるが、滋賀銀行事件や足利銀行事件を見ると、顕在化した不祥事件は地方銀行に集中しており、検査部の指導もメリハリをつけたものにすること

が、検査効率上望ましいと考えられる。谷口は別稿で検査効率化の施策として、総合検査と部分検査を効果的に使い分け、合目的的に検査を実施すべきことを提言している。(8)

谷口による部分検査の提言は、安定成長期に生じた銀行に共通の問題を背景になされたもので、検査技術上の革新的手法と位置づけられている。谷口論文には明確に記述されてはいないが、部分検査が有効に機能すると判断された背景には、被検査銀行ごとの長所短所やメリハリをつけるべき検査項目が、すでに識別されていたという事実がある。つまり、検査ポイントがあらかじめ特定されていれば、すべての項目を網羅した検査を行うことは非効率的で、いわゆる検査経済的な観点からも不合理である。

第2節　昭和50年代の銀行監督行政

本節で昭和50年代の銀行検査を考察するにあたっては、昭和51年から56年までの6年間、検査マニュアルとして用いられた『金融検査の要領Ⅱ』と、昭和57年から62年まで同じく6年間用いられた『金融検査の実務』の2つに分けて検討する。昭和50年代に発牒・改定された大蔵通達や同時期に発表された大蔵官僚の論文や講演集、また、それらに表れる金融行政上の各種施策の内容について、本来2つの検査マニュアルとの関わりを個別に検討するのが妥当である。

第1次石油危機からの回復と第2次石油危機、国債の大量発行、金融バブルへと連なる経済環境変化に対して、経済安定化措置、銀行法改正、金融行政の自由化、弾力化、国際化で対処しようとした金融行政の流れを、連続的な事象として捉えることが、銀行検査との関わりからも合理的と考える。このような観点から、ここでは昭和51年から昭和62年までの12年間を対象に大蔵通達、大蔵官僚の論文、講演集等内容を考察する。大蔵通達については、昭和34年から43年に至る発牒、改定内容を検討した。ここでは、昭和50年代に発牒されたものに加えて、昭和44年以降50年までの大蔵通達を検討対象とする。それは、これらの通達が昭和50年代の銀行監督行政を反映したものと考えるからである。

2－1　昭和50年までの銀行監督行政

　昭和43年から、『金融検査の要領Ⅱ』が発刊される昭和51年までに新たに発蝶されたか、あるいは一部改正された主要な銀行局通達のうち、銀行検査に対する影響が大きいと思われるものは8つである。これらの主要通達のうち特に重要視すべきは、昭和48年12月の「当面の経済情勢に対処するための金融機関の融資のあり方について」である。この通達では、選別融資の実践を前提に、優先的に取り扱うべきものとして、（1）国民生活安定緊急措置法により生産等を促進すべきとされたもの、（2）医療・教育・住宅等国民生活の基盤として必要なもの、（3）石油・電力の節減によって顕著な影響を受けた中小企業の経営維持のため緊急に必要な資金、等があげられた。

　また、抑制的に取り扱うべき融資としては、（1）法律により抑制すべきとされた設備投資、（2）在庫積増し・売惜しみ等の投機的使途に流れるおそれのあるもの、（3）土地取得に関連するもの、（4）上記法律上、政府の指示に従わなかったとして公表された者に対する資金、（5）風俗営業、娯楽・映画業その他サービス業で緊要と認められないもの、（6）卸・小売、不動産、旅館業、（7）個人向け融資、（8）地方公共団体・地方公社等に対する融資、等の8つがあげられた。

　しかし、この選別融資を具体的に規制した通達は、昭和49年12月の「銀行の大口融資規制について」の発蝶と同時に廃止された。土地関連融資については、後段で述べるように昭和60年から平成3年にかけて通達や事務連絡による監督が強化されており、選別融資規制が土地関連融資に限定して復活したともいえる。昭和49年から60年までの10年に及ぶ選別融資規制の非連続期間に実行された、いわゆる「抑制的に取り扱われるべき融資」の累積がバブル期に顕在化した不良債権の一部を構成している可能性は高い。

昭和49年4月の「商法の一部を改正する法律」と銀行検査

　商法の一部を改正する法律は、昭和49年法律第21号として同年4月2日に公布されるとともに、一部が施行された。同法では監査役の権限が詳細に規定され、実質的に強化された。新設された条文のうち、第274条ノ3第3項

では、親会社監査役の子会社への監査権限について以下のように規定されている。(14)

商法第274条ノ3第3項
親会社ノ監査役ハ第一項ノ規定ニ依リ報告ヲ求メタル場合ニ於テ子会社ガ遅滞ナク報告ヲ為サザルトキ又ハ其ノ報告ノ真否ヲ確ムル為必要アルトキハ報告ヲ求メタル事項ニ関シ子会社ノ業務及財産ノ状況ヲ調査スルコトヲ得

後述の銀行法改正（銀行法第25条第2項）において、銀行検査の権限強化の一環として、検査当局が本条（商法第274条ノ3第3項）に規定する子会社に対して銀行の業務又は財産の状況に関し、参考となるべき報告又は資料の提出を求めることができると規定したことは、監査役監査と銀行検査のシナジー効果を狙ったものと理解することができる。

この監査役による子会社調査権については、制約つきで認められるとの解釈が一般的である。つまり、（1）親会社の監査に必要がある場合に限定されること、（2）子会社に対する報告の要求に対し、遅滞なく報告しないとき、または、その報告の真否を確かめる必要があるときに限定されること、（3）報告を求めた事項に限定して調査ができること、の3点の制約である。子会社調査権は親会社に対する監査と同レベルの監査ではなく、親会社の監査に必要な調査と位置づけられる。(15)

昭和49年4月の「株式会社の監査等に関する商法の特例に関する法律」と銀行検査
株式会社の監査等に関する商法の特例に関する法律は、昭和49年法律第22号として同年4月2日に公布された。同法では会計監査人の監査対象を規定する条文として、第2条が以下のように制定された。

株式会社の監査等に関する商法の特例に関する法律第2条
資本金の額が5億円以上の株式会社（以下この章において「会社」という）

は、商法第281条第1項第1号、第2号及び第4号に掲げる書類並びにその付属明細書について、監査役の監査のほか、会計監査人の監査を受けなければならない。

商法第281条第1項第1号、第2号及び第4号に掲げる書類並びにその付属明細書とは、「貸借対照表」、「損益計算書」、「準備金及利益又ハ利息ノ配当ニ関スル議案」である。また、「株式会社の監査等に関する商法の特例に関する法律要綱」では施行期日について、公布の日から6ヶ月以下の政令で定める日としながら、資本金10億円以上の銀行、信託会社、保険会社及び保証事業会社については、昭和51年1月1日から施行することとしている。資本金10億円以上の全ての銀行については、昭和51年度決算から本格的に会計監査人による監査が義務付けられた。[16]

商法の一部を改正する法律によって、昭和51年5月1日以降、資本金10億以上の金融機関を含めて会計監査人の監査が義務付けられたことにより、少なくとも中堅以上の銀行については、決算数値の適法性、妥当性が監査されることになった。会計監査人への提出が求められる「貸借対照表」、「損益計算書」、「準備金及利益又ハ利息ノ配当ニ関スル議案」の3つの書類については、銀行検査でも検査対象としてきたが、会計監査人が有する専門知識に裏付けられた緻密な検査が行われてきたわけではなかった。

商法の改正により、一定規模以上の金融機関に対しては、監査役監査、会計監査人監査、内部監査（行内検査）から構成される三様監査体制が整った。そして、昭和56年の銀行法改正により、子会社を含む三様監査と同じ対象先に当局検査が及ぶことになり、必要に応じて実務レベルでも三様監査の有効性を確認できる体制が構築された。

これが、三様監査に次いで当局検査が整備された時系列的推移であるが、この間5、6年を要しているのは、昭和50年に大蔵大臣から諮問された金融制度調査会の検討が銀行法の改正として結実するまで、時間をかけて練り上げられたことが原因と思われる。

株式会社の監査等に関する商法の特例に関する法律第7条第3項は、「会計監査人は、その職務を行うため必要あるときは、子会社に対して会計に関

する報告を求めることができる」として、会計監査人の権限が子会社に及ぶよう強化した。このように、商法および株式会社の監査等に関する商法の特例に関する法律で、監査役、会計監査人の監査権限を子会社にまで拡張し、これが7年後、改正銀行法で強化される銀行子会社への検査当局の検査権限内容と整合することとなる。会計監査人が子会社に対して報告を求めることができるのは、子会社を利用した粉飾決算等の不当な経理処理の疑いがある場合で、目的限定的な監査権限と理解される[17]。

2－2　昭和51年から56年までの銀行監督行政

　昭和51年から56年を中心とした時期の金融行政で、銀行検査に大きな影響を及ぼしたのは、（1）金融制度調査会による「普通銀行のあり方」答申、（2）銀行法の改正、の2つであろう。この金融制度調査会の答申内容と銀行法の改正内容を導き出すまでのプロセスを考察した上で、銀行法に基づいて、いかなる点を銀行検査のポイントとすべきかを検討する。

　銀行法の改正に関する建言内容は、金融制度調査会による「普通銀行のあり方」答申で明示されている[18]。新銀行法が、金融制度調査会での議論が結実した「成果物」であるとすると、調査会での議論は、その成果を世に送り出すまでの「検討プロセス」である[19]。この成果物である銀行法が、法律という形式にあてはめられた条文で構成されるものであるのに対して、検討プロセスでの議論は、法律形式に収まりきらない銀行監督行政上に関する大蔵官僚の本音に近い考え方が表れている。なぜなら、金融制度調査会は金融制度調査会設置法に基づいて設置された大蔵省の付属機関であるので、大蔵省が主導権をもって指名した有識者を中心に構成される議論の場だからである。

　このような観点から、本節では、金融制度調査会が昭和50年5月、大蔵大臣から諮問を受けて以降、昭和56年5月に新銀行法案が参議院で可決成立するまでの6年間を中心に、銀行監督行政や銀行検査行政のあり方に関する議論を検討する。そして、検討結果に基づき、新銀行法に基づく銀行監督行政の方向性と銀行検査のあり方について考察を加える。

金融制度調査会における「銀行に対する監督等について」の議論

金融制度調査会に対しては、昭和50年5月14日、大蔵大臣から諮問を受けて、「銀行に関する銀行法その他の法令及び制度」について審議を開始し、基礎的検討を行ったが、昭和50年10月6日の第5回総会で、当面、銀行制度の中核である普通銀行制度を中心に審議を進めていくことが決定された。第5回総会では、普通銀行制度のあり方について、銀行に対する監督を含む7項目を中心に検討することとなった。[20]

本章では、銀行検査のあり方を含む「銀行に対する監督等について」に関する議論を中心に、その検討推移や検討結果の銀行法への反映状況を分析する。銀行に対する監督等のあり方についての審議は、昭和53年9月から12月の3ヶ月間にわたり、第49回小委員会から第58回小委員会に至る、計10回の個別テーマごとの検討と、第13回総会での、小委員会審議の結果報告と今後の審議の進め方についての報告をもって一段落した。[21]

「銀行に対する監督等について」の審議事項

「銀行に対する監督等について」の審議事項を決定するにあたっての基本認識は、(1)金融機関経営の健全性を維持することは、経営者の重大な責任であるとともに、その公共的性格に鑑み、行政当局が健全性確保の観点から適切な監督を行うことは不可欠であること、(2)経済環境や金融構造の変化にともない、国民の金融機関の諸機能に対する期待や関心が大きくなっており、社会的に要請される機能を一層効率的に発揮するため、行政面でも配慮することが必要であること、の2点である。[22]

普通銀行のあり方に関する金融制度調査会答申内容の検討

銀行に対する監督等についての審議項目は上述の通りであるが、審議の結果として発表された答申内容で銀行検査との関係が深いのは、「銀行の公共性と社会的責任」、「銀行機能の発揮のための方策」、「銀行に対する監督」、「銀行の内部体制等の整備」の4点に関する議論である。したがって、以下では金融制度調査会の答申内容に審議経過を加味して4点の議論を検討した上で銀行検査との関わりを考察する。

第14章　昭和50年代を中心とした銀行検査の考察

1. 銀行の公共性と社会的責任に関する議論と銀行検査

　銀行の公共性と社会的責任に関して論点となったのは、(1)銀行に要請されている社会的機能とは何で、最近における環境変化等のもとで銀行の社会的機能をどのようにとらえるべきか、(2)銀行の諸機能のもたらす社会的影響、企業の社会的責任論等を考慮した場合、銀行の公共的性格をどのように考えるべきか、(3)銀行がその公共的機能を適切かつ十全に発揮し、社会的責任を果たしていくために、銀行の経営、銀行法等による基本的規制（営業の免許制、店舗の認可制等）が必要と思われるが、これについてどのように考えるか、の3点である。これら3つの論点は、銀行のあり方についての根本的な問いかけであり、銀行の公共性と銀行検査の関係を重視する本章の問題意識と重なる。

　金融制度調査会の問題意識の新しい点は、銀行の公共性を固定的に考えるのではなく、時代背景や経済環境によって銀行に要請される社会的機能が変化することにともなって、銀行の公共性の内容が変化するという考え方である。つまり、金融制度調査会に諮問した大平正芳大蔵大臣の認識は、昭和50年を境に、銀行の公共性の内容を再検討しなければならいほどの環境変化が起こりつつあるというものであった。

　このような問題認識に基づいて、昭和54年6月20日付で、金融制度調査会答申「普通銀行のあり方と銀行制度の改正について」が提出された[23]。その結果、銀行に要請される社会的機能としては、銀行がその経営の健全性の維持に配慮し、かつそれぞれの銀行の特色を生かしつつ、以下の点に応えるべきことが示された。つまり、(1)企業部門のみならず、個人および公共部門への円滑な資金供給を行う等、資金需要面の多様なニーズに適切に対応すること、(2)個人および企業等の金融資産選択における収益性の選好状況等に対応し、適切な金融資産を提供していくこと、また、その他国民のニーズ等に対応した商品・サービスを提供していくこと、(3)長期的、社会的に有用と考えられる分野への資金供給等、経済構造の転換期における資金配分面での配慮を行っていくこと、(4)土地投機等、社会的に著しく問題のある企業活動を助長するような資金供給を抑制していくこと、(5)中小企業および個人

第Ⅵ部　安定成長期および平成期の銀行検査

に対する融資を受ける機会の公正な提供、個人取引の適正化および歩積・両建預金の解消への努力等、社会的公正を確保していくこと、の5点である。

　銀行に対する社会的要請によって変化することが予想された、銀行の公共性に対する考え方については、ここでは触れられていない。社会的機能として銀行に要求されるのは、つまるところ、（1）資金配分面で配慮しつつ、多様な資金ニーズに適切に対応すること、（2）社会的公正を維持しつつ業務を遂行すること、の2点で、これらは、従来から銀行に期待されてきた社会的機能と何ら異なるところはない。従来と比較して強調されているのは、銀行経営の健全性の確保である。つまり、銀行に対する社会的要請は、銀行経営の健全性を保ちつつ、社会的公正の観点から、各行が資金配分の適正性を踏まえて資金供給するという点である。これは、社会的厚生を最大化することを私企業たる銀行に対して求め、それと同時に、収益性の追求を含む経営の健全性を求めることを意味する。[24]

　社会的厚生の最大化を実現するための具体的な融資構成としては、答申で述べられているように、「企業部門のみならず、個人および公共部門への円滑な資金供給を行うこと」、その一方で、「土地投機等社会的に著しく問題のある企業活動を助長するような資金供給を抑制していくこと」があげられる。しかし、土地投機のための融資が銀行の短期的利益目標と合致した場合は、これに応じることが銀行にとっての経済合理的な行動といえるかも知れない。つまり、個人向融資に特化してリスク分散しながら小口ローンを積み上げるより、収益性、事務負担の両面から経済合理性を追求した場合、土地投機資金需要に対する融資を行うことが私企業としての銀行にとって有利と判断されることもあり得るということである。

　これらの点に関する考察を十分に行わず、金融自由化や弾力化に突き進んでいったことが、後の金融バブルの原因の1つとなったのではないかと考える。昭和49年に実施され、ごく短期間で廃止された選別融資規制は、社会的厚生の最大化を担わされた私企業としての銀行が抱える矛盾を、行政当局が肩代わりするもので、むしろ銀行の負担を軽減するものであると考えれば、選別融資規制による銀行監督は必ずしも金融自由化や弾力化と矛盾対立するものとはいえない。

第14章　昭和50年代を中心とした銀行検査の考察

　銀行検査は、このような行政当局の合理的介入を前提に成立する。つまり、銀行に対して、適切な時期に必要に応じて、選別融資規制を実施することが銀行監督当局の役割で、その規制の趣旨にしたがって、各行が適正に規制されているかを確認するのが銀行検査の役割である。そして、規制の趣旨が銀行に理解されつつも、銀行の合理的行動と規制が矛盾し、それが著しく不合理な結果を生んでいないかを確認することによって規制の合理性を判断する。そして、その判断結果を監督当局に還元するのが2つ目の役割である。これらの役割を命名すると、前者は銀行検査による「銀行監督行政の捕捉機能」、後者は銀行検査による「銀行監督行政の適切性に関する提言機能」となる。換言すると、現場での情報収集機能と、収集した情報に基づく分析結果のフィードバック機能である。

　両機能の重要性に差異はない。しかし、銀行監督行政が金融機関でどのように受け入れられ、各種規制が遵守されているかを捕捉することなく、規制の合理性を判断することは不可能であるので、いわゆる捕捉機能は提言機能を働かせるための前提となる。このように、銀行監督行政との関係から銀行検査の機能を定義するのは、この時期から現代に向けて、バブル崩壊との関わりから銀行検査の役割や、その貢献内容を分析するためには、2つの概念を設定し、その概念に基づいて分析を進めることが有効と判断したからである。金融の自由化、弾力化が加速される中では、銀行検査の提言機能の重要性が従来以上にクローズアップされる。

　被検査銀行との関係から考えた場合の銀行検査の提言機能については、「提言型検査」という概念で説明される[25]。すなわち、提言型検査は銀行実務の適法性について検査するにとどまらず、合理的な銀行業務運営や銀行経営のあり方について銀行検査を通して被検査銀行に勧告・指導しようとする立場である。これに対して、本章で論じている「銀行検査の提言機能」は、銀行検査と銀行監督当局の関係から導き出した概念である。

　銀行検査は被検査銀行に対して、検査で把握した個別指摘事項に基づいた銀行経営に関わる提言機能を有するとともに、銀行監督当局に対しても、銀行監督行政の適切性に関する提言機能を有する。つまり、銀行検査は、当局サイドに軸足を置きながらも、銀行実務に最も近接した立場から、被検査銀

第VI部　安定成長期および平成期の銀行検査

行の事情を斟酌して銀行監督行政に対して物申す一種の媒介システムである。金融の自由化、弾力化に向けて銀行監督行政が変化する局面においては、変化する銀行監督行政に金融機関が追随しているか否かにとどまらず、監督行政の変化内容とそのテンポが適正かつ合理的であるかをチェックするという観点からの、補足機能と提言機能が重要性を有する。

2. 銀行機能の発揮のための方策と銀行検査

　銀行が公共的機能を発揮し、社会的要請に応えていくために金融制度調査会が考えた方策は、（1）金利機能の一層の活用、（2）銀行の業務範囲を弾力化することにより、銀行の創意工夫の発揮を可能ならしめること、（3）各銀行の特色及び各業態の専門性の発揮、（4）銀行経営の効率化の推進、（5）許認可等の弾力的運用、の5点である。これらの方策を見ると、金融効率化の方向に合わせて、銀行機能を柔軟に発揮させようとする答申の意図が読み取れる。以下で、個別方策と銀行検査の関係を考察する。

　金利機能の活用は、金融の効率化を図るための適正な競争原理を生かす意図をもって提言されたもので、経済合理的な金利面の競争を促進することが目的である。しかし、この目的を達成するためには、（1）歩積両建預金等の不適切な預金吸収がなくなり、金融機関の利息収支が顧客の資金需要、資金運用ニーズを正確に反映したものとなっていること、（2）金融機関の間で、決められたルールに則り、公正にかつ節度をもって自由金利競争を行うための意識が醸成され、それが金融機関共通の認識となっていること、（3）銀行の経営企画機能、業務統括機能を担う部署がALMを管理する能力を有し、かつ営業店を統制する権限を与えられていること、（4）銀行経営者が、（1）から（3）について十分な見識を有して経営にあたること、の4つの条件が満たされる必要がある。つまり、「銀行経営の健全性」が経営者の意識や具体的な事務体制等で裏付けられていることが条件となる。

　銀行検査の観点からは、これらの4条件が満足されているかを現場で確認することが第一義的に重要で、その確認結果に基づいて金利の自由化にともなう個別の問題点を指摘することになる。つまり、この場合に銀行検査として最も重視してチェックすべきであるのは、個別業務における金利機能の活

用実態ではなく、従来の検査でも対象としてきた、歩積両建預金、経営者マインド、経営企画・業務統括機能の実態を確認することである。ただし、実態確認にあたっては、（1）金利機能の活用を展望した検査、（2）金融機関の意識醸成度合の比較検討、の2点を新たな切り口として加えることが必要となる。

　これらの切り口から、金利機能を活用するにあたっての金融機関サイドの受入体制や個別業務の実態を把握することが、「銀行検査の捕捉機能」を果たすことになる。また、検査で捕捉した事実に基づいて、金利機能の活用が時期尚早と判断するか、尚早でないにしても現在の政策を継続することによって、金融機関に大きな混乱が予見される場合には、その趣旨を銀行監督当局に提言し、「銀行検査の提言機能」を発揮することになる。このように、銀行検査にはきわめて大きな役割が課せられている。したがって、普通銀行制度のあり方を検討する金融制度調査会の答申内容等、金融行政の岐路に差しかかる局面においては、その重要性を一層強く認識する必要がある。

3．銀行に対する監督と銀行検査

　銀行に対する行政当局の監督には、旧銀行法上、（1）調査権、（2）検査権、（3）処分権、が認められており、金融制度調査会の答申もこれらを引き続き監督手段として認めていくという方向を示している。まず、調査権および報告・届出等については、これが銀行業務および財産等の状況を把握するための一次的手段であるため、権限を存続する必要があるとしており、それと同時に権限を適正に行使するための規定の整備が不可欠と指摘している。銀行法改正によって一年決算に移行することが予想されるが、その場合にも従来通り業務報告書は半年周期での提出を義務づけるべきとしている。[26]

　金融制度調査会は、まず現行の銀行検査を、その適切性と銀行監督・指導への成果の2点において肯定している。つまり、「銀行検査の捕捉機能」、「銀行検査の提言機能」の両面で合格点を与えている。しかし、この認識については、（1）金融制度調査会が大蔵省の付属機関であり、いわば身内である検査部に客観的かつ厳格な評価を与えることは困難であること、（2）検査部のパフォーマンスを評価する基準やシステムが存在しないこと、の2点から当

時の金融制度調査会でもおそらく感覚的な評価しかできなかったと推察される。

　金融制度調査会の結論は、現状の銀行検査の質的レベルを十分として海外検査、銀行の代理店および関連企業に対する検査等、検査範囲の広がりや検査の量的拡大を主として提言しているが、前提条件としての現状認識が不正確であったとすれば、銀行検査のあり方を根本的に検証する機会を逸したことになる。ここで提言として強調すべきであったのは、検査結果を銀行行政に的確に反映させ、個々の事例に即した指導または監督を行っていくことであり、その点において銀行検査が十分な役割を果たしてきたかどうかを、従来実績に基づいて検証することであった。そして、従来の実績が十分であるという心証を得られなかった場合は、GHQ/SCAPとの議論で俎上に上った、銀行監督行政と銀行検査行政の関係についての根本的な議論を行うべきであった。

　つまり、監督当局と検査当局が同じ銀行局に属していることを前提としても、それが銀行検査の捕捉機能と提言機能を阻害するものではなく、監督と検査の間のファイアーウォールを健全に維持すれば、むしろ両機能は円滑に働くことを再確認すべきである。

4．銀行の内部体制等の整備と銀行検査

　銀行の内部体制の整備については、答申で目新しい内容が述べられているわけではない。ポイントは、（1）銀行の株主総会、取締役会及び監査役の機能を十分発揮させていること、（2）銀行の検査部による内部検査体制を整備・拡充し、事務検査、事務指導を充実・活用していくこと、（3）銀行協会等の業界団体は、銀行業務の改善合理化、行政との意思疎通等で引き続き有効な役割を果たしていくべきこと、の3点である。企業統治と内部統制を充実させることおよび、業界団体を行政指導の窓口として活用することが述べられているが、銀行検査と行内検査の協働や銀行検査を通して行内検査の状況をチェックすること等の具体的内容には触れられていない。

　しかし、後段の節で見る通り、昭和51年に発刊された『金融検査の要領Ⅱ』には、詳細な行内検査に関する記載がある。そこでは、行内検査の詳細な分

第14章　昭和50年代を中心とした銀行検査の考察

類と銀行検査による行内検査の実施状況に対する検査指摘等が述べられており、金融制度調査会の認識とは別個に、銀行検査実務ではすでに行内検査を内部管理体制の重要な制度として認識し、その実態について検査を行っていた。

銀行法の改正と銀行検査

　銀行法の改正についての検討結果は、昭和54年6月20日付の金融制度調査会答申でも詳細に述べられているが、改正後の銀行法の内容については、2年後に発刊された昭和56年版の第28回　銀行局金融年報に逐条解説を含めて詳細に記述されているので、それを参考に銀行検査のあり方を考察する。(27)

　1. 大口信用供与規制に関する変更内容
　健全経営を確保する上での具体的法制化事項としては、大口信用規制の法制化（第13条）があげられる。大口信用供与については、銀行のポートフォリオを健全化するという趣旨に基づいて、過去から銀行検査でも検査ポイントとして重点を置いてきたにもかかわらず、根絶が困難な問題であった。銀行法改正により法律段階で規制することで、積年の課題を効果的に解決しようとする監督当局の問題意識が具体化したものと理解される。
　しかし、大口信用供与規制に関する銀行行政は、昭和49年12月の銀行局通達「銀行の大口融資規制について」(28)の発牒時点で基準を超過しているものが99件、62社あったものが、特例扱いを認めているものを除いて解消していることが前提となっている。したがって、法制化に際しては、大口信用供与規制が実体経済の桎梏となることを避けるため、実情に対応して規制内容を弾力的に改変することを可能とする配慮がなされた。このため委任事項が多数存在するので、銀行検査にあたっては、大口信用供与によるリスク回避と経済社会状態や取引関係の実態を勘案した合理的判断が必要となる。

　2. 銀行検査に関わる変更内容
　新銀行法第25条（立入検査）第1項で、「大蔵大臣は、銀行の業務の健全かつ適切な運営を確保するため必要があると認めるときは、銀行（代理店を

687

含む)に対し、その業務又は財産の状況に関し報告又は資料の提出を求めることができる」とした上で、第2項で新たに以下の規定を設けた。

銀行法第25条第2項
　大蔵大臣は、銀行の業務の健全かつ適切な運営を確保するため特に必要があると認めるときは、その必要の限度において、当該銀行の子会社(商法第274条ノ3第1項(子会社調査権)に規定する子会社(同条第2項の規定により子会社とみなされるものを含む)のうち大蔵省令で定める会社をいう。以下この条及び次条において同じ)に対し、当該銀行の業務又は財産の状況に関し参考となるべき報告又は資料の提出を求めることができる。

　第25条第2項は、銀行検査の対象を子会社まで広げる意図をもって新たに設定されたものであるが、(1)銀行法の一次的な規制対象は銀行であり、子会社検査権等は銀行業務の健全かつ適切な運営を確保するために必要なものであるべきこと、(2)したがって、銀行とは別個の法主体である子会社を銀行法の規制の対象として取り込む範囲は必要最小限度にすべきこと、(3)具体的には、商法第274条ノ3に規定する子会社のうち大蔵省令で定めるものに限定すること(当面は100%子会社に限定)、の3点が逐条解説で明確化されている。[29]
　銀行決算が連結ベースで公表されることのなかった昭和56年当時では、銀行の不良資産や損失隠しのために子会社が利用され、それが株主や監督当局に隠蔽されることはあり得たと考えられる。したがって、銀行法上でそれらの隠蔽工作を検査によって暴くことができる法的整備をしておくだけでも、牽制効果は大きいと思われる。しかし、財務経理処理上の隠蔽工作であれば、昭和49年4月に公布された、「商法の一部を改正する法律並びに株式会社の監査等に関する商法の特例に関する法律」により、銀行に会計監査法人の監査が義務付けられているので、帳簿操作による子会社を利用した不透明な経理処理は困難なはずである。
　商法改正から7年後の昭和56年に、銀行法改正により銀行検査の範囲を子会社まで広げた背景には、大蔵省が会計監査法人の監査が十分な成果をあげ

ていなかったと認識したか、あるいは、過去の大蔵検査結果に基づき、経理帳簿のみの監査にとどまらない銀行業務の内容に踏み込んだ子会社への当局検査が必要と判断した、等の理由があると考えられる。いずれにせよ、検査範囲の拡大は検査権の強化であると同時に、検査頻度において検査部の負荷が増加するため、検査深度を強化する機会は逆に遠のいたといえる。

2－3　昭和57年から62年までの銀行監督行政

　昭和57年から62年までの銀行監督行政は、昭和56年に公布された新銀行法の精神を受け継いだ、金融の自由化、弾力化、国際化が主流である。金融行政の自由化、弾力化の流れについては、昭和56年から61年までの6年間、毎年実施された第1次措置から第6次措置のうち、銀行検査に関わる事項および銀行検査が従来から検査対象としてきた事項を分析し、銀行検査への影響を検討する。また、これらの措置に含まれない銀行行政上の重要施策についても検討を加える。

　合計6次に及ぶ措置は昭和61年で一段落しており、昭和62年には政府による具体的措置は実施されていない。しかし、昭和62年は『銀行局金融年報』の検査結果の記述がCAMEL方式（後述）を意識して、（1）運用、（2）調達、（3）証券業務、（4）国際業務、（5）損益、（6）経営管理、の6項目建てで記載された最初の年度であることや、土地関連融資に関して同年7月から特別ヒアリングが実施されたこと等から、銀行監督行政上重要な年度と認識する。CAMEL方式と日本の銀行検査の関係については、『銀行局金融年報』の検査結果の記述がCAMEL方式を意識して記述されるまでの検査当局の認識推移を概観する。

　土地関連融資については、昭和60年7月から平成3年12月にかけて7つの銀行局通達や事務連絡が発牒されており、これらの内容を連続的な銀行監督行政の施策と捉えて検討することが合理的と考えられるので、本章で対象とする時代区分から外れる年度を含めて包括的に土地関連融資規制の流れを分析する。[30]

　金融の自由化、国際化を推進する上で銀行検査当局が必須事項と位置づけたのは、信用秩序の維持であり、それを個別銀行レベルで確実に実現するた

めに用いられた概念が、「銀行の健全性」である。銀行経営の健全性を達成するためには、銀行経営者を量的拡大に価値を置く銀行経営から脱却させることが必要である。そして、金融自由化の本旨を正しく理解した銀行経営に導く上で必要なのは、（１）質的充実に重点を置く銀行経営に向けての銀行経営者の意識改革、（２）自己責任原則に則った経営を行う上で必要なインフラ整備、の２点である。

　質的充実に価値を置いた銀行経営を行うためのインフラ整備の１つとして、経営諸比率の見直しがあげられる。経営諸比率については、銀行の健全性を測る指標に重点が置かれ、それが質的充実のメドとなる。具体的には、自己資本充実を中心とした指標に加えて、バランスシートやポートフォリオを通した資産運用の安全性を見きわめることが必要となり、これに加えて、資産の健全性に重点を置いたリスク管理の強化が図られることになった。昭和61年５月には経営諸比率の見直しについて基本的考え方が示された。[31]

　経営諸比率設定の切り口は、①自己資本の充実、②配当、③流動性の確保、④大口信用供与、⑤経営実態の把握、の５つであり、比率規制は概ね緩和傾向にある。したがって、金融機関の自主性を最大限に尊重し、規制・指導は必要最低限とするという考え方とは整合的である。特に、配当の上限規制の廃止、長期運用・調達比率については当面基準値の設定を行わないこと等がその例である。その一方、自己資本比率を見直し、自己資本および総資産の内訳について所要の見直しをすると定めたのは、同比率によって野放図な資産拡大を規制し、併せて自己資本および総資産の構成内容をチェックすることにより、いわゆる筋肉質の財務体質を作り上げようとするもので、「量」から「質」への転換を促すという目的と整合的である。

　国際的な銀行監督の動向にも配意するという点に関しては、国内勘定のみを対象にした自己資本比率（本則）に対して、海外支店を有する金融機関の補則を設けて、国際業務のリスクが高いことを加味した、高めの自己資本比率目標を設定している点と符合している。海外子会社の経営諸比率を管理することも、国際的な銀行監督の動向への配意と整合的ではあるが、報告内容の具体性に欠けている。また、金融機関が自らチェックポイントを設定するという点と各業態の特殊性を考慮しつつ、できるだけ一律の取扱いとすると

第14章　昭和50年代を中心とした銀行検査の考察

いう点に関しては、これらと整合的な比率規制は見当たらない。

　経営諸比率規制と銀行検査の関係については、前者が金融機関の自主性を最大限に尊重し、規制・指導を必要最低限に抑えるという基本方針を打ち出している点を考慮すると、銀行検査の関わり方が緩やかにならざるを得ないと考える。つまり、画一的に遵守すべき経営諸比率を設定し、それを機械的に検査する方式と異なり、既存の経営比率について規制指導を緩和し、金融機関自らがチェックポイントを設定することを勧奨する銀行監督方針下において、経営諸比率規制に対する銀行検査の関わり方は単純ではない。

　その一方、銀行検査の充実は、経営諸比率の見直し、預金保険制度の整備と並んで、インフラ整備の３番目に位置づけられている。銀行検査を充実させるための方策は、（１）金融機関業務の多様化、複雑化への対応、（２）検査の効率化、（３）情報の常時把握体制構築、の３つである。金融自由化や国際化が進展すれば、金融商品は必然的に複雑化し、銀行検査はそれに即応した体制を構築することが必須となる。このような、銀行検査の発展型の理想が、昭和60年以降どのように具体化されたのか、あるいは、積み残されたのかを銀行監督行政と検査実務の推移から理解することが必要である。

　米国のCAMEL方式と日本の銀行検査

　米国のCAMEL方式は上述のように、昭和62年から『銀行局金融年報』の検査結果の記述様式に取り入れられた。これはGHQ/SCAPから影響を受けて以来の米国方式の採用である。従来、明治期のシャンドや戦後占領期のGHQ/SCAPのような外的刺激は、銀行検査の基本コンセプトに大きく影響を与えてきたので、CAMEL方式の導入経緯を探ることは、銀行検査のコンセプトの変化の有無を確認する意味でも重要である。したがって、CAMEL方式が検査部長、課長等の責任者にどのように認識されてきたのかを把握することが必要である。このような考えに基づいて、以下で昭和60年から63年にかけての歴代検査部の部課長クラスのCAMEL方式に対する認識推移を考察する。[32]

　CAMEL方式は、信用秩序を維持するための米国の検査方式として検査部により紹介されていた。[33]紹介内容としては、C（資本）、A（資産）、M（経営）、

第Ⅵ部　安定成長期および平成期の銀行検査

E（収益）、L（流動性）それぞれの項目について１点から５点で個別評価した上で、総評価を最高５点から最低25点で金融機関を格付けるというものである。この根底には、日本の銀行行政に固有ないわゆる護送船団方式とは正反対の考え方、つまり、経営内容の悪いところは潰れても仕方がないという考えがあることを併せて紹介している。したがって、この時点ではCAMEL方式による銀行検査手法を米国の銀行行政の思想を反映した特殊ケースとして認識するのみで、それを日本の銀行検査行政で採用することについては言及されていない。

　CAMEL方式を中核に置いた検査手法が機能する実務的な背景としては、常時、銀行から各種の指標を提出させ、報告を徴求するという、「プルデンシャル・リターンズ」が前提となっており、通貨監督官が５つの指標のうち異常数値があると判断した場合、その項目を集中して検査するという機動的な検査体制、つまり、ローテーションにこだわらない実地検査体制が前提となっている。この点、日本では金融自由化・弾力化にともなって監督当局への各種報告資料が簡素化される傾向にあるのは、CAMEL方式を採用する米国の検査思想、手法との相違であるというにとどまらず、自由化の進展にともない監督強化が行われなければならない、従来の日本型監督行政に逆行する措置であった。このように、昭和60年時点でCAMEL方式を米国に倣って日本に取り入れるには、検査思想、検査手法ともに環境が未整備であった。

　昭和61年には、銀行検査充実の一環として総合的な評価格付の確立が議論されるようになった。[34] この時点の銀行検査充実の施策は、（１）効率的・重点的検査、（２）総合的な評価格付の確立、（３）検査事務の電算化、（４）フォローアップ体制の強化、が４本柱であり、「総合的な評価格付の確立」は、重要な課題の１つとして認識されていた。しかし、昭和61年時点では、日本における銀行検査の総合的な評価格付の雛型としてCAMEL方式を参考にするのが狙いで、その背景にある検査思想や、CAMEL方式を可能にする諸報告の体系等については捨象されていた。

　昭和62年３月に至って、検査部内において金融機関の評価や評定をもう少し研究する必要があるという反省がなされるようになった。[35] これが、米国と日本の銀行監督行政の違いや、日本的風土への定着の容易さを念頭に置いた

ものかどうかは明確ではない。当面、金融機関の総合的な評価格付結果は、対外的にオープンにしないという方向で運用していくことが明らかにされた。

昭和62年10月では既に、多面的な視点から金融検査を充実させていく方策を論じるにあたって、CAMEL方式の各項目を中心に対策が述べられている。[36] CAMEL方式で示された5つの項目に沿って検査を行うことは、多面的な視点から検査を充実させることに等しいと位置づけられている。つまり、CAMEL方式は従来の日本の銀行検査の視点、手法の多様化に資するものと考えられている。しかし、金融機関の健全性を、資本、資産、経営、収益、流動性の5つの視点から評価することは、事実上、従来からも行われている。CAMEL方式は銀行検査の視点を多面的にするというよりは、むしろ、従来から存在していた銀行検査の視点を整理し、かつ定式化することにより、検査手法を標準化することに寄与したと考えるのが妥当である。

その証左として、昭和63年3月には、検査の進め方としてCAMEL方式を採用し、その結果、従来の検査ではA（資産）に重点を置きすぎたという反省が生まれた。具体的には、検査を行った金融機関に対する示達内容が、（1）融資の審査態度の改善、（2）分類資産の管理、（3）内部事務管理であるが、資産の健全性にだけ着目していれば良いという時代ではなくなったという反省が生じた。その結果、リスク管理、収益構造の改善を主要留意事項として重視することが必要という結論が導き出された。つまり、検査示達の内容をCAMEL方式にしたがって見直し、銀行検査の方向性を修正するように検査実務も変化した。

このように、CAMEL方式に対する歴代の検査部課長レベルの意識の変遷を見ると、CAMEL方式を検査技術の一種と捉えて、技術的側面のみを日本の検査風土に生かす方向で取り入れたと理解できる。つまり、CAMEL方式を効果的ならしめる諸報告の充実や、CAMEL方式の結果を効率的な傾斜検査に活用するという認識ではなく、いわば検査技術の表層部分を効率的に取り入れようとするのが、昭和60年から63年に至る3年間の推移であった。

土地関連融資規制の流れと銀行検査

土地関連融資規制に関する通達行政は、選別融資規制の1つとして、昭和

第Ⅵ部　安定成長期および平成期の銀行検査

　50年3月28日付の事務連絡から10年余を経て、昭和60年7月31日付事務連絡で復活した。その後、昭和61年4月の大蔵省通達「土地関連融資の取扱いについて」から、平成3年12月の大蔵省通達「土地関連融資の抑制について」に至るまで、5年間で6回の大蔵省通達によって規制強化された。土地関連融資規制に関わる大蔵省通達、事務連絡は14回にのぼる。[37]

　昭和60年から61年にかけての3回の土地関連融資に関する大蔵省通達は、国土庁土地局長から大蔵省銀行局長に対する依頼に基づき、銀行局長が金融機関宛に通達を発牒していた。しかし、昭和62年から平成3年にかけての土地関連融資に関する4回の大蔵省通達のうち3回は、大蔵省が単独で発牒している。昭和61年12月付通達「土地関連融資の取扱いについて」では、金融機関に周知徹底を図るべき事項として、（1）土地関連融資については、土地保有の目的その他に関し厳正な審査を行い、有効かつ適切な土地利用が図られないまま、短期間に当該土地の転売を行う等の投機的な土地取引等に係る融資については、これを厳に慎むこと、（2）不動産業者及び建設業者向け土地関連融資については、昭和61年4月16日付蔵銀第800号「土地関連融資の取扱いについて」により、本年度中、半年毎にその実行状況を報告するよう求めたところであるが、最近の土地動向にも鑑み、報告期間については、1年延長し昭和63年3月までとすること、の2点を明示した。

　上記2点により、投機的な土地取引に係る融資を慎むことと、その状況を銀行からの報告によりモニタリングすることが明示されたが、銀行が本来の資金使途を隠して融資を実行したり、関連子会社を利用して土地関連融資を実行するような行為を具体的に規制する内容とはなっていない。

　昭和62年10月付通達「土地関連融資の厳格化について」には、昭和62年7月から、地価高騰地域等に営業基盤を有する金融機関に対して、「特別ヒアリング」を実施してきたことが記述され、同年10月には、「緊急土地対策要綱」を決定し、その趣旨を徹底することが記述されている。また、金融機関に周知徹底を図るべき事項がさらに具体化して示された。

　昭和62年10月付通達により、貸金業を行う関連会社を含めて具体的な規制内容が示されるとともに、特別ヒアリングにより、各金融機関の実態を把握する仕組みが整った。さらに、平成2年3月付通達「土地関連融資の抑制に

ついて」では、土地関連融資に関わりの深い、不動産業、建設業、ノンバンクの3業種に対する融資の実行状況を報告することが金融機関に指示された。しかし、平成3年12月付通達「土地関連融資の取扱いについて」では、東京圏・大阪圏等の大都市圏、地方圏での地価が鈍化、下落が顕著になっていることから、平成2年3月付通達の規制を平成3年12月で廃止して報告義務を免除するとともに、より緩やかな規制内容に変更した。このように、大蔵省は平成3年に始まった地価の下落を、バブル崩壊の前兆ではなく、金融行政の成果と捉えて通達を発牒したふしが見受けられる。

　昭和60年以降の大蔵省の土地関連融資に対する危機感は、通達の発牒頻度や内容変化に顕著に表れている。しかし、土地関連融資規制も他の選別融資規制と同様、昭和50年3月付事務連絡から昭和60年7月付事務連絡に至る10年間において、本来抑制的に取り扱われるべき融資が実態的に累積し、それがバブル期に顕在化する不良資産の一部を構成している可能性がある。

　銀行検査が果たすべきであった本来の役割は、昭和60年以降頻出される土地関連融資についての通達内容の遵守状況チェックもさることながら、昭和50年から60年に至る、選別融資規制に関する監督行政において、「銀行検査の提言機能」を発揮し、選別融資規制復活の必要性を監督当局に提言することであった。

第3節　昭和50年代前半の銀行検査

　昭和50年代前半の銀行検査については『金融検査の要領Ⅱ』と、それに基づいて実施された銀行検査結果を基に考察を加える。とりわけ、金融の自由化、弾力化の流れの中で、銀行検査の捕捉機能と提言機能が発揮できたのかという点から考察を加える。

3－1　『金融検査の要領Ⅱ』の特徴

　『金融検査の要領Ⅱ』は、昭和51年から昭和56年までの6年間、銀行検査マニュアルとして検査実務で使用された。同マニュアルの「はしがき」には、「本書は、銀行局検査部に職を奉じる職員有志で構成されている金融検査研

究会の編集によるもので、昭和43年に刊行された『金融機関の検査』に準じて編纂されたものである。したがって同マニュアルの基本的な構成には変更を加えず、同書に収録されていなかった事項やその後に起きた種々の問題をできるだけ網羅的に収録することに努めた」という記述がある[38]。同マニュアルの構成は、「はしがき」の通り従来にない網羅的な内容を含むもので、検査技術や方法論にとどまらず、多面的に銀行検査を捉えて解説しようとする意図が見られる。具体的には、(1)部分検査方式の内容明確化、(2)内部監査のあり方についての詳細な記述、(3)コンピュータ化と検査の関係明確化、(4)海外支店検査の考え方の明確化、の4点を新たに加えて金融機関の性格や背景を捉えようとしている。

以下で「部分検査方式」と「内部監査」について検討する。部分検査方式については、『金融検査の要領Ⅱ』の制定と同時に改訂された検査報告書類で、部分検査に用いられる書類が制定されたので、書類様式の検討を通して考察する。『金融機関の検査』における内部監査の位置づけについては、第13章で詳細に分析したので、本章ではその要旨を略述し、その延長線上で、『金融検査の要領Ⅱ』における内部監査の位置づけを明確化する。これらの検討に先立ち、同マニュアルに記述されている、「銀行検査の目的」を考察する。

『金融検査の要領Ⅱ』における銀行検査の目的

『金融検査の要領Ⅱ』では銀行検査の目的を、(1)各種の着眼点について対象金融機関の実態を正確に把握すること、(2)その情報を金融行政面に反映させ、金融行政の運営を一層適切にさせること、の2点とした。そして、「銀行検査の情報把握機能」と「把握情報の監督行政への展開機能」を発揮するために打ち出される、各種規制や監督措置の目的を、3つの社会的要請という形で整理し、その社会的要請への対応状況をチェックし、是正するのが銀行検査の役割、機能と位置づけた。

第1の要請は、金融機関の「経営の健全性」である。これは預金者を保護する要請であり、検査部による経営の健全性のチェックは、安全性、流動性、収益性の3原則が守られていることを確認することである。第2の要請は、

金融機関の与信面における公共的機能の発揮である。検査部がチェックすべき内容は、①国民経済上必要な部門に必要な資金を供給しているか、②金融機関の種類に応じた機能が発揮されているか、③時代の流れに沿った新たな金融サービスが提供されているか、の3点である。第3の要請は、金融機関の「公正な業務運営」の確保である。具体的には、銀行が公共性ある企業として、法令、制度の期待するような公正な業務運営に徹することであり、検査部はその実態を、(1)歩積両建預金に代表される、銀行による取引上の優越的地位の利用の有無、(2)行き過ぎた預金獲得競争に起因する粉飾預金、架空名義預金、特利預金等の有無、(3)関係会社を利用した不正な業務運営の実態、等の観点から検査することが求められる。

『金融検査の要領Ⅱ』で述べられている銀行検査の目的は、『金融機関の検査』で述べられているものと実質的に何ら変わりはないが、概念整理とその表現が異なっている。『金融検査の要領Ⅱ』の特徴は、公共性の高い銀行が業務を営む上で注意しなければならない事項を「社会的要請」というキーワードで整理し、銀行検査の目的を、この社会的要請を満たす銀行経営が行われているかという観点から監督、指導することと位置づけた点である。そして、そのチェックポイントを、「経営の健全性」、「与信面における公共的機能の発揮」、「公正な業務運営」を確保することとした。

このように、銀行に対する社会的要請と、その要請にもとづいた銀行検査の役割を分けて整理することにより、銀行検査の機能を「銀行検査の情報把握機能」と「把握情報の監督行政への展開機能」の2つに整理し、それらの機能を十全に果たすことを銀行検査の目的とした。つまり、『金融検査の要領Ⅱ』の特徴は、(1)銀行の公共性に根差す銀行への要請を、社会的要請という形で整理したこと、(2)銀行検査の機能と目的を分けた上で、銀行検査の役割を社会的要請との関わりから述べた点こと、の2点である。『金融検査の要領Ⅱ』で示された銀行検査の2つの機能は、第2節で論考を加えた「銀行監督行政の捕捉機能」と「銀行監督行政の適切性に関する提言機能」に該当する。

戦後占領期に日本の銀行検査制度に多大な影響を及ぼしたハウアード・エス・レーマンは、銀行検査が銀行監督行政に対する提言機能を有することを

大蔵省に指導していたにもかかわらず、この機能は、戦後の銀行検査マニュアルのいずれにも謳われていなかった。そして、この点が、銀行検査当局が戦後占領期において、米国に学ぶべくして学び得なかった最重要のポイントであった。しかし、『新しい銀行検査法』、『金融検査の要領Ⅰ』、『金融機関の検査』に続く、戦後4代目の銀行検査マニュアルである『金融検査の要領Ⅱ』に至って、はじめて「銀行監督行政の捕捉機能」と「銀行監督行政の適切性に関する提言機能」が銀行検査の機能として正式に位置づけられた。

　しかし、残念ながら、「銀行監督行政の捕捉機能」と「銀行監督行政の適切性に関する提言機能」の重要性を銀行検査担当官が身をもって感じるのは、金融バブルがはじけた平成3年まで待たなければならない。検査部長を務めた金野俊美氏は、平成3年3月に発表した論文の中で、「私どもの検査というのは、もし金融機関の経営に何らかの問題が生じているとすると、できるだけ早い段階で問題点を指摘することが求められているのだと思います。そのためには早期発見を可能とするミリの精度で患部を発見する検査技量の涵養が大切です。指摘は早いほどよいわけで、当該金融機関が自力で処理できる段階で提起することが理想です。……遅くなればなるほど社会的コストが増えます。金融検査の社会的意義は、このような社会的コストを極小化することだと私は考えます」と述べている。

　この表現のインプリケーションは、（1）銀行検査による実態把握能力を向上させるべきこと、（2）把握した事実が金融機関経営に与える影響を正確に判断すること、（3）判断結果に基づいて、「社会的コスト」をキーコンセプトとして早期に是正措置を講じること、の3点である。つまり、「ミリの精度で患部を発見する」ためには、検査技量を向上させることが必要である。また、「把握した事実が金融機関経営に与える影響を正確に判断する」ためには、銀行監督当局の銀行に対する指導内容を正確に把握し、検査当局としての確固とした判断軸を持つ必要がある。さらに、早期に是正措置を講じるためには、銀行監督当局との円滑な連携が不可欠で、「銀行監督行政の適切性に関する提言機能」を発揮する必要がある。

　銀行検査当局は、日本経済が金融バブルの崩壊という巨大な社会的コストを支払うことを経験して、はじめて銀行検査における「銀行監督行政の捕捉

機能」と「銀行監督行政の適切性に関する提言機能」の重要性を、身をもって理解した。

検査報告書類から見た部分検査方式
　『金融検査の要領Ⅱ』で制定された検査報告書類は、「総合検査関係資料」と「部分検査関係資料」の2つに大きく分かれる。総合検査関係資料及び部分検査関係資料は、さらに、「事前調査資料」、「参考資料」、「各店資料」、「検査報告書付属表」の4種類に大別される(41)。
　検査関係資料のうち、「事前調査資料」は従来見られなかった特徴を有している。それは、検査部が事前検査にあたり、銀行監督当局が日常定期的に徴求していたものを銀行検査に適するようにアレンジして用いるという点である。つまり、ぶっつけ本番の検査を廃するとともに、日常徴求書類を銀行監督当局と共有し、有効利用するという合理的プロセスが銀行検査に取り込まれた。事前資料はコンピュータで処理できる数値データ中心に構成されており、数値を基に被検査銀行で分析しなければならないデータや経営改革、内部監査の状況等の質的データは、「参考資料」に含まれる。
　部分検査は、総合検査が金融機関の業務、財産の全てを検査対象とするのに対して、特定の項目のみに絞って重点的に検査を行う方式で、(1)平均検査周期の短縮、(2)重要問題点についての機動的かつ深度ある実態把握、の2点を目的とするものである。検査対象は、「資産査定」、「歩積両建預金」、「内部事務管理」の3点である(42)。
　総合検査と比較した部分検査のメリットは、検査人員、検査日数、検査関係資料が削減されることである。ただし、検査を実施するにあたっては、検査種類に関わりなく被検査銀行の基礎情報の検討が不可欠である。つまり、業容、決算数値の検討等が個別検査項目の検査を実施するにあたっての前提条件となるため、総合検査、部分検査のカバー範囲と正比例して検査工数が削減されるわけではない。
　昭和51年度から開始された総合検査と部分検査の並行実施が、昭和54年度から実態的に一本化されて運用されるようになった背景には、部分検査の省力効果と検査カバー範囲の不一致があると考えられる。部分検査がその効果

を発揮するのは、被検査銀行の経営上の弱点がきわめて明確であり、メリハリをつけた検査を実施することが、検査への投入労力と検査効果との関係から明らかに合理的と判断される場合である。しかし、総合検査によりカバーされる銀行業務全般の健全性は、従来の検査結果とは無関係に定期的に実施されるべき性格のものであることから、総合検査を実施するに際し、部分検査を組み込むことが合理的な場合もあり得る。これを健康診断にたとえると、総合的な定期健康診断に、目的を特定した検診を追加することが合理的と判断される場合である。このように、部分検査の効果的運用は、制度制定時の理想と乖離しないように慎重に行うことが必要である。

内部監査のあり方

『金融検査の要領Ⅱ』の前の銀行検査マニュアルである『金融機関の検査』においては、銀行の内部監査は進化した形で認識されている。つまり『金融機関の検査』では、内部監査の重要性を内部統制概念と離れて実務的に検討している。内部監査に対する認識のうちで特筆されるのは、（1）内部監査は経営を補佐する重要な役割を担っていること、（2）内部監査は事務監査、業務監査と順を追って、最終的には経営監査として経営者の目線で経営トップを補佐するのが最終目的であること、（3）当局検査と内部監査は相補うことが望ましいこと、の3点である。つまり『金融機関の検査』において内部監査を経営の補佐としての役割を有するものとして認識するのは、現代の内部監査理論にも通じる開明的な理解であり、経営監査が最終目的となっている。[43]

『金融検査の要領Ⅱ』では、内部監査をさらに実務的に規定している。具体的には、銀行の内部監査制度を本部検査と自店検査から構成されるものとして、それぞれの詳細を示している。『金融検査の要領Ⅱ』が規定する本部検査の定義は、「営業店の業務活動の状況、事務処理の状況、財産の保全状況等が当該金融機関の経営方針なり内部規定、命令通達等に準拠して、適正且つ能率的に運営されているかを検証し、もって、金融機関の健全なる発展に資すること」というものである。つまり、本部検査の目的は「金融機関の健全なる発展」であり、そのために、営業店を中心とする実務部隊が経営方針、規定、通達に対する理解を基に業務活動を展開しているかをチェックす

るものと定義されている。[44]

　検査当局は、自らが各金融機関に期待する本部検査の種類と方式を提示した上で、検査ポイントをまとめている。具体的な内容は、（1）検査部の存在価値を役員および職員が認知しているか、（2）検査方針は経営方針に基づき、金融機関の実態、経営環境の変化、業容の拡大、業務の多様化に即応しているか、（3）検査計画は適正妥当に検討立案されているか（検査周期、検査方式、臨店人員、臨店日数）、（4）自店検査、内部牽制組織等と相互に円滑に補完し合う体制になっているか、（5）検査結果は、人事考課、店舗表彰制度等にどのように反映されているか、（6）指摘事項の整理と再発予防のための事後管理は適切か、（7）その他（検査結果の虚偽報告、手抜き、誤指摘の有無等）のチェック、の7点に要約される。

　これらを見ると、内部監査の有効性や検査計画の妥当性等、内部監査そのものに関する検査項目が含まれているのは当然であるが、それ以外に、検査担当部署のステータスや検査指摘を尊重する銀行の風土、認識レベルを問うポイントが含まれている点が特徴的である。つまり、内部監査の有効性を生かすのは、検査を担当する役職員や受検する部署のみでなく、経営階層の意識が重要であることを強調している点に注目する必要がある。

　自店検査は本部検査等と補完し合うものと位置づけられており、その目的は、現物の確認や異例な状態の発見が主たるものである。自店検査は部署内あるいは営業店内で行われることから、検査員と被検査員がなれ合いになり、検査がマンネリ化しやすい点が構造的な問題で、そのためには、自店検査を通常業務と同等の重要性を有するものとして認識する組織風土の醸成が不可欠と考えられる。

3－2　昭和50年代前半の銀行検査の特質

　昭和50年代前半の銀行検査の考察は、昭和51年から56年の6年間を検討対象期間とした。この期間は、『金融検査の要領Ⅱ』が有効であった時期であるとともに、銀行法改正めぐる議論が金融制度調査会で繰り広げられた時期とも重なる。したがって、本節では『金融検査の要領Ⅱ』の特徴および、同マニュアルに則って実施された銀行検査結果を中心に銀行検査の特徴を探る。

第Ⅵ部　安定成長期および平成期の銀行検査

　『金融検査の要領Ⅱ』の特徴は前段の節で分析した通り、(1)部分検査方式の導入、(2)内部監査のあり方、(3)コンピュータ化と銀行検査、(4)海外支店検査の4点である。これらの特徴は、「銀行検査の効率化」と「銀行業務の量的、地域的広がり」に対応するために必然的に表れたものである。つまり、銀行検査の効率化に対応するものとして、「部分検査方式の導入」と「内部監査の充実」が図られ、銀行業務の量的、地域的広がりに対応するものとして、「コンピュータ化に対応した銀行検査」と「海外支店検査」を充実させる必要が生じたと考えられる。

　部分検査方式の導入は、銀行検査の実効性を上げるため、いわば、メリハリのきいた検査を実施することを狙ったものであるが、導入当初に目論んだ検査効率の向上は、検査にかけた労度と検査成果物の不一致から、徐々にトーンダウンした。つまり、当初は「資産査定」、「歩積両建預金」、「内部事務管理」の3分野に対して部分検査方式が採用されていたが、次第に限定的に運用されることとなり、「資産査定」以外は総合検査に含めて実施されるようになった。

　内部監査については、銀行自身による自主モニタリングを強化することにより、銀行検査負担の軽減を狙ったものと考えられる。その証左として、『金融検査の要領Ⅱ』には、従来の銀行検査マニュアルには見られない具体性と詳細さをもって内部監査の模範型が示されている。さらには、内部監査の実施状況を当局検査の観点からチェックする際のポイントは具体的に示されており、銀行サイドに対しても銀行検査マニュアルを通して、あえて手の内をさらすことにより、内部監査充実の必要性を強烈にアピールしたものと理解される。

　コンピュータ化に対応した銀行検査のあり方については、コンピュータによる銀行業務の量的拡大への対応にともなう不正リスクを、いかに軽減するかという観点から理解すべきと考える。しかし、専門的知識に裏づけられた、プログラミングの適正性をチェックする検査やテストデータに基づいた検証は将来の課題として残し、当面の検査手法は、ハードウェアへの物理的アクセスの実態や、プログラムの検証が適正に行われるための制度的インフラ整備の状況をチェックすることに限定されている。つまり、昭和50年代前半の

第14章　昭和50年代を中心とした銀行検査の考察

コンピュータに関わる検査は、検査部が理想とする検査のあり方と比較すると低位なレベルで運営されていた。

　海外支店検査は、銀行業務の地域的広がりによるリスクをいかに軽減すべきかという観点から理解すべきである。海外支店の検査を実効あるものとするにあたって存する障害は、（1）検査の目的を国内支店と同様のスタンスで設定することが困難であること、（2）外国法との関係から、わが国銀行法を適用する上で障害があること、（3）業務内容が国内と異なることによる、検査実務上の困難があること、の3点である。つまり、銀行業務の海外への広がりに応じた銀行検査インフラは、検査のコンセプトの段階、法整備の段階、実務段階の全てにおいて未整備であった。

　昭和51年度から56年度の銀行検査結果を見ると、（1）部分検査方式の導入、（2）内部監査のあり方、（3）コンピュータ化と銀行検査、（4）海外支店検査のうち、明確に記述されているのは、部分検査方式の導入およびその後の経緯についてであり、それ以外の項目については、検査実務でどのように取り上げられたのか、検査指摘内容からは明確に窺い知ることができない。しかも、部分検査方式の導入に関しても、部分検査の効果が徐々に低減する方向で推移しており、少なくとも昭和50年代前半に関する限り、当初の検査部の目論みは結実したといえない。内部監査、コンピュータ、海外支店検査に関わる記述は、いずれも検査結果で明確には取り上げられていない。

　昭和50年代前半における銀行検査の特質の1つは、銀行検査マニュアルで銀行監督行政の重点課題を先取りしたにもかかわらず、銀行検査実務レベルで必ずしもその重点課題がフォローされたといえない点である。つまり、銀行検査マニュアルの問題意識と銀行検査実務は必ずしも連動してない。本章で把握されたこの非連動性が、銀行監督行政と銀行検査行政の関係を表すものであるとすれば、これが銀行検査行政に内在する限り、銀行監督行政との協調と棲み分けは円滑に機能しないと考えられる。

　また、選別融資規制の主要項目である土地関連融資規制については、第2節で見た通り、昭和50年3月に銀行局から事務連絡「土地取得関連融資の抑制について」が発牒されてから、昭和60年7月の事務連絡「土地関連融資の取扱いについて」が発牒されるまで、10年間が経過している。昭和50年代前

半の検査指摘でも、選別融資規制に関わるものが際立って多く見られるわけではない。つまり、選別融資規制に関する監督行政の非連続期間において、銀行検査当局が選別融資規制復活の必要性を監督当局に提言するという、「銀行検査の提言機能」を発揮することがなかったことも、昭和50年代前半における銀行検査の特質を示す一事例と考えられる。

第4節　昭和50年代後半の銀行検査

　昭和50年代後半の銀行検査については『金融検査の実務』と、それに基づいて実施された銀行検査結果を基に考察を加える。昭和50年代前半と同様、金融の自由化、弾力化の流れの中で、銀行検査の捕捉機能と提言機能が発揮できたのかという点と、昭和50年代前半の銀行監督行政がどのように銀行検査に反映されたのかという点について考察を加える。

4－1　『金融検査の実務』の特徴

　『金融検査の実務』には以下の特徴がある。それらは、（1）銀行法改正による業務の広がりをマニュアルに反映させたこと、（2）銀行法改正により、関係会社への立入検査が可能になったことを前提に、検査ポイントを設定したこと、（3）コンピュータ導入によるリスク回避の観点からの検査に加えて、業務効率化が検査ポイントとなったこと、（4）銀行検査の基本コンセプトは、『金融検査の要領Ⅱ』と比較して大きな変化が見られないこと、等である。これらの特徴のうちの2つは、銀行法改正にともなうものであり、1つは銀行業務の広がりによるものである。

　銀行法改正による業務の広がりの具体的内容は、（1）店舗行政の自由化・弾力化への対応、（2）期日指定定期預金制度導入、（3）配当の原則適用実施、（4）国債窓販等、証券業務の取扱い、（5）邦銀の対外進出の進展、等である。これらは大きく、「店舗行政の変化」、「金融商品の多様化」、「海外業務の増加」の3つに分類される。店舗行政が自由化・弾力化されるということは、検査対象とする営業店が増加する一方、銀行監督行政が店舗増加に寛容になったことで、新規店舗の認可や事務上の手続に関する検査内容が簡便化され

第14章　昭和50年代を中心とした銀行検査の考察

ることを意味する。

　『金融検査の実務』が発刊された翌年に、店舗行政に関する銀行検査のスタンスについて、昭和56年6月から58年6月まで2年間、検査部長を務めた吉居時哉氏が見解を発表している(45)。吉居はその論文において、「すでに金融機関の皆さんから58・59年度の店舗通達に基づくご要望をいただいており、6月中に内示する予定で進んでおりますが、通達の底に流れる考え方は3つぐらいあります。1つは、小型店舗路線を踏襲しているということ、2つには、店舗にかかわる規制を出来るだけ緩和していくということ、3つには、機械化に対する対応を店舗通達の中に入れていこうということです」と述べて、店舗行政に関する3つのポイントを示している。

　吉居は、店舗に関する規制緩和は規定の路線であることを認めた上で、小型店舗路線と機械化を他の2つの柱としている。店舗行政と機械化が一対のものとして語られるのは、CDやATMによる機械化が実態的に従来型店舗における窓口担当者の業務にとって代わるものとみなしているからである。機械化による業務合理化を図ると同時に、CD・ATMがカバーできない複雑な顧客からの依頼事項や機械トラブルの解決を人間が担当することにより、機械と人間が相互補完し、小型店舗路線を可能にするというのが、昭和50年代後半の店舗行政の特徴であった。

　それに対して、「金融商品の多様化」と「海外業務の増加」はダイレクトに銀行検査負荷の増大に結びつくものである。国債窓販について吉居は、「これが認められる対象となる金融機関につきましては、中期国債、割引国債は、長期国債と似たようなものですから、なるべく多くの金融機関が認められる方向になると思いますが、ディーリングは、リスキーな面もありそれ相応のかなりのノウハウや体制が必要であることから、金融機関もさらに限定されることになりましょう」と述べて慎重な姿勢を見せている。銀行業務の広がりのうち、証券業務の取扱いについて慎重であるばかりでなく、銀行検査についても慎重姿勢をとっていることが確認できる。

　コンピュータ導入から間もない時期は、コンピュータそのものがブラックボックスで、いわばリスクの塊であった。しかし、第二次オンライン化が完了した時点から、コンピュータを得体の知れないリスクの塊として見るだけ

でなく、その効用に注目する方向へ検査部のスタンスが変化した。

　銀行検査の基本コンセプトについては、『金融検査の要領Ⅱ』と比較して大きな変化は見られない。これは、戦後4代目の銀行検査マニュアルに至って、銀行検査に関わる、いわゆる「そもそも論」が検査部内で一段落したことが原因と考える。公共性の高い銀行が業務を営む上で注意しなければならない事項を、「社会的要請」というキーワードで整理し、銀行検査の目的を、この社会的要請を満たす銀行経営が行われているかという観点から監督、指導することと位置づける考え方が定着したからである。銀行に対する社会的要請と、その要請にもとづいた銀行検査の役割を分けて整理することにより、銀行検査の機能を、「銀行検査の情報把握機能」と「把握情報の監督行政への展開機能」の2つに整理し、それらの機能を十全に果たすことを銀行検査の目的として認識する考え方が定着した。

4－2　昭和50年代後半の銀行検査の特質

　昭和50年代後半の銀行検査の考察は、昭和57年から62年の6年間を検討対象期間とした。この期間は、『金融検査の実務』が有効であった時期であるとともに、改正銀行法が施行されたのが昭和57年4月であることから、その時期とも重なる。したがって、本節では改正銀行法による変化ポイントを考慮するとともに、『金融検査の実務』の特徴および、同マニュアルに則って実施された銀行検査結果を中心に銀行検査の特徴を探る。

　『金融検査の実務』の特徴は前段の節で分析した通り、（1）銀行法改正による業務の広がりをマニュアルに反映させたこと、（2）銀行法改正により、関係会社への立入検査が可能になったことを前提に検査ポイントを設定したこと、（3）コンピュータ導入によるリスク回避の観点からの検査に加えて、業務効率化が検査ポイントとなったこと、（4）銀行検査の基本コンセプトは、『金融検査の要領Ⅱ』と比較して大きな変化が見られないこと、の4点であった。

　銀行法改正による業務の広がりは、大きく「店舗行政の変化」、「金融商品の多様化」、「海外業務の増加」の3つに分類されたが、このうち、銀行検査結果からその取扱いが強化されたことを確認できる項目は存在しない。しか

し、銀行業務の広がりのうち、証券業務と国際業務に関しては、昭和62年度の『銀行局金融年報』から検査結果の独立項目としてより明確に個別表示されることになった。この点を勘案すると、金融商品多様化による商品ごとの検査指摘増加もさることながら、業態を超えた証券業務と海外への業務の広がりが、銀行検査の観点からは重要であったことが分かる。

　関係会社への立入検査の結果やコンピュータに関わる検査結果についても、銀行検査結果には明確に記述されてはいない。関係会社については、前述の通り、銀行検査の対象となるのは、銀行の傀儡企業として実質的支配を受け、銀行の負の遺産を抱える関連企業、あるいは銀行業務の一部を実態的に肩代わりしている企業に限定されるので実例が乏しい。コンピュータ検査に関する記述が乏しいのは、システム検査の深度が昭和50年代後半時点では、必ずしも深くないことがその理由と考えられる。つまり、コンピュータソフトの内容やプログラミングの適正性にまで立ち入って検査するレベルではなく、コンピュータ管理に関わる周辺事務や、コンピュータ利用者である銀行のリスク管理実態の検査が主流であったからである。

　昭和50年代後半の銀行監督行政は、金融の自由化、弾力化、国際化が主流であった。そして、それに即応するのが、昭和56年度から61年度にかけて発出された第1次措置から第6次措置におよぶ監督当局の指導である。これらの措置は金融の自由化の中で必ずしも銀行検査を強化することを明確に打ち出したものではなく、むしろ、当局報告の簡素化、金融機関の自己責任による経営健全性の確保等、銀行の規律づけを経営者の自律性に期待する傾向が強かった。

　しかし、昭和60年6月の金融制度調査会答申「金融自由化の進展とその環境整備」では、「健全経営を確保するとの見地から、金融機関検査の重要性は一層高まっている。検査事務の機械化、検査官の増員等を通じ検査体制の拡充・整備を図ることが肝要である」として、金融自由化の進展にともなう環境整備の一環として、銀行検査が重要な役割を果たすことを明確に述べている。しかも、この答申は検査事務の機械化、検査官の増員が必要であるという認識を示している。つまり、昭和50年代後半の金融自由化、弾力化、国際化の大きな流れの中で、銀行業務の範囲の広がりと量的拡大にともなって、

第Ⅵ部　安定成長期および平成期の銀行検査

それと正比例して増加するであろう業務規律の攪乱要因を、検査によって是正しようとする意図から、検査体制の拡充・整備が必要とされた。

昭和60年時点の銀行監督当局および銀行検査当局の基本スタンスは、金融の自由化の進展に応じて、銀行が監督当局の縛りから極力自由に業務展開するとともに、自己の責任において経営の健全性を確保することを求めた。それと同時に、銀行検査を一種のセーフティネットと位置づけ、現実的なアプローチとして、その機能を拡充、整備した。つまり、「銀行の自由な業容拡大」と「自己責任による経営の健全性確保」をワンセットとして行政指導しながら、一方で銀行検査を拡充、整備するという、一見矛盾した銀行行政がこの時期の特徴であった。

昭和60年時点の銀行監督行政と検査行政が一見矛盾しているように見えるのは、この時期の銀行行政に、「リスク概念」が正式に導入されていなかったことが原因と考えられる。もし、銀行経営者サイドと銀行監督、検査行政サイドがリスク認識を共有していれば、銀行経営者サイドは業容拡大に伴うリスクを最小化するために、経営の健全性確保を図るであろう。その一方、銀行監督、検査行政サイドは、当局の立場からリスクを最小化するための施策を実行するであろう。このように、リスク概念がキーワードになって、銀行サイドと当局サイドがリスク認識を共有すれば、それを最小化することは共通の目的となる。そうなると、銀行経営の自由度を高めることと、銀行検査を拡充、整理することは何ら矛盾するものではなくなる。

小　括

本章の分析視角は、（1）高度な経済成長を前提とした『金融検査の要領Ⅰ』のコンセプトが、はたして安定成長期に入った昭和50年代以降も銀行検査に反映されていたのかどうか、（2）日本の銀行検査行政の特徴を体現した銀行検査マニュアルのコンセプトが有効であり続けたとすれば、全く新しいコンセプトに基づいた金融検査マニュアルの出現に至るまで間、どのような内容変遷を遂げたのか、（3）『金融検査の要領Ⅰ』の基本コンセプトが長く日本の銀行検査行政を支え続けたとすれば、そこから生じる問題はいかなるもの

第14章　昭和50年代を中心とした銀行検査の考察

で、それはバブル崩壊につながる、日本の銀行検査行政の停滞の原因となったのか、の3点であった。これらの分析視角に基づいた分析結果を、(1)銀行検査マニュアルの内容変化と銀行検査行政、(2)銀行検査結果の内容変化と銀行検査行政、の順で整理して考察を加えた。

　銀行検査マニュアルの内容変化を分析する際の視角は、高度な経済成長を前提とした『金融検査の要領Ⅰ』のコンセプトが、はたして安定成長期に入った昭和50年代以降も銀行検査実務を行う上で有効に機能したのかという点である。本章で対象とした銀行検査マニュアルは、『金融機関の検査』(昭和43年から50年)、『金融検査の要領Ⅱ』(昭和51年から56年)、『金融検査の実務』(昭和57年から62年)の3つである。

　これら3つの銀行検査マニュアルとの比較の対象となる、『金融検査の要領Ⅰ』(昭和34年から42年)の特徴は、(1)『新しい銀行検査法』における「徹底した実証主義」の考え方を広義に捉え、過去の検査成績に基づいた臨検先の抽出検査、書面検査を効果的に織り交ぜた検査を実施する根拠を明確にしたこと、(2)従来から存在した、総合検査、特別検査に簡易検査を加えて、重点検査事項を定めた検査を目指したのは、実証主義的検査の理想に対して、実務レベルで合理的に対応しようとする工夫の表われと考えられること、(3)『金融検査の要領Ⅰ』では、銀行検査権限を銀行法等に根拠を有する行政上の任意調査権であることを明記していること、(4)また、これにより、司法上の強制捜査権や許可状を用いて調査する強制調査権と、銀行検査権の淵源が基本的に異なることを検査官に認識させ、自分に与えられた権限の範囲内で検査を実施するよう教育的意味を含めた記述を行ったものと解釈されること、等である。

　『金融検査の要領Ⅰ』の考え方は、同書の第2節の「検査の体系」に表れている。特徴的であるのは、「損益」、「経営管理」、「銀行の公共性」、「内部監査」の4項目である。『金融検査の要領Ⅰ』では、金融機関の健全性を構成する要素として、流動性と確実性に次いで収益性を重視している。収益性に関する検査のポイントとしては、(1)資産負債の量と質を集約的に反映する損益の状況から遡って、資産負債の量と質を再検討し、資産負債の確実性、流動性を維持する方策を探求すること、(2)経営管理上の諸方策が具体的に

第Ⅵ部　安定成長期および平成期の銀行検査

現れている経費支出の状況を検討し、金利の妥当性を検討すること、(3)為替、代理貸、債務保証等の業務に伴う収入について、主としてそれが安定的であるかどうかの観点から検討すること、の3点があげられている。

『金融検査の要領Ⅰ』の特徴は、銀行検査における「実証主義」の考え方を、臨検先の抽出検査、書面検査を効果的に織り交ぜ、検査方法を多様化することにより実現しようとするもので、これに「損益」、「経営管理」、「銀行の公共性」、「内部監査」を加えた5項目において新たなコンセプトを打ち出したことである。本章では、これら5項目において、昭和34年から昭和62年までの約30年間で使用された4つの銀行検査マニュアルの変遷内容を検討した。そして、日本の銀行検査行政の特徴を体現したものと位置づけた、『金融検査の要領Ⅰ』の特徴を構成する基本要素が、どのような変遷を遂げるのかを考察した。

その結果、銀行検査における実証主義は、複数の検査方式を組み合わせて実施することによる合理性追求を経て、銀行法改正による銀行の関係会社への立入検査の導入へと、実務的に変化したことが確認できた。「銀行の公共性」と銀行検査の目的との関係は、昭和50年代前半において定着化した。つまり、公共性の高い銀行が業務を営む上で注意しなければならない事項を、「社会的要請」というキーワードで整理し、銀行検査の目的を、この社会的要請を満たす銀行経営が行われているかという観点から監督、指導することと位置づける考え方が定着した。銀行に対する社会的要請と、その要請にもとづいた銀行検査の役割を分けて整理することにより、銀行検査の機能を「銀行検査の情報把握機能」と「把握情報の監督行政への展開機能」の2つに整理し、それらの機能を十全に果たすことを銀行検査の目的として認識することが定着した。

銀行の「経営管理」については、経営の安全性を各種経営比率で判断する考え方から、銀行経営の安全性を社会的要請として捉える考え方へと変化した。しかし、この変化は、それまでの考え方を否定するものではなく、経営の安全性、確実性は、ともに公共性の高い銀行にとって不可欠と位置づけられていた。

損益を重視して検査する方針は、4つの銀行検査マニュアルに共通なもの

である。しかし、損益検討の切り口は徐々に変化している。基本的な考え方は、損益を資産・負債に次ぐ重要なものと位置づける点である。したがって、健全な収益を確保することに重点を置きつつ、損益の実態から遡って資産・負債の量、質、構成等の健全性をチェックする姿勢は変化していない。この基本的な考え方に基づき、（1）財務比率とりわけ損益比率の推移、（2）統一経理基準に則った損益処理の正確性、（3）経費予算制度、独立採算制度の導入による損益管理の実態等が、銀行検査マニュアルの進化にしたがって、順次重視されることとなった。

　内部監査については、『金融検査の要領Ⅰ』で「内部統制」の概念が打ち出されたが、内部統制と内部監査との関係が明確ではなく、コンセプトが未成熟なまま議論されていたので、『金融機関の検査』以降は内部統制の概念が表に出ることはなくなった。銀行検査マニュアルが代を重ねるにしたがって、内部監査の実効性を実務レベルでチェックしようとする傾向が強まり、『金融検査の要領Ⅱ』に至って、検査部自らが内部監査のパターン分類を行い、それに従って適正な運用がなされているかどうかを確認する方式が採用されることとなった。つまり、昭和50年代を中心とする銀行検査においては、当局検査が補い得ない部分を、銀行にどのように内部監査でカバーさせるかという観点から、官主導で内部監査制度の確立が推奨された。

　本書では、外部者によるモニタリング機能を担うのは銀行検査であり、内部者によるモニタリング機能を担うのは行内検査であると考えた。そして、これら2種類のモニタリングからなる「モニタリングの連関構造」という概念を導入した。すなわち、銀行検査から行内検査につながる、順列的なモニタリングの連鎖関係ではなく、銀行検査と行内検査の相互作用によって成立するモニタリングの連関構造の存在を前提とすることにより、2つのモニタリング間の相互作用の実態を探ろうとした。モニタリングの連関構造が機能するためには、連関構造の構成単位間でモニタリングの目的が正しく共有され、かつ共有された目的を遂行するための制度が整っていることが前提となる。目的が正しく共有されていなければ相互作用は不完全なものとなる。

　しかし、本章で考察した内部監査に対する銀行検査当局の認識を見る限り、順列的なモニタリングの連鎖関係を前提として、官の不足を民で補完する一

方的な内部監査制度を定着化させようとしているのが明白で、いわゆる「モニタリングの連関構造」を定着化させようとする意図は認められない。

このように考察してくると、『金融検査の要領Ⅰ』のコンセプトは、『金融機関の検査』、『金融検査の要領Ⅱ』、『金融検査の実務』の3つの銀行検査マニュアルに発展的に継承されていることが確認できた。その意味では、昭和43年から62年まで20年間の銀行検査を規定したこれら3つの銀行検査マニュアルは、戦後日本の銀行検査行政の特徴を体現したものといえる。しかし、これらの銀行検査マニュアルが、バブル崩壊につながる日本の銀行検査行政の停滞の原因となったのか否かという点については即断できない。

銀行検査マニュアルが、バブル崩壊につながる日本の銀行検査行政の停滞の原因となったか否かという点については、上記3つの銀行検査マニュアルから、昭和63年以降10年間にわたって銀行検査マニュアルの役割を担った、『新版 金融検査の実務』、『新時代の金融検査実務』への流れをトータルで検討する必要がある。したがって、『新版 金融検査の実務』、『新時代の金融検査実務』の内容を分析し、その結果を考察して、果たして昭和43年以降の40年間の銀行検査マニュアルの変遷が金融経済情勢の流れとどのように平仄が合っていたのかどうかを考察することが必要である。

銀行検査結果の内容変化と銀行検査行政の関係については、銀行検査結果の推移を時系列的に追いかけることにより銀行検査行政の変化を考察した。この場合、昭和40年代と50年代では、『銀行局金融年報』での銀行検査結果の記載密度が異なるので、年度ごとの一律横並び推移を考察することはできない。したがって、(1)昭和43年度から50年度までの銀行検査結果、(2)昭和51年度から56年度までの銀行検査結果、(3)昭和57年度から62年度までの銀行検査結果の大きく3つに期間区分し、期間ごとの特徴とその推移を考察した。

昭和43年度から50年度までの銀行検査結果で頻出した項目は、(1)統一経理基準、(2)経営管理態勢、(3)不良債権償却証明制度の3項目である。これらは同時に、この時期銀行検査マニュアルとして使用された、『金融機関の検査』で取り上げられた項目でもある。このうち、統一経理基準に関しては、昭和43年度から46年度にかけての4年間では、統一経理基準の導入から

第14章　昭和50年代を中心とした銀行検査の考察

その徹底に至るプロセスが検査結果を通してうかがわれた。しかし、昭和51年時点で昭和50年度までの銀行検査を振り返った谷口孝氏はその論文において、統一経理基準への準拠について、各種引当金、準備金、未収利息等の過大または過小計上等の粉飾を懸念している(68)。

　統一経理基準の導入プロセスには2つの段階がある。第1段階は、統一経理基準で示された経理慣行にしたがって経理処理を行うことに適応するプロセスで、第2段階は、経理慣行への適応後、それを正しく運用するプロセスである。統一経理基準をめぐって展開された制度導入と制度運用の2つのプロセスのうち、前者は完了したことが確認できた。

　経営管理態勢に関わる検査ポイントには、「総合企画部門の独立強化」が含まれており、大衆化路線への即応や収益管理、営業店管理の確立と並ぶ重要項目となっている。昭和45年度の検査結果では、営業店を総合的に管理する本部部門が弱いことや行内検査、人事、事務管理態勢等に立ち遅れが目立つことが指摘されている。つまり、検査当局が銀行に期待する理想形は、（1）独立した総合企画部門が過去、現在および将来に関する日本経済の誤りのないイメージを持ち、大局的な観点から経営者に提言し、（2）強いリーダーシップ有する営業推進部門が営業店を総合的に管理して営業推進し、（3）内部事務管理部門が営業推進部門と平仄を合わせて陣後を固めるというもので、これは経営トップの意向のみならず、監督、検査当局の指導が徹底され易い上位下達型の組織構成を理想とするものである。

　不良債権償却証明制度に関しては、統一経理基準施行にともなう制度利用の活発化についての検査所見が、昭和43年度、昭和44年度と2年間連続して示された。しかし、昭和47年から50年にかけては、不良債権償却証明制度に関する事実関係が淡々と記述されており、特徴的な指摘はない。不良債権証明制度に関わる検査指摘では、固定債権分類の妥当性を問うものは見当たらず、制度の運用状況をチェックしている点が特徴的である。

　昭和51年度から56年度までの銀行検査結果については、『金融検査の要領Ⅱ』で取り上げられた、（1）部分検査方式の導入、（2）内部監査のあり方、（3）コンピュータ化と銀行検査、（4）海外支店検査のうち、明確に記述されているのは、部分検査方式の導入およびその後の経緯についてであり、それ

第Ⅵ部　安定成長期および平成期の銀行検査

以外の項目については、検査実務でどのように取り上げられたのか、検査指摘内容からは明確に窺い知ることができない。しかも、部分検査方式の導入に関しても、部分検査の効果が徐々に低減する方向で推移しており、少なくとも昭和50年代前半に関する限り、当初の検査部の目論みは結実したといえない。内部監査、コンピュータ、海外支店検査に関わる記述は、いずれも検査結果で明確には取り上げられていない。

　昭和50年代前半における銀行検査の特質の1つは、銀行検査マニュアルで銀行監督行政の重点課題を先取りしたにもかかわらず、銀行検査実務レベルで必ずしもその重点課題がフォローされたとはいえない点である。つまり、銀行検査マニュアルの問題意識と銀行検査実務には非連動性が見られる。

　昭和57年度から62年度までの銀行検査結果については、大きな特徴は昭和60年代以降に見られる。特に、昭和62年度の検査結果については、昭和60年6月の金融制度調査会答申「金融自由化の進展とその環境整備」と、昭和62年12月の金融制度調査会専門委員会報告「専門金融機関制度のあり方について」という、答申と報告を引用して銀行検査のあるべき方向性を示している。

　前者の答申は「金融自由化、国際化」、後者の報告は「金融機関経営にともなうリスク増大」に対して銀行検査を通してどのように対応するかを述べたものである。検査部のこれらの基本認識は検査結果報告に反映されるものと考えられるが、昭和62年度の検査結果報告で特徴的であるのは、米国のCAMEL方式に沿った記述様式が取り入れられたということであり、「金融自由化、国際化」と「金融機関経営にともなうリスク増大」に対して、実務レベルで整合した銀行検査指摘が行われた形跡は見られない。つまり、昭和62年までに関する限り、銀行検査実務レベルで、バブル崩壊につながる、日本の銀行検査行政の停滞を否定する証跡は得られなかった。

　第15章では、昭和63年以降の銀行検査行政と銀行検査をの変遷を、金融バブルの発生と崩壊との関係から考察する。

注　記
（1）財務省財務総合政策研究所財政史室編『昭和財政史―昭和49～63年度第6巻金融』（東洋経済新報社、2003年）。

第14章　昭和50年代を中心とした銀行検査の考察

（2）大江清一「昭和30年代から40年代前半に至る銀行検査の考察―『金融検査の要領』に基づく地方銀行の検査結果と銀行検査行政―」『社会科学論集第128号』（埼玉大学経済学会、2009年10月）。
（3）金融検査研究会編『金融機関の検査』（金融財政事情研究会、昭和43年）、5頁。
（4）佐竹浩・橋口収『銀行法』（有斐閣、1956年）。
（5）大江清一「戦後占領期における銀行検査導入過程の考察―GHQ/SCAPによる銀行検査指導と大蔵省の対応―」『社会科学論集第126号』（埼玉大学経済学会、2009年3月）。
（6）谷口孝「最近における金融検査の主要着眼点」『金融法務事情No.791』（金融財政事情研究会、昭和51年6月）。
（7）田中宏「今後における金融機関検査の着眼事項」『金融法務事情No.753』（金融財政事情研究会、昭和50年6月）。
（8）谷口孝「総合検査と部分検査―安定成長経済時代と金融検査―」『金融法務事情No.815』（金融財政事情研究会、昭和52年3月）。
（9）銀行局金融年報編集委員会『銀行局現行通達集』（金融財政事情研究会、昭和53年）。通達の詳細は以下の通りである。
　①金融機関の預金利率に対する規制の緩和等について（昭和45.3.3蔵銀第411号）。
　②金融機関の不祥事件の防止について（昭和45.7.16蔵銀第2111号）。
　③金融機関の不祥事件の未然防止について（昭和48.11.13蔵銀第3793号）。
　④当面の金融財政情勢に即応する銀行業務の運営に関する件（昭和43.12.18蔵銀第1939号改正）。
　⑤銀行業務の合理化等について（昭和43.12.18蔵銀第1939号一部改正）。
　⑥当面の銀行経営上留意すべき基本的事項について（昭和43.9.28蔵銀第1539号一部改正、昭和46.9.22蔵銀第3007号一部改正）。
　⑦当面の経済情勢に対処するための金融機関の融資のあり方について（昭和48.12.25蔵銀4279号）。
　⑧銀行の大口融資規制について（昭和49.12.25蔵銀4481号）。
（10）銀行局通達「当面の経済情勢に対処するための金融機関の融資のあり方について」（昭和48年12月25日蔵銀4279号）銀行局年報編集委員会『銀行局通達集』（金融財政事情研究会、昭和53年）。
（11）財務省財務総合政策研究所財政史室編『昭和財政史―昭和49～63年度　第6巻　金融』（東洋経済新報社、2003年）、61-62頁。
（12）財務省財務総合政策研究所財政史室編、前掲書、2003年、61-62頁。

第Ⅵ部　安定成長期および平成期の銀行検査

(13) 銀行局通達「銀行の大口融資規制について」(昭和49年12月25日蔵銀4481号) 銀行局年報編集委員会『銀行局通達集』(金融財政事情研究会、昭和53年)。
(14) 田邊明他著『商法改正三法の逐条解説別冊商事法務No.24』(商事法務研究会、昭和49年5月)。
(15) 田邊明他、前掲書、昭和49年5月、12頁。
(16) 田邊明他、前掲書、昭和49年5月、83頁。
(17) 田邊明他、前掲書、昭和49年5月、51-52頁。
(18) 財務省財務総合政策研究所財政史室編、前掲書、2003年。
(19) 本稿では昭和56年に公布された改正後の銀行法を「新銀行法」、直近の銀行法を「旧銀行法」と呼ぶ。
(20) 大蔵省銀行局編集『第25回銀行局金融年報―昭和51年版―』(社団法人金融財政事情研究会、昭和51年) 59-61頁。
(21) 大蔵省銀行局編集『第28回銀行局金融年報』(社団法人金融財政事情研究会、昭和54年)、20-21頁。
(22) 大蔵省銀行局編集、前掲書、昭和54年、20-21頁。
(23) 大蔵省銀行局編集、前掲書、昭和54年、477-519頁。
(24) 金融制度調査会の提唱する「社会的公正への配意」とは、金融機関が国民経済的観点に立った資金供給、国民のニーズ等に適合した金融資産の提供等の公共的機能を適切かつ公正に発揮することと説明されている。本稿では、これを金融機関が私企業の立場にとどまらず、その公共性を勘案して「社会的厚生の最大化」を念頭に企業経営されるべきことと理解する。なぜなら、「社会的公正への配意」という漠然とした概念を、経済学用語である「社会的厚生の最大化」という概念に置き換えることにより、私企業でありながら公共性を強く意識した企業行動をとらなければならない、金融機関の立場についての説明力が強まると考えるからである。
(25) 大江清一「大正期における金融当局検査の考察―金融制度調査会を中心とした銀行検査充実に向けた動き―」『社会科学論集第122号』(埼玉大学経済学会、2007年9月)。
(26) 大蔵省銀行局編集、前掲書、昭和54年、508頁。
(27) 大蔵省銀行局編集『第30回銀行局金融年報』(社団法人金融財政事情研究会、昭和56年)。
(28) 銀行局通達「銀行の大口融資規制について」(昭和49年12月25日蔵銀4481号) 銀行局年報編集委員会『銀行局通達集』(金融財政事情研究会、昭和53年)。
(29) 大蔵省銀行局編集、前掲書、昭和56年、32頁。

第14章　昭和50年代を中心とした銀行検査の考察

(30) 財務省財務総合政策研究所財政史室編『昭和財政史―昭和49～63年度第6巻金融』（東洋経済新報社、2003年）、202-208頁。
(31) 大蔵省銀行局編集『第36回銀行局金融年報』（社団法人金融財政事情研究会、昭和62年）、40-45頁。
(32) 地域金融研究所編『金融検査の歩み』（地域金融研究所、平成8年）。
(33) 足立和基「金融自由化と銀行検査の方向―健全性の確保・信用秩序の維持―」『金融検査の歩み』（地域金融研究所、平成8年）。
(34) 安原正「銀行経営の健全性と銀行検査―総合的な評価格付の確立―」『金融検査の歩み』（地域金融研究所、平成8年）。
(35) 公文宏「銀行経営の健全性と検査の充実―自己責任原則の確立―」『金融検査の歩み』（地域金融研究所、平成8年）。
(36) 畠山蕃「銀行経営の健全性と銀行検査―多面的な銀行検査の充実―」『金融検査の歩み』（地域金融研究所、平成8年）。
(37) １）財務省財務総合政策研究所財政史室編『昭和財政史―昭和49～63年度第10巻資料（３）財政投融資・金融』（東洋経済新報社、2002年）、169-174頁。２）銀行局年報編集委員会『銀行局通達集昭和53年版』（金融財政事情研究会、昭和53年）。３）銀行局年報編集委員会『銀行局通達集平成4年版』（金融財政事情研究会、平成4年）。大蔵省通達、事務連絡の詳細は以下の通りである。
①金融機関の土地取得関連融資について（昭和47.11.17蔵銀第4075号）。
②土地取得関連融資の抑制について（昭和50.3.28事務連絡各金融機関宛）。
③土地取得関連融資の取扱いについて（昭和50.3.28国土政第51号）。
④土地関連融資の取扱いについて（昭和60.7.2660国土利第169号国土庁土地局長発、大蔵省銀行局長宛）。
⑤土地関連融資の取扱いについて（昭和60.7.31事務連絡について）。
⑥土地関連融資の取り扱いについて（昭和61.4.1561国土政第73号国土庁土地局長発、大蔵省銀行局長宛）。
⑦土地関連融資の取扱いについて（昭和61.4.16蔵銀第800号）。
⑧土地関連融資の取扱いについて（昭和61.12.1861国土政第240号国土庁土地局長発、大蔵省銀行局長宛）。
⑨土地関連融資の取扱いについて（昭和61.12.19蔵銀第3065号）。
⑩土地関連融資の厳格化について（昭和62.10.19蔵銀第2741号）。
⑪土地関連融資の取扱いについて（平成元10.27国土政第221号）。
⑫土地関連融資の取扱いについて（平成元10.27蔵銀第2442号）。

第Ⅵ部　安定成長期および平成期の銀行検査

　　　　⑬土地関連融資の抑制について（平成2.3.27蔵銀第555号）。
　　　　⑭土地関連融資の取扱いについて（平成3.12.20蔵銀第2425号各金融団体代表者宛）。
　（38）金融検査研究会編『金融検査の要領』（大蔵財務協会、昭和51年）。
　（39）ハウアード・エス・レーマン「銀行検査の実際面―その2―」『財政経済』（大蔵省理財局、1950年）。
　（40）金野俊美「大蔵検査にみる金融機関経営の諸問題―経営方針の転換―1991年3月」『金融検査のあゆみ』（地域金融研究所、平成8年）。
　（41）大蔵省銀行局検査部内銀行検査研究会『新版銀行検査様式の解説』（金融財政事情研究会、昭和52年）。
　（42）大蔵省銀行局検査部内銀行検査研究会『新版銀行検査様式の解説』（金融財政事情研究会、昭和52年）、270頁。
　（43）大江、前掲論文、2009年10月。

別表14-1　昭和40年代から60年代に至る銀行検査マニュアルの内容変遷

検討項目＼年度	『金融機関の検査』
有効期間	昭和43年～50年（6年間）
1．銀行検査の基本コンセプト	（1）本書は銀行局検査部内金融検査研究会によって編集されたもので、昭和34年刊行の『金融検査の要領』に準じて編纂されたものである。 （2）銀行検査の目的は、①預金者保護、②公共性確保のための機能発揮状況の検討の2つである。①には銀行経営の安全性を検討することと、安全性確保のために設けられた監督法令の遵守状況の検討が含まれる。②には国民経済的必要より生まれた経済統制法令の遵守状況の検討も含まれる。 （3）検査の2大目的に関連して、「公正な業務運営」のいかんも検査される必要がある。銀行業務はその公共性ゆえに、一定の規準の中で公正に行われる必要があり、この監視は金融秩序維持を目的とすること。

(44) 金融検査研究会編『金融検査の要領』(大蔵財務協会、昭和51年)、247-248頁。
(45) 吉居時哉「銀行経営の自由化・弾力化と銀行検査の方向1983年7月」『金融検査のあゆみ』(地域金融研究所、平成8年)。

『金融検査の要領Ⅱ』	『金融検査の実務』
昭和51年～56年（6年間）	昭和57年～62年（6年間）
（1）銀行検査の目的は、①各種の着眼点について対象金融機関の実態を正確に把握すること、②その情報を金融行政面に反映させ、金融行政の運営を一層適切ならしむることの2点である。 （2）これら各種の規制、監督措置が達成しようとしていることは、以下の3つの社会的要請である。①金融機関の「経営の健全性」であり、預金者を保護する要請、経営の健全性のチェックは、安全性、流動性、収益性の3原則が守られていることを確認すること、②金融機関の与信面における公共的機能の発揮、具体的には、	（1）銀行検査の目的は、まず各種の着眼点について対象金融機関の実態を正確に把握することであり、次にはその情報を金融行政面の繁栄させ、金融行政の運営を一層適切ならしめることにある。これが検査の最終目標であり。したがって、金融行政から切り離された検査は意図の切れた凧のようなものであって、有効性を持たないものである。 （2）これら各種の規制、監督措置が達成しようとしていることは、以下の3つの社会的要請である。①金融機関の「経営の健全性」であり、預金者を保護する要請、経営の健全性のチ

第Ⅵ部　安定成長期および平成期の銀行検査

1.銀行検査の基本コンセプト	（4）検査と監督行政の分離は、むしろ一体で運営されており、徹底した実証主義に関しては、支店を抽出した臨検が行われている。 （5）検査方式を、①総合検査、②簡易検査、③特別検査の3方式に分けて実施する。総合検査が建前であるが、経営内容に比較的問題の少ない金融機関に対しては簡易検査を実施して検査の効率化を図る。 （6）貸出金についての検討は、銀行の健全性確保と公的機能の発揮の両面から重要。 （7）貸出金内容の健全性、貸出業務を通して公共性の発揮を検討するには個々の貸出金の検討が必要。
2.銀行検査の方法	（1）銀行の経営活動の成果は損益勘定に反映される。損益の分析は、経営の成果と将来の指針の把握を可能にする。損益の結果に至った資産、負債の動きを的確に把握すべきという点において、検査の重要項目の1つ。検査の総合的な結論が損益問題に集約して現われる。 （2）損益状況は、主として損益諸比率の検討により行われる。損益諸比率の時間的推移、基準比率、平均比率との比較によって被検査銀行の損益の特徴が把握される。ただし、これらに常に依存することは避けるべきである。 （3）銀行経理に関する銀行局通達の主要論点は大きく、①未収利息の取扱い等の損益認識、②諸償却・各種引当金の繰入の2点。

1）国民経済上必要な部門に必要な資金を供給しているか、2）金融機関の種類に応じた機能が発揮されているか、3）時代の流れに沿った新たな金融サービスが提供されているかの3点である、③金融機関の「公正な業務運営」の確保、具体的には、銀行が公共性ある企業として、法令、制度の期待するような公正な業務運営に徹することである。
(3) 検査方式には、総合検査と部分検査の2つがある。総合検査は、本支店を総合した業務全般にわたり、臨店検査および書面検査で行うもの。部分検査は、特定の項目に的を絞って、より短時日のうちに少人数で検査する方式である。総合検査と部分検査は定例的に実施される検査であるが、非定例的、臨時的な検査として特別検査がある。

ェックは、安全性、流動性、収益性の3原則が守られていることを確認すること、②金融機関の与信面における公共的機能の発揮、具体的には、1）国民経済上必要な部門に必要な資金を供給しているか、2）金融機関の種類に応じた機能が発揮されているか、3）時代の流れに沿った新たな金融サービスが提供されているかの3点である、③金融機関の「公正な業務運営」の確保、具体的には、銀行が公共性ある企業として、法令、制度の期待するような公正な業務運営に徹することである。
(3) 本検査マニュアルは銀行法の改訂による業務範囲の広がりを考慮した内容を含んでいる。具体的には、①店舗行政の自由化・弾力化への対応、②期日指定定期預金制度導入、③配当の原則適用実施、④国債窓販等、証券業務の取扱い、⑤邦銀の対外進出の進展等である。

(1) 銀行の経営活動の成果は、すべて損益勘定に反映される。過去の損益内容を仔細に分析することにより、①営業活動の実態を明らかにすること、②その反省の上に立って、将来の経営の進むべき方向をある程度策定することができることから、損益の分析は銀行検査の最も重要な項目の1つである。
(2) 損益の検査にあたって留意すべき事項は、①収益基調の動向からくる健全性の問題、②統一経理基準に則った損益処理の問題の2つである。前者に関しては、資産内容の健否は、

(1) 経費の合理化を図り、経費を効率的に使用するためには、経費予算制度による統制が必要であり、各銀行とも予算制度を採用してその統制を図っている。また、営業店の損益の実態を明らかにし、経営成果の把握並びに経営改善に役立てるためには、独立採算制度をとる必要がある。
(2) 融資に関する検査上の留意事項は、①融資態度と審査管理の重要性、②融資内容の問題点、③与信態度と審査管理の問題点、④大口信用規制に対する行政上の規制の4点である。「融資内容の問題点」においては、不

第Ⅵ部　安定成長期および平成期の銀行検査

2.銀行検査の方法	（4）経理基準変更の趣旨を大きく、①経理基準を画一化することにより、恣意的な経理を排除すること、②経理基準に関わる諸法規の適用上許容される限度で伝統的な健全経理の確保に配慮したこと、の2点。 （5）銀行監督当局が目指すところについて検査部は、①銀行間に競争原理を導入すること、②経営の効率化を一層推進することの2点。 （6）変更後の経理基準の運営に関して留意すべき点は、①貸金償却基準をいかにして遵守させるか、②配当に関して経理基準がどのように位置づけられるのか、③経理基準の運営や実施を通して、どのように経営の効率化、産業資金のコスト低減を実現させるか、④経理基準の変更後、どのように銀行監督行政上の指導基準（経常収支率、自己資本比率、経費率等）と整合させていくかの4点。 （7）予算統制機能と未来計数に基づいて業務統制を実施するコントローラー機能を経理部に持たせるという考えが打ち出されている。
3.銀行検査のスタンスその他	（1）内部監査の重要性は、金融機関の経営規模の増大と電子計算機の導入による事務処理の複雑化によって増大したというのが、検査部の基本認識。 （2）特に、銀行経営政策の決定に電子計算機が利用され、迅速、精密な統計資料が作成される時代になると、その政策内容が果して現業店に正しく伝達され、実行されているがという点が問題になり、その点を実地に確認する手

第14章　昭和50年代を中心とした銀行検査の考察

銀行を静的に判断した健全性の問題であり、損益は動態的に把握した健全性の問題であるといえる。後者に関しては、期間損益を平準化する意図から、公表利益を操作する例が少なくないという問題がある。
(3)決算粉飾操作は通常次の方法によって行われる。①未収利息、未経過利息及び未払費用の過不足計上、②諸準備金、引当金の過大過少繰入れ、③利益及び損失を負債勘定に留保する場合、④利息手形による場合（延滞未収利息に相当する額について約束手形を徴求するケース）、⑤経費の繰延べ又は前払い、⑥有価証券の現先売買によるもの（決算期直前に債券を現先で買い、これの価格変動準備金を積み立てるケース等）。
(4)営業店の損益の実態を明らかにし、経営成績の把握と経営の改善に役立てるためには、独立採算制度をとる必要がある。独採算制度の仕組みに合理性がない場合は、営業店の採算を才覚に把握できないことになるので、検査にあたってはいかなる目的、意義を独立採算制度おに求めているのかを検討する必要がある。

動産関連融資、海外部門での大口融資等を引き合いにして不良債権化を戒めてはいるが、選別融資の具体的な検査ポイントを示しているわけではない。「与信態度と審査管理」に関しては、検査上問題とするポイントとして、1)経営のあり方と関連して融資姿勢または融資の基本方針が適切でないもの、2)審査管理が不備または疎漏であるもの、3)融資規定等を遵守していないものの3点があげられている。ここでも、財務内容の把握不足、物的担保への過度の依存、支払承諾見返の安易な利用、外為獲得に眼を奪われた安易な貸出等と並んで、不動産融資関連融資等への偏りを問題としている。偏りが生じる理由として、不動産融資は大口化しやすいことが指摘されている。大口信用供与については、昭和49.12.25蔵銀4481号「銀行の大口融資規制について」にしたがって検査を実施することがうたわれている。

(1)内部監査制度には本部検査と自店検査がある。本部検査の方式には、①業務検査の事務検査、②一般検査と特別検査、③総合検査と部分検査、④予告検査と抜打検査、⑤早朝検査と締後検査、⑥実地検査と書面検査等の種類と区別がある。自店検査は本部検査と補完し合う性質のもので、営業店の現物の確認、その他異例な	(1)内部監査制度についての検査ポイントに関しては、大きく異なるところは見られない。 (2)コンピュータ化については都市銀行が先行して第二次オンライン化が進行あるいは完了しており、システムを利用した業務範囲は広がっているものの、ハード面とソフト面に分けて検査ポイントを定めチェックを実

723

第Ⅵ部　安定成長期および平成期の銀行検査

3.銀行検査のスタンスその他

段として内部監査の重要性がクローズアップされるという考えである。
(3)内部監査に関する検査部の認識は、内部監査の役割と監査員、事務監査と業務監査、総合予算制度と内部監査、内部監査と銀行検査の4つの切り口から述べられている。

第14章　昭和50年代を中心とした銀行検査の考察

状態の発見を目的としたものである。大蔵検査で指摘されることは、①検査頻度が極端に少ない場合、②検査対象項目が偏っている場合、③検査計画が事前に漏れている場合、④検査能力のない者を任命している場合、⑤検査マニュアル等がないため検査が中途半端になっている場合、⑥検査員と被検査者が馴れ合いになっている場合、⑦事実関係を上司、本部に虚偽報告している場合、⑧検査員の任命に際して本人が担当している業務を対象としている場合、⑨検査員として正規の任命がなされていない場合、⑩指摘事項が誤っている場合、⑪検査記録、検査報告書がなく、その内容が不明瞭である場合、⑫検査後の事後管理が不十分な場合、⑬検査不備事項の発生原因とその予防策の検討が不十分な場合、⑭店内検査そのものの必要性の認識が薄く、形式的、マンネリになっている場合等である。

（２）金融機関のコンピュータ化のテンポは一般企業をはるかにしのぐので、十分な管理が必要となる。検査の切り口は、①ハードウェアの管理、②ソフトウェアの管理、③営業店での取扱い、④キャッシュ・ディスペンサーである。

（３）検査部の海外支店検査は昭和47年度の在米支店が最初である。海外支店も銀行の支店であるので、国内同様の検査を行うべきである。しかし、法的には、わが国が本来有しており、現実適用が停止されている海外支店施する方式に変化はない。

（３）コンピュータに関わる検査の留意事項としては、①オンライン化した場合、従来の事務処理体系がどのように変化したか、②それにともなって内部の機構組織は適正に整備されているか、③従来の役席の抑えるチェックポイントは脱漏していないか、④人員配置や店内のレイアウトは適正か、⑤職務分掌規程は明確になっているか等、総合的に調査観察してコンピュータの導入目的に照らして省力効果を最大にするシステムであるかという点を重視している。つまり、従来はコンピュータ導入による不正リスクを中心に検査ポイントを設定してきたものが、コンピュータ導入の目的、趣旨を見据えた上で、それにコンピュータを生かす形で活用しているかという点を合わせて重視するようになっている。

（４）銀行法改正で立入検査が可能になったことにともなって、関連会社の検査も厳格化された。検査の着眼点としては、①関連会社であるかどうか（設立経緯、資金的・人的関係）、②適正化を要する関連会社であるかどうか、③適正化措置が計画通りに行われているかどうか、④関係会社の業務内容に問題はないかどうかの4点である。

第Ⅵ部　安定成長期および平成期の銀行検査

3.銀行検査のスタンスその他	

出典：（1）金融検査研究会編『金融機関の検査』（金融財政事情研究会、昭和43年）。
　　　（2）金融検査研究会編『金融検査の要領』（大蔵財務協会、昭和51年）。
　　　（3）金融検査研究会編『金融検査の実務』（大蔵財務協会、昭和57年）。
注：『金融検査の要領』と題された銀行検査マニュアルには、昭和34年制定のマニュアルと
　　るマニュアルで、『金融検査の要領Ⅰ』と表記する。後者は本稿での検討対象マニュアル

検査権が、外国政府の同意、承認によって発動可能になるという関係である。海外支店検査の意義、目的は、①預金者保護は銀行全体にとっての預金者保護である、②預金者保護のためには、貸出等資産の健全性確保である、③公共的機能の発揮、公正な業務運営を確保すること等である。	

昭和51年制定のものがある。前者は戦後の日本型銀行検査マニュアルの原型となったと目されの1つで、『金融検査の要領Ⅱ』と表記する。

第15章　平成期における銀行検査の考察
　　　──昭和60年代から現代に至る銀行検査の内容変化
　　　と金融バブル──

はじめに

　本章の目的は、昭和63年から現在までの20数年間を検討期間として銀行検査の推移を考察し、検討期間中に生じた金融バブルとその崩壊を銀行検査行政との関係から分析することである。本章の検討期間を昭和63年からとしたのは、従来の銀行検査マニュアルには見られなかったリスク概念が、同年に刊行された『新版　金融検査の実務』から銀行検査に導入されたからである。本章で取り上げる銀行検査マニュアルは、いずれもリスクを中心に置き、リスクの実現を回避するために銀行検査をどのように運営するかという観点を重視している。分析のポイントとなるのは、銀行検査マニュアルで認識するリスクに、銀行検査実務が有効な対応ができるのかどうかという点である。
　検討期間である20数年間の前半10年間に相当する平成初期においては、銀行検査は『新版　金融検査の実務』、『新時代の金融検査実務』に基づいて実施された。また、大蔵省が改組され銀行検査機能が金融監督庁、金融庁に移管されて後の10数年間は、『金融検査マニュアル』が銀行検査実務を規定してきた。本章では、これらの銀行検査マニュアルの内容変化を検討対象とする。また、『銀行局金融年報』等の公刊文書で確認が可能な限り、銀行検査結果の推移を考察する。
　銀行検査および銀行検査行政の変遷を、金融バブル発生、崩壊との関係から考察するにあたっては、銀行検査と金融バブルの関係をどのように理解するのかを明確にし、その上で銀行検査マニュアルや検査結果の検討に取りかかる必要がある。したがって、本章では、まず金融バブルを銀行監督行政レベルでどのように把握し、行政措置をとろうとしていたのかを概観した後、銀行検査がその本来の役割である、「銀行検査の情報把握機能」と「把握情

第15章 平成期における銀行検査の考察

報の監督行政への展開機能」をどのように発揮したのかを検証する。

　金融バブルと銀行検査の関係をテーマにおく理由は、金融バブルの発生と崩壊の過程を通して、銀行検査の意義と役割を見直すことが必要と考えたからである。金融バブル崩壊前の段階では、銀行検査で従来から最も重視されてきた項目の1つである「資産の質」が、「資産の量」や「収益」を優先させる銀行経営者の勢いにおされておろそかにされた。これは、銀行検査が本来の目的に沿った形で機能しなかったことを示すものである。

　本章では、金融バブル崩壊前後で銀行検査マニュアルのコンセプトが大きく変化したことを基本的な前提としている。この前提は、明治期のアレキサンダー・アラン・シャンドや、戦後占領期のGHQ/SCAPからの影響による銀行検査の変化に匹敵する大転換である。この大転換による銀行検査の変容が今後の銀行検査行政にどのように影響していくのかを解明するのが、将来に向けての検討課題となる。

　本章の分析視角は、(1)銀行の貸出資産の健全性が実態的に確保されていなかったことを、銀行検査が看破できなかったのはなぜか、つまり、なぜ「銀行検査の情報把握機能」は働かなかったのか、(2)もし看破できていたなら、なぜ、「把握情報の監督行政への展開機能」は働かなかったのか、(3)金融バブル崩壊後の銀行検査マニュアルは、「銀行検査の情報把握機能」と「把握情報の監督行政への展開機能」を働かせ得るのか、の3点である。

　アプローチの方法は、(1)『金融検査の実務』に続く銀行検査マニュアルの特徴を論じ、内容変遷を考察すること、(2)各銀行検査マニュアルに基づく銀行検査指摘の特徴と銀行検査行政の変遷を考察すること、(3)銀行監督行政の推移を金融バブルの進行との関係から考察すること、の3つである。

　本章のテーマへの接近方法としては、対象とする銀行検査マニュアルと、マニュアルに基づいて実施された銀行検査の指摘内容の時系列的変遷を考察し、金融バブルとの関係を探るという方法を採用した。銀行監督行政および銀行検査行政については、大蔵省銀行局による『銀行局金融年報』、『金融年報』および金融監督庁、金融庁による金融白書を主要な参考文献とした。

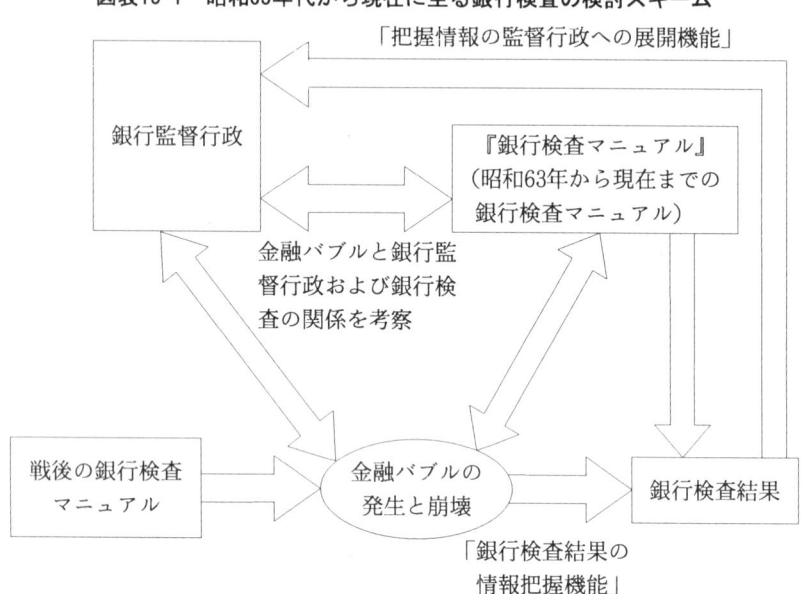

第Ⅵ部　安定成長期および平成期の銀行検査

図表15-1　昭和63年代から現在に至る銀行検査の検討スキーム

注：「金融バブルの発生と崩壊」の淵源の1つを、銀行検査行政に探るためのスキームを示した。銀行監督行政の具体的手段は銀行局通達や行政指導であり、銀行検査行政の内容は銀行検査マニュアルで示される。本来であれば、金融バブルに直接影響を与えると考えられるのは、銀行監督行政であるが、本章では、銀行検査の「銀行検査の情報把握機能」と「把握情報の監督行政への展開機能」に焦点を当ててその実態を考察する。

第1節　昭和60年代から平成期にかけての銀行監督行政

　本節では、昭和63年以降、現代に至る銀行監督行政の推移を分析する。この期間において発生、崩壊した金融バブルと銀行検査の関係については、銀行監督行政の推移を踏まえた上で考察する必要がある。そのためには、まず金融バブルと銀行検査の関わりを考察するにあたって、銀行監督行政がマクロ経済政策や銀行監督行政との関わりからどのように位置づけられるのかを明確化し、金融バブルと銀行検査の関係を検討するための基本的な考え方を明らかにする。検討スキームは「図表15-1　昭和63年代から現在に至る銀行

第15章 平成期における銀行検査の考察

検査の検討スキーム」の通りである。

1－1　金融バブルと銀行監督行政および銀行検査

　金融バブルの原因は1つではなく、複数の原因が輻輳したものであるので、銀行監督行政との関わりからのみ金融バブルを議論することはできない。しかし、銀行の貸出行動に銀行監督行政が大きく影響するとすれば、銀行監督行政の適否が金融バブルの発生、崩壊に与える影響は決して小さくはないと考えられる。少なくとも、銀行行動の内で最も重要な貸出行動を銀行監督行政で適切に規制し、金融バブルを回避することはある程度可能であったはずであり、「もしも」銀行監督当局者に対して、銀行検査当局者が検査現場で捉えた事実を的確に伝えることができていれば、間違いなく金融バブルはより小規模なもので済んでいたはずである。

　金融バブルに対する銀行検査の位置づけ

　金融史においても通常の歴史と同様、「もしも」はあり得ないが、この「もしも」が現実であったなら、銀行はこれほどまでに甚大な負の遺産を抱え込むことはなかったと考えられる。このような観点から、本節では金融バブル発生の原因の1つを、銀行の野放図な貸出行動とそれを規制しきれなかった銀行監督行政当局の監督能力不足および、銀行検査当局による「銀行検査の情報把握機能」、「把握情報の監督行政への展開機能」の発揮不足と理解する。

　このように、本章では金融バブルの原因の一端を、銀行監督行政の指導不足と、銀行検査機能の発揮不足によるものとし、この複合要因のうち後者に焦点を合わせて分析する。つまり、銀行検査の機能不全を金融バブルの副次的原因と位置づけて、その機能不全の実態を、銀行検査マニュアル、銀行検査結果等をもとに考察しようとするものである。

　金融バブルという、とてつもなく大きな国家規模の不祥事に対して、銀行検査がそれを回避させるための行動をとり得るのか、また、とり得るとすれば、それはいかなるものかという点について、その将来展望を示すための実証分析を行うことは、主役である銀行監督行政に対して、脇役の銀行検査が

どのように振る舞うべきか、また、どのように振る舞うのが目的合理的かということについて論ずることに等しい。

本章では銀行検査が脇役に徹し、脇役の立場からどのように「銀行検査の情報把握機能」、「把握情報の監督行政への展開機能」の両機能を果たすのが効率的かを探る。つまり、ミクロレベルの個別検査指摘の積み重ねによって監督、監視する銀行検査が、金融バブルの発生を阻止することに対して有効であるのか、有効であるとすれば、どのような局面でどの程度有効であるのかを探ることが重要である。

理論的には、個別検査で全金融機関の貸出金の質を全てチェックし、労力をかけてそれを一網打尽に改善させれば、銀行検査に固有の機能によって、貸出金の質は一定レベルが確保され、金融バブルの芽を摘み取ることができるであろう。しかし、国家規模の不祥事を回避するためには、どうしても、銀行監督行政が主役となり、銀行検査とのシナジー効果を念頭において、銀行検査はどうあるべきかを検討することが必要となる。

金融バブルに対する銀行検査の有効性

銀行検査の範囲には大きく2つのカテゴリーがある。1つは、銀行検査に求められるカテゴリー全般をカバーした範囲であり、もう1つは、銀行検査が被検査銀行の実態に合わせて力点を置いて検査すべき範囲である。本章では前者を「基本的範囲」、後者を「運用的範囲」と命名する。前者の具体的事例としては、資本、資産、経営、利益、負債に加えて経営管理状況のチェック等が含まれる検査範囲全般であり、後者は、これらの項目の中で特に力点を置いて検査すべき範囲に相当する。

従来の銀行検査で、基本的範囲と運用的範囲に相当するのは、総合検査と部分検査であるが、従来の部分検査は、その範囲を「資産査定」、「歩積両建預金」、「内部事務管理」というように、当初からテーマを限定するのが特徴であった。しかし、監査範囲を硬直的に設定することにより、被検査銀行の個別事情に合わせて検査対象項目を変化させる柔軟性に欠けていたため、部分検査は間もなく総合検査に統合されて、その使命は実質的に短期間で終了した。[3]

この短所を改善するためには、銀行検査行政当局による検査範囲決定の裁量を増やすことが必要である。つまり、検査の基本的範囲の中で最低限カバーすべき検査範囲を定め、それ以外については、被検査銀行の実態に即して力点を置いて検査すべきポイントを検査主任が柔軟に決定できれば、それが銀行検査の有効性を高めることになる。

　銀行検査が「銀行検査の情報把握機能」を主体的に発揮できるようになれば、検査実務担当者の検査指摘への「思い入れ」が増すことになる。そうなれば、「把握情報の監督行政への展開機能」を強化するきっかけになると考えられる。つまり、銀行監督行政の副次的位置づけで「やらされる検査」から、主体的に「やる検査」に転換することにより、銀行検査の有効性を増大させることができる。金融バブルへの対応における失敗原因の１つは、銀行検査制度が柔軟な検査の運用を許さない硬直的なものであったことに由来すると考えられる。

1－2　昭和60年代の銀行監督行政

　本節では、昭和60年代から平成期にかけての銀行監督行政を展望する。そのために、昭和63年から平成２年にかけて政府に提出された金融制度調査会の答申や報告、参考計数を分析する。この時期は、『新版　金融検査の実務』が銀行検査マニュアルとして使用された期間と一致する。昭和62年12月４日には、金融制度調査会の制度問題研究会報告「専門金融機関制度のあり方について」が出された[4]。「専門金融機関制度のあり方について」で明白に示されているのは、金融の自由化・国際化による銀行の経営環境変化を正確に理解すること、そして、その理解に基づく銀行検査の介入強化が必要であること、の２点である。つまり、銀行監督行政の面からは、銀行経営に求められる自律性とリスク管理の強化について、銀行検査によって補完する必要性を強調している。

　ここで述べられていることをキーワードでまとめると、「リスク管理強化」、「自己資本充実」、「銀行経営の実態把握強化」の３つとなる。

第Ⅵ部　安定成長期および平成期の銀行検査

リスク管理の強化について

金融制度調査会の「制度問題専門委員会参考計数」では、リスク種類ごとに「リスク量の把握の状況」と「リスク許容限度の設定状況」が示されている[5]。「リスクの種類」と「リスクの計量化」の関係を示すことは、金融機関の自由化と国際化によって今後増加するであろう、リスクを回避するためのメドを示すという意味においては有益と考えられる。しかし、金融機関は「制度問題専門委員会参考計数」が発表された平成3年より以前の段階において、これらのリスクにどのように対処すべきかという点については、明確に認識できてはいなかった。

リスクの種類とその深刻度に応じて、いかに合理的に対応するかという問題については、銀行経営者のリスク認識が成熟するだけではなく、システマティックにリスクに対応するための知識や制度インフラの整備が必要であった。しかし、各種リスクのうちで実質的に最も重要であったのは、従来と同様、貸出リスクであった。貸出リスクを軽視したことが金融バブルの発生原因となり、貸出リスクが現実化した時点で金融バブルが崩壊したというストーリーになる。つまり、貸出リスクの軽視と、その結果としてのリスクの現実化が、金融面から見たバブルの発生と崩壊の主たるプロセスである。

しかし、この結論の前提として、なぜ銀行が貸出リスクを軽視してまで貸出を実行するような資金ニーズが、企業サイドで生じたのかという点を解明する必要がある。この点は、金融バブルの発生メカニズムを探る上での基本であり、本来その解明なくしては、将来起こり得るかも知れない金融バブルを、マクロ経済政策によってあらかじめ封じ込めることはできない。

この点、銀行監督行政、銀行検査ともに、経済メカニズムの異常性によって既に発生した資金需要に対して、どのように対処すべきかというセカンドフェーズに関わる行政手段であり、実物経済と金融経済の全てを含めた金融バブル発生メカニズムの根本に切り込むものではない。監視、監督を主眼とする行政は、いずれにせよセカンドフェーズにおける対応を主として行うもので、このフェーズで有効に行政施策を機能させることが重要である。

第15章　平成期における銀行検査の考察

自己資本の充実について

　自己資本の充実は、リスクに対する金融機関の耐性を強化するために行われるもので、銀行検査には、自己資本充実の源泉が収益力の強化にあることを前提として、その実態把握を行うことが求められる。つまり、リスクに対する金融機関の耐性を強化するためとしながら、自己資本を充実させるには収益力を上げる必要があり、収益力を上げるためには多少の潜在リスクには眼をつぶり、目先の収益を増加させ、自己資本を充実させる行動を銀行にとらせる可能性がある。この点において、自己資本充実はリスク管理強化という目的との関係からみると、自己矛盾を含む検査規範である。つまり、銀行監督行政、銀行検査がその舵取りを間違えると、「リスク管理強化」と「収益力増強」が主客転倒し、かえってリスクを含む資産構成を銀行自らが作り出す結果となる。

　これが現実味を帯びるのは、「リスクの実現」と「収益の実現」が時間差をもって顕在化するという構造があるからである。つまり、目先の収益を追ってそれを実現した時点では、リスクが潜在したままで表面化しない。しかし、華やかな宴のあとのツケとして、リスクが実現した時点では不良債権化した銀行の貸出資産の質は著しく低下し、以後もそのまま残り続ける結果となる。この意味で、リスクに対する金融機関の耐性を強化するために収益を追求することが、逆にリスクを増やし、金融機関のリスク耐性を低下させる結果を生む可能性を含んでいる。

検査の情報取得能力強化

　検査の情報取得能力を強化すべきという考え方は、本章で規定した「銀行検査の情報把握機能」と同じ内容である。本章における銀行検査の情報把握機能は、個別金融機関の状況把握、全金融機関の状況および変化の動向を把握する機能を含意している。これに対して、「専門金融機関制度のあり方について」で示された情報取得能力は、国内外の金融業務、金融環境等の急速な変化に応じた、検査関係資料・情報の収集・管理体制を整備することを示している。銀行経営の実態を把握するということは、具体的には経営計画、機械化計画、組織改革、関連会社・現地法人施策等に基づく重点施策の内容

第Ⅵ部　安定成長期および平成期の銀行検査

を把握することである。

「銀行検査の情報把握機能」を銀行検査本来の機能と位置づけ、この機能が適切に発揮されれば、金融バブルの兆候も適時に把握できたのではないかと考える本章の立場からすると、「専門金融機関制度のあり方について」で示された検査の情報取得能力の強化は、まさにこれを可能にするための基礎インフラ整備にあたる。

銀行検査が金融機関の変調を的確に捉え、確信をもって監督当局に伝達するためには、個別金融機関の実態に応じた基本的範囲の検査に加え、問題点を含むと考えられる運用的範囲に検査対象領域を絞り込み、そこで拾い上げた事象を分析することが必要となる。つまり、これが本章で規定した「銀行検査の情報把握機能」の具体的内容である。したがって、その点を考えると、「専門金融機関制度のあり方について」の考え方を一歩進め、「把握情報の監督行政への展開機能」を発揮するための情報把握能力を向上させることが必要であった。

昭和60年代から平成にかけて、銀行監督行政と銀行検査の特質を分析するにあたっては、「リスク管理強化」、「自己資本充実」および「銀行検査の情報把握機能」、「把握情報の監督行政への展開機能」がどのように実践されて、それが貸出資産の質の把握強化にどのように影響したのかという点を重視する。

1－3　平成期の銀行監督行政

本節では平成期の銀行監督行政の推移を考察する。具体的には、大蔵省銀行局の『銀行局金融年報』や『金融年報』および金融監督庁、金融庁の金融白書の内容に沿って銀行監督行政の推移を銀行検査との関わりから考察する[6]。特に注視するのは、銀行監督行政の権限が大蔵省銀行局から金融監督庁、金融庁に移行してから、銀行監督行政がどのように変化したかという点である。

平成3年から9年に至る銀行監督行政

平成3年の銀行監督行政で特徴的なことは、大型偽造預金事件をきっかけとして、金融システムの信頼回復のための措置が講じられたことである。平

成3年8月の衆議院特別委員会における大蔵大臣答弁で金融システムの信頼性回復に関わる措置が5項目にわたって公表され、それを受けて、平成4年4月には、大蔵省銀行局によって「金融システムの信頼性回復のための措置について」で行政施策が示された。[7]

「金融システムの信頼性回復のための措置について」は、(1)行政の透明化、(2)検査体制の充実、(3)ノンバンクへの対応、(4)金融システムの安定化の強化、(5)金融制度改革の実施、(6)その他、の6項目から構成されている。このうち、本章との関係から注目すべきは、検査体制の充実である。検査体制の充実は、「検査手法の改善」と「検査部門の統合」から成り立っており、その施策は重点的、機動的な検査を実施すること、金融機関モニタリングシステムの開発、検査の関係機関との連携等である。

平成4年8月には、「金融行政の当面の運営方針―金融システムの安定性確保と効率化の推進―」が発表された。この方針は、バブル経済の崩壊に伴う、株価と不動産価格の大幅な低下が、金融機関の内部蓄積の減少と不良資産の増大を招き、それが金融システムに対する不安感と実体経済への悪影響を懸念する気運が増大することに対応する施策である。[8]その内容は、「金融システムの安定性確保」と「金融システム効率化の推進」の2本柱から構成されている。本施策では、本章に関連のある銀行検査に関する言及はないが、金融バブルのマイナス影響を金融行政によって排除するという狙いが明確化された。

「金融システムの信頼性回復のための措置について」と「金融行政の当面の運営方針」という、金融システムの安定化を狙った類似の施策が、平成4年に2度発表されたことが意味するのは、銀行監督当局が金融システム安定化に向けての並々ならぬ意欲を有しているということである。それと同時に、金融システム安定化への机上の施策が先行するあまり、正確な実態把握に基づいた根本的な政策を出すに至らない一種のジレンマがあると思われる。現に平成3年度から8年度に至る銀行検査は、『新時代の金融検査実務』に基づいてなされたもので、『銀行局金融年報』を見る限り、銀行検査は金融システムの実態を映し出したものとはなっていない。この時期においては、「銀行検査の情報把握機能」と「把握情報の監督行政への展開機能」が発揮

されていたとはいえない。

　平成6年2月には、「金融行政の当面の運営方針」の趣旨を受けて、「金融機関の不良債権問題についての行政上の指針」（以下「指針」と略記する）が総合経済対策と同時に発表された。「金融行政の当面の運営方針」は、バブル経済の崩壊にともない金融機関の不良債権が増加したことに端を発する方針であるので、金融機関の不良債権に焦点を合わせた指針が出されることは合理的である。

　大蔵省の不良債権に対する基本認識は、破綻先債権、延滞債権、通常に比べて注意を要する債権、金利減免債権等、それぞれの性格に応じて処理すべきであるというもので、大蔵省はこれらを同一視し、一律に償却等による処理が必要であるかのように論ずることを戒めている。[9]大蔵省は金融機関の徹底した経営努力を前提に、毎期の業務純益を主たる財源として所要の償却を進めることにより不良債権問題は解決可能と認識している。「不良債権の処理推進」から「信用秩序の維持」に至る「指針」の内容は、日本の金融機関に対する基本的な信頼を基礎にしている。「指針」の内容のうち特徴的な点を概観する。

　不良資産の処理推進に対する具体的施策は、共同債権買取機構の活用であり、金利減免債権の流動化については、ノンバンクに対する金利減免債権を流動化するための特別目的会社の設立である。資金の円滑な供給については、中小企業等の資金需要への対応を中心として、信用補完制度の活用や貸付債権の流動化等の施策が打ち出されている。共同債権買取機構の活用状況については、平成5年3月の業務開始から平成7年9月までの2年半で、債権買取実績累計は、額面ベースで約9兆9,000億円、利用した金融機関が113機関と好調な実績を示している。[10]

　金融機関の経営体質強化と信用秩序維持の2項目では、紋切型の「あるべき論」が述べられているが、注目すべき点としてあげられるのは、実態に即した決算処理をすべきと提唱している点である。これが説得力を有するのは、（1）決算にあたっては配当性向基準の一時停止を継続すること、（2）決算対策のための益出しは引き続き抑制を徹底すること、（3）横並び意識にとらわれず不良資産の処理を積極的に進めるべきこと、等を内容としているからで

ある。このような具体的指針が明確にされれば、銀行検査によるチェックが有効になるが、平成3年度から8年度に至る銀行検査結果を見る限り、この指針の問題意識を体現した銀行検査が実施された形跡は確認できない。

平成9年6月には金融制度調査会から、「我が国金融システム改革について―活力ある国民経済への貢献―」と題する答申がまとめられた。(11)この答申は、平成8年11月の橋本総理大臣による、金融システム改革についての指示を受けたものであり、総理大臣肝煎りの金融行政施策である。

金融監督庁発足当時の銀行監督行政―平成10年―

金融監督庁が発足し、新たな体制がスタートした平成10年の銀行監督行政の基本方針については、『金融監督庁の1年』で明確に述べられているので、その記述を参考に銀行検査との関係に焦点を当てて考察する。(12)

金融監督庁の初代長官である日野正晴は、平成11年度の『金融監督庁の1年』の冒頭で、「我が国金融機関は、バブル経済の崩壊により抱えるに至った多額の不良債権の処理という優先課題に直面している。不良債権問題を一刻も早く処理することにより、金融システムの安定化を図り、金融本来の機能を回復させていくことが喫緊の課題となっている」と述べて、銀行監督行政の最重要課題を金融システムの立て直しに置いている。金融監督庁は緊急事態に対応する新組織という側面を持っており、同庁による銀行監督行政は目的限定的なものとなっている。

銀行監督の基本的な考え方の骨子は、（1）市場規律と自己責任の原則の徹底、（2）金融システムの安定と再生、（3）モニタリングの充実、（4）外国金融監督当局との連携の強化、の4項目で構成される。以下で項目ごとに内容を概観する。

1. 市場規律と自己責任の原則の徹底

金融機関は市場の信認を受けることが重要で、そのためには市場規律と自己責任の原則を徹底することが必要となる。具体的には、（1）平成10年4月から導入した早期是正措置に基づいて、金融機関の自己査定結果に沿って必要な是正措置命令を適切に発動すること、（2）金融関係通達を改定し、事務

ガイドラインとして公表すること、(3)不良債権の開示を含めたディスクロージャーを徹底すること、(4)金融機関との透明な意思疎通に努めること、の4点である。

　これらの意味するところは、金融機関の経営を立て直すための緊急措置を効果的に遂行することと、金融機関とのコミュニケーションのあり方を根本的に見直すことである。つまり、傷んだ金融機関を早期に立て直すことを第一義として、金融機関との双方向コミュニケーションを透明化することである。

　大蔵省銀行局による銀行監督行政は、銀行局通達による通達行政を基本としていた。また、それと同様に監督当局が有する行政上のいわゆる「機密情報」を、MOF担を通じて小出しにすることにより、閉鎖性と不透明性を演出し、監督当局に権威付けをしていた。金融機関との双方向コミュニケーションを透明化することは、この不健全な権威付けを放棄することを意味し、金融機関と目線を近づけて監督行政を執行しようとすることにほかならない。

　双方向コミュニケーションの透明化が、市場規律と自己責任原則の徹底に直接的に結びつくとする論理には飛躍が見られるものの、監督当局から必要な情報を適時適切に与えられ、当局との開かれた対話が可能になった時点で、自在な銀行経営が可能となり、金融機関の自己責任原則が徹底されるとする論理は理解可能である。銀行検査はこの前提に立って、従来と異なるスタンスで実施されることになると考えられる。この監督行政の変化を金融検査マニュアルがどのように考慮しているかが検討ポイントとなる。

　2. 金融システムの安定と再生

　金融システムの安定と再生の具体的内容は、(1)各金融機関が自らの経営判断において得意分野への重点化や合併、提携などにより、競争力の強化や自己資本比率の向上等の経営体力強化を進めること、(2)各金融機関が、不良債権の抜本処理を行った上で十分な資本を確保し、増資等の自助努力、資本増強制度の活用により必要な資本増強を行うこと、(3)検査結果等に基づき、経営の健全性確保が困難と判断される金融機関については、存続させないこととし、預金保険機構の資金援助を活用した受皿金融機関への事業譲渡

や、金融再生法に基づく特別公的管理や金融整理管財人制度の活用により、透明性の高い的確な処理を行うこと、の3点である。

これは、従来のいわゆる「護送船団方式」の考え方を根本から覆すもので、金融機関に対して生き残りをかけた競争を促すものである。しかし、その一方で金融機関の公共的性格を鑑みて、セーフティネットとしての、「預金保険機構の資金援助」や「受皿金融機関への事業譲渡」等の制度を用意するとともに、透明性の高い処理を行うことを述べている。

このように、各金融機関が自らの経営判断により得意分野への重点化を行うことについては、ある程度自由度が与えられ得るが、提携や合併は金融界の勢力図に変化を及ぼし、その結果として、銀行監督行政にも著しい影響を与えるので、銀行監督当局による厳格な管理は実質的に存続すると思われる。

金融システムの安定を図るための当面の目的は、(1)不良債権処理の促進、(2)資本増強制度への対応、(3)早期是正措置の運用、(4)破綻処理、の4つである。これらは短期的課題であり、中長期的課題とは時間軸が異なる。しかし、自己資本比率の向上、不良債権の処理の2点は共通の課題であり、これにより競争力と経営体力を強化することについては変わりがない。

3．モニタリングの充実

モニタリングは金融機関の健全性を確保する上で必要な1つの手段であり、オンサイト・チェックは「検査」、オフサイト・チェックは「モニタリング」と位置づけられている。これはリスク分散を金融機関の本源的な機能の1つと位置づけ、その機能の発揮状況をモニタリングの対象にするという考えである。また、このモニタリングの必要性は、バーゼル銀行監督委員会でも指摘されていることから、いわば輸入概念といえる。

金融監督庁オフサイト・モニタリングを強化して、リスク管理を充実させようとするのであれば、オンサイト・モニタリングである銀行検査を主軸においてそれを補完する意味でのオフサイト・モニタリングを強化するか、あるいは、オフサイト・モニタリングを主軸において、それをいかにオンサイト・モニタリングで補完するかという両面からモニタリングの強化を議論すべきである。

4．外国金融監督当局との連携の強化等

　外国金融監督当局との連携強化の目的は、金融取引のグローバル化や情報化等に適切に対応することである。連携強化の対象はバーゼル銀行監督委員会と証券監督者国際機構である。しかし、この時期の金融監督庁にとっては、国際的な銀行監督の動向をフォローし、その潮流に乗り遅れまいとすることが第一義的に重要であった。

　金融庁発足から現在に至る銀行監督行政の概要
　金融庁は、平成12年7月に金融再生委員会に置かれていた金融監督庁と、大蔵省金融企画局を統合して設立された。さらに、金融庁は平成13年1月、改めて内閣府の外局として設置されるとともに、金融再生委員会の廃止に伴い、同委員会が担ってきた破綻処理や資本増強等による金融安定化に向けた役割を引き継ぐこととなった。[13]
　金融庁の設立による基本的な金融行政の方向性は、金融監督庁時代と大幅な変更はないものの、新たに目指す方向性として、「時代をリードする金融インフラの整備」と「金融行政の専門性・先見性の向上と態勢の整備」が加えられた。[14] おそらく、金融行政の専門性と先見性を向上させるためのインフラ整備の一環と思われるが、平成13年度の体制整備の冒頭に、検査・監督・監視体制の強化があげられている。
　具体的な監視・監督強化の内容は、（1）効率的で実効性の高い検査体制の整備—検査の頻度と深度の充実—、（2）金融環境の変化等に的確に対応するための監督・モニタリング態勢の整備、（3）透明かつ公正な金融行政のための監督体制の整備、（4）新たな形態の証券取引等に対応した監視体制等の整備、の4項目である。検査局に関しては、検査官を46名増員するとともに、16部門を18部門に拡充する等、積極的な機能強化が図られた。
　平成14年から現在までの銀行監督行政の流れは、平成14年から16年までが「金融再生プログラム」、平成17年から18年までが「金融改革プログラム」、平成19年から現在までが「ベター・レギュレーションへの取り組み」と大きく3つに分類できる。これら3つの流れを銀行検査との関係から個別に概観

する。

1．金融再生プログラム

金融再生プログラムは、(1)新しい金融システムの枠組み、(2)新しい企業再生の枠組み、(3)新しい金融行政の枠組み、の3つの柱から構成されている。平成14年10月30日に行われた経済財政諮問会議後の記者会見で、竹中経済財政政策担当大臣は、金融再生プログラムの趣旨を説明している。[15]その中で竹中大臣は、新しい金融行政の枠組みに説明の力点を置いている。具体的には、資産査定の強化、自己資本の充実、ガバナンスの強化である。

資産査定については、引当に関して割引現在価値をもってキャッシュフローを計算する方法（DCF的手法）を採用することや、大口債務者に対する銀行間の債務者区分の統一、特別検査によるリアルタイムでの債務者区分の検証を課題としてあげている。自己査定については、金融機関の自己査定と金融庁検査の査定の格差是正を業務改善命令の発動を視野において進めていくことが述べられている。

金融再生プログラムは、主要行の不良債権問題解決を通じて経済を再生することと、痛みを最小にしながら経済の活性化をより強力に推進するという2つの目的を有するプログラムである。日本経済を金融面から牽引するのはやはり主要行であり、まず、主要行を不良債権問題から再生させ、その上で経済を活性化しようとする目論みがこのプログラムの目玉である。銀行検査は、不良債権問題解決の基礎となる不良債権の「引当に関わる新手法の定着化」と、「債権の悪さ加減の判断の統一」に関して実務面で介入することが期待されている。前者はDCF的手法の採用であり、後者は検査当局と銀行の間、および銀行間の債務者区分の統一化である。

2．金融改革プログラム

金融改革プログラムは、緊急対応が主体であった金融再生プログラムから未来志向へ変貌する金融行政を象徴するプログラムである。その目的は、官の主導ではなく、民の力によって良質で多様な金融商品に自由にアクセスできる金融システムを構築することである。これは金融サービス立国の実現に

第Ⅵ部　安定成長期および平成期の銀行検査

向けての挑戦である。具体的施策のうち、「活力ある金融システムの創造」を実現するための方策には、金融市場インフラの整備があるが、その一環として金融機関の経営管理（ガバナンス）の向上が含まれている。さらに、それを推進するための手段として検査における金融機関経営者への経営改善に向けた動機づけとしての「評定制度」の導入等が示されている。未来志向の金融行政を支える銀行検査行政としても新機軸を打ち出す必要があり、その1つが評定制度の導入であった。

3. ベター・レギュレーション

ベター・レギュレーションは、良い規制環境を実現するための金融規制の質的向上を目指すものである。ベター・レギュレーションは4つの柱と5つの当面の具体策から構成されており、その目的は、「わが国金融・資本市場の国際競争力強化」と「金融セクターをめぐる局面の変化への対応」の2つである。ベター・レギュレーションの4つの柱の1つは、「優先課題の早期認識と効果的対応」であるが、この柱を構成する項目には、（1）検査・監督の枠組み、（2）メリハリのある検査の実施、の2つがある。

平成19年度の検査・監督方針では、リスク管理の高度化とリスク特性に応じた管理が行われているかどうかの監督に力点を置くべきことが述べられている。また、検査基本方針では個々の金融商品・取引の特性を分析・把握した上で態勢整備をしているかという点を検証事項としてあげている。メリハリのある検査の内容は、（1）主要行担当主任検査官の複数年担当制を導入すること、（2）特定のリスクまたは業務に的を絞ったターゲット検査の実施を増加させること、（3）小規模かつ業務が限定されている金融機関に対する簡易検査の導入検討、等である。[16]

ベター・レギュレーションに呼応して、平成20年8月には「金融検査の基本的姿勢（5原則）」が検査マニュアルの前文に明記された。それらは、（1）重要なリスクに焦点をあてた検証、（2）問題の本質的な改善につながる深度ある原因分析・解明、（3）問題点の指摘と適切な取組の評価、静的・動的な実態の検証、（4）指摘や評定根拠の明示、改善を検討すべき事項の明確化、（5）検査結果に対する真の理解（「納得感」）、等である。平成20年6月には

金融検査の立場からベター・レギュレーションを進めるための39項目からなるアクションプランＩが作成されたが、その中には「中間報告会等の運用改善」、「主要行における主任検査官の複数年担当制導入」が含まれている。[17]

アクションプランⅡでは、4つの柱を設定した。それらは、(1)検査マニュアル前文5原則の徹底実践、(2)ベター・レギュレーション、各事務年度の検査基本方針、金融検査マニュアル別冊等に関する情報発信、地域や現場の情報を収集により双方向の対話を強化すること、(3)検査力・検証力の向上に向け、情報収集・検証方法の高度化に関する取組を行うこと、(4)人材の強化に関する取組を行うこと、等である。アクションプランⅡの特徴的な取り組みとしては、バックオフィスの強化、検査ノウハウのデータベース化、専門人材の確保、等がある。本章では、このうちバックオフィスの強化について後段の節で検討を加える。

第2節　昭和60年代から平成初期にかけての銀行検査

本節では平成初期までの約10年間に銀行検査マニュアルとして利用された『新版　金融検査の実務』と『新時代の金融検査実務』の特徴、および銀行検査結果に基づいて、この時期の銀行検査の特徴を探る。

昭和期に作成された最後の銀行検査マニュアルは、『新版　金融検査の実務』である。同マニュアルは、昭和60年6月5日の金融制度調査会答申「金融自由化の進展とその環境整備」および、昭和62年12月4日の金融制度調査会専門委員会報告「専門金融機関制度のあり方について」に言及してその内容を織り込んでいる。[18]その意味で、『新版　金融検査の実務』は金融の自由化、国際化の流れに沿って改訂された銀行検査マニュアルといえる。

『新時代の金融検査実務』は、平成期に入って初めて作成された銀行検査マニュアルである。同マニュアルは、昭和60年6月5日の金融制度調査会答申「金融自由化の進展とその環境整備」、および昭和62年12月4日の金融制度調査会専門委員会報告「専門金融機関制度のあり方について」の内容に加え、その後の金融制度調査会の答申等を織り込んでいる。[19]つまり、『新版　金融検査の実務』の内容を金融の自由化、国際化の流れに沿って改訂した銀

行検査マニュアルである。

2－1 『新版　金融検査の実務』の特徴

『新版　金融検査の実務』の特徴を構成するのは、金融の自由化、国際化にともなって追加された検査ポイントと、新たに具体化された「関連会社の適正化」に関わる検査ポイントである。本節では、これらのポイントに基づいて、『新版　金融検査の実務』および同マニュアルに従って実施された銀行検査結果の特徴を明確化する。

金融制度調査会の、「金融自由化の進展とその環境整備」および「専門金融機関制度のあり方について」を受けた検査当局の認識は、金融機関検査と外国為替検査、証券検査との密接な連携を重視し、金融機関の状況を見て検査密度を変え、十分なフォローアップを実施するとともに、検査事務の機械化、検査官の増員を図り、検査体制の拡充・整備を図ることが重要であるというものである。[20]

この中で特徴的であるのは、リスクに対する検査当局の認識である。規制金利体系下では、信用リスクが銀行の持つ最大のリスクであったが、金融の自由化、国際化にともなって、金利リスク、流動性リスク、為替リスク等、銀行経営に係るリスクは格段に増加し、リスク管理の巧拙が銀行経営の健全性を左右するという認識が高まってきた。

このような各種リスクに対応するためには、経営の基本戦略の立案能力や、その実施にあたっての組織運営能力等、経営の質的充実が求められる。銀行検査においては、特に「資本の充実度」、「収益」、「流動性」は、自由化、国際化にともなって生じるリスクに対応するために必要となる新たな検査ポイントである。

『新版　金融検査の実務』は、金融機関の自由化、国際化によってもたらされたリスク種類と量の増大に対して、具体的な検査の切り口を特定できないまま、原則論を記述する傾向が強い。従来は、ほぼ信用リスクのみをマークして検査していればよかった。しかし、昭和60年代になって金利リスク、流動性リスク、為替リスク等、銀行経営に係るリスクに囲まれて銀行経営が行われている中で、検査官がリスクの実態を正確に認識した上で、具体的な

第15章　平成期における銀行検査の考察

対応策を持って検査実務を遂行することは困難であったと推察される。『新版　金融検査の実務』では、各種リスクを列挙した分、最も重要であるはずの信用リスクの重要性は相対的に低下している。

　自己資本の充実に対する認識レベルも、リスクに対する認識と同様である。つまり、リスクの蓄積に対応して、自己資本の充実が必要であるという認識はあっても、リスク削減に対する具体的アイデアとそれに沿った検査の切り口を持たないため、いきおいリスクに見合う自己資本を増加させることにのみ関心が集中する。そうなると、必然的に金融機関は無理な利益創出により自己資本を増加させようとする行動に出る。真剣なリスク低減行動をともなわない一面的な自己資本充実行動は、目先の利益創出という短絡的発想をキーにして、銀行の財務体質を弱める負のスパイラルを生みだすことになる。

　銀行検査はこの負のスパイラルを事前に見抜き、検査指摘や提言によって銀行の財務体質低下を未然に食い止める役割を有しているが、残念ながら『新版　金融検査の実務』には、これを可能にする記述や検査ポイントは明確には記載されていない。

　従来、流動性管理はバランス・シート上で認識できる数値をもとに行われてきたが、オフバランス取引という偶発的債務をともなう取引が銀行業務の一角を形成するに至って、銀行の資金繰管理が一変した。上述の通り、流動性管理についても、『新版　金融検査の実務』には銀行検査を通した明確な監督、監視手段が成熟している証跡は確認できない。したがって、この点においても、銀行検査マニュアルのレベルは未成熟である。

　このように、『新版　金融検査の実務』の新たな特徴を構成する検査ポイントのほぼ全ては、十分検査当局内で消化されておらず、実務マニュアルとして成熟したものとはなっていない。これは、この銀行検査マニュアルに則って実施される銀行検査の質が決して高くはなりえないことを示している。ここでいう「検査の質」とは、金融の自由化、国際化以前のオーソドックスな銀行検査のレベルを指すのではなく、自由化、国際化に見合う新たな経営環境やリスクに適応した銀行検査のレベルを指す。その意味で、『新版　金融検査の実務』が有効であった期間においては、金融機関が抱える本質的なリスクが、銀行検査によって軽減されることは理論的にはなかったと考えら

れる。

2-2 『新版　金融検査の実務』に基づいた銀行検査

　本節では都市銀行と地方銀行の銀行検査結果を中心に銀行検査の特徴を考察する。具体的には、銀行検査マニュアルで示された検査当局の問題意識が、検査結果にどのように反映されているかという点を中心に分析する。銀行検査結果としては、『新版　金融検査の実務』が銀行検査マニュアルとして用いられた、昭和63年から平成２年までの３年間を対象に検討する。[21]

　前節で『新版　金融検査の実務』の内容を分析して出した結論は、同マニュアルはリスク内容を正確に把握して検査の効果を上げるという観点からは、決して成熟してはいないというものであった。つまり、『新版　金融検査の実務』が有効であった期間においては、金融機関が抱える本質的なリスクが、銀行検査によって軽減されることは理論的にはあり得ないと結論づけた。

　昭和63年度から平成２年度に至る３年間の検査結果を分析すると、リスク管理についての銀行検査の姿勢や心構えについては詳細に論じられてはいるものの、リスク管理の結果や問題点についての具体的提言や指摘は見られない。また、信用リスクに関しては、金融バブルで不良債権化する不動産関連融資やサービス業に対する融資の増加をあらかじめチェックできなかった。つまり、リスクに対する、建前としての銀行検査の姿勢は示されていたが、それを検査実務で具体化できなかったところに、この時期に実施された銀行検査の限界があった。

　証券市況の暴落による自己資本比率の低下については、銀行検査のレベルではなす術がなく、客観的なコメントを述べるにとどまった。また、マクロ経済的な変化を受けて、検査の効率化に関わる施策を打ち出したが、これらの施策に新味は見られない。

　総じて、『新版　金融検査の実務』はリスクに対する抽象的、概括的理解に基づいて制定されたため、リスクが実現する局面においては実務指針としての役割は十分果たせなかった。

2−3　『新時代の金融検査実務』の特徴

　『新時代の金融検査実務』は、「金融自由化の進展とその環境整備」および「専門金融機関制度のあり方について」以外に、平成元年5月の金融制度調査会専門委員会・外国為替等審議会専門部会合同報告「金融リスクとその対応について」で明確にされた金融リスクについて詳述するとともに、CAMEL検査の考え方を正式に銀行検査に取り入れることを明示した。また、資産査定についての記述が従来の銀行検査マニュアルと比較すると格段に詳細になった点も同マニュアルの特徴と考えられる。『新時代の金融検査実務』の特徴としてあげられるのは、「金融リスク」、「CAMEL検査」、「資産査定」の3つのポイントである。

金融リスク

　リスク管理に関しては、リスク管理の基本事項、リスク管理の検査の順で体系的に述べられており、記述内容も詳細さを増した。検査当局は、金融機関のリスク管理の基本を、（1）経営者によるリスク管理の重要性の認識と、リスク感覚の末端への浸透、（2）リスク対応手段の充実・開発、（3）リスクの客観的・総合的な把握、の3点と認識している。これらの3点にリスク管理の重要性が集約されるとした根拠は、経営責任者を含め、金融機関のリスク管理マインドが低い場合は、リスク管理体制の充実を求めること自体が困難であることがあげられる。つまり、銀行検査当局は、金融の自由化、国際化、証券化にともなってリスクが多様化、大規模化、国際化している現実を、明確に認識していない金融機関経営者や職員がいるということを前提にしている。検査当局のこの認識は、『新版　金融検査の実務』では明確に記述されてはいなかった。

　銀行経営者のリスク認識についての銀行検査当局の考え方は、銀行経営者が伝統的に重要視してきた信用リスク等のリスク認識が希薄化するとともに、新たなリスクに対する認識が十分ではないというものであった。金融機関自身がこれらのリスク認識を厳格化する1つの手段として、銀行の内部監査にリスク認識の視点を加えることが提言されている。つまり、経営者がリスク管理の重要性を認識し、組織の末端へリスク感覚を浸透させた上で、検査当

第Ⅵ部　安定成長期および平成期の銀行検査

局が金融機関別にメリハリをつけて検査を実施するということである。

1. リスク対応手段の充実・開発

　検査当局のリスク対応手段に対する認識は、「リスクの分散や移転等により、その軽減や回避を行う必要があり、このためには、リスク対応手段の充実・開発が重要な要素となる」というもので、検査によってこの実態把握に努めていることが明確化されている。リスク対応手段としては、「リスクの分散」、「リスクテイクの制限」、「リスクの回避」、「リスクの圧縮」の４つがあるとされている。

　リスク対応の大半は、既に存在するリスクをどのように緩和するかという観点から述べられているが、唯一リスクの発生自体を制限することによってリスクに対応しようとするのは、「リスクテイクの制限」である。しかし、個別リスクを制限することが金融機関全体のリスクを適正に制限することに結びつかなければ、金融バブルのような国レベルの問題には対応できない。

　銀行検査のレベルで金融リスクに適正に対応するためには、銀行監督当局がリスクをともなう金融商品を認可する際に、商品のストラクチャーを明らかにして、かつ、リスクの所在を明確にすることが必要と考えられる。また、いきなりリスク商品のフル導入を許すのではなく、リスクを計量し、リスクテイクが許される上限を明確に定めた上で、金融機関がその制限に従わない場合は、他のリスク商品の取り扱いを認可しないなどの方策を駆使して、堅実にリスク商品の導入を進めるべきである。

　銀行監督行政と銀行検査が協調するにあたっては、まず銀行監督当局が主導で、規制すべきポイントを計量的に明示することにより、銀行検査がそのポイントにしたがってリスクの実態を計量的に把握できる仕組みを構築することが必要である。それがあって初めて、「銀行検査の情報把握機能」、「把握情報の監督行政への展開機能」を発揮できる。この銀行監督行政による対応が中途半端な状態であった場合に、その不完全性に対して銀行検査がどのような補完機能を働かせるべきかという点が銀行監督行政と銀行検査の「協調と棲み分け」の最重要部分と考えられる。

　リスクの計量化の実態について『新時代の金融検査実務』は、「現状では、

すべての金融機関について計量的なシステムがあるわけでもない」としてその不完全さを認識している。(22) そして、これに対処するため、銀行検査では検査結果の計量化を図っている。具体的には、信用リスクにおける、（1）分類率、欠損見込率という形での計量化、（2）延滞率、不稼働貸出金比率、保全状況、期間別の構成、業務別の集中度を踏まえた信用リスクの程度判定、等が例示されている。

『新時代の金融検査実務』は、各種比率や属性別に整理された貸出金の分類情報をもってリスクの計量化としているが、これは正確な意味での計量化とは認められない。分類率や延滞率を用いた不良債権の管理は、すでに過去から行われてきたもので、リスクの計量化というよりは、リスクの深刻さの一端を探るための指標にすぎない。しかも、信用リスクに限定されているので、数多くのリスク全体を正確に把握、認識するためのツールとしては不十分である。

リスクの計量化は、信用リスクに限らず、すべてのリスクが実現した場合に、それが金融機関経営に与える影響を一定の判断基準をもとに明示したものでなければならない。金融機関の貸借対照表、損益計算書に対する影響を具体的数値で示し、財務の健全性を確保するための臨界点であるウォーニングラインにどの程度の脅威を及ぼすのかを単純数値で示すのが、真のリスク計量化である。検査当局が、金融機関のリスク計量化いまだしと認識する中で、このような理想的なリスクの計量化を実現させることは不可能であるが、少なくとも、リスクの計量化が行き着くべき理想を明確にして、現時点での不十分さを認識することがなければ、検査当局として金融機関を指導することは困難である。

金融機関が不適切なリスクを抱えることを行政の立場から回避させるためには、各金融機関が自主的にリスク回避行動をとるであろうことを前提として政策運営することは間違いである。金融機関のリスク回避に関しては、金融機関が、いわゆる性悪説に基づいて行動することを前提に政策運営することが重要と考える。リスクに関する金融機関の「性悪的行動」にどのように対処するかという点において、銀行監督当局と銀行検査の政策協力の余地がある。特に、金融リスクについては、リスク商品ごとにそのストラクチャー

第VI部　安定成長期および平成期の銀行検査

とリスクの所在を明確にすることを金融機関に義務づけた上で、隠れたリスクを全て明確にして、リスクの度合いを正確に計測する仕組みを構築することが必要である。また、リスクのエクスポージャーを正確に管理するためには、金融機関の関連会社を用いた実質的な肩代わりを排除することが不可欠である。

　経済全体からすると、金融機関がリスク商品を用いた金融サービスを提供することが、はたして、実需に基づく資金ニーズに応えるものであるかどうかを判断した上で、経済全体がどの程度のリスクテイクをゆるされているのかをチェックすることが必要で、それがまさに銀行監督当局の役割である。

　２. リスク管理の検査
　『新時代の金融検査実務』における、リスク管理に関わる検査の基本的スタンスは、金融機関が負っているリスク負担がその体力に比較して合理的であるか、また、リスクを適正に管理しているかを重視するものである。しかし、このスタンスには、個々の金融機関が抱えているリスクを捉える視野はあるものの、全金融機関を対象に金融機関のリスク実態を積み上げて総括的に論じる視点は見られない。銀行検査が、「銀行検査の情報把握機能」と「把握情報の監督行政への展開機能」を効果的に発揮しようとすれば、個別金融機関レベルの情報、すなわち、ミクロ情報を集積して、マクロレベルの情報として整理した上て政策提言することが必要となる。

　リスク管理体制を構築することは、金融機関経営者の自己責任であり、リスク耐性に見合った経営を行うのは一義的に経営者の責任範囲に含まれるというのが、『新時代の金融検査実務』の基本認識である。これは、基本的な考え方としては正しいが、銀行検査において、各金融機関の実態に応じた体制の整備状況をチェックするという点については、関わり方が不十分である。「リスクの客観的・総合的な管理の状況」を検査することに加えて、「リスクに対する経営者の姿勢」、「性悪説に基づいたリスク隠蔽の実態把握」、「全金融機関の総体的リスクテイクの実態」等を、「銀行検査の情報把握機能」によって捉えた上で、「把握情報の監督行政への展開機能」を発揮して銀行監督当局に伝達することが、銀行検査の使命を積極的に解釈した合理的な行動

第15章　平成期における銀行検査の考察

といえる。
　検査当局によるリスク管理の実態把握のプロセスは、（1）リスクに対する経営トップの認識を確認すること、（2）各種リスクに対する責任者を特定すること、（3）現場でのリスク管理、監督が有効に機能しているかを確認すること、（4）金融機関全体として負っているリスクが収益や自己資本等、金融機関の体力に見合っているかを確認すること、（5）リスク管理一元化のためにどのような方策を講じているかを見ること、等である。このように、個別リスクの管理に加えて、リスク全体の管理と、金融機関の体力との比較管理を検査ポイントにあげている点を考慮すると、検査ポイントとしての必要条件は満たしている。しかし、前述の通り、リスク計量化等のインフラ整備が不十分な状況下で、理想論が先行するあまり、検査技術がそれに追いつかない状況が『新時代の金融検査実務』の現実であった。

　CAMEL検査
　CAMEL検査の影響は、昭和62年の『銀行局金融年報』の銀行検査結果まとめ様式に反映されている。『新版　金融検査の実務』は昭和63年に発刊されたにもかかわらず、CAMELの考え方は明確には記述されていない。そして、平成3年に発刊された『新時代の金融検査実務』に至って初めて、CAMEL検査に関する検査の姿勢が明確にされた。つまり、CAMEL方式に沿って銀行検査結果をまとめる様式が『銀行局金融年報』で採用されてから4年後に、銀行検査マニュアルでCAMELの考え方にしたがった検査の切り口が示されたことになる。
　この背景には、米国ではCAMEL方式を中核に置いた検査手法が機能する実務的な背景として、常時、銀行から各種の指標を提出させ、報告を徴求するという、「プルデンシャル・リターンズ」が前提となっており、日本の銀行検査慣行とは異なることがあげられる。昭和60年時点でCAMEL方式を米国に倣って日本に取り入れるには、検査思想、検査手法ともに環境が未整備であった。また、昭和62年時点で『銀行局金融年報』の検査結果の記述様式にCAMEL方式が取り入れられたのは、日本における銀行検査の総合的な評価格付の雛型としてCAMEL方式を参考にすることが狙いで、その背景にあ

る検査思想や、CAMEL方式を可能にする諸報告の体系等については捨象されていた。

CAMEL方式に対する歴代の検査部課長レベルの意識の変遷を見ると、CAMEL方式を検査技術の一種と捉えて、技術的側面のみを日本の検査風土に生かす方向で取り入れたと考えられる。つまり、CAMEL方式を効果的たらしめる諸報告の充実や、CAMEL方式の結果を効率的な傾斜検査に活用するという認識ではなく、いわば検査技術の表層部分を効率的に取り入れようとするのが、昭和60年から63年に至る3年間の動きであった。[23]

資産査定

貸出金の査定は、貸出金内容の健全性と貸出業務を通じた公共機能の発揮の度合、の2点を判定するために、貸出金調査表を徴求して行われる。貸出金の「回収上の危険度合」を判定するための要素は、「債務者の財務状況」、「資金繰り」、「収益力」、「取引実績」、「人物」等であり、付加的事項として「担保」、「保証」等である。

このうち収益力については、「営業利益率」、「売上収益率」、「総資本収益率」を同種企業と比較することにより、収益力の強弱を判断するとしている。また、利益を営業利益と営業外利益とに分けて、どちらが収益の源泉になっているかをポイントとしている。これは、本業での収益力を示す営業利益を重視したものであり、余剰資金の運用や財テクで儲けた利益ではなく、長期的に企業の継続を支える収益力があることを確認するポイントである。

貸出金の分類基準

貸出金をIからIVに整理し、II、III、IVを分類債権とすることについては従来と変わりがない。また、II、III、IVの定義についても概ね変化は見られない。その基本的な考え方は、債務超過状態にある企業が整理、清算に入った場合、回収不能額は債務超過額、回収可能額は資産価値に見合うというものである。しかし、問題となるのは、商業手形の割引と経常運転資金貸付は原則として分類しないという考え方である。商業手形の割引は民法上の債権に加えて手形債権が加わるため、振出人に問題がないかぎり金融機関に有利

であるが、経常運転資金貸付を分類対象外とする考え方には問題がある。

経常運転資金貸付を分類対象外とするのは、それが、企業が営業を継続する上で必要な棚卸債権、売掛債権等を保有するための資金であり、買入債務や自己資金によってまかない得ない部分を補塡するための資金であるからと考えられる。確かに、経常運転資金は売掛債権と買入債権のギャップを補塡するもので、企業の債権、債務の各回転率が不変のままである限りは、継続的に必要となる不可欠な資金である。また、企業が清算された場合には、現金化された売掛債権が返済原資となるという考えが、経常運転資金貸付を分類対象外とする根拠と思われる。

しかし、経常運転資金を分類対象外債権とすることには多くの疑問がある。それは、(1)経常運転資金と赤字資金等との区別は困難であり、融資実務上は実態的な赤字資金を経常運転資金の名目で融資を実行することが少なくないこと、(2)一旦、経常運転資金として貸出した資金はその性質上、企業が営業を継続している限り回収困難であること、(3)企業業績の悪化にともなって、従来の経常運転資金を赤字補塡資金に変更したとしても、その返済を求めることは企業倒産の引き金を引くことに等しいことから、実質的に融資を継続せざるを得ないケースが多いこと、(4)実質的な経常運転資金の貸出先企業が債務超過であった場合は、清算後の返済原資は確保され得ないこと、等がその理由である。

『新時代の金融検査実務』におけるⅡ分類債権に対する考え方は、「通常の度合いを超える危険」を有する債権の回収可能性の判断に特徴がある。Ⅱ分類債権の判断は最もデリケートであるとともに、実質的判断を必要とするものであるので、『新時代の金融検査実務』でもその点を重視して貸出金の内容を踏み込んで判断しようとする姿勢が見られる。しかし、Ⅱ分類債権に対する実質的判断基準をその趣旨に従って適用しようとすると、検査官が短い検査期間で貸出金を金融機関の融資担当者以上の詳細さで把握することは困難と考えられる。また、日本における資産査定は、個別債権ごとに貸出先と別個に行われるのはなく、「貸出債権の分類＝債務者の格付」という等式が常に成立するため、Ⅱ分類債権を有する企業は、その保有割合等がそのまま金融機関内の当該企業への格付の根拠となる。このような事実を勘案する

と、当局検査で分類貸出債権の新たな指定変更がなされるということは、当該企業への融資取引を消極化せざるを得ないことに等しい。このように、分類債権の判定には慎重を要することから、検査当局サイドもいきおい査定を厳格化することに対しては慎重姿勢をとらざるを得ない。

Ⅲ分類債権は、全額の回収は不可能であると認められるものの、回収不能額を判定することができないものと認識されている。『新時代の金融検査実務』の基本姿勢は、可能な限り回収が見込まれる額と、回収不能と見込まれる額を算出して、不確定部分を少なくすべきということである。

Ⅳ分類債権については、回収不能と判断されるものであり、通常速やかに償却を必要とするので、その認定には慎重な取り扱いを要すると認識されている。つまり、無税償却の対象となるということは、税当局の判断が加わり、税収にも影響を及ぼすので、安易な判断によるミスが大きな影響を及ぼしかねないことが慎重さを要する理由と考えられる。

『新時代の金融検査実務』のまとめ

『新時代の金融検査実務』では、『新版　金融検査の実務』において詳細に論じられなかった金融リスクが具体的に論じられている。『新時代の金融検査実務』で論じられているリスク認識および銀行検査の立場からのリスクアプローチの特徴は、（1）伝統的に重要視されてきた信用リスク等のリスク認識が相対的に希薄化するとともに、新たなリスクに対する認識も十分ではないこと、（2）各種リスクの計量化が不十分であるため、量的基準に基づいた効果的なリスク検査を行うことが不可能であること、の2点である。つまり、リスクに関しては、新たなリスクに対する認識とリスク計量化等のインフラ整備が不十分な状況下で、理想論が先行し、検査技術がそれに追いつかない状況が『新時代の金融検査実務』の現実であり、特徴であった。

CAMEL検査の考え方は、「資本の充実度」、「資産の健全性」、「経営管理」、「収益力」、「流動性」の5つポイントに沿っている。資本の充実度については、国際統一基準で定められた自己資本比率の達成度の確認と、ヒアリングによる実態把握が主たるチェックポイントである。

経営管理については、「リスク管理」、「経営計画」、「組織改革」、「関連会

社」、「現地法人政策」、「機械化」等について実態把握を行うのが検査の切り口であるが、これは従来の検査ポイントを総花的に列挙したもので、実務的には焦点を絞った検査が必要とされる。収益力については、収益管理手法、経費削減努力の状況を把握することが検査のポイントとなっている。流動性については、流動性リスクの原因の1つである、オフバランス取引の実態、資金繰管理の状況、流動性確保のための方策を検査の対象としている。しかし、流動性リスクに対する銀行検査を通した明確な監督、監視手段が成熟している証跡は確認できない。

　資産査定については、査定にあたっての債務者の実態判断をはじめ、分類基準の詳細が記載されている。貸出先の実態判断においては、検査官が実施し得ない経営者の人物評価等が含まれており、検査実務でカバーできない検査ポイントが存在する。

2－4　『新時代の金融検査実務』に基づいた銀行検査

　本節では、都市銀行と地方銀行の銀行検査結果を中心に銀行検査の特徴を考察する。具体的には、銀行検査マニュアルで示された検査当局の問題意識が、検査結果にどのように反映されているかという点を中心に分析する。銀行検査結果については、『新時代の金融検査実務』が銀行検査マニュアルとして用いられた、平成3年から8年までの6年間を対象として検討を加える。[24]

　『新時代の金融検査実務』に基づいて実施された銀行検査の変化の1つは、昭和62年度から採用してきたCAMEL検査の項目にしたがって検査結果を示すことをやめて、独自の表示方法を採用したことである。つまり、大蔵省が採用したCAMEL検査方式は、米国現地の事情を踏まえた本格的な導入を目指していたわけではない。検査結果の表示形式が平成4年度から変化したのは、同年度に検査体制の再編が行われたことが影響していると考えられる。しかし、いずれにしても『新時代の金融検査実務』に基づいて銀行検査を行っている期間において、CAMEL検査方式が日本に根を下ろすことはなかった。

　平成4年度には、従来の検査機能を統合して金融検査部を創設し、包括的、網羅的な銀行検査を目指したにもかかわらず、それ以後の銀行検査結果を見

る限り、検査機能統合の効果は明確ではない。平成5年度の銀行検査結果には「バブル」という言葉が初めて現れたが、検査当局はバブルの重大性を認識し、銀行検査機能との関係からどのように対処すべきかを考察するには至っていない。不動産関連融資等、バブルのマイナス影響を増幅する原因となった融資に対する銀行検査のスタンスは、平成4年度と平成5年度を境に急変している。これは、予期せぬ結果に直面して銀行検査が迷走した結果と考えられる。

平成6年度以降は、金融バブルの崩壊に直面した後講釈の類の検査結果やコメントが大半で、検査当局としての積極的な提言や指摘は見られない。特にリスク管理体制に関しては、リスク管理の体制構築は緒についたところであり、牽制機能は不十分との指摘があり、バブルが崩壊した後とは思えないタイミングでリスク管理の基本的な欠陥が指摘されている。

このように、経済の基礎的諸条件に著しいマイナス変化が生じた後は、銀行検査の影響力はきわめて限定的である。銀行検査の本領は、個別金融機関に対する検査を通して、平時の地下水脈に潜む流れの変化や、水の濁りをいち早く発見し、それが地上に溢れて不規則に蛇行し、平地に害を及ぼすのを事前に回避することである。銀行検査は、一旦地上に溢れかえった鉄砲水を正常な流れに戻すための処方箋や対症療法は有していない。これはマクロ経済政策の領域である。バブル崩壊後の銀行検査結果が空疎であるのは、このような銀行検査の基本的性格に由来する。

2－5　昭和60年代から平成初期に至る銀行検査行政と金融バブル

昭和60年代から平成初期にかけての銀行検査の分析視角は、（1）銀行の貸出資産の健全性が実態的に確保されていなかったことを、銀行検査が看破できなかったのはなぜか、つまり、なぜ「銀行検査の情報把握機能」は働かなかったのか、（2）もし看破できていたなら、なぜ、「把握情報の監督行政への展開機能」は働かなかったのか、の2点であった。『新版　金融検査の実務』と『新時代の金融検査実務』の2つの銀行検査マニュアルの特徴と、これらのマニュアルに基づいて実施された検査結果をもとに考察を加える。

『新版　金融検査の実務』の短所は、（1）金融機関の自由化、国際化によ

ってもたらされたリスク種類と量の増大に対して、具体的な検査の切り口を特定できないまま、原則論を記述する傾向が強いこと、(2)各種リスクを列挙した分、最も重要であるはずの信用リスクの重要性は相対的に低下していること、(3)銀行の財務体質を弱めるリスクを低減させるための記述や検査ポイントは明確には記載されていないこと、(4)流動性管理について銀行検査を通した明確な監督、監視手段が成熟している証跡は確認できないこと、(5)関連会社の検査についても検査のツボは捉えられていないこと、(6)総じて金融機関が抱える本質的なリスクが、銀行検査によって軽減されることは理論的にはなかったと考えられること、等の6点である。

　これらの点を勘案すると、金融リスクが『新版　金融検査の実務』によって軽減されることは理論的にはなかったと考えられる。少なくとも、金融機関が抱えるリスクの実態に関して、銀行検査が情報把握機能を発揮することは不可能であった。したがって、銀行が抱えるリスクを看破できなかったがゆえに、把握情報を監督行政に展開する機能も発揮できなかったと考えられる。

　『新版　金融検査の実務』に基づいた検査結果では、リスク管理に対する銀行検査の姿勢や心構えについては詳細に論じられてはいるものの、リスク管理の結果や問題点についての具体的提言や指摘はあまり見られない。信用リスクに関しては、金融バブルで不良債権化する不動産関連融資やサービス業に対する融資の増加をあらかじめチェックすることができなかった。総じて『新版　金融検査の実務』は、リスクに対する抽象的、概括的理解に基づいて制定されたため、リスクが実現する局面においては実務指針としての役割は果たせなかった。

　このように、銀行検査結果を見ても、検査当局は『新版　金融検査の実務』で示される各種リスクをあらかじめ把握し、それを的確に指摘することはできなかった。つまり、「銀行検査の情報把握機能」と「把握情報の監督行政への展開機能」が適切に働くことはなかった。『新版　金融検査の実務』が銀行検査マニュアルとして機能した昭和63年から平成2年においては、銀行検査が「銀行検査の情報把握機能」と「把握情報の監督行政への展開機能」を発揮することなく終わった。銀行検査が金融バブルを未然に防止する補完

的役割を果たした形跡は見られない。

　『新時代の金融検査実務』の特質は、（1）金融リスクについてより具体的に論じられるようにはなったものの、十分ではなかったこと、（2）CAMEL検査については、検査技術の表層部分を取り入れようとしたこと、（3）資産査定の基準を詳細化したこと、の3点である。

　金融リスクに関する『新時代の金融検査実務』の認識レベルは、伝統的に重要視されてきた信用リスク等のリスク認識が希薄化するとともに、新たなリスクに対する認識も十分ではなかった。また、同マニュアルで述べられているリスク対応の大半は、既に存在するリスクをどのように緩和するかという観点からのもので、リスクの発生自体を制限することによってリスクに対応しようとするのは、リスクテイクの制限のために設定された検査ポイントのみである。しかし、個別リスクを制限することによって、金融機関全体のリスクを適正に制限することに結びつかなければ、金融バブルのような国レベルの問題には対応できない。

　『新時代の金融検査実務』が個別リスクの管理に加えて、リスク全体の管理と、金融機関の体力とリスクとの比較管理を検査ポイントにあげている点を考慮すると、検査ポイントとしての必要条件は満たしていると判断される。しかし、リスク計量化等のインフラ整備が不十分な状況下で理想論が先行するあまり、検査技術がそれに追いついていなかった。

　『新時代の金融検査実務』で初めて明記されたCAMEL方式は、CAMEL方式を検査技術の一種と捉えて、技術的側面のみを日本の検査風土に生かす方向で取り入れたものである。CAMEL方式の表層部分を検査技術に取り入れようとするのが、昭和60年から63年に至る3年間の推移で、このCAMELの基本精神と米国の検査風土の正確な理解が不十分であった時期を経て、平成3年に正式に『新時代の金融検査実務』にその考え方が取り入れられることになった。

　資産査定の基準で問題とすべきは、商業手形の割引と経常運転資金貸付は原則として分類しないという考え方である。商業手形の割引は民法上の債権に加えて手形債権が加わるため、振出人に問題がないかぎり金融機関に有利であるが、経常運転資金貸付を分類対象外とする考え方には明確な根拠がな

い。根拠とすべきものがあるとすると、経常運転資金は売掛債権と買入債権のギャップを自己資金でカバーできない部分を補塡するもので、企業の債権、債務の各回転率が不変のままである限りは、それが継続的に必要となるため、企業が清算された場合には、現金化された売掛債権が返済原資となるという考えである。しかし、経常運転資金の貸出先企業が債務超過であった場合は、清算後の返済原資は確保され得ないことから、経常運転資金を分類対象外債権とすることには多くの問題がある。

　『新時代の金融検査実務』が銀行検査マニュアルとして機能した平成3年から平成8年においては、金融リスク、CAMEL方式を踏襲した検査、資産査定のいずれをとっても、金融機関が抱えているリスクを計画的に把握することは不可能であったし、日米の銀行制度の相違を勘案しないまま形式を踏襲したCAMEL方式の導入も中途半端なままに終わった。現に、『新時代の金融検査実務』が銀行検査マニュアルとして機能し始めた途端に、『銀行局金融年報』はCAMEL検査方式で検査結果を示すことをやめている。

　『新時代の金融検査実務』に基づいて銀行検査を実施していた平成5年度の銀行検査結果に、「バブル」という言葉が初めて現れたが、それ以降、平成8年に至るまで金融バブルに対する検査当局の積極的な提言や指摘は見られない。このように、経済の基礎的諸条件に著しいマイナス変化が生じた後は、銀行検査の影響力は限定的である。結論として、『新時代の金融検査実務』は金融バブルの回避、金融バブル発生後の処理の両面において積極的な役割は果たし得なかった。

第3節　平成10年から現代に至る銀行検査

　平成10年以降の銀行検査については、『金融検査マニュアル』の内容を分析することにより、それが検査実務でどのように実践されるのか、また、過去の銀行検査マニュアルの歴史を勘案していかなる意義を有するのかを考察する。平成10年度から金融監督庁が主体となって銀行検査を行うための銀行検査体制再編の主要ポイントは、金融監督庁検査部内に、検査総括課、審査業務課の2課および検査統括官を置き、検査総括課に、市場リスク検査室、

検査企画官、上席金融証券検査官、金融証券検査官を設置した点である。しかし、この変更は大蔵省時代に存在していた機能を、組織構成や名称を変えて再設置したに過ぎず、新たな機能が追加された形跡は見られない。唯一異なるのは、市場リスク検査室を設置し、市場リスクを専門に検査するセクションを独立させたことである。

3-1 『金融検査マニュアル』の特徴

『金融検査マニュアル』の底流にあるのは、自己責任原則に基づく経営と銀行の内部管理を重視する考え方であり、BISと方向を同じくするものである。つまり、内部監査体制および会計監査法人による外部者による監査体制を確立し、効率的な銀行検査の実施を目指す金融庁の考え方は、世界的潮流と時期的、内容的に平仄がとれていた。

『金融検査マニュアル』は、金融監督庁が法律家、公認会計士、金融実務家等の外部者を入れて平成10年8月に発足した、「金融検査マニュアル検討会」での審議を通して策定作業が進められた。その策定プロセスは大きく、（1）「中間とりまとめ」の作成（平成10年12月）、（2）「パブリック・コメント」のとりまとめ（平成11年2月）、（3）「最終とりまとめ」の作成（平成11年4月）、の3段階からなるもので、「金融検査マニュアル検討会」の発足から「最終とりまとめ」まで8ヶ月の短期集中プロジェクトであった。以下で、3段階の各ステップのうち「中間とりまとめ」および「最終とりまとめ」に焦点をあてて考察する。

「中間とりまとめ」の作成

「中間とりまとめ」の特徴は、（1）当局指導型から自己管理型への転換、（2）資産査定中心の検査からリスク管理重視の検査への転換、の2点である。これは自己責任原則の徹底を図る、金融監督庁発足当時の銀行監督行政の方向性と平仄が合ったものとなっており、当局指導型から自己管理型の検査に転換した意味は大きい。中間とりまとめの言葉を借りると、「検査は、金融機関自身の内部管理と会計監査人による厳正な外部監査を前提として、内部管理・外部監査態勢の適切性を検証するプロセス・チェックを中心とするも

第15章　平成期における銀行検査の考察

の」である。[25]

　従来の検査を象徴的に表現すると、「箸の上げ下ろしの共通ルールを指示するもの」が通達行政であり、さらにその「箸の上げ下ろしの作法を個別指導するもの」が銀行検査である。つまり、銀行検査の自由度は銀行局通達の範囲内に限定されており、「把握情報の監督行政への展開機能」を発揮するにあたっても、その範囲は銀行通達の内容を超えるものではなかった。

　それに対して、自己管理型の検査は、「箸の上げ下ろしの作法を個別指導する役割」を、銀行の内部管理と会計監査人の外部監査に譲り、当局はその指導状況が適切かどうかを客観的にチェックする役割を担うことになった。この役割転換によって必要とされるのは、銀行の内部管理と外部監査の充実である。銀行の内部管理を内部監査を含む銀行の管理体制と理解すると、「中間とりまとめ」の発想は、銀行検査が銀行の内部監査の実効性をチェックするものになる。

　資産査定中心の検査からリスク管理重視の検査への転換は、資産査定を捨てて、リスク管理のみを重視する検査を実施するという意味ではない。資産査定を重要な銀行検査の一項目として残し、それに加えて、リスク管理を重視した検査を取り入れるものと理解するのが適切である。

　リスク管理重視の検査を実施するためには、銀行のリスク管理態勢が充実していることが重要で、さらにその前提として、経営陣が金融機関の社会的責任と公共的使命を柱とした企業倫理を構築し、法令が遵守される体制を整備していることが重要となる。したがって、リスク管理態勢のチェックは、法令遵守態勢のチェックと並行して行われることが必須となり、「中間とりまとめ」もそれを基本的な骨子としている。

　「最終とりまとめ」の作成

　「最終とりまとめ」は、「中間とりまとめ」に対するパブリック・コメントを一応考慮している。検査における『金融検査マニュアル』の機械的・画一的な運用については、金融機関の対応の実態を勘案し、かつ、金融機関の規模・特性を踏まえて機械的・画一的にならないようにすべきことが述べられている。また、立入検査においては、検査官は金融機関と十分な意見交換

を行う必要がある旨を明確にしている。

これまで「箸の上げ下ろし」のレベルで詳細な指導をしてきた当局指導型の検査から、自己管理型の検査に転換するにあたり、当局はリスク管理について従来と同様なチェックは行わない。その代わりに、多少強引ではあっても金融機関の通常業務における最高意思決定機関に行政サイドからの縛りを加えようとしている。

銀行経営の自律性を促進することは、昭和50年以降の金融の自由化・国際化の流れの中で、銀行監督当局によって奨励されてきたが、それは精神論に近いもので、銀行検査行政が銀行監督行政に平仄を合わせ、銀行経営の自由度を認める方向で運営されてきたとはいえない。しかし、金融バブルの崩壊や旧大蔵省の構造的問題に端を発して発足した金融監督庁の銀行検査行政は、従来の曖昧さを払拭し、実質的な銀行経営の自律性をサポートしようとする点において具体性が見られる。

この金融監督庁の意図を支えるのは、組織の形式的な改編ではなく、新しい銀行検査行政の本質を理解して、『金融検査マニュアル』を適正に運用できる検査官の存在であり、根本的な意識改革と検査理念の真の理解である。これを可能にするのは、従来の銀行検査官の発想を変える外部の血であり、銀行監督当局の問題点を客観的に指摘できる外部者の知恵である。銀行検査当局が本当に銀行検査行政の在り方を変革しようとしているのか否かの見きわめは、まさにこの点にあり、プライドを捨てた本当の生まれ変わりを目指す姿勢が求められていた。

3－2 『金融検査マニュアル』に基づいた銀行検査

『金融検査マニュアル』に基づく銀行検査については、特徴的な銀行検査行政上の施策が打ち出された年度を中心に考察を加える。本章で焦点をあてるのは、平成16年度、平成19年度、平成20年度の3年度である。

平成16年度の銀行検査

平成16年度は、平成10年度から開始された「金融再生プログラム」の仕上げの時期であるとともに、不良債権問題の決着にメドをつけることを前提に、

「金融改革プログラム―金融サービス立国への挑戦―」の実施が公表された年度でもある。

「金融改革プログラム」等に基づいた金融検査の充実、強化の内容は、金融検査に関する基本指針と金融検査評定制度の策定・公表である。この背景には、「金融行政の透明性と予測可能性の向上」と「メリハリの効いた効果的・選択的な行政対応」を実現しようとする当局の思惑がある。「金融検査に関する基本指針」は5原則から構成されている。それらは、(1)利用者視点の原則、(2)補強性の原則、(3)効率性の原則、(4)実効性の原則、(5)プロセス・チェックの原則である。このうち、「補強性の原則」には銀行検査当局と金融機関の双方向の議論を重視することが含まれている。この場合、検査当局が双方向の議論を行う相手は金融機関の内部監査部署であるので、金融機関の内側でモニタリング機能を担う監査部署と、外側でモニタリング機能を担う検査当局との間で協力関係を確立することと同義といえる。

「効率性の原則」と「実効性の原則」は、銀行検査当局と銀行監督当局の緊密な連携および、検査指摘事項の改善に向けての検査当局と監督当局の協調の重要性を述べたものである。つまり、これらの原則は、「銀行検査の情報把握機能」と「把握情報の監督行政への展開機能」にほぼ相当する。本章で想定している、銀行検査による把握情報の監督行政への展開機能は、行政当局の銀行検査機能と銀行監督機能がある程度明確に切り分けられていることを前提としている。「効率性の原則」と「実効性の原則」は、把握情報の監督行政への展開機能からさらに踏み込んで、検査当局と監督当局の検査指摘をめぐる協働を重要な命題として設定している。

金融検査評定制度は、各金融機関に対して指摘事項の内容を示すと同時に評価段階を提示することにより、(1)経営改善に向けての動機づけとすること、(2)金融機関と検査官の双方向の議論を充実させること、(3)より効率的かつ実効的な検査を実施できるようにすること、(4)金融行政の透明性を高めること、(5)金融機関にとっての予見可能性の向上に資すること、の5点をその狙いとしている[26]。

金融検査評定制度の狙いを金融行政の透明度との関わりから述べることには、自ずと限界がある。その透明度は、検査当局と金融機関の間での透明度

にとどめるべきであり、その結果を一般に公表すると著しい混乱を招くからである。たとえこれが公共性の高い金融機関でなくても、監督当局による個別企業に対する評価結果が一般に公表されると、それがただちに企業業績に影響を与えることになる。評定結果を検査当局と金融機関で共有するレベルにとどめる場合、金融機関の経営改善に向けての動機づけの源泉は、評定結果に基づいたペナルティがともなうことである。金融機関にとっては、銀行検査というきわめて「鬱陶しい」当局介入自体がペナルティであるので、評定が低い金融機関に対して検査頻度を上げた場合、これを回避することが金融機関の業務改善のインセンティブとなる。

「補強性の原則」、「効率性の原則」、「実効性の原則」と銀行検査の関係は上記のように明確であるが、これを金融検査評定制度がどのように補完するのかを検討する必要がある。

補強性の原則は、銀行検査当局と金融機関の双方向の議論を通して互いの意思疎通を密にして透明性を高めることを目的としている。評定制度を通して検査当局の対象金融機関に対する評価レベルを示すことは、当局サイドの意思表示を明確化する上で効果的と考えられるが、この運用を誤ると、評定者と被評定者という一種の上下関係が強調され、かえってコミュニケーションを阻害することになりかねない。補強性の原則を貫く上で金融検査評定制度は「両刃の剣」である。

効率性の原則は、金融機関の監督機能や検査・監督における関係部署と十分な連携を保ち、メリハリの効いた検査を実施することである。検査の評定結果が金融機関に還元された場合、金融機関サイドの窓口は監査機能を担当する部署となることが多い。したがって、監査部署は個別指摘事項の管理と補完を通して金融機関の統制レベルを向上させ、併せて評定を改善させるために当局と連携を保つことになる。この意味で、効率性の原則と金融検査評定制度は密接な関係にあると考えられる。

実効性の原則は、検査における指摘が金融機関の適時適切な経営改善につながるよう、検査部局が監督部局と密接な連携をとることにより達成される。評定結果は検査部局と金融機関との間だけではなく、検査部局と監督部局で共有されることから、監督部局は個別金融機関の評定のみならず、各年度の

第15章 平成期における銀行検査の考察

図表15-2 「金融検査に関する基本指針」5原則

原 則	内 容
利用者視点の原則	一般の利用者及び国民経済の立場に立ち、その利益保護を第一の目的とすること。
補強性の原則	自己責任原則に基づく金融機関の内部管理と会計監査法人等による厳正な外部監査を前提としつつ、「市場による規律」などを補強すること。その一方で、銀行検査当局と金融機関の双方向の議論を通して互いの意思疎通を密にして透明性を高めること。
効率性の原則	金融機関の監督機能や検査・監督における関係部署と十分な連携を保ち、メリハリの効いた検査を実施すること。
実効性の原則	検査における指摘が金融機関の適時適切な経営改善につながるよう、検査部局が監督部局と密接な連携をとること。
プロセス・チェックの原則	原則として、各金融機関の法令遵守態勢・各種リスク管理態勢に関して、そのプロセスチェックに重点を置いた検証を行うこと。

出典：金融庁編『金融庁の1年（平成16年度版）』（財務省印刷局、2005年）資料22-1。

検査レベルを複数金融機関の平均値として認識することができる。つまり、評定結果の集積、平均、傾向値等は金融監督行政を適正に実施する上で重要なメルクマールとなる。この意味において、実効性の原則と金融検査評定制度は不可分の関係にある。5原則の一覧は、「図表15-2 「金融検査に関する基本指針」5原則」の通りである。

　金融検査評定制度は別の見方をすると、日本版CAMELの実現である。金融機関の経営状態と財務諸表を基礎に置いて検査の切り口を定め、検査官が銀行実務の詳細を検査して数値評価を行なう米国のCAMELと、金融機関の自律性を重視したプロセス検査を通した金融庁の検査評定とは、そのスタンスが異なることは明白である。しかし、長い間踏み切れなかった金融機関の数値評価を検査当局が実施することは画期的なことであり、評定を行うことによって生じる当局サイドの責任を承知の上で実現させたことは、日本の金

第Ⅵ部　安定成長期および平成期の銀行検査

融システムと検査風土に米国流検査の長所を効率的に取り入れようとする試みに等しいものとして評価される。

平成19年度から平成20年度の銀行検査

平成19年度の銀行検査の特徴は、平成19年12月に策定、公表した「金融・資本市場競争力強化プラン」において、より良い規制環境（「ベター・レギュレーション」）を実現させるための一環として、「重点的・機動的な検査の推進等」を掲げて3つの施策を実践したことである。それらは、(1)主要行担当主任検査官の複数年担当制の導入、(2)特定のリスクまたは業務に的を絞ったターゲット検査の積極的活用、(3)小規模で業務が限定されている金融機関に対する簡易検査の導入の検討、等である。

これらの施策のうちターゲット検査と簡易検査は、銀行検査の歴史の中で従来から試みられ、最終的には十分な実績を上げないまま実質的に廃止されたが、主要行担当主任検査官の複数年担当制は初めての試みである。したがって、ベター・レギュレーションを実現する上で効果が期待できるのは、この複数年担当制である。

2006年度から本格的に実施した金融検査評定制度の対象金融機関は、平成19年度に至って137行から338行に急増した。検査官による経営者評価の実際は、経営者との面談を通して感じられる見識や人物に対する質的評価が重要と考えられる。このような、質的評価を階層表示するのは容易ではないが、検査官が互いに評価の横串を通せば、それによって客観的な評価が可能になると思われる。これらの工夫により、金融機関の経営者が自分の経営能力の客観的な位置づけを認識できれば有益である。

平成20年度については、金融検査の透明性・実効性の向上のための方策として、ベター・レギュレーションをさらに推し進めていくことを打ち出している。具体的には、アクション・プログラムⅠとアクション・プログラムⅡを策定し、各アクション・プログラムで実践すべきことを項目別に実践していく。アクション・プログラムⅠは平成20年6月に策定され、平成20年度から実践された。アクション・プログラムⅡは平成21年5月に策定された。

アクション・プログラムⅠは39項目から構成されるが、その中で特徴的な

施策は、(1)中間報告会等の運用改善、(2)検査モニターの全件実施、(3)主要行における主任検査官の複数年担当制導入、(4)検査結果通知の改善、(5)クロス検査・共同研修、(6)「金融検査マニュアル別冊」説明会の実施、の6項目である。[28]

アクション・プログラムⅡは、52項目から構成されるが、その中で特徴的な施策は、大きく、「検査力・検証力の向上」、「人材の育成・強化」に分かれる。これらはいずれも検査当局内部で自己完結する施策が中心で、被検査金融機関とのインターフェイスを主眼に置いたアクション・プログラムⅠとはコンセプトが異なっている。

3−3　平成10年から現代に至る銀行検査行政と金融バブル

『金融検査マニュアル』の位置づけ

『金融検査マニュアル』は、主に法令遵守態勢とリスク管理態勢に焦点をあてて、金融機関の内部管理と会計監査人による厳正な外部監査を前提として、内部管理・外部監査態勢の適切性を検証するプロセス・チェックを中心とするものであり、現在までこの基本方針に大きな変化は見られない。また、貸出資産分類の正確性については、信用リスクとして、自己査定や信用格付けの正確性を検査することとなった。従来の銀行検査マニュアルと比較すると、金融リスクに関わる検査ポイントを充実させることにより金融機関に危機感をもたせて、自律的にリスク回避行動をとらせるように指導する点が強調されている。しかも、それを外部監査人である会計監査法人にチェックさせることにより、さらに強化しようとするものである。つまり、金融バブルを金融リスクが実現した状態と解釈すると、『金融検査マニュアル』は金融リスクの実現回避に重点を置くことにより、金融バブルを回避しようと試みたものといえる。

しかし、銀行検査官は金融バブルを常に念頭に置いて検査を行うことは不可能である。なぜなら、金融バブルは余りにも多くの要因からなる複雑なものだからである。したがって、銀行検査にとっての金融バブルの位置づけを翻訳し、それを極力単純化することにより、銀行検査によるチェックを可能にする仕掛けを考案する必要がある。それが、(1)金融バブルに対する銀行

検査の位置づけ、（2）金融バブルと金融リスクの関係、（3）銀行検査に求められる機能、の3つである。以下ではこの3つのポイントをキーにして、本来議論することが困難な銀行検査と金融バブルの関係について論考を試みる。

　『金融検査マニュアル』が制定されてから現代に至るまでの間は、かつての金融バブルを彷彿とさせる日本経済の熱狂は見られない。これが、政治による経済運営の成果なのか、経済の疲弊によるのか、あるいは、銀行監督行政、銀行検査行政の舵取りが良好な結果なのかは断定できない。しかし、少なくとも本章で取り上げた『金融検査マニュアル』の変化の4つのポイントは、いずれも金融バブルの再発に対する差し迫った危機感から生じたものではない。

　つまり、（1）内部監査および外部監査に関わる検査項目の改訂、（2）システム統合リスク管理態勢に関わる検査マニュアルの整備、（3）金融持株会社に係る検査マニュアルの整備、（4）金融検査マニュアル別冊［中小企業融資編］とその内容変化、の4点を見ると、『金融検査マニュアル』の当初のコンセプトに基づいて、時々の金融機関の不祥事や要求内容を勘案し、不十分な点を逐次強化したものといえる。

　『金融検査マニュアル』に基づいた検査結果は、平成15年度までは、法令遵守態勢、信用リスク管理態勢、市場関連リスク管理態勢、流動性リスク管理態勢、システムリスク管理態勢、事務リスク管理態勢、監査態勢の7つのカテゴリーに分けて整理されていたが、平成16年度以降は主要な問題点に傾斜をかけて記述されている。したがって、金融庁の問題意識を反映していると考えられる平成16年度以降の主要な銀行検査上の施策に焦点を合わせて考察する。

　　『金融検査マニュアル』の新機軸
　平成16年度は、「金融検査に関する基本指針」、「金融検査評価制度」、「金融検査指摘事例集」等の新機軸が出された年度である。このうち、「金融検査に関する基本指針」と「金融検査評価制度」は、「金融改革プログラム」等に基づいた金融検査の充実、強化の内容を具体的に示すものである。「金融検査に関する基本指針」を構成する5原則は、いずれも銀行検査のコンセ

プトを根本から見直すもので、かつ金融バブルの再発を銀行検査の立場から極小化するには最も有効と考えられる。

　この5原則の内の「補強性の原則」と「効率性の原則」は、銀行検査当局と金融機関の双方向の議論を重視することである。銀行検査当局は金融機関の内部監査部署を相手方とするので、それは金融機関の内側でモニタリング機能を担う監査部署と、外側でモニタリング機能を担う検査当局とで構築される「モニタリングの連関構造」を確立することと同義である。[29]

　「モニタリングの連関構造」は、銀行検査から行内検査につながる、順列的なモニタリングの連鎖関係ではない。それは、銀行検査と行内検査が相互に連関すべきことを前提として、2つのモニタリング間の相互作用を可能にする仕組みである。モニタリングの連関構造が機能するためには、連関構造の構成単位間でモニタリングの目的が正しく共有され、かつ共有された目的を遂行するための制度が整っていることが前提となる。

　「補強性の原則」と「効率性の原則」は、銀行検査当局と金融機関の双方向の議論を重視する点において、筆者が理念型とする「モニタリングの連関構造」の考え方に一歩近づいたといえる。「補強性の原則」だけでは、連関構造の構成単位間、すなわち、銀行検査当局と金融機関の内部監査部署でモニタリングの目的が正しく共有され、かつ共有された目的を遂行するための制度が整っていることが完全には担保されない。したがって、「補強性の原則」に「効率性の原則」を加えることにより、銀行検査当局と金融機関の内部監査部署でモニタリングの目的を正しく共有し、その目的を達成するためにいかなる協力を行うかを具体的に探るレベルにまで上昇させると、金融バブルとの関係がより明確に定式化できる。つまり、目的合理的なメリハリの効いた銀行検査が実行できる。

　モニタリングの目的の1つとして「金融バブルの回避」を設定すると、銀行検査当局と金融機関の内部監査部署は、それぞれ銀行検査、内部監査というモニタリングを通して、金融バブルの回避に向けて相乗効果を発揮することが必要になる。その意味で「補強性の原則」と「効率性の原則」は、まずは形式からの導入であるにせよ、銀行検査当局が金融機関の監査部署と同じレベルに目線を下げて、相互の関係を重視するという点で画期的な銀行検査

のコンセプトの転換を含んでいる。

　「実効性の原則」は前述の通り、銀行検査当局と銀行監督当局の緊密な連携および、検査指摘事項の改善に向けての検査当局と監督当局の協調の重要性を述べたものである。この２つの原則は、本章で設定した「銀行検査の情報把握機能」と「把握情報の監督行政への展開機能」で期待する機能を上回る、「検査当局と監督当局の検査指摘をめぐる協働」を重要な命題として設定している。これらの３原則を合わせて考察すると、銀行検査と内部監査は互いに目的を共有し、互いの立場を超えない範囲で歩み寄って補完し合う協働関係を構築すべきという姿勢が当局によって打ち出されたことが明らかになる。

　この協働関係を発揮する具体的な目的が検査指摘の補完であったとすれば、銀行検査の歴史において定番の指摘となっていながら改善されない重要項目を一挙に改善する契機になると考えられる。そして、検査指摘で示された重要課題が金融バブルの原因となる各種金融リスクに関わるものである場合は、その課題を地道に解決することにより金融バブルを回避することが理論的には可能になる。

　「金融検査評定制度」と「補強性の原則」、「効率性の原則」、「実効性の原則」の関係は、前者が後者の３原則を補完する関係である。検査当局は「金融検査評定制度」を有効に運用するために、同評定制度が、（１）金融機関の自主的な経営改善に向けた動機づけになっているか、（２）金融検査に期待される任務に則った評定制度になっているか、（３）真に検査の効率性と実効性の向上に資する制度となっているか、の３点をチェックポイントとした。これは、検査当局自身が「金融検査評定制度」を、３原則を効果的ならしめるものと位置づけている証左である。

　「金融検査評定制度」は当然のことながら、評定自体を目的とするものではなく、評定を通した金融機関の規律づけが主目的であることから、規律づけの対象となる金融機関のパフォーマンスをどのような方向に指導するのかという基本原則が必要である。そして、それが「補強性の原則」、「効率性の原則」、「実効性の原則」である。

　平成18年度には、平成19年３月期から実施されるバーゼルⅡへの対応の一

環として、金融検査マニュアルが7年ぶりに改訂されることとなり、検査項目が「経営管理（ガバナンス）態勢―基本的要素」を含む10項目に増やすこととなった。この変化により、「金融検査評定制度」による評定結果は、経営者自身の評定を「経営管理（ガバナンス）態勢―基本的要素」の評定を通して明確にすることになった。結果的に、「補強性の原則」、「効率性の原則」、「実効性の原則」に基づいた銀行検査の強化は、検査評定を通して経営者の関与をより深く求めるものとなった。

　平成19年度に出された施策で重要と考えられるのは、主任検査官の複数年担当制である。この制度の長所として認識するのは、「連続的な検査行政」、「実質的な行政指導」、「重点的・機動的な検査」等を可能にすることである。つまり、金融検査評価制度を主任検査官の複数年担当制の下で運営することは、銀行検査の「補強性の原則」、「効率性の原則」、「実効性の原則」を有効に機能させる上で大きなプラスとなる。

　銀行検査のバックオフィス
　平成20年度には、アクション・プログラムⅠとアクション・プログラムⅡによって、ベター・レギュレーションを具体的に推進する方針が打ち出されている。2つのアクション・プログラムの中で特に注目すべきは、検査当局内部での「中間報告会等の運用改善」と「バックオフィスの事前分析・着眼指示事項の充実」、「監督局との連携」である。これらの施策により、銀行検査プロセスの飛躍的改善が期待される。中間報告会等の運用改善を実施することは、銀行業務にたとえると、その遂行過程において中間モニタリングを実施することに等しい。これは業務プロセスを重視した検査実務を遂行することと同義である。バックオフィスの事前分析・着眼指示事項の充実と監督局との連携は、バックオフィスの強化と行政当局内の連携強化である。平成20年度のバックオフィス構想は検査当局がバックオフィスの実質的な意義を自律的に議論して導入した初めてのケースである。

　戦後占領期にバックオフィスの強化を指導したのはGHQ/SCAPであった。当時のアメリカには、銀行検査の厳格性を担保し、銀行検査報告書内容の正確性、客観性を保証するため、銀行検査報告書の再審査、報告書の誤謬訂正、

第Ⅵ部　安定成長期および平成期の銀行検査

　銀行に対する是正行動の勧奨、客観資料や統計資料の作成をつかさどる検査官制度が存在していた。GHQ/SCAPは、再審査制度が有する牽制機能により銀行検査官の規律とモチベーション維持を要求してきた。これに対して大蔵省は、昭和25年4月1日に検査部審査課を設置することにより応えた[30]。

　GHQ/SCAPが主張したバックオフィスの中核業務は検査報告書の事後審査であった。しかし、本章では検査当局のバックオフィス機能を、フロントオフィスである検査の実働部隊の対極にあって企画・総務・審査全てを引き受ける機能と理解する。その意味からすると、検査部審査課はバックオフィスの一部を構成する機能でしかなかった。昭和25年の銀行局検査部審査課の設置は、検査結果の監督部局への還元のみならず、検査報告書レベルの高度化、均一化の趣旨からも有益と考えられ、組織手当てとしては合理的であったが、問題はその活動実態である。活動に実態がともなうためには、審査課に所属する官僚が高度な検査技術と省内および省庁間の折衝力を有する優秀な人材であることが必須条件であった[31]。

　平成20年度に打ち出された、①事前分析、②着眼指示事項の充実、③監督局との連携窓口、等はいずれもバックオフィスが担当すべき業務内容と理解できる。これらは、検査報告書の再審査による検査内部の牽制機能を狙ったものではないが、事前分析や着眼指示事項を充実させるには高度な検査技術が必要であり、監督局との連携には省内および省庁間の折衝力を有する優秀な人材が求められる。検査当局内でのフロントオフィスとバックオフィスの機能分化を有効に機能させるためには、金融庁自身が昭和25年以降の検査部審査課の貢献内容や問題点を時系列的に振り返る必要がある。

　以上の考察の通り、平成16年度以降の金融庁における検査充実に関わる議論は、大筋で実質的な検査機能を強化する方向で行われており、その内容も地に足の着いた堅実なものである。ここで地に足の着いたという意味は、金融リスクを本質的に回避し、リスクが実現した結果生じる金融バブルを回避することにつながるということである。つまり、金融庁は正しい軌道に向けて舵取りを行ってはいるが、舵取りが逸脱する可能性を低減できるかどうかは、過去の経験、特に失敗事例をいかに率直に振り返って今後に生かすかにかかっている。

小 括

　本章の目的は、昭和63年から現在までの20数年間を検討期間として銀行検査の推移を考察し、検討期間中に生じた金融バブルとその崩壊を銀行検査行政との関係から分析することであった。本章では、金融バブルの崩壊を金融リスクが実現した状態と解釈して分析を進めたため、銀行検査マニュアルに対する分析視角は、金融リスクをどのように認識して対処しようとしているのかを解明することが中心となった。そして、金融リスクに対する銀行検査の有効性を測るための概念として、「銀行検査の情報把握機能」と「把握情報の監督行政への展開機能」を設定し、この両機能が銀行検査マニュアルや銀行検査結果を通して確立される過程を考察した。

　検討対象期間の前半後半それぞれ10数年間における、銀行検査行政と金融バブルの関係については、第2節および第3節で分析したので、ここでは20数年間を通して考察し、銀行検査マニュアルの内容に反映される銀行検査行政の進化を跡付ける。

　昭和60年代から平成初期の前半10数年間で銀行検査に用いられた銀行検査マニュアルは、『新版　金融検査の実務』と『新時代の金融検査実務』の2つであった。『新版　金融検査の実務』の分析を通して得られた結論は、同マニュアルがリスクに対する抽象的、概括的理解に基づいて制定されたため、リスクが実現する局面において実務指針としての役割を十分果たせなかったというものである。

　『新時代の金融検査実務』では、『新版　金融検査の実務』で触れられなかった金融リスクが具体的に論じられている。しかし、伝統的に重視されてきた信用リスクへの認識が相対的に希薄化するとともに、その他のリスクに対する認識も十分ではなかった。その結果、各種リスクの計量化が不十分で、量的基準に基づいた効果的なリスク検査を行うことが不可能であった。つまり、リスクに対する認識とリスク計量化等のインフラ整備が不十分な状況下で、理想論が先行し、検査技術がそれに追いつかない状況が『新時代の金融検査実務』の特徴であった。平成期の前半10数年間の銀行検査マニュアルは、

いずれも金融リスクを扱いかねていたのが現実であった。

　平成10年から現在に至る後半10数年間は、銀行検査の担い手が大蔵省から金融監督庁、金融庁に変わった時期と重なる。この時期に制定された銀行検査マニュアルは、数種のチェックリストから構成される『金融検査マニュアル』という集合名詞で表現される。その中心的なコンセプトは法令遵守とリスク管理である。

　『金融検査マニュアル』の下で実施される銀行検査の特筆すべき変化は、当局指導型検査から自己管理型検査への転換である。この転換を可能にするのは、金融機関の内部管理と外部監査の充実である。銀行検査当局は当局指導型検査の下では、金融機関のリスク統制を完遂することはできなかった。しかし、自己管理型検査の下では、リスク管理の原則を明確に示し、関係当事者を動員することにより金融リスクを統制しようとした。つまり、銀行検査当局は、金融リスクに対して、銀行検査のコンセプト転換と検査当局自身の立ち位置の変更によって現実的に対応した。そして、それは検査当局の能力を直視した合理的な選択であった。

　平成16年度に至って、『金融検査マニュアル』の下で実施される銀行検査を理論面と実務面において強化する原則と制度が導入された。具体的には、「金融検査に関する基本方針」と「金融検査評価制度」がそれにあたる。金融検査に関する基本方針を構成する５原則のうち、「補強性の原則」、「効率性の原則」、「実効性の原則」の３つは、銀行検査当局と金融機関の双方向の議論を通して透明性を高めるとともに、金融機関の関係部署と十分な連携を保ち、メリハリの効いた検査を実施し、かつ検査部局が監督部局と密接な連携をとることを明らかにしたものである。そして、これはまさに「銀行検査の情報把握機能」と「把握情報の監督行政への展開機能」を重視することを標榜し、「モニタリングの連関構造」を理想とすることにほかならない。つまり、これらの３原則を実践することは、銀行検査の理念型として筆者が設定した「モニタリングの連関構造」を実現するものであり、ここに至って理想と現実が銀行検査行政のレベルで一致する見通しがついた。

　金融バブルと銀行検査の関係についていうと、「金融バブルの回避」という目的を内外のモニタリング、すなわち銀行検査と行内検査が共有した場合、

その目的を念頭に置いて「補強性の原則」、「効率性の原則」、「実効性の原則」を実践することは、その目的の実現に向けた官民協働の枠組みを機能させることに等しい。それを効果的たらしめるために、「銀行検査の情報把握機能」と「把握情報の監督行政への展開機能」のレベルを上げる工夫を検査当局が行えば、理論的には金融バブルを回避する上で銀行検査が一定の貢献を果たし得ることになる。

「金融検査評価制度」は、平成19年度に導入された主任検査官の複数年担当制との相乗効果によって、検査官が権威をもって時系列的に被検査金融機関を監督することができる点で有効と考えられる。ただし、主任検査官の人格及び識見が重要な意味を持つという点において、属人化による一種の危うさを有する「両刃の剣」ともいえる制度である。複数年担当制の下で主任検査官が金融検査評価制度の狙いを正確に理解し、「補強性の原則」、「効率性の原則」、「実効性の原則」の３原則を実践すれば、従来には見られなかったダイナミックな銀行検査が期待されることになる。

平成20年度に打ち出された銀行検査行政の目玉であるバックオフィスの充実については、この機能の設置によって銀行検査が分析的、目的合理的に実施されると考える。つまり、バックオフィスに期待される、事前分析、着眼指示事項の充実、監督局との連携窓口等の機能が実効性を持てば、フロントオフィスである現場検査チームの業務効率が格段に改善される。また、フロントとバックの協調に加えて、両者間に健全な牽制関係が確立されれば、銀行検査業務の内部統制が強化されることになる。

平成16年度以降の銀行検査行政で打ち出された諸施策は、金融リスクに対する銀行検査の有効性を強化する上ではいずれも合理的なものであった。銀行検査行政を制度整備とその運用に分けて考えた場合、制度整備は従来の銀行検査行政には見られない斬新なコンセプトによって充実した。今後の課題は、この制度に基づいて、いかに地道に銀行検査を運用していくかということである。またその際に重要なのは、検査官を含む銀行検査行政責任者が銀行検査を運用するにあたって、基本的な軸をブレさせないことである。

そのためには、銀行検査に携わる者の職業倫理を強化し、「金融検査に関する基本指針」等に代表される銀行検査の基本コンセプトを明確に認識して

第Ⅵ部　安定成長期および平成期の銀行検査

銀行検査実務を遂行することが重要である。そして、このことが金融バブルの発生と崩壊の過程を通して露呈した銀行検査の問題点を是正し、銀行検査本来の役割である、「銀行検査の情報把握機能」と「把握情報の監督行政への展開機能」を適正に発揮させることになると考える。

注　記
（1）本稿における平成期の時代区分は、『新版　金融検査の実務』、『新時代の金融検査実務』が銀行検査マニュアルとして成立した平成9年までを「平成初期」と呼び、平成元年以降から現在までの「平成期」と区別する。「平成初期」は、金融監督庁が大蔵省から別れて金融監督行政を担当するまでの期間とも符合する。
（2）『金融検査マニュアル』は、従来1冊にまとまっていた銀行検査マニュアルと異なり、いくつかの分冊で構成されているが、本稿で対象とするのは、「預金等受入金融機関及び保険会社に係る検査マニュアル」を中心に、預金等受入金融機関の検査に関わる別冊を含めたマニュアル全体である。
（3）大江清一「昭和50年代を中心とした銀行検査の考察―昭和40年代から60年代に至る銀行検査の内容変化と銀行検査行政―」『社会科学論集第129号』（埼玉大学経済学会、2010年3月）。
（4）大蔵省内金融制度研究会編『新しい金融制度について―金融制度調査会答申―』（金融財政事情研究会、平成3年）、322-324頁。
（5）大蔵省内金融制度研究会編、前掲書、平成3年。
（6）①大蔵省銀行局編集『第41回〜第44回銀行局金融年報』（社団法人金融財政事情研究会、平成4年〜平成7年）。
　　　②金融年報編集委員会編集『金融年報平成9年度版』（社団法人金融財政事情研究会、平成10年）。
（7）大蔵省銀行局編集『第41回銀行局金融年報』（社団法人金融財政事情研究会、平成4年）、21-28頁。
（8）大蔵省銀行局編集『第42回銀行局金融年報』（社団法人金融財政事情研究会、平成5年）、27-34頁。
（9）大蔵省銀行局編集『第43回銀行局金融年報』（社団法人金融財政事情研究会、平成6年）、19-23頁。
（10）大蔵省銀行局編集『第44回銀行局金融年報』（社団法人金融財政事情研究会、平成7年）、51-52頁。

第15章　平成期における銀行検査の考察

(11) 金融年報編集委員会編集『金融年報平成9年度版』（社団法人金融財政事情研究会、平成10年）、64頁。
(12) 金融監督庁編『金融監督庁の1年』（金融監督庁、平成11年）。
(13) 金融庁編『金融庁の1年（平成12年度版）』（財務省印刷局、平成13年）。
(14) 金融庁編、前掲書（平成12年度版）、平成13年）、6頁。
(15) 金融庁ホームページ「竹中大臣経済財政諮問会議後記者会見要旨」（平成14年10月30日20：40～21：13於共用220会議室）。
(16) 金融庁ホームページ「ベター・レギュレーションの進捗状況について―平成19年7月～平成20年4月―」（平成20年5月19日、金融庁）。
(17) 金融庁ホームページ「ベター・レギュレーションの進捗状況について（第3回）―平成20年5月～平成21年6月―」（平成21年7月13日、金融庁）。
(18) 金融検査研究会編『新版　金融検査の実務』（大蔵財務協会、昭和63年）。
(19) 金融検査研究会編『新時代の金融検査実務』（大蔵財務協会、平成3年）。
(20) 大蔵省内金融制度研究会編、前掲書、平成3年。
(21) 大蔵省銀行局編集『第38回～第40回銀行局金融年報』（社団法人金融財政事情研究会、平成元年～平成3年）。
(22) 金融検査研究会編『新時代の金融検査実務』（大蔵財務協会、平成3年）、305頁。
(23) 大江、前掲論文、2010年3月。
(24) ①大蔵省銀行局編集『第41回～第44回銀行局金融年報』（社団法人金融財政事情研究会、平成4年～平成7年）。
②金融年報編集委員会編集『金融年報　平成8年版～平成9年版』（社団法人金融財政事情研究会、平成9年～平成10年）。『金融年報』は平成9年、10年に発刊されているが、取り扱っている内容はそれぞれ平成7年度、平成8年度に相当するので、『銀行局金融年報』との連続性は確保されている。
(25) 金融監督庁編、前掲書、平成11年、537-541頁。
(26) 金融庁編『金融庁の1年（平成16年度版）』（財務省印刷局、平成17年）資料22-2。
(27) 金融庁編『金融庁の1年（平成19年度版）』（財務省印刷局、平成18年）。
(28) 金融庁編『金融庁の1年（平成20年度版）』（財務省印刷局、平成21年）。
(29) 「モニタリングの連関構造」の概念を導入したのは、モニタリングの連関構造の存在を仮定し、実証分析でその態様を解明することが合理的と判

断したからである。すなわち、銀行検査から行内検査につながる、順列的なモニタリングの連鎖関係ではなく、銀行検査と行内検査の相互作用によって成立する「モニタリングの連関構造」の存在を前提とすることにより、2つのモニタリング間の相互作用の実態を探ろうとするものである。モニタリングの連関構造が機能するためには、連関構造の構成単位間でモニタリングの目的が正しく共有され、かつ共有された目的を遂行するための制度が整っていることが前提となる。目的が正しく共有されていなければ相互作用は不完全なものとなる。

(30) 金融庁編『金融庁の1年（平成20年度版）』（財務省印刷局、平成21年）。
(31) 大江清一「戦後占領期における銀行検査導入過程の考察―GHQ/SCAPによる銀行検査指導と大蔵省の対応―」『社会科学論集第126号』（埼玉大学経済学会、平成2009年3月）。

終　章　まとめと展望

　本書の目的は、日本の銀行検査の淵源を明治期に探り、大正期、昭和戦前期、戦後占領期、高度成長期、安定成長期を経て平成期に至る約140年間を対象に、銀行検査通史を分析的に論ずることであった。終章では、本書の問題関心に沿って考察した結果をまとめ、明治期から現代に至る銀行検査の大きな流れを踏まえて今後の展望を論ずる。以下で実証分析を通して発見した事実と、それに基づく考察を整理する。

第1節　銀行検査史のまとめ

　本書を構成する各章の末尾には、小括を配して考察結果をまとめた。しかし、各章で取り上げる事項は詳細にわたっているため、銀行検査史の流れを俯瞰するためには、もう少し大きな単位で時代を捉えて、考察結果のエッセンスを整理する必要がある。この趣旨に基づいて時代ごとの考察をまとめ、以下に記述する。

1－1　明治期

　明治期における銀行検査の考察は5章に分けて行った。本書では、明治8年3月に行われたシャンドによる第一国立銀行に対する検査を、日本で本格的に実施された初めての銀行検査と位置付けた。明治期は45年間にわたって日本が近代国家へと脱皮していく過程である。この過程において銀行法規は国立銀行条例から銀行条例へと変化し、銀行検査の対象金融機関も国立銀行から普通銀行へと拡大した。

　日本の銀行検査の嚆矢であるシャンドの検査手法は提言型検査の典型である。会計組織に基盤を置いた精密な内部統制組織に基盤を置くシャンドの銀行経営思想は、銀行事務の相互牽制機能を重視するものであった。また、シャンドが指導した行内検査は銀行資産の健全性に重点を置いていた。しかし、

シャンドが身をもって示した銀行検査および行内検査の理想に検査実務が追い付かず、明治期においては銀行検査と行内検査の相互補完関係は成立しなかった。

シャンドの銀行検査は国立銀行の立ち上がり期に実施されたため、提言型検査というよりはむしろ銀行経営指導の側面が強かった。その後、シャンドの提言型検査は、大蔵検査官の実務能力の限界から明治中期、後期に至って消滅し、金融機関の簇立とともに銀行検査の実効性も低下した。

明治中期では、「銀行の公共性」を構成する概念の萌芽が銀行条例に見られた。また、銀行が公共性の高い企業であるがゆえに、公的介入手段としての「会社の検査」が認められるという明治商法の概念は、銀行検査の法的、思想的基盤を構成するものとなった。

明治後期においては、経済の攪乱要因である日清・日露戦争から影響を受けた銀行の業績悪化や、金融情勢が緩急を繰り返す中で、政府高官の銀行検査関連発言に特段大きな内容変化は見られなかった。銀行検査の有効性に対する金融行政当局者の認識は必ずしも明確ではないが、銀行検査による個別指導が有効と考えられる点に関する認識は一貫して高かった。しかし、銀行倒産の予防措置や事後対策等への銀行検査の関与は乏しく、銀行監督行政と銀行検査実務の乖離が明らかとなった。

1－2　大正期

大正期における銀行検査の考察は2章に分けて行った。まず、金融制度調査会における銀行検査充実に向けた議論や、それに先立つ大蔵省の銀行検査充実計画が、どのような銀行検査のコンセプトを確立することを目指していたのかを分析し、それらの議論と同時期に制定された銀行検査規定がどのようなコンセプトに基づいたものかを考察した。金融制度調査会は提言型検査を理想として議論を進めたのか、あるいは指摘型検査を理想として議論を進めたのかを解明し、その理想が銀行検査規定にどのように反映されたのかを分析した。

金融制度調査会での議論は、明治期以降、銀行検査の底流にあった指摘型検査の流れを提言型検査に変えようとするものであった。しかし、銀行検査

規定の成立過程を銀行検査規定案の推敲経緯をたどることによって検討すると、銀行検査規定上は銀行経営に踏み込んだ検査提言が排除されて、むしろ指摘型検査の色彩が強くなっている。つまり、大正期においては銀行検査行政が目指す銀行検査の理想型と、銀行検査実務を支える銀行検査規定の実態が乖離していた。金融制度調査会の行内検査に対する姿勢は、民間銀行の役員である監査役を法的手当により実質的な大蔵省検査局の外局として取り込もうとするものであった。

行内検査については、武州銀行妻沼支店の事例を分析した。分析にあたっては、大蔵省による地方銀行経営に対する認識と行内検査事例を比較することにより、当時の行内検査が銀行検査当局の問題意識を反映させて実施されていたのかどうかを検討した。その結果、地方銀行の行内検査は銀行の抱える問題に応じて柔軟に実施されてはいたが、大蔵省との問題意識の共有は部分的に見られるにとどまった。

1-3 昭和戦前期

昭和戦前期における銀行検査の考察は2章に分けて行った。昭和戦前期では、金融制度改革を「制度の整備」と「制度の運用」に分け、制度整備については、銀行法案の国会審議や銀行検査行政に関わる個別審議内容を検討し、国会答弁資料、検査規定、大蔵省通達等をもとに銀行検査行政の推移を考察した。制度運用については、三井銀行の大蔵省検査資料をもとに、大蔵省の「銀行検査新方針」がどのように銀行検査実務に反映されているのかを考察した。

銀行検査行政に関する国会審議等を考察すると、昭和6年までの銀行検査行政は検査カバー率向上が主たる目的であり、銀行検査のコンセプトや個別の銀行検査の質的充実を目指したものではなかった。しかし、昭和10年に打ち出された「銀行検査の新方針」は、マクロ経済の実態や将来見通しをもとに銀行経営の実態を把握し、長期的スパンで問題点の改善を求めることや、現代のALMにつながる考え方に基づいて資産・負債の構成内容に注目し、改善を求めていくこと等を主眼として、銀行検査の質的向上を目指すものであった。

つまり、検査頻度を高水準に保つという意味で検査を間断なく実施しうる制度の整備がほぼ終了した後、制度の運用としての個別検査の質的充実に大蔵省の関心が移ってきたというのが、昭和10年頃までの大きな銀行検査の流れであった。

このような基本認識に基づき、昭和6年に実施された西武銀行に対する大蔵検査と、昭和3年から17年にかけてほぼ毎年実施された武州銀行妻沼支店の行内検査事例を比較分析した。その結果、西武銀行と武州銀行妻沼支店の事例を見る限り、不良債権回収に関しては、大蔵検査と行内検査は整合的かつ相互補完的であった。それは、行内検査が大蔵検査に従い不良債権をカテゴリー分類して回収管理を行っていることや、不良債権回収管理のフォロー密度は大蔵検査、行内検査ともに高く、両者の相乗効果がプラスに働いて、銀行本部の担当部署や貸出金取引を行っている支店に緊張感と問題意識を抱かせ、その結果として回収効果が上がっていること、等の事実によって裏付けられた。

受信サイドの預金業務に関しては、西武銀行に対する預金営業関連の指摘がないので大蔵検査と行内検査の関係性について明確に述べることはできないが、武州銀行の預金に関する行内検査は、銀行検査が求める範囲を逸脱しており、必ずしも銀行検査と整合的に実施されていたとはいえない。事例として検討した銀行検査と行内検査の間では、不良債権の回収という目的限定的な範囲でインセンティブが共有され、検査の実効性が上がっていることが確認できた。

1－4　戦後占領期

戦後占領期における銀行検査の考察は2章に分けて行った。その分析視角は「銀行の公共性」である。銀行の公共性は「預金者保護」、「信用秩序維持」、「信用創造機能の保護」の3つの概念に収斂し、それぞれの概念に沿って金融機関の実態解明を行うことが戦後の銀行検査に課せられた職務であった。

GHQ/SCAPの指示を受けて導入した新検査方式については、その導入の経緯をSCAP文書によって探るとともに、元大蔵官僚の証言にしたがって検証した。また、昭和26年度の銀行検査結果をもとに銀行の公共性と銀行検査

の関係を分析した。

　銀行検査結果を見ると、戦後占領期においては「預金者保護」と「信用秩序維持」を担保すべく、銀行検査が実施され銀行検査行政が運営されていた。「信用創造機能の保護」に関しては、極めてプリミティブなレベルで個別銀行の与信・受信を検査することを通して、業務の健全性を回復させる役割を銀行検査が果たしていた。

　戦後初の銀行検査マニュアルである、『新しい銀行検査法』の特徴として明確になった点は、銀行検査の目的を銀行経営の安全性を確保することと、銀行の公共性を発揮させることの2点であるとし、かつこの2つの目的が時に相反するものと位置付けたことである。そして、この相反する「銀行の公共性」と「銀行の安全性」をバランスさせることが、すなわち「銀行の健全性」を確保することであるとして、健全性が包括的な概念として打ち出された。

　大蔵省は『新しい銀行検査法』の中で、米国の銀行検査方式の顕著な特徴であると同時に、従来の日本の検査方式が導入すべき事項として、(1)科学的検査基準の確立による統一的検査、(2)検査と監督行政の分業、(3)徹底した実証主義、(4)法律の遵守、(5)株主勘定の重視、の5つのポイントをあげている。

　大蔵省が米国の銀行検査方式に学び新たに取り入れようとした5つのポイントのうち、全く新規に取り入れようとしたのは、(1)科学的アプローチ、(2)実証主義の徹底、(3)監督行政との協調により検査効果を高めるための組織手当て、の3点であり、従来から銀行検査規程には存在していたものを発想の転換により新たな切り口から検査ポイントとしたのが、法令遵守と株主勘定の重視であった。

1－5　高度成長期

　高度成長期における銀行検査の考察は2章に分けて行った。その分析視角は、「銀行の公共性」である。高度成長期では、『新しい銀行検査法』と『金融検査の要領』の2つの銀行検査マニュアルが、どのように機能したのかを探るとともに同時期の銀行検査結果や銀行検査行政にどのような特徴がある

のかを検討することであった。具体的には、大蔵省銀行局通達の内容変化によって示される銀行監督行政の推移と、銀行検査の内容変化がどのように整合していたのかを探ることであった。

『新しい銀行検査法』はGHQ/SCAPの影響を多分に受けた銀行検査マニュアルであり、その内容には合理的で斬新な内容が多く盛り込まれていると同時に、GHQ/SCAPの要請に抗いきれなかった結果として、必ずしも日本の銀行検査の現実と整合的ではない部分も含まれていた。その一方、『金融検査の要領』は日本の銀行検査を現実的に捉えて、それと整合的に改定されたマニュアルで、その基本コンセプトは長く日本の銀行検査行政を支え続けた。

『新しい銀行検査法』が機能していた昭和33年までの7年間において、銀行検査は個別かつ基本的な指摘を行う検査から、中長期的観点に立って銀行経営の本質に切り込む検査に変化した。銀行検査当局は銀行経営に企画性を求め、それを具体化させる方向で銀行を指導した。

『金融検査の要領』では、銀行の公共性の二面性、すなわち、「預金者保護を主とした消極的側面」と「与信業務が国民経済の成長発展に貢献する積極的側面」を規定することにより、これらの指摘事項を積極的な意味での銀行の公共性の概念に沿って整理した。

銀行検査マニュアルは、銀行監督当局による銀行法解釈の一環としての銀行の公共性の認識に、検査部による銀行の公共性に対する解釈を加え、銀行検査の目的を明確化した。与信受信業務両面に銀行の公共性の概念を関連づければ、大半の検査指摘は銀行の公共性に反するものとして認識されることになる。

銀行検査は銀行経営効率化、業務効率化の観点に基づく指摘、提言機能に加え、銀行の公共性を確保するために不可欠なものとなった。結果として、検査指摘、提言の重みは倍加し、行政上の任意調査権に過ぎない銀行検査権限は、銀行の公共性保護の名目において実質的な強制力を有することになった。

終　章　まとめと展望

1－6　安定成長期

　安定成長期については1章を割り振った。安定成長期の銀行検査マニュアルに見られる実証主義は、複数の検査方式を組み合わせて実施することによる合理性追求を経て、銀行法改正による銀行の関係会社への立入検査の導入へと実務的に変化した。そして、「銀行の公共性」と銀行検査の目的との関係は、昭和50年代前半において定着した。公共性の高い銀行が業務を営む上で注意しなければならない事項を「社会的要請」というキーワードで整理し、銀行検査の目的は、この社会的要請を満たす銀行経営が行われているかという観点から監督、指導することと位置づけられた。また、銀行検査の機能を「銀行検査の情報把握機能」と「把握情報の監督行政への展開機能」の2つに整理し、それらの機能を十全に果たすことを銀行検査の目的として認識することが定着した。

　昭和43年度から50年度までの銀行検査結果で頻出した項目は、（1）統一経理基準、（2）経営管理態勢、（3）不良債権償却証明制度の3項目であり、これらは、この時期の銀行検査マニュアルで取り上げられていることから、銀行検査実務は検査マニュアルの趣旨を重視して実施されたことが明確となった。

　昭和51年度から56年度までの銀行検査結果を見ると、昭和50年代前半における銀行検査の特質の1つは、銀行検査マニュアルで銀行監督行政の重点課題を先取りしたにもかかわらず、銀行検査実務レベルで必ずしもその重点課題がフォローされたとはいえない点である。つまり、銀行検査マニュアルの問題意識と銀行検査実務には非連動性が見られた。

　昭和57年度から62年度までの銀行検査結果については、大きな特徴は昭和60年代以降に見られる。大蔵省は昭和62年度の検査結果を踏まえて、昭和60年6月の金融制度調査会答申「金融自由化の進展とその環境整備」と、昭和62年12月の金融制度調査会専門委員会報告「専門金融機関制度のあり方について」という、答申と報告を引用して銀行検査のあるべき方向性を示している。前者の答申は「金融自由化、国際化」、後者の報告は「金融機関経営にともなうリスク増大」に対して銀行検査を通してどのように対応するかを述べたものである。しかし、「金融自由化、国際化」と「金融機関経営にとも

なうリスク増大」に対して、実務レベルで整合した銀行検査指摘が行われた形跡は見られない。

1-7 平成期

平成期については1章を割り振った。平成期では、昭和63年から現在までの20数年間を検討期間として銀行検査の推移を考察し、検討期間中に生じた金融バブルとその崩壊を銀行検査行政との関係から分析した。金融バブル崩壊前の段階では、銀行検査で従来から最も重視されてきた項目の1つである「資産の質」が、「資産の量」や「収益」を優先させる銀行経営者の勢いにおされておろそかにされた。これは、銀行検査が本来の目的に沿った形で機能しなかったことを示すものである。

金融バブル崩壊後、『金融検査マニュアル』が制定されるまでの間は、リスクに対する認識とリスク計量化等のインフラ整備が不十分な状況下で理想論が先行し、検査技術がそれに追いつかない状況が見られた。平成期に入って10数年間の銀行検査マニュアルは、いずれも金融リスクを扱いかねていた。

『金融検査マニュアル』の下で実施される銀行検査の特筆すべき変化は、当局指導型検査から自己管理型検査への転換である。この転換を可能にするのは、金融機関の内部管理と外部監査の充実である。銀行検査当局は、金融リスクに対して、銀行検査のコンセプト転換と検査当局自身の立ち位置の変更によって現実的に対応した。そして、それは検査当局の能力を直視した合理的な選択であった。

平成16年度に至って、金融検査マニュアルの下で実施される銀行検査を理論面と実務面において強化する原則と制度が導入された。具体的には、「金融検査に関する基本方針」と「金融検査評価制度」がそれにあたる。

金融検査に関する基本方針を構成する5原則のうち、「補強性の原則」、「効率性の原則」、「実効性の原則」の3つは、銀行検査当局と金融機関の双方向の議論を通して透明性を高めるとともに、金融機関の関係部署と十分な連携を保ち、メリハリの効いた検査を実施し、かつ検査部局が監督部局と密接な連携をとることを明らかにしたものである。そして、これはまさに「銀行検査の情報把握機能」と「把握情報の監督行政への展開機能」を重視する

ことを標榜し、実質的に「モニタリングの連関構造」を構築することにほかならない。つまり、これらの3原則を実践することは、銀行検査の理念型として筆者が設定した「モニタリングの連関構造」を実現するものであり、ここに至って銀行検査の理想と現実が検査行政のレベルで一致する見通しがついた。

　平成16年度以降の銀行検査行政で打ち出された諸施策は、金融リスクに対する銀行検査の有効性を強化する上ではいずれも合理的なものであった。銀行検査行政を制度の整備とその運用に分けて考えた場合、制度整備は従来の銀行検査行政には見られない斬新なコンセプトによって充実した。

第2節　銀行検査の大きな流れ

　明治期以降の銀行検査の流れの中で、大きな節目は4つある。それらは、（1）明治期における銀行検査の誕生と定着、（2）大正期における銀行検査強化の動き、（3）戦後占領期における銀行検査の再生、（4）平成期における銀行検査と金融バブルである。本節では4つの節目ごとに考察を加えて、銀行検査の流れを把握する。

　大きな節目は、銀行検査が変革を余儀なくされるような経済社会的事象の発生にともなって生じる。それらは、（1）大きな経済社会的変動の結果、外部の権威から指導や見直しを受けざるを得なくなった場合や、（2）被検査金融機関の経営状態や業務遂行に不具合が生じ、社会的な問題意識が高まった場合、に分けられる。これら以外のケースにおいて、これまで銀行検査の存在価値や有用性が俎上に上り、改革を前提にした議論が行われた事実は認められない。

　各節目において、銀行検査に関するどのような議論が巻き起こり、改革努力がなされたのかを振り返って考察を加える。

2-1　明治期における銀行検査の誕生と定着

　明治前期は明治維新という大きな経済社会的変動の直後の時期である。この時期においては、国立銀行の設立にともないシャンドによって日本に提言

第Ⅵ部　安定成長期および平成期の銀行検査

型検査の手法が初めて導入された。シャンドによる第一国立銀行の検査報告書は、銀行業務に関わる個別指摘に加えて、銀行の職能、内部統制、貸付業務のあり方等にわたる広範な領域をカバーし、今日の銀行経営にあてはめてもなお新鮮でかつ不可欠な事項をもれなく指摘していた。シャンドの銀行経営思想は、銀行会計組織と連動した内部牽制機能の導入と、内部監査制度導入による内部統制組織の樹立を目指すものであった。当時の銀行は黎明期にあり、シャンドの銀行検査はむしろ銀行の経営指導ともいうべきものであった。

　シャンドが離日した後の明治前期においては、まず銀行を設立することが優先課題であったことと、大蔵検査官の能力の限界との関係から、模範として示された提言型検査の手法は、その核心が理解されることなく、緩やかな指摘型検査に変質していった。

　当時の大蔵省はシャンドを講師の一人として銀行学局に招き、銀行経営の基礎知識を日本に定着させる努力を行っていた。銀行学局の生徒は当初大蔵官僚が中心であったが、国立銀行員が同学局で知識を修得するに至って、第一国立銀行を中心とした先発国立銀行が、銀行学局で得た知識を銀行実務で実践し、後発国立銀行の範となり得るまでに内生化が進展した。その一方、大蔵官僚は銀行学局で学んだ内容を、銀行経営や実務を通して生きた知識として内生化する機会を持たなかったため、その知識をテコに銀行監督行政、銀行検査行政を通して銀行経営に踏み込んで指導する力量を涵養することができなかった。

　官民の社会的地位の格差が現代よりもはるかに大きい明治期では望むべくもないが、もし国立銀行の役員、あるいは実務責任者が攻守ところを変えて、銀行検査実務に携わることがあったとすれば、そのノウハウを生かした濃密な提言型検査が実践されたはずである。しかし、内部事務管理体制を主たる内容とする国立銀行の内部統制組織の構築は、実態的に各行の自主性に任され、銀行検査は経営の核心に触れることなく、表面的な指摘型検査に収斂していった。

終　章　まとめと展望

2－2　大正期における銀行検査強化の試み

　明治期以降の銀行倒産を受けて、大蔵当局は大正期に銀行検査の強化に踏み切った。銀行検査強化の具体的な動きとしては、指摘型検査の流れを提言型検査に変える試みや、日銀考査を強化することにより大蔵省検査の補完機能を発揮させようとする試みがあげられる。行内検査については、民間銀行の役員である監査役を法的手当によって実質的な大蔵省検査局の外局として取り込もうとする動きが見られた。

　これらの強化策は制度間のシナジー効果を狙い、銀行検査のコンセプトを見直そうという、当時としては画期的なものであったが、純粋に国内的動機に基づき、かつ国産の改善策にしたがって行われたため、改良プロセスに対する客観的な立場からのチェックが十分機能しなかった。また、銀行検査を強化するにあたって、大蔵省自身が変革を遂げようとする謙虚さに欠けていたため、根本治療を伴わない表面的な彌縫策の遂行にとどまった。

　大正期における銀行検査強化の試みが、当初の目論みと比較して必ずしも十分な効果をあげ得ないままに終わったのは、制度改革が行政担当者である大蔵官僚の主導で行われ、改革プロセスにおいて欧米先進国を中心とする外部の知恵を尊重する姿勢が乏しかったことと、経年劣化に耐えうる斬新な制度整備とそれを支える検査官の教育が不十分であったことが原因と考えられる。

2－3　戦後占領期における銀行検査の再生

　戦後占領期については、昭和戦前期から戦後期への銀行検査の流れの中で、戦前の銀行検査の考え方や技術が、GHQ/SCAPの介入を経て、どのように戦後占領期に受け継がれたのかを考察した。本節ではその背景をさらに掘り下げる。

　戦後占領期は、昭和戦前期から戦後期を経て現代に連なる歴史の中で、戦中期という思想的な断裂を経た直後の時期である。戦中期を、全国民が戦勝という目的の下で通常の思考を停止させた時期と理解すれば、その思考停止状態から蘇生した戦後占領期の銀行検査技術は、思考停止前の戦前期のものとほぼ同一とみなすことが可能である。しかしこの場合は、思考停止中に密

かに進行した思想的混乱の内容を明確にしておくことが必要である。戦争によって生じた銀行検査に関わる思想的混乱は、「銀行の公共性」に対する認識の迷走として現れる。

　GHQ/SCAPの影響を受けて成立した銀行検査マニュアルである『新しい銀行検査法』は、「銀行の公共性」と「銀行の安全性」を時に相反するものと位置付けた上で、これらをバランスさせることが「銀行の健全性」を確保することであるとして、銀行の健全性を最上位の包括的概念とした。この考え方の基盤にあるのは、「銀行の安全性確保を目的とする監督法令遵守」と「経済監督統制法令の遵守」が矛盾する場合があり得るという認識である。

　経済監督統制法令は、預金者保護を犠牲にしなければならない内容を有していることがある。この場合、経済監督統制法令を遵守することが、戦中期という国家大事の非常時における「銀行の公共性」の中核にあったとすれば、法令を遵守することが、時として銀行経営の安全性と相容れない事態を招く可能性があるということになる。

　『新しい銀行検査法』が発刊された昭和26年当時は、戦後の混乱を終息させるために、経済統制を目的とした法令が依然として重要な位置を占めていた。このような、戦中期の残滓を抱えた時代に成立した銀行検査マニュアルが、思想的混乱を内包していることはむしろ当然であった。

　その後、銀行法解釈が明確に打ち出されて、「銀行の公共性」の構成要素が「預金者保護」、「信用秩序維持」、「信用創造機能の保護」の3つに収斂した時代に成立した『金融検査の要領』に至って、銀行検査に関わる思想的混乱はようやく終息を迎えた。

　このように、「銀行の公共性」が現在の考え方に収斂した経緯において、GHQ/SCAPの介在は必ずしも大きくはなく、むしろ、銀行検査の基盤となる思想の整理は、わが国が独力で達成したと理解することが妥当である。しかし、検査実務の根底を構成する考え方については、『新しい銀行検査法』の中にGHQ/SCAPの影響が多く見られる。日本が『新しい銀行検査法』の中でGHQ/SCAPから受け入れた、（1）科学的アプローチ、（2）実証主義の徹底、（3）監督行政との協調によって検査効果を高めるための組織手当て、はいずれも重要なものではあったが、それを実行するにあたって検査担当官

の能力という壁があった。

『新しい銀行検査法』がGHQ/SCAPから受けた影響のうち、日本の現状にそぐわない部分を修正して成立した『金融検査の要領』は、長く銀行検査を支える基盤となった戦後初の国産銀行検査マニュアルである。しかし、この「日本の現状にそぐわない部分の修正」は、実態的には「日本の検査官僚の能力が及ばない部分の切り捨て」であった。つまり、『金融検査の要領』が日本の銀行検査の身の丈に合った実用的なマニュアルであったとすれば、その身の丈が低ければ低い分だけ、銀行検査の質は低下することになる。

GHQ/SCAPが日本に導入しようと試みた銀行検査の「科学的アプローチ」と「実証主義の徹底」は、当初の意図が銀行検査実務で実現されないまま消滅した。また、「監督行政との協調によって検査効果を高めるための組織手当て」も、平成期に大蔵省銀行局の機能が金融庁に引き継がれて後、ごく最近に至るまで実現されることはなかった。

このように考察を進めてくると、明治期にシャンドが提言型検査を導入した後、大蔵検査官の能力の限界から提言型検査の核心が理解されることなく、緩やかな指摘型検査に変質していったのとほぼ相似形の歴史的経緯が、昭和期で再現されていたことが明らかとなる。

戦後占領期に銀行検査が再生したか否かと問われれば、戦中期の混乱を乗り越えて、戦前期の銀行検査のレベルを復活させたという意味では然りである。しかし、戦争という大きな経済社会的変動と、外部の巨大権威であるGHQ/SCAPの影響を前向きに活かし、質的向上を達成する形で銀行検査が再生したとはいえない。

2－4　平成期における銀行検査と金融バブル

平成期では、金融バブルの崩壊という大きな経済社会的変動にともなって、金融機関の経営状態や業務遂行に著しい不具合が生じた。銀行監督当局は事態収拾のための諸施策を打ち出し、銀行検査については、コンセプトの変換を含む大規模な制度の見直しが行われた。金融バブル以降、金融庁が打ち出した銀行検査の改革案について、平成21年までを一区切りとし、それまでの歴史的経緯を踏まえて論ずる。

第VI部　安定成長期および平成期の銀行検査

　銀行検査の歴史において、銀行検査と行内検査を構成要素とする「モニタリングの連関構造」が成立し、それが本来あるべき姿として機能している姿は平成期に至るまで確認できない。シャンドは明治期において、現代の内部監査理論が謳っている内部統制の基本的要件を満たした銀行検査を自ら実施するとともに、それとほぼ相似形の内部監査を国立銀行にインプラントする構想を抱いていた。またシャンドは、「外部監査に対する内部監査」および「独立的モニタリングに対する自主的モニタリング」という構図の中で、銀行検査と行内検査の相乗効果を高めるシステムを構想していたが、日本にその考え方を定着させるまでには至らなかった。

　大正期、昭和戦前期においても、銀行検査と行内検査が節度をもって協働できた事実は確認できず、昭和戦前期の事例研究を通して、不良債権の回収という目的限定的な範囲でインセンティブが共有され、検査の実効性が上がった事実を確認できたに過ぎない。

　戦後占領期に至ってまず必要であったことは、戦中期に生じた思想的混乱を平常に戻すことであり、その上でGHQ/SCAPからの要求を昭和戦前期の銀行検査の方法との関わりからどの程度取り込むのかを検討することが課題となった。さらに、高度成長期、安定成長期においては経済状態が比較的順調であったため、金融機関の経営状態に不具合が生じる事態は発生しなかった。

　平成期が過去の時代と異なるのは、この時代が金融バブルの崩壊という、とてつもなく大きな経済社会的変動にともなって、金融機関の経営状態や業務遂行に著しい不具合が生じた時期であるという点である。GHQ/SCAPのように外部の絶対的権威者の意見を尊重せざるを得ない状態ではなかったが、平成期においては世界における日本のプレゼンスが高まり、金融バブルの収拾に注目が集まる中で、銀行監督当局は国際決済銀行等の公的機関を通して示される外部の知恵を活用せざるを得なくなった。

　事実、金融庁が策定した『金融検査マニュアル』の基本的な骨格は、国際決済銀行（BIS）の考え方に原型が認められる。また、同マニュアルの内部統制に対する考え方は、米国トレッドウェイ委員会の思想に基礎を置いている。

終　章　まとめと展望

　一般に、「三様監査」を構成するのが、(1)会計監査法人による外部監査、(2)監査役監査、(3)内部監査、であるとすれば、金融検査マニュアルの考え方は、三様監査を構成する監査機能のうち監査役監査を除いた2つを銀行検査に活用しようとするものである。これは大正期に大蔵省が試みた日銀考査を活用し、銀行の監査役を法的手当により実質的な大蔵省検査局の外局として取り込もうとする目論見と、基本的な発想は同じである。

　このように、平成期の銀行検査改革は大正期の銀行検査改革と相似形であり、その点だけを取り上げると、歴史の繰り返しにより、今回の試みも失敗に終わる可能性が高いようにも思える。しかし、平成期の銀行検査改革が大正期と大きく異なるのは、金融検査マニュアルのコンセプトを内外に明確に示すとともに、新たな制度的枠組みを成功させることを目的とした追加的施策が、年を追って打ち出されていることである。

　その主なものは、(1)「金融検査に関する基本指針」5原則の制定、(2)金融検査評定制度の導入、(3)担当主任検査官の複数年担当制の導入、(4)バックオフィス機能の導入等である。これらの施策は、基本指針5原則と金融検査評定制度が平成16年、担当主任検査官の複数年担当制の導入が平成19年、バックオフィス機能の導入が平成20年と順次導入されており、施策間に相互補完関係が見られる。

　この事実が意味するのは、新たに導入された銀行検査のコンセプトを有効に機能させるための改革が継続的になされているということと、個別の施策が歴史経路依存的に導入されており、銀行検査改革を一時的なものに終わらせずに、中長期的なスタンスで取り組んでいるということである。

　銀行検査制度について「歴史経路依存性」を論ずるのは、制度・システムには慣性があり、それらが置かれた外部環境と蓄積された内部環境の変化と共に徐々に進化・変貌するという意味においてであり、厳密な比較制度分析により銀行検査制度に検討を加え、理論的に導き出した結果を論じているわけではない。しかし、銀行検査行政に歴史経路に依存した慣性があるとすれば、本書で論じてきた過去の銀行検査の失敗事例や成功事例を、現代の銀行検査行政責任者が遺伝子として内在化し、適正な方向に政策のかじ取りを行っているということを意味する。

今後の課題は制度運用である。現在構築しつつある制度に基づいて、いかに地道に銀行検査を運用していくかということが重要である。その際、検査官を含む銀行検査行政責任者が過去の検査行政の歴史的経緯を振り返り、銀行検査の実施にあたって、常に改革の基本精神を振り返ることが不可欠である。

第3節　今後の展望

　本書のアプローチは、各章の課題に沿って実証分析した結果を時代ごとに整理し、それを歴史的な節目に分けて考察を深めることにより、銀行検査の将来にとって有益な教訓を導き出そうとするものである。通史的アプローチの長所は、現代の事象と過去の歴史的事実を、切り口を定めて客観的に比較することにより、過去の失敗を踏まえた将来への教訓が得られるという点である。この教訓は単純で、しかもさほど目新しいものではないが、歴史的事実の分析結果に根差しているという点では一定の説得力があると考える。

　本書では、まず分析視角を定めて史料収集し、銀行検査史を記述した。したがって、歴史的事実を予断なしに幅広く収集整理し、その集積をもとに考察を加える通常の研究方法とは趣を異にしている。本書の実証分析を濾過装置にたとえると、その主な機能は「銀行の公共性」、「ミクロ的アプローチとマクロ的アプローチ」、「提言型検査と指摘型検査」、「モニタリングの連関構造」の4つに限定される。したがって、機能の不十分さから、抽出されるべき大事なエッセンスがいまだに濾過装置の中にとどまっている可能性もある。

　しかし、この濾過装置は少なくとも現代の銀行検査が抱える問題点を歴史的な観点から客観化し、過去の失敗事例に照らして考察する機能を有している。本書の総括として、銀行検査の将来を展望した提言を、「銀行検査行政」、「銀行検査実務」の2点から以下にまとめる。

3－1　銀行検査行政

　筆者は政策担当者としての経験を持たないので、銀行検査行政に関する新たな政策提言を行う能力は有していない。したがって、銀行検査行政を論ず

終　章　まとめと展望

るにあたっては、本書で明らかになった事実に基づいて客観的に現状を評価し、その上で今後あるべき道筋についての考えを述べる。

　『金融検査マニュアル』の制定から現在までの銀行検査行政については、大きく2つの局面に分けて把握する。第1の局面は、金融検査マニュアルの基本コンセプトを構築する局面であり、第2の局面は、銀行検査を円滑に遂行するための追加的な制度導入の局面である。

　金融検査マニュアルの基底にあるのは、「当局指導型検査」から「自己管理型検査」への転換である。銀行検査当局は、当局検査の限界を打破するため、銀行検査のコンセプト転換によって、行内検査を充実させ、かつ外部監査を動員することによって現実的に対応する仕組みを構築した。

　この金融検査マニュアルのコンセプトは、その多くを世界標準あるいは国際機関の考えに依拠している。銀行監督当局は従来路線に固執せず、自ら率先してアイデアを世界に求めた。しかし、その基本コンセプトは、他の監査機能を銀行検査に取り込もうとするもので、日銀考査と銀行の監査役を当局検査に活用しようとした大正期の発想と基本的には同じである。

　大正期と異なるのは、金融検査マニュアルのコンセプトが、「当局指導型検査」から「自己管理型検査」に転換したことを当局が明確に示し、銀行検査の変化にともなって、従来銀行検査が担ってきた機能の一部が、監査法人や金融機関に移転することを両者に周知し、自覚を促したことである。さらに、新たな制度的枠組みを成功させることを目的とした追加的施策が順次打ち出されたことである。

　銀行検査と行内検査の関係については、前者が担う「独立的モニタリング」と、後者が担う「自主的モニタリング」の関係が明確化され、自主的モニタリングの役割が増加した。銀行検査と行内検査の相互作用を有効に機能させるためには、両者間で「モニタリングの目的が正しく共有」され、かつ「共有された目的を遂行するための制度が整っていること」が前提となる。

　第1局面で示された、金融検査マニュアルの制定をめぐる銀行監督当局の政策意図には、（1）銀行検査と行内検査の業務分担比率を見直して、行内検査の比重を増やすこと、（2）金融検査マニュアルを制定する過程において金融機関の意見を合理的な範囲で取り入れ、モニタリングの目的を正しく共有

すること、の2点が含まれている。また、第2局面における政策意図は、銀行検査当局と金融機関の間で共有されたモニタリングの目的を、円滑に遂行するための制度を整えることであった。

このように、第1局面では、銀行検査当局と金融機関の間でモニタリングの目的を正しく共有するための施策が実施され、第2局面では、共有された目的を遂行するための制度の導入が試みられている。したがって、第1、第2局面の政策意図がともに実現することによって、本書で理念型として設定した「モニタリングの連関構造」が成立する。

もし、銀行検査改革が第1局面だけで頓挫していたとすれば、この政策は銀行検査から行内検査への責任転嫁と検査業務の民間移転で終わってしまい、改革のコンセプトが忘れ去られる度合いに比例して、銀行検査制度の経年劣化も進んでいたと考えられる。金融検査マニュアルが制定された後に打ち出された、第2局面における追加的な制度導入は、銀行検査当局自身を律するものであり、金融機関に求めた行内検査の負荷増大に見合う銀行検査当局の応分の負担を、自らを律する制度の導入という形で、時期を隔てて請け負ったものと理解することができる。

銀行検査当局は、外部環境からの圧力と内部組織の慣性が、歴史経路依存的に衝突、錯綜を繰り返す中で、今後あるべき銀行検査行政の方向性を見出し、銀行検査の強化に動き出している。つまり、銀行検査制度の慣性は、内外の環境変化と歴史的必然性によって、銀行検査を本来あるべき方向へと押し出しつつある。

本来あるべき銀行検査行政に到達するためには、銀行検査強化に向けられたベクトルの方向調整と質量・速度について十分な検討を加えることが必要である。つまり、銀行検査当局は銀行検査強化の方向性が正しくあり続けることを、銀行監督行政との協調によって確保することと、銀行検査の質量を決める検査官の人数、および、それによって必然的に決定される銀行検査の回転速度を適正にキープすることが必要である。

銀行検査は、通常時においてはそのニーズの切迫度が低く、不要不急の制度と認識されがちである。したがって、銀行検査の大転換期においては、変革のモチベーションが関係当事者間で共有されている間に制度改革を行い、

改革に向けたパッションが消滅した後も、当初のモチベーションを維持して検査業務を遂行するのと同様の効果が得られるような制度作りを完了させることが重要である。

3-2 銀行検査実務

検査指摘は通常3段階のプロセスをたどって行われる。具体的には、(1)検査で把握した事実（以下、「検査事実」と略記する）の特定、(2)検査事実に基づく判断、(3)判断結果に基づく提言、の3段階である。まず、検査事実を把握する段階において、検査官が銀行実務の「手の内」を知悉していれば、書類検査や口頭質問を通して把握する検査事実の質と量が著しく増加する。また、把握した検査事実に対しても、検査マニュアルや通達の趣旨との比較考量にとどまらず、金融機関の組織特性や実務実態等を勘案した現実的な判断が可能になる。さらには、判断結果に基づく提言にも形式的なレベルから一歩踏み込んで実効性を持たすことが可能となる。つまり、銀行実務経験を有する人材を銀行検査実務に適切に投入することは、検査指摘の3段階すべてにおいてプラスとなる。

本書で分析視角として設定した、「提言型検査と指摘型検査」との関係から見ると、検査指摘の3段階すべてを実施し、被検査金融機関に伝えるのが提言型検査であり、検査提言を除き、検査事実とそれに基づく判断のみを被検査金融機関に伝えるのが指摘型検査であるということになる。

検査指摘における提言のレベル、つまり銀行経営に対する提言内容の踏み込みの程度は、金融機関の監督に責任を有する銀行監督当局と十分な意思疎通を行った上で決定する必要がある。その意味では、検査指摘が金融機関の経営改善につながるよう、銀行検査部局が銀行監督部局と密接な連携をとることを定めた「実効性の原則」は、この点を制度的に有効とするために不可欠な原則である。

現在の制度に提言型検査と指摘型検査のどちらが適しているのかという判断は、銀行検査行政と銀行監督行政の境界線が銀行検査実務レベルでどうあるべきか、という点に依存する。しかし、銀行検査が被検査金融機関の現場に近接した領域において、唯一その実態をつぶさに把握しうる監督手段であ

ることと、そのような詳細レベルの実態把握が、金融バブル崩壊後の金融機関の規律付けを監視し続ける上では、特に重要であることを勘案すると、銀行検査行政と銀行監督行政の境界線は、銀行検査に多くを期待する方向に移動しているのではないかと考えられる。

このような理解に基づいた場合、銀行検査の現場でより的確な提言を被検査金融機関に対して行うためには、平成19年に導入された主任検査官の複数年担当制が有効である。つまり、複数年度をカバーして検査指摘への対応状況を精査することにより、改善状況を時系列的に把握するだけではなく、指摘事項に対する被検査金融機関の対応を見ることにより、経営トップや各部門担当役員のパフォーマンスを継続的に把握できるからである。

その際に基盤となるのは、検査官から主任検査官のもとに送られる個別指摘の正確性と、それを支える銀行実務に対する検査官の理解度の高さである。十分な規律づけの下に、継続的に銀行実務経験者を検査官として任用するとともに、検査官同士の組織内交流を深めて、絶え間なく検査技術を向上させることが重要である。

3－3　おわりに

平成期は、過去の歴史を通して、これまでどうしても達成することができなかった、銀行検査の理想型に近づくことのできる潜在力を秘めた時代である。

このような時代において、銀行検査当局者は銀行検査の背景にある歴史の重みを実感するとともに、自らの業務を客観視すべきである。また、銀行検査の歴史を理解することにより、現在たどりつつある道筋の延長線上にある銀行検査の理想型を常にイメージしながら業務を遂行することが必要である。つまり、正確な歴史認識に基づき銀行検査の将来を見据えて業務に専念することが、銀行検査の理想型に近づく早道と考える。

銀行検査を取り囲む外部環境は、日本の銀行検査当局者をして、もはや従来路線に固執した政策をとることを許さない状況を作り出している。また、金融機関経営者にとっては、経営基盤のさらなる強化に向けて内部統制を見直すべき時期が到来している。

銀行検査当局者が銀行検査の充実を図り、金融機関経営者が行内検査を重視した内部統制を強化する上で本書がその一助となれば、筆者にとって望外の喜びである。

索　引

単　語	初出章	頻出する章
アクションプランⅠ	第15章	15章
アクションプランⅡ	第15章	15章
新しい銀行検査法	第11章	11章、12章
一社与信制限	第４章	４章
ウィンドゥ・ドレッシング	第11章	11章
上田国立第十九国立銀行	第12章	12章
エドワーズ調査団報告	序　章	２章
大口貸出の制限	第５章	５章
大口信用供与規制	第14章	14章
大口信用集中	第10章	10章
大口融資規制	第10章	10章
大阪銀行通信録	第６章	６章
小野組	第１章	１章、３章
会社の検査	第３章	３章
監査役	第７章	７章、10章
機関銀行	第１章	１章、９章
旧銀行法	第10章	10章
金融改革プログラム	第15章	15章
金融監督庁	第15章	15章
金融機関検査充実に関する件	第６章	６章
金融機関検査充実に関する調査	第８章	８章
金融機関の検査	第13章	13章
金融検査の実務	第14章	14章
金融検査の要領	第13章	13章
金融検査の要領Ⅰ	第14章	14章
金融検査の要領Ⅱ	第14章	14章
金融検査評定制度	第15章	15章
金融検査マニュアル	第15章	15章
金融再生プログラム	第15章	15章
金融制度調査会	序　章	６章、７章、８章、９章、14章
金融制度調査準備委員会	第８章	８章
金融バブル	序　章	15章

803

金融ビッグバン	第10章	10章
銀行学局	第1章	1章
銀行局金融年報	第10章	11章、12章、13章、14章、15章
銀行監督行政	序　章	3章、12章
銀行監督統一規範試案	第11章	11章
銀行検査	序　章	1章、2章、3章、4章、6章
銀行検査官処務規定及注意	第6章	6章
銀行検査官報告書撮要	第2章	2章
銀行検査規程案（旧）	第6章	6章
銀行検査規程案（新）	第6章	6章
銀行検査行政	序　章	5章、8章、9章、10章、11章、12章、13章、14章、15章
銀行検査新方針	第8章	8章
銀行検査総括	第5章	5章
銀行検査部論	第7章	7章
銀行検査報告書	第1章	1章、2章
銀行検査の情報把握機能	序　章	14章、15章
銀行作成貸借対照表	第13章	13章
銀行事故	第5章	5章
銀行条例	序　章	3章
銀行條例修正請願書	第4章	4章
銀行その他金融機関検査充実計画	第6章	6章
銀行其ノ他金融機關檢査充實計畫	第8章	8章
銀行注意事項三十箇条諭達	第6章	6章
銀行通信録	第4章	4章、6章
銀行の安全性	第11章	11章
銀行の健全性	第11章	11章
銀行の公共性	序　章	11章、13章、終章
銀行の資金供給面における国民経済的機能	序　章	3章、4章、10章、14章
銀行法案外四件委員会	第8章	8章
経営管理態勢	第14章	14章
検査官作成貸借対照表	第13章	13章
健全化行政	第12章	12章
考査部事務取扱要旨並処務心得	第6章	6章
考査部主事伺定	第6章	6章
行内検査	序　章	6章、7章、9章
考秘第一号通牒	第6章	6章

索 引

合理化通牒	第12章	12章
効率性の原則	第15章	15章
国立銀行検査順序	第2章	2章
国立銀行検査手続	第3章	3章
国立銀行条例	第1章	1章
固定貸	第9章	9章
自衛検査論	第7章	7章
自己資本の充実	第15章	15章
資産査定	第15章	15章
自主的モニタリング	序 章	1章、7章
実効性の原則	第15章	15章
指摘型検査	序 章	2章、6章、9章、10章、12章、終章
私的銀行検査論	第7章	7章
指導検査	第12章	12章
紙幣寮事務章程	第1章	1章
島田組	第1章	1章、3章
小銀行の設立制限	第4章	4章
新検査方式	第11章	11章
新時代の金融検査実務	第15章	15章
新版 金融検査の実務	第14章	14章、15章
信用創造機能	第10章	10章
信用秩序維持	序 章	3章、4章、10章、14章
正常化行政	第12章	12章
西武銀行	序 章	9章
全国銀行通貨政策（National Monetary Banking Policy）	第11章	11章
全国手形交換所連合会	第4章	4章
全店舗検査主義	第11章	11章
総合検査関係資料	第14章	14章
総合的予算制度	第12章	12章
蔵相内訓	第4章	4章
第一国立銀行	第1章	1章
滞貨融資	第10章	10章
通常銀行条例案	第3章	3章
提言型検査	序 章	2章、6章、9章、10章、12章、終章

摘発検査	第12章	12章
統一経理基準	第14章	14章
東京銀行集会所	序　章	3章
東京銀行集会所	第 3 章	3章
道徳経済合一論	第 3 章	3章
特別検査	第10章	10章
独立的モニタリング	序　章	1章、7章
特利預金	第12章	13章
土地関連融資規制	第14章	14章
取引先銀行調査の事	第 6 章	6章
内部監査	序　章	7章、10章、13章、14章
内部監査充実	第 7 章	7章
内部統制	序　章	1章、13章
新潟国立第四国立銀行	序　章	2章
日銀考査	第 6 章	6章
日銀考査規定	第 6 章	6章
日清戦争	第 4 章	4章
日露戦争	第 4 章	4章
農工銀行検査規定	第 8 章	8章
把握情報の監督行政への展開機能	序　章	14章、15章
バランスシート規制	第13章	13章
福島第六国立銀行	序　章	2章
藤本ビルブローカー銀行	第 4 章	4章
武州銀行妻沼支店	序　章	7章、9章
歩積両建預金	第10章	10章、11章、12章、13章、14章、15章
部分検査関係資料	第14章	14章
部分検査方式	第14章	14章
不要不急融資	第12章	12章
不良債権償却証明制度	第14章	14章
プロセス・チェックの原則	第15章	15章
粉飾預金	第10章	10章、12章
分類資産	第13章	13章
米国トレッドウェイ委員会	第 1 章	1章、14章
ベター・レギュレーション	第15章	15章
補強性の原則	第15章	15章
本源的預金	第10章	10章

索　引

マクロ的アプローチ	序　章	2章、終章
ミクロ的アプローチ	序　章	2章、終章
三井銀行	第8章	8章
無尽業者検査規定	第8章	8章
明治34年銀行検査関連理財局通達	第5章	5章
明治商法	第3章	3章
モニタリングの連関構造	序　章	13章、14章、15章、終章
預金者保護	序　章	3章、4章、10章、14章
予算統制	第13章	13章
リスク管理	第15章	15章
リスク対応	第15章	15章
利用者視点の原則	第15章	15章
臨時金利調整法	第12章	12章
連邦準備銀行	第11章	11章
連邦準備理事会	第11章	11章
連邦預金保険会社（FDIC）	第11章	11章
ロェスレル氏起稿商法草案	序　章	3章
ワグナー委員会	第11章	11章
ALM	第8章	8章、9章、10章
BIS規制	第10章	10章
CAMEL検査	第15章	15章
ESS（Economic and Scientific Section、経済科学局）	第10章	10章
CAMEL方式	第14章	14章、15章
GHQ/SCAP	序　章	10章、11章、13章、14章
SCAP文書	第10章	10章

人　名	初出章	頻出する章
明石照男	第4章	4章
アレキサンダー・アラン・シャンド	序　章	1章、2章、3章
磯部亥助	第7章	7章
市來乙彦	第6章	6章
伊藤修	第11章	11章、12章
井上準之助	第6章	6章
岩崎小二郎	第2章	2章
ウィリアム・F・マーカット	第10章	10章
ウォルター・K・ルコント	第10章	10章
榎並赳夫	第7章	7章
大隈重信	第4章	4章
大月高	第2章	2章
岡田信	第7章	7章、9章
小川郷太郎	第6章	6章、8章
小野義一	第8章	8章
小畑大太郎	第8章	8章
柿原萬蔵	第9章	9章
片野一郎	第1章	1章
桂太郎	第4章	4章
加藤高明	第3章	3章
加藤俊彦	第3章	3章、5章
小池謙輔	第12章	12章
木暮武太夫	第8章	8章
小林春男	第2章	2章
小松謙次郎	第8章	8章
小山嘉昭	第10章	10章
近藤直人	第10章	10章、11章
佐々木勇之助	第6章	6章
阪谷芳郎	第4章	6章
渋沢栄一	第1章	1章、3章、4章
渋谷隆一	第5章	5章、8章
白鳥圭志	第12章	12章
ジョン・M・アリソン	第10章	10章
末広隆介	第12章	12章
菅谷幸一郎	第5章	5章、9章

索　引

須藤功	第11章	11章
高橋久一	第2章	2章
田中宏	第14章	14章
谷口孝	第14章	14章
塚元亨	第11章	11章
土屋喬雄	第1章	1章
得能良介	序　章	3章
ハウアード・エス・レーマン	序　章	10章、11章
橋口収	第12章	12章
福田久男	第10章	10章、12章
藤城敬二	第7章	7章
藤山雷太	第6章	6章、7章
ヘルマン・リョースレル	第3章	3章
邉英治	第9章	9章、10章、11章、12章
松方正義	第3章	3章、4章
松本脩	第6章	6章、7章、8章
三井武夫	第11章	11章
三好智	第11章	11章
山口嘉七	第8章	8章
山崎覚次郎	第6章	6章
山本菊一郎	第10章	10章、11章
結城豊太郎	第7章	7章
芳川顕正	第3章	3章
米山梅吉	第7章	7章
志立鉄次郎	第6章	6章
レーダス	序　章	10章、11章
渡邊義郎	第6章	6章

参照文献一覧

第Ⅰ部　明治期の銀行検査

第1章

1. 土屋喬雄『シャンド―わが国銀行史上の教師―』(東洋経済新報社、昭和41年)。
2. 片野一郎『日本・銀行簿記精説』(中央経済社、昭和31年)。
3. 社団法人東京銀行協会調査部編集『本邦銀行変遷史』(㈳東京銀行協会銀行図書館、平成10年)。
4. 大蔵省銀行局「銀行便覧　第4巻　明治44年版」『復刻　財政金融史料集成　第2集　銀行便覧』(昭和57年、総合経済研究センター)。
5. 明治財政史編纂會『明治財政史　第13巻』(丸善、明治38年)。
6. 大蔵省銀行課『財政金融史料集成　第1集　銀行局年報　明治6年～同12年』(大蔵省文庫所保存版、昭和56年)。
7. 大内兵衛、土屋喬雄編『明治前期財政經濟史料集成　第3巻　大蔵省沿革史(下)』(原書房、昭和53年)。
8. 渋沢青淵記念財団竜門社編集『澁澤榮一傳記資料　第四巻』(渋沢栄一伝記資料刊行会、昭和30年)。
9. 日本銀行調査局編集、土屋喬雄監修『日本金融史資料明治大正編　第5巻』(大蔵省印刷局発行、昭和31年)。
10. 第一銀行八十年史編纂室『第一銀行史』(㈱第一銀行、昭和32年)。

第2章

1. 明治財政史編纂會『明治財政史　第13巻』(丸善、明治38年)。
2. 日本銀行調査局編集、土屋喬雄監修『日本金融史資料明治大正編　第6巻』(大蔵省印刷局発行、昭和32年)。
3. ㈱第四銀行『第四銀行八十年史』(㈱第四銀行、昭和31年)。
4. ㈱第四銀行企画部行史編集室『第四銀行百年史』(㈱第四銀行、昭和49年)。
5. 第一銀行八十年史編纂室『第一銀行史』(㈱第一銀行、昭和32年)。
6. 渋沢青淵記念財団竜門社編集『澁澤榮一傳記資料　第五巻』(渋沢栄一伝記資料刊行会、昭和30年)。
7. 大月高監修『実録戦後金融行政史』(金融財政事情研究会、1985年)。

第3章
1. 加藤俊彦「銀行條例について―本邦普通銀行の性格と関連して―」『経済学論集 第17巻第3号』(昭和23年、有斐閣)。
2. 池田敬八発行『得能良介君伝』(印刷局、大正10年)。
3. 明治財政史編纂会『明治財政史 第12巻』(丸善、明治38年)。
4. 日本銀行調査局編集、土屋喬雄監修『日本金融史資料 明治大正編 第7巻』(大蔵省印刷局発行、昭和35年)。
5. 大蔵省銀行課『財政金融史料集成 第1集 銀行局年報 明治6年～同12年』(大蔵省文庫所保存版、昭和56年)。
6. 社団法人東京銀行協会調査部編集『本邦銀行変遷史』(㈳東京銀行協会銀行図書館、平成10年)。
7. 日本銀行調査局編集、土屋喬雄監修『日本金融史資料 明治大正編 第6巻』(大蔵省印刷局発行、昭和32年)。
8. 明治財政史編纂会『明治財政史 第13巻』(丸善、明治38年)。
9. 佐竹浩・橋口収『銀行法』(有斐閣、1956年)。
10. ヘルマン・リョースレル『ロェスレル氏起稿商法草案(上巻・下巻)復刻版』(新青出版、1995年)。
11. 内閣官報局編『法令全書 第二十三巻-2』(原書房、昭和53年)。
12. 大久保達正監修、松方峰雄、兵頭徹編集『松方正義関係文書 補巻 松方伯財政論策集』(大東文化大学東洋研究所、平成13年)。
13. 大蔵省編纂『明治大正財政史 第16巻』(経済往来社、昭和32年)。
14. 日本銀行調査局編集、土屋喬雄監修『日本金融史資料明治大正編 第12巻』(大蔵省印刷局発行、昭和34年)。

第4章
1. 明石照男『明治銀行史』(改造社、昭和10年)。
2. 日本銀行調査局「明治34年日本銀行統計年報」『日本金融史資料明治大正編 第19巻』(大蔵省印刷局、昭和32年)。
3. 『銀行通信録 第35巻 第211号』(東京銀行集会所、明治36年5月)。
4. 日本銀行百年史編纂委員会『日本銀行百年史 第二巻』(日本銀行、昭和58年)。
5. 『銀行通信録 第43巻 第259号』(東京銀行集会所、明治40年5月)。
6. 大蔵省百年史編集室『大蔵省百年史 別巻』(財団法人大蔵財務協会、昭和44年)。

第5章
1. 菅谷幸一郎「銀行失敗の原因並に其豫防法（上・中・下）」『銀行通信録 第43巻 第259、260、261号』（明治40年、東京銀行集会所）。
2. 日本銀行調査局編集、土屋喬雄監修『日本金融史資料明治大正編 第18巻 金融制度調査会議事速記録』（大蔵省印刷局発行、昭和31年）。
3. 渋谷隆一「研究資料解題『銀行事故調・全』」『経済学論集 第6巻 臨時号』（駒沢大学経済学会、1975年3月）。
4. 大蔵省編纂『明治大正財政史 第14巻』（財政經濟學會、昭和12年）。
5. 加藤俊彦「銀行條例について―本邦普通銀行の性格と關聯して―」『經濟學論集 第17巻 第3號』（昭和23年、有斐閣）。
6. 明治財政史編纂會『明治財政史 第12巻』（丸善、明治38年）。
7. 『銀行通信録 第35巻 第211号』（東京銀行集会所、明治36年5月）。

第Ⅱ部　大正期の銀行検査

第6章
1. 『銀行通信録』（第449号、大正12年3月）。
2. 『銀行通信録』（第451号、大正12年5月）。
3. 『大阪銀行通信録 第216号』（大阪銀行集会所、大正4年9月）。
4. 『中央銀行会通信録 第257号』（中央銀行会、大正13年8月）。
5. 大蔵省編纂『明治大正財政史 第14巻』（財政經濟學會、昭和12年）。
6. 日本銀行調査局、土屋喬雄監修『日本金融史資料明治大正編 第18巻 金融制度調査会議事速記録』（大蔵省印刷局発行、昭和31年）。
7. 『昭和財政史資料』（「銀行其ノ他金融機關検査充實計畫」、大正15年4月）マイクロフィルム冊子番号NO.1-074、検索番号32-003。
8. 阪谷芳郎『日本會計法要論完』（博文館、明治23年）。
9. 大蔵省百年史編纂室『大蔵省百年史 別巻』（財団法人大蔵財務協会、昭和44年）。
10. 『銀行通信録 第43巻 第259号』（東京銀行集会所、明治40年5月）。
11. 高橋亀吉編著『財政経済二十五年誌 第六巻 財界編上』（国書刊行会、昭和7年原本発行）。
12. 『昭和財政史資料』（「銀行検査規程案」、大正15年9月、同年9月8日）マイクロフィルム冊子番号NO.1-074、検索番号32-003。
13. 『昭和財政史資料』（「銀行検査規程案」、「農工銀行検査順序」、「無尽業者検査規定」、大正15年9月、同年9月8日）マイクロフィルム冊子番号NO.1-074、検索番号32-003。

14.『銀行通信録』(第451号、大正12年5月)。
15. 日本銀行百年史編纂委員会『日本銀行百年史 第三巻』(日本銀行、昭和58年)。
16. 日本銀行審査部『日本銀行沿革史 第二集 第一巻』(クレス出版、1991年)。

第7章
1. 磯部亥助『私的銀行検査法』(隆文館図書、大正9年)。
2. 藤城敬二『銀行の検査部』(文雅堂、大正15年)。
3. 榎並赳夫「地方銀行ノ自衛検査ニ就テ」有岡直治編集『銀行ノ検査及監督法』(大阪銀行集会所、大正11年)。
4. 日本銀行調査局、土屋喬雄監修『日本金融史資料明治大正編 第18巻 金融制度調査会議事速記録』(大蔵省印刷局発行、昭和31年)。
5.『銀行通信録』(第449号、大正12年3月)。
6. 岡田信「検査ノ立場ヨリ観タル地方小銀行ノ通弊」有岡直治編集『銀行ノ検査及監督法』(大阪銀行集会所、大正11年)。
7. 埼玉銀行調査部『武州銀行史』(埼玉銀行、昭和63年)。
8. 妻沼町誌編集委員会『妻沼町誌』(妻沼町役場、昭和52年)。
9. 埼玉県立文書館「検査報告書写 武州銀行妻沼支店」『埼玉銀行寄贈史料』(文書番号245-16、大正11年6月)。
10. 埼玉県立文書館「検査報告書写 武州銀行妻沼支店」『埼玉銀行寄贈史料』(文書番号245-15、大正14年3月)。

第Ⅲ部 昭和戦前期の銀行検査

第8章
1. 日本銀行調査局、土屋喬雄監修『日本金融史資料明治大正編 第18巻 金融制度調査会議事速記録』(大蔵省印刷局発行、昭和31年)。
2.『昭和財政史資料』(「銀行其ノ他金融機關検査充實計畫」、大正15年4月) マイクロフィルム冊子番号NO.1-074、検索番号32-003。
3.『昭和財政史資料』(「農工銀行検査順序」「農工銀行検査方針並手続」「無尽業者検査規定」、大正15年9月、同年9月8日) マイクロフィルム冊子番号NO.1-074、検索番号32-003。
4. 白鳥圭志「1920年代における銀行経営規制の形成―1927年銀行法に基づく規制体系の歴史的特質―」『経営史学Vol.36、No.3』(2001年9月、経営史学会)。
5. 邊英治「大蔵省検査体制の形成とその実態―1920年代を中心として―」『金

融経済研究 第20号』(2003年10月、日本金融学会)。
6. 小川郷太郎『新銀行法理由』(日本評論社、昭和5年)。
7. 第五十二回帝国議会衆議院議事速記録第13号『官報 号外』(内閣印刷局、昭和2年2月16日)。
8. 『帝国議会衆議院委員会議録』(「第五十二回帝国議会衆議院銀行法案外四件委員会議録(速記)第四回 マイクロフィルム版」、臨川書店、平成元年)。
9. 『帝国議会貴族院委員会議事速記録』(「第五十二回帝国議会貴族院銀行法案外四件特別委員会議録速記録第一号 マイクロフィルム版」、臨川書店、平成2年)。
10. 『帝国議会衆議院委員会議録』(「第五十二回帝国議会衆議院銀行法案外四件委員会議録(速記)第三回 マイクロフィルム版」、臨川書店、平成元年)。
11. 渋谷隆一「研究資料解題『銀行事故調・全』」『経済学論集第6巻臨時号』(駒沢大学経済学会、1975年3月)。
12. 『帝国議会衆議院委員会議録』(「第五十二回帝国議会衆議院銀行法案外四件委員会議録(速記)第二回 マイクロフィルム版」、臨川書店、平成元年)。
13. 『帝国議会衆議院委員会議録』(「第五十二回帝国議会衆議院銀行法案外四件委員会議録(速記)第六回 マイクロフィルム版」、臨川書店、平成元年)。
14. 『帝国議会貴族院委員会議事速記録』(「第五十二回帝国議会貴族院銀行法案外四件特別委員会議録速記録第二号 マイクロフィルム版」、臨川書店、平成2年)。
15. 大蔵省編纂『明治大正財政史 第14巻』(財政經濟學會、昭和12年)。
16. 『大阪銀行通信録』(第453号、昭和10年5月)。
17. 山口和雄、杉山和雄他編集『三井銀行資料5 規則・資金運用』(日本経営史研究所、昭和53年)。

第9章
1. 『昭和財政史資料』(「銀行検査規程案」、大正15年9月、同年9月8日)マイクロフィルム冊子番号NO.1-074、検索番号32-003。
2. 邉英治「大蔵省検査と不良債権の処理過程―昭和初期、埼玉県西武銀行を題材に―」『地方金融史研究 第35号』(地方金融史研究会、2004年3月)。
3. 第五十二回帝国議会衆議院議事速記録第22号『官報 号外』(内閣印刷局、昭和2年3月)。
4. 第八十五銀行『第八十五銀行史』(第八十五銀行、昭和19年)。
5. 『昭和財政史資料』(「秘検査課関係議会想定質問応答 検査課」、昭和6年推定)マイクロフィルム冊子番号1NO.1-075、検索番号32-004。
6. 埼玉県立文書館「大蔵省銀行検査関連資料 西武銀行」『埼玉銀行寄贈史料』

(文書番号78、昭和6年10月～10年2月)。
7.「大蔵省検査と不良債権の処理過程―昭和初期、埼玉県西武銀行を題材に―」『地方金融史研究 第35号』(地方金融史研究会、2004年3月)。
8.岡田信「検査ノ立場ヨリ観タル地方小銀行ノ通弊」有岡直治編集『銀行ノ検査及監督法』(大阪銀行集会所、大正11年)。
9.菅谷幸一郎「銀行失敗の原因並に其豫防法(上・中・下)」『銀行通信録 第43巻 第259、260、261号』(明治40年、東京銀行集会所)。
10.『大阪銀行通信録』(第453号、昭和10年5月)。
11.山口和雄、杉山和雄他編集『三井銀行資料5 規則・資金運用』(日本経営史研究所、昭和53年)。
12.埼玉県立文書館「検査報告書写 武州銀行妻沼支店」『埼玉銀行寄贈史料』(文書番号245-1～245-13、昭和3年9月～昭和17年9月)。
13.妻沼町誌編集委員会『妻沼町誌』(妻沼町役場、昭和52年)。

第Ⅳ部 戦後占領期の銀行検査

第10章
1.小山嘉昭『詳解銀行法』(金融財政事情研究会、2004年)。
2.伊藤修『日本型金融の歴史的構造』(東京大学出版会、1995年)。
3.佐竹浩・橋口収『銀行法』(有斐閣、1956年)。
4.佐竹浩・橋口収『新銀行実務講座第13巻 銀行行政と銀行法』(有斐閣、1967年)。
5.日本銀行金融研究所編集、土屋喬雄他監修『日本金融史資料 昭和続編 第24巻』SCAP関係資料(1)金融制度関係(大蔵省印刷局発行、1995年)。
6.日本銀行金融研究所編集、土屋喬雄監修『日本金融史資料 昭和続編 第19巻』大蔵省資料(1)(大蔵省印刷局発行、1989年)。
7.大月高監修『実録戦後金融行政史』(金融財政事情研究会、1985年)。
8.日本銀行金融研究所編集、土屋喬雄監修『日本金融史資料 昭和続編 第20巻』大蔵省資料(2)(大蔵省印刷局発行、1990年)。
9.大蔵省銀行局編集『第1回 銀行局金融年報』―昭和27年度版―(社団法人金融財政事情研究会、昭和27年)。
10.原司郎「金融制度」大蔵省財政史室(編)『昭和財政史―終戦から講和まで―第13巻』(東洋経済新報社、1983年)。

第11章
1.山本菊一郎編著『新しい銀行検査法』(大蔵財務協会、昭和26年)。

参照文献一覧

2．『昭和財政史資料』（マイクロフィルム冊子番号NO.1-074、検索番号32-003、大正15年9月）。
3．日本銀行金融研究所編集、土屋喬雄他監修『日本金融史資料 昭和続編 第24巻』SCAP関係資料（1）金融制度関係（大蔵省印刷局発行、1995年）。
4．Memorandum for Examiners, "Instructions to Examiners" June 10, 1940, Part 1. Legislation, Major Speeches and Essays, and Special Reports, 1913-1960, Papers of The Federal Reserve ystem, University Publications of America, 1983. Reel No.18.
5．ハウアード・エス・レーマン「銀行検査の実際面」『財政経済』（大蔵省理財局、1949年11月）。
6．ハウアード・エス・レーマン「銀行検査の実際面―その2―」『財政経済』（大蔵省理財局、1950年）。
7．ハウアード・エス・レーマン「銀行監督、検査序論」『財政経済』（大蔵省理財局、1949年9月）。
8．レーマン・ハーヴァード・S「合衆国における監督当局の機能」『財政経済』（大蔵省理財局、1949年10月）。
9．大蔵省百年史編集室『大蔵省百年史 別巻』（財団法人大蔵財務協会、昭和44年）。
10．『十三日会講演叢書 第二篇』（社団法人東京銀行協会内十三日会、昭和24年）。
11．『財政経済弘報』（財政金融協会、昭和25年1月）。
12．『大蔵省 戦後財政史口述資料（6）-1 銀行』（大蔵省官房調査課金融財政事情研究会、昭和28年4月）。
13．佐竹浩・橋口収『銀行法』（有斐閣、1956年）。
14．日本銀行金融研究所編集、土屋喬雄監修『日本金融史資料 昭和続編 第19巻』大蔵省資料（1）（大蔵省印刷局発行、1989年）。

第Ⅳ部　高度成長期の銀行検査

第12章

1．邉英治「戦後復興期における大蔵省検査・日銀考査の改革」『経済学研究No.47』（東京大学経済学研究会、2005年）。
2．伊藤修『日本型金融の歴史的構造』（東京大学出版会、1995年）。
3．福田久男、小池謙輔『検査から見た銀行経営上の問題点』（全国地方銀行協会、昭和33年）。
4．福田久男「新年度における金融検査行政の課題―銀行経営の今後の見通し―」『金融法務事情 No.91』（金融財政事情研究会、昭和31年1月）。

5．福田久男「検査行政の今後の課題」『金融法務事情 No.126』（金融財政事情研究会、昭和32年1月）。
6．末広隆介「検査結果から見た地方銀行の経営上の欠陥について」『金融法務事情 No.117』（金融財政事情研究会、昭和31年9月）。
7．大蔵省財政史室編『昭和財政史―昭和27年〜48年度』第10巻 金融（2）（東洋経済新報社、1991年）。
8．山本菊一郎編著『新しい銀行検査法』（大蔵財務協会、昭和26年）。
9．大蔵省百年史編纂室『大蔵省百年史 別巻』（財団法人大蔵財務協会、昭和44年）。
10．日本銀行調査局編集、土屋喬雄監修『日本金融史資料明治大正編 第6巻』（大蔵省印刷局発行、昭和32年）。
11．大蔵省銀行局「昭和30年度下期決算等当面の銀行経営上留意すべき事項について」（昭和31.3.6蔵銀第333号）銀行局金融年報別冊『銀行局現行通牒集』昭和32年版（銀行局金融年報編集委員会、昭和32年）。
12．大蔵省財政史室編『昭和財政史―昭和27年〜48年度』第10巻 金融（2）（東洋経済新報社、1991年）。
13．銀行局金融年報編集委員会『銀行局現行通達集』（金融財政事情研究会、昭和33年）。
14．橋口収「今後における銀行経営の基本動向について―29年度下期決算状況と関連して―」『財政経済弘報 第512号』（財政経済弘報社、昭和30年6月）。
15．大蔵省銀行局「当面の銀行経営上留意すべき基本的事項について」（昭和32年11月2日蔵銀第1421号）銀行局金融年報編集委員会『銀行局現行通達集』（金融財政事情研究会、昭和33年）。
16．大蔵省銀行局「当面の財政金融情勢に即応する銀行業務の運営に関する件」（昭和26年7月5日蔵銀第3153号）銀行局金融年報編集委員会『銀行局現行通達集』（金融財政事情研究会、昭和33年）。
17．橋口収「当面の銀行経営の在り方について―昭和30年度下期決算等銀行局長通ちょう解説―」『金融法務事情 No.98』（金融財政事情研究会、昭和31年3月）。
18．橋口収「当面における銀行経営のあり方について―銀行局長通ちょうをめぐる諸問題―」『財経詳報 第20号』（財経詳報社、昭和31年3月）。
19．白鳥圭志「1950年代における大蔵省の金融機関行政と金融検査」『経営史学 第43巻 第4号』（経営史学会、2009年3月）。

第13章
1．大蔵省財政史室編『昭和財政史―昭和27年〜48年度』第10巻 金融（2）

（東洋経済新報社、1991年）。
2. 大蔵省銀行局編集『第2回～第8回 銀行局金融年報』（社団法人金融財政事情研究会、昭和28年～昭和34年）。
3. 佐竹浩・橋口収『銀行法』（有斐閣、1956年）。
4. 大月高監修『実録戦後金融行政史』（金融財政事情研究会、1985年）。
5. 大蔵省銀行局検査部内金融検査研究会『金融検査の要領』（大蔵財務協会、昭和34年）。
6. 福田久男、小池謙輔『検査から見た銀行経営上の問題点』（全国地方銀行協会、昭和33年）。
7. ハウアード・エス・レーマン「銀行検査の実際面―その2―」『財政経済』（大蔵省理財局、1950年）。
8. 日本銀行調査局、土屋喬雄監修『日本金融史資料明治大正編 第18巻 金融制度調査会議事速記録』（大蔵省印刷局発行、昭和31年）。
9. 鳥羽至英・八田進二・高田敏文訳『内部統制の統合的枠組み理論篇』（白桃書房、1996年）。
10. 大蔵省銀行局編集『第2回～第8回 銀行局金融年報』（社団法人金融財政事情研究会、昭和28年～昭和34年）。
11. 大蔵省財政史室編『昭和財政史―昭和27年～48年度』第10巻金融（2）（東洋経済新報社、1991年）。
12. 銀行局金融年報編集委員会『銀行局現行通達集』（金融財政事情研究会、昭和33年）。
13. 山本菊一郎編著『新しい銀行検査法』（大蔵財務協会、昭和26年）。
14. 大蔵省銀行局編集『第2回、第9回 銀行局金融年報』（社団法人金融財政事情研究会、昭和28年、昭和35年）。
15. 高橋俊英、清二彦『検査から見た地方銀行経営』（全国地方銀行協会、昭和37年）。
16. 金融検査研究会編『金融機関の検査』（金融財政事情研究会、昭和43年）。
17. 大蔵省銀行局「昭和30年度下期決算等当面の銀行経営上留意すべき事項について」（昭和31.3.6 蔵銀第333号）銀行局金融年報別冊『銀行局現行通牒集』昭和32年版（銀行局金融年報編集委員会、昭和32年）。
18. 大蔵省銀行局「歩積、両建預金の自粛徹底について」（昭和39.6.25蔵銀第822号全国銀行協会連合会会長宛）銀行局金融年報別冊『銀行局現行通牒集』昭和43年版（銀行局金融年報編集委員会、昭和43年）。
19. 衆議院事務局『第46回国会衆議院大蔵委員会議録 第56号』（大蔵省印刷局、昭和39年6月）。

第Ⅵ部　安定成長期および平成期の銀行検査

第14 章
1. 財務省財務総合政策研究所財政史室編『昭和財政史―昭和49～63年度　第6巻金融』(東洋経済新報社、2003年)。
2. 金融検査研究会編『金融機関の検査』(金融財政事情研究会、昭和43年)。
3. 佐竹浩・橋口収『銀行法』(有斐閣、1956年)。
4. 谷口孝「最近における金融検査の主要着眼点」『金融法務事情 No.791』(金融財政事情研究会、昭和51年6月)。
5. 谷口孝「総合検査と部分検査―安定成長経済時代と金融検査―」『金融法務事情 No.815』(金融財政事情研究会、昭和52年3月)。
6. 田中宏「今後における金融機関検査の着眼事項」『金融法務事情 No.753』(金融財政事情研究会、昭和50年6月)。
7. 銀行局金融年報編集委員会『銀行局現行通達集』(金融財政事情研究会、昭和53年)。
8. 銀行局通達「当面の経済情勢に対処するための金融機関の融資のあり方について」(昭和48年12月25日蔵銀4279号) 銀行局年報編集委員会『銀行局通達集』(金融財政事情研究会、昭和53年)。
9. 銀行局通達「銀行の大口融資規制について」(昭和49年12月25日蔵銀4481号) 銀行局年報編集委員会『銀行局通達集』(金融財政事情研究会、昭和53年)。
10. 田邊明他著『商法改正三法の逐条解説別冊商事法務 No.24』(商事法務研究会、昭和49年5月)。
11. 大蔵省銀行局編集『第25回　銀行局金融年報―昭和51年版―』(社団法人金融財政事情研究会、昭和51年)。
12. 大蔵省銀行局編集『第28回　銀行局金融年報』(社団法人金融財政事情研究会、昭和54年)。
13. 大蔵省銀行局編集『第30回　銀行局金融年報』(社団法人金融財政事情研究会、昭和56年)。
14. 銀行局通達「銀行の大口融資規制について」(昭和49年12月25日蔵銀4481号) 銀行局年報編集委員会『銀行局通達集』(金融財政事情研究会、昭和53年)。
15. 大蔵省銀行局編集『第36回　銀行局金融年報』(社団法人金融財政事情研究会、昭和62年)。
16. 地域金融研究所編『金融検査の歩み』(地域金融研究所、平成8年)。
17. 足立和基「金融自由化と銀行検査の方向―健全性の確保・信用秩序の維持―」『金融検査の歩み』(地域金融研究所、平成8年)。
18. 安原正「銀行経営の健全性と銀行検査―総合的な評価格付の確立―」『金融

検査の歩み』(地域金融研究所、平成8年)。
19. 公文宏「銀行経営の健全性と検査の充実―自己責任原則の確立―」『金融検査の歩み』(地域金融研究所、平成8年)。
20. 畠山蕃「銀行経営の健全性と銀行検査―多面的な銀行検査の充実―」『金融検査の歩み』(地域金融研究所、平成8年)。
21. 財務省財務総合政策研究所財政史室編『昭和財政史―昭和49～63年度 第10巻 資料(3)財政投融資・金融』(東洋経済新報社、2002年)。
22. 銀行局年報編集委員会『銀行局通達集 昭和53年版』(金融財政事情研究会、昭和53年)。3)銀行局年報編集委員会『銀行局通達集 平成4年版』(金融財政事情研究会、平成4年)。
23. 金融検査研究会編『金融検査の要領』(大蔵財務協会、昭和51年)。
24. ハウアード・エス・レーマン「銀行検査の実際面―その2―」『財政経済』(大蔵省理財局、1950年)。
25. 大蔵省銀行局検査部内銀行検査研究会『新版 銀行検査様式の解説』(金融財政事情研究会、昭和52年)。
26. 金野俊美「大蔵検査にみる金融機関経営の諸問題―経営方針の転換―1991年3月」『金融検査のあゆみ』(地域金融研究所、平成8年)。

第15章

1. 大蔵省内金融制度研究会編『新しい金融制度について―金融制度調査会答申―』(金融財政事情研究会、平成3年)。
2. 大蔵省銀行局編集『第41回～第44回 銀行局金融年報』(社団法人金融財政事情研究会、平成4年～平成7年)。
3. 金融年報編集委員会編集『金融年報 平成9年度版』(社団法人金融財政事情研究会、平成10年)。
4. 金融監督庁編『金融監督庁の1年』(金融監督庁、平成11年)。
5. 金融庁編『金融庁の1年(平成12年度版)』(財務省印刷局、平成13年)。
6. 金融検査研究会編『新版 金融検査の実務』(大蔵財務協会、昭和63年)。
7. 金融検査研究会編『新時代の金融検査実務』(大蔵財務協会、平成3年)。
8. 大蔵省銀行局編集『第38回～第40回 銀行局金融年報』(社団法人金融財政事情研究会、平成元年～平成3年)。
9. 金融年報編集委員会編集『金融年報 平成8年版～平成9年版』(社団法人金融財政事情研究会、平成9年～平成10年)。
10. 金融庁編『金融庁の1年(平成16年度版)』(財務省印刷局、平成17年) 資料22-2。
11. 金融庁編『金融庁の1年(平成19年度版)』(財務省印刷局、平成18年)。

12. 金融庁編『金融庁の１年（平成20年度版）』（財務省印刷局、平成21年）。

著者略歴

大江清一（おおえ・せいいち）
　1952年　東京都生まれ
　1975年　慶応義塾大学経済学部卒業
　第一勧業銀行（現みずほフィナンシャルグループ）を経て
　現在、いすゞ自動車㈱監査部長、神奈川大学経済学部非常勤講師
　経済学博士（埼玉大学）
　専攻：金融史

主な業績
　著書：『バブルと金融危機の論点』（共著、日本経済評論社、2010年）
　論文：「明治前期における金融当局検査の考察―第一国立銀行に対するシャンドの銀行検査報告書を中心として―」『社会科学論集』（埼玉大学経済学会、2006年）など。

銀行検査の史的展開

2011年11月20日　第1版第1刷　定　価＝12000円＋税
　　著　者　大　江　清　一　ⓒ
　　発行人　相　良　景　行
　　発行所　㈲　時　潮　社
　　　　　　174-0063 東京都板橋区前野町4-62-15
　　　　　　電　話　(03) 5915-9046
　　　　　　ＦＡＸ　(03) 5970-4030
　　　　　　郵便振替　00190-7-741179　時潮社
　　　　　　URL http://www.jichosha.jp
　　　　　　E-mail kikaku@jichosha.jp

印刷・相良整版印刷　製本・仲佐製本
乱丁本・落丁本はお取り替えします。
ISBN978-4-7888-0667-2

時潮社の本

コンピュータリテラシー

澁澤健太郎・山口翔　著

四六判・並製・204頁・定価2800円（税別）

情報社会の変化のスピードが加速し、利便性が増す一方、ネット犯罪などの問題も急増している。情報技術を正確に学び適切な使い方を知ることは、もはや必然のことである。本書はその目的のために必携の書である。

子育て支援

平塚儒子　監修／編

Ａ５判・並製・192頁・定価2000円（税別）

「虐待」「いじめ」「自殺」「不登校」「ひきこもり」……、今、日本の子育てをめぐる環境は厳しい。家庭と社会のパートナーシップのもと、「社会の子」として育んでいけるよう、さまざまな観点から"子育て"を考える。

証券化と住宅金融
―イギリスの経験―

簗田優　著

Ａ５判・上製・240頁・定価3200円（税別）

近代住宅政策の要諦たる住宅金融行政。それは現代における社会政策の骨格でもある。折からの信用不安の増大と金融バブルの中で、世界金融の中心地のひとつ、イギリスの住宅金融はどのような変貌を遂げたのか。リーマン・ショックの過程にも踏み込んで論考を重ねた、著者渾身の一冊！

自然保護と戦後日本の国立公園
続『国立公園成立史の研究』

村串仁三郎　著

Ａ５判・上製・404頁・定価6000円（税別）

戦前の国立公園行政が戦時総動員体制に収斂され、崩壊をみるなかで戦後の国立公園行政はあらたなスタートを余儀なくされた。戦後の国立公園制度が戦前の安上がりで脆弱な制度を見直す中でどのように成立したのか。上高地、尾瀬、黒部などの電源開発計画と、それに拮抗する景観保護運動の高まりを詳細に辿り、今日の環境行政の原点を問う画期的労作がここに完結！